EAUX, JUS DE FRUITS, SODAS... VINS, BIÈRES,
APÉRITIFS... PLATS PRÉPARÉS, CONSERVES ...
PRODUITS LAITIERS... CHARCUTERIE,
POISSON... BONBONS & CHOCOLATS...
SAUCES & ASSAISONNEMENTS...
BISCOTTES & BISCUITS... SUPERMARCHÉS
& MAGASINS DE PROXIMITÉ...

grandes & petites histoires des marques

Conception graphique
LES 3TSTUDIO

micheldemaule.com
#editions_michel_de_maule

grandes & petites histoires des marques

Pour découvrir ce que nous buvons, ce que nous mangeons...

Éric Daurgand

MICHEL DE MAULE

Remerciements

Ce livre n'aurait pas pu paraître sans les encouragements tenaces d'un certain nombre de personnes qui se devaient de figurer ici. La première est Gabriel Milesi, journaliste et écrivain, qui malheureusement nous a quittés avant la sortie de cet ouvrage qu'il avait si patiemment relu et corrigé et auquel il croyait. Il lui est donc tout naturellement dédié. D'autres m'ont apporté, à un titre ou à un autre, leur aide précieuse, leurs conseils ou leur soutien dans les moments de doute : Dominique Altmann Crestinu, Quentin Crestinu, Sandra Musy, Christine du Puy de Clinchamps, Lydia Quadrato, Claudine Saint-Léger, Maryline Thébaud, Dina Topeza, Dominique Vergnon. Qu'ils et elles en soient remerciées. Enfin, je voudrais dire ma reconnaissance à Thierry de la Croix, président fondateur de la maison d'édition Michel de Maule, qui a investi sans compter temps et argent pour que ce livre soit publié. J'espère ardemment qu'il en sera récompensé.

À Gabriel Milesi,
Vénitien et ami

COMMENT LIRE CE LIVRE

Lorsqu'une marque est notée en **gras**, elle fait l'objet d'un développement dans l'ouvrage. Sinon, elle est indiquée en *italiques*, de même si elle a été déjà citée dans la même rubrique.

Pour les dates, deux dates séparées par un tiret **(1920-1990)** par exemple sont celles de la création puis de la disparition de la société, marque ou enseigne dont la renommée justifie la présence dans l'ouvrage.

Deux ou plusieurs dates séparées par une virgule peuvent indiquer soit l'année de création officielle puis celle du démarrage effectif, soit la date de création à l'étranger, puis celle de son apparition en France, soit encore la date de création puis du ou des changements de nom ou d'objet.

Les notes sont regroupées en fin d'ouvrage. Pour alléger, des lettres apparaissent parfois en exposant : [w et so.]. Cela signifie que la source provient dans le premier cas de Wikipedia (en français ou dans une autre langue), dans le second du site officiel.

Avant-propos

Comme beaucoup de jeunes enfants, j'ai parfait mon apprentissage de la lecture en déchiffrant les hiéroglyphes de toutes les boîtes et bouteilles qui pouvaient se trouver sur la table du petit-déjeuner. Si le décryptage s'est assez vite amélioré, le texte restait parfois abscons sans que je juge utile de demander des explications à mes parents : puisqu'eux ne lisaient pas les étiquettes, c'est que cela ne devait pas avoir un grand intérêt pour des adultes. Et je suis resté avec mes interrogations.

J'ai grandi et suis devenu un grand à mon tour. Du moins en apparence. Car le désir et le besoin de savoir ce qui se cache derrière ces noms de marques et leurs logos ne s'est pas estompé. Alors j'ai rédigé ce dictionnaire pour ceux qui comme moi s'intéressent aux marques et se posent des questions non seulement sur le pourquoi de leur nom, mais également sur la date et leur lieu de naissance, ou sur leur créateur. Et j'ai découvert que l'histoire de bon nombre de ces marques, enseignes et sociétés qui les sous-tendent s'insérait de plain-pied dans la grande Histoire.

Évidemment, cet ouvrage n'est pas exhaustif, même s'il se limite aux marques alimentaires. Il y a des oublis bien sûr, des inexactitudes sûrement, de franches erreurs peut-être. Il y a aussi des choix assumés pour limiter le nombre d'entrées (815 tout de même) et conserver une facilité de consultation.

Ainsi, vous ne trouverez pas les chaînes de restaurants, pas même celles de fast-foods. Pas non plus les grandes épiceries et traiteurs de luxe.

Mais si vous êtes nombreux à acquérir ce livre, vous pourrez les découvrir un jour dans un autre ouvrage, consacré aux marques du secteur des loisirs. D'autres pourraient suivre sur les produits de luxe, les produits d'hygiène, les autos et motos, etc.... Il ne tient qu'à vous. En attendant, si vous avez appris des choses, faites-le savoir !

Dans cette perspective mais aussi dans le désir de compléter (voire de corriger) le contenu du présent ouvrage, vous pouvez me joindre par courriel à l'adresse suivante : contact@eed.fr.

À vous lire, chers lecteurs !

A

Aberlour (1879)
Comme beaucoup de whiskies écossais, *Aberlour* porte le nom du lieu de la distillerie, située dans la région du Speyside, qui concentre à elle seule près de la moitié de la centaine de distilleries que compte l'Écosse. Elle a été fondée par James Fleming, un marchand de grains. La raison de cette promiscuité d'alambics tient en premier lieu à la pureté de l'eau du fleuve Spey.
Mais si Aberlour figure ici, c'est parce qu'elle est la marque de *single malt* préférée des Français. Le fait qu'elle appartienne à **Pernod-Ricard** depuis 1975 n'est certainement pas fortuit...
Quant au mot whisky, il vient du gaélique *uisce bethad*, qui signifie *eau-de-vie*. Un sens équivalent à celui d'un autre alcool de grains, l'*aquavit*, du latin *aqua vitae*...

Absolut (1879)
En 1879, un Suédois, Lars Olsson Smith, invente un nouveau procédé de distillation pour obtenir une vodka absolument pure, en suédois *Absolut Rent Bränvin.* Cela peut surprendre, de la vodka suédoise. Et pourtant...
Vodka se dit donc *bränvin* en suédois. Or, dans les premiers manuscrits faisant état de vodka en Russie, on parle de *vodka xlebnovo vina*, autrement dit *vodka de vin de pain* (c'est-à-dire obtenue par distillation de blé ou autres céréales panifiables). En anglais, langue saxonne comme le suédois, on aurait dit *bread wine vodka. Bread wine?* Furieusement proche de *bränvin*, non? Au passage, cela signifie que cette vodka était élaborée à partir de céréales panifiables, blé ou seigle. Contrairement à d'autres, issues de distillation de pommes de terre, voire de carottes, betteraves, ou encore pommes, prunes... en fonction des disponibilités. Par ailleurs, Russe vient de *Rus*, un peuple scandinave qui aurait migré vers la région de Kiev (Ukraine). Et, étymologiquement, *Rus* vient du finnois *Ruotsi* qui signifie... Suède.
Bref, même si la Russie, l'Ukraine ou la Pologne revendiquent haut et fort la paternité de ce breuvage, les Suédois le distillent aussi depuis des siècles, ce qui leur donne une vraie légitimité.
Quant à la bouteille d'*Absolut*, elle ressemble à un flacon d'apothicaire, une façon de rappeler qu'à l'origine, la vodka était utilisée pour ses vertus thérapeutiques!

Absolut appartient depuis 2008 au groupe **Pernod Ricard.**

C'est la deuxième marque de vodka la plus vendue au monde avec environ un million d'hectolitres, loin toutefois derrière **Smirnoff.**

Vodka est un diminutif du mot russe *voda, eau*, et signifie donc *petite eau*. Longtemps férus de français, les Russes ont utilement emprunté à la langue de Molière le mot *litote*, à la graphie près.

Actimel (1994)

La petite bouteille d'*Actimel* est l'un des yaourts *alicaments* (mot-valise formé avec *aliment* et *médicament*) commercialisés par **Danone**. Il a été conçu dans l'usine de Rotselaar, dans la province du Brabant, en Belgique flamande, où il est toujours produit. Son nom, *Actimel*, dérive logiquement du flamand *actieve melk, lait actif*. Ce caractère *actif* est imputable à une bactérie, le *lactobacillus casei DN-114001*. *Danone*, pour la faire breveter, l'a rebaptisée *L. casei defensis*, censée renforcer les défenses immunitaires de l'organisme. Aux États-Unis, *Actimel* est vendu sous le nom de *DanActive*.

Activia (1987, 2006)

Activia est le frère aîné d'**Actimel** chez **Danone**. Il ne contient pas les mêmes bactéries. *Activia* abrite le *Bifido-bacterium animalis*, que *Danone* a déposé sous le nom *Bifidus ActiRegularis*, censé aider à réguler le transit intestinal. *Activia* a d'abord été commercialisé sous le nom *Bio*, du grec *bios* (*la vie*), une façon de rappeler que le yaourt contient des organismes vivants. Mais l'Union Européenne a interdit à compter du 1er juillet 2006 l'utilisation du terme *bio* pour les denrées non issues de l'agriculture biologique. *Danone* a donc changé le nom de son yaourt tout en gardant la notion de vie et un air de famille avec *Actimel*.

Adelscott (1981)

Adelscott est une bière au malt à whisky conçu par un certain Gilbert Dillinger, à propos duquel nous ne savons pas grand-chose, si ce n'est qu'il est né à Thionville en 1934 et mort à Strasbourg en 2015. Cette bière va permettre à la brasserie *Adelshoffen*, située à Schiltigheim (banlieue nord de Strasbourg), de surmonter une période difficile. Rapidement, l'*Adelscott* (nom composé de la première moitié du nom de la brasserie et la première syllabe de *scottish, écossais*) devient en effet la bière n° 1 d'*Adelshoffen*, avec 80 000 hectolitres sur un total de 360 000.

Aselshoffen appartient aux brasseries **Fischer** depuis 1922. En 1996, **Heineken** rachète *Fischer* et donc *Adelshoffen*. Quatre ans plus tard, la brasserie est fermée et la production transférée chez *Fischer*, puis à la fermeture de ce dernier en 2009, à la *Brasserie de l'Espérance*, toujours à Schiltigheim[1].

Affligem (1074)

Les origines de l'Abbaye d'Affligem sont si anciennes que les plus jeunes lecteurs de ces lignes pourront fêter le millénaire de cette bière! Au XIe siècle, selon l'histoire officielle, six brigands touchés par la grâce ou le repentir se font moines et fondent une minuscule communauté, l'Abbaye d'Affligem... avec sa brasserie. Avec les siècles, la renommée de la bière d'Affligem ne cesse de croître, sous l'impulsion notable de généreux donateurs tels que les Ducs de Brabant ou Godefroy de Bouillon.

En 1794, les Révolutionnaires français, bataillant contre la coalition des monarchies européennes, remportent des succès croissants, et notamment, le 26 juin, une victoire à Fleurus qui leur permet d'occuper la Belgique. Le 11 novembre de la même année, les moines sont chassés et l'abbaye est détruite. Mais la congrégation ne renonce pas. En 1870, quarante ans après l'indépendance de la Belgique, elle retourne à Affligem et reconstruit la brasserie. Nouveau coup d'arrêt en 1917: les occupants allemands, à la recherche de cuivre, démontent les cuves. À la fin de la Seconde Guerre Mondiale, les religieux parviennent une fois encore à relancer la brasserie. Mais les vocations diminuent, les moines se font rares et en 1950, le prieur de l'abbaye, Don Robertus, prend la difficile décision de transmettre la recette à une brasserie laïque de Hertog près d'Anvers. Aujourd'hui, la marque est propriété d'**Heineken**.

After eight (1962)

Ces délicieux petits et fins carrés de chocolat noir à la crème de menthe, créés par la firme *Rowntree*, portent ce nom parce qu'ils sont censés être grignotés après le dîner, *after dinner*, ou pour faire court, *after eight*, huit heures étant l'heure du traditionnel dîner chez nos amis anglais.

Aldi (1913)

En 1913, Karl Albrecht Senior, un mitron de la bourgade de Schonnebeck, aujourd'hui un quartier d'Essen, une ville de Rhénanie-Westphalie, est contraint d'arrêter son métier pour raison de santé. Sa femme Anna ouvre alors une petite épicerie au nom de son mari.

Anna a deux fils, Karl Jr et Theo, nés respectivement en 1920 et 1922. Vers la fin des années 30, Karl travaille dans une épicerie fine, tandis que Theo aide sa mère au magasin. Pendant la Seconde Guerre Mondiale, Karl est enrôlé dans l'armée allemande. Les deux frères se retrouvent après le conflit, en 1946, et reprennent le magasin maternel. Très vite, ils ouvrent une seconde boutique. Quatre ans plus tard, ils possèdent déjà 13 magasins dans la région.

À petite idée, grand succès. Ils décident d'appliquer des réductions directement sur le prix de vente, alors qu'à l'époque, leurs concurrents, principalement des coopératives, accordaient des vignettes qui donnaient droit en fin d'année à une ristourne globale. Le commerce discount est né et ça marche. L'affaire prospère vite: en 1960, elle compte 300 magasins dans tout le pays.

Pourtant, l'année suivante, à la suite d'un différend, les deux frères se séparent. Non sans définir un nom commun, *Aldi* (***Albrecht-Discount***). Theo récupère les magasins de la partie nord de l'Allemagne – les moins rentables – mais s'appropriera le reste de l'Europe continentale au moment de l'internationalisation quelques années plus tard (*Aldi Nord*) et Karl le sud auquel s'ajouteront ultérieurement les marchés britannique, australien et américain (*Aldi Süd*). Les choses évolueront par la suite, les deux *Aldi* opérant par exemple aujourd'hui aux États-Unis, mais sous deux marques distinctes: *Aldi* et *Trader's Joe*. Ce qui ne les empêche nullement de se retrouver unis dans la négociation face à un fournisseur...

En France, l'enseigne changera de taille en mars 2020 après le rachat à **Casino** de 567 magasins sur les 656 que comptait sa filiale discount **Leader Price.**

Theo décède en 2010, ses fils, Berthold et Theo Jr, lui succèdent. Mais Berthold disparaît prématurément, en 2012, si bien que Theo Jr et sa famille se retrouvent à la tête d'une fortune, estimée par le magazine *Forbes* en 2021 à 18,8 milliards de dollars (98e fortune mondiale), derrière son oncle Karl et sa tante Beate (Heister), qui se partagent 39,2 milliards (34e).

Alfred Rothschild & Cie (1959)

Marque de champagne destinée à la grande distribution, appartenant à **Lanson-BCC.**

Ce patronyme est celui d'un négociant en champagne mort dans les années 30, qui n'a aucun lien avec la célèbre famille de banquiers (il ne possède d'ailleurs pas la particule).

Sa maison a depuis plusieurs fois changé de mains jusqu'à être réduite à une simple marque, détenue par la firme *Marne et Champagne*, qui sera rachetée par *Lanson-BCC*.

Cette marque était même semble-t-il tombée dans l'oubli jusqu'à ce que la maison *Marne et Champagne* ne la sorte de la naphtaline pour en faire une marque destinée à la grande distribution. Avec un tel nom, sûr qu'elle allait faire un carton.

Au grand dam des célèbres banquiers, qui ont immédiatement voulu faire interdire cette marque qui portait leur nom. Refus de la justice, en raison du délai (40 ans), de la présence du prénom et de l'absence de particule. Résultat, 3 millions de cols (bouteilles) vendus chaque année[2]...

All Bran (1916)

Lancé à l'origine sous le nom de *Toasted Bran Flakes*

(*pétales de son rôtis au four*), dont le paquet vantait ouvertement au début les qualités « *naturellement laxatives* », ce produit a vu par la suite raccourcie son nom raccourci en *All Bran*, *Tout Son* (de blé). C'est un produit **Kellogg's.**

À l'Olivier (1822)

Cette marque discrète, mais très appréciée des connaisseurs, a deux siècles d'existence. Elle a été créée par un pharmacien, M. Popelin, qui avait ouvert une échoppe dans le quartier du Marais à Paris, consacrée à l'huile d'olive. Elle traverse les années sans flonflons, mais pas sans récompenses: l'huile d'olive de la maison décroche par deux fois, en 1867 et 1889, la médaille d'argent aux Expositions Universelles de Paris.

En 1978, après être passée dans les mains des familles Popelin, Colmet (le gendre), puis Menuisier, la maison est finalement rachetée par Jean-Claude Blanvillain, négociant en huiles à Paris et propriétaire de l'huilerie *Bailly*. À partir de cette date, la maison va commencer à exporter, notamment aux États-Unis, aujourd'hui un gros débouché.

Alsa (1897)

La levure chimique *alsacienne* dans son célèbre petit sachet rose est créée par un commerçant mosellan, Émile Moench. En souvenir de l'Alsace, province annexée par l'Allemagne après la défaite française dans la Guerre de 1870, il donne à son produit le nom d'*Alsa* et l'emblème d'une jeune Alsacienne portant la coiffe typique. *Alsa* appartient aujourd'hui au groupe *Unilever.*

Alter Eco (1998)

Tristan Lecomte, diplômé d'*HEC*, commence sa carrière professionnelle chez **L'Oréal** avant de tout quitter pour élaborer le projet un peu fou de faire rimer commerce et équité. Il fonde *Alter Eco* (jeu de mots entre *alter ego*, sous-entendu le producteur, et *éco* pour économie). Au début, il voulait distribuer les produits achetés et importés dans le cadre d'un commerce équitable (c'est-à-dire qui paie un prix décent au producteur pour lui permettre d'assurer son développement) dans sa propre chaîne de magasin. Il finira par convaincre la grande distribution d'accepter sa ligne de produits, essentiellement alimentaires. Lecomte revendra son entreprise en 2011 à *Distriborg* (*voir* ***Bjorg***).

Alvalle (1992)

José Maria Casanova crée au début des années 1990 la société *Alimentos del Valle*, dans le sud-est de l'Espagne, une région (vallonnée) de vergers. Il va lancer plusieurs produits sous la marque *Alvalle* (prononcez *Alvayé*) réalisés à partir de légumes frais, dont son *gazpacho*, cette célèbre soupe froide à la tomate, réalisée sans colorants, conservateurs ou antioxydants et proposée en brique carton au rayon frais. La marque arrive en 2004 en France, avec différentes soupes froides. Racheté par **Tropicana,** *Alvalle* fait maintenant partie du portefeuille de **PepsiCo**[3].

L'origine du mot *gazpacho* n'est pas claire. Pour certains, ce mot dériverait de l'arabe andalo *gazpáčo*, lui-même découlant du grec *γαζοφυλάκιον (gazophulakion)*, un terme trouvé cinq fois dans la Bible et qui peut se traduire par *trésor*, puis évoluer en *sébile* ou *tronc d'église*, par référence à la diversité des objets qu'on y déposait et qui n'étaient pas toujours des pièces sonnantes et trébuchantes! Pour d'autres, la racine du mot *gazpa* ou *caspa* serait d'origine celtique et signifierait *débris de graminées*, que l'on retrouve dans le mot français *gaspiller*.

Amora (1919, 1934)

Jean-Baptiste Naigeon dépose la marque *Amora* en 1919, mais ne l'exploite pas car il préfère mettre son patronyme, celui d'une grande lignée de maîtres vinaigriers depuis 1703, sur les moutardes qu'il commercialise.

Finalement, il cède la société et la marque à Raymond Sachot en 1931. Trois ans plus tard, ce dernier lance la commercialisation des moutardes *Amora* dans des pots en verre (pots de grès jusqu'alors) et fait passer la production du stade artisanal au stade industriel.

En 1939, il reprend un certain nombre de sociétés bourguignonnes du secteur alimentaire (moutarde, mais aussi vin et pain d'épices) et forme la société *SAB* (*Spécialités Alimentaires Bourguignonnes*).

Au lendemain de la Seconde Guerre mondiale, *Amora* étend sa marque sur une gamme de condiments et devient le leader de ce secteur en France. En 1963, *SAB*, *Brochet Frères*, **Vandamme** et *Francorusse* fusionnent pour créer la *Générale Alimentaire*. Cette dernière sera rachetée par le baron Philippe de Rothschild. Elle changera de nombreuses fois de main ensuite pour finir dans le giron du groupe anglo-néerlandais *Unilever* (*voir* ***Maille***).

Pour *Unilever France*, l'origine du nom reste un mystère: *« est-il inspiré de « Aroma » (à l'époque une marque de cafés et boissons aromatisées), aurait-il germé lors d'un voyage en Égypte, au pied du temple d'Amon Râ, ou plus simplement serait-il né de l'expression: « C'est un amour de moutarde »? »* *Amour* se disant *amor* en latin, nous optons volontiers pour cette dernière hypothèse d'autant que le slogan de la marque semble y faire référence: *« Amora, par amour du goût »* [w]...

Ambassadeur (1936)

Rouge ou blanc, l'*Ambassadeur* est un apéritif à base de vins doux naturels, issus de jus de raisins frais conservés deux ans en fûts et aromatisés aux arômes d'orange, de curaçao ou de vanille.

Créé en 1936 par Pierre

Pourchet, cet apéritif gentiment désuet a eu son heure de gloire au lendemain de la Seconde Guerre Mondiale lors des publicités à la radio où Maurice Biraud, Francis Blanche, Roger Pierre et Jean Marc Thibaud scandaient: « *L'Ambassadeur, quelle excellence !* » *L'Ambassadeur* appartient au groupe **Pernod Ricard**[4, 50].

Amstel (1874)

L'*Amstel* est une bière *lager*, c'est-à-dire une bière de fermentation basse, réalisée à froid (entre 5 et 14 °C), ce qui limite le développement des bactéries et des champignons et assure une plus longue conservation. Cette méthode, plus lente que la fermentation haute, exige plusieurs semaines de stockage. Le mot *lager* vient d'ailleurs de l'allemand *lagern, stocker*. C'est en effet en Allemagne, et plus précisément au sud de la Bavière, qui bénéficiait toute l'année des eaux froides venues des Alpes, que ce type de bière fut créé au XVe siècle. Il ne se généralisera qu'au 19e, grâce aux procédés industriels qui permettent l'élaboration de ce qui deviendra la bière blonde. Parmi ces bières, l'*Amstel* porte le nom du fleuve qui traverse Amsterdam, au bord duquel se trouve la brasserie. L'eau de la rivière, très froide, surtout en hiver, facilitait la fabrication de la bière.

Amsterdamer (1968)

Le nom de ce tabac bien connu des fumeurs de pipe vient comme on s'en doute d'Amsterdam, le grand port où arrivaient les tabacs de la colonie indonésienne. Quant à Amsterdam, le mot est dérivé de Amstel-Dam, c'est-à-dire *digue de l'Amstel*, un petit fleuve (31 km) canalisé se déversant dans le Zuiderszee, le grand golfe au nord des Pays Bas, aujourd'hui partiellement recouvert de polders.

Andros (1959, 1965)

Quand il unit sa vie à celle de Suzanne Chapoulard, André Gervoson bascule dans une marmite de confiture. Son beau-père est négociant en prunes, dans le petit village de Biare-sur-Cère, dans le Lot, à une quarantaine de kilomètres au sud-est de Brive-la-Gaillarde. Chaque année, au moment des récoltes, les cours s'effondrent. André se dit que le seul moyen de conserver et de valoriser le produit, est de faire de la confiture. Son oncle, pharmacien lettré, lui alors aurait dit: « *Faire des confitures, toi, un homme ? Appelle-les Andros alors, ça veut dire homme en grec* ». Pourquoi pas ? Et cela explique le dessin du petit pâtre grec avec sa couronne de fruits sur l'étiquette.

L'activité se développe et s'industrialise vers la fin des années 50. La marque de confitures est créée en 1959 et celui, éponyme, de la société en 1965.

Mais pour l'entreprise, le véritable coup de pouce du destin intervient trois ans plus tard. Mai 1968. Cette date marque en quelque sorte la fin de l'époque où

les femmes sortaient leur bassine de cuivre à la fin de l'été pour faire les confitures. Elles ont dorénavant bien d'autres choses en tête, nettement plus valorisantes. Les confitures, elles les achèteront, pour le plus grand profit d'*Andros.*
Andros détient les marques **Pierrot Gourmand**, **Mamie Nova**, **Bonne Maman**.

Antésite (1898)
Face à la déferlante des *soft drinks*, cette boisson, créée il y a plus d'un siècle par le pharmacien lyonnais Noël Perrot-Berton, fait de la résistance. La petite bouteille à base d'extraits de réglisse qui permet d'obtenir plus de 50 litres de boisson sans sucres ni alcool doit son nom au latin *ante satis*, qui signifie *devant la soif*, c'est-à-dire plus fort que la soif.

Aoste (1976)
Ah, le *prosciutto* de Parme, de San Daniele, d'Aoste… Stop ! *Aoste*, c'est du jambon et des saucissons **(Cochonou, Bâton de Berger, Justin Bridou…)** français, fabriqués dans le petit bourg isérois d'Aoste, à une vingtaine de kilomètres à vol d'oiseau au sud-ouest du lac du Bourget. Un homme d'affaires lyonnais, Michel Reybier, dont le nom sera surtout connu dans le fromage et *« perçu par ses concurrents comme un malin du marketing »* [5], a en effet décidé d'y bâtir une usine de salaison, pour produire du jambon… d'Aoste. Il faudra attendre 2008 pour que la Commission Européenne rende un arbitrage interdisant à ce jambon la particule (qui était déjà fort discrète) sur l'étiquette. Dorénavant ce jambon s'appelle *Jambon Aoste*, pour ne pas qu'on le confonde avec une célèbre spécialité italienne, le *Jambon de Bosses de la Vallée d'Aoste* (en français dans le texte, la vallée d'Aoste ayant été longtemps francophone). Il n'est pas sûr que le consommateur français s'y retrouve (le jambon *Aoste* n'est pas vendu en Italie).
En attendant, l'affaire marche bien et suscite des convoitises. Ainsi, en 2006 *Aoste* est racheté par la firme américaine *Smithfield Foods*, le plus gros transformateur de viande de porc du monde, basé à Smithfield, en Virginie. Deux ans plus tard, la filiale européenne de *Smithfield* fusionne avec la firme espagnole *Campofrío Alimentación SA* pour donner le groupe *Campofrío Food Group*, auquel *Aoste* est rattaché.
En 2013, le groupe chinois *Shuanghui International Holdings* acquiert 37 % du capital de la maison-mère, *Smithfield Foods*, pour 4,7 milliards de dollars (environ 3,5 milliards d'euros). Quelques mois plus tard, Shuanghui cède 44,7 % de la filiale *Campofrio* au groupe mexicain[6, w]

Apericube (196?, 1976)
Ces petits cubes de **Vache qui Rit** destinés à trôner à côté des chips et des cacahuètes à l'apéritif sont commercialisés dès les années 60 mais ne trouveront

leur nom actuel qu'en 1976, où ils seront présentés en barquettes avec différents goûts.

Aperol (1919)

Cet *amer*[7] (ou *bitter*) a été créé au lendemain de la Première Guerre Mondiale par la société Fratelli Barbieri (Barbieri Frères), à Bassano del Grappa, une bourgade située au nord de la Vénétie. Il est élaboré à base d'oranges amères, de gentiane, de rhubarbe et d'autres plantes et racines, macérées dans l'alcool. Il a la particularité d'être plus faible en alcool que les autres apéritifs équivalents: 11°. C'est sans doute cela qui est l'origine de son nom: ***aperitivo leggero***. À noter qu'en France, comme en Allemagne, l'*Aperol* titre 15°. La marque a été acquise en 2003 par Grupo **Campari,** une société italienne elle-même célèbre pour son *bitter* éponyme.

Pour faire connaître cet apéritif hors de sa région d'origine, la Vénétie, et notamment en France par l'intermédiaire de *RFD* (*Rothschild France Distribution*), *Campari* a lancé en 2014 une campagne de promotion de l'*Aperol* conjointe avec un autre produit du groupe, le *Riccadonna*, un *prosecco* (mousseux de la région du Frioul ou de la Vénétie) pour populariser un cocktail, le *Spritz* (*voir encadré*), toujours très en vogue à Venise et aux alentours. En deux temps: *Campari* va d'abord fournir cafés et bars pour qu'ils proposent à la clientèle de l'*Aperol Spritz*. Une fois la clientèle conquise, *Campari*, dans un deuxième temps, met en vente cette liqueur et le prosecco associé dans les gondoles de supermarchés. Cette stratégie, appliquée pays par pays, a débarqué en France en 2011. Résultat, la consommation d'*Aperol* dans notre seul pays devait passer de 10000 litres en 2011 à environ 750000 à fin 2015[8]! Aujourd'hui, l'*Aperol* représente près de 12 % du chiffre d'affaires de Grupo Campari, contre seulement 10 % pour le *Campari*...

Le *Spritz* est un cocktail réalisé avec un *amer*, le plus souvent de l'*Aperol*, du vin blanc pétillant, généralement du *prosecco*, une tranche d'orange et un trait d'eau gazeuse. C'est précisément à cette eau que le cocktail doit son nom. En effet, le terme de *Spritz* vient des soldats autrichiens venus au XIXe siècle conquérir Venise. Dans leur pays, ces Autrichiens avaient l'habitude de couper le vin blanc avec de l'eau gazeuse, afin de faire baisser le taux d'alcool. Ils ont continué à Venise. Arrivés en 1798, à la suite du traité de Campoformio signé entre l'Autriche et Bonaparte pour mettre fin à la guerre d'Italie, les Autrichiens ne quitteront la Sérénissime qu'en 1866, après leur défaite face à la Prusse. Mais ils ont laissé derrière eux cette pratique de couper le vin blanc avec de l'eau gazeuse. Elle perdure encore aujourd'hui dans tous les pays qui ont

fait partie de l'empire austro-hongrois ainsi qu'à Trieste, en Italie. En Autriche, ce breuvage s'appelait *Spritzer*, dérivé du verbe allemand *spritzen*, *pulvériser*, *injecter*.
Il faudra attendre 1950 pour que quelqu'un, sans doute un barman du *Caffè Florian*, du *Harry's Bar* ou de tout autre célèbre café de Venise, ait l'idée d'améliorer cette mixture en mélangeant de l'Aperol et du prosecco à parts égales en rajoutant un trait d'eau gazeuse en référence au passé et pour garder le nom de Spritz. L'Histoire n'a malheureusement pas retenu le nom du génial inventeur de ce cocktail qui fait aujourd'hui la réputation de Venise et qui commence à entamer une carrière internationale.

Aperivrais (1993)
Petites bouchées apéritives au fromage, concurrentes des **Apéricubes** du groupe *Bel*. *Apérivrais* appartient à ***Savencia*** *Fromages et Dairy* (*ex-**Bongrain***). Le nom s'explique par le slogan : *plus frais que nature*, bref plus vrai que vrai.

Arlequin (1936)
Bonbon multicolore lancé par la firme **Lutti.**

Arôme Maggi (1886)
Premier produit commercialisé par la maison **Maggi,** initialement à base d'extraits de bœuf, aujourd'hui de protéines de blé et d'exhausteurs de goût.

Astra (1912)
Cette margarine a failli disparaître des gondoles ces dernières années sous la pression de ses jeunes concurrentes, **Fruit d'or**, **Saint-Hubert**, **Le Fleurier** ou **Planta**. Pourtant, cette centenaire mérite l'attention.
Le premier kilo de margarine *Astra* voit le jour en 1912. Double sacrilège, cela a lieu à Yvetot, en Normandie, le pays du beurre, et le responsable s'appelle Jean Motte !
On lit souvent que le nom d'*Astra* aurait été choisi en référence à l'astre solaire vers lequel se tourne tous les matins le tournesol dont elle est issue. Séduisant mais doublement faux, pour cause d'anachronisme et d'erreur sur le produit. À l'époque en effet, la margarine n'est nullement végétale (elle ne le deviendra qu'après la Seconde Guerre Mondiale). Le but de ses concepteurs était de fabriquer du « *beurre économique* », comme on l'appelait alors. L'invention en revient au pharmacien français, Hippolyte Mège-Mouriès qui l'obtient en 1869 à partir de suif de bovin et de petit-lait. Motte l'a appelée oléo-margarine, *oléo* pour huile, c'est-à-dire gras, et *margarine* pour sa couleur… blanchâtre (du grec *margaron : blanc perle*). Eh oui, la margarine était blanche à l'origine…
Alors, d'où vient ce nom, *Astra ?* Du vers de Virgile : « *Macte animo ! Generose puer, sic itur ad astra* » (*Aie courage ! Noble enfant, c'est ainsi que l'on va vers les étoiles*), prononcé par Jean

Motte pour souhaiter la renommée à son produit. À l'époque la langue de César était largement enseignée et les maximes latines étaient légion (*cf. Bibendum*).

Atac (1982-2022?)

Cette marque a été créée par les *Docks de France*, une ancienne société de distribution créée en 1957, par un certain Ernest Toulouse. Le premier magasin est érigé à Tours sous le nom de *Docks du Centre*. Les *Docks de France* sont rachetés par **Auchan** en 1996.

À partir de 2009, l'enseigne *Atac* (sous-entendu: *attaque les prix*) est progressivement remplacée par celle de **Simply Market** (*simplement le marché*), à l'exception des 80 magasins du groupe partenaire *Schiever* (*voir encadré **Bi1***). La clientèle n'adhérera pas à cette dénomination fourre-tout qui plus est anglophone, comme pour cacher sa banalité. En 2017, le groupe *Auchan* les rebaptisera **Auchan Supermarché.** Quelques mois plus tard, les *Atac* du groupe *Schiever* sont peu à peu rebaptisés au nom de la nouvelle enseigne du groupe, **bi1** (prononcez: bien). Il en subsiste encore aujourd'hui, mais la marque devrait totalement disparaître, y compris au Sénégal où les supermarchés *Atac* ont repris la bannière *Auchan*, bien que rattachés à la filiale *Auchan Supermarché*.

À noter enfin que les magasins *Atac Pièces Auto*, une chaîne de magasins spécialisés dans la région du Loiret, n'a pas (ou plus) de liens avec les deux groupes *Auchan* et *Schiever*.

Auchan (1961)

Difficile de parler du groupe Auchan sans évoquer, fût-ce à la marge, la galaxie de la famille Mulliez. Sans rentrer dans les détails ni remonter aux origines (espagnoles) de cette famille du Nord, on peut démarrer la saga avec Louis Mulliez Lestienne (du nom de sa femme pour le distinguer car chez les Mulliez, où l'on fait beaucoup d'enfants, le fils aîné porte le prénom du père). Au début du XXe siècle, Louis crée une entreprise de retordage de laine. L'affaire prend vite de l'ampleur mais elle ne survivra pas à la Première Guerre Mondiale. Chez les Mulliez, on est tenace. En 1923, Louis redémarre une nouvelle entreprise de filature et de peignage de laine. Avec succès cette fois: les filatures de Saint-Liévin, à Wattrelos, vont constituer le socle de la fortune familiale.

En, 1942, l'un des fils, Gérard (pas l'aîné, donc) est envoyé à Poitiers où il ouvre un magasin pour vendre en direct les produits de la filature, sans passer par les grossistes.

Le magasin s'appelle « Les Textiles d'Art ». Le nom évolue en « Au Fil d'Art », qui donnera naissance en 1956 à Phildar, à l'occasion de la création de la première franchise. Car entretemps, le petit magasin est devenu une très grosse entreprise de quelque 2 000 salariés.

Le fils de Gérard (Mulliez « Cavrois »), Gérard Mulliez Mathias ne souhaite pas succéder à son père et préfère voler de ses propres ailes. Dans le commerce. D'autant que l'âge d'or du textile semble bel et bien terminé.

Nous sommes en 1960. Pour autant, son père ne le laisse pas tomber et lui conseille, avant de se lancer, d'aller aux États-Unis, suivre les cours d'un certain Bernardo Trujillo *(voir encadré **Carrefour**)*.

Il part avec l'un de ses oncles. À son retour, il rend visite à Édouard Leclerc: dans le secteur de la distribution, l'épicier de à Landerneau est déjà une vedette.

Il contacte également Marcel Fournier, le futur fondateur de *Carrefour*, qui, comme lui, avait fait le voyage dans l'Ohio pour suivre les cours de Trujillo (ce qui n'était pas le cas d'Édouard Leclerc). Une rencontre facilitée, selon ses dires, par le fait que Marcel Fournier faisait du « *prosélytisme* ». Il « *avait compris qu'on le tuerait s'il restait seul en France* », face à la bronca des petits commerçants.

Forts de ces conseils, Gérard Mulliez ouvre un magasin dans une usine Phildar désaffectée, à Roubaix, dans le quartier des Hauts-Champs. Le nom était tout trouvé: *Auchan* (*voir encadré*).

Mais les résultats ne sont pas à la hauteur des espérances. Au bout de trois ans, son père lui met le marché en mains: « *Tu ne gagnes pas encore d'argent. Sache qu'on peut en tirer des conclusions. Soit tu n'es pas bon, soit c'est le métier qui n'est pas bon* ». *Et d'ajouter: « Je te laisse encore trois ans »*.

Gérard junior retourne à une réunion de Marcel Fournier expliquant le principe de ce qu'on appellera le discount: il vaut « *mieux vendre 100 petits gâteaux à 1 centime de marge que 10 petits gâteaux à 10 centimes de marge [...]. J'ai commencé par le whisky, en prenant la même marge que sur une bouteille d'eau. Les maris venaient en acheter et disaient ensuite à leur femme de faire leurs courses à Auchan parce que c'est moins cher*[9] ». C'est gagné.

En 1967, le premier hypermarché Auchan ouvre à Roncq, dans la banlieue de Tourcoing. Les banques, comme souvent, font preuve de prudence, voire de réticence, vers ce nouveau vecteur de distribution. Gérard fera donc appel à sa nombreuse famille, ce qui donnera naissance à l'*AFM, l'Association Familiale Mulliez (voir encadré 2)*.

Suivra, deux ans plus tard, la création du premier centre commercial à Englos, près de Lille. En 1976, est créé une filiale immobilière, *Immochan* (aujourd'hui *Ceetrus)* pour s'assurer la maîtrise foncière de l'environnement commercial des supermarchés[w]. Dès lors, la croissance va être exponentielle, avec deux temps forts: le développement à l'international à partir de 1981 (Espagne, Italie, Pologne, Hongrie, Chine, Taiwan, Ukraine, Russie,

Vietnam...) et en 1996 le rachat des Docks de France (avec les marques **Atac, Mammouth),** qui double la taille du groupe.

Entre-temps, Auchan a créé en 1983, son propre établissement financier, la Banque Accord (qui deviendra Oney). En 2000, Auchan se lance dans le commerce en ligne avec la création Auchan Drive. En 2006, Auchan développe l'enseigne **Simply Market.**

Après plus d'un demi-siècle de développement ininterrompu, *Auchan* va connaître ses premiers revers, dus, notamment au développement des *drives* et des plateformes de livraisons, utilisées par des commerçants de centre-ville.

En 2019, *Auchan* cède 31 magasins en France, se retire d'Italie et du Vietnam, puis Taïwan en 2021. Les pertes, encore supportables, s'enchaînent depuis 2018. Le 2 janvier 2022, *Le Figaro* révèle que la *Banque Lazare* tenterait de convaincre les fonds d'investissement de faire racheter **Carrefour** (nom de code *Pinot*) par *Auchan* (*Sauvignon*) pour donner naissance à un nouveau groupe baptisé pour l'instant *Merlot.* À suivre...

Sur le plan de l'actualité, depuis l'invasion de la Russie en Ukraine, Auchan, qui compte respectivement 95 et 22 supermarchés, sans compter les différentes enseignes de la famille Mulliez (*voir encadré 2*) restent pour le moins discrètes. Pas question, au moment où nous écrivons ces lignes, d'imiter Ikea, également très implanté en Russie, de fermer ses magasins.

En 2021, le chiffre d'affaires d'*Auchan*, et plus précisément *Auchan Retail*, qui coiffe l'ensemble des activités commerciales de la marque, a légèrement dépassé les 30 milliards d'euros. L'enseigne emploie quelque 73 800 personnes (2018).

La marque *Auchan* vient donc du lieu-dit les Hauts Champs, mais son orthographe n'est pas seulement une simplification. Elle commence par un A pour que le nom soit parmi les premiers dans l'annuaire[10]. Et si le nom de la marque s'adapte au pays lorsque Auchan est imprononçable, la première lettre est toujours un A. Ainsi, en Espagne, le nom commercial est: Alcampo (au champ)! En Russie, la transcription en cyrillique s'écrit *Ошан*, qui se prononce *Achane* (les *o* non accentués se prononcent *a*). Autant donc l'écrire *Ашан* pour respecter le principe. L'exception, qui n'en est pas une, c'est la chaîne de magasins taïwanais RT-Mart, achetée puis revendue, qui a gardé son nom véritable chinois car les sinogrammes n'ont pas d'alphabet...

Dans le classement des personnalités les plus riches du monde établi l'hebdomadaire américain *Forbes*, la famille Mulliez n'apparaît pas. En revanche dans celui établit par le magazine *Challenges*, Gérard Mulliez est référencé comme la 7e fortune de France avec

24 milliards d'euros en 2021 (après avoir frôlé les 40 milliards en 2018, ce qui le mettrait à la 70e place mondiale chez *Forbes*. L'explication est simple : Challenges évoque Gérard Mulliez et sa famille, alors que Forbes impute cette fortune à *l'Association Familiale Mulliez*, qui a la forme juridique d'un groupement économique et qui compte quelque 700 membres ! Outre le groupe *Auchan*, l'*AFM* détient des participations dans une grosse dizaine de sociétés dont *Saint-Maclou*, *Décathlon*, *HTM*, *High-Tech Multicanal*, propriétaire des magasins *Boulanger*), *Kiabi*, *phildar*, *ADEO* (qui signifie en latin *je vais vers*, *je m'adresse à* et qui regroupe des enseignes comme *Leroy Merlin*, *Weldom*, *Bricocenter*, *Bricoman*, *Alinéa* ou encore *Jules*, pour ne prendre que les plus connues).

Auchan Supermarché (2017)

Nouvelle enseigne qui s'est substituée à **Atac,** sauf pour les magasins détenus par le groupe bourguignon *Schiever*, partenaire d'**Auchan** (voir encadré ***Bi1)***

Ayala (1860)

En 1750, Don Antonio de Ayala y Vergara est envoyé par le Roi Ferdinand VI en Nouvelle Grenade (la future Colombie) comme Chancelier (Ministre des Finances). Son fils aurait signé la paix avec Bolivar, en 1820, après l'indépendance proclamée du pays. La famille reste en Colombie.

Le petit-fils de Don Antonio, Edmundo, vient en France comme consul. Un ami de son père, le vicomte de Mareuil l'invite à Aÿ, en Champagne. Edmond, comme on l'appelle ici, s'éprend de la nièce du vicomte, la belle Gabrielle d'Albrecht. Ils se marient en 1860. Dans la dot, le magnifique Château d'Aÿ et ses superbes vignobles.

Cette histoire d'amour est aussi le début d'une grande marque : la Maison Ayala se développe rapidement en Grande-Bretagne grâce au frère d'Edmond, installé à Londres. Depuis 2005, Ayala appartient à la société Jacques **Bollinger,** propriété de la famille Bollinger, autre de ce grand nom du champagne.

B

Babybel (1931)

Fromage-portion à pâte pressée inventé par les *Fromageries Bel* au début des années 30, mais seulement commercialisée en 1952 au niveau régional puis dans la France entière. Sa particularité est d'être enveloppé d'une coque de paraffine rouge – comme la couleur de la **Vache qui Rit**, l'autre grande invention maison – ce qui le rend aisément transportable et facile à consommer en tous lieux à toute heure.

Bacardi (1862)

En 1830, à l'âge de 15 ans, Facundo Bacardí Massó émigre à Cuba. Quelques années plus tard, ce fils de marchand de vins de Sitgès, en Catalogne, ouvre à Santiago de Cuba une boutique spécialisée dans les liqueurs européennes. L'année 1852 sera fatale : sa boutique est détruite par deux tremblements de terre puis pillée à la faveur d'une épidémie de choléra. C'est la faillite.

Facundo Bacardí n'est pas homme à capituler. Il se lance dans l'amélioration de l'alcool local, le rhum, le purifie en le filtrant au charbon de bois et l'*arrondit* en le laissant mûrir quelques mois en foudres de bois. Après trois ans de recherches, il achète en 1862, grâce à la dot de son épouse, une distillerie à Santiago de Cuba et fonde sa propre marque de rhum. L'emblème de la chauve-souris ornera bientôt les bouteilles de Bacardi après que sa femme eut découvert plusieurs de ces volatiles dans la distillerie. Contrairement à la France où elle est perçue comme maléfique, la chauve-souris est, tant en Espagne qu'à Cuba, le symbole de la bonne santé, de la sagesse et de fortune.

Les années qui suivent sont très troublées en raison de trois tentatives d'indépendance de Cuba vis-à-vis de l'Espagne. Les deux premières, la Guerre des Dix Ans, immédiatement suivie par la Petite Guerre, se déroulent entre 1878 et 1880. Pour avoir soutenu la rébellion, Emilio, le fils aîné de Facundo, sera emprisonné puis exilé.

Les deux frères d'Emilio, Facundo (appelé Facundito pour ne pas confondre avec le père) et José, prennent en mains la distillerie. Par précaution, femmes et enfants sont envoyés à Kingston, en Jamaïque. L'île, sous domination britannique, est située en face de Santiago de Cuba, à environ 200 km. La situation n'y est pas beaucoup plus calme, mais contrairement à Cuba, l'es-

clavage y a été aboli en 1838. La situation s'apaise à partir de 1884.
À Cuba, une nouvelle révolte se déclenche en 1895. La troisième tentative, qui dégénérera en guerre hispano-américaine – les États-Unis sont venus aider Cuba, dans l'espoir de l'annexer, au moins économiquement – sera la bonne. En 1898, la paix est signée (*voir encadré*). Emilio revient à Cuba. L'année suivante, il devient maire de Santiago de Cuba, nommé par... le général américain Leonard Wood.
Du coup, la distillerie est gérée par Facundito, le frère, et Henri Schueg, le beau-frère, plus connu là-bas sous le nom de Don Enrique. C'est lui qui va assurer le développement à l'international de la maison en ouvrant coup sur coup deux usines d'embouteillage à Barcelone, en 1910, et à New York cinq ans plus tard.
Cette dernière refermera bien vite, en raison de la Prohibition, instaurée en 1919 aux États-Unis. Une perte bien vite compensée par l'afflux des touristes américains à Cuba, ouvertement encouragés par Facundito, qui lance son slogan : « *Venez à Cuba vous baigner dans le rhum Bacardi* ». Une seconde distillerie est ouverte en 1922 à Santiago de Cuba. La marque a fêté son centenaire en novembre 2014 en même temps que son retour aux États-Unis.
Schueg va véritablement faire de Bacardi une marque internationale, faisant de Cuba « *la patrie du rhum* » et de *Bacardi* « *le roi des rhums* ». Au lendemain de la Prohibition, le rhum Bacardi entre aux États-Unis sans droits de douane.
Pendant la Seconde Guerre Mondiale, la société est gérée par le gendre de Schueg, José « Pepin » Bosch. Pepin (prononcez *Pépine*) fonde *Bacardi Imports* à New York avant de devenir... ministre des Finances de Cuba en 1949, sous la présidence de Carlos Prío Socarrás.
Ce dernier est renversé en 1952 par un putsch fomenté par Fulgencio Batista. Sous sa férule, Cuba va devenir le « *Las Vegas latin* », multipliant les salles de jeu et les lupanars. Ce qui naturellement attira la fine fleur du crime organisé américain.
La richesse affichée et amorale face à une extrême pauvreté d'une grande partie de la population provoque des mouvements révolutionnaires que les Bacardi vont soutenir jusqu'au moment où Che Guevara et Fidel Castro triomphent et imposent un régime pro-soviétique. L'ensemble des usines, propriétés et biens des Bacardi, comme l'ensemble des avoirs privés dans le pays, sont confisqués sans compensation. Mais les Bacardi avaient déjà commencé à installer des usines hors du pays, à l'époque de Batista, à Puerto Rico et au Mexique, et avaient transféré les marques, les avoirs et les droits de propriétés aux Bahamas, un archipel situé entre Cuba et la Floride, à

l'époque colonie du Royaume-Uni mais jouissant déjà d'une réelle autonomie. Ce qui permet à la société de survivre. Et même de se développer.
Ainsi *Bacardi Limited* a réalisé depuis cette période de nombreuses acquisitions dans le secteur des spiritueux. En 1993, *Bacardi* fusionne avec l'Italien **Martini & Rossi,** créant le groupe *Bacardi-Martini Group*. Cinq ans plus tard, ce dernier rachète à **Diageo** le whisky **Dewar's** ainsi que d'autres marques d'alcool.
Le groupe détient aussi les vodkas **Eristoff** et **Grey Grouse**, les liqueurs **Bénédictine** et **B & B.**[w]

Le cocktail *Cuba Libre* aurait été inventé en 1900/1901 à la suite de la Guerre hispano-américaine (1898), qui a contribué à l'indépendance de Cuba. Ce cocktail réunit en effet les deux boissons typiques de chaque pays, le rhum et le **Coca-Cola.** Il sera relancé à Cuba lors de la Prohibition, de nombreux Américains se rendant dans l'île pour y échapper.
Autre cocktail originaire de Cuba, le *daïquiri*, nom d'une plage (mais également d'une mine de fer toute proche) à Santiago de Cuba. Ce breuvage (rhum, citron en principe vert et sucre) est resté local jusqu'en 1909, date à laquelle le contre-amiral américain Lucius W. Johnson, le rapporte au *Army and Navy Club*, à Washington. Le succès fut foudroyant (malgré le long arrêt de la Prohibition). C'était le cocktail favori d'Ernest Hemingway et de John F. Kennedy.
Enfin, le *mojito*, très apprécié également par l'auteur du *Vieil Homme et la Mer*, aurait été inventé vers 1910. Il contient les mêmes ingrédients que le daïquiri, avec en plus de la menthe fraîche, servi en grand verre sur de la glace pilée.
En réalité, ses origines sont beaucoup plus anciennes et remontraient en 1586, lorsque l'explorateur-corsaire britannique Francis Drake, entre deux pillages de la Havane, se détendait en sirotant des feuilles de menthe pilées avec du tafia, l'alcool produit à partir de la mélasse, un résidu de sucrerie.
Le tafia est par la suite remplacé par le rhum et le citron[w]. *Mojito* vient du terme espagnol *mojo*, qui signifie *mouiller* et par extension *sauce*. Le *mojito* est donc un petit mélange.

Badoit (1837)

Dès 1778, un certain Richard Marin de la Prade, membre de l'Académie des Sciences et conseiller ordinaire de Louis XVI, vante les vertus *« apéritives, digestives et exhilarantes*[11] *de l'eau de Saint-Galmier »*.
Un demi-siècle plus tard, Auguste Badoit, un jeune représentant en soieries, détenteur du fermage de la source Fonfort à Saint-Galmier, rachète une source voisine, inexploitée. Son sens du commerce fait le reste: il appose son nom – et non celui de la source – sur l'eau qu'il commercialise et au lieu de la vendre

en bonbonnes comme c'était l'usage, il la propose en bouteilles. Suivent deux autres innovations, l'étiquette en 1874 et la *« couronne métal »*, c'est-à-dire la capsule, en 1913. En 1960, *Badoit* se rapproche de la *Société Minérale des Eaux d'***Évian,** avec qui elle fusionnera cinq ans plus tard. En 1970, l'ensemble est racheté par *BSN*, futur **Danone.**

Baff (1983)

Pop-corn caramélisé créé par **Bahlsen.** Depuis la scission de l'entreprise allemande en 1999, *Baff*, qui apparaît désormais sous sa seule marque, appartient à *Lorenz Snack-World*, filiale d'*Intersnack* (*voir Bahlsen et Vico*).

Baff, en allemand, signifie *étonné*, *ravi*, *abasourdi.* Il ne faut rien exagérer…

Bahlsen (1889)

Cette entreprise familiale, aujourd'hui spécialisée dans les gâteaux secs sucrés, a été fondée par Hermann Bahlsen à Hanovre. Initialement diversifié dans les biscuits sucrés et salés, *Bahlsen*, alors n° 1 européen, a été, en 1999, scindé en trois à la suite de dissensions familiales : dorénavant le sucré s'appelle *Bahlsen*, le salé, *Lorenz Snack-World.* Ce dernier rejoint en 2007 le groupe également allemand *Intersnack*, déjà propriétaire de la marque **Vico** depuis 1998. La troisième partie qui possède l'immobilier et les autres marques du groupe est aujourd'hui gérée depuis une holding suisse.

Baileys (1974)

Non, il n'y a pas d'erreur de date. La *Baileys Original Irish Cream*, avec sa belle étiquette ornée de motifs celtiques et d'une signature ampoulée *R.A. Bailey*, n'a que 36 ans d'existence. C'est une pure création marketing, *R.A. Bailey* n'a jamais existé, c'est juste un patronyme qui fleure bon l'Irlande d'où proviennent le whisky et la crème, principaux composants (avec le cacao) de cette liqueur. Évidemment, ne comptez pas sur la marque pour expliquer l'envers du décor. C'est une journaliste, Alicia Clegg, qui a levé le voile il y a quelques années dans le magazine *Business Week* (08/12/05).

Cela n'empêche pas cette marque d'être la première liqueur consommée au monde avec près de 60 millions de litres. Conçue par *International Distillers & Vintners*, *Bailey's* passe dans le giron de *Grand Metropolitan* en 1972. Ce dernier fusionnera avec **Guiness** en 1997 pour devenir **Diageo,** propriétaire aujourd'hui de la marque.

Balisto (1981)

Biscuit aux céréales et chocolat conçu par la filiale allemande **Mars**. Le nom vient de *Ballaststoffe*, *fibres alimentaires* en allemand.

Ballantine's (1827, 1869)

La marque de ce célèbre whisky écossais est officiellement née en 1827. En réalité, cette année-là, un certain George Ballantine,

ouvre une épicerie à Edimbourg.
Mais ce n'est qu'en 1869, lorsque George délègue la gestion du magasin à son fils aîné Archibald et en ouvre un autre à Glasgow, qu'il se spécialise dans les vins et alcools et élabore ses propres *blends* (assemblages de malts) pour ses whiskies. Avec talent puisque quelques années après sa mort, son fils second, George Jr devient fournisseur attitré de la reine Victoria (1895).
Quant à la forme parallélépipédique de la bouteille, *« elle date du temps de la prohibition aux États-Unis »*, explique Sandrine Ambrosi, chef de groupe Ballantine's Mumm Distribution. À l'époque, *« les bouteilles de whisky étaient carrées, pour les faire passer pour des bouteilles de sirop. Puis le format rond s'est imposé. Seul Ballantine's a gardé la flasque d'origine[12] »*.
En 2006, Sandy Hylop fut nommé maître assembleur de *Ballantine's* (ainsi que de **Chivas**). En 180 ans d'existence de la marque, il n'est que le cinquième à occuper cette fonction.
Ballantine's appartient au groupe **Pernod Ricard** depuis 2005. Il est aujourd'hui le n° 2 mondial des ventes de whiskies (63 millions de litres en 2017), loin derrière **Johnnie Walker.**

Balvenie (1892)
*Voir **William Grant & Sons.***

Banania (1914)
Tout aurait commencé en 1909 avec un voyage au Nicaragua d'un certain Pierre Lardet, journaliste. Selon la légende, cet homme découvre une boisson d'origine maya à base de banane et de cacao. De retour à Paris, avec l'aide d'un ami pharmacien il reconstitue cette boisson en y ajoutant de l'orge pour la rendre plus digeste.
Légende? Des boissons à base de banane, de cacao et de sucre existent déjà sur le marché à cette date[13]. Pourquoi Pierre Lardet aurait-il donc effectué un si long voyage ou fait appel à un hypothétique pharmacien pour mettre au point une boisson disponible chez l'épicier du coin?
Quoi qu'il en soit, en août 1914, quelques jours seulement après que l'Allemagne eut déclaré la guerre à la France, notre homme dépose la marque *Banania.* Parmi d'autres, déposées depuis début 1914, comme *Bacao, Banana-Cacao, Bananette, Banaco-Phosphaté, Bananose* ou encore *Bananarica.*
Loin de ralentir l'essor de la boisson chocolatée, la guerre le renforce. Dès septembre-octobre, Lardet ouvre un atelier de fabrication à Courbevoie. En fait de *publiciste*, comme on appelait encore parfois les journalistes à cette époque, Lardet va surtout se révéler un excellent publicitaire. Une Antillaise orne les premières étiquettes, mais très vite elle est remplacée par un *Poilu*, pour faire pièce à l'offensive menée par la marque concurrente *Phoscao*, dont la boîte est flan-

quée de deux *Poilus* (un surnom donné aux soldats de la Première Guerre Mondiale, parce qu'ils avaient des poils donc étaient des hommes donc étaient courageux). Pas question de laisser aux autres le monopole du patriotisme! Pour faire bonne mesure, Lardet expédie au front plusieurs wagons de sa boisson revigorante.

Mais très vite Lardet comprend qu'il faut se démarquer des autres marques tout en capitalisant sur l'empire colonial dont sont issus la banane et le cacao, les deux principaux ingrédients du *Banania.* Au printemps 1915, le *Poilu* cède sa place à un tirailleur sénégalais (*voir encadré*).

Après la guerre, la publicité va participer au développement de *Banania.* En 1938, la société produit 1400 tonnes de poudre chocolatée. La guerre n'arrête pas la production, qui est délocalisée de Courbevoie à Clermont-Ferrand. Dans les années 1950, l'entreprise vend 5000 tonnes de *Banania* par an. En 1968, le tonnage a doublé, *Banania* totalisant 30 % de part de marché des petits-déjeuners chocolatés, avec pour concurrents **Poulain** et **Nesquick.**

En 1967, *Banania* est vendu au groupe pharmaceutique *Midy.*

En 1988, *Midy*, devenu *Clin-Midy*, revend *Banania* à l'Américain *Bestfoods*, lui-même racheté par *Unilever* en 2000.

Mais *Banania* n'étant qu'une marque française, *Unilever* s'en désintéresse si bien que le leader des années 1970 voit ses ventes fondre, pour ne plus représenter en 2004 que 8 % de parts de marché.

En 2003, la marque (ainsi que **Benco** et **Yabon)** est rachetée par la holding française *Nutrial*, soutenue par les fonds d'investissement *Qualium Investissement* et *ElectroPar France.* Une sous-holding est créée pour regrouper les trois marques, *Nutrimaine.*

Banania retrouve alors quelque allant, avec une part de marché de 15 % en 2006.

En 2005, *Yabon* est revendu à la firme française *Fruiterroir.*

Enfin, en 2010, les fonds Qualium Investissement et *ElectroPar France* cèdent leur participation dans *Nutrial* au *Groupe Krüger* et à *Céréa Mezzanine* (au capital depuis 2007).

Côté image, le sympathique tirailleur et sa tirade ont incarné, aux yeux de certains à partir des années 70, l'archétype du racisme colonial. Exit le tirailleur, remplacé par un jeune enfant noir aux allures de héros de bande dessinée.

Le slogan *Y'a bon* devait également disparaître. Pour avoir trop longtemps différé son retrait des boîtes de *Banania*, *Nutrimaine* s'est fait traîner en justice en 2011 par le *Mrap* (*Mouvement contre le racisme et pour l'amitié entre les peuples*) et condamner[14, w].

Pour son tirailleur, Lardet a-t-il entendu parler d'un certain Baba Coulibaly, ti-

railleur au demeurant soudanais, ordonnance du Général Mangin, qui a mis en fuite à lui seul 24 dragons allemands et obtint pour ce haut fait une citation à l'ordre du jour de l'armée, le 15 septembre 1914 ! Ses supérieurs avaient même demandé la médaille militaire, mais l'état-major a jugé cela impensable pour un *nègre*, comme on disait à l'époque. Certes, on n'est pas certain que Lardet ait connu Coulibaly, mais cela reste plausible. Comme la plupart de ces hommes venus des colonies pour servir de chair à canon, le courageux Coulibaly parlait *petit nègre : « Moi y'en a occuper village »* est-il ainsi consigné dans le Journal des Marches et des Opérations de la 8e Brigade d'infanterie[15]. De là à lui faire dire *« Y'a bon »* pour expliquer tout le bien qu'il pensait du *Banania*, il n'y a qu'un pas, aisément franchi puisque la légende officielle raconte qu'un tirailleur blessé s'est retrouvé à l'usine de Courbevoie où il a découvert avec délices le revigorant breuvage...
Quant au changement de nationalité du soldat de Soudanais en Sénégalais, il pourrait s'expliquer par le fait que les bananes et le cacao étaient originaires d'Afrique de l'Ouest.

B & B (1930 environ)
Quelque 40 % de cognac (désigné sous le terme générique de *Brandy* en anglais), 60 % de **Bénédictine,** d'où le nom *B & B*, qu'il convient de prononcer *Bi and Bi*, car ce cocktail aurait été inventé dans les années 30 par le barman du *Club 21*, un certain nombre de clients trouvant la *Bénédictine* trop sucrée.
Le Club 21 est le plus célèbre des bars clandestins américains de New York durant la Prohibition. Il ne fut jamais pris, un système de cachettes automatiques dissimulant les bouteilles à chaque descente de police. Il existe toujours et a reçu les personnalités politiques et du showbiz les plus célèbres des États-Unis et au-delà.
Bénédictine a repris l'idée et propose depuis belle lurette des bouteilles de *B & B* tout préparé.

Banette (1980)
Une quarantaine de meuniers, désireux de redonner au consommateur le goût du pain artisanal, décident un beau jour de définir une charte stricte quant à la fabrication traditionnelle du pain réalisée avec leur farine. Ils la proposent à des artisans-boulangers, qui en retour peuvent se prévaloir de la marque *Banette*. La référence à la bannette, ce petit panier en osier où l'on mettait autrefois le pain traduit parfaitement ce désir de tradition. Quant à savoir pourquoi, en s'arrogeant une majuscule, la *Banette* a perdu un *n*, c'est sans doute pour mieux identifier la marque.

Banga (1968-2020)
Au début des années 50, **Pampryl** lance *Banga*, une **b**oisson à l'**an**anas **ga**zéifiée. C'est un flop retentissant. En 1966, nouvelle tentative,

cette fois sans bulles, mais en conservant le nom qui sonne bien. Testée pendant plusieurs mois (chat échaudé...), la boisson n'est commercialisée qu'en 1968. C'est fois, c'est le succès, conforté en 1976 par l'apparition du petit singe mascotte de la marque. *Banga* est achetée en 1999 par **Oasis** détenue alors par le groupe **Perrier** au sein de sa filiale *Compagnie d'exploitation des Boissons Rafraîchissantes.* Cette dernière est à son tour cédée à **Cadbury Schweppes.** En 2006, ce groupe revend son activité boisson à **Orangina,** qui deviendra *Orangina Suntory France* en 2008, qui détient bon nombre d'autres marques, *Oasis* bien sûr, mais également **Gini, Champomy...**

Difficile de consacrer des campagnes publicitaires à chaque marque. *Banga* tirera discrètement sa révérence en 2020, laissant la place à *Oasis.*

Bardinet *(voir Negrita)*

Barilla (1877)

Cette année-là, à Parme, Pietro Barilla ouvre une boutique de pâtes et de pain. La boulangerie chez les Barilla, c'est une affaire de famille. Des documents de la ville attestent d'un Barilla boulanger en 1576... Les affaires marchent bien et Pietro ouvre un second magasin en 1891. Trop gourmand ou trop pressé? Pietro Barilla ne parvient pas à rentabiliser ce nouvel investissement et fait faillite en 1894.

Nullement découragé, notre homme rouvre, quelques mois plus tard, un nouveau commerce... au nom de sa femme. Un travail acharné lui permet de sortir la tête de l'eau en 1898. Il ne coulera plus. Il investit dans de nouvelles machines. En 1900, Barilla produit 200 kg de pâtes par jour. Cinq ans plus tard, ce volume est porté à 2,5 tonnes.

En 1908, une véritable usine est construite pour faire face à la demande. En 1910, Riccardo et Gualtiero rejoignent leur père dans l'affaire. Désormais, la maison Barilla vend ses pâtes en sachet et non plus en vrac.

En 1919, Gualterio décède, à seulement 38 ans. Riccardo est désormais seul aux commandes. L'expansion continue. En 1936, Pietro, le fils de Riccardo, entre à son tour dans la société. Il va considérablement moderniser l'entreprise. Les voitures hippomobiles de livraison laissent la place à des camionnettes à moteur. La publicité soutient les ventes, ventes dont Pietro a appris les techniques modernes lors de voyages en France et surtout aux États-Unis.

La guerre interrompt tout cela: Pietro est appelé sous les drapeaux.

Au lendemain de la guerre, les besoins sont énormes et l'usine va repartir de plus belle: en 1950, la production atteint déjà 100 tonnes jour. En 1956, le paquet *Barilla* adopte une couleur bleu nuit, qui le distingue de tous les autres. L'expansion continue. En 1968, *Barilla* construit, à Pedrignano, dans la banlieue nord de Parme, la plus grande usine de pâtes au monde – elle l'est toujours aujourd'hui. Barilla arrive en France l'année suivante. Mais la machine se grippe. Le blocage du prix des pâtes décidé par le gouvernement italien pour lutter contre une forte inflation provoque de graves difficultés de trésorerie qui incitent Pietro Barilla à céder son entreprise au conglomérat américain *W. R. Grace and Company.* Pour cette entreprise, qui a été fondée par un certain William Russell Grace trois avant que le fondateur de la maison *Barilla* n'ouvre sa première boutique, il s'agit d'une diversification vers un secteur qui n'est pas le sien: *W. R. Grace* est un leader mondial de produits chimiques et de matériaux de construction. Ce sera d'ailleurs la grande chance de *Barilla.* En 1979, la firme américaine comprend en effet que le secteur alimentaire est décidément trop éloigné de ses autres activités et décide de se séparer de *Barilla.* Le gouvernement italien a enfin libéré le prix des pâtes, Pietro saute sur l'occasion et rachète l'entreprise familiale avec l'aide d'une riche héritière suisse, Hortense Anda-Bürhle (*voir encadré*), qui lui apportera 10 millions de dollars en échange de 15 % du capital (valorisés aujourd'hui à 250 millions de dollars).

Mais le blocage des prix a porté atteinte à l'image des pâtes, vues dorénavant comme un produit bas de gamme, comme pouvait l'être en France la baguette quand le prix du pain était contrôlé.

Il faut donc relancer le produit, auquel Pietro n'a jamais cessé de croire. Alors il va investir massivement. Et ça marche. Non seulement, il reconquiert le marché italien, mais, à partir des années 90, il part à la conquête du reste du monde. En commençant par le marché européen et en premier lieu la France. Pietro décède en 1993. Son fils, Guido, aidé par ses frères Luca et Paolo, reprend les rênes. Il va se lancer dans des rachats tous azimuts, dont le pain grillé **Wasa,** et en France le pain de mie **Harry's.** En 2002, il rachète même l'Allemand *Kamps*, leader européen de la boulangerie industrielle, beaucoup plus gros que *Barilla.* Mais les frères Barilla s'étaient beaucoup endettés pour cela. Trop. *Kamps* sera revendu en 2007.

Aujourd'hui *Barilla* est le leader mondial des pâtes avec 40-45 % du marché italien et 25 % du marché américain. Mais pas en France, où il est devancé dans le secteur des pâtes sèches par **Panzani** qui détient 33 % de parts de marché contre 20 % pour *Barilla* et 8 % pour **Lustucru,** sans compter les marques distributeurs (28 %).

L'entreprise possède de nombreuses usines de par le monde et beaucoup plus encore de bureaux de représentation. Toutefois, la crise et l'affaire *Kamps* ont laissé des traces: en 2013, *Barilla* employait quelque 8000 personnes pour un chiffre d'affaires de l'ordre de 3 milliards d'euros, contre 14000 salariés en 2010 et un chiffre d'affaires de 3,9 milliards d'euros[w].

Le nom de Bührle sent un peu le soufre. À la sortie de la Seconde Guerre Mondiale, Emil G. Bührle, le père d'Hortense, a en effet sauvé financièrement la société suisse Oerlikon de la faillite (l'entreprise prendra le nom de Oerlikon-Bürhle en 1973 et ce jusqu'en 2005), alors que celle-ci se trouvait sur la liste noire des Alliés pour avoir fourni des armes à l'Allemagne nazie).

Baron de Lestac (1995)

Marque de vin rouge du groupe *Castel.* Le nom est naturellement inventé: *baron* pour donner de la noblesse et *Lestac* est une anagramme de... Castel, qui se termine en *-ac*, une sonorité qui fait couleur locale: l'aéroport de Bordeaux ne s'appelle-t-il pas Mérignac? Ce vin issu de différents cépages, a priori de même millésime (il est marqué sur la bouteille) est élevé en fûts de chêne neufs, ce qui contribue à donner ce goût boisé, de plus en plus apprécié par les consommateurs. C'est le vin de Bordeaux le plus consommé en France (7 millions de cols). Également vendu en cubitainer.

Bartissol (1904)

Derrière cet apéritif gentiment désuet se cache un homme, Edmond Bartissol, qui fut « *un personnage hors normes [...] l'un des grands entrepreneurs de travaux publics du XIXe siècle au même titre qu'un Gustave Eiffel*[16] ». De fait, Edmond Bartissol, né en 1841 dans une famille de maçons, autodidacte, se retrouve chef de travaux sur le percement du canal de Suez, fait fortune au Portugal puis au Mozambique dans la construction de chemins de fer et de ports, veut engager sa fortune (5 millions de francs or, l'équivalent de plusieurs dizaines de millions d'euros) sur le canal de Panama (mais son projet est refusé), construit le port de Salonique, revient en France, érige un ensemble résidentiel de luxe à Perpignan, la cité Bartissol, devient député de Narbonne, sa circonscription d'origine, de 1902 à 1910, et enfin crée la *Société des vins de Banyuls naturels.* La *SVBN* prospère avec la vente de son vin doux naturel, le *Banyuls Bartissol. Bartissol* fait aujourd'hui partie du portefeuille de marques du groupe **Pernod Ricard.**

Bastos (1838)

L'Espagnol Juan Bastos débarque en Algérie en même temps que les premiers colons français, qui s'installent dans les villes côtières. Au départ, Louis-Philippe est partisan d'une occupation française limitée à quelques enclaves côtières – Alger, Bône (aujourd'hui Annaba), Bougie (Béjaïa), Oran, Arzew et Mostaganem – à l'image de ce que pratiquaient les Espagnols avec leur *plazas de soberanía* (*places de souveraineté*), dont perdurent aujourd'hui les enclaves de Ceuta et Melilla au Maroc.

Juan Bastos, lui, vient de Malaga, au sud de l'Espagne. Il fuit la pauvreté, comme plusieurs de ses compatriotes qui se disent qu'il y a sans doute beaucoup d'opportunités dans un pays en plein bouleversement avec l'arrivée des colons.

Juan s'installe à Oran où ouvre une petite échoppe de tabac comme il en existait en Espagne. En 1938, il fonde les Établissements Juan Bastos, en réalité un petit atelier de fabrication de cigarettes. L'arrivée de nouveaux soldats (les tensions reprennent avec Abd-el-Kader en 1837 et dureront jusqu'en 1843) et surtout l'afflux de nouveaux colons (la population européenne d'Oran passe de 25 000 en 1847 à 45 000 quatre ans plus tard) vont formidablement développer les affaires. Progressivement, les ateliers de fabrication se multiplient, Juan plante du tabac dans la région. Quand Juan Bastos meurt en 1889, sa veuve et ses quatre enfants transforment la société en nom collectif. Des usines voient le jour à Oran, puis à Alger. À la veille de la Première Guerre Mondiale, la société *Bastos* devient anonyme. Elle emploie 2 000 personnes, toutes espagnoles ou d'origine espagnole, et fournit les régies de tabac français, espagnole, tunisienne et marocaine. Les affaires sont brillantes, Emmanuel, le fils aîné de Juan, qui a repris les rênes de la maison, est décoré de la Légion d'Honneur. Il décède en 1920. Progressivement, la famille, et notamment les veuves d'Emmanuel et de ses frères, vont revendre leurs parts d'abord à la *Banque Hoskier*, puis au **Crédit Foncier** qui reprendra la totalité de l'entreprise.

On connaît la suite. Au lendemain de la Seconde Guerre Mondiale, la marque *Bastos* sera intégrée au monopole d'État qu'est la *SEITA* (*Société d'Exploitation Industrielle des Tabacs et Allumettes*). La *SEITA* sera privatisée en 1995, fusionnera avec l'Espagnol *Tabacalera* en 1999 pour former *Altadis*, qui sera racheté en 2008 par le Britannique *Imperial Tobacco*[17].

Bastos est devenu un mot d'argot pour désigner une balle (d'arme à feu). Cela viendrait des Poilus de la Première Guerre Mondiale que la maison *Bastos* approvisionnait en tabac et cigarettes[18].

Batna (1961)

Caramel à base de réglisse et d'anis de la firme **Krema.**

En 1955, cette dernière fusionne avec **Hollywood,** la marque de chewing-gums. Le patron du nouvel ensemble est le fondateur d'*Hollywood*, Courtland E. Parfet. Cette année-là, la société met précisément au point ce bonbon. Ce dernier décide d'aller le présenter aux différents représentants de la marque, jusques et y compris en Algérie, encore française à l'époque. En novembre 1955, à l'hôtel Saint-Georges à Alger, où il est descendu, M. Parfet rencontre M. Meguellati, en charge de l'est algérien. Le patron d'Hollywood demande avec amusement à son interlocuteur s'il sait que la réglisse pousse à l'état naturel dans sa région. Reste à trouver un nom à cette nouveauté. Or, ce jour-là, la presse de Constantine, la grande ville de cette région proche de la Tunisie, fait sa une sur un certain Mostepha Ben Boulaïd, à l'origine des premiers soubresauts de ce qui allait devenir la Guerre d'Algérie (*voir encadré*). Ces événements se sont déroulés dans la région natale de Ben Boulaïd, l'Aurès (ou les Aurès), située au nord-est du pays. Sur le plan administratif, cette région correspond grosso modo à la *wilaya* (collectivité territoriale) de Batna, du nom du chef-lieu.

M. Megueletti répond alors à son patron : « *Si vous avez quelque considération pour moi, appelons-le « Krema Batna ».* » [19]

Proposition acceptée. Pour des raisons obscures, le prototype restera dans les cartons quelques années encore puisqu'officiellement, ce bonbon ne sera lancé que six ans plus tard, en 1961. En pleine guerre d'Algérie (les accords d'Évian ne seront signés que l'année suivante). Peut-être fallait-il un peu de douceur dans ce monde de brutes…

Le 1er novembre 1954, le Front de Libération Nationale (FLN) entreprend une vaste série d'attentats dans tout le pays, mais plus particulièrement dans l'Aurès et en Kabylie. Dans l'Aurès, les opérations sont pilotées par Mostepha Ben Boulaïd, l'un des fondateurs du FLN. La guerre pour l'indépendance de l'Algérie vient de commencer. On relèvera au total neuf morts, tant civils que militaires, qui donneront à cette date le nom de *Toussaint Rouge*. Ce partisan de l'indépendance algérienne sera capturé en février 1955, condamné à mort mais s'évadera en novembre de la même année. Revenu dans le maquis, il sera finalement tué en février 1956 par l'armée française. Ironie de l'Histoire, lors de la seconde Guerre Mondiale Mostepha avait obtenu la Croix de Guerre 1939-1945 en tant que soldat français pour son action héroïque dans la campagne d'Italie.

Bâton de Berger (1983)

Saucisse sèche, fine, droite et irrégulière comme un bâton de berger, créée par le groupe **Aoste,** au sein de la gamme **Justin Bridou.**

Bavaria (1719, 1924)

Bavaria est une bière… néerlandaise, comme son nom ne l'indique pas. Et elle ne serait pas née en 1719, comme indiqué sur les étiquettes, mais vers 1680, selon l'entreprise qui affirme avoir retrouvé des documents l'attestant.

Un certain Laurentius Moorees, qui possède une

ferme à Lieshout, un village au sud des Pays Bas, produit chaque année quelques fûts de bières qu'il écoule dans le voisinage. À sa mort, en 1734, sa femme et son gendre, Ambrosius Swinkels, poursuivent et développent l'activité. La brasserie s'appelle alors De Kerkdijk, du nom de la rue où elle se trouve.

Depuis cette époque, la brasserie reste dirigée par un Swinkels. En 1924, celle-ci prendra le virage de la fermentation basse (*voir encadré*) à la suite d'un voyage d'un des descendants Swinkels en Bavière, où l'on pratique cette technique depuis des lustres. Il rapporte de son périple les levures spécifiques à cette fermentation déjà célèbre à l'époque, d'où la décision de changer le nom de la brasserie pour le faire savoir.

Si l'on parle de fermentation basse, ce n'est pas en raison du taux d'alcool, plus faible que pour la bière de fermentation haute, mais parce que les levures tombent dans le fond de la cuve, alors qu'elles restent à la surface dans l'autre procédé. Autre explication, la fermentation basse se fait à basse température contrairement à la fermentation haute.

Beefeater (1862, 1895)

Tout commence en 1862 quand un certain James Burrough rachète une distillerie dans le quartier de Chelsea, à Londres et commence à élaborer son propre gin. Ou plus exactement ses propres gins. Car James Burrough en élabore plusieurs, avec des goûts différents, au gré des herbes qu'il met à macérer. Jusqu'à ce jour de 1895, où il va concevoir un gin tout à fait particulier, à base de genièvre bien sûr mais également d'angélique (racines et graines), d'écorce de citron, de graines de coriandre, d'amandes, de réglisse, d'oranges de Séville et de *orris* (également appelé iris d'Allemagne), récolté à peine 24 heures avant une distillation de 8 heures.

Le succès est à l'égal de la sophistication de l'élaboration de ce breuvage. Il l'appellera *Beefeater* (*littéralement mangeur de viande*). C'est le surnom dont avaient hérité les gardiens hallebardiers de la Tour de Londres, les *Yeomen*, sans doute parce que leur situation leur permettait de manger de la viande tous les jours à une époque (ce corps a été institué par Henri VII en 1485) où le peuple n'en consommait au mieux qu'une fois par semaine.

Et James Burrough a dû estimer que cette image correspondait bien à la richesse de son gin. L'étiquette représente d'ailleurs un Yeoman dans sa tenue d'apparat de l'époque.

En 1908, la société, pour répondre à la demande, déménage de l'autre côté de la Tamise à Lambeth. Elle retraversera le fleuve en 1958 pour s'établir à Kensington, toujours en plein Londres. La société reste familiale jusqu'en 1987.

Elle sera rachetée ensuite par le groupe britannique *Whitbread*, puis par *Allied Domecq*, également britannique, lui-même acquis par le groupe **Pernod Ricard** en 2005[w].

Béghin-Say (1972)

Béghin-Say est issue de la fusion des sucreries de betteraves *Béghin*, créées en 1821 par Joseph Coget dans sa ferme de Thumeries (aujourd'hui un arrondissement de Lille), secondé par son gendre Antoine Béghin, et les sucreries de canne *Say*. Ces dernières ont été fondées à Nantes en 1812 par Louis Auguste Say, frère de Jean-Baptiste et économiste comme lui.

En 1986, le groupe italien *Ferruzzi* prend le contrôle de *Béghin-Say*.

Six ans plus tard, l'affaire est rachetée par la société génoise *Eridania*, filiale de *Montedison*, un conglomérat italien qui sera par la suite vendu par appartements pour éponger les dettes.

Une part importante sera acquise par *Fiat* et *EDF*, dont *Eridania-Béghin-Say*. Le groupe sucrier se scinde. Les agriculteurs betteraviers des usines *Béghin-Say* se constituent en coopérative sous le nom d'*Union BS* (*Union des Planteurs de Betteraves à Sucre*).

En 2002, les parts de *Béghin-Say* sont rachetées par *Union SDA* (*Union des Sucreries et Distilleries Agricoles*) et *Union BS*. L'ensemble devient le groupe **Tereos.** La marque *Béghin-Say* subsiste[w].

Belin (1902)

Biscuiterie fondée par Gustave Belin à Bagnolet, rue du bien nommé Charles Graindorge. En 1963, elle est rachetée par la *National Biscuit Company* (*Nabisco*) premier biscuitier américain. Cette année-là, elle lance **Pépito,** un biscuit chocolaté qui connaît depuis un succès sans faille auprès des chères têtes, blondes ou non.

En 1987, la société *Belin* prend le nom de *Nabisco Brands France*. Deux ans plus tard, *BSN* (qui deviendra **Danone** en 1994) rachète à *Nabisco* sa filiale Europe (et donc française) et devient *Belin SA*. En 1997, cette dernière est absorbée par **LU,** filiale de *Danone*. Tous les biscuits sucrés *Belin* passent sous la marque *LU*, tandis que les salés se regroupent sous la marque *Belin* (les fameux crackers *Belin*, vantés par la pub).

En 2007, *Danone* cède son pôle biscuits à *Kraft Foods*, qui prend le nom de **Mondelēz International** en 2012.

Bell's (1851)

En 1851, Arthur Bell se lance dans l'assemblage de whiskies pur malt pour créer ce qu'on appelle en bon français un *blend*. Arthur Bell fut le premier producteur connu à se doter, dès 1863, d'un agent à Londres pour la commercialisation.

Les deux fils d'Arthur, Arthur Kinmond (AK) et Robert, le rejoignent au sein de l'entreprise en 1895. La maison marche modérément en raison, précisément, de la modestie d'Arthur, qui refusait que son nom soit inscrit sur l'étiquette, préférant que *« la qualité de mes produits parle d'eux-mêmes »*.

Arthur décède en 1900. En 1904, le nom *Arthur Bell & Sons* est inscrit sur les étiquettes. Dans la foulée, le whisky est exporté en Australie, Nouvelle-Zélande, Inde, Ceylan (aujourd'hui le Sri Lanka), Afrique du Sud, Italie et France. Parallèlement, AK entreprend un long voyage qui le mène en Amérique du Nord. Bref, les affaires marchent mieux tant et si bien que Robert se retire sur ses terres en 1921. Reste aux commandes Arthur Kinmond Bell.

En 1933, la fin de la prohibition aux États-Unis va donner un coup de fouet à l'entreprise, en dépit de la crise (ou peut-être grâce également à la crise: les ventes d'alcool ont plutôt tendance à augmenter pendant les périodes de difficultés économiques). Cela lui permet d'acquérir trois distilleries écossaises, *Blair Athol*, fondée en 1798 à Pitlochry (au centre de l'Écosse), *Dufftown distillery*, l'une des nombreuses distilleries de cette ville du nord de l'Écosse (avec *Balvenie*, *Glendullan*, *Glenfiddich*, *Kininvie* et *Mortlach*) et *Inchgower distillery*, à Buckie sur la côte nord-est de l'Écosse.

Les deux frères décèdent pendant la Seconde Guerre Mondiale. Le comptable de l'entreprise, William Govan Farquharson, reprend les rênes et la transforme en société anonyme. Ne pouvant lutter contre les grands groupes en matière de publicité, la marque va encourager les *drink-mixers*, ces mélanges à base de whisky et de soda ou de jus de fruits. Avec succès, puisque les ventes vont être multipliées par 8 dans les années 70 pour devenir en 1978 le whisky le plus vendu en Angleterre.

En 1985, la société est rachetée par le groupe **Guiness,** qui deviendra **Diageo** en 1997 à la suite de la fusion-acquisition avec le groupe *Grand Metropolitan*[20]. *Bell* signifie *cloche* en anglais, ce qui explique pourquoi les séries spéciales sont éditées dans des flacons en céramique en forme de clochette à manche[21, w].

Belvita (2012)

Biscuit pour petit-déjeuner lancé aux États-Unis puis en Grande-Bretagne et enfin en Europe continentale par **Kraft Foods,** devenu *Mondelz International. BelVita*, ou la belle vie façon *dolce vita !*

Ben & Jerry's (1978)

Ces deux-là, ils se sont connus sur les bancs de l'école: Ben Cohen et Jerry Greenfield. Après différentes études menées sans grand succès, ils prennent des cours... de fabrication de crème glacée à la *Pennsylvania State University Creamery*. C'est la plus grande structure d'enseignement américaine spécialisée dans le lait. Et, comme aux États-Unis on ne compte pas uniquement sur l'État pour le financement, elle vend ses produits, lait, crème, fromages...

À la fin de leurs études, *Ben et Jerry* démarrent leur propre société, avec 12 000 dollars, dont, précise le site officiel, 4000 empruntés. Ils ouvrent une sorte de salon de dégustation dans une station d'essence rénovée au centre de Burlington dans le Vermont, un état du nord-est des États-Unis.

En 1979, ils organisent une journée de distribution gratuite de boules de glace. La coutume perdure aujourd'hui, affirme le site. L'année suivante, *Ben & Jerry* commencent à mettre leurs glaces en pots, afin d'approvisionner les commerçants locaux.

En 1981, la première franchise est vendue. Mieux, un article du très sérieux hebdomadaire américain *Time*, qui fait sa couverture sur l'industrie américaine des ice-creams, estime que *Ben & Jerry* font la meilleure glace du monde !

Häagen-Dasz, le concurrent, voit d'un très mauvais œil le développement de *Ben & Jerry* et tente par deux fois de limiter sa distribution, ce qui lui vaudra autant de procès.

En 1985, les deux hommes créent une fondation à caractère social, la *Ben & Jerry's Foundation*, alimentée par 7,5 % des bénéfices (avant impôts) de la marque.

En 2000, les fondateurs revendent la société au groupe anglo-néerlandais **Unilever** pour 326 millions de dollars (un peu moins de 300 millions d'euros) [w, so].

Benco (1966)

Benco a été créé par **Banania** pour concurrencer directement **Nesquick.** *Benco* est instantanément soluble comme *Nesquick* et ne contient pas de céréales contrairement à *Banania.* Pourquoi ce nom, *Benco ?* Vraisemblablement, à l'origine, ses concepteurs devaient vouloir rappeler le lien avec la famille des produits *Banania : Banania & Co.* Raccourci, cela donne *Banco*, un nom qui fait plus penser à l'univers impitoyable du jeu plutôt qu'à celui, rassurant, du petit-déjeuner. *Banco* devient *Benco.* En 2003, ces marques, ainsi que **Yabon,** sont rachetées par la firme française *Nutrial.*

Bénédicta (1911, 1957)

En 1907, à Seclin, dans le Nord (10 km au sud de Lille), un dénommé Prosper Eeckman reprend une vinaigrerie et y ajoute l'élaboration d'huiles. À l'époque, toute référence aux monastères suggère une image de tradition et de qualité gustative. Aussi Eeckman dépose-t-il en 1911 la marque *Bénédictin* pour ses huiles, mais joue la modernité en les commercialisant en bouteilles de verre.

En 1957, cette société se rapproche du groupe hollandais Duyvis et donne naissance à la société *Mayolande.* Le nom de la marque, féminisé, devient *Bénédicta* et se fait connaître par une nouvelle trouvaille en ma-

tière de *packaging*: la mayonnaise en tube.
En 1977, la société *Azko* rachète *Duyvis*, puis en 1988, *Mayolande* passe sous le giron de *Douwe Egberts*, filiale de la multinationale *Sara Lee*. Trois ans plus tard, celle-ci revend *Bénédicta* à *Astra Calvé*, filiale d'**Unilever,** à l'exclusion de **Bénénuts.**
En 1999, *Unilever* rachète **Amora Maille** et la commission européenne l'oblige à céder *Bénédicta* pour cause de position dominante. En décembre 2000, *Bénédicta* est rachetée par le fonds d'investissement *Barclays Private Equity* (devenue *Equistone Partners* en 2011). Puis revendue en 2005 à un autre fonds, *Axa Private Equity*. Avant d'être, en 2008, acquise par **Heinz.**

Bénédictine (1510, 1863)
L'histoire de la *Bénédictine* commence à l'aube du XVIe siècle lorsqu'un herboriste bénédictin de Venise, Dom Bernardo Vincelli, de passage à l'Abbaye de Fécamp, crée un élixir à base de 27 plantes et épices venant des quatre coins du monde. Très apprécié à la cour de François Ier, le breuvage est produit par les moines bénédictins jusqu'à la fin du XVIIIe siècle.
La Révolution française faillit être fatale à la *Bénédictine*. Le monastère est vidé de ses occupants et les objets leur appartenant mis en vente. Parmi eux, le manuscrit contenant la formule de l'élixir. Il est acheté par un notable de Fécamp en 1791, qui le range dans sa bibliothèque et l'oublie.
En 1863, Alexandre Le Grand, dont la rumeur affirme qu'il descend de cet illustre éponyme, tombe par hasard sur le grimoire et y découvre la recette secrète. Il la déchiffre et décide d'élaborer cette mystérieuse liqueur. À force d'acharnement, il y parvient, l'adapte aux goûts de l'époque et la baptise *Bénédictine*. Bien lui en prend: dix ans plus tard, la production atteint déjà 150000 bouteilles.
Cinq générations de Le Grand se succèdent à la tête de l'entreprise jusqu'en 1988, où elle est rachetée par le groupe **Martini & Rossi** qui fusionnera à son tour cinq ans plus tard avec l'Américain **Bacardi.**
La recette actuelle est toujours tenue secrète et il n'en existerait, dit-on, que trois exemplaires dissimulés en trois endroits de la planète. Si les vieux alambics de cuivre de Fécamp sont toujours utilisés pour élaborer le produit, l'embouteillage des 3,5 millions de bouteilles annuelles (avec celles de *B & B*) se fait désormais à l'autre bout de la France, dans l'usine du groupe *Bacardi-Martini* de Beaucaire, dans le Var. Quelque 96 % de la production sont exportés.

Bénénuts (1969)
Cette marque de cacahuètes grillées et autres fruits secs pour l'apéritif a été lancée par **Bénédicta.** Le nom est un concentré de ***Bénédicta*** et de ***nuts,*** *noix*, toutes sortes de noix

et de fruits secs car en anglais *nuts* est le diminutif de *walnuts* (*noix*), *hazelnuts* (*noisettes*), *peanuts* (*cacahuètes*) …
En 2005, l'ensemble du pôle apéritif de *Sara Lee*, dont *Bénénuts*, est cédé à **PepsiCo.**

Benson & Hedges (1873)
La marque de cigarettes *Benson & Hedges* a été fondée au Canada par Richard Benson et William Hedges. En 1885, Alfred Paget Hedges succède à son père tandis que Richard Benson revend ses parts. Le siège social est transféré au Royaume-Uni.
Au début du XXe siècle, *Benson & Hedges* ouvre une filiale aux États-Unis. Celle-ci prend son indépendance en 1928 avant d'être rachetée par l'Américain **Philipp Morris.** De son côté, la partie britannique *Benson & Hedges Ltd* (ex-maison-mère) est acquis par le groupe britannique *Gallagher*, lui-même racheté par *Japan Tobacco* en 2007[w].
Benson & Hedges sont devenus *Fournisseur de la Couronne royale britannique* en 1878. Mais ce *Royal Warrant* fut retiré en 1991, officiellement « *faute de demande dans les maisons royales* ». Le sceau doré qui a longtemps orné le rabat du couvercle du paquet a donc disparu[w].

Ben's Original (1943, 2020)
Vous connaissez le riz de la marque *Uncle Ben's*. Vous ne la trouverez plus. Rassurez-vous, les célèbres paquets existent toujours. Mais désormais, ils s'appellent *Ben's Original*. Exit le médaillon avec la photo d'un Noir souriant d'un certain âge. Aux États-Unis, le changement a eu lieu en 2020.
La firme **Mars,** propriétaire de la marque, a en effet décidé de modifier le nom et l'identité visuelle. Motif: elle était accusée de véhiculer des stéréotypes sur les Afro-Américains[22]. *Mars* a hésité plusieurs mois avant de se rendre compte qu'il ne pouvait pas lutter contre l'emballement des réseaux sociaux américains. Sans fondements en l'occurrence. En effet, jusqu'alors *Mars* expliquait sur son site que Uncle Ben était un producteur de riz « *African-American* » connu pour l'excellence de son riz (le sud des États-Unis est une très importante région de production). Et Gordon L. Harwell, l'un des co-fondateurs de la marque qu'acquerra par la suite *Mars* avait donc tenu à lui rendre hommage en appelant son riz ainsi.
Mais la *vox populi telae* en a décidé autrement. Pour *le peuple de la toile*, *African-American* sous-entend *esclave ou descendant d'esclave*. Une allusion jugée d'autant plus intolérable que ce terme d'*Uncle* était, c'est vrai, couramment utilisé dans les États américains du sud pour désigner les vieux esclaves ou serviteurs.[23, w] Et tant pis s'il s'agissait de pérenniser le nom d'un bon producteur. La réécriture de l'histoire ne le permet plus.
Il n'en reste pas moins que *Uncle Ben's* a changé le riz

que le monde entier consomme. À l'origine, un procédé inventé en 1930 par deux scientifiques et chimistes britanniques, Erich Huzenlaub et Francis Heron Rogers. Ce procédé, appelé *Huzenlaub*, consiste à sécher sous vide le grain de riz entier puis le cuire à la vapeur, de nouveau à le sécher sous vide et enfin, seulement, le décortiquer. Cette méthode a trois avantages : garder l'essentiel des nutriments du riz, le rendre beaucoup plus résistant aux charançons et accélérer sa cuisson. Depuis quantité de pays ont adopté ce procédé.

En 1932, Forrest Mars senior, le fondateur de l'empire agro-alimentaire américain, est en voyage en Angleterre, dans le but de faire fabriquer sur place la friandise qui marche si bien aux États-Unis à l'époque, **Milky Way.** Il entend parler du fameux procédé. Il rencontre Erich Huzenlaub. Les deux hommes vont rapidement comprendre leur intérêt mutuel. Ils fondent la *Mars and Huzenlaub* à Houston (Texas), qui donne à *Mars* une partie des droits sur ce procédé. Moyennant quoi, *Mars* va aider financièrement le chimiste britannique à fonder la *Huzenlaub Inc*, qui à son tour va constituer, en 1942, avec un certain Gordon L. Harwell, un négociant de Houston en produits alimentaires, la *Converted Rice Inc.* Compte tenu de l'époque, toute la production de riz ainsi traité va être vendue aux armées américaine et britannique, sous la marque *Uncle Ben's* (sous-entendu *rice, le riz de l'Oncle Ben*).

À la fin de la Guerre, grâce à des financements de l'Armée américaine et de nouveau de *Mars*, une deuxième usine est construite. En 1959, *Mars* rachète les intérêts de Huzenlaub dans l'affaire.

Berger (1923)

Les boissons anisées sont consommées depuis des siècles tout autour du bassin méditerranéen, qu'il s'appelle *ouzo* en Grèce, *raki* en Turquie, *arak* au Liban, *anís* en Espagne, ou *sambuca* en Italie. Pourtant, plusieurs marques françaises viennent de Suisse, comme **Pernod**, le précurseur, et *Berger.*

Ce Berger-là, c'est Charles-Frédéric (son nom se prononce *Bergueur*). Il possède une distillerie d'absinthe à Couvet, dans le canton de Neuchâtel, depuis 1823.

L'absinthe, surnommée la *« fée verte »* ou la *« blanche »* après dilution dans l'eau, utilisée à l'origine à des fins médicinales, va connaître un réel engouement comme apéritif. Mais son très fort titrage (72°) et ses composants neurotoxiques (*« l'alcool qui rend fou »*) allaient provoquer une levée de boucliers de différentes corporations (ligues anti-alcooliques, corps médical, presse, mais aussi viticulteurs, qui conseillaient de boire du vin plutôt que de l'alcool !) allait conduire à son interdiction totale en France (1915).

Charles-Frédéric décide alors de *descendre* à Marseille où l'on apprécie depuis des lustres la saveur de l'anis. Il se lance dans la production d'anis blanc. Le pastis viendra plus tard, après la Seconde Guerre Mondiale (*voir* ***Pernod***).

Besserat de Belfond (1843, 1920)

Cette maison de champagne a été créée en 1843 par Edmond Besserat à Ay (ou Aÿ, Aÿ-en-Champagne), un bourg qui jouxte Épernay. En 1920, Edmond, deuxième du nom et petit-fils du premier, se marie avec Yvonne de Méric de Bellefon. Ce jour-là, le champagne Besserat a pris lui aussi des lettres de noblesse.

Mais le champagne de la maison va réellement prendre son essor dix ans plus tard lorsque le patron du restaurant de *La Samaritaine de Luxe*, le second magasin de *La Samaritaine*, ouvert en 1917 par Ernest Cognacq au 27 Boulevard des Capucines à l'attention d'une clientèle plus aisée, lance un défi à Victor Besserat, le frère d'Edmond : « *Préparez-moi un vin de champagne suffisamment onctueux pour accompagner tout un repas et je vous commanderai 1 000 bouteilles au lieu de 100* ».

Le pari sera gagné avec la *Cuvée des Moines*, en hommage aux moines bénédictins qui les premiers surent maîtriser la double fermentation du champagne. Pour obtenir ce résultat, on a diminué la quantité de liqueur de tirage ce qui entraîne une pression plus faible à l'intérieur de la bouteille ce qui produit des bulles 30 % plus fines et donne un côté crémeux (*voir encadré*) [24].

Le champagne *Besserat de Bellefon* appartient au groupe **Lanson-BCC.**

Autrefois, un champagne *crémant* était « *un champagne se couvrant d'une mousse légère et peu abondante* », selon la définition du **Littré.** Crémeuse, pour tout dire. Le *crémant* était obtenu en diminuant la pression dans le champagne (on parlait d'un champagne pris à demi-mousse). Crémant s'intercalait entre perlant, où la bulle est plus sensible sur la langue qu'elle n'est visible, et pétillant ou mousseux.

Depuis 1994, les vins effervescents autres que le champagne n'ont plus le droit à l'appellation *méthode champenoise*. Du coup le terme de *crémant* a été dévolu à ceux qui utilisent cette méthode, aujourd'hui appelée traditionnelle, où la prise de mousse s'effectue en bouteille et non pas en cuve close, ce qui garantit a priori des bulles plus fines. En France, la plupart des régions viticoles produisent des crémants. Certains d'entre eux ont toutefois leur propre appellation comme la *Clairette de Die* ou la *Blanquette de Limoux*.

Bi1 (2013)

Enseigne de supermarchés lancée dans l'est de la France par le groupe bourguignon Schiever (*voir encadré* ***Atac***), indépendamment du groupe

Auchan, dont il est par ailleurs partenaire. Le lancement de cette nouvelle enseigne a été d'autant plus rapide qu'en France elle s'est souvent substituée à celle d'*Atac*, pour la partie gérée par le groupe. Aujourd'hui, le groupe Schiever compte plus d'une cinquantaine de magasins *bi1* en France (prononcez: *bien).* À partir de 2018, l'enseigne s'ouvre à l'international, et plus précisément au Tadjikistan où trois magasins sont ouverts dans l'année à Douchanbé, la capitale. Là-bas, l'enseigne s'écrit en cyrillique *би1*. Pour un russophone (le russe est l'une des langues officielles avec le tadjik), cela se prononce *bi-adine*, ce qui ne veut rien dire. Tant pis pour le jeu de mots et le slogan – *« bi1, bien sûr! »*.

L'un des axes de *bi1* est le bien-être animal d'élevage, domaine où l'enseigne a reçu plusieurs prix.

Le groupe *Schiever* est né à Avallon en 1871, lorsqu'Euphémie Schiever a ouvert un négoce en gros de vins et spiritueux. En 1900, le groupe devient un grossiste alimentaire. En 1969, le groupe entend profiter de la révolution commerciale initiée par Édouard Leclerc dès 1953 et ouvre son premier supermarché, **Maximarché,** à Semur-en-Auxois (Côte d'Or). Par la suite, le groupe se développera, dans la région Grand Est, mais également à l'étranger (Pologne, Tadjikistan, Ouzbékistan), au travers de cinq enseignes de distribution alimentaire, soit en partenariat avec *Auchan* (*Atac*), soit en propre (*bi1*, *Maximarché* et **Proximarché).** Le groupe assure son développement au travers de six autres enseignes, dont quatre dans le bricolage, la décoration et le jardinage (*Weldom*, *Bricoman*, *Schiever Déco et Hôli*), auxquelles s'ajoutent l'enseigne d'habillement *Kiabi* et celle de prestations de service et de réparation, *l'Atelier*, la plupart en partenariat avec *Auchan*. Enfin, l'activité du groupe comprend des services d'approvisionnement, des entrepôts et une flotte de camions (ce que les professionnels appellent la *supply-chain*), la gestion immobilière des magasins détenus en propre et une centrale d'achats.

À noter que chez *Schiever*, on ne parle pas de groupe mais de *tribu*, sans doute parce qu'il s'agit d'un dis-*tribu*-teur...

Bigard (1968)

Lucien Bigard commence sa carrière professionnelle dans le négoce de viandes aux Halles de Paris. En 1958, il s'installe à Quimperlé (Finistère), où il est embauché dans une petite entreprise de commerce de viandes, la *Socovia* (*Société Commerciale des Viandes*). En 1968, il reprend la société. Six ans plus tard, il lui donne son nom. Il faudra encore cinq ans pour que le logo apparaisse, reprenant les traditionnelles plaques des bêtes primées dans les comices agricoles. En 1982, moins de quinze après la reprise de la société, le chiffre d'affaires annuel s'élève à 150 millions d'euros. Cette année-là, *Bigard* lance le steak haché frais en grandes surfaces.

En 1995, l'expansion s'accélère avec la reprise d'un groupe concurrent, *Arcadie* et *Arcadie Distribution sud-est.* En 1997, Jean-Paul, le fils de Lucien, reprend les rênes de la maison. Cela ne ralentit en rien le rythme des acquisitions, bien au contraire. Cette même année, *Bigard* rachète 50 % de **Charal.** En 2000, suit l'acquisition de l'abattoir *Gallais Viandes*, à Pontivy, dans le Morbihan, puis en 2003, celle de la société *Davy*, à Caussade (Tarn-et-Garonne). En 2006, trois abattoirs d'*Arcadie Centre Est* tombent dans l'escarcelle de *Bigard.* En 2008, la société acquiert la totalité du capital de *Charal.* Par ailleurs, cinq sites d'un concurrent, *Défial*, sont rachetés.

En 2009, c'est au tour de la *Socopa* (*Société de Commercialisation de Produits Agricoles*), via la création de *Socopa Viandes*, filiale à 60 % de *Bigard.* Enfin, en 2011, *Bigard* rachète *Sol Viandes*, spécialiste du veau haut de gamme.

Aujourd'hui, avec un chiffre d'affaires de 4,3 milliards d'euros et 14000 salariés répartis sur 55 sites, le groupe est n° 1 français de la viande. Au niveau européen, il est n° 1 pour le bœuf et n° 3 toutes viandes confondues.

Le volume d'abattage est de 910000 tonnes par an, soit, par semaine, 25000 bovins 4200 veaux, 90000 porcs et 8000 ovins.[w]

Billecart-Salmon (1818)

Cette petite maison de champagne a été fondée au début du XIXe siècle dans le village de dans le village de Mareuil-sur-Aÿ, près d'Épernay, par un jeune couple, Nicolas-François Billecart et Elisabeth Salmon. Depuis, la maison est toujours restée aux mains de la famille, qui en est à la septième génération, même si la société Frey, très impliquée en Champagne, a acquis 45 % du capital en 2005.

La maison produit un champagne qui l'on trouve plus souvent à la carte des plus grands restaurants que dans les rayons de supermarché. Ce qui n'empêche nullement son essor, bien au contraire: la maison commercialise aujourd'hui 1,6 million de bouteilles par an, trois fois plus qu'il y a 25 ans.

Billette (?)

On ne sait pas grand-chose de ce vin rosé AOP de Provence, avant que l'arrivée dans ce secteur du groupe champenois **Vranken-Pommery.** Ce dernier va commercialiser les vins **Listel** et *Billette* à partir de 2005 (le nom de *Billette* était-il antérieur?) avant de les racheter en 2009, faisant de *Vranken-Pommery* le premier producteur mondial de rosé, avec 2500 hectares de vignes (Provence et Camargue). Les marques *Billette* et *Listel* sont aujourd'hui propriété du groupe **Castel** (*voir Listel*), qui met l'accent sur l'exportation (jusqu'en Chine), mais la production reste aux mains du champenois. La mise en bouteille du vin *Billette*, précédemment réalisée à Sète aux côtés de celle du *Listel*, a été rapatriée en Provence.

Le terme de *billette* est selon le Littré soit un acquit délivré autrefois par le douanier (comprenez le portier de la ville) au marchand (et cela s'est notamment pratiqué à Bordeaux pour les tonneaux de vin entrant en ville), soit du bois fendu pour le feu. Une hypothèse, que ce terme de *billette* ait été utilisé régionalement, c'est-à-dire en Provence, pour désigner un *merrain*, cette planche de bois fendu dans laquelle est découpée la *douve*, la latte bombée qui, par assemblage, forme la structure d'un tonneau.

Il existe deux vins presque homonymes (ce qui veut bien dire qu'ils n'ont aucun rapport), le vin de Bordeaux *Château de la Billette* et le champagne *Daniel Billette.*

Bio c'bon (2008)

Groupe de distribution de produits issus de l'agriculture biologique fondé par Thierry Brissaud, un spécialiste du secteur. La croissance est très rapide, portée par l'engouement pour les produits *sains*. En 2013, ouverture du 30e magasin. L'année suivante, début de l'internationalisation : Italie, Espagne, puis Belgique, Suisse, Japon, Dans ce pays, le groupe crée en 2016 une coentreprise avec le groupe nippon *Æon* Group pour ouvrir des magasins au Japon. En 2018, *Æon Group* prend 20 % du capital de *Bio c'bon* annonce que le géant japonais de la distribution rentre dans son capital à hauteur de 20 %.

Pourtant, la situation financière se dégrade. Et les choses ne s'arrangent pas avec les manifestations hebdomadaires des Gilets Jaunes pour ces magasins situés en centre-ville.

Pourtant, beaucoup de d'entreprises se proposent de reprendre la société en difficulté.

Entretemps, *Bio c'bon* est placé en redressement judiciaire. C'est finalement **Carrefour** qui emportera la mise en 2020.

L'enseigne compte 158 magasins, dont 120 en France.

Biocoop (1986)

Dans les années 70, l'heure est à la libération des mœurs, du retour à la nature. Plusieurs groupements de consommateurs se forment pour acheter des produits de l'agriculture biologique. Problème, les cahiers des charges définissant les produits bio sont nombreux et variés. Dix ans plus tard, les premières coopératives commerciales apparaissent. Peu à peu, le mouvement se structure et en 1986 est créée l'association loi 1901 *Biocoop*. Une quarantaine d'entreprises la signent.

En 1993, le cap des 100 magasins est atteint. Un chiffre doublé quatre ans plus tard. En 2002, pour tenir compte de son expansion, l'association modifie ses statuts et devient une Société Anonyme Coopérative. Aujourd'hui, *Biocoop* totalise environ un demi-millier de points de vente, ce qui en fait la première enseigne bio de France.

Biomonde (1992)

À l'image de **Biocoop,** *Biomonde* est l'autre grande coopérative du secteur bio. Cette Société Anonyme Coopérative compte aujourd'hui environ 200 magasins bio indépendants répartis sur l'ensemble de la France, ce qui la place en 3e position en nombre d'échoppes.

Bisquit (1819)

Bisquit est une marque de cognac fondée par Alexandre *Bisquit*, maire de Jarnac de 1848 à 1851, et maire converti aux idées républicaines. À propos de conversion, *Bisquit* présente l'originalité d'être l'une des rares grandes maisons de Cognac (avec **Hennessy)** fondée par un catholique dans cette région acquise au protestantisme, jusqu'au milieu du XIXe siècle (*voir encadré*).

En 1533, Jean Calvin quitte précipitamment Paris, où il se sent menacé en raison de ses prises de position en faveur de la Réforme. Il se réfugie à Angoulême chez son ami Louis du Tillet, curé de Claix. Là, selon certains, il commence à formaliser sa doctrine[25]. Il n'est donc pas étonnant que celle-ci se répande dans la région : Jarnac n'est qu'à 30 km d'Angoulême, Cognac à 45.
Et ce n'est pas non plus un hasard si les Pays Bas, devenus la patrie des Calvinistes depuis l'établissement de la République indépendante des Sept Provinces Unies en 1581, constituent le premier marché à l'export du cognac, né, lui, en 1619.
Les Hollandais l'appellent *gebrande wijn*, le vin brûlé (c'est-à-dire distillé), qui a donné le mot *brandy*.

Bjorg (1988)

Bjorg est une marque du groupe *Distriborg* (*Société française de* ***Distrib****ution* ***Or****ganisée*), créé par Régis Pelen en 1970, spécialisée dans la gestion de produits diététiques en grande surface.
Bjorg, condensé de *bio* et *Borg*, rappelle le nom de la maison-mère et l'orthographe à la scandinave met l'accent sur le côté sain et naturel.
Distriborg appartient au groupe néerlandais *Royal Wessanen* (*Koninklijke Wessanen*), fondé au XIXe siècle par Adriaan Wessanen et Dirk Laan et aujourd'hui spécialisé dans la fabrication de produits issus de l'agriculture biologique.

Black & White (1884)

Ce whisky a été créé par un marchand de spiritueux d'origine écossaise, né au Canada et résidant à Londres, James Buchanan (il sera anobli en 1922 pour actions philanthropiques). Grâce à ce *blend* (assemblage), James devient fournisseur officiel du Parlement britannique et appelle son breuvage le *Buchanan's House of Commons Scotch Whisky*.
James Buchanan adorait les

animaux et plus particulièrement les chiens. En 1890, explique le site officiel, c'est au retour d'une exposition canine qu'il conçut l'étiquette avec les deux chiens – un *Scottish-Terrier* noir et un *West Highland White Terrier.* Très vite son whisky sera surnommé *Black and White*, avant de devenir une marque mondialement célèbre. Il occupe le 10e rang des whiskies les plus vendus au monde.

Blédina (1906)

Quand on recherche l'origine de la *Blédine*, on apprend que ce produit à base de biscuit de blé a été inventé par les pharmaciens de Villefranche-sur-Saône, Joseph-Léon Jacquemaire et Maurice Miguet. Pourtant, seul le premier a sa rue dans la cité caladoise (*voir encadré*). Pourquoi cet ostracisme?

Il semble que les choses se soient passées ainsi. À l'origine, Joseph-Léon axait ses recherches sur la lutte contre le rachitisme qui frappait à l'époque quantité d'enfants, notamment dans les villes industrielles. Il met au point des produits fortifiants. D'abord, vers 1983, avec des boissons phosphatées (*Phosphate Vital*). Puis il s'intéresse, comme beaucoup de ses contemporains, aux bienfaits de la viande et conçoit avec l'un de ses préparateurs, Gustave Lefrancq, une préparation à base de sang de bœuf qu'ils appellent la *Carnine*, marque déposée en 1900. Problème, Lefrancq dépose en 1904, et sans en parler à Jacquemaire, une nouvelle marque, la *Carnine Lefrancq*. Le succès commercial de ce produit aboutit à la séparation des deux hommes. Lefrancq part s'établir dans la région parisienne, à Romainville[26].

Quant à Jacquemaire, il poursuit ses études sur la nutrition et s'intéresse maintenant aux propriétés du blé. En 1906, un de ses pharmaciens, Maurice Miguet, élabore un nouveau produit, une bouillie à base de biscuits de blé[27]. Avantage, il s'utilise avec de l'eau et est assimilable par les bébés allergiques au lactose. Lefrancq a fait école: Joseph-Léon dépose seul la composition du produit sous la marque Blédine, de *bledum*, *le blé*, en bas latin. Miguet ne disparaît pas pour autant puisqu'il reprend l'affaire l'année suivant le décès de Jacquemaire. Grâce à son sens commercial hors pair et une réelle efficacité des produits *Jacquemaire*, testés en permanence auprès de très nombreux médecins, la *Blédine* connaîtra un tel succès (elle est toujours commercialisée) qu'elle intégrera rapidement dans le nom de la société qui s'appellera dans un premier temps *Blédine Jacquemaire* puis, en 1963, *Blédina.*

En 1965, elle est rachetée par la *Société anonyme des eaux Minérales d'***Évian** (*SAEME*), *puis intégrée à BSN, qui deviendra* **Danone.**

Les habitants de Villefranche-sur-Saône s'appellent les Caladois. Cela en

raison des nombreuses calades que comptait la ville (la plupart ont disparu). Les calades sont des pierres de piètre qualité – le plus souvent des galets de fleuves, voire des déchets de carrière ou de chantier – que l'on utilisait pour paver, encalader en occitan, des rues, qui ont pris ce nom. Ces pierres étaient disposées sur chant, très serrées les unes contre les autres pour assurer un minimum de stabilité dans la mesure où il n'y avait pas de mortier. Cette technique était apparemment utilisée dans les régions marécageuses.
Ainsi à Villefranche, l'église Notre Dame des Marais jouxte la paroisse Sainte Anne des Calades. Elle était également employée pour stabiliser des chemins en pente, ce qui explique la définition qu'en donne le Littré : *« une pente par laquelle on fait descendre un cheval au petit galop pour donner de la souplesse à ses hanches »*.

BN (1896)
La *Biscuiterie Nantaise* (*BN*) est créée par Pierre Pelletreau pour concurrencer l'omniprésente – déjà – biscuiterie *Lefèvre-Utile* **(LU).** Pourquoi ouvrir au même endroit une autre biscuiterie ? Parce Nantes est un port, notamment un port sucrier (sucre brut des colonies) et que les marins de l'époque consomment beaucoup de biscuits, un aliment qui ne pourrit pas car il est cuit deux fois (biscuit). Malheureusement, moins d'un an plus tard, l'atelier de fabrication de la BN brûle. Pelletreau cherche alors un associé pour relancer l'entreprise. Il le trouve en la personne de Pierre Cossé, riche héritier d'une famille de raffineurs sucriers (*cf.* **Cossé-Duval,** qui sera rachetée par Beghin-Say en 1937). La société devient *P. Pelletreau, P. Cossé et Cie* mais conserve le nom d'usage, *Biscuiterie Nantaise* ou *BN*. Quelques mois plus tard, nouvel incendie. L'entreprise s'en remet. Rebelote en 1902 : c'en est trop, Pelletreau jette l'éponge. Pierre Cossé s'associe alors avec André Lotz, un industriel de la région.
Comme pour **Banania**, la Première Guerre Mondiale donne un coup de pouce à la production. Certes, l'usine, comme celle de *LU*, est réquisitionnée pour approvisionner l'armée, mais à la fin du conflit, les deux firmes concurrentes signent un accord avec les États-Unis pour fournir des biscuits à l'armée américaine, entrée dans le conflit en avril 1917, en échange de blé.
En 1922, l'entreprise effectue un nouveau bond en avant avec la création du *casse-croûte BN*, destiné aux ouvriers.
En 1952, nouvel élan avec la version écolière de ce gâteau, le *choco-BN*, qui deviendra le *BN* tout court en 1992, après l'interdiction de l'Union européenne d'appeler chocolat un simple nappage au goût de chocolat. Il en profite pour changer de look, la forme carrée

du biscuit s'adoucit tandis qu'apparaît un visage souriant, faisant un clin d'œil, sur l'une des faces.

À partir de 1968, l'entreprise va changer de nationalité, d'abord américaine (rachat par *General Mills* puis **Pepsico)** puis britannique (*United Biscuit*, qui possède également la biscuiterie belge **Delacre).**

Boizel (1834)

Auguste Boizel et sa femme Julie créent la maison *Boizel-Martin* à Épernay. L'association du nom de jeune de fille de l'épouse est un fait rare à l'époque. La fabrication du champagne est, à l'image des récoltes ou de la solidité des bouteilles, aléatoire. Le premier millésime ne sortira qu'en 1865.

En 1871, la maison prend le nom de *Boizel Père et Fils*. Le contrat de famille signé entre Auguste et son fils Édouard l'est également par la femme de ce dernier, Adèle. Chez les Boizel, les femmes sont associées depuis belle lurette.

L'année suivante, Édouard et Adèle élaborent les premiers Bruts de la maison. Parallèlement, les travaux de Pasteur sur la fermentation et de Chaptal sur la... *chaptalisation* (procédé qui consiste à ajouter du sucre pour accroître la teneur en alcool des vins) permettent une plus grande régularité dans les vinifications. En 1887, la maison signe un contrat avec *Hedges & Butler*, une importante maison de vins londonienne, qui devient son distributeur exclusif pour l'ensemble du Royaume-Uni.

Jules, le fils d'Édouard prend le relais en 1918. Avec sa femme Louise, il va développer à partir de 1925 les exportations en Europe vers la Belgique, la Suisse, et même l'Australie, grâce à des liens d'amitié noués avec un couple d'Australiens, les Meyer, rencontré sur un paquebot transatlantique, lors de leur voyage de noces.

En 1945, René, le fils de Jules, reprend une maison ébranlée par la Crise de 1929 et la Seconde Guerre Mondiale. Il se consacre d'abord à la reconstitution de stocks puis à la reconquête des clients, via des lieux de prestige comme *Le Doyen*, *Potel & Chabot*, *Le Café de Paris*, ainsi que les hôtels *Plazza*, *Scribe* et *George V.*

Dès 1950, la maison retrouve son aura d'antan, grâce aussi à des personnalités comme Florence Gould, célèbre mécène proche des milieux artistiques et littéraires, Alfred Hitchcock ou le prince Ali Khan, dont l'épouse, Rita Hayworth, raffole du champagne rosé.

En 1972, la disparition brutale de René et de son fils Éric, contraint la femme du premier, Erika, à reprendre les rênes de la maison, aidée par sa fille Évelyne et son gendre Christophe Roques (qui prendront le nom de Roques-Boizel) et plus encore par le chef des caves, Marcel Carré[50].

En 1994, la maison Boizel rejoint le groupe **Lanson-BCC.**

Bollinger (1829)
Cette maison de champagne a été fondée à Aÿ (aujourd'hui Aÿ-Champagne) par Jacques Joseph Bollinger, un Allemand originaire du duché de Würtemberg et Paul Renaudin, avec la participation d'Athanase-Louis-Emmanuel Hennequin, comte de Villermont. Cet amiral français, après une vie menée au combat (il participa, entre autres, à la guerre d'indépendance des États-Unis et notamment à la célèbre bataille de la Baie de Chesapeake, en 1781), souhaitait revenir sur ses terres où il possédait quelques vignobles. L'idée de fonder une maison de champagne lui est venue quand Jacques Bollinger, devenu français, a épousé sa fille Charlotte: lui et Renaudin travaillaient alors pour la maison *Muller-Ruinart*, aujourd'hui disparue.
Issu d'une très vieille famille champenoise, le comte ne souhaitait pas faire apparaître son nom sur la raison sociale: la Maison s'appellera donc *Bollinger et Renaudin* (jusqu'en 1960). Jacques et Charlotte auront quatre enfants dont deux fils, Joseph et Georges, qui reprendront la Maison et la développeront, tant en ce qui concerne la superficie des vignobles du domaine familial qu'au niveau de sa notoriété: ils deviendront fournisseurs de différentes cours européennes.
En 1918, Jacques, fils de Georges, reprend la maison. Il épouse en 1923 Elizabeth Law de Lauriston-Boubers, dite… Lily. À la mort de son mari, elle lui succède et saura, à l'instar de tant d'autres veuves de Maisons champenoises, assurer son rayonnement, jusqu'en 1971.
Ses neveux Claude d'Hautefeuille puis Christian Bizot lui succèdent. Puis ce sera au tour de Ghislain de Montgolfier, arrière-arrière-petit-fils de Jacques Bollinger. En 2006, la maison rachète le champagne **Ayala** à la compagnie financière *Frey*, qui venait d'investir dans le champagne **Billecart-Salmon.**
Depuis 2007, mini-révolution, ce n'est plus un membre de la famille qui dirige, mais Jérôme Philippon, ancien directeur de… **Coca-Cola** Europe
La boisson change, les bulles restent! Mais le capital reste familial, au travers de la holding *SJB* (*Société Jacques Bollinger*), qui possède également, outre *Ayala*, plusieurs vins et le cognac *Delamain*).

Petit rappel: James Bond ne boit que du *Bollinger*, millésimé, naturellement[28, w].

Bonbel (1932)
Ce fromage à pâte cuite, *« bel et bon »*, a été créé par Émile Bel, après la **Vache qui Rit**.

Bonduelle (1926, 1947)
Il y a bien longtemps, la famille Bonduelle ne faisait pas dans le petit pois mais dans le grain et le genièvre… distillé.
C'est en effet sur les murs d'une distillerie à Marquette-lez-Lille (Nord),

que l'on voit pour la première fois apparaître le nom de Bonduelle : « *Lesaffre et Bonduelle, Alcools de l'Abbaye* », maison fondée en 1853 par Louis-Antoine Bonduelle-Dalle, cultivateur et fabricant d'huile, et Louis Lesaffre-Roussel, distillateur.

Les affaires marchent bien et en 1862, Louis Lesaffre acquiert la ferme de l'Abbaye de Woëstyne, à Renescure (Pas-de-Calais) que son fils transforme en distillerie.

Faute d'accord entre les descendants, en 1901 les usines sont réparties entre les trois branches de la famille, Bonduelle, Lesaffre et Lemaître. À Renescure, André Bonduelle, aidé de ses fils Pierre et Benoît, transforme la distillerie de grains en distillerie de betteraves, tout en développant la culture du blé et de l'avoine, sur des terres malheureusement à faible rendement. Une troisième voie s'impose pour rentabiliser l'exploitation agricole. Les légumes. « *C'est le beau-père de Pierre, Alphonse Dalle, qui va l'inciter à se lancer dans un nouveau métier en lui présentant un conserveur de légumes* », explique Bruno Bonduelle[29]. En 1926, les premiers pois sont plantés et mis en boîte.

En 1947, nouvelle étape, l'entreprise s'affranchit du réseau commercial de la société de conserves La Rochefortaise qu'elle utilisait depuis 1936 et crée Bonduelle[30].

En 1989, Bonduelle devient la première marque mondiale de conserverie de légumes en rachetant **Cassegrain** à **Saupiquet.**

Bonne Maman (1971)

Cette confiture, à l'étiquette calligraphiée et au couvercle imitant le traditionnel bout de tissu à carreaux rouges et blancs tenu par un élastique, a été créée par André Gervoson, fondateur d'**Andros**. « *C'était le surnom de ma grand-mère maternelle, j'ai pensé qu'il pouvait plaire*[31] ».

Bordeau Chesnel (1922, 1956)

Tout a commencé par le mariage de Jules Bordeau et d'Anna Marie-Louise Chesnel. Les jeunes époux ouvrent une charcuterie dans un petit village près du Mans, sur la ligne de chemin de fer Paris-Brest. La création en 1923 de la course des 24 Heures du Mans ainsi que l'idée de vendre des rillettes non plus en vrac mais en pots fermés par de la paraffine leur assure le succès.

Après la mort de Jules en 1949, puis de sa femme cinq ans plus tard, l'entreprise prend le nom de *Bordeau Chesnel.* En 1973, la firme fusionne avec un autre grand des rillettes, *Lhuissier* (d'après la recette concoctée à la fin du XIXe siècle par Albert Lhuissier) et devient *Lhuissier Bordeau Chesnel.* La marque reste *Bordeau Chesnel.* Mais rappelez-vous : s'agit-il d'un clin d'œil ou d'un pur hasard, la première pub à la télé de la marque fait intervenir un... huissier vidant un appartement dont l'occupante se délecte de rillettes *Bordeau Chesnel*. À l'huissier qui lui avoue de ne pas connaître, elle lui lance son désormais célèbre : « *Normal, nous n'avons pas les mêmes valeurs!* » En 1980, la *Soparind*, holding de la famille **Bongrain** devenue aujourd'hui **Groupe Savencia,** acquiert la société.

Bouchard Père & Fils (1731, 1785)
Quand on voit ce nom sur une bouteille de Bourgogne même générique, cela rassure. Car Bouchard n'est pas seulement un négociant, c'est également le propriétaire de quelque 130 hectares de vignes en Bourgogne. À l'origine de la dynastie, on trouve Michel Bouchard, un marchand drapier du Dauphiné. À partir de 1723, il entame des tournées jusqu'en Bourgogne. Là, il commence à acheter du vin aux vignerons et à le commercialiser. En 1731, il ouvre une boutique à Beaune, puis y installe sa famille en 1738. Michel associe son fils Joseph à l'entreprise en 1746. Toujours dans le drap, mais le vin prend une part croissante. En 1757, à la mort de son père, Joseph crée sa société éponyme. Puis, quatre ans plus tard, il s'associe à Nicols Tainturier, marchand de vins, et crée la société *Joseph Bouchard & Nicolas Tainturier*. En 1772, après la mort de son partenaire, Joseph s'associe avec son commis, Philibert Patriarche et crée la société *Bouchard & Patriarche*. Les fils se succèdent aux pères. En 1780, Joseph fait entrer son fils Antoine-Philibert-Joseph, 21 ans, dans l'entreprise. Philibert fait de même et embauche son neveu, Jean-Baptiste, 22 ans. La société prend le nom de *Joseph Bouchard & Fils & Patriarche*.
Cinq ans plus tard, à la suite d'accusations portées par le premier à l'encontre du second de débauchage de clientèle, les deux rejetons se séparent et deux sociétés voient le jour, *Bouchard Père & Fils* d'une part et **Patriarche** de l'autre. La famille restera aux commandes plus d'un siècle, avant de céder en 1995 la maison à **Champagne Henriot.**

Boulaouane (?)
Boulaouane, c'est l'une des grandes régions de vins du Maroc. En 1990, Bernard Magrez et sa société les *Vins Malesan* se sont intéressés au vignoble marocain. Deux ans plus tard, ce fut au tour du groupe Castel, via le rachat de la *Société de Vins de France* (*SVF*, appartenant au groupe **Pernod-Ricard**). Dans l'escarcelle, la marque *Boulaouane*, célèbre pour son vin gris (rosé), réservée à l'exportation. *Castel* rachètera par la suite les *Vins* **Malesan** et produira également le **Sidi Brahim** : le Maroc est un eldorado pour le vin, dans la mesure où on n'immobilise pas de capitaux dans l'achat du vignoble : les terres agricoles appartiennent au souverain qui accorde un bail de 36 ans renouvelable... Une bonne opération, puisque le *Bou-*

laouane et le *Sidi Brahim* occupent respectivement la 1re et 2e places des ventes de vins étrangers en France. La qualité du vin s'est nettement améliorée au fil des ans, au point qu'en 2019, *Castel* a modifié le packaging. Si le gris garde sa bouteille aisément identifiable, le rouge, lui, adopte la bouteille de bordeaux.

Boulard (1825)
Cette maison, fondée par Pierre-Auguste Boulard, à Yvetot, en Seine-Maritime, est devenue l'un des grands noms du calvados. Pour ce faire, elle a déménagé pour s'installer à Coquainvilliers, dans le pays d'Auge (7 km au nord de Lisieux).
Boulard a commencé à exporter son calvados dès les années 1930, en Europe et en Afrique. Cette internationalisation reprendra dès la fin de la guerre, vers la Scandinavie, le Canada et les États-Unis. Le Japon est abordé en 1950.
En 1987, le groupe **Martini & Rossi** acquiert la maison *Boulard*. En 1995, la famille Pellerin, déjà propriétaire du calvados *Lecompte*, crée le groupe *Pays d'Auge Finance.* Dans la foulée, le calvados *Boulard* est racheté à *Martini*. Enfin, en 2007, le fonds d'investissement *Spirit Capital* acquiert *Pays d'Auge Finance* qui devient *Spirit France* (*voir* ***Père Magloire***).[32]

Boursault (1951)
Marque commerciale d'un fromage conçu par Henri Boursault au Perreux-sur-Marne, dans la banlieue est de Paris. Ce fromage triple crème à pâte molle fleurie est élaboré avec du lait entier enrichi de crème. Il est affiné douze jours, puis un mois dans son emballage. Le groupe **Bongrain** rachète l'entreprise *Boursault* en 2000. Le *Boursault* s'est également appelé le *Délice de Saint Cyr*; une dénomination plutôt rare aujourd'hui. Ce fromage est actuellement fabriqué à Meslay-du-Maine, en Mayenne. Il existe en trois versions, lait de vache, de chèvre et de brebis.

Boursin (1957)
François Boursin crée dans la petite bourgade normande de Croisy-sur-Eure la fromagerie éponyme. Six ans plus tard, en 1963, le lancement de son *Boursin Ail & Fines Herbes* le catapulte vers le succès. La recette ? Officiellement, « *un moulage à froid qui préserve toute la saveur et la force des ingrédients* ». Sans doute, mais la présentation, dans une boîte en carton puis une feuille d'aluminium qui permet de conserver le fromage au réfrigérateur sans odeur, y est sans doute pour beaucoup. Et que dire de la publicité, et de ce slogan, rythmé : « *Du pain, du vin, du Boursin* », qui évoque un peu pour les plus anciens le « *Dubo Dubon* ***Dubonnet*** » peint dans les tunnels du métro dans les années 50. Une ressemblance au demeurant tout sauf fortuite : les deux slogans ont été inventés par Marcel Bleustein-Blanchet, patron de *Publicis*.
Aujourd'hui, de même que Lucky Luke a troqué sa ci-

garette pour un brin de paille sous la pression du politiquement correct et plus précisément de la loi Vin de 1991 contre le tabagisme et l'alcoolisme, le petit fromage a habilement modifié son slogan: « *Du pain, du Boursin, c'est sans fin* ».
En 1990, **Unilever** a acquis *Boursin*, avant de le revendre en 2007 au groupe **Bel.**

Bowmore (1779)

C'est la plus vieille des distilleries de l'île d'Islay, située dans le village de Bowmore, à l'ouest de l'Écosse, à quelques encablures de l'Irlande du Nord. Elle a été fondée par un certain John Simpson dont elle était un peu sa danseuse à la fois en raison du nombre d'activités de cet homme – distillateur, constructeur, propriétaire de carrières, vice-consul de l'Empire Ottoman, du Portugal et du Brésil et même receveur des postes. Par la suite, sans que l'on sache quand, la distillerie est rachetée par la société *W. & J. Mutter*. Elle changera par la suite plusieurs fois de mains.
À la fin de la Seconde Guerre Mondiale, Stanley P. Morrison et James Howat constituent la société *Stanley P. Morrison Ltd.*
En 1963, cette dernière forme à son tour la *Morrison's Bowmore Distillery, Ltd.*, qui acquiert la distillerie. Afin d'assurer son développement, la firme fait entrer dans son capital le géant japonais de spiritueux *Suntory*, qui finira en 1994 par racheter la totalité du capital. La production est aujourd'hui d'environ 900 000 litres.

Bresse Bleu (1952)

Le Bleu de Bresse. Ce fromage élaboré par la Fromagerie de Servas dans l'Ain, à une cinquantaine de kilomètres au nord-est de Lyon, a toutes les caractéristiques du fromage local, une pâte mille persillée recouverte d'une fine couche de penicillium blanche et duveteuse. Certes, il est fabriqué avec du lait pasteurisé, mais du cru. Bref, il fait partie du paysage gastronomique local.
Pourtant, ce fromage ne date que de l'après-guerre et a été conçu pour répondre à une demande... italienne.
Pendant la guerre en effet, de nombreux Italiens ont fui le régime de Mussolini et se sont réfugiés dans la région de Lyon. Le mal du pays s'exprime parfois sous la forme d'un manque gustatif. Ah, le gorgonzola... Parmi ces immigrés transalpins, on compte plusieurs fromagers, qui vont prendre contact avec les laiteries locales. Résultat, un nouveau fromage voit le jour, le saingorlon, fortement inspiré, jusque dans son nom, par le gorgonzola. Sans égaler la taille du fromage italien (12 kg en moyenne), le produit bressois reste imposant: 6 kg.
La fromagerie de Servas va alors s'en inspirer pour concevoir un fromage beaucoup plus petit et emballé comme un camembert, beaucoup plus facile à commercialiser et à conser-

ver. C'est le *Bleu de Bresse*, qui voit le jour en 1952.

C'est le succès. En 1985, un accord d'association avec les coopératives de Marlieux et de Neuville (distantes respectivement de 20 et 50 km) sous forme de *Sica* (*société d'intérêt collectif agricole*) va intervenir pour permettre à *Bleu de Bresse* d'accroître sa zone d'approvisionnement de lait (aujourd'hui 30 km autour de la laiterie).

Le développement rapide à l'international de ce fromage devenu *Bresse Bleu* vont paradoxalement mettre l'entreprise en difficultés financières, faute de trésorerie suffisante.

Une opération de la dernière chance est tentée en 1988 sous forme d'une union de coopérative dénommée *Bressor* qui regroupe autour de celle de Servas les coopératives de Bellignat, Bourg en Bresse, Grièges et Saint Triviers de Courtes.

En vain. En 1990, le groupe **Bongrain** prend le contrôle de *Bressor*[33].

Bridel (1917)

Le grand-père d'Émile, Jean-Louis fut le premier de la lignée à se lancer dans le beurre, au niveau du négoce, peu avant la Révolution de 1848. Émile, quant à lui, prend le virage de la transformation en rachetant en 1917 une fromagerie au Theil-de-Bretagne, à une trentaine de kilomètres de Rennes. C'est sans doute à ce moment-là qu'il dépose la marque.

En 1990, à la suite d'une mésentente avec son fils, Émile cède son groupe ainsi que l'exploitation de son nom, à son concurrent Michel Besnier (*voir* ***Lactalis***).

Bridélice (1983)

Bridel lance cette crème épaisse allégée à 15 % de matières grasses en 1983 (*Bridel + délice*). Suivra en 1994, la crème fluide *UHT* (*Ultra Haute Température*, autrement dit longue conservation). Entretemps, *Bridel* avait été racheté par **Lactalis** en 1990.

Brioche Pasquier (1974)

La valeur n'attend pas le nombre des années. Quarante ans après sa création, *Brioche Pasquier* était déjà le n° 1 de la viennoiserie en France.

À partir de la boulangerie familiale, installée aux Cerqueux dans le Maine-et-Loire, trois frères, Serge, Louis-Marie et Pascal Pasquier, créent la société *Brioche Pasquier*. Les Français apprécient, au point qu'en 1985, la société, à la recherche de capitaux, s'introduit en bourse. L'année suivante, une deuxième usine est construite à Charancieu dans l'Isère. Trois autres suivront, en plus de celles qui sont rachetées (mais parfois fermées.) L'année1986 est également celle du lancement d'une deuxième marque, **Pitch.**

À partir de 1992, *Brioche Pasquier* se diversifie dans la viennoiserie avec l'acquisition de trois sites de production.

Six ans plus tard, la marque s'implante à l'étranger, en Grande-Bretagne, Allemagne, Belgique, Italie. En 2001, elle acquiert le fabricant basque espagnol de biscottes et pain braisé *Recondo.*

Outre la publicité, *Brioche Pasquier* se lance dans le sponsoring. Ainsi, elle est partenaire officiel de la *Coupe de France de Football* depuis 2002 et du **Puy du Fou** (distant de 30 km des Cerqueux) depuis 2003.

En 2005, nouvelle diversification dans la biscotte, avec l'acquisition d'*Auga* et de *Biscotte l'Angevine.* L'année suivante, autre axe de développement, la pâtisserie haut de gamme surgelée avec l'acquisition de la société *Symphonie* à Saint Valéry-en-Caux en Seine Maritime.

Malgré ces acquisitions, *Brioche Pasquier* n'a plus besoin de la bourse et s'en retire en 2006. Cela n'empêche nullement les acquisitions de se poursuivre : société *Albatros* à Fontenay-le-Vicomte, en Vendée, spécialiste de croûtons et de mini-toasts, et plus spectaculaire, de *Galaxy Dessert*, en Californie.

Enfin, en 2014, un site de production est construit en Angleterre.

Aujourd'hui (chiffres 2020), *Brioche Pasquier* emploie 3 520 personnes et génère un chiffre d'affaires de 692 millions d'euros sur 18 sites de production, dont 4 à l'étranger[50].

Brossard (1931)

Georges Brossard ouvre une biscuiterie à Saint-Jean d'Angély, à mi-chemin entre Cognac et La Rochelle. Trente ans plus tard, il invente le fameux **Savane.**

En 1980, il devient grâce à la pub *Papy Brossard*, mais le papy prendra l'accent américain en 1968, lorsque le fondateur vend son nom et son entreprise au groupe américain *Pillsbury*. En 1989, *Pillsbury* est elle-même rachetée par la firme anglaise *Grand Metropolitan* qui acquiert également la branche Surgelés de **Belin** pour former le groupe *Brossard Surgelés* en 1990.

En 1994, *Gringoire-Brossard* et *Brossard Surgelés* fusionnent en un seul groupe, dénommé *Brossard.* Trois ans plus tard, ce dernier est racheté par le groupe américain *Sara Lee Corporation*, lui aussi disparu (*voir* ***Mondelēz***).

Ce n'est pas fini. En 2001, *Brossard* retourne dans le giron français, à la faveur d'une cession de *Sara Lee* à une société française, *Saveurs de France.* Le P-DG, et propriétaire à 78 % du nouveau groupe *Saveurs de France-Brossard*, Guy Schumacher, revend l'activité Surgelés à **Labeyrie.**

Mais du coup, la société n'a plus la taille critique pour pouvoir se développer seule, surtout à l'international.

En 2011, Guy Schumacher doit se résoudre à revendre *Brossard* à *Limagrain*, groupe coopératif agricole international spécialiste des semences et des produits céréaliers, 4e acteur mondial du secteur (il détient également la marque *Vilmorin*). *Brossard* n'est pas la première diversification de *Limagrain* dans le produit fini céréalier. Il possède également la marque **Jacquet.** Ce n'est pas non plus la première fois qu'une coopérative agricole éprouve le besoin d'être présente sur l'aval de la chaîne de production (*voir* ***Delpeyrat*** *et* ***Florette***).

Limagrain rassemble plus de 9000 collaborateurs. Son chiffre d'affaires est de 1,9 milliard d'euros, auxquels s'ajoutent 640 millions générés par des partenariats stratégiques[34, so, w].

Bubbliz (1993)

Gomme sucrée et pétillante en forme de bouteille de cola lancée par **Lutti.** *Bubbliz* est un mot-valise formé de *bubble gum* et *fizz*, pétillant en anglais.

Budweiser (1895 *et* 1878)

Un nom, deux bières. Une tchèque, une américaine. Contre toute attente, la première est la plus récente et est produite par la brasserie Budějovický Budvar, à České Budějovice, en République tchèque. Ce pays n'existait pas à l'époque de son lancement. À la fin du XIXe siècle, la Bohême appartient à l'Autriche-Hongrie et parle allemand. České Budějovice se dit Böhmisch Budweis et la bière s'appelle *Budweiser Butvar*.

À cette époque, la fabrication de la bière est en pleine révolution avec la diffusion dans toute l'Europe du procédé de fermentation basse, inventé dès le XVIe siècle en Bavière (*voir* ***Amstel***). Et en premier lieu particulier dans la Bohême frontalière. Deux villes de cette province – où l'on fabrique et boit de la bière depuis le XIIIe siècle – vont émerger, Pilsen et Budweis.

L'engouement pour ces bières plus légères que les traditionnelles est général et de nombreux brasseurs vont en produire, en important houblon, orge et levures de ces régions, d'où la floraison de *pilsener* mais aussi de *bavarian*… et de deux *budweiser*.

Un demi-siècle plus tôt, un fabricant allemand de savon et de bougies, Eberhard Anheuser, s'embarque – comme cinq millions de ses compatriotes entre 1830 et 1900 – pour les États-Unis, en quête d'un avenir meilleur.

Eberhard s'installe à Saint-Louis (Missouri) où il se diversifie en investissant dans une brasserie, la *Bavarian Brewery Company*, qu'il finit par acquérir.

En 1876, un marchand de vins local, Charles W. Conrad, lui demande d'élaborer une bière de sa composition, à base de houblons et d'orge importés de Bohême, mais aussi de riz, produit sur place. Deux ans plus tard, Conrad dépose le nom de sa bière… *Budweiser* à la fois pour rappeler l'origine des composants et parce que la consonance allemande (*bavarian* était déjà pris par Eberhard Anheuser) était susceptible d'attirer les immigrants germanophones.

Eberhard se marie. Il a deux filles, Anna et Lilly, qui à leur tour convolent en justes noces avec deux frères, Adolphus et Ulrich Busch, qui travaillent dans la brasserie du futur beau-père, rebaptisée *Eberhard*

Anheuser Company. En 1979, quelques mois avant la mort de ce dernier, la société prend le nom de *Anheuser-Busch.*

Quatre ans plus tard, *C. Conrad & Co* fait faillite à la suite d'une crise boursière. *Anhauser-Bush* rachète les droits d'embouteillage et de commercialisation de la *Budweiser,* puis le nom en 1891.

Évidemment, ce même nom pour deux bières différentes ne pouvait pas ne pas poser de problèmes: c'est le plus long conflit commercial de l'histoire (il aurait commencé dans les années 1880), même si différents accords entre les deux protagonistes en ont réduit l'intensité. Ainsi, par décision de la Cour Européenne de Justice en 2010, la *Budweiser* vendue en Europe continentale est la tchèque, l'autre étant commercialisée dans le reste du monde, tandis qu'*Anhauser-Busch* assure l'importation et la commercialisation aux États-Unis de la *Budweiser Budvar,* rebaptisée *Czechvar.*

Buitoni (1827)

La célèbre marque de pâtes a été créée à Borgo de Santo Sepolcro (aujourd'hui Sansepolcro), en Toscane, par Guilia Boninsegni. Guilia a épousé en justes noces Giovanni Batista Buitoni, mais après quelques années de mariage, ce dernier tombe malade. Pour nourrir sa nombreuse progéniture, Guilia décide de fabriquer et de vendre des pâtes. Mais elle se rend vite compte que ses deux mains n'y suffisent pas. Elle met alors au clou son alliance pour acheter une machine à faire des pâtes qu'elle conserve par séchage. Guilia vient d'inventer la première fabrique de pâtes sèches.

La clientèle est séduite par ces pâtes qui se conservent beaucoup plus longtemps et très vite d'autres fabriques voient le jour dans la région. Les descendants développent la société. Une boutique ouvre à Rome en 1922. Paris accueille le premier magasin à l'étranger en 1935, tandis que la filiale américaine est créée juste avant l'entrée en guerre des États-Unis (1941) [35]. Dans les années 70, l'entreprise connaît un revers majeur qui la contraint à rechercher des soutiens. Aujourd'hui, *Buitoni* appartient au groupe **Nestlé.**

Quant à la petite ville de Sansepolcro, elle n'a pas hésité à ériger un monument en l'honneur de son célèbre enfant… Giovanni Buitoni. Certes, il n'est pas pour grand-chose dans la réussite de l'entreprise mais c'est un homme et il porte le nom!

Bushmills (1608)

C'est officiellement la plus ancienne distillerie du monde. En 1608, le roi d'Angleterre Jacques 1er accorde à Sir Thomas Phillips le droit de distiller à Bushmills – littéralement les moulins de la (rivière) Bush – aujourd'hui en Irlande du Nord (*voir encadré*).

La première distillerie, *Old Bushmills,* n'est cependant construite que beaucoup plus tard, en 1784, par un certain Hugh Anderson. Les affaires ne sont guère florissantes. La distillerie connaît de nombreuses fermetures, dont une, semble-t-il, de 1802 à 1820. En 1860, un marchand de spiritueux de Belfast, la maison *James McColgan and Patrick Corrigan*, achète la distillerie et crée une société. Cela débute mal – un incendie ravage les bâtiments – mais les choses changent à partir de 1890, les dirigeants de la firme achetant un navire à vapeur à leur nom, the *S. S. Bushmills* (*S.S. pour screw steamer, vapeur à hélice*), qui apporte le précieux nectar aux États-Unis, puis en Asie, jusqu'au Japon.

Les vingt premières années du XXe siècle sont sans doute l'âge d'or pour *Bushmills* et l'ensemble des *whiskeys* irlandais, grâce, notamment, à la présence d'une importante diaspora aux États-Unis. Mais le déclin va commencer dès 1920, à la suite d'une série d'événements : guerre d'Indépendance de l'Irlande (1921-22), qui a coupé l'Irlande du Nord du marché irlandais, prohibition aux États-Unis, crise de 29, Seconde Guerre Mondiale... À la fin du conflit, *Bushmills* est racheté par Isaac Wolfson, un homme d'affaires écossais, patron des grands magasins britanniques *Great Universal Stores*, aujourd'hui disparus. En 1972, *Bushmills* rejoint *Irish Distillers*, qui regroupe alors l'ensemble des producteurs irlandais et qui sera racheté en 1988 par le groupe **Pernod Ricard.** En juin 2005, la distillerie de *Bushmills* est rachetée par **Diageo.** La firme britannique avait alors de grandes ambitions. Mais fin 2014, changement de stratégie, *Diageo* revend *Bushmills* au groupe mexicain *Jose Cuervo* en échange des 50 % de la marque de tequila *Don Julio* que *Diageo* ne détenait pas encore[so, w].

En 2008, la banque d'Irlande a émis une nouvelle série de billets en livres sterling pour l'Irlande du Nord (l'Irlande du Nord appartient au Royaume-Uni mais ses billets sont différents de ceux utilisés dans le reste du Royaume). Sur une des faces, ces billets représentent la distillerie *Old Bushmills* en remplacement de la *Queen's University* de Belfast. Certainement moins *clivant*...

Le whisky a-t-il été inventé par les Irlandais ou les Écossais ? Bien sûr, chaque camp prêche pour sa paroisse, ou plus exactement, pour son monastère, tant il paraît acquis que le whisky a d'abord été élaboré par les moines.

Sémantiquement, pas de réponse : le mot *whisky* peut venir soit du gaélique irlandais *uisce beatha*, soit du gaélique écossais *uisge bethea*, qui signifie *eau de feu*, c'est-à-dire *eau-de-vie.*

Géographiquement, pas beaucoup de certitudes non plus. Certes Bushmills revendique la date de 1608, Mais le bâtiment est situé au nord de l'Irlande du Nord, une région proche de l'Écosse. Preuve que les passages d'un pays à l'autre sont fréquents, on retrouve des *Mac* dans les patronymes des deux pays.

Alors, on en est réduit aux hypothèses. Selon une légende irlandaise, Saint Patrick, le saint patron de l'Irlande (ou de l'Eire) aurait introduit, à son retour dans le pays, en 432 après JC l'alambic et les principes de la distillation qu'il aurait découvert après avoir séjourné au monastère de Saint Honorat dans les îles de Lérins pour y étudier la théologie. Il y restera deux ans. Ces îles sont situées dans la baie de Cannes, ville proche de Nice, créée par les Grecs. Or la première mention écrite d'un alambic est celle d'Aristote en 384 avant Jésus-Christ, même si les premières traces de distillation sont beaucoup plus anciennes puisqu'elles remonteraient à 2000 avant JC en Mésopotamie (la Syrie et l'Irak actuels), où ce procédé était utilisé pour la fabrication de parfums. Le mot *alcool* vient d'ailleurs de l'arabe *al kohol*, qui a d'abord signifié *antimoine pulvérisé*, utilisé pour le maquillage, puis *matière raffinée* et enfin *liquide distillé* (le mot *alcool*, en français, s'est d'abord écrit *alcohol* et s'écrit toujours ainsi en anglais).

Revenons à Saint-Patrick. Après Lérins, il remonte à Auxerre, où il devient évêque sous le nom de Patricius, puis est chargé par le pape Célestin d'aller évangéliser l'Irlande. En 432 donc. Le problème, c'est qu'il n'y a aucune trace écrite concernant une quelconque eau-de-vie. Ce qui paraît plausible, c'est que la distillation ait été rapportée dans l'archipel britannique par des moines, à l'issue de leurs pérégrinations en Europe, de monastères en abbayes, très courantes au Moyen-Âge.

En 1170, les armées anglo-normandes du roi Henri II d'Angleterre envahissent l'Irlande. Elles auraient découvert à cette occasion une boisson alcoolisée (dont rien ne dit qu'elle était déjà élaborée à base de céréales), appelée *uisge beatha*, *eau-de-vie* en celte local (qui deviendra whisky par déformations successives). Ces valeureux soldats auraient éprouvé le besoin de rapporter le précieux breuvage et la technique de fabrication en Angleterre. Or deux ans plus tard, Henri II étendait sa domination sur l'Écosse...

Si ces explications peuvent paraître séduisantes, elles se heurtent, encore et toujours, à l'absence de traces écrites. Il faut en effet attendre 1405 pour lire un premier texte irlandais sur le whisky ou plus exactement sur la *uisge beatha* et 89 ans de plus pour voir un écrit sur la question en Écosse.

Avantage aux Irlandais donc ? Rien n'est moins sûr, car la distillation, qui serait apparue en Europe en 1320, en Italie, a d'abord été pratiquée en Italie en partant de vin. Or, si on a cultivé la vigne outre-Manche jusqu'au 53e parallèle (Nottingham) au plus fort de l'optimum climatique médiéval, à partir de

1350, le climat s'est progressivement refroidi en Europe abaissant les latitudes propices à la vigne. La pénurie de vin qui s'est ensuivie a poussé les moines à se tourner vers les céréales, quittant l'eau-de-vie pour quelque chose ressemblant davantage au whisky que nous connaissons. Quand et où exactement, mystère. Bref, comme le dit Sir Robert Bruce Lockhart (1887-1970), successivement journaliste, diplomate et agent secret britannique: *« L'histoire du whisky reste voilée dans les brumes de l'aube celtique. »*

Byrrh (1873)

Aux environs de 1860, deux jeunes frères de condition modeste, Simon et Pallade Violet, quittent leur village pyrénéen natal pour gagner leur vie. Un temps marchands ambulants en tissus et articles de mercerie, ils s'installent à Thuir, dans les Pyrénées Orientales, où ils ouvrent un magasin d'étoffes et de draps. En 1866, désireux de participer à leur façon à la fièvre vinicole qui gagne alors la région, ils achètent une petite cave dans laquelle ils vont élaborer un vin apéritif aromatisé au quinquina. Une fois mis en bonbonnes, le produit est commercialisé auprès des pharmaciens, les vertus toniques de cet apéritif l'assimilant à l'époque à un médicament.

Cette référence au quinquina, un produit pharmaceutique soumis à des règles plus ou moins strictes, vaut aux frères Violet un procès intenté par l'ordre des pharmaciens de Montpellier. À cette occasion, ils s'aperçoivent de la nécessité pour eux de donner un nom à leur produit, et il semble que le hasard ait joué un rôle non négligeable dans leur choix: si l'on en croit l'hypothèse la plus souvent admise, les frères Violet auraient porté les yeux sur un coupon d'étoffe (n'oublions pas que la vente de tissus était encore leur activité principale); or ces coupons étaient traditionnellement référencés, sur la tranche, par des lettres. Leur regard tombe sur une pile de cinq coupons, entreposée là. Verticalement, ils peuvent lire les références, B.Y.R.R.H. Faute de mieux, ils décident d'en faire un acronyme pour désigner leur apéritif. Ce choix se révérera malheureux pour l'exportation, ce nom évoquant trop la bière pour les Anglo-Saxons.

Byrrh appartient aujourd'hui au groupe **Pernod Ricard.**

C

Cachou Lajaunie (1880)

Le célèbre petit cachou dans sa petite boîte métallique jaune est né à Toulouse, chez un pharmacien nommé Léon Lajaunie.

À l'époque, compte tenu des habitudes alimentaires (ail, tabac brun, vin bu à toute heure du jour), du manque d'hygiène (en Europe, la brosse à dents ne sera utilisée quotidiennement qu'après la Seconde Guerre mondiale !) et du peu de soins dentaires (caries non soignées), les gens, dont les clients de M. Lajaunie, avaient souvent une haleine de chacal.

Le bon pharmacien a donc élaboré un bonbon à base de poudre de cachou pour rafraîchir l'haleine, de résine de lentisque pour tuer les bactéries, de poudre d'iris, diurétique et expectorante, ou encore de menthe, pour ses qualités anesthésiantes et de la réglisse pour le goût, pour ne parler que des principaux composants.

Le cachou vient de l'*areca catechu*, le nom savant du palmier à bétel, qui produit la noix d'arec dont on tire une gomme brunâtre, le cachou.

La boîte, quant à elle, est conçue par un certain M. Caire, un horloger ami du pharmacien. Elle est en forme de montre gousset pour pouvoir la mettre à portée de main, dans l'autre poche du gilet. Quant à la couleur, le nom de notre pharmacien ne laisse guère de choix.

Enfin, difficile de parler du cachou Lajaunie sans évoquer cette pub télé dans les années 80 qui a révolutionné, le mot n'est pas trop fort, le petit monde de la communication. On y voit une plantureuse actrice, Kristen Hocking, se trémousser langoureusement en noir en blanc sauf la petite boîte jaune accrochée en boucle d'oreille, tandis qu'une voix masculine, suave et rythmée, susurre en off : *« Cachou-cachou Lajaunie, Lajaunie, han han ! »*. Le tout en trois secondes, allez la voir sur *You Tube !*

Cacolac (1952)

Robert Lauseig et Charles Lanneluc, qui codirigent la laiterie *La Benauge*, dans le quartier de la Bastide à Bordeaux, reviennent des Pays Bas où ils ont goûté du lait chocolaté en bouteille.

Ils vont reprendre l'idée et ajouter du cacao et du sucre dans le lait avant de le stériliser.

Le Cacolac (*cacao* + *lac*, *lait* en latin) est né. La société va rapidement prendre le nom de la marque.

Depuis, tout va bien, merci,

la famille fondatrice, qui avait perdu le contrôle en 2011, en a repris les commandes en 2019[36, so]. Christian Maviel, l'actuel P-DG, est le petit-neveu de Robert Lauseig.

Cadbury (1831)

John Cadbury naît en 1801, à Birmingham, en Angleterre, dans une riche famille de Quakers, un mouvement dissident du protestantisme sans clergé ni rite[37]. Ce qui lui barre toute carrière dans l'armée ou l'administration puisque les Quakers ne reconnaissent pas la hiérarchie et contestent les structures sociales.

À dix-sept ans, il est apprenti dans une boutique de thé à Leeds.

À vingt-trois, il revient à Birmingham pour ouvrir, tout à côté du magasin de tissus paternel, une petite échoppe de thé, café mais aussi de chocolat en poudre (mélange de sucre et de fèves de cacao broyées) : les clients n'ont qu'à saupoudrer ce mélange dans une tasse de lait chaud pour obtenir une boisson revigorante que le Quaker Cadbury considère comme une alternative à l'alcool.

Il va d'ailleurs se spécialiser dans ce domaine et en 1831, il loue une vieille malterie qu'il transforme en manufacture de chocolat[38], qui porte son nom.

En 1866, ses fils reprennent la firme familiale et acquièrent auprès du chimiste hollandais Coenraad Johannes van Houten, spécialisé dans le chocolat, son brevet de solubilité de cacao dans un liquide.

Au début des années 1870, la firme lance ses premiers chocolats fantaisie.

Près d'un siècle plus tard (1969), Cadbury fusionne avec **Schweppes**.

Le nouveau groupe, *Cadbury Schweppes*, acquiert en 1995 les marques **Dr Pepper** et **Seven Up**, puis entre 1998 et 2003, Dominic Cadbury (la firme est alors toujours aux mains de la famille) met la main sur plusieurs marques de confiserie dont **La Pie qui Chante**, **Kréma** ou encore **Hollywood** (mais pas la marque **Quakers !**).

En 2010, le géant américain **Kraft Foods** rachète *Cadbury* pour 13 milliards de dollars. *Kraft Foods* sera ensuite séparé en deux groupes, l'un axé sur le marché américain, l'autre à l'international.

Ce dernier prend le nom de **Mondelēz International**, qui le cédera à son tour au fonds d'investissement *Eurazeo* (*voir* ***Carambar***), *Hollywood* excepté.

Cadbury Fingers (1897, 1951)

Dans les années 70, Cadbury a marqué les esprits avec cette pub, devenue culte où l'on voyait un gamin, boulottant consciencieusement de longs et fins biscuits enrobés de chocolat, poser une question intéressée : *« Ils sont bons vos Fingers, Monsieur Cadbury, vous pouvez pas les faire un peu plus longs » ?*

Ces *doigts* (*Fingers* en anglais) ont été vendus séparément en 1951, mais existaient déjà depuis 1897 dans un assortiment de biscuits. *Cadbury* appartient aujourd'hui à **Mondelēz International.**

Caddie® (1928/1957)

Crée en 1928 à Schiltigheim, dans la banlieue de Strasbourg, par un certain Raymond Joseph, l'entreprise fabriquait à l'origine des mangeoires pour poussins et des articles ménagers. Mais en 1957, un des neveux du fondateur, Marc Joseph, revient des États-Unis en expliquant que, là-bas, les magasins étaient garnis de chariots appelés *carts*, qui permettaient aux clients de rapporter beaucoup de marchandise jusqu'au coffre de leur voiture. En France, les supermarchés commencent à apparaître. Que les poussins se débrouillent, la production se concentre sur ces chariots, qui prennent comme nom le terme élégant de *Caddie*, en référence aux chariots de golf. La marque est déposée en 1957 et la société prend dans la foulée le nom d'*Ateliers Réunis Caddie.*

Pendant trente, le succès ne se dément pas. La marque s'internationalise. En quasi-situation de monopole en Europe, la société ne voit pas poindre la concurrence, ni la société allemande *Wanzl*, qui arrive sur le marché avec des chariots en plastique, beaucoup simples d'entretien et moins chers à l'achat. En 2012, l'entreprise se retrouve en redressement judiciaire. Elle sera sauvée par le groupe *Altia.* Mais ce dernier fait faillite deux ans plus tard. Une fois encore, *Caddie* échappe à la fermeture, rachetée par son ancien directeur général, Stéphane Dedieu. Ce dernier contrôle désormais 65 % de la nouvelle société, *Les Ateliers Réunis.* L'italien *Bertoldi*, distributeur de *Caddie*, prend 25 % et l'allemand *Shopbox*, spécialiste de l'entretien et du nettoyage des chariots, les 10 % restant. Les affaires semblent repartir : Les *Caddie* s'exportent dans 120 pays et le chiffre d'affaires atteint 26 millions d'euros. En 2018, la société polonaise *Damix r*achète 70 % du capital et crée une filiale *Caddus.* Pourtant, c'est le chant du cygne. *Damix* rapatrie en Pologne les chariots à forte valeur ajoutée (chariots pour hôpitaux, aéroports, hôtels) ne laissant en Alsace que les chariots de supermarchés à faible marge. Le Covid fera le reste. Les gens ne sortent plus, font des courses a minima, un sac suffit. En janvier 2022, la société est mise en redressement judiciaire. Trois acquéreurs seraient sur les rangs, dont l'inoxydable Stéphane Dedieu. La société compte 128 employés, contre mille dans les années 90…

Un certain nombre de mots anglais que notre langue s'est appropriés viennent eux-mêmes du français. Ainsi *flirt* vient de *fleureter*, c'est-à-dire *conter fleurette*, *tennis* vient du « *tenez* » prononcé, au jeu de paume, par le lanceur de balle au moment de la jouer sur son adversaire, ou encore *fioul*

(*fuel*) qui vient de *fouaille*, parfois écrit *fouel*, et qui signifiait *fagot destiné à alimenter le feu*.
Idem pour le *caddie* qui porte les clubs de golf d'un joueur. Le mot vient de *cadet* qui, dans le vocabulaire militaire – l'un de ceux qui s'exportent le mieux ! – désignait l'aspirant détaché au service d'un officier. Et nonobstant le fait que ce mot ait fait mouche dans le langage courant, la société s'est constamment montrée très pointilleuse sur son emploi, du moins en tant que synonyme de chariot. Un certain nombre de journaux ont payé pour le savoir, poursuivis et condamnés pour l'avoir utilisé dans ce sens sans majuscule et sans y accoler le petit sigle ® pour signifier qu'il s'agit d'une marque déposée (*registered*).
À noter qu'un chariot de supermarché se dit *trolley* en anglais et *cart* en américain.

Café de Paris (1967)
Vin mousseux issu de cépages chardonnay et élaboré dans les caves de Cubzac-les-Ponts, en Gironde. Depuis quelques années, la marque, qui faisait partie du foisonnant portefeuille du groupe **Pernod Ricard,** s'endormait un peu. Croyant dans le marché des vins effervescents, la coopérative viticole *Cordier by InVivo* rachète la marque en 2020 pour la relancer en développant une gamme de *wine selzers*, boissons pétillantes à base de vin, à la pêche, à la fleur de sureau et à la cerise.

Calin (1987), Calin+ (2010)
Calin est un fromage blanc très onctueux (d'où son nom) de l'enseigne **Yoplait,** plus particulièrement destiné aux seniors car enrichi en calcium et en vitamine D, deux éléments qui, combinés, aident au maintien d'une ossature normale. Décliné en demi-écrémé et 0 % de matières grasses. *Calin* +, c'est la même chose, mais sous forme de yaourt.

Calvet (1818)
En 1818, Jean-Marie Calvet crée avec deux associés, la maison de négoce de vins *Calvet, Richard et Roches* à Tain-L'Hermitage (Drôme). Pour ce type de commerce, l'endroit n'est pas mal choisi : la commune jouxte celle, prestigieuse, de Crozes-Hermitage, l'une des signatures les plus prestigieuses des Côtes-Du-Rhône et ses vignes, comme celles d'une dizaine de communes alentour produisent le précieux nectar... Pourtant, quand il reprend seul l'affaire en 1823, Jean-Marie s'installe à Bordeaux. La Maison s'appelle alors J. Calvet. Mais notre homme a la bougeotte et parcourt la France et ses terroirs. Et tombe amoureux de la Bourgogne, au point d'installer un comptoir à Beaune (Côte d'Or). Son fils Octave lui succède en 1870 et décide de développer la partie bourguignonne en fondant une maison de négoce qui prendre rapidement de l'importance dans le milieu viticole local.

D'autres régions seront visitées par sa descendance tant si bien qu'aujourd'hui la signature *Calvet*, surmontée d'un aigle, se retrouve non seulement sur des Bordeaux et des Bourgogne mais également sur des Côtes-Du-Rhône, des Beaujolais, des vins de Loire et même d'Alsace.

En 1982, la Maison est acquise par le groupe britannique *Whitbread*, lui-même absorbé quelques années plus tard par le groupe *Allied Domecq*. En 2004, ce dernier disparaît lors de son rachat par **Pernod Ricard** (en partenariat avec *Diageo*). Trois ans plus tard, le groupe français cède les vins *Calvet* aux *Grand Chais de France* (*voir* ***J.-P. Chenet***). Aujourd'hui ces vins sont exportés dans plus de cent pays.

Cambras (1975)

Julien Damoy était un épicier établi à Paris dès la Belle Époque. Après la guerre, il étendit son activité d'épicerie puis de vins dans toute la France au travers de supérettes à l'enseigne de *Julien Damoy*, jusque vers 1970.

En matière de vins, il lança son *Granvillons, « grand vin Damoy »*, vieilli en fûts de chêne et au goût de framboise, qui eut ses heures de gloire jusque dans les années 1960. Son petit frère sera le *Cambras*, qui sera acquis par le groupe français de boissons *Castel* au milieu des années 80.

Le *Cambras Rouge* est un vin de cépages sans indication d'origine vendu en France. À partir de 2015, ce vin, autrefois récolté à 100 % dans les bassins viticoles français (cépages merlot et cabernet sauvignon) devient 100 % d'origine espagnole[39, w]… avant de revenir en France 6 ans plus tard[40] (même si en septembre 2021 le site officiel indiquait toujours *« Vin d'Espagne »*).

Parallèlement, le groupe Castel commercialise depuis 2001, *Les Ormes de Cambras*, un vin IGP (Indication Géographique Protégée) du Pays d'Oc. Preuve que les Français, s'ils boivent moins, optent pour une qualité supérieure, cette marque a écoulé en 2018 quelque 26,57 millions de bouteilles (contre 9,6 pour *Cambras*), ce qui la place au deuxième rang des ventes de vins en grandes surfaces (hors marques de distributeurs), loin toutefois derrière **Roche Mazet**, appartenant aussi à Castel.

Camel (1913)

Cinquième marque de cigarette distribuée en France, *Camel, chameau* en anglais, a pour logo un… dromadaire. Il est vrai que les Américains sont beaucoup moins attentifs que les Européens (surtout ceux dont les pays ont eu des colonies) au nombre de bosses des camélidés. La raison est simple : le tabac est un mélange de tabacs de Virginie et de Turquie, procurant un goût beaucoup plus doux que les cigarettes américaines de l'époque. En outre, la pyramide en arrière-plan fait référence aux cigarettes égyptiennes très prisées alors. Ajouté à cela un marketing agressif et surtout un packaging révolutionnaire (la *Camel* est la première cigarette toute faite), le succès ne s'est pas fait attendre. Créée par *NJR Nabisco*, *Camel* est aujourd'hui la propriété de *Japan Tobacco.*

Campari (1860)

Cet apéritif à la belle couleur rouge a été inventé par Gaspare Campari, officiellement en 1860, date de la création à Milan du groupe. En réalité, il semble bien que Gaspare ait mis à profit ses années passées au Bass Bar de Turin en tant qu'*« apprenti maître liquoriste »* pour mettre au point son *bitter*, à base de *chinotto* (*chinois* en italien), un petit agrume orange amer venu de Chine et cultivé depuis des lustres en Ligurie (région de Gênes) pour fabriquer des boissons aux vertus digestives. La couleur rouge provient, elle, de l'acide carminique produit par la cochenille. À cela s'ajoutent plus de 60 ingrédients entrant dans sa composition, tenue secrète. Mais c'est bien à partir des années 1860, et plus précisément 1862, lorsqu'il ouvre son *Caffè Campari* à Milan dans ce qui deviendra quelques années plus tard la Galleria Vittorio Emanuele II, que Gaspare fera connaître son nectar.

En 1926, son fils Davide recentre la production autour de Campari et s'attache à faire connaître le produit *urbi et orbi*. Il décède en 1936. Pour rendre hommage à son action, la société prend, en 1946, le nom de Davide Campari Milano. C'est écrit sur l'étiquette.

En 1982, la dernière représentante de la famille, Angiola Maria Milliavacca vend la firme à Errino Rossi et Domenico Caravoglia. À la mort prématurée de ce dernier en 1996, sa veuve, Rosa Anna Magno Caravoglia, hérite de 51 % du capital de Campari et son fils Luca prend la direction de l'entreprise. Pour lui, les choses sont claires : faire croître l'entreprise, notamment par des rachats, pour résister aux multinationales du secteur comme **Diageo, Pernod-Ricard** ou encore **Bacardi.**

C'est ainsi que Grupo Campari va réaliser quelque 26 acquisitions de par le monde et récupérer bon nombre de marques parmi lesquelles **Aperol,** la vodka *Skyy*, **Cynar, Cinzano,** *Ouzo 12*, le whisky **Glen Grant,** le bourbon *Wild Turkey*, **Grand Marnier,** et plus récemment les rhums martiniquais **Trois Rivières** et *Duquesne.*

Cette même année Roda décède. Luca, devient président de l'entreprise et d'Alicros, la holding familiale qui gère le capital de Campari en sa possession. Petit raffinement, l'adresse d'Alicros est rue Davide Campari, à Sesto San Giovanni, un quartier de Milan. Le groupe Davide Campari-Milano est aujourd'hui de droit néerlandais.

Aujourd'hui, Grupo Campari est au sixième rang des sociétés de spiritueux dans le monde, avec un chiffre d'affaires de 1,7 milliard d'euros (2019).

Camus (1863)

Jean-Baptiste Camus débute en tant que vigneron indépendant, distillant et vendant son cognac aux maisons existantes. En 1863, il décide de créer un groupement de vignerons, qui commercialise ses produits directement, sous l'appellation *La Grande Marque*. Dès cette époque, une partie de ces produits sont exportés outre-Manche (n'oublions pas que Philippe de Cognac était un fils illégitime de Richard Cœur de Lion et que Cognac resta anglaise jusqu'en 1242). Par la suite, Jean Baptiste rachète les parts de ses associés et rebaptise l'entreprise *Camus La Grande Marque*.

Ses fils, Edmond et Gaston, poursuivront la voie de l'export. En 1910, la maison devient fournisseur officier du Tsar de Russie. Aujourd'hui, la firme est dirigée par la 5e génération. La recherche de nouveaux marchés reste une priorité. Ainsi, *Camus* s'est intéressé au marché hors taxes dès 1960 via un partenariat avec la firme américaine *DFS Galleria*, a ensuite pris pied à Hong Kong en 1971, avant de s'implanter en 2008 en Chine et aux États-Unis[w].

Canada Dry (1904)

Tous les créateurs des sodas historiques sont soit pharmaciens (**Coca-Cola**), soit chimistes (**Schweppes**). Le concepteur de *Canada Dry*, le Canadien John J. McLaughlin, est les deux. Il commence par construire en 1890 à Toronto une usine pour produire de l'eau gazeuse qu'il vend aux pharmacies : à l'époque, l'eau pétillante est considérée comme un médicament. En réalité, sa seule vertu était apparemment d'éviter aux malades d'ingurgiter leur eau habituelle, souvent polluée… En outre, les bulles de gaz carbonique empêchaient le développement des bactéries.

Mais l'homme a également le sens du marketing : il met son eau en bouteille et la vend sur les terrains de jeux et les plages pour permettre au plus grand nombre de concocter d'agréables boissons en la mélangeant avec des jus de fruits.

Il cherche alors à élaborer une boisson qui aurait son propre goût. À l'époque, les *ginger ales*, boissons non alcoolisées au gingembre, étaient parées de toutes les vertus médicinales. Après des années de recherches, John McLaughlin sort le sien, qu'il appelle *Canada Dry Ginger Ale*. *Dry* non pas parce qu'il était sans alcool – les *ginger ales* n'en contenaient pas contrairement aux *ginger beers* – mais parce que son breuvage était moins doux, moins sucré, bref plus sec que les autres. Le succès est tel que notre Ontarien décide en 1919 de passer la frontière et de proposer son produit à New York. Même engouement, au point qu'il construit une nouvelle usine sur place. Malheureusement il décède peu après et après quelques atermoiements, sa famille décide de vendre l'entreprise aux Américains P. D. Saylor et Associés, qui créent la société cotée *Canada Dry Ginger Ale, Inc.* Aujourd'hui *Canada Dry* est détenu pour partie par *Dr Pepper Snapple Group* et pour une autre par *Cadbury Schweppes.*

Canadian Club (1884)
Hiram Walker (aucun rapport avec Johnny) est né dans une famille de fermier en 1816 à Douglas, dans le Massachusetts. Il fait ses études primaires à Boston puis devient employé dans une épicerie de la ville. En 1838, il décide de partir pour Detroit, dans le Michigan, une ville qui doit son nom à son fondateur, le Français Antoine de la Mothe Cadillac.

Si Hiram part là-bas, c'est que la ville est encore toute jeune – elle n'a été définitivement acquise par les Anglais qu'en 1815 après de dures batailles contre les Français. Elle est en plein développement et à la recherche de main-d'œuvre. Hiram commencera à travailler chez un épicier, puis, une fois un petit pécule constitué, il fonde avec un partenaire une tannerie. Ce sera un échec. Hiram retourne dans le secteur de l'épicerie, mais guette de nouvelles opportunités. De nouveau à la tête de sa propre entreprise, il va se diversifier dans la production de vinaigre. Avec succès. Il revendra son usine en 1858. Dans le même temps, Hiram s'était diversifié dans le négoce de grain et avait commencé une production de *whiskey*, très fragile en raison de lois locales et fluctuantes sur la prohibition.

Il continue d'acheter des terres aux États-Unis, mais également de l'autre côté de la rivière, au Canada où le prix des terres est beaucoup plus faible. Bonne pioche, ses terrains vont être situés à proximité du chemin de fer, ce qui va faciliter la commercialisation de ses produits. Et notamment le *whiskey*, qu'il commence à produire de façon plus industrielle, côté canadien, à partir de 1858. Hiram va avoir une idée, que n'avaient pas eu ses concurrents, pas forcément écossais d'origine (lui-même était d'origine anglaise): faire vieillir son *whiskey* dans des fûts en bois pour lui donner *« de la couleur »*.

Les affaires vont se développer bon train (malgré un incendie de la raffinerie en 1879), tant et si bien que Hiram Walker va créer toute une ville autour, Walkerville, maintenant un quartier de Windsor, la ville canadienne située en face de Detroit, de l'autre côté de la rivière, ou, plus exactement du... détroit qui relie les lacs Erie et Saint-Clair.

Autre idée d'Hiram, mettre son breuvage en bouteilles, à une époque où on le livrait souvent en petits fûts. Résultat, il évitait l'une des plaies de l'époque, le frelatage. Du coup, il se mit à distribuer son *whiskey* de qualité dans les *clubs de gentlemen*, qui fleurissaient un peu partout au Canada. Ce qui lui donnera son nom. Ne cessant de monter en gamme, son *whiskey* obtint à la fin du XIXe siècle le titre de fournisseur de la Couronne Britannique.

À sa mort, en 1899, l'entreprise passe aux mains de ses fils, qui profiteront, conscients ou non, de la contrebande organisée par Al Capone, pour approvisionner les Américains assoiffés pendant la Prohibition. Cela leur posa-t-il un cas de conscience, toujours est-il qu'en 1927, en plein milieu de cette période, ils vendent la distillerie *Hiram Walker & Sons* à Harry Hatch, qui possédait la distillerie *Gooderham & Worts* à Toronto, qui fit ainsi fortune, devenant le plus grand distillateur au monde. À la fin de la Prohibition, en 1933, Hatch avait eu assez d'argent pour racheter quantité de marques, y compris de Scotch whiskies. Il fit même construire la distillerie de Strathclyde, à Glasgow.

En 1987, l'entreprise est rachetée par *Allied Distillers*, elle-même rachetée par *Fortune Brands*, qui devint **Jim Beam** *Inc*, finalement acquis par le Japonais *Suntory Holdings* en 2014[41, w].

Canard-Duchêne (1868)

Il était une fois dans le petit village rémois de Ludes, un gentil tonnelier, Victor Canard, et une aimable fille de vignerons, Léonie Duchêne. Avec un tel nom, le tonnelier n'a pu qu'être séduit. Ils se marièrent en 1860 et fondèrent huit ans plus tard leur maison de champagne. Et firent plein de petites bouteilles…

En 1978, devenue 3e marque française de champagne (grâce aux exportations), la société a besoin de capitaux pour poursuivre son expansion. Après une brève association avec **Piper-Heidsieck,** la firme est rachetée par **Veuve Clicquot-Ponsardin,** qui elle-même intègre le groupe *LVMH* en 1987[w]. Ce dernier revendra Canard-Duchêne en 2003 au groupe rémois *Thiénot*, la maison restant toutefois aux commandes de famille fondatrice.

Canderel (1965, 1979)

C'est l'histoire d'un hasard. Alors qu'il fait des recherches sur les acides aminés dans le but de trouver un traitement anti-cancer, un chercheur américain, le Dr James Schlatter, se lèche le bout de l'index pour tourner une page. Et il constate que c'est sucré. Il vient de découvrir un ingrédient, l'aspartame, une molécule composée de deux acides aminés, le *L-aspartique* et la *L-phenylalanine*, au pouvoir sucrant 200 fois supérieur à celui du sucre. Il sera commercialisé aux États-Unis sous le nom de *NutraSweet.* L'édulcorant n'arrive en France qu'en 1978. Désireux de trouver un nom à consonance française, le laboratoire *Searle* concocte *Canderel,* à partir du mot anglais *candy* (*confiserie*) pour son côté sucré et *airelles*, sans doute parce que l'édulcorant se présente sous forme de minuscules pastilles, qui peuvent faire penser – avec beaucoup d'imagination – à des baies miniatures et… blanches.

Canderel est la propriété aujourd'hui du groupe américain *Merisant.*

Candia (1971)
Cette marque de lait – la première en France, chronologiquement, pour ce produit – a été créée par le groupe coopératif *Sodima* (un acronyme signifiant à l'origine *Société de Diffusion de Marques*, puis *Société de Développements et d'Innovations des Marchés Agricoles et Alimentaires*), devenu aujourd'hui *Sodiaal* (*Société de Diffusion Internationale Agro-Alimentaire*), cinquième groupe laitier européen avec 5 milliards de litres collectés annuellement. Le nom vient du latin *candidus,* qui signifie *blanc pur, éclatant.* D'où le mot *candide*, l'être pur par excellence. Les candidats à un examen devraient se présenter en blanc. L'incontournable dictionnaire latin-français *Gaffiot* nous rappelle en effet que dans la Rome antique les candidats à l'Université portaient une toge blanche, *toga candida.*

Canigou (1959)
Quel lien y a-t-il entre un alcool blanc et une pâtée pour chien ? Un article de presse. En voyage d'affaires aux États-Unis, Renaud Dolfi, patron de la société alsacienne de spiritueux qui porte son nom, tombe sur un article de *Time Magazine* où il découvre que les « *consommateurs américains dépensent maintenant plus pour la nourriture pour chiens que pour celle des bébés*[42] ».
Ni une ni deux, de retour en France, il décide de se diversifier dans ce secteur, nouveau de ce côté-ci de l'Atlantique et appa-remment promis à un formidable développement. Reste à trouver un nom. Toute la famille se remue les méninges lorsqu'une de ses sœurs, en vacances dans les Pyrénées, lui envoie une carte poste du Mont Canigou : « *Que penses-tu de Canigood ?* » Ce sera finalement *Canigou*, qui colle au moins aussi bien aux goûts canins[43].
Pour les chats, la famille se donnera moins de mal : ce sera *Ronron.* La société *Canigou* sera rachetée par groupe américain **Mars** en 1967. *Ronron* a disparu des linéaires de supermarchés, en dépit de plusieurs annonces de relance de la marque.

Capitaine Cook (1877)
La conserverie de poissons (sardines, maquereaux, anchois, …) *Capitaine Cook* a été fondée par Alphonse Canoville à Ménez Kerguélen, un hameau de la commune de Plozévet, à une encablure de la Pointe du Raz. La vraie Bretagne…

Selon le site de la marque, le capitaine Cook, célèbre navigateur anglais disparu en 1779, près de cent ans avant la création de la conserverie, « *a laissé dans la mémoire collective le souvenir d'un homme d'aventures […] Son nom symbolise l'attrait des terres lointaines et la passion de la mer. Le choisir pour marque est un honneur* ».[50]

Captain Morgan (1944)

Vous connaissez cette marque de rhum ? Si vous avez plus de trente ans, il y a peu de chances. C'est pourtant le plus vendu en France. Si, si…

Sachez, en préambule, que ce capitaine a bel et bien existé… au XVIIe siècle. Né au Pays de Galles, Henry Morgan est devenu sans qu'on sache trop comment pirate dans les Caraïbes. Quoique pillant et tuant sans scrupule, il finisse par se forger une réputation d'intrépidité au point que le Gouverneur de la Jamaïque, et donc la Couronne britannique, l'embauchera comme corsaire pour attaquer les navires espagnols. Avec le magot qu'il a réussi à amasser tout au long de sa carrière de flibustier, il rachètera un grand nombre de champs de canne à sucre, avant d'accéder lui-même au gouvernorat de la Jamaïque, en intérim, à plusieurs reprises entre 1675 et 1680. Il sera anobli.

En 1944, Samuel Bronfman, patron de la firme canadienne de spiritueux *Seagram*, rachète une distillerie jamaïcaine, Long Pond, au gouvernement de ce pays. L'un des acheteurs du rhum produit par cette distillerie est une pharmacie, *Levy Brothers*, qui mélange l'alcool avec des plantes médicinales, l'embouteille et le commercialise. Bronfman goûte la potion et l'apprécie et achète les droits. Il l'appelle ce rhum épicé *Captain Morgan*, en l'honneur de ce personnage haut en couleur à la fois britannique (le Canada, comme tout pays du Commonwealth, est rattaché symboliquement à la Couronne) et célèbre en Jamaïque.

Curieusement, Seagram n'introduira aux États-Unis cette variété épicée de rhum (*Original Spiced Rum*) qu'en 1984. Le succès est foudroyant. Aux États-Unis, où la marque s'installe au second rang des spiritueux les vendus, mais également dans le reste du monde, où elle occupe la 7e place.

En 2001, *Seagram* cède *Captain Morgan* à **Diageo.** Cette dernière hésitera longtemps avant de faire débarquer son corsaire en France. Il est vrai que ce pays, avec la Martinique et la Guadeloupe, est lui-même un gros producteur et que de nombreuses marques sont solidement implantées sur ce marché depuis des décennies. *Diageo* se décide en 2013. Et là, *Captain Morgan* va une nouvelle fois jouer les flibustiers. Il occupe le 12e rang des ventes dès 2015, pour déloger quelques années plus tard **Old Nick** de sa première place qu'il occupait depuis belle lurette. Ce sont les jeunes (18-24 ans) qui l'ont plébiscité, ravis de trouver une boisson forte consommable sans avoir à faire des mélanges. Les réseaux sociaux ont fait le reste : la marque est devenue rapidement virale…, aidée en cela par le triomphe inattendu de l'équipe de football britannique de Leicester, qui a remporté la Premier League (très suivie même au-delà des frontières) en 2016, grâce à un joueur jamaïcan, Wes Morgan. Et Captain Morgan n'a pas hésité à détourner son logo en l'honneur du joueur[44].

Caprice des Dieux (1956)

Le *Caprice des Dieux* est l'un de ces premiers fromages industriels pasteurisés à pâte molle et croûte fleurie qui inondent aujourd'hui le marché et qui ont la particularité de pouvoir être fabriqués dans n'importe quelle région puisque les laits collectés sont brassés. Il est l'œuvre de Jean-Noël Bongrain et a vu le jour à Illoud, en Haute-Marne, après cinq ans de recherches.

Les fromages industriels présentent également l'avantage commercial de conserver le même aspect et la même saveur tout au long de l'année, saveur que l'on peut qualifier de délicate ou d'insipide selon ses goûts.

Toujours est-il que par rapport à la production fromagère de l'époque, le *Caprice des Dieux* innovait, y compris par la forme, oblongue et non plus ronde ou carrée. Il convenait donc de trouver un nom différent des autres fromages, d'autant que celui-ci n'était pas une sorte mais bien une *marque* de fromage.

Le père de Jean-Noël, Joseph, fondateur de la *Laiterie du Domaine de la Côte Labiche*, décède en 1944.Bien que Jean-Noël ait sept frères et sœurs, c'est à lui qu'on demande de reprendre l'entreprise paternelle, alors qu'il était... séminariste : assurément, un caprice des Dieux ! Le nom de son fromage était tout trouvé, le pluriel n'étant là que pour ne pas offenser le Seigneur, ni ses fidèles.

Capri-Sun (1969, 1976)

Capri-Sun est une boisson allemande à base de jus de fruit concentré présenté en poche souple. À son lancement, elle s'appelait *Capri-Sohne* (*soleil de Capri* en allemand).

Elle est fabriquée par la firme allemande *Wild*, fondée par Rudolf Wild en 1931 et qui appartient toujours à la famille.

C'est en 1976 que cette boisson a changé de nom pour l'exportation pour s'appeler *Capri-Sun* (même signification, en anglais). Elle est distribuée par **Kraft Food** aux États-Unis et par **Coca-Cola** *Entreprises* en Belgique, France, Irlande, aux Pays Bas et au Royaume-Uni.

Caraïbos (1976)

En 1976, neuf personnes dont nous ne savons rien, constituent une PME pour créer des jus de fruits exotiques à base de jus concentrés. L'idée des dirigeants est de valoriser les fruits des îles Caraïbes, ce qui, dans leur esprit, implique de payer ces fruits à leur juste prix. Autrement dit, *Caraïbos* s'inscrit dès le départ dans une démarche de commerce équitable. Pour limiter les frais, *Caraïbos* commercialise ses produits – rapidement plus de cinquante différents – via les réseaux *CHR* (*Cafés, Hôtels, Restaurants*). À partir de

1983, *Caraïbos* va également mettre en jus des fruits moins exotiques comme l'abricot, la cerise.

En 1995, *Caraïbos* se tourne vers la grande distribution. Trois ans plus tard, la société lance ses premiers cocktails sans alcool : *Piña colada, Cocktail des îles et Mojito.* En 2006, la maison crée deux nouvelles gammes labellisées **Max Havelaar** (commerce équitable).

En 2009, elle est acquise par le groupe de spiritueux **La Martiniquaise**[45].

Carambar (1954)

C'est l'histoire d'une machine déréglée qui a redonné jeunesse à une ancienne fabrique de chocolat, le chocolat Delespaul-Havez, créée en 1848 par Henri-Victor Delespaul et sa femme Émilie Havez à Marcq-en-Barœul (Nord). En 1954, Messieurs Fauchille et Gallois mettent au point, au sein de l'usine, un nouveau goût de caramel, à base de cacao. Mais le succès est surtout dû à la forme, une machine défectueuse ne tranchant qu'une fois sur trois ou quatre le long ruban de caramel tendre qui passait devant ses couteaux. Résultat, du caramel en barre, du... *Caram'bar.* L'apostrophe subsistera jusqu'en 1977.

D'une longueur initiale de 7,5 cm pour un poids de 8 grammes, il valait à l'origine 5 centimes de franc... sans compter les points gagnants ! Par la suite, il a été rallongé de 2 cm, ce qui a permis de discrètement doubler le prix. Il est revenu à sa taille initiale, mais est devenu américain.

En effet après avoir été rachetée par **Danone,** la chocolaterie est acquise par **Cadbury,** qui passera en 1963 dans le giron de l'américain **Kraft Food**, devenu **Mondelēz International.** En 2017, il redevient français lorsque le fonds de *private equity* (fonds d'investissement) *Eurazeo* acquiert l'ensemble et crée à cet effet une filiale *CPK*, destinée à devenir le champion du secteur de la confiserie.

La filiale opérationnelle de *CPK* détenue à 100 % est appelée **Carambar** & Co, qui comprend notamment des marques comme **Benco, Kréma, La Pie qui chante, Lutti, Malabar, Michoko, Poulain, Suchard** ou encore les pastilles **Vichy.**

Carapelli (1893)

Groupe alimentaire italien fondé par Costantino Carapelli à Montevarchi, dans la région de Florence. Cette marque est surtout connue en France pour son huile d'olive.

Cardhu (1824)

Un ancien contrebandier de whisky, John Cumming, décide de construire sa propre distillerie, dans la région de Speyside (littéralement au bord de la rivière Spey), dans le nord-est de l'Écosse. Une des grandes régions de production des single malts (plus qu'une quarantaine y sont distillés) car l'eau de la Spey est adoucie par la tourbe. La distillerie fonctionne avec la récolte d'orge. La femme de John, Helen, vend les bouteilles au passant, par la fenêtre de la maison...

En 1885, la distillerie est reconstruite. Elle est alors dirigée par Elizabeth Cumming, la belle-fille d'Helen. Les vieux alambics sont revendus à un certain **William Grant,** qui construit sa distillerie de **Glenfiddich,** près de Dufftown (15 km à l'est de celle de *Cardhu*, de l'autre côté de la Spey).

Les nouvelles installations permettent à *Cardhu* de produire beaucoup plus de whisky. Ces quantités supplémentaires sont essentiellement vendues à **Johnnie Walker** *and Sons* pour élaborer leur *blend* (assemblage). Elizabeth finit d'ailleurs par vendre sa distillerie à cette société en 1893, à la condition d'en poursuivre l'exploitation.

Cardhu est aujourd'hui la propriété de **Diageo,** cette société ayant racheté *Johnnie Walker*. En 2003, *Diageo* a d'ailleurs créé la controverse: pour répondre à l'augmentation de demande de *Johnnie Walker*, la firme a mis dans les bouteilles de *Cardhu* du *blended malt*, c'est-à-dire un mélange de malts venant de différentes distilleries (le pur malt doit provenir de la même distillerie), alors que l'étiquette mentionnait toujours *pure malt*. Devant le tollé, *Diageo* a fait machine arrière en 2006.

Cardhu vient du gaélique écossais *Carn Dubh*, qui signifie roche (ou rocher) noire: la tourbe est une matière organique noirâtre. Elle fois séchée, elle peut servir de combustible[w].

Carlsberg (1847)

En 1801, le danois Christian Jacobsen quitte la ferme de ses parents pour gagner Copenhague où il devient brasseur et même l'un des directeurs des brasseries royales. À sa mort en 1835, son fils, Jacob Christian, reprend la brasserie. Dans le but d'améliorer la qualité de la bière, JC entreprend un long voyage vers la Bavière où il a entendu parler d'une nouvelle technique, la fermentation basse (*voir* ***Amstel***). Il en repart avec deux flacons de levure cachés dans son chapeau. Il réalisera ainsi la première bière à fermentation basse dans la lessiveuse de sa mère. En 1847, étant parvenu à une bonne maîtrise de la technique, il crée sa propre brasserie, à Valby, dans les environs immédiats de Copenhague. Là se trouve une colline, connue aujourd'hui sous le nom de Fredericksberg, d'où coule une petite rivière à l'eau très pure. Son entreprise s'appellera, Carl, du prénom de son fils, et *Berg, la montagne*, qui lui fournit cette eau si bonne. *Carlsberg* était née.

JC est passionné de sciences et d'art. Il constitue une fondation qui réunit quantité de toiles d'artistes contemporains et orne Copenhague de statues.

Un jour, après que son ami, l'écrivain Hans Christian Andersen, lui eut lu le conte de la petite sirène, JC demande à l'artiste Edward Eriksen d'en faire une sculpture. Son fils en fait don à la ville qui l'installe sur un rocher, dans le port. C'est sans doute, avec le célèbre Manneken-Pis de Bruxelles, la plus petite œuvre au monde (1,25 m) à attirer autant de touristes…

Très proche de la berge, la petite sirène a subi depuis beaucoup d'assauts militants, tour à tour affublée d'un soutien-gorge, d'une burqa ou les cheveux peints, au point que la municipalité envisage de l'installer dans un musée.

Conquis par la culture indienne, Jacob Christian Jacobson choisit comme emblème pour ses bières le *svastika*, symbole hindou (mais aussi grec) d'éternité et bonne fortune (suivant l'orientation des branches). On le retrouve sur quelques étiquettes anciennes de la marque.

C'était bien avant que les Nazis ne la détournent à leur profit pour l'appeler *croix gammée*, ainsi appelée parce que les branches de cette croix faisaient penser à la lettre grecque *gamma* (Γ).

Certes, la croix gammée se différenciait du svastika par le fait qu'elle était penchée à 45° (le svastika est droit) dans un disque blanc entouré d'un fond rouge. Il n'empêche que la connotation était trop forte et **Carlsberg** a remplacé ce signe, à jamas terni, par la couronne du Danemark, dont il est le fournisseur officiel.

Carrefour (1959)

La deuxième enseigne mondiale de la distribution derrière l'américain *Wal-Mart*, est née à Annecy à la fin des années 50.

L'étincelle qui fera naître l'immense empire *Carrefour* s'appelle… Édouard Leclerc.

L'épicier de Landerneau comme on va bientôt le surnommer[46] donne, en novembre 1959, une conférence à la Bourse du travail d'Annecy, à l'invitation du *Centre des Jeunes Patrons* pour faire part de son expérience et de son intention d'étendre ses implantations, notamment dans cette ville. Présent dans la salle, Marcel Fournier, dont la famille est propriétaire en ville d'un magasin de nouveautés de 1 000 m², fondé par son aïeul Prosper Fournier en 1822, réagit vivement et apostrophe Édouard Leclerc : *« Ce que vous avez fait, on peut le faire en mieux… en rajoutant le non-alimentaire, le bazar et le textile. Ce que vous n'êtes pas prêt de savoir-faire »*. Et d'ajouter à ses proches : *« Il ne viendra jamais ici, je m'installerai avant lui »* [47].

En réalité, Marcel Fournier a déjà une idée bien arrêtée : appliquer les idées d'un certain Bernardo Trujillo (*voir encadré*), le théoricien américain du commerce, qu'il a entendu au cours d'un de ses voyages aux États-Unis où il rendait visite à son frère. Or l'un des préceptes de ce gourou du commerce est précisément : vendre *« tout sous le même toit »*.

Aussitôt dit, aussitôt fait : Marcel Fournier s'associe

aux frères Jacques et Denis Defforey, grossistes dans l'alimentation, et ouvre un rayon alimentaire au sous-sol de son propre magasin. Le succès est tel qu'il faut rapidement songer à s'agrandir. Ce sera fait dès le mois de juin suivant. Les trois compères installent un nouveau magasin, au... carrefour de l'avenue Parmelan et de la rue André Theuriet. Ce sera l'enseigne du nouveau magasin. Ce premier supermarché sera suivi, en janvier 1963, du premier hypermarché[48], ouvert en périphérie de la ville afin de pouvoir, autre précepte de Trujillo, installer un grand parking.

En 1999, le groupe fusionne avec *Promodès*, qui apporte dans la corbeille de mariée les enseignes **Ed**, **Shopi**, **8 à Huit** aujourd'hui disparues, la plupart du temps par changement de nom. Le nouveau groupe, qui conserve le nom de *Carrefour*, devient le n° 1 de la grande distribution.

En 2014, l'expansion continue : *Carrefour* rachète les 800 magasins de **Dia.** Quant au logo actuel, il date de 1966. L'ancien était blanc et rouge, reprenant les couleurs de la Savoie. L'actuel se pare des trois couleurs nationales. Il représente un *C* évidé (en blanc donc) dans un losange bleu, hormis la partie située à gauche du *C*, qui est rouge.

Le classement des grandes surfaces est toujours délicat et diffère selon que l'on prend en compte la part de marché, le chiffre d'affaires, le nombre de magasins, par enseigne ou pour l'ensemble d'un groupe, sans parler du secteur, alimentaire ou non. Au niveau mondial, tous secteurs confondus, *Carrefour* occupe la 7e place, devant l'Allemand **Aldi** (8e) et **Auchan** (10e). Ce classement établi par la fédération américaine du commerce de détail (*NRF, National Retail Federation*) prend en compte différents éléments (chiffre d'affaires, nombre de magasins, présence internationale)... Selon ce classement, le trio de tête est, en 2021, les Américains *Wal-Mart* et *Amazon* et l'Allemand *Schwartz Group* (magasins **Lidl**).

En revanche, si l'on se cantonne au seul chiffre d'affaires par enseigne en France, si **E. Leclerc** est bon premier avec 47,8 milliards d'euros devant **Intermarché** (32,5 milliards), *Carrefour* place trois enseignes dans les dix premiers : *Carrefour Hyper* (3e avec 20,8 milliards d'euros de CA), **Carrefour Market** (5e) et **Proxi** (8e). Un classement qui pourrait bouleverser en cas de rapprochement avec Auchan (7e, voir ce nom).

Bernardo Trujillo (1920-1971), un Colombien devenu citoyen américain, s'est rendu célèbre par ses conférences organisées dans les années 50 pour son employeur *NCR* (*National Cash Register*, un fabricant de caisses enregistreuses). Le thème : les *« Méthodes Marchandes Modernes »*. L'homme était un véritable show-man. Un exemple

parmi d'autres : lorsqu'il s'adressait à chefs d'entreprises commerciales, Trujillo commençait ses conférences en demandant à l'assistance de se lever et d'observer une minute de silence, *« à la mémoire de ceux d'entre vous qui disparaîtront mais qui ne le savent pas encore. »*
Ces conférences avaient lieu à Dayton, une ville moyenne de l'Ohio où avait été fondée *NCR* et qui était encore son siège à l'époque. Malgré l'éloignement (surtout à l'époque) et l'obstacle de la langue, quelque 23 471 Français ont fait le voyage entre 1957 et 1965 parmi lesquels ceux qui allaient devenir les grands acteurs de la distribution française : aux côtés de Marcel Fournier, Jacques et Denis Defforey, on trouve des personnalités comme Bernard Darty, Bernard Magrez (grand propriétaire de vignobles), Gérard Mulliez père et fils (**Auchan**), Paul Dubrule et Gérard Pélisson (*Accor*), André Essel (*Fnac*), Pierre et Guy Sordoillet (*Conforama*)... Une exception, importante et revendiquée, Édouard Leclerc[w].

Carrefour City (2009)
Carrefour a lancé cette enseigne de magasins de proximité pour remplacer les **Shopi, Dia, 8 à Huit.**

Carrefour Market (2007)
Carrefour a lancé cette enseigne de supermarchés pour remplacer les magasins **Champion** en France et en Italie.

Carré Frais (1872, 1999)
Ce carré, un fromage frais demi-sel en forme de palet carré de section, s'appelait **Gervais** à l'origine. Il a en effet été inventé par Charles Gervais (*voir ce nom*).
En 1967, *Gervais* et **Danone** fusionnent pour s'appeler *Gervais Danone*, puis de nouveau *Danone*. Mais en 1999, *Danone* revend ce fromage – et uniquement lui, sans la marque – à un autre grand de l'agroalimentaire, **Bongrain.** Le *Carré Gervais* devient le *Carré Frais*, sous l'enseigne **Elle & Vire,** appartenant à *Bongrain*. Ce produit sera par la suite décliné en différentes variantes.

Carte d'Or (1978)
Cette marque de glaces se veut, comme son nom l'indique, le haut de gamme du département glaces et crèmes glacées au sein du groupe *Unilever.*
Elle est surtout la marque n° 1 en volume d'une branche qui représente environ 15 % du chiffre d'affaires global du géant anglo-néerlandais des biens de consommation.

Carte Noire (1978)
Ce café haut de gamme a été créé par le fondateur des cafés **Grand'Mère,** René Monnier.
L'idée lui est venue pendant une période de pénurie de café qui avait beaucoup fait monter les prix. Du coup, la différence entre un café ordinaire et un haut de gamme était moins élevée. Ce nouveau café sera un pur *arabica* (un café essentiellement produit en Amérique Latine) alors que la France, à l'époque consommait essentiellement du *robusta*, produit

par ses anciennes colonies africaines.

La teneur en caféine du *robusta* est beaucoup élevée. Or l'envolée des prix avait rendu le *robusta*, traditionnellement moins onéreux, aussi cher que l'*arabica*. C'était le moment d'en profiter...

Encore fallait-il que le paquet se distingue sur les gondoles. Il le sera de deux façons : par son nom, *Carte Noire*, traduction du terme anglais *Black Label*, déjà utilisé pour caractériser le haut de gamme. Un terme particulièrement adapté à un café de dégustation d'après repas, consommé a priori sans lait. Le paquet est donc noir mais, et c'est sa deuxième différence, il n'est pas dur et cubique comme les paquets sous vide de la concurrence. Le paquet *Carte Noire*, lui, est souple, car emballé sous atmosphère modifiée (oxygène réduit par rapport à l'air ambiant, remplacé par de l'azote, du gaz carbonique, de l'hélium et/ou du protoxyde d'azote). Il possède en outre une valve unilatérale qui permet à l'arôme du café de s'échapper mais pas à l'air de rentrer. Cette valve qui a indiscutablement contribué au succès de *Carte Noire* (le consommateur pouvait humer son café) a été ensuite supprimée pour des raisons de coût (elle n'était pas utile à la conservation du café) mais la couronne dorée de lauriers qui l'entouraient, pour faciliter sa localisation sur le paquet, a été conservée. C'est aujourd'hui le café en paquet le plus vendu.

Casanis (1925, 1950)

Tout commence en 1895, lorsque le Corse Jean-Bernardin Casabianca crée sur l'île une entreprise de vins et spiritueux. Elle est reprise en 1922 par son fils Emmanuel. L'État vient tout juste d'autoriser à nouveau la production (et la consommation) d'apéritifs anisés, à 30 puis 40°, après sept ans d'interdiction liée à celle de l'absinthe (1915). Devant l'engouement suscité par cette boisson, tout le monde, dans le Sud-Est, y va de sa composition. Emmanuel concocte sa propre recette. Contrairement à ses concurrents qui se contentent de faire macérer les plantes anisées dans de l'alcool, Emmanuel distille lentement l'anis vert et de l'anis étoilé, auxquels il ajoute une infusion de réglisse.

Mais, un incendie détruit l'usine. Après guerre, Emmanuel décide alors de reprendre la production, mais sur le continent, à Marseille, la capitale du pastis. Il donne alors un nom à sa recette en accolant le mot anis à la première syllabe de son nom.

Casanis appartient depuis 2009 à **La Martiniquaise,** deuxième groupe de spiritueux français.

Casino (1898)

Dans la famille des grandes surfaces, *Casino* est sans conteste l'aïeul, avec plus d'un siècle d'existence.

C'est en effet en 1898 que Geoffroy Guichard, un nom connu de tous les amateurs de foot parce qu'il a laissé son nom au stade de la ville, que Geoffroy Guichard donc ouvre une épicerie dans l'ancien casino lyrique de Saint-Étienne. Le nom de l'entreprise indique clairement l'objectif de son concepteur: *Société des magasins du Casino et Établissements Économiques d'Alimentation.*

La haute considération que porte Geoffroy Guichard a ses clients et ses employés va le pousser à innover dans les domaines commercial et social. Ainsi, dès 1901, il crée la première marque de distributeur sur des produits dont il s'assure la provenance et la transformation, on dirait aujourd'hui la traçabilité. L'année suivante, il crée les timbres primes, qui sont l'ancêtre des points ou des sommes que votre grande surface préférée crédite sur votre carte de fidélité.

L'année d'après, il crée une caisse de prévoyance et d'assurances décès pour les gérants et les salariés du magasin. Ce faisant, il s'inscrit dans cette génération d'entrepreneurs-philanthropes qu'ont été Aristide Boucicaut (*Le Bon Marché*), Xavier Ruel (*BHV*), Benjamin Delessert, François Alexandre de la Rochefoucaud-Liancourt (*Caisse d'Épargne*) pour ne citer qu'eux.

En 1910, il verse à tout employé présent depuis plus d'en an dans l'entreprise une prime pour la naissance d'un enfant. La même année, il crée la *Société des Cités-Jardins*, dont le but est la construction, la location et les ventes d'habitations ouvrières. Six ans plus tard, est créée une caisse d'allocations familiales.

À la veille de la Première Guerre Mondiale, le groupe compte 460 succursales et 195 concessions (franchisés).

À partir de 1920, le groupe se lance dans la production de certains articles qu'il distribue (vins, savons, huile, parfums, conserves de légumes...).

En 1923, est créée la *Caisse de retraite Casino*. Pour les clients, ce sera la constitution d'un *Laboratoire Qualité* (1927) et la création des quantièmes sur les produits, ancêtres de la limite de consommation, qui verra définitivement le jour en 1959, vingt ans avant qu'elle ne soit rendue obligatoire en France.

Quant aux sportifs, ils ne sont pas oubliés: l'*Association Sportive de Casino* est créée en 1920, elle fusionnera avec l'*Amical Sporting Club* sept ans plus tard pour donner l'*Association Sportive Stéphanoise.* En 1929, Geoffroy Guichard cède à l'association un terrain qu'il possède moyennant un loyer à long terme d'un franc par an. C'est là que sera construit le stade qui porte son nom.

Geoffroy Guichard s'éteint en 1940, mais l'expansion reprendra après la guerre, avec entre autres l'apparition du premier hypermarché de la marque en 1970 et le développement à l'international (implantation aux États-Unis en 1976).

En 1992, *Casino* fusionne avec le groupe *Rallye*, fraîchement acquis par Jean-Charles Naouri (*voir encadré*). Cette même année, *Casino* se rapproche du groupe *CD* (officiellement pour *Corse Distribution*, mais aussi et surtout parce que ce sont les initiales des deux fondateurs, Charles Capia et Noël Devichi).

L'année 1997 est celle de tous les bouleversements. Cette année-là, *Casino* rachète l'ensemble de *Médis*, la filiale du groupe *CD* qui regroupe les activités logistiques et de franchise. Dans la corbeille de la mariée, plusieurs petites enseignes du sud de la France, *Timy*, *Cali*, *Prety*, *Étoiles des Alpes* mais également **Spar,** qui comptait alors 250 points de vente, concentrés dans le sud de la France[49]. Parallèlement, *Casino* soutient financièrement **Monoprix** (les deux groupes avaient déjà un accord de partenariat) pour le rachat de **Prisunic.** Pas de philanthropie dans ce geste: *Casino* devient actionnaire à hauteur de 21,6 % du nouvel ensemble. Toujours la même année, *Casino* prend une participation majoritaire dans les enseignes **Leader Price** et **Franprix**.

Ces acquisitions s'effectuent alors même que *Casino* est l'objet d'une OPA hostile de *Promodès*. Après des bois de bataille boursière, l'OPA est repoussée mais la famille fondatrice perd la majorité du groupe *Casino* au profit de Jean-Charles Naouri.

L'expansion reprend de plus belle: en 2000, il prend la majorité du site de ventes en ligne *Cdiscount* et entre dans le capital de *Monoprix* en deux temps, d'abord en détenant le capital à parité avec les *Galeries Lafayette* avant de prendre la totalité (juin 2012). *Casino* s'implante en Argentine, Brésil, Colombie. En 2014, un accord est signé avec **Intermarché** pour regrouper leurs achats sur les produits de grandes marques vendus en France.

Mais ce développement à marche forcée s'est fait au prix d'un très fort endettement: en 2019, la société *Rallye*, holding de contrôle de *Casino* et *Go Sport*, affiche 3,3 milliards de dettes et est placée sous la protection du tribunal de commerce de Paris et obtient l'ouverture d'une procédure de sauvegarde. En 2020, *Casino* cède à **Aldi** France 567 des 656 magasins *Leader Price* (mais garde l'enseigne) pour 735 millions d'euros.

Contrairement, à d'autres groupes de la grande distribution, *Casino* a multiplié les enseignes: *Casino* (*Casino Supermarchés*, **Géant Casino,** *Le Petit Casino*), *Franprix*, *Leader Price*, *Monoprix* (et **Monop'), Naturalia, Sherpa, Spar, Vival**. Cette diversification frôle l'éparpillement, l'absence de ligne politique claire. Ce que Jean-Charles Naouri réfute en expliquant que *« l'avenir de la distribution, c'est d'être au plus près de ses clients »* [50], ce qui implique des magasins de proximité (avec livraison à domicile, magasins bio...), mais également du *e-commerce*, domaine où le groupe s'investit: *Cdiscount*, accord *Monoprix-Amazon*, *Sarenza*. L'avenir dira si cette stratégie est la bonne. En attendant, l'action *Casino* a atteint le 16 mars 2021 son plus bas historique à 16,48 euros, à comparer avec les 116,76 euros atteints le 5/11/1999, ou, plus récemment, les 96,81 € le 04/07/2014.

La holding du groupe *Casino* s'appelle *Rallye*. Les plus anciens se souviennent que ce fut une enseigne de supermarchés jusqu'en 2005. Créée en 1945 par l'industriel Jean Cam, l'entreprise rachète en 1990 la société *Genty-Cathiard* qui possède l'enseigne *Go Sport*. Mais dès l'année suivante, *Rallye* se retrouve confronté à de graves problèmes de trésorerie. Elle est rachetée par la société d'investissement *Euris*, présidée (et majoritairement détenue) par Jean-Charles Naouri. Cet ancien directeur de cabinet de Pierre Bérégovoy, poste où il orchestrera la dérégulation des marchés financiers en France, quitte par la suite le secteur public pour devenir associé-gérant à la *Banque Rothschild*. Il crée simultanément la *Foncière Euris*, qui rachètera donc *Rallye*. Ce dernier fusionne en 1992 avec *Casino*, dont Naouri prend finalement les commandes. Si l'enseigne disparaît définitivement en 2005, elle demeure en tant que société holding, détenue à 58,2 % par *Euris*, qui possède par ailleurs une participation majoritaire dans *Go Sport* (vendue en décembre 2021 à l'homme d'affaires bordelais Michel Ohayon pour un euro symbolique) et dans le groupe *Casino* (52,3 %). Comme *Casino*, la société *Rallye*, grevée de dettes, va mal et est en procédure de sauvegarde depuis 2019 (ainsi que les quatre sociétés dirigées par Jean-Charles Naouri, à savoir *Casino*, *Foncière Euris*, *Finatis* et *Euris*). Mais grâce aux mesures de protection des sociétés prises par le gouvernement pour lutter contre les répercussions financières liées au Covid, *Rallye* et consorts ont vu repousser de deux ans les échéances du plan de sauvegarde, prévues initialement en 2023.

Cassegrain (1856)

À 25 ans, Charles Cassegrain crée une conserverie à son nom en rachetant une charcuterie. En 1867, il présente ses bocaux à l'Exposition universelle de Paris. Apparemment, cela se passe bien, puisque dès l'année suivante, il construit une conserverie de légumes et de salaisons à Saint-Sébastien-sur-Loire, face à Nantes, de l'autre côté de la Loire. Le succès ne se dément pas et Charles doit construire deux nouvelles usines.

En 1888, ses fils rejoignent la société qui devient Cassegrain Père & Fils. En 1902, à la mort du fondateur, la société change une nouvelle fois de nom et s'appelle Cassegrain et Cie. L'un des fils, Léopold, prend la direction de la société et s'associe à son cousin Maurice Garnier qui le remplacera à la tête de l'entreprise quand Léopold décidera de faire de la poli-

tique (et non pas pour être maire de Nantes comme l'indique le site officiel : il ne le sera que beaucoup plus tard, en 1929).
Léopold mourra pendant la Guerre en 1941, Maurice Garnier après (1945). Ses deux fils, Pierre et André reprennent les rênes de l'entreprise.
En 1966, **Saupiquet** rachète *Cassegrain*, qui se spécialise alors dans les légumes. Et adopte la boîte de conserve rectangulaire pour ses produits haut de gamme. Cette boîte rectangulaire est un héritage de *Saupiquet* qui l'utilisait au début du XXe siècle pour ses meilleurs produits sous la marque *Jockey Club*.
En 1989, *Saupiquet* revend *Cassegrain* à *Bonduelle*.

De Castellane (1895)
Le vicomte Florens de Castellane, une ancienne famille remontant aux comtes d'Arles et de Provence (cf. la ville éponyme sur la route Napoléon), décide à la fin du XIXe siècle de fonder sa propre maison de champagne à Épernay. Pour l'étiquette, il choisit la Croix de Saint-André – un grand X rouge reliant les quatre coins de l'étiquette – en hommage à l'étendard du plus ancien régiment de la Champagne.
Son cousin, le comte Boniface de Castellane, dit Boni, célèbre dandy parisien, se charge d'en assurer la commercialisation au point de faire de cette bouteille l'accessoire indispensable de tout événement mondain réussi. En 1902, le peintre italien Leonetto Cappiello va réaliser la première affiche. De nombreux autres artistes lui emboîteront le pas, inspirés par cette croix rouge.
Mais le marketing ne suffit pas, un champagne nécessite également du savoir faire et de la constance : en 1907, la marque est rachetée par l'Union Champenoise, dirigée par Fernand Mérand. La marque a une telle notoriété qu'elle se substitue rapide à l'Union Champenoise qui devient la Maison *de Castellane*.
Mieux, Fernand Mérand fait construire un bâtiment de style Art Nouveau, avec une tour carrée de 66 mètres dissimulant un château d'eau, en haut de laquelle s'affiche le nom de la Maison.
Alexandre Mérand, fils de Fernand, qui avait fondé sa propre Maison en 1927 rachète *de Castellane* et va développer la marque à l'export. En 1970, Alexandre Mérand décède. Sa fille, Claude Mérand, épouse de Bernard de Nonancourt, propriétaire et dirigeant de la Maison **Laurent-Perrier**, reprend les rênes. Finalement, en 1999, la maison rejoint le groupe *Laurent-Perrier*[60, w].

Célia (1927, 2018)
En 1927, la famille Pasquier crée la *Société familiale Célia* à Craon en Mayenne. Elle se rendra célèbre en inventant 30 ans plus tard le fromage **Chaussée aux Moines.** Racheté par **Lactalis** en 2006, le nom de cette société a disparu, jusqu'à ce que *Lactalis* la

ressorte de son portefeuille de marque pour se substituer en 2018 à *Milumel*, le lait pour nourrisson du groupe. Ce lait avait été racheté en 2009 à **Danone.** Il s'appela à l'époque *Nutricia* mais *Lactalis* le rebaptisera *Milumel*. La production de ce lait, toujours à Craon, allait être définitivement arrêtée fin 2017 à la suite d'un accident sanitaire, qui a provoqué la contamination aux salmonelles de 36 nourrissons. Plusieurs mois d'interruption et dix millions d'euros d'investissements plus tard, la production reprenait sous la marque *Celia*, mais sans accent pour faciliter son internationalisation[51].

Cellier des Dauphins (1967)

Dans les années 60, le vin était vendu majoritairement en vrac ou était mis en bouteille sur les lieux de consommation. Les vignerons de six caves coopératives drômoises – *Les Caves de Nyons*, *Vinsobres*, *Saint Maurice*, *Tulette Nouvelle*, *Tulette Costebelle* et *Suze la Rousse* – décident alors de s'unir et de se lancer dans la mise en bouteille en région de production pour mieux valoriser le fruit de leur travail de vigneron, leur appellation et leurs terroirs. Ils fondent en 1965 l'*Union des Vignerons des Caves Coopératives du sud de la Drôme*, renommée quelques années plus tard, l'*Union des Vignerons des Côtes-du-Rhône* (*UVCDR*).

Dans la foulée, est créée une marque de vin, *Cellier des Dauphins*, qui se voulait, explique le site officiel, une *« signature transversale des vins d'appellation Côtes-Du-Rhône de l'Union »*. Ce nom tire en effet son nom de la localisation des premières caves adhérentes de l'*U.V.C.D.R.*, la région du Dauphiné. *Cellier des Dauphins*, qui bénéficie d'une bouteille spécifique, dessinée pour lui, occupe aujourd'hui la quatrième place en matière de ventes des vins de marque en grandes surfaces (hors marques de distributeurs et champagnes).

Cémoi (1920-1932)

Cartier-Millon est un patronyme répandu à Grenoble et dans tout le Dauphiné. L'un d'eux, Louis, s'illustre à la fin du XIXe siècle, dans le secteur de la pâte alimentaire, à la tête d'une entreprise qui s'appellera plus tard **Lustucru.** Deux de ses fils, Albert et Félix, reprendront le flambeau. Mais, à l'issue de la Première Guerre Mondiale, un différend entre les deux frères sur la stratégie de l'entreprise pousse Félix à partir. Il devient alors directeur d'une chocolaterie grenobloise, le Chocolat Dauphin, qui vient d'être reprise par deux industriels, Aimé Bouchayer et Félix Viallet.

Mais les affaires marchent mal et Félix Cartier-Millon finit par racheter l'entreprise. Sans doute son frère Albert lui proposa-t-il de l'aider et Félix lui aurait rétorqué : *« les pâtes alimentaires, c'est toi, le chocolat, c'est moi »*, d'où l'origine de la marque[52]. Les deux frères se rabibocheront comme le prouvent les images glissées dans les paquets des deux marques et qui font aujourd'hui la joie des collectionneurs.

La marque *Cémoi*, rachetée en 1981 par la firme *Cantalou*, faillit disparaître, mais finalement ce nom finit par s'imposer au repreneur qui rebaptise son groupe de ce nom.

Certes aujourd'hui, les plaquettes de chocolat à croquer *Cémoi*, compléments indispensables du goûter des écoliers des années 50, ont disparu, mais cela n'a pas empêché l'enseigne de devenir le premier fabricant français de chocolat et confiseries chocolatées.

À Grenoble, on trouve une avenue Félix Viallet. Il faut aller en banlieue, à Seyssinet-Pariset, pour trouver une rue Aimé Bouchayer. En revanche, les Cartier-Millon sont chocolat : aucune artère à ce nom, avec ou sans prénom, n'existe dans la région.

Céréal bio (1936)

(*Voir* ***Gerblé***)

Cérébos (1892?)

Avec ses deux accents aigus, voilà une marque bien française, direz-vous. Erreur, Cerebos, sans accent, a été créé par un pharmacien britannique, George Weddel. Weddel était l'associé d'un autre pharmacien, George Bowie, qui, en 1886, avait mis au point un sel enrichi en phosphate de calcium. Ce composé chimique constitue la partie minérale des os et des dents. Un atout incontestable à une époque où les mal nourris étaient légion, notamment chez les enfants. En outre le phosphate de calcium a l'avantage de rendre le sel moins sensible à l'humidité. George Weddel va améliorer le *Sel Phosphaté Bowie*. Sa fille a une santé fragile. En cette fin de XIXe siècle, il n'existe pas de vitamines en pastilles ou d'oligo-éléments en gélules. Alors Weddel a l'idée, en 1892 (ou 1894) , d'ajouter à sa nourriture ce sel dans lequel il incorpore du chlorure de magnésium déjà connu pour ses qualités contre la fatigue, les lourdeurs digestives, le rhume… Devant les résultats qu'il obtient avec sa fille et qu'il attribue à son sel, George décide alors de le commercialiser dans une boîte hermétique avec verseur. Il construit une usine à Seaton Carew, une bourgade en bord de mer où l'on extrait le sel par évaporation depuis le Moyen-Âge.

Pour le nom, il associe *Ceres*, déesse de l'agriculture, des moissons et de la fécondité dans la mythologie romaine, et *bos*, le bœuf en latin, bref les bases de l'alimentation reconstituante (et salée) donnée à sa fille.

Quant au petit garçon de l'étiquette courant à l'origine derrière une poule pour lui mettre du sel sur la queue, il illustre le slogan initial inscrit sur la boîte « *See, how it runs* », jeu de mots qui signifie à la fois « *regardez comme il court* », mais aussi comment il s'écoule facilement, le sel, de cette boîte. Mais il vient également de la comptine anglaise vantant les aventures de Simple Simon, un gentil benêt qui vivait au Moyen Âge.

L'une d'elles dit:
*« He went to catch
A dickey bird
And thought he could not fail
Because he had got
A little salt
To put upon his tail ».*
(*Il voulait attraper / Un petit oiseau / Et pensait qu'il ne pouvait pas échouer / Parce qu'il avait pris / Un peu de sel / Pour lui mettre sur la queue*).
En arrivant en France, vers 1900, la marque hérite de deux accents aigus. Et l'on explique sans sourciller que le nom donné par le chimiste, implicitement français, vient de *Cérès* (le nom français de la déesse grecque) et de « ***bon pour les os*** » en raccourci !Quant à la légende, elle a été très librement adaptée, au point qu'aujourd'hui le petit garçon court en désignant du doigt un oiseau.
Depuis la fin de la Seconde Guerre Mondiale, *Cerebos* a changé plusieurs de mains pour devenir en 1981 non seulement une marque, mais plus encore un groupe singapourien, coté à la bourse de Singapour, groupe détenant de très nombreuses marques (dans différents secteurs comme l'alimentation, les compléments de santé ou encore le café) commercialisées dans tout l'Extrême-Orient. Seul le sel est distribué en France.
Cerebos, toujours basé à Singapour, appartient aujourd'hui au japonais *Suntory Group*.

Cesar (1977)
Nourriture pour petits chiens produite par **Mars.** Pourquoi *Cesar* (sans accent, pour l'international) ? Sans doute parce que certains maîtres (ou maîtresses) mettent leur animal de compagnie sur un piédestal… Les chats auront, quelques années plus tard, la marque **Sheba,** (*reine de*) *Saba* en anglais…

Chamallows (1971)
Le nom de ces « *bonbons tendres* » à la guimauve vient du mot anglais *marshmallow*, qui signifie précisément *guimauve*. Ce mot est rigoureusement imprononçable pour tout Français moyen, surtout s'il a eu l'imprudence gourmande de mettre en bouche une ou deux de ces addictives petites éponges sucrées. Le borborygme produit ressemblerait peu ou prou à un *Chamallows* postillonnant. La marque appartient à **Haribo**.

Chamois d'Or (1980)
Marque commerciale d'un fromage industriel doux à pâte molle semi-pressée élaboré à partir de lait écrémé par **Savencia Fromage et Dairy** (anciennement **Bongrain),** en Mayenne. Donc loin des chamois. Sans doute s'agit-il d'évoquer la jolie couleur chamois (brun clair) de la croûte du fromage. Avec des reflets dorés ?

Chamonix (entre 1910 et 1920)
Selon les sources, ce biscuit moelleux à l'orange a été concocté un peu avant ou un peu après la Seconde Guerre Mondiale par la bis-

cuiterie *L'Alsacienne*. Créée à Paris par Georges Chevreau en 1904, cette biscuiterie portait ce nom, avec comme logo une jeune Alsacienne en costume traditionnel, en référence à l'Alsace, perdue par la France lors de la Guerre de 1870 contre l'Allemagne.

Ce délicieux (avis personnel) petit gâteau dodu, fourré à la gelée d'orange et recouvert d'un glaçage orange s'est appelé à l'origine *Chamonix Orange*. L'orange est tombée en cours de route. Ne reste plus aujourd'hui que *Chamonix*. Mais pourquoi diable ce nom ?

Selon l'hebdomadaire haut-savoyard *Le Messager*, qui a mené l'enquête, cela reste un mystère. Est-ce parce qu'il y a un glaçage sur ce gâteau par ailleurs arrondi font plus aux Vosges qu'aux Alpes ?

Glaçage ferait-il penser à *glacier*, dont les plus grands, en France – la Mer de Glace et le Glacier des Bossons – dominent le bourg de Chamonix, qui par ailleurs a accueilli, en 1924, les Premiers Jeux Olympiques d'Hiver de l'Histoire ? Possible...

Détail amusant, au début des années 50, lors de la commercialisation à grande échelle de ce gâteau, un concurrent a lancé une imitation sous le nom de *Megève*...

Aujourd'hui, *Chamonix* est dans le giron de **LU**, une marque appartenant au groupe **Mondelēz.**

Champagne Deutz (1838)

Cette maison a été fondée à Aÿ (aujourd'hui Aÿ-Champagne, près d'Epernay) par deux natifs d'Aix-la-Chapelle, William Deutz et Pierre-Emmanuel Geldermann. Tous deux sont nés en 1809, à une époque où la ville était française, chef-lieu du département de la Roer.

Certes, ils n'avaient que six ans quand cette parenthèse napoléonienne s'est achevée, mais sans doute en ont-ils gardé la nostalgie et un fort sentiment de liberté, qui disparaîtra par la suite de ces États Allemands revenus sous la férule des Princes germaniques soucieux de restaurer l'Ancien Régime.

Ils s'installent en Champagne en 1830. Deutz devient démarcheur pour la maison de champagne **Bollinger** et Geldermann négociant en vins. En 1938, ils décident de s'associer pour ouvrir une maison de négoce de vin. Ils vont devenir producteurs, sous l'enseigne *Deutz et Gerdermann.* Convaincus que les meilleurs raisins font les meilleurs vins, ils achètent des vignobles. Des générations des deux familles se succéderont à la tête de la maison, qui deviendra *Champagne Deutz*. En 1983, celle-ci est acquise, avec ses 42 hectares, par **Louis Roederer,** avant d'être achetée dix ans plus tard par la famille Rouzaud, actionnaire de *Roederer*[w].

Champagne Henriot (1808)

Ce champagne ne s'appelle pas Veuve Henriot, contrairement à beaucoup de concurrents dans la région. Pourtant, il le devrait sans doute plus que tous les autres car c'est bien Apolline, veuve de Nicolas Henriot, qui a fondé la société. Mieux encore, il aurait dû s'appeler Champagne Godinot.

C'est 1794 qu'Apolline Godinot se marie à Nicolas Henriot. Tous deux sont issus de familles champenoises en lien avec la vigne ou le commerce du vin et décident de se lancer dans la viticulture. Ils vont se constituer un vignoble mais ce n'est qu'après le décès de son époux, en 1808, qu'Apolline décide d'apposer son nom, *Veuve Henriot Aîné*, sur ses bouteilles de champagne. Il faut savoir qu'en la matière il y avait un réel savoir-faire dans la famille puisqu'Apolline est l'arrière-arrière-petite nièce du chanoine Jean Godinot, un homme qui a largement amélioré les procédés en usage en matière de viticulture et de pressurage des vins.

Il ne suffit pas d'élaborer de bons produits, il faut le faire savoir : Apolline va parcourir l'Europe pour présenter son nectar. Et cela va payer : en 1850, le champagne Henriot est déclaré fournisseur officiel de la cour impériale d'Autriche. L'année suivante son petit-fils Ernest, qui gère une partie des vignes de la famille, se rapproche de son beau-frère Charles Heidsieck, marié à sa sœur Amélie, Henriot pour former une nouvelle maison de champagne, **Charles Heidsieck**. Les deux hommes se sépareront en 1875, Ernest se consacrant à la marque qui porte son nom.

Pendant près d'un siècle, la maison va poursuivre son existence au sein de la famille, jusqu'en 1970. À cette époque, le patron est Joseph Henriot, sixième du nom. Joseph va indéniablement donner un coup d'accélérateur à la société. En 1976, il commence par racheter la maison… *Charles Heidsieck*. Pas pour longtemps. Il la revend neuf ans plus tard au groupe **Rémy Martin.** Il vend ensuite sa propre maison à **Veuve Clicquot Ponsardin,** la deuxième maison de champagne en taille. Cela lui permet d'acquérir 11 % de *Veuve Clicquot*, ce qui fait de lui un des principaux actionnaires. Il va alors œuvrer au rapprochement avec le bagagiste *Louis Vuitton*. L'œuvre publique d'échange des titres des deux maisons a lieu en 1986 et aboutit à la création du groupe *Louis Vuitton* (qui deviendra plus tard *LVMH*), qui comprend, outre les deux marques le *champagne Henriot* bien sûr et le champagne **Canard-Duchêne,** déjà propriété de *Veuve Clicquot*. Joseph Henriot se trouve à la tête de la direction de *Veuve Clicquot*. En 1994, Joseph Henriot revend ses parts de *Veuve Clicquot* à *LVMH* et quitte le groupe en reprenant la propriété de *Champagne Henriot*.

Il va alors se lancer dans une série d'acquisition de plusieurs domaines hors Champagne, dont **Bouchard Père et Fils** et **Lejay-Lagoute** (qui sera revendu à **La Martiniquaise** en 2019). Tout cela est regroupé au sein d'une holding, *La Vigie*, détenue par plusieurs membres de la famille.

À la mort de Joseph Henriot en 2015, des dissensions apparaissent et Thomas Henriot, fils de Joseph et patron de la *Champagne Henriot*, quitte la présidence du Conseil d'Administration de la *Vigie Maisons et Domaines Henriot*, au profit d'un de ses cousins, Gilles de Bégon de Larouzière de Montlosier, plus connu sous le nom de Gilles de Larouzière.

Le nom d'Henriot peut tinter à la mémoire de ceux qui s'intéressent à la Seconde Guerre Mondiale et à l'Occupation. Un certain Joseph Henriot fut en effet membre de la Milice et l'un des plus grands propagandistes du collaborationnisme. Il sera abattu par la Résistance en 1944. Joseph Henriot appartient bien à la famille champenoise, mais de loin. Son père Georges était un militaire, condisciple à Saint-Cyr de Philippe Pétain. Joseph deviendra lui professeur de lettres dans un collège catholique près de Bordeaux. Il épouse en 1914 la sœur d'un de ses élèves, dont le père est propriétaire du vignoble *Château-Picon*. Henriot en assurera la gestion. En 1940, il rejoint Pétain.

Champion (1969-1999)

Le premier supermarché **Champion** a ouvert à Bayeux dans le fief historique du groupe *Promodès*. L'enseigne disparaît lors de la fusion entre **Carrefour** et *Promodès* en 1999.

Champlure (1948)

En 1941, la maison **Patriarche & Fils** est rachetée par André Boisseaux, fils de négociant et viticulteur bourguignon. Ce dernier, puis son fils Jacques, va réaménager les caves, les plus grandes de la région et parmi les premières à s'ouvrir aux visiteurs et développer considérablement la maison, en commercialisant ses bouteilles (les plus grands noms de Bourgogne, *Mercurey*, *Meursault*, *Auxey-Duresses*... pour les blancs, *Pommard*, *Aloxe-Corton*, *Vosne-romanée*, *Chevrey Chambertin*... pour les rouges) sous la marque *Patriarche Père et Fils* mais également en créant les premiers vins de table de marque. Le tout premier sera le *Champlure* rosé en 1948, un nom composé de *champagne* pour son côté accrocheur et de *pelure* (*d'oignon*), le vin en contenant. Suivront le **Cramoisay** rouge (un rouge profond, cramoisi pour tout dire) en 1950, puis en 1973, le **Lichette** blanc (un vin qu'on déguste à petites gorgées?). La maison *Patriarche* est rachetée par le groupe *Castel* en 2011[53, w].

Champomy (1989)

Ce premier champagne pour enfants à base pomme – d'où le nom – a été créé par la *CSR* (*Cidrerie Sopagly Réunis*), filiale du groupe **Ricard.** Contrairement au cidre, il ne contient pas d'alcool, il s'agit d'une boisson aux pommes gazéifiée. En 1999, la *CSR* est fusionnée avec **Pampryl** pour donner la *CSR Pampryl*

Company, elle-même fusionnée avec **Orangina** l'année suivante pour devenir *Orangina-Pampryl*. En 2001, *cette entité* est acquise pour 700 millions d'euros par le groupe **Cadbury Schweppes.** Dans la corbeille, le groupe britannique récupère *Champomy*, *Brut de Pomme*, **Oasis, Banga, Gini** et **Ricqlès.** La *CSR* (le cidre) est rachetée en 2002 par la *CCLF* (*Cidrerie du Calvados La Fermière, voir* ***Loïc Raison***).
Aujourd'hui, les droits d'exploitation et de distribution appartiennent à *Orange Suntory France*, filiale du groupe japonais *Suntory*, du moins pour la France, l'Espagne, la Belgique et le Portugal.

Charal (1986)

Charal est la première marque de viande. Elle est lancée par le groupe d'abattage et de transformations de produits carnés *Vital-Sogéviandes* (qui prendra le nom de *Charal* en 1997). Cette création a été rendue possible par l'invention d'une nouvelle méthode de conservation sous vide, l'*Hebdopack*. Un véritable pari à l'époque car l'acheteur achetait la viande sans la voir (emballage aluminium) et qui a donc nécessité de nombreuses campagnes de publicité, avec des slogans depuis « *Charal, la viande a un nom* » jusqu'à « *Charal, la viande devrait toujours aussi bonne que ça* ».
Quant à l'origine du nom, sans doute trouvé grâce à une agence spécialisée, il semble faire référence à la chair (supposée tendre) et au corral, cet enclos d'animaux d'élevage qui fleure bon les cow-boys, les chevaux et les grands espaces. Les passionnés de science-fiction pourront également y voir une référence subtile à Charal, une princesse de la nuit apparue dans Stars Wars et sachant très bien manier la Force: la viande donne de l'énergie.
La société a été rachetée par le groupe *Bigard*, qui la détient aujourd'hui à 100 %.

Charles Heidsieck (1851)

Dans la famille Heidsieck, je voudrais le petit-neveu du fondateur, en 1785, de la première maison de champagne portant ce patronyme, Florens-Louis Heidsieck (*voir* ***Heidsieck & C° Monopole***).
Ce petit-neveu s'appelle Charles. Il est le fils de Charles-Henri Heidsieck, frère de Florens-Louis, chez qui il a travaillé. Charles, lui, commence par entrer chez **Piper-Heidsieck.** Puis il se marie en 1950 avec Émilie Henriot Godinot, dont le père possède et dirigeait une importante entreprise textile et auquel Charles a succédé. Mais Émilie est également la petite fille d'Apolline Henriot, fondatrice et propriétaire du **champagne Henriot** et frère d'Ernest Henriot, lui-même exploitant viticole. Les deux hommes se rapprochent et fondent la maison de champagne *Charles Heidsieck*.
En 1852, Charles effectue un voyage aux États-Unis, essentiellement à New York et en Nouvelle-Angleterre (la

région nord-est des États-Unis). Là, il prend conscience de l'immense potentiel du marché américain. Très vite, cet élégant dandy français (à l'époque la France avait la cote outre-Atlantique, La Fayette était encore dans tous les esprits) va savoir se faire apprécier, mieux, devenir indispensable, dans la haute société américaine. D'autant qu'il ne se déplace jamais sans une malle cabine remplie de bouteilles de champagnes. Charles Heidsieck fera quatre longs voyages outre-Atlantique, entre 1852 et 1861. Il devient la coqueluche de tout un pays, attire les journalistes à chacun de ses déplacements, qui le surnomment rapidement *Champagne Charlie*.

La Guerre de Sécession, qui couvait depuis des années sur la question de l'esclavage (le Nord, industrialisé, était contre, le Sud, dont l'économie reposait sur le coton, qui nécessitait une importante main-d'œuvre, était pour), éclate. *Champagne Charlie* continue à vendre ses bouteilles comme si de rien n'était. Sauf que les revendeurs du Sud ne paient plus. Compte tenu de l'importance prise par le marché américain (on parle de 300 000 bouteilles), *Champagne Charlie* est au bord de la faillite. Il se décide d'aller voir les marchands de la Nouvelle Orléans, qui ont les plus grosses ardoises. Mais à la suite de péripéties, il est arrêté par le général sudiste Benjamin Franklin Butler pour espionnage pour le compte du Nord. Passible de la peine de mort.

Cette arrestation va déclencher un véritable incident diplomatique, qui restera d'ailleurs dans les annales sous le nom d'*incident Heidsieck*. Napoléon III va personnellement écrire au Président Lincoln pour demander sa libération sur-le-champ (l'Impératrice Eugénie était très liée à la femme de Charles Heidsieck).

Compte tenu des moyens de communications de l'époque, cala va prendre des mois. Finalement, Charles Heidsieck est relâché. Il repart en France en novembre 1862, très affaibli et ruiné : entretemps sa société a fait faillite et il n'a obtenu aucune réparation pour sa détention injustifiée.

Pourtant, quelque mois plus tard, un Américain se rend en France avec un paquet à remettre à Charles Heidsieck. Il vient de la part du frère du représentant de la marque à New York. Ce dernier, honteux de la mésaventure survenue à son fournisseur, lui apporte des titres de propriétés en dédommagement du préjudice subi. Ces titres portent sur environ le tiers de la superficie d'une obscure bourgade minière du Colorado, Denver. Charles Heidsick remercie à peine : ce bled se trouve très exactement au milieu de nulle part...

Mais en quelques années, tout va changer. La Guerre de Sécession s'achève, Denver est reliée au chemin de fer et devient la capitale territoriale du Colorado. Et en 1876, l'État est officiellement admis dans l'Union des États-Unis. Denver devient un pôle de commerce important sur la route entre l'Est et l'Ouest.

Bref, ces titres qui n'apparaissaient que comme des billets de loteries sont tous gagnants. Charles Heidsick les revend un très bon prix et relance une nouvelle maison de champagne, sous le même nom. Ernest Henriot n'aura pas eu la patience d'attendre: les deux hommes se séparent en 1875, Ernest préférant développer de la maison qui porte son nom.

Avec l'argent, Charles ne va tenter d'acquérir de nouveaux vignobles mais investit dans les crayères, ces anciennes galeries gallo-romaines situées sous la colline Saint-Nicaise, qui lui semblent l'endroit idéal pour le vieillissement du vin.[w]

Il sera rejoint par d'autres maisons par la suite. À sa mort, en 1893, Charles laisse une maison prospère, fournisseur de plusieurs cours en Europe.

La maison va demeurer familiale jusqu'en 1976 où elle est rachetée par… le champagne Henriot. Ce dernier la revendra neuf ans plus tard au groupe **Rémy Martin,** qui se rapprochera de **Cointreau** en 1991 pour former *Rémy Cointreau.*

Le groupe possédait déjà d'autres marques de champagne dont… **Piper Heidsieck.** Les deux marques sont relancées. En 2011, l'ensemble est cédé à *EPI* (*Entreprise Patrimoniale d'Investissement, voir Piper Heidsieck*) [54].

Charles Lafitte (1834, 1984)

C'est un joli tour de passe-passe.

En 1848, Charles Lafitte fonde sa maison de… cognac. Quatorze ans avant lui, François André Goulet diversifie la société familiale Goulet Frères, spécialisée jusqu'alors dans la laine et la fabrication de couverture, dans l'élaboration de champagne. Apparemment, cela n'a aucun rapport, mais ce fut une pratique assez courante dans la région, depuis longtemps spécialisée dans le textile, et où des entreprises avaient ainsi prospéré et disposaient donc des moyens d'investir dans le tout nouveau mais prometteur secteur du champagne. Et bien souvent, ces investisseurs téméraires ne gardèrent que le champagne. Ce fut le cas de Georges Goulet, le fils de François André, qui en 1867 modifie à cette occasion le nom de la maison en *Georges Goulet*, mais en prenant bien soin de garder la date de création initiale.

Quel rapport entre François Goulet et Charles Lafitte? Aucun. Certes on a évoqué le fait que certaines maisons de champagne achetaient des esprits de cognac entrant dans la composition des *liqueurs d'expédition* (ce qu'on rajoute quand on a *dégorgé* la bouteille), mais en l'occurrence, aucune trace d'une quelconque transaction entre les deux maisons.

L'explication est beaucoup plus simple et… commerciale.

En 1983, Paul-François Vranken, qui s'est installé en Champagne en 1976 et a lancé sa marque éponyme, rachète le cognac *Charles Lafitte.* La maison *Georges Goulet*, elle a été rachetée par un certain Jean-Jacques Vernet, qui avait dirigé pendant un temps la maison *De Venoge.* On peut penser qu'un accord soit signé entre les deux hommes car le 17 décembre 1984 est fondée à Tours-sur-Marne (15 km à l'est d'Epernay) la société *Champagne Charles Lafitte Successeur de Georges Goulet, Maison fondée en 1834.* En toutes lettres.

Et quelques mois plus tard sortaient les toutes premières bouteilles de champagne *Charles Lafitte*, qui pouvaient se prévaloir d'une ancienneté de plus de 250 ans. Et voilà! [55]

Charles Volner (années 50)

En 1909, est créée la *Compagnie Française des Grands Vins* (*CFGV*), avec parmi les fondateurs, Eugène Charmat, ingénieur agronome et inventeur du procédé de deuxième fermentation en cuve close. La société s'est spécialisée depuis dans les *vins à bulles.*

La *CFGV* s'installe en 1974 à Tournan-en-Brie, en Seine-et-Marne (35 km au nord-est de Paris). En 1988, elle rachète la maison *Veuve Amiot*, créée en 1884 et qui produit un Saumur effervescent éponyme. En 1991, la *CFGV* fusionne avec les *Caves de Wissembourg*, fondées en 1970 dans le Bas-Rhin, situées à 70 km au nord de Strasbourg, juste sur la frontière allemande, pour répondre à la forte demande de l'Allemagne, premier pays consommateur de vins effervescents. Enfin, en 2003, elle acquiert le vin effervescent *Charles Volner*; un nom inventé dans les années 50, à connotation allemande compte tenu de l'importance du marché germanique, suggérant une boisson pleine de nerfs (voll Nerv) et en même temps soyeuse comme du vison (Nerz). Quant à Charles, cela peut évoquer un propriétaire de maison champenoise. Du pur délire...

En attendant, ce vin effervescent s'impose, et de loin, comme la première marque en volume du marché français avec 13,5 millions de cols vendus en 2019.

Chartreuse (1737)

Beaucoup de boissons alcoolisées, de la bière aux alcools forts, revendiquent, parfois avec juste raison, leur origine monatistique. La Chartreuse ne fait pas exception. Mais elle fait mieux, beaucoup mieux puisqu'aujourd'hui encore, elle est élaborée par les Moines de la Grande-Chartreuse, près de Grenoble.

La saga des Chartreux commence en 1084, lorsque l'Ordre fut fondé par Bruno, né à Cologne en 1030 et recteur de l'école-cathédrale de Reims. Au sommet de sa célébrité, Bruno décide de quitter le monde et les honneurs afin de vivre pour Dieu seul et *« embrasser la vie monastique ».* Après de nombreuses recherches pour trouver l'endroit idéal, c'est à l'ombre d'une montagne appelée Chartreuse, près de Grenoble, qu'il décide de fonder un monastère, dit de la Grande-Chartreuse.

En 1605, le maréchal d'Estrées – le frère de Gabrielle, la célèbre jeune maîtresse d'Henri IV figée à jamais dans un tableau de l'école de Fontainebleau pinçant délicatement le téton de sa sœur – le maréchal d'Estrées donc remet aux moines de la Chartreuse de Vauvert à Paris la recette d'un élixir élaboré avec toutes les plantes médicinales connues à l'époque. D'où vient ce grimoire, mystère.

Trop complexe, l'élaboration de l'élixir a semble-t-il été simplifiée jusqu'à ce que le Monastère de la Grande Chartreuse, en 1737, décide d'en faire l'étude exhaustive. L'apothicaire de la communauté, Frère Jérôme Maubec, fixe alors définitivement la formule de ce qui devient l'*Élixir Végétal de la Grande-Chartreuse*, de couleur verte. Il titre 69°. Après tout, c'est onze de moins que *l'Eau de Mélisse des Carmes Boyer* (mais elle n'est vendue qu'en pharmacie)... Sa diffusion est limitée par le rayon d'action du mulet de Frère Charles qui va le vendre sur les marchés alentour. En 1764, un nouvel élixir voit le jour, la *Chartreuse Jaune*, dite *Élixir de Santé*. Moins forte (55° tout de même), elle connaît un vrai succès régional.

En 1789, la Révolution française disperse les moines. Le Chartreux détenteur de la formule est arrêté et emprisonné à Bordeaux. Il parvient néanmoins à transmettre la formule à un autre religieux, Dom Basiel Nantas. Ce dernier, convaincu que l'Ordre ne sera jamais rétabli, vend la recette à un pharmacien de Grenoble, M. Liotard. Qui n'en fera rien. À sa mort, le document est remis aux moines de la Grande-Chartreuse, autorisés à regagner leur lieu de prières et de méditation en 1816.

En 1903, les Chartreux, qui avaient jusque-là échappé – par miracle – aux expulsions des congrégations catholiques décidées en 1880 par Jules Ferry, ministre de l'Instruction publique, sont chassés manu militari. Ils s'enfuient en Espagne et s'installent à Tarragone où ils fabriquent de nouveau leurs liqueurs sous le nom de Tarragone. En effet, le gouvernement français a vendu la marque *Chartreuse* (mais pas la recette jalousement conservée par les moines) à un groupe de liquoristes. Ces derniers mettront la clé sous la porte en 1929 et les moines reviendront à l'abbaye.

Aujourd'hui, la fabrication continue à Voiron, la distillerie historique de Fourvoirie ayant été détruite en 1935 par un tremblement de terre.

Ils ne sont qu'un petit nombre parmi les Chartreux à connaître les 130 plantes entrant dans la composition de la Chartreuse et actuellement, seuls les Chartreux Dom Benoit et Frère Jean-Jacques sont en charge de la fabrication. Dans la *salle des plantes*, ils sèchent, trient, broient et mélangent les quelque 18 tonnes de plantes livrées chaque année au monastère.

À la distillerie, le 1er étage est réservé aux moines distillateurs et à quelques ouvriers triés sur le volet. Les Chartreux surveillent très attentivement le déroulement de la distillation. Ils peuvent même intervenir depuis le monastère par informatique, pour éviter trop d'interférences dans leur vie de contemplation, explique le site officiel.

Aujourd'hui, le titrage des deux liqueurs, la verte et la jaune, a nettement diminué, à 55° et 43° respectivement. On rajoute de l'eau, ça permet de moins augmenter les prix !

Chateldon (1650)

Peut-être ne connaissez-vous pas cette eau. Elle n'est disponible que dans les grands restaurants et chez les traiteurs de luxe. Cet élitisme s'explique : la production annuelle est de l'ordre de 3 millions, de bouteilles, contre plus de deux milliards pour **Évian** par exemple !

Mais, à en croire l'étiquette, qui affiche en grand la date de 1650, elle serait la plus ancienne. Elle aurait même été consommée par Louis XIV, sur les conseils de son médecin, Gui-Crescent Fagon : « *Les eaux de Châteldon guériront Votre Majesté quelquefois, La soulageront souvent et La consoleront toujours* ». Cette phrase, présentée par le site officiel de la ville de Châteldon, en Auvergne, est malheureusement sujette à caution. D'une part, en 1650, Louis XIV n'a que douze ans, le royaume est régi par sa mère Anne d'Autriche et Mazarin, dont l'autorité est au demeurant très contestée : nous sommes en pleine Fronde.

D'autre part, selon sa biographie, ce cher Gui-Crescent (ou Guy-Crescent) semblait s'intéresser beaucoup plus au vin qu'à l'eau. Origine de Bourgogne, il déploiera beaucoup d'efforts pour évincer Antoine d'Aquin (ou Daquin), médecin du roi, et prendre sa place en parvenant à convaincre Louis XIV, sujet à de fréquentes fièvres, de délaisser les vins de Champagne (non pétillants à l'époque) recommandés par d'Aquin au profit des bourgognes, dans lesquels il rajoutait du quinquina (honni par d'Aquin qui le considérait dédaigneusement comme un « *remède anglais* »). Mais le quinquina guérit le roi. Exit d'Aquin (1693), qui ira s'installer à Vichy (c'est-à-dire à 20 km de Châteldon) jusqu'à sa mort trois ans plus tard.

En 1770, Jean-Baptiste Desbrest, ancien médecin des armées du roi, publie une étude très favorable sur les eaux de Châteldon. Ses descendants en héritent mais ce n'est qu'en 1846 qu'ils décident de fonder un établissement thermal. Mais la mode du thermalisme s'effondre avec l'exil en Angleterre de Napoléon III en 1870. L'établissement ferme ses portes au début du XXe siècle.

En 1932, un certain Pierre Laval, natif de Châteldon, rachète la source. Avocat célèbre et déjà plusieurs fois ministre, Pierre Laval deviendra surtout pendant la Guerre vice-président du conseil puis chef du gouvernement de Vichy, sous l'autorité du Maréchal Pétain.
Il n'aura donc aucun mal à obtenir de l'Académie de médecine le titre d'eau minérale.
Il fait construire une usine d'embouteillage et la fait distribuer dans les lieux les plus selects, à Paris (Le Fouquet's, chez Maxim's, au cercle de l'Automobile Club ou sur les tables des ambassades) mais également à bord du paquebot Normandie et au banquet de l'Exposition universelle de New York. C'est lui, semble-t-il, qui a le premier fait référence à Louis XIV...
En 1945, Laval est fusillé et Châteldon retombe une nouvelle fois dans l'oubli. Elle n'en sort que qu'en 1993 lorsque *Neptune*, la filiale *Eaux* du groupe *Castel* la rachète.
Castel reprendra à son compte l'histoire du Roi-Soleil, mais jettera un voile pudique sur l'épisode Laval, ne serait-ce que pour ne pas en détourner les stars – Penelope Cruz, Sofia Coppola, Catherine Deneuve, entre autres – qui avouent en raffoler[56]...

Dans les années trente, on attribuait au radium des qualités bienfaitrices pour l'homme grâce à sa radioactivité. Des crèmes, des rouges à lèvres au radium ont vu le jour. Certaines eaux minérales en contiennent, et notamment les eaux de Vichy (Saint-Yorre et Célestin) et de Châteldon, qui s'en vantaient. Il y eut même une eau de Vichy source Radium (*voir encart photos*).
Selon une étude récente[57], un litre de Célestins aurait une activité de 1,3 becquerel, de Saint-Yorre 1,0 et de Châteldon 0,82. Petit rappel : le becquerel est défini comme le nombre de désintégrations radioactives par seconde au sein d'une certaine quantité de matière. Ce nom a été donné en hommage à Henri Becquerel, découvreur de la radioactivité en 1896 et prix Nobel de Physique en 1903, avec Pierre et Marie Curie. Dans ces cas-là, mieux vaut comparer. Avec d'autres aliments d'abord : l'artichaut revendique 300 becquerels (Bq), la pomme de terre 150 et le lait 80. L'eau de mer entre 10 et 15. Par kilo (ou par litre). Quant à l'homme, il présente une radioactivité de 130 Bq par kilo, soit plus de 10 000 au total.
Tout cela n'est rien en comparaison avec le granit – avec lequel sont construites nombre de maisons d'Auvergne et de Bretagne – qui rejette environ entre 1 000 et 4 000 Bq par kilo. Pourtant aucune étude n'a encore démontré que cela ait eu un impact sur la durée de vie de leurs habitants.

Chatka (1957)
Conserverie spécialisée dans le crabe royal (*Paralithodes Camchaticus*). Rachetée en 2000 par la société belge *Foodpartners*, elle se diversifie aujourd'hui dans les plats cuisinés.
L'autre nom du crabe royal est crabe du Kamchatka, une presqu'île au nord-est de la Sibérie. Ce qui explique la marque, même celui qui entre dans les boîtes que nous consommons est pêché en mer de Barents, au nord de la Norvège.

Chaumes (1971)
Marque commerciale de fromage à pâte molle fabriqué industriellement par une des usines de la *Fromagerie des Chaumes* à Saint-Antoine-de-Breuilh, en Gironde.
Cette fromagerie fait partie du groupe **Bongrain** depuis 1970.

Chaussée aux Moines (1983)
Comme les alcools forts, les fromages ont souvent une origine monastique. Mais ce fromage-ci est bien jeune pour revendiquer une telle paternité.
Beaucoup plus prosaïquement, il s'agit du nom de la rue, Chemin de la Chaussée aux Moines, à Craon, en Mayenne, où est établie la *Société Familiale Célia*, la laiterie industrielle qui l'a conçu ! Il semblerait qu'il y ait eu un monastère dans le voisinage autrefois...
Célia a été rachetée en 2007 par **Lactalis.**

Chavroux (1985)
Pyramide de fromage frais au lait de chèvre pasteurisé présenté dans une coque en plastique, du groupe **Bongrain.** *Chavroux* vient de *chèvre doux*.

Cheerios (1941)
Céréales pour le petit-déjeuner créées par la firme américaine *General Mills* (littéralement, *les Moulins Généraux*). La composante principale est l'avoine. Leur nom initial était d'ailleurs *Cheerioat*s, raccourci de *Cherry oats, l'avoine cerise:* sans doute, à l'origine, le produit était-il présenté sous forme de petites billes, aujourd'hui, il se présente en petits anneaux, comme des minis *donuts*. Le nom a été ensuite simplifié en *Cheerios*.
Hors États-Unis, *Cheerios* et toutes les céréales conçues par *General Mills*, sont distribuées par *Cereal Partners Worldwide*, une société détenue par *General Mills* et **Nestlé,** sous l'enseigne *Nestlé*.

Chesterfield (1883)
Cette marque de cigarettes a été créée par la société américaine *Drummond*, fondée par James T. Drummond à Saint-Louis, dans le Missouri. Le nom de *Chesterfield* vient du nom de la ville éponyme en Virginie, grand état producteur de tabac (le fameux tabac de Virginie).
Après la mort de Drummond en 1807, la société est rachetée par l'*American Tobacco Company?*.Cette dernière fusionne deux plus tard avec une autre entreprise de tabac, *Liggett &*

Myers. Cette dernière deviendra seule propriétaire en 1911. En 1999, *Liggett & Myers* revend *Chesterfield*, ainsi que d'autres marques comme *LM*, à **Philipp Morris.**

Cette entreprise se diversifiera par la suite dans le secteur alimentaire et prendra le nom d'*Altria* (*voir* ***Mondelēz International***). L'entité *Philipp Morris* sera séparée en deux, *Altria* revendant toute la partie internationale, ne conservant que le marché américain. Cette marque, après avoir connu une très forte renommée dans la première moitié du XXe siècle, a vu par la suite ses ventes diminuer régulièrement[w].

Chiquita (1899, 1989)

Beaucoup d'enfants connaissent la petite étiquette bleue représentant une jeune femme avec un plateau sur la tête : elle est collée sur la peau de la banane qu'ils épluchent à l'heure du goûter. Sur l'étiquette est inscrit le nom de la Compagnie, *Chiquita*, qui en espagnol désigne familièrement une petite fille. Un nom assurément bien trouvé pour une entreprise centenaire en quête de virginité. *Chiquita*, de son nom complet *Chiquita Brands International* s'appelait avant *United Brand Company*, mais surtout, avant 1970 la *United Fruit Company*, une entreprise au passé tumultueux, à l'origine du terme « *république bananière* », créé dès 1904 par l'écrivain américain O. Henry).

Il serait trop long ici de conter l'histoire de la *United Fruit Company*, fondée en 1899. Sa création est liée à la construction du chemin de fer au Costa Rica par un industriel américain, Minor Keith. Celui-ci fit planter des bananiers le long de la voie pour nourrir les ouvriers ! Jusqu'au jour où il devint rentable d'exporter ces bananes vers les États-Unis, qui ne connaissaient pas encore ce fruit.

United Fruit va régner en maître sur les pays d'Amérique Centrale et certains pays d'Amérique du Sud comme la Colombie pendant près d'un siècle. Et n'hésitera pas à faire intervenir la CIA, sous prétexte de lutte contre le marxisme, pour renverser des régimes démocratiquement élus et désireux de nationaliser les plantations. La tentative de renversements de Fidel Castro en 1961 (débarquement d'opposants cubains à la Baie des Cochons), s'expliquerait en partie parce que Fidel Castro, au pouvoir depuis deux ans, avait décidé de nationaliser les plantations de *United Fruit*.

Chivas Regal (1801, 1850-60, 1890, 2001)

Les frères Chivas, James et John, ouvrent une épicerie fine en 1801, où l'on trouve tout aussi bien des épices exotiques, différents cafés et thés sélectionnés, des vins fins et bien sûr des whiskies. À l'époque, ces derniers étaient tous des *malts*, c'est-à-dire fabriqués par distillation d'orge maltée. Et pour paraphraser Lino Ventura dans les *Ton-*

tons Flingueurs, *« il faut reconnaître que c'est plutôt une boisson d'homme »*. Au cours des années 1830, un ancien inspecteur des douanes irlandais reconverti dans l'industrie du whisky, Aeneas Coffey, invente l'alambic à colonne, qui assure une distillation continue. Cela permet de distiller des céréales maltées ou non, orge, seigle, mais également maïs ou blé. C'est l'apparition des whiskies de grains, beaucoup plus doux au risque d'être insipides. D'où l'idée, née curieusement née non pas en Irlande mais en Écosse, de faire des mélanges, les *blends*, entre purs malts et whiskies de grains. C'est ainsi que les frères Chivas mettent au point, dans les années 1850, une recette qui connaît un gros succès commercial.

En 1909, la marque est rachetée par un certain Alexander Smith, qui s'attache les services du *blender* (assembleur) Charles Steward Howard. Les deux hommes créent et commercialisent une nouvelle recette, appelée *Chivas Regal*. En 1949, l'entreprise est rachetée par le canadien *Seagram* (*voir* ***Glenlivet***), qui la revend en 2001 à **Pernod Ricard**.

Ce dernier fonde la société *Chivas Brothers Limited*, qui outre ce whisky, détient d'autres marques connues comme **Ballantine's**, **Aberlour**, *Glenlivet* ou **Clan Campbell**, ainsi que le gin **Beefeater.**

Chivas Regal est la 3e marque de whisky écossais la plus vendue au monde (avec 44 millions de litres en 2019) mais la... 19e toutes origines confondues. En effet, depuis plusieurs années, le principal producteur de whisky est l'Inde, qui occupe les quatre premiers rangs (avec en tête *McDowell's* et *Officer's Choice*, non importées, au coude à coude avec plus de 270 millions de litres chacune) et place sept marques dans les dix premiers !

Chivers (1873)

Peu après son mariage en 1850, Stephen Chivers, descendant de huguenots, achète un verger à Histon (une centaine de km au nord de Londres), situé tout près de la toute récente ligne de chemin de fer. Il peut ainsi expédier ses fruits aussi bien vers Londres que vers le nord.

En 1870, lorsque ses fils William et John ont respectivement 18 et 13 ans, il les envoie ouvrir un centre de distribution à Bradford, à 250 km au nord-ouest de Histon.

Là-bas, William et John constatent que leurs principaux clients sont des fabricants de confitures. En 1973, profitant d'une surproduction de fruits, ils convainquent leur père de leur laisser faire les premiers bocaux de confiture. Deux ans plus tard, une société, *Victoria Works*, (*les Ateliers Victoria*, peut-être appelés ainsi en hommage à la reine Victoria qui régnait alors) est construite au milieu du verger de Histon.

En 1885, les premiers bocaux en verre sont commercialisés. Quatre ans plus tard, ils se diversifient – marmelade, gelée, mais également limonade, fruits séchés, puddings…

En 1895, *Chivers* est le plus gros fabricant de conserves d'Europe. Cela grâce à un ingénieur de talent, Charles Lack, qui conçoit la toute première machine de mise en pots en Europe (du triage de fruit à la stérilisation du pot).

En 1901, la société est officiellement enregistrée. Sur le plan social, les *Chivers* vont également beaucoup innover : l'intéressement aux bénéfices est introduit dès 1891, le plan d'épargne-retraite est mis en place en 1895. Deux ans plus tard, un médecin est engagé pour l'usine mais également pour le village, tandis qu'une caserne de pompiers est construite. En 1920, les employés qui ont plus d'un an et demi de présence ont droit à des congés payés. En 1939, *Chivers* compte trois usines et 3 000 employés à plein temps.

En 1959, **Schweppes**[58] rachète la société.

Chocapic (1984)

Céréales au chocolat pour le petit-déjeuner lancées par **Nestlé.** Le *pic* de *Chocapic* renvoie autant au slogan – *« Chocapic, c'est fort en chocolat »*, bref ça pique – qu'à la mascotte, *Pico.*

Choco-BN (1952-1992)

Célèbre gâteau de la *Biscuiterie Nantaise*, renommé **BN** (voir ce nom).

Chokella (2005)

Céréales au goût de chocolat et de noisettes concoctées par **Nestlé.** Le nom est suffisamment clair pour être compris par les jeunes consommateurs (le début de chocolat et la fin de **Nutella)** et suffisamment éloigné du nom de cette marque pour ne pas risquer d'être attaqué par **Ferrero,** la maison-mère de *Nutella.*

Ch'ti (1979)

Cette bière de garde brassée par infusion (la *maische*, c'est-à-dire le malt broyé, et hydraté avec de l'eau très chaude) est produite, comme son nom l'indique, dans le nord de la France, à Bénifontaine, dans le Pas-de-Calais par la *Brasserie Castelain.*

Cette brasserie familiale existe depuis 1926 et est dirigée aujourd'hui par Yves et Annick Castelain, qui ont succédé en 1979 à leurs parents, Roland Castelain et sa femme.

En 2007, Annick accepte de fournir gratuitement quelques caisses et d'anciennes *PLV* (*publicités sur lieu de vente*) de la marque pour le décor du film *Bienvenue chez les Ch'tis*, réalisé par Danny Boone. Un geste que le succès du film – plus de 20 millions d'entrées, deuxième succès de tous les temps derrière *Titanic* et devant la *Grande Vadrouille* – lui a rendu au centuple. Dès le lendemain de la sortie du film, la bière *Ch'ti* était en tête de gondole[59, w]…

Chupa Chups (1958)

Né dans une famille de confiseurs, le catalan Enric Bernat se met en tête de créer un nouveau bonbon. Il le conçoit tout rond, mais s'étant aperçu que, surtout quand il fait chaud, le bonbon colle aux doigts quand on le sort de son papier, il lui rajoute un bâton. Bref, il réinvente la sucette à qui il donne le nom de *gol*, qui veut dire *but* en espagnol, la bouche formant la cage pour son bonbon en forme de ballon. Mais peu satisfait par ce nom, il confie à une agence le soin d'en trouver un meilleur. Ce sera le génial *Chupa Chups: chupar* veut dire *sucer* en espagnol et *Chups* (prononcez: *Tchoupss*) figure le bruit de la sucette qu'on sort de la bouche. L'élaboration du logo est confiée à Salvador Dali (excusez du peu!), qui conçoit un petit nuage circulaire au centre duquel s'étale la marque, écrite en style *spencerian* (à la façon de **Coca-Cola**), en rouge sur fond jaune, les couleurs de la Catalogne (mais aussi de l'Espagne).

Cinzano (1757)

Les Cinzano sont une très ancienne famille de la région de Turin depuis longtemps spécialisée dans la fabrication d'élixirs et autres liqueurs et notamment du *rosolio*, une liqueur à base de pétale de rose qui leur apporte la renommée dès le début du XVIIIe siècle.

Les frères Giovanni Giacomo et Carlo Stefano Cinzano, désireux d'étendre leur horizon à d'autres sensations gustatives et parés du titre de Maîtres Distillateurs, ouvrent une boutique laboratoire à Turin où ils mettent au point le fameux vermouth rouge à base de vin et d'herbes, dont la marjolaine, le thym et le millefeuille musqué. Ce *vermouth de Turin*, comme on l'appelle alors, connaît un tel succès que le Roi de Piémont-Sardaigne, Victor Amédée III, demande aux deux frères de créer un vin mousseux capable de rivaliser avec les champagnes français à partir des raisins des propriétés royales de Santo Stefano Belbo et Santa Vittoria d'Alba, située à une cinquantaine de kilomètres de Turin. Les Cinzano produisent leur premier mousseux en 1840. Et si la ville d'Asti – qui produit le plus célèbre des *spumante* – se trouve dans cette région, cela ne doit donc rien au hasard.

Cinzano appartient aujourd'hui au groupe **Pernod Ricard.**

Clan Campbell (1826, 1976)

« Vous êtes sur les terres du clan Campbell ». Ce slogan distillé inlassablement depuis 1994 donne à ce whisky une légitimité, un parfum de cape et d'épée et une propension au rêve sans égal. Pensez! Le clan Campbell: le plus puissant, le plus ancien des célèbres clans d'Écosse, dont les origines remontent à 1260! Allez voir le site officiel (*www.clancampbell.fr*): vous en prendrez plein les yeux et les oreilles!

La réalité est plus prosaïque. En 1974, le groupe **Ricard** rachète les quatre distilleries du groupe S. Campbell and Sons, simples homonymes du prestigieux clan. Parmi ces quatre distilleries, celle d'Aberlour dont la moitié de la production entre dans la composition de *Clan Campbell*, ce qui permet d'inscrire la date de création de la distillerie sur l'étiquette.

Ce nom de Campbell a enflammé les neurones des publicitaires, notamment ceux de l'agence *BDDP & Fils*, en charge de la campagne promotionnelle de ce whisky, confectionné pour la France (il n'existe pas au Royaume-Uni). Il faut savoir que le Français est le premier consommateur au monde whisky et qu'il s'en consomme davantage que de pastis… On comprend mieux l'enjeu pour *Ricard!*

En cherchant bien, on peut trouver un rapport entre le clan Campbell et le whisky éponyme, et même deux: d'une part, selon le site officiel de *Ricard*, le duc d'Argyle, le chef actuel du Clan Campbell, a autorisé en 1976 « *la commercialisation de la marque en France* ». Comprenez: a négocié l'utilisation du nom dans notre pays. D'autre part, tous les Campbell (ils sont cinq millions de par le monde, peuvent être considérés comme des enfants du clan. Alors oui, le whisky des distillateurs Campbell appartient au clan.

Clément (1917)

En 1887, le docteur Homère Clément reprend le domaine en faillite de l'*Acajou* en Martinique et devient planteur de cannes à sucre qu'il livre à a sucrerie du François (sur la côte est de l'île) pendant trente ans.

Lorsque la Première Guerre mondiale éclate en 1914, les besoins en alcool deviennent très importants pour approvisionner… les soldats au combat (on les faisait boire pour leur donner du courage). Plusieurs régions de production d'alcool se trouvent en plein champ de bataille et ne peuvent donc plus répondre à la demande. Le rhum des colonies est réquisitionné et les distillateurs sont encouragés à augmenter leur production.

En 1917, Homère Clément construit donc sa distillerie sur les ruines de l'ancienne sucrerie.

En 1923, Charles Clément succède à son père. C'est lui qui va, cinquante ans durant, faire connaître le rhum en France et à l'étranger. Le sien en particulier – en 1930, il dépose sa première marque, *Acajou*, du nom de la propriété – et celui de Martinique en général: au début des années 30, Charles Clément crée avec d'autres distillateurs, un syndicat pour défendre l'authenticité et la qualité du rhum de la Martinique. C'est le premier pas qui mènera plus tard, beaucoup plus tard, en 1996, à l'obtention de l'*appellation d'origine contrôlée* (*AOC*).

En 1940, est lancée la marque *Rhum Clément*, qui deviendra par la suite *Clément* tout court.

En 1973, Charles Clément décède, la maison passe aux mains de ses fils, George-Louis et Jean-José. Georges-Louis dirige la distillerie de l'*Acajou* tandis qu'à Bordeaux,

Jean-José prend en charge la commercialisation, tant en France qu'à export. Enfin, en 1986, la distillerie de l'*Acajou* et la marque *Clément* sont rachetées par le groupe *Bernard Hayot* (*GBH*), dirigé par deux entrepreneurs originaires du François, Yves et Bernard Hayot.

Clément Faugier (1882)

Clément Faugier, un ingénieur ardéchois des Ponts-et-Chaussées , traverse sa région à la fin du XIXe siècle. Il y voit les ravages causés par le chômage.

En cause, la disparition de la principale activité locale, la serriculture, c'est-à-dire l'élevage du ver à soie. Victimes déjà, dans les années 1860, de deux épidémies, la pébrine (un champignon) et la flacherie (transmise par les feuilles de mûrier), les élevages de vers à soie sont maintenant frappés de plein fouet par l'ouverture du Canal de Suez (1869): la soie venue d'Extrême-Orient, beaucoup moins chère, provoque un effondrement des cours.

Clément Faugier, constatant que l'autre richesse de la région, la châtaigne, est mal exploitée, se lance dans la construction, à Privas, d'un atelier de fabrication de marrons glacés.

Si la production s'inspire de processus industriels, le savoir-faire local n'en existe pas moins: les premières commandes ne tardent pas. Faugier se diversifiera dans la crème de marrons.

L'entreprise existe toujours, ainsi que sa structure familiale même si cette famille a changé après l'alliance avec son principal fournisseur, la famille Boiron. C'est elle qui, aujourd'hui, veille à la destinée des marrons *Clément Faugier.*

Coca-Cola (1886)

L'instigateur involontaire du Coca-Cola, à défaut d'en être l'inventeur, est français! Explications.

Un certain Angelo Mariani, de son vrai nom Ange-François Mariani, naît en 1838 dans une famille de médecins et de pharmaciens corses. En 1859, il monte à la capitale pour travailler comme chimiste. Là, la lecture d'un livre va transformer sa vie. Cet ouvrage, intitulé *Sur les vertus hygiéniques et médicinales de la coca et sur les aliments nerveux en général*, est rédigé par un médecin italien, Paolo Mantegazza, de retour d'un long séjour au Pérou. Le médecin y évoque largement les effets hautement bénéfiques, selon lui, des feuilles de *« la plante magique des Incas »*. Se passionnant pour cette plante, il découvre les travaux d'un chimiste allemand, Albert Niemann, sur un extrait de la feuille de coca, qu'il appelle *érythroxyline* et en décrit les effets anesthésiants sur la langue.

Angelo se procure les précieuses feuilles et les met en décoction dans du vin de Bordeaux. L'alcool, agissant comme un solvant, libère la cocaïne. Le temps d'améliorer le goût par quelques substances, Angelo Mariani sort en 1863 sa boisson tonique qu'il appelle dans un premier temps le *Vin To-*

nique Mariani, avant d'adopter une appellation plus claire, *Coca Mariani,* précisant: *A la coca de Bolivie.* Avec un slogan: « *Coca Mariani, c'est pas pareil, c'est du soleil en bouteille* ». Le succès est phénoménal. Le breuvage est loué de toutes parts. Le pape Léon XIII lui décerne même une médaille et Angelo peut utiliser son effigie dans ses publicités! Le succès ne se dément pas… jusqu'à l'interdiction du vin *cocaïnisé* en 1910. Chaque bouteille ne contient pas moins de 6 à 7 milligrammes de cocaïne! Pourtant, en 1895 encore, le grand Émile Zola n'hésitait pas à déclarer: « *J'ai à vous adresser mille remerciements, cher Monsieur Mariani, pour ce vin de jeunesse qui fait de la vie, conserve la force à ceux qui la dépensent et la rend à ceux qui ne l'ont plus.* »

Bref, le vin Mariani, c'était le **Red Bull** de l'époque, un succès planétaire qui arrive jusqu'aux oreilles de John Pemberton, pharmacien à Columbus, en Géorgie. Nous sommes en 1865. Columbus vient d'être le siège de la dernière bataille de la Guerre de Sécession. John Pemberton y a été blessé et souffre le martyre. Il calme ses douleurs à grands coups de morphine (découverte, elle, en 1804), qui le plonge dans une léthargique dépendance. C'est là qu'il entend parler du vin Mariani qu'il s'empresse d'adopter pour en finir avec la morphine.

Rapidement, il estime qu'il serait plus économique, voire très rentable, d'en fabriquer lui-même. Il s'installe à Atlanta, la capitale de l'État de Géorgie et élabore une recette à base de vin et de coca mélangée à des noix de *kola* en provenance d'Amérique latine et du *damiana*, une plante locale. La noix de *kola*, qui contient de la caféine, a la propriété de dilater les bronches (traitement de l'asthme et de la coqueluche) et de calmer les crampes d'estomac, tandis que le *damiana* est un puissant aphrodisiaque. Après de nombreux essais, il sort en 1885 une boisson appelée *Pemberton's French Wine Coca.* Sa publicité en prône les bienfaits pour « *les femmes et ceux dont l'emploi sédentaire cause la prostration nerveuse, les dysfonctionnements stomacaux, intestinaux et rénaux, qui demandent un fortifiant pour les nerfs et un stimulant délicieux, qui se diffuse aisément* » [60].

Manque de chance, dès l'année suivante, la ville d'Atlanta impose la prohibition pour une période d'essai de deux ans. Avec l'aide d'un autre pharmacien d'Atlanta, Willis Venable, Pemberton retourne à ses éprouvettes et concocte un autre élixir avec les mêmes ingrédients mais où le vin est remplacé par de l'eau gazeuse.

Un troisième homme, Frank Mason Robinson, un commercial hors pair, trouve le nom **Coca-Cola** qu'il couche sur le papier d'une écriture dite *Spencerian,* une calligraphie cursive agrémentée d'ornements et d'arabesques, très en vogue aux États-Unis de 1850 à 1925.

Distribué initialement *à la fontaine* chez le pharmacien, le *Coca-Cola* ne tarde pas à être vendu en bouteilles (1894). Pemberton vante son goût *« délicieux, rafraîchissant et euphorisant »* et le présente comme *« un fortifiant cérébral de qualité »*, guérissant les maux de tête et redonnant du tonus.

Les années qui suivent sont confuses sur le plan juridique, plusieurs concurrents, dont le propre fils de Pemberton, commercialisant la fameuse boisson. Pemberton lui-même aurait cédé la formule à plusieurs acheteurs. Finalement, un magnat des affaires, Asa Griggs Candler, l'acquiert et dépose le nom de *Coca-Cola Company* en 1892.

La composition du précieux nectar évoluera au gré des législations. Ainsi, la *coca* disparaît en 1903.

Coca-Cola est toujours basé à Atlanta. Longtemps première dans le classement mondial *Interbrand* (qui prend en compte la valeur financière de la société mais également sa renommée dans la population), *Coca-Cola* a dû céder les premières places à la nouvelle économie. Elle était sixième en 2020 derrière *Apple, Amazon, Microsoft, Google et Samsung*. Mais devant *Toyota, Mercedes-Benz*, **MacDonald,** *Disney*...

Beaucoup de choses ont été dites et écrites sur *Coca-Cola*. Ainsi, on lit parfois que *Coca-Cola* aurait été l'inventeur du Père Noël joyeux habillé en rouge et portant barbe blanche, tel que nous le connaissons aujourd'hui. C'est faux. Des entreprises avaient utilisé son image dans des publicités, bien avant la marque de soda : **Waterman** dès 1907, puis **Michelin** en 1919 ou encore **Colgate** en 1920, pour n'en citer que trois. Mais aucun, c'est vrai, n'avait autant vulgarisé l'image du Père Noël que *Coca-Cola* avec sa publicité de 1931.

Coccimarket (1992)

(*Voir* ***Coccinelle***)

Coccinelle (1986)

Ces magasins ont été lancés par la centrale d'achat *Francap*, elle-même créée en 1959 par la *CFAO* (*Compagnie Française de l'Afrique de l'Ouest*) pour, à l'origine, approvisionner ses comptoirs africains. La *Francap* (*France Approvisionnements ?*) regroupe plusieurs PME régionales de la distribution. C'est toujours le cas, même si leur nombre a pu varier dans l'intervalle[61]. À partir de 1992, l'enseigne *Coccinelle* se décline en plusieurs dérivés, qui seront réduits à deux en 1998 : *Coccinelle* pour les grandes surfaces et **Coccimarket** pour les plus petites.

Pourquoi ce nom, *Coccinelle ?* Faute d'explication officielle, on peut penser que ce nom donne une image familière, sympathique mais utile, comme la coccinelle qui aide le jardinier en le débarrassant les jardins des pucerons et autres insectes nuisibles.

Selon la légende, le surnom de *bête à bon Dieu* donné à la coccinelle viendrait du roi Robert II, dit le Pieux. Ce fils d'Hugues Capet a régné de 996 à 1031. Un jour, il assiste à l'exécution d'un condamné à un crime qu'il nie avoir commis. Au moment où le bourreau lève sa hache, une coccinelle se pose sur le cou du supplicié. Méticuleux, le bourreau la chasse d'un revers de main. Mais lorsqu'il lève à nouveau son instrument de mort, la coccinelle revient sur la nuque de l'homme. Pour Robert II, c'est un signe de Dieu. Il gracie le condamné. Bien sûr, le véritable auteur du crime sera arrêté..
Quant au nom de coccinelle, il vient du latin *coccinus*, qui signifie *écarlate*

Cochonou (1971)
La marque a été créée par *Olida* avant d'être rachetée en 1993 par le groupe **Aoste**, lors de l'absorption (et la disparition) d'*Olida* par **Fleury Michon.** Le nom de ce saucisson veut à la fois rappeler son origine avec un diminutif pour le rendre convivial, comme le souligne la nappe à carreaux blancs et rouges qui l'identifie. Les spectateurs du *Tour de France* (*Cochonou* est partenaire depuis 1999), n'ont pas pu ne pas voir les 2 CV ainsi repeintes parmi les nombreux véhicules de la caravane.

Coco Pops (1985)
Ce riz soufflé au chocolat fabriqué par **Kellogg's** s'appelait à l'origine *Choco Pops*, *pop* signifiant *un bruit sec*, comme celui d'un éclatement (*cf. pop corn*), dans le cas présent celui du grain de riz soufflé quand il entre en contact avec le lait. Comme chaque produit chez *Kellogg's*, celui-ci était associé à un animal, ici un singe nommé *Coco*.
En 2003, le nom a changé en *Choco Krips* pour redevenir quelque temps après *Choco Pops*, puis *Coco Pops*, c'est-à-dire les *Pops de Coco* le singe, habillé depuis les années 90 d'un tee-shirt blanc et d'une casquette bleue.

Cœur de Lion (1990)
Gamme de fromages à pâte molle à base de lait pasteurisé, inaugurée avec le camembert. Ce nom s'explique sans doute par le fait que Richard Cœur de Lion, non content d'être roi d'Angleterre, était également duc de Normandie, la patrie du camembert. Aujourd'hui, *Cœur de Lion* appartient à l'enseigne *CF & R* (*Compagnie des Fromages et Richemonts*). *CF & R* est née en 2008 de la fusion à 50/50 entre la *Compagnie des Fromages*, filiale de *Bongrain* (aujourd'hui **Savencia** *Fromage et Dairy*), et les fromageries **Riches Monts,** appartenant à la coopérative **Sodiaal.**

Cohiba (1982)
On peut critiquer la politique de Fidel Castro. Mais s'il y a une chose qui n'est pas critiquable, c'est son goût, notamment en matière de cigares. C'est lui qui a découvert, ou plus exactement promu, un rouleur de cigares nommé Eduardo Rivera Irizarri. Ce

dernier travaillait à la fabrique de cigares *La Corona*. Créé en 1845, cet établissement devient à la fin du XIXe siècle le plus important de l'île, avant de pratiquement fermer dans les années 70. Mais en 1963, Eduardo y travaille, et apparemment confectionne en plus pour son propre compte quelques vitoles qu'il écoule auprès de ses amis et relations. Parmi ceux-ci, Bienvenido « Chicho » Perez, le garde du corps de Fidel. Qui un jour hume les effluves riches et aromatiques émis par Bienvenido. Quelque temps plus tard, Eduardo se retrouve à la tête d'une vingtaine d'autres rouleurs, à travailler pour le compte exclusif de Fidel et de certains hauts dignitaires. Il est installé dans une ancienne villa du corps diplomatique, El Laguito, située près d'un petit lac à l'ouest de la Havane, surveillée jour et nuit : nous sommes en pleine guerre froide et Fidel craint que les services secrets américains ne glissent un cigare explosif dans une boîte !

Rapidement, la production augmente jusqu'à atteindre quelque 650 000 unités par an, ce qui permet d'en commercialiser une partie. Tout naturellement, les Cubains – en l'occurrence *Cubatabacco*, la compagnie d'État du tabac – tout a été nationalisé en 1962 – se tournent vers Zino **Davidoff**, qu'ils connaissent bien. Et pour cause, c'est à l'époque le plus célèbre importateur de cigares en Europe (les États-Unis ont décrété l'embargo sur tous les produits cubains). Il est établi en Suisse (un pays neutre) va lui aussi tomber en arrêt devant les vitoles produites à El Laguito. Un accord est signé, Davidoff commercialisera ce surplus sous son nom.

Mais petit à petit, les cigares réservés à Fidel Castro vont être proposés aux hôtes de marque puis de façon plus générale écoulés par le biais de filières non commerciales. En 1982, décision est prise de les commercialiser sous la marque *Cohiba*. Dès lors, il est clair que les deux marques ne peuvent coexister, sinon au détriment de Davidoff. Zino ira produire ses cigares ailleurs.

Quelques années plus tard, l'Espagnol *Altadis*, filiale de l'Anglais *Imperial Tobacco Group*, propose à *Cubatabaco* de commercialiser les cigares cubains dans le reste du monde. Une nouvelle société est créée, *Habanos*, détenue à 50/50 par les deux sociétés.

Dans les années 90, la firme américaine *General Cigar Company*, profitant d'un flou juridique, dépose la marque *Cohiba* aux États-Unis. *Habanos* attaque. En 2006, la Cour Suprême des États-Unis tranche, à la façon de Salomon : la *GCC* garde la marque *Cohiba* aux États-Unis et *Habanos* pour le reste du monde. Un jugement qui ne faisait que se conformer à la réalité. Cuba, sous embargo américain, ne pouvant exporter aux États-Unis.

Cointreau (1849, 1875)

Adolphe et Edouard-Jean Cointreau, confiseurs réputés, souhaitent se diversifier et ouvrent une distillerie à

Saint Barthélémy d'Anjou, dans la périphérie d'Angers, pour créer des alcools à partir des fruits de la région. Ils commencent par produire du *guignolet*, une liqueur obtenue par macération de cerises noires et aigres, et notamment la *guigne*, une variété locale. Ils ne sont pas les seuls : à Saumur, un certain Jean-Baptiste Combier en produit également depuis 1834, selon une recette vieille de deux siècles de la congrégation voisine des Bénédictines.

Combier fabrique également du *Triple Sec*, une liqueur fabriquée à partir d'une macération d'oranges douces et amères dans de l'alcool de fruit, qui est ensuite distillée trois fois. Cette liqueur serait en fait une adaptation de l'*Élixir de Raspail*, conçu par le célèbre chimiste et médecin François Raspail.

En 1875, Édouard Cointreau, le fils d'Edouard-Jean, distille à son tour sa propre recette d'alcool macéré dans un mélange d'écorces d'oranges. C'est également lui qui conçoit la fameuse bouteille carrée. En 1899, Édouard, décidément très inventif, crée le premier film publicitaire, trois ans seulement après la première projection payante de l'histoire du cinéma.

À la mort d'Édouard, en 1923, ses fils, Louis et André, prennent la relève. Le premier s'occupe de la commercialisation, notamment à l'international, le second de la production, et de sa modernisation.

En 1946, Max, le fils d'André se marie avec Geneviève Renaud, dont le père dirige et possède la maison **Rémy Martin.**

Cette alliance va progressivement conduire les deux sociétés à se rapprocher pour former en 1991 le groupe *Rémy Cointreau.*

Colruyt (1965, 1976, 1997)

En 1928, Franz Colruyt, un boulanger de Lambeek, une ville belge située à une vingtaine de kilomètres au sud-ouest de Bruxelles, en zone flamande mais à la limite de la zone wallonne, décide de se diversifier et se lance dans le commerce en gros de *denrées coloniales* (café, épices…).

Au lendemain de la guerre, Franz Colruyt élargit sa palette et devient grossiste en alimentation générale. En 1953, il met au point un programme de fidélisation auprès d'épiciers indépendants affiliés sous forme de timbres, appelés *Boni* (*voir encadré*). Ce système remporte un vif succès, dans la foulée il crée une enseigne au même nom. Son fils Jo et ses frères prennent la relève. Ils incitent les commerçants affiliés d'adopter le modèle américain de supermarché, en les accompagnant dans leurs démarches : en 1958, le premier *Super Boni* ouvre ses portes. En 1964, Jo ouvre son premier supermarché en gestion propre. Faute de budget publicitaire et face à une concurrence acharnée, il attire le chaland en proposant les produits de grandes marques 10 % moins cher que la concurrence, en rognant sur les frais de présentation. Il appelle tout simplement son magasin *Discount*. D'autres ouvriront. L'enseigne, jugée trop vague est remplacée par le nom de famille en 1976.

En 1997, *Colruyt* acquiert la société de distribution française *Ripotot*, membre affiché du groupement *Francap* (*voir* ***Coccinelle)*** et ouvre un supermarché *Col ruyt* dans la foulée. Ils sont aujourd'hui au nombre de 87 répartis dans le quart nord-est de la France.

Contrairement à l'adjectif latin dont il est issu et qui signifie *bon*, *bonus* n'a pas, en français, pour pluriel *boni*. Un *boni*, des *bonis*. Le sens est légèrement différent : un *boni* désigne généralement un supplément de salaire, ou un excédent de la dépense prévue par rapport aux sommes réellement dépensées (rare en France !) alors qu'un *bonus* (invariable) désigne plutôt une réduction de prime d'assurance ou, plus généralement, une amélioration.

Comme j'aime (2010)

Cette société de vente de plats tout préparés dans le cadre d'un programme minceur a été créée par Bernard Canetti. Selon ce dernier, l'idée lui en serait venue lors d'un voyage à Philadelphie (États-Unis), où un tel programme existait déjà. On peut toutefois remarquer que le créneau était déjà exploité depuis quelque mois sur le marché français, par une autre entreprise, *K-Group* (*voir* ***Kitchen Diet)***.

Le nom de *Comme j'aime* répond au souhait de tous les candidats au régime : « *Ce que j'aimerais, ce serait de pouvoir maigrir sans me priver* ». Le programme (quatre semaines minimum) se compose de 24 petits-déjeuners, déjeuners dîners en même en-cas de milieu de journée (le 7e jour est libre), diététiquement équilibrés, livrés en début de mois et qu'il suffit de faire réchauffer au micro-ondes.

Bernard Canetti est le fils de Jacques Canetti, célèbre producteur de musique dans les années 50/60. Bernard a présidé les *Éditions Atlas* de 1986 à 2009, époque où il a démissionné pour « *différend stratégique* ». Il fonde donc *Comme j'aime* l'année suivante, puis, en 2012, rachète aux *Éditions Atlas* le *Centre européen de Formation* qu'il avait contribué à créer en 2004, lorsqu'il dirigeait cette maison d'édition. Ce rachat s'est fait sous l'égide de *Xynergy Group*, la holding de Bernard Canetti qui regroupe l'ensemble de ses nombreuses sociétés. Ce rachat peut surprendre, mais il est logique.

Dans les deux cas, le succès repose sur l'efficacité d'une plate-forme téléphonique pour répondre au consommateur potentiel et l'aiguiller vers le produit le plus adapté à ses besoins (et ses capacités de financement), dans un cas vers un programme de régime, dans l'autre un programme de formation. Parmi les autres sociétés de Bernard Canetti, citons *Régime Box*, un… concurrent de *Comme j'aime*, destiné à attirer une partie des clients intéressés par ce type de régime, mais à moindre coût. *Comme j'aime* doit en effet répercuter le coût très important de ses campagnes publicitaires (128 millions d'euros en 2018). À titre de comparaison, indique le *Parisien* (*Aujourd'hui en France*), son principal concurrent, **WW** (ou **Weight Watchers)**, n'a consacré la même année que 10 millions d'euros en publicité[w, 62].

Comod (1928, 1973-2005)
Créés en 1928 au Mans, les *Comptoirs Modernes* deviennent *Comod* en 1973, avant de passer, pour la plupart sous enseigne **Shopi**, depuis rebaptisée **Carrefour City**.

Compagnie coloniale (1848)
Comme toute bonne maison de thé, *Compagnie coloniale* (l'article a été supprimé) affirme qu'elle est la plus ancienne.

Au moins, dans son cas, les preuves sont bien présentes puisqu'elle a été fondée non par un individu qui allait faire fortune mais par une puissante famille de Perpignan, les Méric, qui étaient déjà présents dans de nombreux secteurs de l'économie : banque, immobilier, industrie et négoce de denrées exotiques, non seulement à Perpignan (dont un membre, Pierre, a été maire 1815 à 1819), mais également à Madrid, où la famille fait construire une usine de chocolat, la *Compañia Colonial*, ainsi qu'à Paris et en Argentine.

À Paris, la famille fonde donc la *Compagnie Coloniale* et l'installe dans un immeuble imposant qu'elle fait construire au 19 avenue de l'Opéra, dans le 1er arrondissement.

Elle déménagera par la suite au 70 de cette même avenue avant de renoncer à avoir la moindre boutique en propre.

En 1930, elle acquiert la *Compagnie des Indes*, ce qui lui permet d'élargir son assortiment de thés.

Aujourd'hui, *Compagnie Coloniale* a déserté Paris pour installer son siège social à Dissay, dans la Vienne.

Ce qui ne l'empêche nullement de continuer à élaborer ses propres mélanges, comme le fameux thé de Noël, apprécié des connaisseurs, qu'elle commercialise via un réseau de revendeurs et son site internet.

Comptoirs de la bio (2012)
Créés il y a dix ans par le Bordelais Philippe Bramedie, les *Comptoirs de la bio* se veulent à la fois la chaîne du bio bon marché (en tout cas la moins chère) et surtout non clivant : « *changer sans rien changer* », explique Christophe Choquet, le responsable de la communication[63].

Et apparemment, ça marche puisque le prochain objectif est de dépasser les 200 points de vente.

Comtesse du Barry (1908, 1926)

En 1908, Joseph Dubarry et sa femme Gabrielle s'installent à Gimont, un petit bourg du Gers, dans une région qui produit du foie gras depuis longtemps: Alaric II, roi des Wisigoths, en consommait régulièrement, dans sa bonne ville de Toulouse, sa capitale, en 506 de notre ère. L'arrivée de la culture du maïs dans la région, au début du XVIIe siècle, ne fera qu'amplifier l'élevage.

Joseph et Gabrielle se lancent dans la production de ce mets raffiné et le commercialisent dans les foires régionales. Leur aura-t-on dit que leur foie gras était royal, toujours est-il qu'ils déposent leur marque, *Comtesse du Barry*, en 1926. Ils n'ont évidemment aucun lien avec la dernière maîtresse de Louis XV: elle était de Lunéville! Mais rien à craindre de la part d'éventuels ayants droit, la belle Jeanne a été guillotinée en 1793 sans descendance...

Les historiens et les étymologistes rappelleront que le foie gras est apparu voici environ 2 500 ans chez les Égyptiens et que les Romains l'appréciaient grandement. Ils l'appelaient *jecur ficatum*, c'est-à-dire foie aux figues, car le gavage de l'époque était à base de ce fruit. Peu à peu, on n'a gardé que le second élément, qui de déformation en déformation au cours des siècles, a donné le mot... foie.

Quant aux amis des animaux, qu'ils se rassurent, un foie gavé est un foie sain (sinon il n'aurait pas cette belle couleur rose et cet aspect lisse), présentant une stéatose hépatique, réversible, non pathologique: chez les oiseaux, cet organe est le site majeur de synthèse et de stockage des lipides, contrairement aux mammifères où cette fonction est assurée par le tissu adipeux[64], l'auteur peut le confirmer...

Cette suralimentation existe à l'état naturel chez les palmipèdes, avant les grandes migrations par exemple. Et c'est chassant ces animaux que les Egyptiens ont découvert le foie gras, naturel celui-là. Et très vite ils ont cherché à le reproduire par élevage.

Confipote (1984)

Cette confiture plus riche en fruits et allégée en sucres a été appelée *Confipote*, un nom concocté à partir des mots *confiture* et *compote*. La marque appartient au groupe *Mom* (**Mont-Blanc - Materne**).

Connétable (1853)

C'est la plus ancienne conserverie au monde, créée à Douarnenez (20 km au nord-ouest de Quimper) par le Nantais Robert Chancerelle. Quelque 160 ans plus tard, l'entreprise est toujours dirigée par la famille Chancerelle.

Quant au nom, faute de certitudes, nous y voyons un hommage à Arthur III de Bretagne, qui fut connétable de France (1425-1458).

Continent (1972-2000)
Super et hypermarchés lancés par le groupe *Promodès*. La marque disparaîtra en 2000, un an après la fusion entre *Promodès* et **Carrefour.**

Contrex (1861, 1891, 1954)
Le beau-père du roi Louis XV, Stanislas Leszczynski, déchu de son trône de Pologne, se voit accorder, en 1738, à titre viager, le duché de Lorraine que la France venait d'acquérir des mains de l'empereur d'Allemagne Charles VI.
Le thermalisme bat alors son plein en Europe. La Lorraine dispose quant à elle des eaux de Plombières, de Bains-les-Bains et de Bussang. Mais un jour, à la cour du duc Stanislas, le bruit court qu'une jeune fille qui souffrait de la maladie de la pierre (calculs rénaux) aurait été guérie par les eaux d'une fontaine appartenant à Reine Lamblin, veuve Brunon, située à Contrexéville. Le duc dépêche alors son médecin personnel, le docteur Charles Bagard. Ce dernier analyse l'eau avec minutie et rédige un *Mémoire sur les eaux minérales de Contrexéville* qu'il présente devant la Société Royale des Sciences et des Arts de Nancy, le 10 janvier 1760.
En 1774, un établissement thermal est créé. Mais il faudra atteindre près d'un siècle (1861) pour que l'eau de Contrexéville soit officiellement reconnue *« eau minérale naturelle »*. Les premières bouteilles datent de 1891, mais ce n'est qu'à partir de 1908, date de la construction d'une usine d'embouteillage, que cette eau prendra son essor. Son nom sera raccourci en *Contrex* en 1954.
Aujourd'hui, *Contrex* produit annuellement 600 millions de bouteilles. Neuf sur dix sont bues par les Français. Et on s'étonne que la consommation de vin diminue…
La marque *Contrex* appartient à *Nestlé Waters*, la division *Eaux* du groupe **Nestlé.**

La place Stanislas de Nancy, voulue par le duc de Lorraine, a été réalisée entre 1751 et 1755. Ce superbe ensemble architectural a été élu La place est élue *Monument préféré des Français* lors de l'édition 2021 de l'émission éponyme présentée par Stéphane Bern.

Cookie Crisp (1977)
Céréales pour petit-déjeuner créées par la firme *Ralston Purina* pour retrouver le goût des cookies au chocolat.
En 1997, *Ralston* revend son département céréales à *General Mills*, pour se recentrer sur la nourriture animale.
Comme toutes les préparations pour petit-déjeuner concoctées ou appartenant à *General Mills*, *Cookie Crisp* (que l'on pourrait traduire part *Cookie croquant*) est commercialisé, hors Amérique du Nord, par *Cereal Partners Worldwide*, une société commune entre *General Mills* et **Nestlé,** sous l'enseigne *Nestlé*.

Coop (1882, 1890, 1902, ...)
Ce nom ne peut se comprendre qu'en replongeant – brièvement – dans l'histoire des mouvements coopératifs, en l'occurrence celle des coopératives de consommation, qui, à l'origine, ont été constituées par le regroupement de consommateurs en vue d'acheter en gros, donc moins cher, des biens de consommation.

Ce mouvement est né à la fin du XIXe siècle, concomitamment au socialisme, en rejet de la doctrine libérale prônée par Adam Smith et appliquée sans nuance pendant ce qu'on a appelé la Révolution industrielle.

En 1902, en Alsace, est créée la *Coopérative de Strasbourg* (*Strassburger Consum-Vereins*, Strasbourg était allemande à cette époque). Trente ans après sa création, la *Coopé de Strasbourg* compte déjà 136 succursales dans le Bas-Rhin.

En Normandie, c'est en 1890 que la *Solidarité Sottevillaise* est fondée. En 1927, après avoir créé quelque 25 succursales dans la région rouennaise, elle prend le nom d'*Union des Coopérateurs de Normandie*.

Dans le grand ouest, c'est dès 1882 qu'est fondée l'*Union de Limoges*, suivie en 1912 par la *Saintaise*, qui deviendra en 1920 la *Coopérative régionale de Charente-Poitou*.

Un peu partout en France s'ouvrent de telles coopératives et dès 1912, elles éprouvent le besoin de s'unir pour former la *Fédération Nationale des Coopératives de Consommateurs* (*FNCC*). Quatre d'entre elles vont émerger : la *Coop Alsace* (après fusion progressive des Coopérateurs de Mulhouse, puis de Colmar, avec la *Coop de Strasbourg*, à la fin des années 60 et début des années 70), la *Coop Atlantique*, la *Coop Champagne et la Coop Normandie-Picardie* (*CNP*), résultat de la fusion en 1990 de deux coopératives régionales.

Après la Seconde Guerre Mondiale, le mouvement se relance. Ainsi, en Alsace, la *Coopé de Strasbourg*, à laquelle se sont jointes toutes les autres coopératives de consommateurs du Bas-Rhin, poursuit son expansion et en 1952 la société compte 365 magasins dans le département. En 1961, la *Coopé* ouvre le premier supermarché *Coop* de France à Strasbourg-Meinau.

En 1976, *Coop Alsace* se lance dans la distribution moderne en créant le premier hypermarché *Rond Point* à Colmar, bientôt suivi par ceux de Sélestat, Saint-Louis, Strasbourg-Geispolsheim et Marmoutier. Parallèlement, la coopérative investit dans son réseau de grands supermarchés, les *Maxi*, tout en poursuivant le développement de son réseau de vente de proximité, les *Coop*. Les enseignes sont, grâce à la *FNCC*, utilisables par les autres coopératives françaises. Les marques *Coop*, *Maxi* (*Coop*), *Rond Point* se développent un peu partout.

Mais la profonde révolution de la distribution intervenue entre les années 60 et 80 va parfois mettre à

mal la santé financière de certaines de ses institutions les contraignant à réagir.
Ainsi, en 1986, la *CNP* crée une enseigne de commerce hard-discount, **Le Mutant.** Les autres coopératives vont lui emboîter le pas. *Coop Alsace* ouvre son premier *Le Mutant* en 1990 pour lutter contre le hard-discount venu d'Allemagne, y ajoutant la marque distributeur *LM* (initiales de l'enseigne). Elle sera suivie par la *Coop Champagne en 1996.* Ce nom vient de mutation totale de culture des *Coop* pour s'adapter aux nouvelles réalités du secteur de la distribution.
En effet, au nom du pragmatisme et de la rentabilité, certaines font appel à des centrales d'achats externes à l'organisation. La *CNP* par exemple a adhéré en 2009 à la *Coopérative de Commerçants Système U* (la *CNP* est une coopérative de consommateurs ne l'oublions pas). Les hypermarchés *Rond Point* (la marque disparaît définitivement en 2012) passe sous enseigne *Hyper U.* Aujourd'hui, la *CNP gère les* magasins *U* de la région. La *Coop Atlantique* fait de même en 2012. Idem pour la *Coop Champagne en 2021.* Le logo *Coop* reste affiché sous l'enseigne du magasin, **Super U** ou **Utile.**
Quant à la *Coop Alsace*, elle signe des accords avec **E. Leclerc** pour ses grandes surfaces, qui passent sous cette enseigne, tandis que ses magasins de proximité *Coop* distribuent des produits **Casino.**
Mais pour ces derniers, l'accord avec *Casino* ne permet plus d'atteindre l'équilibre financier.
En 2014, Coop Alsace cède 129 magasins de proximité à *Carrefour.* Certains autres seront en *co-branding* (le logo *Coop* est apposé sous les différentes enseignes du groupe *Carrefour*),d'autres encore restant sous enseigne *Coop.*
Mais en dépit de tous ces accords, *Coop Alsace* n'arrive plus à refaire surface et est définitivement liquidée en 2015.

Coq'Ailes (1999)
Manchons de poulets marinés et cuits de la marque **Maître Coq,** à déguster froids ou chauds. Existent en plusieurs goûts.

Cora (1969)
En 1867, un négociant belge en vins, installé à Charleroi, invente le principe du succursalisme, c'est-à-dire une centralisation des achats répartis ensuite dans différentes boutiques. L'entreprise familiale se développe et au début du XXe siècle, deux descendants, Georges et René Delhaize traversent la frontière et s'installent l'un dans le nord de la France, l'autre dans l'Est.
En 1929, André Bouriez, un neveu par alliance, entre dans une des sociétés créées par son oncle. Il y gravit tous les échelons, pour en prendre la tête avant de fusionner, en 1965, l'ensemble des entreprises françaises détenues par la famille.
Dans le même temps, il agrandit sa zone de chalandise, en ouvrant un hy-

permarché à Garges-les-Gonesses, dans la banlieue parisienne sous franchise **Carrefour.** Bourriez en ouvre dix en cinq ans.

Voyant d'un mauvais œil cette montée en puissance qu'il juge trop rapide, *Carrefour* ne renouvelle pas, en 1974, les contrats de franchise. Il faut donc trouver un nouveau nom, et vite. André Bourriez rachète alors une petite entreprise en faillite aux alentours de Verdun, qui s'appelle *Cora.* L'histoire veut qu'il ait reconverti ses *hypers* à cette enseigne en un tournemain, réutilisant une partie des lettres *Carrefour*, qui alors s'écrit sans majuscule (*cora* n'en a pas non plus). « *Une légende*, assure-t-on chez *Cora. Cora était déjà le nom d'une entreprise du groupe*[65]. »

En 1982, *Cora* rachète *Révillon*, la mondialement célèbre marque de fourrures puis de parfums, et en fait sa division luxe, *Cora-Revillon.* Une banque est également créée à ce nom.

Mais en 1999, changement de stratégie, *Cora* se désengage du luxe. *Révillon* est revendue à une firme suisse *Fibalko.* La *Banque Révillon* a changé de nom le 31/12/2021 pour devenir *BRV* (vestige de ***B**anque **R**e-**V**illon*, à l'image de *LCL* pour *Le Crédit Lyonnais?*).

Aujourd'hui, le groupe *Cora* compte 61 hypers en France, une dizaine au Bénélux et 12 en Roumanie.

Coraya (1990)

Coraya est une marque française de produits dérivés de la mer comme le *surimi.* Cette marque appartient à l'entreprise française *Alliance Océane S.A.S,* filiale de **Savencia** *Saveurs & Spécialités* (*ex-Soparind Bongrain*). Le nom *Coraya* dérive de *corail* en raison de la couleur de nombreux produits commercialisés par l'entreprise (*surimi*, bâtons de saumon...)

Cordon Rouge (1876)

*Voir **G.H. Mumm.***

Corona (1925)

Palo Diez Fernández est né en 1884 à Vegaquemada, une bourgade de la province du León, au nord de l'Espagne. Vers 1909, il émigre à Mexico, où il commence à travailler dans la boulangerie d'un ami. Très vite, il en devient le patron puis en ouvre une autre.

En 1925, il participe à la création de la brasserie *Modelo*, dont il devient membre du conseil d'administration. La première bière fabriquée est la *Modelo*, suivie – un mois plus tard – par la *Corona*, une bière pils, à fermentation basse *(voir Amstel).*

Il n'est pas rare de trouver comme explication du nom du logo de cette bière l'étonnante couronne (*corona* en espagnol) de la cathédrale Notre Dame de Guadalupe de Puerto Vallerta, une ville située sur la côte Pacifique. Une explication un peu alambiquée et surtout anachronique : la tour qui supporte la couronne ne fut érigée qu'en 1952 et la couronne elle-même en 1963 !

Comme le mystère demeure, nous émettons une hypothèse. Avant même de devenir patron (il le sera en 1930), Palo Diez a toujours joui d'une grande aura au sein de l'entreprise. C'est donc peut-être lui qui a proposé ce nom (et ce logo), en pensant à la couronne d'Espagne, celle qui orne le drapeau espagnol: à l'époque, c'est celle de la Maison Bourbon Anjou, portée par le roi Alphonse XII qui règne sur l'Espagne. Paradoxe, cette bière, exportée dans plus de 170 pays et quatrième bière la plus vendue au monde, ne s'appelle pas *Corona* dans ce pays, le nom étant déposé par le producteur vinicole *Torres*. Là-bas, c'est *Coronita*.

Corona comptait parmi ses fans l'ancien président Jacques Chirac, qui a avoué son attrait pour la goûteuse mexicaine. Quant au morceau de citron que l'on coince dans le goulot au moment de servir, et que l'on enfonce avant de boire, il servait initialement à nettoyer le goulot de la rouille laissée par la capsule! [66] N'oublions pas que le Mexique est un pays tropical, donc chaud et humide...

Côte d'Or (1883)

Charles Neuhaus ouvre une petite chocolaterie à Schaerbeek, dans la banlieue de Bruxelles en 1870. La marque Côte d'Or, il l'a créé en 1883. Aucun rapport avec le département du chanoine Kir, non, ce nom évoque la Côte de l'Or, c'est-à-dire l'actuel Ghana, voisin de la Côte d'Ivoire, dont les fèves de cacao sont déjà réputées. En outre le Ghana a longtemps été une colonie des Pays Bas (jusqu'en 1870), de la Belgique aussi, quoique dans un passé plus lointain (1830), ce qui a contribué à créer des flux commerciaux. Ce nom de Côte de l'Or avait été donné dès le XVe siècle par les navigateurs portugais qui y débarquaient, en raison des nombreuses pépites qu'ils trouvaient.

Soucieux de la qualité de son chocolat, *Côte d'Or* n'hésite pas à suspendre la marque (mais pas la production) pendant la Seconde Guerre Mondiale, et la remplace par *Congobar*, dont le logo représente un tirailleur très proche de celui de **Banania**.

Le logo de *Côte d'Or* remonte, lui, à 1906 et représente un puissant éléphant trompe levée, avec en fond des pyramides et des palmiers, sans doute pour ajouter à l'exotisme!

La marque a changé de mains dès 1889. Quand le groupe suisse **Suchard** l'acquiert près d'un siècle plus tard, en 1987, cela est ressenti en Belgique comme la perte d'un pan de la richesse nationale. *Côte d'Or* est depuis devenu américain, après le rachat de *Suchard* par **Kraft Food** (*voir* ***Mondelēz International***).

Courvoisier (1835)

« *Le cognac de Napoléon* », indique l'étiquette avec, au-dessus, en médaillon, la silhouette de l'empereur, coiffé de son bicorne, la main dans le gilet. Quelle renommée !

Le site internet de la société explique : « *Napoléon était un grand amateur de brandy et de cognac. En 1811, il visite les premiers entrepôts de Courvoisier à Bercy et insiste même pour que ses soldats aient une ration de brandy pendant les campagnes napoléoniennes pour qu'ils gardent le moral et pour masquer le goût amer de la quinine* », consommée à l'époque sous forme d'écorce de quinquina pour lutter contre ce qu'on appelait *les fièvres*.

Cette histoire relève sans doute de la légende. La visite de Napoléon n'est pas remise en cause : Emmanuel Courvoisier, effectivement producteur de cognac à Jarnac, écoulait sa production auprès d'un certain Louis Gallois, maire du village de Bercy, hors Paris à l'époque (la création de la commune date de 1790). Les deux hommes auraient, semble-t-il, accueilli l'empereur. Mais Bercy n'était pas encore le formidable entrepôt de vins et spiritueux qu'il allait devenir à la fin du XIXe siècle.

C'était encore la campagne, avec de grandes propriétés seigneuriales, même si plusieurs marchands de vin y avaient installé boutique du fait d'une franchise de droits sur l'alcool. Mais ils étaient surtout spécialisés dans les vins de Bourgogne, qui arrivaient par la Seine. Qui plus est, la marque *Courvoisier* ne fut créée qu'en 1835 par le fils d'Emmanuel, Félix Courvoisier, associé à Jules Gallois, le fils de Louis. Et si la marque devint effectivement *Fournisseur officiel de la Cour Impériale*, ce ne fut qu'en 1869, sous Napoléon… III.

Enfin, en 1909, la marque est cédée à la famille Simon, d'origine anglaise. C'est elle qui élabore l'identité de la marque, créant la qualité *Napoléon* (ou *XO : Extra Old*), un label réservé aux mélanges d'eaux-de-vie de plus de six ans.

C'est elle encore qui adopte comme logo l'ombre chinoise de Napoléon 1er. Un comble, pour des Anglais, qui l'ont si constamment combattu !

On peut également penser qu'ils sont à l'origine de cette autre légende, qui raconte que sur le bateau qui l'emportait à Sainte-Hélène, l'empereur avait pris soin de faire monter quelques barriques de cognac à la plus grande satisfaction des officiers anglais qui l'appelèrent « *Le cognac de Napoléon* ».

Courvoisier, quatrième producteur mondial en volume derrière **Hennessy**, **Rémy Martin** et **Martell**, est aujourd'hui japonais et appartient à *Suntory Holdings*, après son rachat en 2014 de *Beam Global Spirits and Wine*, filiale de la holding américaine *Fortune Brands*, démantelée depuis.

En qualité aussi, il a sa place parmi les grands, avec, en haut de la pyramide de la qualité, *L'Esprit de Courvoisier*, un assemblage de grandes fines champagnes entre 80 et 200 ans d'âge, présenté dans une carafe signée **Lalique** !

Cracotte (1978)
Cette biscotte produite par **LU**, très légère, parce que très aérée grâce aux nombreuses bulles microscopiques emprisonnées dans la pâte, est apparue grâce un nouveau procédé de cuisson et de soufflage simultanés. Son nom est une invitation à la croquer…

Cramoisay (1950)
Voir ***Champlure.***

Craven A (1914)
Jose Joaquin Carreras est le fils d'un noble espagnol émigré en Angleterre. En 1853, il ouvre une échoppe de tabac à Londres. Rapidement, il élabore ses propres mélanges, qui trouvent rapidement leur clientèle, dont le comte Georges Grimston Craven, 3e du nom[67] pour lequel il concocte un mélange (blend) spécial en 1860. Le comte le fait connaître à ses amis, qui l'apprécient grandement et le diffusent à un plus large public, qui pourra l'acheter à partir de 1867 sous le nom de *Craven'mixture* (*mélange Craven*).

En 1896, la maison Carreras passe aux mains d'un financier américain, William Johnston Yapp, qui poursuit le développement de son activité, toujours dans le haut de gamme. L'affaire marche bien, d'autant mieux, semble-t-il qu'il a engagé un certain Bernhard Baron pour gérer l'entreprise, un homme venu d'outre-Atlantique comme lui.

Ce Baron est un inventeur de génie. Né à Brest-Litovsk, dans l'empire russe, il a émigré avec sa famille aux États-Unis lorsqu'il était enfant dans les années 1850. Il commence sa carrière professionnelle dans une fabrique de tabac, qu'il finit par racheter en 1879. Il a alors 29 ans. William va alors concevoir une machine à fabriquer les cigarettes. Mais il ne parvient pas à commercialiser son invention (*voir encadré*). Il décide donc d'aller tenter sa chance en Angleterre. Bonne pioche : il vend le brevet à **John Player** & Sons pour la somme rondelette de 150 000 livres. C'est sans doute à ce moment-là que Yapp le remarque et l'embauche comme directeur général. Yapp veut en effet passer la main et cherche d'ailleurs à vendre son entreprise à deux géants du secteur, le Britannique *Imperial Tobacco* et *American Tobacco Company*. Mais le prix demandé, 150 000 livres sterling, est jugé trop élevé. Qu'à cela ne tienne, il introduit la firme en bourse en 1903. Celle-ci capitalise bientôt 200 000 livres. Le premier actionnaire devient un certain John Crowle, un ancien boucher ayant fait fortune dans la restauration. Le second est Berhard Baron, le troisième Yapp, qui va se consacrer à la philanthropie.

En 1904, est lancé le paquet de cigarettes *Black Cat*. L'histoire raconte que ce serait en raison d'un chat noir qui arpentait régulièrement une ruelle jouxtant l'usine. Crowle décède en 1906 et Baron prend seul les commandes de *Carreras*. Une nouvelle manufacture voit le jour en 1910. Baron en profite pour lancer une nouvelle marque de cigarette, reprenant le mélange apprécié par le comte Craven et l'appelle *Craven A*, le A étant censé souligner le caractère haut de gamme du produit. Clin d'œil assumé, sur la boîte en métal, un chat noir surmonte le nom, inscrit dans un ovale noir sur fond rouge. Le nouveau produit fait un... tabac et la Grande Guerre accroît encore les ventes. Au sortir du conflit, Baron améliore encore son produit phare en cerclant l'embout de la cigarette, qui n'a pas de filtre, d'une bague en liège, pour éviter que les lèvres ne collent au papier. Cette particularité participera à la réputation de la marque. Une réputation largement entretenue part une publicité massive, encore rare à l'époque.

En 1928, une nouvelle usine est construite à Londres, selon certains la plus grande du monde.

Bernhard Baron décède en 1929. Son fils Louis lui succède. En 1931, Carreras emploie 31 000 personnes et représente 14 % du marché britannique du tabac. Louis ne survivra pas longtemps à son père : il meurt en 1934. La relève est assurée par son neveu, Edward Sanson Baron. En 1952, la firme acquiert le monopole d'exploitation de la marque Alfred **Dunhill** pour le Royaume-Uni.

Grandeur et décroissance. Vers le milieu des années 50, **Imperial Tobacco** inonde le marché de ses cigarettes *John Player's Special*. Au détriment de *Craven A* et *Dunhill*.

La part de marché de Carreras tombe à 3 % en 1958. Le Sud-africain *Rembrandt Tobacco Corporation* rachète alors l'entreprise. Il la relance pour devenir en 1967 le troisième producteur de tabac de Grande-Bretagne[68].

La marque appartient aujourd'hui à **Rothmans, Benson & Hedges** (*RBH*), filiale de **Philipp Morris** *International* [w].

L'histoire retiendra que l'inventeur de la machine à fabriquer les cigarettes est l'Américain James Albert Bonsack. Le brevet est déposé en 1881. La machine est capable de fabriquer 200 cigarettes à la minute, soit 12 000 à l'heure, contre 300 maximum à la main. La machine créée par Berhard Baron dans les années qui ont suivi a un rendement supérieur : 18 000 cigarettes à l'heure.

Lorsqu'il est parti à Londres en 1940, le Général de Gaulle était un gros fumeur. De Gitanes naturellement. Le tabac brun étant quasi introuvable là-bas, il se rabattra sur les Craven A. On retrouve la célèbre cigarette dans plusieurs films et chansons. Ainsi Sean Connery en allumera un certain nombre dans *James Bond 007 contre Dr No*. Jean Gabin, consommateur coutumier, le fera savoir dans *Le Cave se rebiffe* et *Le Pacha*. Côté chanson, les babyboomers n'ont pas oublié la ritournelle de Sabine Paturel *Les*

Bêtises. Léo Ferré dans *Le Chien* et Robert Charlebois dans *Tendresse et Amitiés* y font également allusion[w].

Créaline (1991)

En 1992, Anne, la fille d'Émile Ryckeboer, créateur des salades en sachets **Florette,** crée une structure pour élaborer des purées de légumes réfrigérées prêtes à consommer et préparées sans additif ni conservateur. L'année suivante, la marque est trouvée, *Créaline* (*création* + plus une terminaison douce qui rappelle la purée… **Mousline).** En 1996, sont lancées les soupes de légumes. En 2000, la coopérative *Agrial* rachète *Créaline* via sa filiale **Florette.**

En 2017, *Créaline* a réalisé un investissement de 15 millions d'euros pour tripler à terme sa production, estimée alors à 6000 tonnes par an.

Crespo (1962)

Crespo est une marque française d'olives de table de la société *Comptoir Méditerranéen de l'Olive* (*Comolive* basée à Sète). Son P-DG est Antoine Crespo. Elle importe les olives produites au Maroc par la société *Somia* (même patron) [w].

Cristaline (1992)

Vous ne le savez peut-être pas, mais *Cristaline* est l'eau en bouteille la plus vendue en France. Plus d'une bouteille d'eau plate sur quatre. À l'inverse, non seulement, ce n'est pas de l'eau minérale, mais de l'eau de source et en outre, vous buvez des eaux différentes, issues de sources différentes, suivant la région que vous habitez: *Cristaline* provient de 22 sources…

Cristalline est née avec deux *l.* On apprend son existence en 1973, lorsqu'en faillite, elle est rachetée par le groupe de vins et spiritueux *Castel,* pour rentabiliser ses chaînes d'embouteillage. En 1992, Pierre Papillaud, patron du groupe *Roxane,* spécialisé dans les eaux **(Chateldon, Vals,** *Thonon, Pierval…*) et Pierre Castel décident de s'associer. Le premier est normand, basé à La Ferrière-Bochard, dans l'Orne, le second Bordelais. L'un possède des eaux de source dans le nord de la France, l'autre dans le Sud. D'où l'idée de regrouper ces sources (22 au total sur l'ensemble du territoire) dans un *GIE,* la *Compagnie Générale des Eaux de Source,* sous une seule marque, *Cristaline,* avec un seul *l.* et de faire de l'eau en bouteille *low cost,* 1 € le pack de six bouteilles d'un l, 5 l, grâce à la proximité entre source et points de vente.

Et ça marche: entre 1992 et 1993, *Cristaline* a représenté 27,2 % du marché en volume, devant **Évian** (9,8 %) et **Contrex** (7,3 %). En revanche en valeur, elle n'occupe plus que la seconde position avec 13,6 %, derrière *Évian* (15,9) mais devant *Contrex* (10,0).

En 2015, *Cristaline* détient la première place avec 16,1 % du marché en valeur, devant *Évian* et **Volvic.**

En 1998, les deux partenaires transforment le GIE

en une société, la Compagnie Générale des Eaux de Sources. En 2008, le *Groupe Castel* se retire de l'eau et cède sa participation à *Roxane* (devenu entretemps *Alma*) et au groupe pharmaceutique japonais *Otsuka* (51 %-49 %).

Crown Royal (1939)
Ce whisky canadien a créé à la demande de Samuel Bronfman, patron de *Seagram* (*voir* **Diageo**), à l'occasion de la visite du roi d'Angleterre, George VI. D'où le nom, *Crown Royal*, *couronne royale*. La bouteille est enveloppée dans une pochette en velours violet, couleur de la royauté.
Ce whisky est un *blend* (mélange) de différents whiskies canadiens. À l'époque, il était élaboré dans la ville ontarienne de Waterloo (pour les Anglophones, ce nom sonne bien). L'exportation n'a débuté qu'en 1964.
Depuis 1992, le *Crown Royal* est produit à la distillerie Gimli, dans la province du Manitoba, au centre du Canada. La marque appartient aujourd'hui à *Diageo*. C'est le premier whisky canadien au monde, avec une production de 50 millions de litres environ[69].

Cruesli (1984)
Muesli croustillant (d'où le nom) produit par **Quaker Oats.**

Crunch (1938)
Créée aux États-Unis avant la Seconde Guerre Mondiale par **Nestlé,** la tablette de chocolat *Crunch* n'arrive en France qu'en 1960. *Crunch* en anglais signifie *croquer*, mais le mot évoque suffisamment le côté croustillant de ce chocolat aux grains de riz soufflés pour constituer une onomatopée dans les autres langues, y compris le Français. Existe aussi sous forme de céréales pour le petit-déjeuner.

Curly (1960)
Produit apéritif à base de cacahuètes, de la marque **Vico.** *Curly* signifie *bouclé*, *frisé*, en anglais, ce qui peut s'expliquer par la vue d'une coupelle de ces tortillons soufflés. *Curly* a en outre l'avantage d'exprimer la légèreté... ce qui n'est pas vraiment le cas du produit, très calorique.

Cusenier (1868)
Eugène Cusenier fonde une distillerie à Ornans dans le Doubs qui produit essentiellement à ses débuts de l'absinthe, une plante locale. Les affaires sont prospères, mais quand son frère Élisée, de 19 ans son cadet, lui succède en 1894, les choses se compliquent avec les campagnes menées par les ligues antialcooliques, en particulier contre l'absinthe, « *l'alcool qui rend fou* ». Élisée gagne du temps et en 1896 produit *l'absinthe oxygénée*. Non sans résultats, puisqu'à l'Exposition universelle de Paris en 1900, la maison remporte une quarantaine de médailles d'or et d'argent. Il est vrai qu'Élisée préside le jury des liquoristes... Aux côtés de l'absinthe, la gamme des produits Cusenier comprend le cognac, la prunelle, l'anisette, le quin-

quina, la crème de cacao, le curaçao, la crème de menthe et la merisette, une liqueur de cerises.

Le groupe est alors à son apogée avec des usines à Ornans, Charenton, Marseille, Mulhouse et des comptoirs de vente jusqu'en Asie et Amérique latine[70].

L'interdiction de l'absinthe dans de nombreux pays européens (1915 en France) sonne le glas de cette période faste, *Cusenier* rentrera dans le rang et se recentrera sur les liqueurs. Il ne joue plus aujourd'hui qu'un rôle modeste dans la panoplie de marques du groupe **Pernod Ricard.**

Cutty Sark (1923)

Le Cutty-Sark est un whisky produit par la société Edrington, basée à Glasgow. Le nom vient d'un des derniers clippers, ces voiliers rapides chargés de ramener des denrées périssables et en particulier le thé de Chine dans la seconde moitié du XIXe siècle. Or le Cutty-Sark a été construit par les chantiers de Dumbarton, dans la banlieue de Glasgow, à quelques encablures des bureaux d'Edrington.

Le nom même de Cutty-Sark vient d'un poème, écrit par Robert Burns (1759-1796), poète pré-romantique symbole de l'Écosse, car il écrivait en scots, la principale langue écossaise[71], même si de nombreux poèmes ou chansons sont rédigés en un mélange d'anglais et de light scots, plus accessible aux non-Écossais. Le poème en question : « *Tam o'Shanter* » *(le béret écossais)*, raconte l'histoire d'un homme, Tam, resté trop longtemps au pub et qui est victime d'hallucinations sur le chemin du retour. Ces visions prennent la forme d'une nuée de sorcières envoyées par le diable : « *Tam parvint à observer silencieusement les sorcières dansantes qui avaient retiré la plupart de leurs vêtements, quand il est séduit par une sorcière particulièrement gentille, Nannie, dont la chemise*[72] *est trop petite* (cutty-sark) *pour elle. Il ne peut s'empêcher de crier sa passion : bien joué, Cutty-sark* » (« *well done, Cutty-Sark* »). Une phrase rentrée dans le langage courant anglais pour féliciter chaleureusement quelqu'un. Or cette Nannie, Nannie Dee, constitue la figure de proue du clipper éponyme, justifiant par là même son nom.

Quant au whisky, le fabricant a sponsorisé de 1973 à 2003 la Tall Ships'Race, une compétition à laquelle participent d'anciens grands voiliers, en l'honneur du Cutty Sark et pour perpétuer l'époque héroïque des courses de clippers. Le Cutty Sark reste le seul clipper au monde de l'époque et il est visible à Greenwich, près de Londres. Du moins, il était, car il a subi en 2007 un dramatique incendie. De longs travaux de réhabilitation ont été entrepris et il devrait être de nouveau ouvert au public cette année.

En 2010, la marque est acquise par le groupe *Edrington*, une société détenue par la famille Robertson depuis sa création en 1850 sous le nom de *North British Distillery Company.* Elle sera rebaptisée *Edrington* en 1961, du nom d'une ferme près de leur maison dans les *Marches Écossaises* (*Scottish Borders*), entre Edimbourg, la capitale écossaise, et la frontière avec l'Angleterre.

Un mot du liquide dans la bouteille : c'est un *blend* composé d'une vingtaine de « single » whiskies provenant pour l'essentiel de la région de Speyside, dans les Highlands, au nord-est de l'Écosse.

Cynar (1952)

Cet *amer* (liqueur à la fois amère et sucrée) d'origine italienne a été créé au lendemain de la Seconde Guerre Mondiale par Angelo dalla Molle, un homme d'affaires et philanthrope italien. Contrairement aux autres *amers*, le *Cynar* n'est pas élaboré à base d'oranges amères (pénurie d'après-guerre ?), mais d'artichauts. Son nom découle d'ailleurs du nom latin de la plante, *Cynara.*

Cette liqueur a eu son heure de gloire dans la France de l'après-guerre où il était essentiellement consommé en digestif.

Cynar a été racheté par **Campari** en 1995.

D

Daddy (1981, 1991)

Voici trente ans, 21 sucreries s'unissent pour produire sous une nouvelle marque, *Daddy Suc.*

Pour se distinguer de la concurrence, que ce soit sur le linéaire du supermarché ou du point de vue de l'image, est créé le personnage de *Daddy Suc* (les tout-petits ne peuvent pas prononcer *sucre !*). Ce papy enjoué est sûrement le mari de Mamy Bonbon, puisqu'il adopte le rose pour ses boîtes, une couleur qui tranche immédiatement sur le blanc de ses concurrents. Mais Daddy n'est pas qu'un gentil pépé un peu amorti. Il a plein d'idées et innove dans la boîte plastique à bec verseur anti-choc, anti-humidité, anti-fuite. Il inventera même le carré de sucre… rond !

Dix ans plus tard, *Daddy Suc* est si connu qu'il devient tout simplement *Daddy.*

Et *Daddy* ne s'est pas tourné les pouces, puisqu'il a développé toute une gamme : sucre en morceaux, en poudre, bio, en sachets individuels, cassonade, bref plus de 40 dérivés ! *Daddy* appartient à de *CristalCo*, filiale de *Cristal Union.*

Dailymonop (2003)

Enseigne du groupe **Monoprix,** spécialisée dans les repas *« de tous les jours* (*daily* en anglais), *même pressé »*, du petit-déjeuner au dîner en passant par le goûter.

Dalwhinnie (1897)

Certaines distilleries de whisky sont longtemps restées des entreprises familiales avant d'être rachetées par des grands groupes. Certaines sont même encore indépendantes.

À l'inverse, cette distillerie aura beaucoup changé de mains dans son existence. En 1897, John Grant, George Sellar et Alexander Mackenzie fondent la distillerie *Strathspey* (du gaélique écossais *Srath Spè*, qui signifie *la large vallée de la rivière Spay*), près du village de Dalwhinnie, dans les Highlands, (au nord-est de l'Écosse). *Dalwhinnie* vient de *Dail Chunnaidh, le terrain du champion,* là où les clans se défiaient.

Mauvais départ. La distillerie a à peine le temps de sortir sa première bouteille qu'elle fait faillite. Elle est revendue à une association de deux sociétés, *A. P. Blyth & Sons* et *John Somerville & Co.*, qui la renomment *Dalwhinnie*, un nom sans doute jugé plus porteur. Mais en 1905, de nouveau, la distillerie bat de l'aile et est rachetée par le plus grand groupe de spiritueux américain, *Cook & Bernheimer.*

Cette acquisition par des étrangers inquiète les distillateurs qui craignent que ce mouvement ne s'étende. La prohibition qui s'abat sur les États-Unis (*Cook et Bernheimer* exportaient leur whisky là-bas) à partir de 1919, va inciter les Américains à revendre en 1926 à la *Distillers Company Ltd* (*DCL*). À ce titre, elle finira par se retrouver dans le giron de **Diageo** (*voir ce nom*). Ce qui ne l'empêchera pas de fermer à plusieurs reprises au cours de son existence[73].

Dalwhinnie est officiellement considéré comme le village le plus froid d'Écosse et donc a priori du Royaume-Uni. En France, c'est Mouthe, dans le Doubs, qui revendique le titre.

Dammann Frères (1825, 1925)

La société *Dammann Frères* revendique comme date de création 1692, ce qui ferait d'elle la plus ancienne maison de thé en France. Avec pour preuve, un octroi *« du privilège de vendre, de faire vendre, et débiter seul [...] tous les cafés [...] le thé, les sorbets et les chocolats... »*, accordé à *Maistre François Damame, bourgeois de Paris.* Faute d'avoir pu recouper l'information, cette date nous paraît suffisamment sujette à caution pour ne pas la prendre en compte dans l'état actuel de nos connaissances, ce pour plusieurs raisons : d'une part l'orthographe est sensiblement différente, ensuite le lien avec l'épisode suivant de l'histoire de la maison n'est pas établi d'autant qu'il se situe plus de 130 ans après, à Djakarta, capitale de l'Indonésie. À l'époque, ville s'appelait Batavia et était la capitale des Indes néerlandaises, d'où son nom (les Bataves sont un peu les Gaulois des Hollandais). Avant d'avoir été capitale, Batavia avait été le siège de la *Compagnie néerlandaise des Indes orientales*, dont l'un des grands commerces était le thé.

En 1825 donc, est fondé à Batavia le comptoir d'importation (en Europe) de thé *Derode et Dammann.*

On retrouve trace de cette maison sous le nom *P. & P. Derode Frères & Dammann* pendant la Première Guerre Mondiale à Paris, dans le 4e arrondissement, à la faveur d'un dossier fiscal sur les bénéfices de guerre[74]. En 1925, le comptoir de thés d'importation directe *Derode Frères et Dammann* devient les *Établissements Dammann Frères,* en l'occurrence Pierre et Robert, boulevard Sébastopol à Paris[w]. L'année suivante, leur sœur, Véra Dammann, ouvre un comptoir de maison à New York.

Au lendemain de la Seconde Guerre Mondiale, Robert Dammann embauche un jeune homme, Jean Jumeau-Lafond, pour le former à l'art subtil du thé. Tant et si bien que cinq ans plus tard, Robert lui confie les clefs de l'entreprise. Jean va développer l'offre en proposant des thés parfumés. Le premier lui a été inspiré par sa femme, d'origine russe. Cette dernière avait l'habitude d'ajouter une rondelle d'orange à son thé. Il appela son thé aux agrumes *douchka*, (*mon*) *chou*, en russe. Ce thé reste aujourd'hui l'une des meilleures ventes de la maison. Plus largement, sous sa houlette, la maison connaît un essor certain, sans qu'il ait été perçu par le grand public, la maison étant avant tout fournisseur des grandes épiceries fines. Il a été néanmoins remarqué par le groupe italien *Illycaffè* (marque **Illy**), qui rachète la maison en 2007. Depuis, changement de braquet: ouverture d'un site internet et de la première boutique à Paris en 2008, suivie d'une seconde l'année suivante et d'une autre encore à Osaka, au Japon, en 2011. D'autres ont suivi, à Moscou, Bucarest, Dubaï... Aujourd'hui, *Dammann* se dit présent dans 62 pays. *Illy* a toutefois pris le soin de pas changer l'équipe, dirigée aujourd'hui par Flora Jumeau-Lafond.

Le thé est la deuxième boisson la plus consommée au monde après l'eau.
En France, sa consommation se développe vite: aujourd'hui, 2 Français sur 3 en boivent, contre 1 sur 2 il y a douze ans.
Mais les 250 grammes consommés par tête et par an sont encore loin des 2,3 kg absorbés par nos amis anglais[w]...

Danacol (2004)
Gamme de produits laitiers enrichis en stérols végétaux censés réduire l'excès de cholestérol présent dans le corps. Ces produits, que l'on nomme volontiers des *alicaments* (*aliments-médicaments*) ne remplacent évidemment pas une visite chez le médecin...
Danacol est phonétiquement formé de ***Dan**one et anti**chol**estérol.*

Danette (1970)
Crème dessert conçu, on s'en doute, par **Danone.** Elle mérite le qualificatif, certes galvaudé, de mythique compte tenu de l'impact de la publicité « *On se lève tous pour Danette!* », un slogan créé par Richard Gotainer (il avait commencé sa carrière professionnelle dans la pub).

Danao (1998)
Lancé en 1998 par **Danone** (d'où le nom), *Danao* est un jus de fruit mélangé avec 20 % de lait. Après un pic des ventes en 2003, le produit s'essouffle. *Danone* s'en désintéresse et finit par le revendre en 2007 au groupe *CCLF* (*Cidrerie du Calvados La Fermière*), filiale du groupe coopératif agricole et agroalimentaire *Agrial*[w].

Danio (2014)
Bienvenue dans le domaine du *snacking* ou de l'ultra-protéiné. La même année, **Danone** avec *Danio* et **Yoplait** avec **Yopa!** ont sorti des yaourts ultra-protéinés mais peu gras pour remplacer un repas ou l'enrichir

en protéines. Dans les deux cas, les produits ont trouvé leur public, affichant un taux de pénétration d'environ 15 % et un taux de *réachat* entre 35 et 40 %.[75]

Danone (1919)

D'Isabelle la Catholique à votre yaourt, yoghourt, yogourt, écrivez-le comme vous voulez, c'est une longue saga.

Isaac Karasu, né en 1874, est un médecin séfarade de Salonique, grand port de l'empire ottoman (aujourd'hui Thessalonique en Grèce). La communauté juive est majoritaire à Salonique, au point que cette ville est dénommée *la Jérusalem des Balkans*. Cette situation unique remonte à l'exode des juifs d'Espagne en 1492, chassés par le décret de l'Alhambra pris par Ferdinand d'Aragon et Isabelle de Castille. Beaucoup d'entre eux trouvèrent refuge dans l'empire du sultan Bayesid II, dit le Juste (*voir encadré*), qui envoya sa flotte en Espagne pour les recueillir. Selon certains historiens, ce musulman aurait sauvé la vie de quelque trois millions de juifs...

En 1912, à l'occasion de la guerre des Balkans provoquée à l'origine par le soulèvement des peuples non-turcs contre le joug de l'empire ottoman, les Grecs s'emparent de la ville qu'ils rebaptisent Thessalonique, en l'honneur de Thessalonike, demi-sœur d'Alexandre le Grand.

En 1917, un gigantesque incendie ravage la vieille ville, laissant sans abri 70000 personnes sur un total estimé à 120000 (dont 80000 juifs).

Isaac Karazu était-il parmi eux ou fuyait-il une ville totalement désorganisée, toujours est-il qu'il décide en 1918 de partir pour l'Espagne, la terre de ses ancêtres. Il s'établit à Barcelone et change son nom en Carasso.

Isaac ouvre un cabinet médical. Parmi ses jeunes patients, il constate que beaucoup ont des problèmes digestifs et intestinaux. Il se rappelle alors les travaux réalisés par Élit Metchnikoff, prix Nobel de médecine 1908 avec Paul Ehrlich pour ses travaux sur les bienfaits de l'acide lactique contre les bactéries intestinales. Il se rappelle aussi que dans les Balkans de sa jeunesse, on mangeait du yaourt pour lutter contre les problèmes intestinaux. Il fait donc venir des cultures de *lactobacillus bulgaricus* cultivés par Metchnikoff dans son laboratoire de l'Institut Pasteur à Paris et commence à fabriquer des yaourts qu'il commercialise d'abord en pharmacie, le public occidental n'étant pas habitué à ce produit.

Devant le succès, il décide en 1919 d'en produire industriellement au sein d'une entreprise qu'il appelle *Danone*, un nom dérivé du surnom catalan – Danon – de son fils Daniel. Ce dernier, après des études de commerce à Marseille puis de bactériologie à l'Institut Pasteur à Paris, reprend l'affaire en 1929. Il développe l'entreprise d'abord en France puis aux États-Unis, où il s'exile en 1941 pour fuir l'Occupation allemande (son père Isaac meurt en 1939). Là-bas, l'entreprise s'appellera *Dannon*, pour respecter la phonétique.

Il revient en France en 1945. En 1967, il fusionne son entreprise avec **Gervais**. La nouvelle entité s'appelle *Gervais-Danone*.

Les choses n'en restent pas là. Quelques années plus tard, Daniel Carasso rencontre Antoine Riboud, patron de *BSN*, *ex-Boussois-Souchon-Nevesel* (issue de la fusion, en 1966, entre la *Verrerie Souchon-Neuvesel* et les *Glaces de Boussois*).

Riboud vient d'entamer sa reconversion du contenant, le verre, vers le contenu, l'agroalimentaire, en mettant la main sur **Kronenbourg** et **Évian.** Il n'a qu'une hâte, atteindre la taille critique dans ce secteur, au niveau européen: le Marché Commun vient de voir le jour en 1968, avec le Traité de Rome. Quant à Daniel Carosso, il voit en *BSN* les moyens de son expansion. Le mariage est célébré en 1973. Le nouveau groupe s'appelle *BSN-Gervais Danone*. Antoine, 55 ans, prend la tête du nouveau groupe, tandis qu'échoit à Daniel, 67 ans, la présidence d'honneur, qu'il conservera jusqu'à sa mort en 2009, à l'âge de 103 ans. Metchnikoff avait raison: le yaourt, ça conserve!

La société sort définitivement du verre en 1981 et s'oriente résolument vers les produits laitiers frais, les biscuits sucrés et les eaux minérales. En 1994, elle change à nouveau de nom pour s'appeler *Danone*, le petit pot de yaourt s'imposant comme le produit-phare de l'entreprise. Deux ans plus tard, Franck Riboud succède à son père. En 2014, il cède la direction générale à Emmanuel Faber puis la présidence en 2017.

Danone s'est forgé tout au long de son histoire une bonne réputation en matière sociale et environnementale. Mais cela n'exclut pas la performance. C'est ce qu'ont tenu à rappeler deux fonds d'investissements, *Artisan Partners* et *Bluebell*, actionnaires de *Danone*, après avoir constaté que la marque « performait » moins bien en bourse que **Nestlé** et *Unilever*, deux firmes également engagées dans le social et l'environnemental. Sous la pression, Emmanuel Faber démissionnera en 2021. Sa fonction est désormais scindée en deux, avec comme avec à la direction générale Antoine de Saint-Affrique, précédemment DG du groupe suisse *Barry-Calbaut*, spécialisé dans le cacao, et à la présidence du conseil, Gilles Schnepp, qui occupait précédemment la même fonction chez *Legrand* (réseaux électriques). Selon le classement réalisé par le magazine financier américain *Forbes*, *Danone* est la 62e marque sur le plan de la renommée mondiale (*Interbrand*, 2020) et la 6e dans le secteur des produits de grande consommation.

Le nom de Bayezid est inconnu de la plupart des Français. Pourtant, il a eu son heure de gloire, au point de voir son patronyme francisé en Bajazet. Mais il ne s'agit pas du même. Ce Bayezid-là est le frère de Mourad IV, souverain ottoman qui régna de 1623 à 1640, qui le fit d'ailleurs assassiner en 1635, lui et ses frères. Cet épisode tragique va servir de trame à Racine dans sa pièce Bajazet: le monde de l'époque avait délaissé les références latines et grecques pour s'amouracher de tout ce qui touchait à l'empire ottoman. On appelait ça les *turqueries*.

Il est vraisemblable que cette pièce ait été suggérée par Louis XIV à Racine. Ce dernier avait en effet reçu en 1669 Soliman Aga, un envoyé du sultan Mehmed IV, neveu de Mourad IV. Pour ce faire, le Roi-Soleil avait déployé tout le faste dont il était capable pour impressionner son invité. Son brocard d'or était couvert de diamants, au point qu'il semblait « *environné de lumière* ». Il en fallait sans doute plus pour impressionner le sieur Aga. Celui-ci aurait en effet déclaré à l'issue de la réception: « *Dans mon pays, lorsque le Grand Seigneur se montre au peuple, son cheval est plus richement orné que l'habit que je viens de voir.* » [w] L'anecdote a fait le tour de la Cour et Louis XIV, piqué au vif, voulu se venger de ce malotru et plus largement des Ottomans. La pièce de Racine n'est que la seconde salve du courroux royal. Selon l'historien Jean-François Solnon, si *Bajazet* « *ne naît pas d'une commande royale* » à proprement parle, le secrétaire du cabinet du roi, Toussaint Rose, aurait toutefois laissé entendre à Racine que sa majesté, agacée « *par les arrogances et les manœuvres dilatoires ottomanes, ne [prendrait] pas mal une pièce qui met en scène des mœurs de harem assez peu flatteuses pour le Grand Turc*[76] ». La pièce est parue en 1672. Elle avait été précédée, deux ans plus tôt, par le *Bourgeois Gentilhomme* de Molière, où le *Grand Mamamouchi* n'était autre qu'une caricature grotesque de Soliman Aga.

Dark Dog (1995)

Comme **Red Bull,** le poids lourd des boissons énergisantes, *Dark Dog* est autrichien. Mais *Dark Dog* était là avant, du moins sur le marché français (*Red Bull* a d'abord été interdit en France, *voir ce nom*). En 2006, il représentait 45 % des ventes de boissons énergisantes dans l'Hexagone. En 2009, 12 %: *Red Bull* venait d'arriver. À cette époque, le distributeur change, la brasserie *Karlsbraü* passant la main à **PepsiCo.** En 2013, la part de *Dark Dog* tombera à 3 %. Elle n'a cessé de diminuer depuis. *Dark Dog* est aujourd'hui distribué par la *Brasserie Licorne*.

Dark Dog (*chien sombre*, supposé agressif donc tonique) contient 32 mg de caféine par 100 ml. Depuis 2009, le produit contient également de la taurine, désormais autorisée en France (*voir Red Bull*).

D'aucy (1965)

En 1965, la *Compagnie Générale de Conserves* (*CGC*) naît de la fusion de deux coopératives agricoles de l'Oise, *Union Production Vente* et *France Uni-conserves* et commercialise pour la première fois les produits sous la marque *d'Aucy*, puis *d'aucy*, tout en minuscules. Trois ans plus tard, elle est intégrée à la ***Ce**ntrale **C**oopérative **A**gricole de **B**retagne* (*CECAB*), sous forme de *SICA* (*Société d'Intérêt Collectif Agricole*). Le statut change en 1983 pour devenir une *SAS* (*Société par actions simplifiées*).

En 2015, la *SECAB* prend le nom de sa marque la plus célèbre pour s'appeler *Groupe d'Aucy*. Deux ans plus tard, elle fusionne avec une autre coopérative, *Triskalia* (*voir encadré*) pour donner naissance à *Eureden* (*mariage* en breton).

Reste une question : d'où vient le nom *d'aucy* ? Mystère. Même le site officiel n'y fait aucune allusion. Faute de réponses apportées par la société ou la Chambre de Commerce de Bretagne, nous en sommes réduits aux supputations. On peut notamment imaginer un remue-méninges parmi les dirigeants de l'entreprise pour trouver au produit. Et au bout de quelque temps de vaines recherches, quelqu'un a pu lancer une réflexion du genre : « *La marque se doit de mettre en valeur d'aussi beaux légumes !* ». Restait à trouver une orthographe plus noble, puis un slogan : « *Sitôt dit, sitôt d'aucy* », qui deviendra rapidement « *sitôt cueilli, sitôt d'aucy* », aujourd'hui remplacé par « *Demain se nourrit aujourd'hui* ».

Le nom *Triskalia* vient du triskèle (*triskel* en breton), un symbole représentant généralement trois jambes humaines (comme sur les drapeaux de Sicile ou de l'île de Man) ou trois spirales entrecroisées. L'étymologie du mot vient d'ailleurs du grec et signifie trois jambes. Les Bretons, eux, utilisaient plutôt le tetracèle, qu'ils appellent *hevoud*. Dans l'entre-deux guerres, le parti national breton en a d'ailleurs fait son emblème. Mais, après la Seconde Guerre, ce symbole, proche d'un svastika, a été abandonné car jugé trop ressemblant à la croix gammée, au profit du triskèle.

Daunat (1970)

Jean-Claude Donnat était un coureur cycliste professionnel. Et breton. Il a à son actif cinq *Tour de France* (même s'il a dû abandonner dans le dernier, couru en 1969). Après sa retraite en tant que professionnel en 1972, il continuera à courir en amateur jusqu'en 1979 avec près de 100 victoires à son actif.

Cette passion du vélo ne l'a pas empêché de constater la difficulté de se restaurer rapidement sur la route lors de ses déplacements pour les différents critériums. Cela lui donne l'idée, avant même de quitter la compétition, d'équiper les stations-service de bacs réfrigérés en leur vendant des sandwichs!

L'idée séduit un autre Breton, Bruno Caron, qui a créé en 1989 à Rennes, une société, *Norac* (anagramme de Caron), qui deviendra rapidement une holding: sept des dix sociétés qu'il dirige sont des acquisitions. Avant *Daunat*, *Norac* avait déjà acquis *La Boulangère* (1992), la société *Christian Faure* (1993) et sa marque *Whaou*, une crêpe fourrée préemballée.

En 1996, *Daunat* devient la première marque française de sandwiches commercialisés en grande surface. Quatre ans plus tard, *Daunat* communique pour la première fois à la télévision avec le slogan « *Plutôt mourir que d'en perdre une miette!* ». Un slogan qui résonne curieusement pour ceux qui savent: Jean-Claude Daunat est mort l'année précédente dans un accident de la route. Il avait 54 ans. *Norac* continue sa marche en avant: *Pain Clément*, un fabricant de pain de mie, est repris en plein dépôt de bilan en 2001, puis, en 2002, *Sud'n'Sol*, spécialiste agenais des légumes marinés, puis en 2003, *Took Took* (plats exotiques), *Daniel Dessaint*, un fabricant de crêpes sucrées, en 2005 et *Pâtissnack* en 2007.

Cela n'empêche pas de développer ses marques, notamment la marque-phare, *Daunat*. En 2011, la marque aux sandwiches lance une gamme de *wraps*, *Be Wrappy*. La même, année, elle propose les sandwiches *Tou'Cho*, à réchauffer au micro-ondes. En 2012, Norac regarde au-delà des frontières et implante des usines de sandwiches à São Paulo au Brésil et à Agadir au Maroc.

En 2018 (derniers chiffres connus), le groupe *Norac*, fort de 10 filiales, a généré un chiffre d'affaires de 886 millions d'euros[77, w].

Davidoff (1912)

Zino Davidoff est né en 1906 en Ukraine, dans le shtetl (le quartier juif) de la petite ville de Novgorod-Seversk, au nord de l'Ukraine. L'Ukraine fait alors partie intégrante de la Russie tsariste. Son vrai prénom est Sussele-Meier, beaucoup trop long pour qu'on ne l'appelle pas tout de suite et uniquement par un diminutif, comme c'est d'ailleurs la coutume en Russie (au sens large).

Son père tenait une petite boutique de tabac où il effectuait ses propres mélanges de tabacs orientaux et fabriquait des *papirossi*, ces cigarettes russes terminées par un tube creux en carton pour refroidir la fumée.

Depuis bien avant la naissance de Zino, depuis l'assassinat du tsar Alexandre II à Saint-Pétersbourg le 13 mars 1881 par Ignati Grinevitski, la communauté juive est régulièrement victime d'exactions et même de pogroms, au motif qu'une femme juive aurait été mêlée à l'attentat.

En Ukraine et pays voisins, la violence contre les populations juives va connaître une forte recrudescence à partir de 1903, avec les pogroms de Kichinev, Jitomir et Bialystok. Rien qu'en Ukraine, 3 000 juifs périront dans ces actes violence, entre 1903 et 1906. Plusieurs centaines de milliers choisiront l'exil.

Hillel Davidoff, le père de Zino, fera partie de ceux-là. Mais entre la décision, prise vraisemblablement dans ces années-là, et la réalisation, il faut du temps. Ce sera en 1911. Direction les États-Unis via la Suisse où les Davidoff ont des connaissances.

La première étape devait être Genève. Faute d'argent pour continuer le voyage, elle sera la destination finale. Résigné, le père de Zino ouvre un petit commerce de tabac.

Malgré les revenus modestes de ses parents, le jeune Zino fait ses études au collège Calvin, un collège qui porte le nom de… son fondateur, le théologien Jean Calvin, qui l'a érigé en 1564 ! Zino est moyennement attiré par les études et n'ira pas jusqu'à l'équivalent du Bac. Il est en revanche doué pour les langues – il en parle déjà trois, le russe, le français et l'anglais (et en ajoutera trois autres : espagnol, brésilien et allemand). Comme, tout jeune, il s'était intéressé aux mélanges des tabacs qu'effectuait son père, ce dernier décide de l'envoyer en Amérique latine voir l'autre côté du *business*, à savoir la production, la conservation, l'expédition, en travaillant chez ses fournisseurs.

C'est ainsi qu'en 1925, Zino s'embarque pour l'Argentine, muni de son *passeport Nansen* (*voir encadré*). Il y passera trois ans, avant de rejoindre le Brésil, gros producteur de cigares à l'époque, puis enfin Cuba. Zino revient à Genève en 1930. Il reprend progressivement les affaires de son père, se marie et développe la société grâce à son sens du contact.

Il innove aussi, avec l'installation en 1936 de la première cave à cigares climatisée du monde. En 1939, sur les conseils de producteurs cubains, la *SEITA* – *Société d'Exploitation Industrielle des Tabacs et Allumettes*, le monopole d'État en France pour la fabrication et la distribution de tabac, qui le restera jusqu'en 1995 – l'appelle à Genève. Motif : la *SEITA* a deux millions de cigares en stock et ne tient pas à ce qu'ils tombent aux mains des Allemands. Davidoff n'a pas l'argent pour acheter mais il accepte. Il paiera par traites…

À la fin de la guerre, c'est à nouveau Zino – qui pourtant n'a qu'une seule boutique à Genève ! – que les Cubains viennent voir. Les stocks de tabac s'accumulent – la demande a évidemment beaucoup baissé – et ils cherchent une idée. Zino propose de créer de nouveaux modules, qu'il appellera par des noms de grands crus de Bordeaux, Château-Haut-Brion, Château-Lafitte, Château-Latour, Château-Margaux, Château-Yquem, pour lesquels il obtient l'autorisation gracieuse des propriétaires! En 1947 sortent les premiers cigares *« specially selected in Havana for Davidoff & Cie, Geneva »*.

En 1959, coup dur. Fidel Castro nationalise toute la production de cigares. Zino n'est pas producteur, il continuera à obtenir les meilleurs cigares. Avant la rupture (*voir* **Cohiba**).

En 1971, coup de tonnerre dans le petit monde du cigare. Zino Davidoff vend sa boutique au groupe suisse Oettinger. Lui et sa femme Marthe sont fatigués: il a 65 ans, elle 60, la boutique était ouverte 7 jours sur 7. Ernst Schneider, le patron du groupe, demande toutefois à Zino de rester le représentant de la marque à travers le monde. Il pourra voyager avec sa femme. Affaire conclue. Le groupe s'appelle depuis *Oettinger-Davidoff*, mais la marque reste *Davidoff*.

En 1980, Ernst Schneider lance le *Davidoff Luxury Group*, dans le but de décliner une gamme de produits de luxe (montres, lunettes de soleil, stylos, articles de cuir). Cinq ans plus tard, la marque se diversifie dans les cigarettes, fabriquées sous licence par le groupe allemand *Reemtsma* (racheté en 2002 par la firme britannique *Imperial Tobacco*).

Côté cigares, Schneider tire un avantage collatéral de la brouille avec Cuba en ouvrant en 1988 le marché américain aux cigares *Davidoff*, ces derniers n'étant plus fabriqués à Cuba, toujours sous embargo. Parallèlement, une ligne de parfums est lancée, conçus par **Lancaster** (groupe **Coty** Inc.).

Depuis 1991, la totalité des cigares *Davidoff* sont produits en République dominicaine. Zino Davidoff s'éteint en 1994.

En 1922, la Russie bolchevique annonce qu'elle retirera avant la fin de l'année la nationalité à tous les ressortissants émigrés qui ne reviendront pas au pays! Résultat, ceux qui n'ont pas pu adopter la nationalité du pays d'accueil se retrouveront apatrides.

Grâce à une initiative du Norvégien Fridtjof Wedel-Jarlsberg Nansen, premier Haut-commissaire pour les réfugiés de la Société des Nations (l'ancêtre de l'ONU), un certificat – qu'on appellera le *passeport Nansen* – est créé dès juillet 1922, qui sera reconnu par quelque 52 États permettant à ces milliers de gens de voyager.

Nansen obtiendra la même année le Prix Nobel de la paix à ce titre.

De Cecco (1886)

Cette société italienne de fabrication de pâtes sèches a été créée par les frères Nicola et Filippo De Cecco à Fara San Marino, dans les Abruzzes. Et Filippo, un jour, a l'idée de sécher les pâtes à basse température plutôt qu'au soleil, ce qui permet un séchage beaucoup plus lent (24 heures) et assure une qualité constante, indépendante du temps qu'il fait.

Et depuis, l'entreprise s'est

développée, en dépit de l'usine bombardée pendant la seconde Guerre Mondiale, notamment à l'international. Depuis quelques années, dans le cadre de sa diversification, la maison propose également de l'huile d'olive sous sa marque[w].

Delacre (1873)

Charles Delacre, pharmacien de formation, ouvre en 1870 son officine rue Montagne de la Cour à Bruxelles, non loin du Palais Royal. Il a 46 ans.

À cette époque, le chocolat est déjà largement consommé en Belgique. Depuis près de 200 ans, puisqu'en 1697 un Zurichois, Henri Escher, le rapportera le chocolat en Suisse, après l'avoir découvert à Bruxelles.

Le XIXe siècle est fou de chocolat. Partout en Europe, et même aux États-Unis, des chocolateries sortent de terre. Charles Delacre, s'il n'est plus tout jeune, entend bien profiter de cet engouement. D'autant que si cela fait belle lurette qu'on ne le considère plus comme un médicament, le chocolat demeure un fortifiant, adoré des enfants.

Concomitamment ou presque à l'ouverture de son officine pharmaceutique, Charles Delacre ouvre donc une chocolaterie, au 51 rue de la Madeleine, près de la Grand-Place. Le succès est au rendez-vous, à tel point qu'il est contraint deux ans plus tard de déménager dans des locaux plus vastes à Ixelles, au sud-est de Bruxelles. En 1873, il dépose plusieurs marques de chocolat, *Chocolat Delacre* et *Chocolat Roi et Reine*, avec sur l'emballage les effigies du Roi Léopold II et de la Reine Marie-Henriette (il obtiendra le label de Fournisseur de la Cour en 1879). L'entreprise déménage de nouveau en 1890 à Vilvoorde (nord-est de Bruxelles). À 66 ans – est-ce grâce au chocolat? – Charles se sent de plus en plus entreprenant. L'idée lui vient de se diversifier dans la biscuiterie. Ce n'est qu'à 80 ans, qu'il transmettra les rênes de l'entreprise à son fils Pierre.

À l'issue de la Première Guerre Mondiale, le chocolat ne suscite plus les passions d'antan et Pierre décide de se consacrer exclusivement à la fabrication de biscuits haut de gamme. La plupart des fameux biscuits *Delacre* datent cette époque dont les fameuses *Cigarettes Russes*, appelées ainsi parce que les Russes avaient l'habitude de rouler leurs cigarettes en diagonale.

Les biscuiteries *Delacre* sortent du giron familial en 1960 après le rachat de l'entreprise par l'Américain *Campbell Soup*, qui les revend en 1998 au Britannique *United Biscuit*. En 2014, *UB* est racheté par le groupe agroalimentaire turc *Yildiz*. Ce dernier revendra deux ans plus tard *Delacre* au groupe **Ferrero.**

Delichoc (1957)

Biscuit au chocolat au lait créé par **Delacre,** passé ensuite sous la marque **BN,** les deux sociétés appartenant aujourd'hui au groupe britannique **United Biscuit.** *BN* a été racheté en 1997 à **PepsiCo.** *BN* appartient aujourd'hui au groupe agroalimentaire turc *Yildiz.*

Deliveroo (2013, 2015)

Ce service de livraison de plats cuisinés commandés par internet a été créé en 2013 à Londres par un entrepreneur américain vivant à Londres, Will Shu, et Greg Orlowski, un concepteur de sites internet vivant à Chicago. Le service se fait par coursier entre les restaurants partenaires et le client. *Deliveroo* est arrivé en France en 2015. Cette année-là, la société revendiquait déjà une présence dans douze pays et 84 villes. En 2020, quelque 100 000 restaurants sont partenaires.[w]

En mars 2021, la marque entre en Bourse. C'est un flop. Proposée à 390 pence (4,68 €), l'action perd 30 % dans la journée. Et cela ne s'arrangera pas: aujourd'hui, l'action cote aux alentours de 120 pence (1,45 €). Deux raisons peuvent expliquer ce peu d'engouement: d'une part, *Deliveroo* a pensé que la pandémie allait impacter le pouvoir d'achat des gens et a donc réduit la voilure à un moment où le marché a explosé en raison du confinement. D'autre part, la présence de deux types d'actions, avec ou sans droits de vote, a rebuté les boursiers qui estimaient que Shu conservait une trop grande part de ces droits.

Sur le terrain, *Deliveroo* s'est retiré de plusieurs pays comme l'Allemagne, Taïwan ou encore l'Espagne. *Delivery* signifie *livraison* en anglais, avec un *oo* final très en vogue à l'époque: *Yahoo, Google…*

Delpeyrat (1890)

En cette fin de XIXe siècle, à Sarlat, au cœur du Périgord, un homme, Pierre Delpeyrat, est convaincu que le procédé d'appertisation, inventé par Nicolas Appert, presque cent ans auparavant (1795) mais encore peu utilisé, va lui permettre de conserver et donc de commercialiser au-delà de sa région de production l'un des joyaux gastronomiques périgourdins, la truffe noire.

La conserver, c'est bien, encore faut-il la mettre en valeur. Du coup, Pierre Delpeyrat acquiert un réel savoir-faire dans la préparation de toutes les spécialités du Périgord, les foies gras, les confits, les pâtés et les plats cuisinés.

Un siècle plus tard, Delpeyrat change de région et de mains: il s'installe dans les Landes, aujourd'hui le principal département de production de foie gras avec environ 4 500 tonnes sur un total d'environ 18 000 (chiffres 2007) et tombe dans le giron du groupe de négoce *Louis Dreyfus* qui le revendra huit ans plus tard à la coopérative agricole *Maïsadour.*

Desperados (1995)

Voilà une bière alsacienne qui cache bien son jeu. Pour faire face à une concurrence de plus en plus vive et à l'évolution du goût des consommateurs, la brasserie **Fisher** sort en 1995 la bière *Desperados*, aromatisée à la tequila, pour tenter de récupérer une partie de l'engouement pour la bière mexicaine **Corona.**

Desperados est un mot américain fabriqué sur le mot espagnol *desperado*, qui signifie *désespéré*, mais qui a pris aux États-Unis le sens de *délinquant désespéré*, donc imprévisible et dangereux. 1995 est précisément l'année où arrive en France le film *Desperados*, deuxième volet de la trilogie *El Mariachi*, de Robert Rodriguez. L'action (violente) se passe précisément au Mexique… Le site officiel prétend que ce nom découle seulement du fait que ses concepteurs étaient simplement désespérés de ne pas lui trouver un nom…

Cette bière n'empêchera pas la brasserie *Fischer* de se faire racheter dès l'année suivante par **Heineken,** qui la fermera en 2009. Les deux marques perdureront, produites par la *Brasserie de l'Espérance*, implantée, comme *Fischer*, à Schiltighem, dans la banlieue nord de Strasbourg.

Dewars's (1846)

Fondée par John Dewar en 1846, cette distillerie va surtout connaître un formidable développement sous l'impulsion de ses deux fils, John Alexander et Thomas Robert « Tommy » Dewar, qui vont en faire la première marque mondiale en 1896.

En 1923, la *John Dewar & Sons* rachète la *Glen Ord Distillery* et deux ans plus tard, les deux frères rejoignent la *Distillers Company Ltd* (*DCL*).

En 1986, *DCL* est rachetée par **Guiness,** qui fusionne en 1997 avec *Grand Metropolitan* pour former **Diageo** (*voir ce nom*). L'année suivante, *Diageo* revend *Dewar's* au groupe **Bacardi.**

Dewar's est la 6e marque de whisky écossais la plus vendue au monde[w].

Dia (1979-2018)

Cette marque espagnole de *hard-discount* (ou de *maxi-discompte* si vous préférez) est l'acronyme de *Distribuidora Internacional de Alimentación.* Le premier magasin a été ouvert à Madrid par le groupe français *Promodès* (*voir* ***Carrefour***).

Elle est distribuée en France par les magasins éponymes ou **Ed.** La marque, appartenant depuis 1999 au groupe *Carrefour*, l'enseigne *Ed* (propriété de *Carrefour*), s'est progressivement effacée, de 2009 à 2012, au profit de *Dia.*

En 2011, *Carrefour* revend *Dia* au fonds d'investissement *Blue Capital*, qui l'introduit en bourse à Madrid.

En 2014, *Dia* annonce son intention de céder tout ou partie de ses magasins en France, à la suite d'une baisse de plus de 10 % de son chiffre d'affaires. Trois ans après avoir cédé l'enseigne, *Carrefour* rachète les 800 magasins français ! La plupart passent sous marque *Carrefour* (*City*,

Contact.). Mais en 2018, 289 d'entre eux restent dans le rouge. Seuls 29 d'entre eux trouveront preneur. Les autres fermeront.

Si *Dia* a disparu du marché français, l'enseigne poursuit son développement en Espagne mais également au Portugal, en Argentine et au Brésil. Le groupe espagnol revendique quelque 6600 magasins, dont près de 4000 en Espagne.

Diageo (1749, 1997)

Vous ne connaissez pas forcément ce nom, pourtant il s'agit du premier groupe mondial de vins et spiritueux. Ce groupe semble n'avoir qu'un quart de siècle, mais il ne faut pas se fier aux apparences : il résulte d'une fusion-acquisition cette année-là, de deux entreprises, toutes deux britanniques, **Guiness** et *Grand Metropolitan.* Et la création de *Guiness* remonte, elle, à 1749.

En 2001, *Diageo* acquiert une partie des activités vins et spiritueux de l'ancien géant américain du secteur, *Seagram*, l'autre partie étant acquise par **Ricard,** tandis que le département loisirs sera cédé à *Vivendi* et les sodas à **Coca-Cola.** En revanche, il se sépare de la *Pillsbury Company*, revendue au groupe américain *General Mills.*

Le nom de *Diageo* a été élaboré par la société de *naming* anglaise *Wolff Olins.* Officiellement, il aurait créé à partir de *dia*, dérivé du mot latin *dies*, jour, et de *geo*, mot grec signifiant *la terre*, dans le sens de *monde.* Sous-entendu : (du plaisir) tous les jours, partout.

Cette explication nous gêne quelque peu dans la mesure où les deux racines ne viennent pas de la même origine et que *dia* ne correspond à aucune des formes déclinées de *dies*, alors qu'en grec, cela signifie *à travers* (cf *diagonale). D'où diageo : à travers le monde*, autrement dit *entreprise mondiale*, *global business* comme disent nos amis anglo-saxons. Plus plausible, non ?

Dietbon (2014)

Second programme de livraison de plats de régime lancé par le groupe *K-Santé*, plus économique que le premier, **Kitchen Diet.** Le frais laisse la place à la longue conservation. Il se compose non plus de plats frais se compose, comme ses concurrents, en plats longue conservation. Le troisième, *Goodsanté*, créé en 2016, « *accompagne les professionnels de santé* (*chirurgiens*, *médecins nutritionnistes*, *diététiciens*) *dans la prise en charge nutritionnelle de leurs patients après une opération de chirurgie bariatrique* (*anneau*, *sleeve*, *by-pass...*) [50] ».

Dillon (1857, 1954)

Certains restaurants ou hôtels prennent parfois le nom d'un client illustre. C'est le cas pour cette plantation. Le comte Arthur Dillon, colonel de régiment en 1772, à l'âge de 22 ans, débarque cinq ans plus tard en Martinique, à la tête d'un des trois régiments irlandais (lui-même est né en Angleterre) envoyé par

Louis XVI. La venue de ces troupes aux Antilles est la conséquence de la participation de la France à la guerre d'indépendance des colonies britanniques d'Amérique. Le comte Dillon est hébergé chez Laure de Girardin de Montgérald, cousine de Marie-Joseph-Rose de Tasher de la Pagerie, plus connue sous le nom de Joséphine de Beauharnais, future épouse du général Bonaparte et impératrice. Laure est propriétaire d'une plantation de sucre qui porte son nom.

En 1784, la guerre d'indépendance américaine est terminée. Dillon, veuf depuis deux ans et promu général et gouverneur de Tobago, revient en Martinique. Il renoue avec Laure de Girardin elle-même veuve depuis 1779. Ils se marieront à Paris en 1785. Demeuré royaliste, il y sera guillotiné en 1794, accusé de trahison[w]. Mais en Martinique, on a voulu commémorer le passage d'un tel gentilhomme et le domaine prend le nom de Plantation Dillon.

En 1857, la plantation est rachetée par Pierre Hervé, le maire de Saint Pierre, à l'époque la capitale de l'île (*voir **Old Nick***), qui y fait construire une distillerie. Après l'abolition de l'esclavage, il fait venir des ouvriers agricoles indiens et chinois pour récolter la canne.

Mais en 1866 la crise sucrière le ruine et distillerie est vendue à la famille Duchamp de Chastaigné. La fille de la famille, Émilie, épouse un certain Louis Domergue. Ce dernier dirige la plantation qui devient une société anonyme. Une nouvelle distillerie voit le jour, mais plus au sud, à *Fort de France*, la capitale actuelle de l'île. En 1891, un cyclone dévaste ce qui n'était encore qu'une bourgade. Louis a un bras broyé sous les décombres. Il est amputé mais mourra de septicémie.

La succession est gérée par Raphaël Domergue, qui devra se plier à la politique de contingentement. À contrecœur, il finit par transformer, en 1928, la distillerie en usine à sucre.

Administrée par la suite par la famille de Laguarigue, *Dillon* ne recommence à fabriquer du rhum agricole qu'en 1954. La fabrique est rachetée en 1967 par la société familiale bordelaise **Bardinet.** Cette dernière entre en 1993 dans le groupe La Martiniquaise[78]. Les deux firmes finiront par fusionner en 2009 pour former la *BLMD*, *Bardinet La Martiniquaise Distribution*, avec en portefeuille des es marques comme **L'Héritier Guyot, Sir Edward's** ou **Negrita.**

Dimple (1888)

Blend (assemblage) de luxe créé par la distillerie de whisky **Haig.** Pour le mettre en valeur, une bouteille spéciale a été créée, de forme triangulaire, avec des faces légèrement concaves, encadrées par un léger bourrelet arrondi à chaque angle. Un peu comme une fossette. Fossette ? *Dimple*, en anglais. La bouteille est en outre entourée d'un tissage large de fil de fer doré très fin, destiné à l'origine à maintenir le bouchon en place. Appartient au groupe **Diageo.**

Dolce Gusto (2006)

Aux côtés de sa machine **Nespresso,** plus particulièrement destinée à faire des expressos, **Nestlé** a sorti une autre machine de café, également à dosettes, mais plus grande, permettant de remplir des tasses de petit-déjeuner (ou des mugs) de 23 cl. Parallèlement, ces dosettes sont plus variées : café (long ou court), café au lait, chocolat, thé, boissons froides...

Lancé en 2006, *Dolce Gusto* est arrivé en France l'année suivante. Ce système est distribué dans 56 pays dont 41 en Europe.

Dolce Gusto signifie *goût doux* en italien, la langue de la patrie du bon café...

Dom Pérignon (1936)

L'histoire du champagne commencerait par un certain Pierre Pérignon. Né en 1639 à Sainte-Menehoul, en pleine Champagne, Pierre, devenu moine bénédictin, a pris, comme le veut la coutume de cet ordre, le titre de Dom (du bas-latin, *dominus, seigneur*). Dans son abbaye de Saint-Pierre d'Hautvillers, à une encablure d'Epernay, Dom Pérignon était responsable des vignes et du pressoir.

Lors d'un pèlerinage à l'abbaye bénédictine de Saint-Hilaire, près de Limoux, dans l'Aude, qu'il a sans doute effectué dans les années 1670-80, Dom Pérignon découvre la blanquette de Limoux, un vin blanc mousseux, inventé par ses frères de prière en 1531. Sans doute le vin effervescent le plus vieux du monde.

Le passage d'un vin tranquille à un vin effervescent s'appelle la prise de mousse. À Saint-Hilaire, celle-ci se fait naturellement, le vin étant mis en bouteille avant que la fermentation du moût soit achevée. Celle-ci va donc se poursuivre dans la bouteille dégageant du gaz carbonique (CO_2) qui rend le vin effervescent. Cette méthode est dite aujourd'hui ancestrale.

Dom Pérignon ramène ce savoir-faire en Champagne, qui le transmettra à son disciple Dom Ruinart. Est-ce l'un des deux, ou quelqu'un d'autre encore, qui fera évoluer le mode de fermentation pour parvenir à la méthode dite champenoise ? Nous ne le savons pas. Mais Dom Pérignon a néanmoins apporté sa pierre à l'élaboration de ce nectar : l'assemblage. On raconte qu'il avait l'habitude de sélectionner plusieurs types de raisins, les laissait refroidir sur son rebord de fenêtre et les goûtait au petit matin, pour décider des proportions à mélanger avant de les apporter au pressoir. Il a également renforcé les bouteilles et apporté le bouchon de liège.

Dom Pérignon n'est pas à proprement parler une marque de champagne, mais une cuvée millésimée créée en 1936 par Robert-Jean de Vogüé, alors président de **Moët & Chandon** et qui continue d'être élaborée, lors des années exceptionnelles, par la maison, aujourd'hui propriété, tout comme **Ruinart,** du groupe **LVMH** (*Louis Vuitton Moët Hennessy*).

Doritos (1964)

Les *Doritos* sont des petites galettes de blé mexicaines coupées en triangle, communément appelées *tortillas*. Elles ont été créées dans les années 60 par le restaurant *Casa de Fritos* (*la Maison des Frites*) aujourd'hui rebaptisé *Rancho Del Zocalo*, (*le Ranch de l'abruti*), qui se trouve au *Disneyland* de Californie. Elles ont été découvertes et appréciées par Arch West, le vice-président marketing du groupe *Frito-Lay* (*voir* ***Lay's***). Ces petites tortillas vont faire fureur jusqu'à représenter 15 % du marché des chips. En 1994, *Frito-Lay* investira pas moins de 50 millions de dollars simplement pour redessiner ces petits triangles, un peu plus grands, un peu plus fins… C'est cette même année qu'ils débarquent en France.

Dorito vient de l'espagnol *doradito* (littéralement *petit doré*), un mot gentil pour s'adresser un enfant ou un proche.

Drambuie (1893, 1910)

Le *Drambuie*, cette liqueur à la saveur et au nom inimitables, fleurant bon les landes du nord de l'Écosse, pourrait bien avoir ses racines à… à Versailles, sous Louis XIV !

En 1688, Jacques II d'Angleterre et d'Irlande (par ailleurs Jacques VII d'Écosse), dernier roi catholique de Grande-Bretagne, est invité à Versailles par Louis XIV, son cousin germain.

C'est l'époque des liqueurs. Dorénavant, les herbes, les racines et surtout les épices venues des quatre coins du monde ne macèrent plus dans le vin, pour donner l'*hypocras*, mais infusent dans l'alcool, considéré comme *eau-de-vie*. Évidemment, cet engouement est européen et chaque peuple, chaque pays utilise l'alcool qui lui était le plus familier, alcool de fruits pour les pays méditerranéens, alcool de grains pour les pays plus au nord (gin, vodka, aquavit, whisky).

Pour l'essentiel, ces liqueurs sont établies par des moines, qui voyagent beaucoup dans toute l'Europe à l'époque. Robin Nicholson, historien et conservateur des archives de la maison *Drambuie*, explique dans une thèse, *The Drambuie Story*[79], qu'« *il ne fait aucun doute que le whisky n'était pas seulement connu aux extrémités des îles britanniques et sans surprise on en a entendu parler à la cour hédoniste de Versailles* ». Et il ajoute : « *Quantité de Scotch whiskies étaient importées pour servir de base à un cordial appelé Rissoly, qui entre autres ingrédients comprenait de la rose, du jasmin, du lilas, de la cannelle, de la fleur d'oranger et des clous de girofle* ».

Rien, selon nos recherches, ne permet d'attester la présence de whisky dans cette liqueur très appréciée par le

Roi Soleil, dont le nom exact est *Rossolis*, et qui aurait été concoctée par son médecin Guy-Crescent Fagon (*voir* **Châteldon**). Selon le **Littré,** le *Rissoly* est une « *liqueur composée d'eau-de-vie brûlée* (c'est-à-dire distillée, ndla), *de sucre, et de jus de quelque fruit doux, tel que celui de cerises, de mûre* ». Au fond, peu importe. La seule présence de Jacques II à la cour du Roi Soleil suffit à expliquer la présence de whisky parmi les Jacobites. Or quelques décennies plus tard, son petit-fils, le prince Charles Édouard Stuart, dit *Bonnie* (*beau, attirant*), tente à son tour de réaliser le rêve inassouvi de son père, Jacques François Édouard Stuart, dit le *chevalier de Saint-George*, à savoir monter sur le trône de l'Angleterre, de l'Écosse et de l'Irlande. Mal préparé, peu suivi, il finira par subir, en 1746, une cuisante défaite à la bataille de Culloden, en Écosse. Contraint de s'enfuir, il trouve refuge à l'ouest de l'Écosse, sur l'île de Skye. Là, le capitaine John MacKinnon lui offre l'hospitalité et surtout les moyens de s'exiler en France, malgré une prime de 30 000 livres (environ 20 millions d'euros actuels) promise à celui qui le ramenait mort ou vif. Le prince, reconnaissant, l'aurait alors remercié en lui donnant la recette de la précieuse liqueur… Sur l'étiquette est d'ailleurs écrit, en gaélique, « *Cuimhnich An Tabhartas Prionnsa* », « *rappelez-vous le cadeau du Prince* »…

Certes, Charles Édouard passa l'essentiel de sa jeunesse à Rome, mais, précise Robin Nicholson, « *ils étaient nombreux dans la suite de Jacques II à avoir pu préparer la recette,* [comme, par exemple] *l'aventureux Irlandais John William O'Sullivan, le jeune Duc de Perth qui a passé plusieurs années à Rome, ou même l'exotique émissaire français, le Marquis d'Éguilles, et l'engouement pour cette liqueur a très bien pu rester plus longtemps dans certaines mémoires que dans d'autres* ». Bien des années plus tard, à la fin du XIXe siècle, le clan MacKinnon aurait à son tour donné la recette à un certain James Ross, le patron de l'auberge Broadford sur l'île de Skye. Une hypothèse séduisante et haute en couleurs mais trop aléatoire pour que même l'historien de Drambuie y adhère pleinement… Ce qui est sûr, en revanche, c'est que James Ross a commencé à servir une liqueur à base de whisky à ses clients à partir des années 1870 et l'aurait d'ailleurs constamment amélioré jusqu'au jour où l'un d'entre eux la qualifia de « *Am Dram Bruiheach* » (*la boisson qui satisfait*, en gaélique). Selon une autre explication, moins valorisante, le nom viendrait de *dram buidhe, boisson jaune.*

Ross dépose la marque en 1893. Les affaires marchent bien, d'autant que l'hôtel est situé juste en face de l'embarcadère du ferry qui relie l'île à la côte écossaise (un pont a depuis été construit). Mais James meurt prématurément en 1902. Sa veuve, Eleanor, tente de reprendre l'affaire, mais finit par jeter l'éponge et vendre l'hôtel. Elle s'installe à Edimbourg, avec ses enfants. L'un d'entre eux, John Ross II, se lie d'amitié avec un certain Malcolm MacKinnon (sans rapport avec le capitaine John MacKinnon). Il le présente à sa mère qui lui offre un petit verre de *Drambuie*. Le hasard faisant bien les choses, Malcolm, familièrement appelé Calum (il a 25 ans), travaille chez *W. Macbeth & Son*, une boutique de négoce et d'assemblage (*blend*) de whisky, sise au 8 Union Street à Edimbourg (aujourd'hui un restaurant thaïlandais, tout se perd mon brave Monsieur...).

Eleanor avait besoin d'argent pour élever ses autres enfants, mais John II ne voulait pas vendre la recette de son père. Finalement un accord est trouvé, Malcom fabrique et met en bouteille la précieuse liqueur, la vend à McBeth et les Ross touchent une royalty de deux shillings par bouteille.

En octobre 1912, *Macbeth & Son* finit par acquérir la recette du *Drambuie*. Malgré cela, les affaires marchent mal, les bruits de bottes commencent à se faire entendre en Europe. C'est un pur hasard si, à ce moment précis, la sœur de John Ross, Margaret, Meg pour les intimes, présente l'une de ses meilleures amies, Georgina Davidson, dite Gina, à Malcolm. Or la jeune Gina va réussir à convaincre les créanciers de Macbeth de lui laisser reprendre l'affaire. Malgré les incertitudes liées à l'environnement international, ceux-ci acceptent et le 14 juillet 1914, Malcolm MacKinnon devient seul propriétaire de *MacBeth* et de *Drambuie*, qu'il a pris bien soin de séparer en créant *The Drambuie Liqueur Company Limited*. Trois semaines plus tard, l'Angleterre déclare la guerre à l'Allemagne. Calum et Gina, eux, se marient l'année suivante[80].

Drambuie est resté dans la famille *MacKinnon* jusqu'en 2014, avant d'être rachetée par une autre société familiale écossaise, **William Grant & Sons**, propriétaires de **Glenfiddich.**

Dr Oetker (1891)

En 1891 à Bielefeld, en Rhénanie-du-Nord-Westphalie (entre Dortmund et Hanovre), un jeune docteur en pharmacie, August Oetker, veut aider les femmes qui, dans les classes populaires, sont de moins en moins au foyer, à faire de la pâtisserie. Transformant l'arrière-boutique de sa pharmacie en laboratoire, il met au point *Backin*, une levure chimique qui se conserve longtemps, au goût neutre et garantissant une cuisson légère. Le succès est au rendez-vous, pour une raison simple : la poudre à lever inventée auparavant par Justus **Liebig** se conservait mal et donnait un goût à la préparation.

Dès 1900, le logo de la marque est adopté : la silhouette blanche d'une tête de femme de trois quarts arrière sur fond rouge, avec au début ce slogan *Ein heller Kopf*, littéralement *une tête claire*, c'est-à-dire une personne curieuse, maligne, intelligente.

La Première Guerre Mondiale va décapiter la famille Oetker. Le fils d'August, Rudolf, meurt à Verdun en 1916. Le père, en 1919. Cette année-là, Ida Oetker, la veuve de Rudolf, se remarie avec Richard Kaselowsky, un ami de Rudolf. Il reprend l'entreprise, qui compte déjà plus de 600 collaborateurs et la développe à l'international. Des sociétés sœurs sont créées en France, en Pologne, en Belgique, au Danemark et en Italie.

En 1929, *Dr Oetker* reprend ainsi une fabrique alsacienne de levure, *Ancel*. Dans la foulée, en 1931, *Ancel* inaugure la première usine de fabrication de poudres à lever à Strasbourg-Meinau (quartier sud de la ville).

Dans quelles conditions a eu lieu cette reprise, on ne le sait malheureusement pas. Or cela aurait été intéressant de savoir comment une entreprise allemande pouvait à cette époque reprendre une société alsacienne, redevenue française en 1918.

Cela aurait été d'autant plus intéressant qu'à cette époque, Richard Kaselowsky est déjà un Nazi convaincu. Il est membre du *NSDAP* (*Nationalsozialistische Deutsche Arbeiterpartei*, *Parti national-socialiste des travailleurs allemands*) qu'il contribue à financer. À ce titre, il devient patron de plusieurs usines, dont certaines d'armement, et membre du *Cercle d'amitié Himmler*, qui réunissait des industriels pour financer des études sur les races.

Richard Kaselowsky sera tué en 1944 avec sa femme et deux de ses trois enfants, dans le bombardement de sa maison lors d'un raid des Alliés.

Du coup, c'est Rudolf-August Oetker, le petit-fils du fondateur, qui récupère l'entreprise. Lui aussi est un ancien officier nazi. À ce titre, il a été interné après-guerre dans un camp de dénazification, après avoir passé quelque temps dans un camp d'internement où il a vraisemblablement été tabassé : il utilisera une canne pendant plusieurs années.

La famille Oetker aura cependant le courage, sans doute un peu contraint, de charger en 2009 le professeur d'université D. Andreas Wirsching de revisiter l'histoire de l'entreprise *Dr Oetker* et la famille dirigeante au temps du national-socialisme.

Le site allemand de la marque mentionne ce travail et le livre qui en est sorti : *Dr Oetker und der Nationalsozialismus – Geschichte eines Familienunternehmens 1933-1945* (*Dr Oetker et le National-Socialisme, histoire d'une entreprise familiale 1933-1945*), publié aux éditions *C.H. Beck*.

D'autres entreprises allemandes ont également fait ce travail de mémoire, parfois sous la pression.

Il n'en reste pas moins que Rudolf-August va, après la Guerre, faire de l'entreprise un empire. Et pas seulement dans le domaine de l'alimentation. Outre les pizzas surgelées, les flans et les entremets, *Dr Oetker* va en effet se diversifier dans les domaines des bières et boissons sans alcool, des vins et spiritueux, des transports fluviaux (société *Hamburg Süd*), de la banque (*Bankhause Lampe*) et de l'hôtellerie.

En France, la famille Oetker possède ainsi le palace parisien *Le Bristol*, le *Cap Eden Roc* à Antibes, le *Château Sain-Martin* à Vence ou encore *L'Apogée Courchevel*. La famille Oetker possède également d'autres palaces en Allemagne, au Maroc, à Saint-Barthélémy et aux Seychelles.

August, le fils de Rudolf-August, prend la tête de l'affaire en 1981. Son frère Richard lui succédera en 2010 (*voir encadré*).

Pour ce qui est de la filiale française, *Ancel* rachète en 1997 la société *Francorusse*, dont le nom disparaît deux ans plus tard, remplacé par *Ancel*.

En 2004, *Ancel* lance les pizzas *Ristorante*. En 2007, *Ancel* devient *Dr Oetker France*.

La marque *Ancel* disparaît avant de revenir en 2011, mais uniquement sur les paquets de préparations à la pâtisserie, desserts et gâteaux[81, w].

À la fin de la guerre, la société *Dr Oetker* a été séparée en deux: *Dr Oetker GmbH* d'une part et *Dr Arend Oetker Holding GmbH*, d'autre part, une entreprise spécialisée dans l'industrie alimentaire. Elle a notamment racheté en 1995 l'entreprise suisse *Hero*. Cette dernière avait été fondée en 1889 à Lenzburg, en Suisse, par Gustav Henckell et Gustav Zeiler sous le nom de *Henckell, Zeiler & Cie*.

La même année, Karl Roth en devient le commanditaire. Au décès de Zeiler, l'entreprise prend le nom de *Henckell & Roth*, contracté en *Hero*.

À l'origine, *Hero* était spécialisée dans les conserves de fruits et de légumes et les confitures (d'où la marque *Lenzbourg* en France, rachetée par **Danone** avant de fermer ses portes en 1980).

L'entreprise s'est ensuite diversifiée vers la viande en conserve dès 1917, puis les tomates en boîtes en 1933, les raviolis en boîtes après-guerre et les pâtes alimentaires en 1987[w].

Six membres de la famille se partagent équitablement la fortune patrimoniale, soit 2,3 milliards de dollars chacun (classement *Forbes* 2021).

En 1976, alors qu'il était étudiant, Richard Oetker a été enlevé par un ouvrier slovène, Dieter Zlof. La famille a payé la plus importante rançon pour un enlèvement en Allemagne: 21 millions de deutschemarks, soit 48,3 millions de francs de l'époque, l'équivalent de 30 millions d'euros d'aujourd'hui).

Richard Oetker avait été

enfermé pendant 48 heures dans un cercueil de 1,45 m de long (et 70 cm de large) alors qu'il mesurait 1,94 m. Il avait les mains et les pieds attachés par des menottes qui lui envoyaient du courant électrique dès qu'il criait ou tentait de fuir.

Un matin, un choc très violent se produisit à côté du cercueil qui lui brisa les deux jambes ainsi que deux côtes.

Richard Oetker gardera longtemps des séquelles : il marchera avec des béquilles pendant quatre ans et subira des opérations jusqu'en 1994.

Dieter Zlof fut condamné à quinze ans de prison. À sa sortie, il essaiera de monnayer son butin, ce qui lui vaudra deux ans de prison supplémentaires pour blanchiment d'argent.

Un film retraçant ce rapt sordide sortira en 2001 sur les écrans allemands sous le titre: *Der Tanz mit dem Teufel – Die Entführung des Richard Oetker* (*Danse avec le diable – l'enlèvement de Richard Oetker*).

Dr Pepper (1885)

C'est le plus ancien des sodas américains. Il a été lancé un an avant **Coca-Cola.** Son créateur est Charles Alderton, un jeune employé du pharmacien Wade Morrison, à Waco, au Texas.

À l'époque, les pharmaciens avaient l'habitude de proposer des boissons réputées bonnes pour la santé. Ces boissons étaient stockées dans des fontaines où les clients remplissaient leurs bouteilles.

À force de chercher une boisson qui ait bon goût et surtout un goût différent de celui des breuvages proposés par les autres pharmaciens de la ville, Alderton façonné un cocktail à base de fruits qu'il trouve très convaincant. Il le fait goûter à son patron, qui l'apprécie également. La nouvelle boisson, appelée à l'origine *Waco*, est disposée dans une fontaine. C'est le succès. Du coup, Morrison décide de lui donner un nom moins générique (Waco est le nom de la ville) et opte pour *Dr. Pepper* (le point disparaîtra par la suite).

Pourquoi ce nom ? Les explications sont nombreuses, parmi lesquelles deux paraissent plus crédibles. Selon la première, Morrison aurait travaillé dans sa jeunesse chez un médecin, le Dr Charles T. Pepper, qui se serait retiré après la Guerre de Sécession à Rural Retreat (littéralement *retraite rurale*, une bourgade en Virginie). Or Wade Morrison habitait la Virginie quand il était encore étudiant, avant de venir s'installer au Texas et il aurait bien travaillé pour un Dr Pepper. Mais sans doute pas le même. Car Morrisson habitait Christianburg, à 90 km de Rural Retreat. Aujourd'hui, moins d'une heure en voiture. Mais à l'époque ! L'autre explication est plus prosaïque mais plus vraisemblable : le Dr Pepper était le père d'une jeune fille dont Morrisson était amoureux.

Quoi qu'il en soit, le sirop du jeune Alderton trouve son public et d'autres pharmaciens et tenanciers de buvettes de Waco se fournissent auprès de Morrison. Très vite, il devient impossible de répondre à la demande. C'est là qu'entre en scène Robert S. Lazenby, un jeune chimiste spécialisé en boissons et propriétaire de l'entreprise *The Circle 'A' Ginger Ale Company*, à Waco. Il propose à Alderton de produire son soda dans son usine. Mais ce dernier, plus intéressé par le métier de pharmacien que par celui de commerçant en boissons, décline et propose à Morrison de faire équipe avec Lazenby.

En 1904, Lazenby et J. B. O'Hara, son gendre, présentent *Dr Pepper* à près de 20 millions de personnes lors de l'Exposition internationale de St-Louis. Énorme succès.

Pour répondre à la demande qui ne cesse de croître, Morrison et Lazenby décident de s'installer à Dallas et d'y fonder une nouvelle entreprise, *Artesian Manufacturing & Bottling Company* (qui deviendra par la suite *Dr Pepper Company*), dotée d'une toute nouvelle usine.

Dr Pepper est resté très apprécié aux États-Unis, en raison de son goût, au point que **Coca-Cola** a tenté de lancer en 1972 un soft drink au nom très proche, *Peppo.* Mais *Dr Pepper* a poursuivi la firme d'Atlanta pour contrefaçon de marque. *Coca* a alors tenté *Dr Pibb*, également refusé. Ce sera finalement *M. Pibb*, dont les locaux seront basés, comme par hasard, à Waco! Ce soda est commercialisé essentiellement aux États-Unis. En 2001, sa formulation a évolué et son nom a une nouvelle fois changé pour devenir *Pibb Xtra.*

Tout cela n'a pas empêché *Dr Pepper* d'être au bord de la faillite en 1980. La marque sera alors reprise par des investisseurs. *Coca-Cola* a tenté, en 1986, de la racheter mais la *Federal Trade Commission* (*FTC*), la très officielle *Commission Fédérale du Commerce*, a bloqué cette reprise au nom de la concurrence.

Dr Pepper fusionne alors avec **7Up,** tout juste revendu par **Philip Morris.** En 1995, *Coca* revient à la charge. Nouveau refus de la *FTC.* C'est le groupe *Cadbury Schweppes*, qui remporte la mise. La filiale américaine de ce groupe finira par faire sécession pour s'appeler *Dr Pepper Snapple Group.*

Dr Pepper n'était plus distribué en France depuis 1997. Il y a fait son retour en 2016. Un retour discret: on ne le trouve pas partout.[82, w]

Dubonnet (1846)

Nous sommes une quinzaine d'années après la création de la Légion Étrangère, par l'ordonnance du 9 mars 1831 édictée par Louis-Philippe sur proposition de son ministre de la guerre, le maréchal Soult, Jean-de-Dieu de son prénom.

À l'origine, la Légion, formée de soldats étrangers désireux de se battre pour la France, n'œuvre que sur des territoires extérieurs à la métropole, notamment, à l'époque, en Algérie. Ces troupes souffrent depuis plusieurs années d'un mal implacable qui déciment leurs rangs : le paludisme. Certes, on connaît depuis près d'un siècle un remède, la quinine, extraite de l'écorce du quinquina (*voir encadré 1*). Mais son goût extrêmement amer est peu prisé des soldats.

Et c'est là qu'intervient Joseph Dubonnet, chimiste de formation, reconverti dans le commerce de vins et spiritueux. Installé à Paris, dans le quartier de l'Opéra, il élabore un vin à base de quinquina dont il masque l'amertume en le mélangeant à du brandy – c'est-à-dire une eau-de-vie de raisin – et une décoction de différents ingrédients comme des grains de café vert, de la cannelle, de la camomille et des écorces d'oranges.

Il semble que ce soit sa femme qui, trouvant le breuvage délicieux, en servit à leurs amis en apéritif. Le bouche-à-oreille (*voir encadré 2*) fit le reste. Des soldats de la Légion furent sauvés de la maladie et 150 ans plus tard, les amateurs continuent de déguster le précieux élixir juste pour le plaisir, un plaisir double puisqu'il existe désormais en rouge et en blanc. La marque est la propriété de **Pernod Ricard** depuis 1976.

Sauf pour les États-Unis, où le Dubonnet est fabriqué et commercialisé par le groupe de spiritueux américain Heaven Hill. Les deux boissons sont d'ailleurs différentes puisque Ricard produit un vin doux à 14,8 % d'alcool alors qu'il titre 19 % outre-Atlantique.

Le quinquina est arrivé en Europe vers 1630 grâce aux Jésuites installés au Pérou pour évangéliser les Indiens Quetchas. Mais les vertus de l'écorce ne seront révélées que par Joseph de Jussieu un siècle plus tard. À noter que le terme de quinquina vient par erreur du mot quetcha *kinakina*, qui désigne un autre arbre.

Le bouche-à-oreille a été largement amplifié, jusque dans les années 1960, par une importante publicité, depuis les affiches réalisées par Henri de Toulouse-Lautrec jusqu'à celle dessinée par graphiste Cassandre au lendemain de la Seconde Guerre Mondiale, avec le slogan *Dubo, Dubon, Dubonnet* que les Parisiens verront défiler pendant plusieurs années dans les tunnels du métro.

Ducros (1963)

« Et ça sert à quoi que Ducros se décarcasse » ? Ce slogan encore présent dans nos mémoires passe sous silence le fait que Ducros, ce n'est pas une personne mais deux frères, Gilbert et Marc.

Ils créent leur société de négoce en vrac de produits et aromates provençaux, poivres et épices vendus à des industries alimentaires et pharmaceutiques à Buis-les-Baronnies, près de Nyons, dans la Drôme, c'est-à-dire dans cette région qui fleure bon les plantes aromatiques, comme le tilleul et la lavande, mais qui doit aussi sa réputation à l'huile d'olive, sans oublier la vigne, l'abricotier ou encore les plantes médicinales.

Leur grande idée leur viendra deux ans plus tard : présenter les épices dans des flacons qu'ils appellent *ducs* dans un meuble à épices entièrement réservé à leur marque. Dix ans plus tard, le marché français devient trop petit pour leurs ambitions, ils commencent à exporter en Europe. C'est aussi à cette époque que naît le fameux slogan.

Le succès est tel qu'il intéresse les multinationales de l'agro-alimentaire. *Ducros* est racheté une première fois en 1992 par le pôle alimentaire *Montedison* du groupe *Eridania-Béghin-Say*, puis en 2000, par le groupe *McCormick*. Enfin, en 2004, la société transfère son siège social à Avignon et son nom devient *McCormick France*.

Dupont d'Isigny (1889-1937)

Vers 1880, la région normande d'Isigny-sur-Mer, au pied du Cotentin, connaît une grave crise céréalière qui incite de nombreux agriculteurs à se tourner vers l'élevage et la production de lait et de ses dérivés. Avec succès puisqu'à la charnière du 19e et du XXe siècles, le beurre d'Isigny jouit d'une formidable renommée, non seulement en France mais également à l'étranger, jusqu'au Brésil selon certains auteurs[83].

C'est en 1889 que les sieurs Dupont et Roussel ouvrent à la Cambe, un petit village à cinq kilomètres au nord-est d'Isigny, un commerce de beurre.

L'affaire tourne gentiment jusqu'à ce jour de 1937 où tout bascule. Ce matin-là, les deux frères Dupont (qui ont repris l'établissement co-fondé par leur père), découvrent l'un de leurs employés, Ernest Fleutot, sans doute mis en appétit par sa balade quotidienne à vélo pour venir travailler, se préparer un petit frichti. Mélangeant au petit bonheur la chance les ingrédients qu'il a sous la main, il va créer par hasard le fameux caramel au beurre.

Trois quarts de siècle plus tard, Rodolphe Fleutot fabrique toujours les caramels inventés par son grand-père[84]. Certes, entretemps, l'usine a quitté La Combe pour s'installer à Carentan, à une vingtaine de kilomètres (1995) et elle a été rachetée par le groupe *Sucralliance*, issu de la scission du groupe **Cémoi** en deux entités distinctes, l'une consacrée au chocolat, l'autre à la confiserie.

Duval-Leroy (1859)

Cette Maison familiale de Champagne est née à Vertus, près d'Epernay, de la rencontre entre le négociant en vins de champagne Jules Duval et le vigneron Édouard Leroy qui unissent leur savoir-faire en 1859 et quelques années plus tard, leurs… enfants : Henri Jules Duval, fils de Jules, épouse Louise Eugénie Leroy, fille d'Édouard. Ils auront un enfant, Raymond qui reprendra la Maison en 1911, une maison qui s'était déjà fait connaître à l'international par le biais de différentes Expositions Universelles.

Comme toutes les Maisons de champagne, *Duval-Leroy* s'efforcera de résister aux trente *anni horribiles* (1914-1944) qui verront se succéder une Guerre Mondiale, la révolution bolchevique (fermeture du marché russe), la Prohibition (fermeture du marché américain), la Crise de 1929 et une seconde Guerre Mondiale.

À la Libération, la production repart, tandis que la maison défriche de nouvelles parcelles pour les planter en vignes. En 1950, Charles Roger Duval-Leroy succède à son père, puis en 1995, son fils, Jean-Charles prend la relève. Malheureusement, en 1991, il décède prématurément. Mais en Champagne, il semble qu'il y ait toujours une femme de caractère pour reprendre les rênes. Ce sera Carol Duval-Leroy. Elle est aujourd'hui épaulée par ses trois fils, Julien, Charles et Louis, pour assurer la pérennité de cette Maison forte de ses 200 hectares de vignobles[85, w].

Ebly®[86] (1999)

En 1988, une coopérative céréalière, Valbeauce, sans doute dans le souci de valoriser sa production, demande au *Laboratoire de Technologie des Céréales* de l'*INRA* (*Institut National de la Recherche Agronomique*) de trouver le moyen de rendre le blé – ou plus exactement un blé – prêt à cuire, un peu à l'instar du riz. Entre la recherche en laboratoire et les premiers essais, il faudra une dizaine d'années. Le blé sélectionné est un blé dur, celui dont on fait les pâtes. Le grain est ensuite précuit, par traitement *hydrothermique* pour transformer une partie de l'amidon. Il est ensuite séché pour ramener le produit à une humidité optimale pour un bon décorticage. Ce dernier a pour but d'éliminer les couches d'enveloppe les plus externes dont la texture fibreuse est désagréable pour le consommateur et d'éliminer la majeure partie du germe dont le rancissement serait préjudiciable à la conservation du produit. Enfin, l'expansion confère aux grains précuits une structure poreuse permettant au produit de se réhydrater en 10 minutes par immersion dans l'eau en ébullition[87].

L'*INRA* le précise, d'autres qualités de blé auraient pu convenir et notamment l'épeautre, le plus dur des blés tendres. Ce blé est très riche en protéines et en nombreux oligo-éléments, mais son faible rendement l'a discrédité auprès des céréaliers, sauf auprès des partisans de l'agriculture biologique car il ne moisit pas.

Dans sa présentation, Ebly® explique que le blé dur *« cuit, déshydraté et concassé, devient du boulgour. Cuit et décortiqué, il devient un blé tendre, comme le blé Ebly® !* Or, précisément, on confectionne du boulgour d'épeautre. De là à penser que Ebly® vient de é(peautre)/blé, avec un y à la fin pour faire commercial, il n'y a qu'un pas. À moins que cela soit simplement un *mix marketing* de blé et de riz, sous-entendu un blé qui se cuit comme du riz.

Écusson (1919)

Chez les Normands, la culture du secret est une seconde nature. L'historique de la maison sur le site officiel tient en… 4,5 lignes exactement. On y apprend que l'entreprise existe depuis 1919 et est basée à Livarot.

Nous rajouterons que la marque *Écusson* appartient, depuis l'origine à la *CCLF* (*Cidrerie du Calvados La Fer-*

mière) et qu'*Écusson* est au cidre normand ce que **Loïc Raison** (*voir ce nom*) est au cidre breton. Au demeurant, les deux entreprises sont maintenant sœurs, la *CCLF* ayant racheté *Loïc Raison* en 2002. Quant à savoir pourquoi la marque s'appelle *Écusson*... D'écusson, il n'y a aucun sur la bouteille. En fait, cela vient du fait que les pommiers sont greffés par la méthode dite *en écusson* (entaille en forme de T sur le porte-greffe pour y insérer le greffon).

Ed (1978-2012)

Simon Bertault, après avoir découvert les magasins *Aldi* en Allemagne, crée une société *Erteco*, avec les magasins *Radar*. L'enseigne retenue est *Ed*, qu'il convenait de prononcer *E D*, car c'était à l'origine les initiales de l'*Épicier Discount* (*voir* **Dia**).

E. Graindorge (1910)

Fermier, fromager puis affineur, Eugène Graindorge fonde la fromagerie en 1910 à Livarot (Clavados). Il commence donc tout naturellement par élaborer des livarots. E 1958, son fils Bernard développe la production et le livarot maison commence à arriver sur les tables parisiennes. La maison passe aux mains de Thierry, qui va considérablement moderniser l'outil de production, pour proposer l'ensemble des fromages normands, livarot bien sûr, mais également camembert, pont-l'évêque et, le moins connu, le Neufchâtel, tous AOP (Appellation d'Origine Protégée). En 2016, la maison est rachetée par le géant laitier **Lactalis,** déjà détenteur des marques **Jort** et **Moulin de Carel** et qui de ce fait devient le leader du camembert AOP. *E. Graindorge* produit quotidiennement 12 000 livarots et camemberts et 20 000 pont-l'évêque et neufchâtels[so, 88].

E. Leclerc (1949)

Cela n'a pas fait immédiatement du bruit dans Landerneau (20 km au nord-est de Brest) lorsqu'Édouard Leclerc a ouvert sa petite boutique au lendemain de la guerre, au 13 de la petite rue des Capucins. Mais ça en fera...

L'ancien séminariste va en effet révolutionner le commerce. Avec une idée simple, reprise à **Félix Potin,** qui l'avait eue un siècle plus tôt (*voir ce nom*) : vendre au détail au prix de gros. Comment ? En s'affranchissant des intermédiaires en s'approvisionnant directement chez les producteurs. Quant à l'épicerie (16 m², une des pièces de sa maison), elle est en libre-service. Encore une idée de Félix...

L'affaire démarre lentement : la rue des Capucins, surtout à l'époque, n'est guère fréquentée. Deux ans plus tard, il agrandit toutefois le magasin en le déplaçant dans un hangar de 30 m² qu'il a construit dans le jardin. En 1953, la surface de vente est portée à 80 m².

En 1955, un deuxième magasin à l'enseigne *E. Leclerc* va ouvrir à Saint-Pol-de-Léon, près de Roscoff (40 km au nord-est de Landerneau). Elle est tenue par un certain Pierre Léost, un ancien… camarade de séminaire d'Édouard, qui a travaillé quelque temps avec lui. Puis un autre à Tréguier (à mi-chemin entre Paimpol et Perros-Guirec) , un quatrième à Lannion (20 km au sud-ouest de Tréguier). Il faudra attendre 1959 pour voir s'ouvrir un premier centre *E. Leclerc* hors de la Bretagne. Ce sera à Grenoble, suivi, quelque mois plus tard, par Issy-les-Moulineaux, en région parisienne[89].

En 1964, le magasin de Landerneau déménage dans la périphérie de Brest et devient le premier hypermarché de la marque: c'est sans doute cela la grande invention d'Édouard Leclerc, la très grande surface excentrée (terrains moins chers) avec un parking correspondant…

En 1969, quelque 92 adhérents (la marque *E. Leclerc* est cédée en franchise) font sécession pour former la marque **Intermarché** (*voir ce nom*).

En 1973, Édouard Leclerc fonde le concept de foire aux vins, pour permettre aux producteurs de déstocker (à bas prix) à l'approche de la nouvelle récolte.

En 1991, *E. Leclerc* commence à se développer en Europe. D'abord en Espagne, puis en Pologne et en Italie (2001).

En 2004, la famille Leclerc cède le nom de l'enseigne à *l'Association des centres distributeurs E. Leclerc* (*ACD-Lec*), détenue par les quelque 480 adhérents et coprésidée par Édouard Leclerc et son fils Michel-Édouard. Le montant, tenu secret, est estimé à 120 millions d'euros, payables sur quinze ans[90].

Édouard Leclerc décède en 2012, à l'âge de 85 ans.

Aujourd'hui, l'enseigne *E. Leclerc* totalise quelque 721 magasins en France, 2 541 enseignes spécialisées (auto, *Manège à Bijoux*, parapharmacie…) et 85 autres à l'étranger. *E. Leclerc* est la première enseigne de distribution en France devant **Carrefour,** mais ce dernier repasse en tête si on comptabilise l'ensemble des enseignes des deux groupes (*voir encadré Carrefour*).

Éléphant (1892, 1927)

Lazare Digonnet commence à faire du commerce de produits tropicaux. Dix ans plus tard, en 1892, il s'associe à son frère Petrus pour fonder, à Gémenos (25 kilomètres à l'est de Marseille), la *Maison P.L. Digonnet et Cie*, qui très rapidement se spécialise dans l'importation et la vente des thés.

En 1896, ils déposent leur marque, *Éléphant*, qui apparaît sur des boîtes en métal contenant essentiellement du thé de… Chine, où il n'y a plus d'éléphants depuis le XVe siècle. Mais le pachyderme dispose d'un gros capital de sympathie et d'exotisme… Et puis ils importent également des thés d'Inde et de Ceylan. En 1897, la maison est rachetée par le plus grand établissement du secteur à l'époque, la *Maison D. Thiel.*

Quatre ans plus tard, les deux frères – et leur maison – reprennent leur liberté. Dans la foulée, ils rachètent la *Maison Ranque & Lambert* et la *Compagnie de l'Indochine*, fondée 1868. Suivra le rachat, peu après, de la *Maison Lewis J. Smith*. En 1927, le nom de la maison change et devient *Société des Thés de l'Éléphant, SA.* pour se donner un côté plus exotique. En 1932, elle révolutionne le conditionnement en lançant les premiers sachets de thé, en gaze mousseline. Cinq ans plus tard, nouvelles améliorations, les sachets sont réalisés en papier-filtre.

Beaucoup plus tard, en 1967, cette société fusionne avec la *Compagnie Commerciale Unité.* La même année, la *Compagnie Coloniale*, basée à Paris, entre dans le giron de l'*Éléphant.*

En 1969, le groupe **Ricard** rachète la société pour la revendre, trois ans plus tard, au groupe *Unilever*, qui la fusionne avec une autre de ses filiales, la société des Thés **Lipton.**

Unilever, qui possédait quatre usines de conditionnement de thé pour ces deux marques, situées en Angleterre, Belgique, Pologne et France. Cette dernière, toujours à Gémenos, a pris en 1977 le nom de *Fralib* (*Française d'Alimentation et de Boissons*).

Malheureusement, la crise et la mondialisation ont fait leur œuvre et *Unilever* décide en 2011 de restructurer ses usines. Et de fermer le site historique de Gémenos. Elle fermera effectivement en 2012, après près de deux ans de résistance de ses 182 salariés.

Depuis, la marque *Éléphant* est devenue la marque des tisanes de *Lipton*[91, w].

Elle & Vire (1945)

Au lendemain la Seconde Guerre Mondiale, le maire de la petite commune normande de Condé-sur-Vire, près de Saint-Lô, Auguste Grandin fonde la *Société Coopérative Agricole beurrière des Vallées Elle & Vire.*

Le but est double : relancer l'activité économique de la région et réapprovisionner ses habitants.

Les résultats vont dépasser les espérances. Très vite les produits de la région vont se retrouver aux Halles de Paris et dans celles des grandes villes de France.

Pour répondre à la demande, un nouveau site de production est inauguré fin 1954 à Condé-sur-Vire. Par la suite, de nouvelles coopératives rejoignent celle d'*Elle & Vire*, donnant naissance en 1962, à l'*Union Laitière Normande* (*ULN*), qui deviendra en 1975 le premier exportateur laitier français.

En 1968, *Elle & Vire* lance *8S*, le premier lait *UHT*, stérilisé à ***Ultra Haute Température***, de l'ordre de

150 degrés pendant 2 à 5 secondes avant de le refroidir tout aussi rapidement. Ce traitement permet de conserver le lait (non ouvert) huit semaines (d'où le nom) en dehors du réfrigérateur. Elle récidivera en inventant en 1973 la crème liquide *UHT.*
En 1992, l'*ULN* est reprise par la *Compagnie Laitière Européenne* (filiale de **Bongrain).** Cette année-là, *Elle & Vire* lance le beurre *tartinable.* Suit le beurre allégé en 1998 puis la crème fraîche épaisse en poche avec bouchon verseur à vis (2006).
Aujourd'hui, *Elle & Vire* est la première marque française de crème fraîche et la 3e de beurre[so, w].

Eristoff (1806)
Cette vodka est à l'origine géorgienne. Elle a été créée à l'intention du Prince Ivan Eristavi du duché de Ratcha, une province du nord de la Géorgie.
Eristavi, signifie *chef de la nation* en géorgien. À la fin du XIXe siècle, le petit-fils du Prince Ivan s'est installé à Saint-Pétersbourg, où il devint colonel de la garde impériale sous le nom de Prince Alexander Constantine Eristoff.
Les derniers membres de la famille Eristoff étaient le Prince Nicolai Alexandrovich Eristoff – dont le nom est gravé sur chaque bouteille – décédé en 1970, et sa sœur, Olga, décédée en 1991. Tous deux sans enfants.
Le loup figurant sur l'étiquette fait référence à la Géorgie, autrefois appelée *« le pays des loups ».*
La marque appartient aujourd'hui à **Bacardi**[w].

Esquimau (1921-1931)
Quelque part aux États-Unis, *in the middle of nowhere*, à la fin des années 1910: Onawa, une bourgade de l'Iowa, à la limite avec le Nebraska. Là, vit Christian Kent Nelson, un fils d'émigrés danois. Il est instituteur. Pour arrondir ses fins de mois, Christian ouvre un magasin de confiserie. Un jour un gamin entre dans sa boutique et hésite entre une glace et une barre chocolatée mais ne peut pas acheter les deux. Rentré chez lui, Christian va travailler à recouvrir de chocolat une part de glace. Pas facile. Jusqu'à ce qu'il comprenne que le beurre de cacao colle à la glace. Il dépose un brevet pour son invention qu'il appelle *« I-scream-bar »*, jeu de mots signifiant *« je hurle (d'envie ou de plaisir pour) cette barre »* tout en se prononçant comme *« ice-cream bar », barre glacée.* C'est un succès immédiat. Nelson s'associe avec Russel Stover, un fabricant de confiserie, pour passer au stade industriel. Ce dernier lui fait remarquer que son appellation n'est pas bonne car, précisément, elle se prononce *« ice cream bar »*, une appellation générique. Il propose de renommer l'invention *Eskimo Pie, le gâteau de l'Esquimau.* Aussi dit, aussitôt fait. Nous sommes en 1921.

Le succès est si énorme dans tout le pays que les deux associés vendent les droits à d'autres sociétés en échange de royalties. Résultat, dès 1922, il se vend un million d'*Eskimos* par jour et les cours mondiaux du cacao flambent[92] !

Quelques années plus tard, Charles **Gervais,** le fils du fondateur de l'entreprise éponyme effectue un voyage aux États-Unis et découvre cette petite merveille. À son tour, il acquiert les droits et commercialise ses premiers *Esquimaux*, lors de l'exposition coloniale de 1931. Avec une trouvaille : le bâton qui permet de les tenir comme une sucette.

Mais l'Esquimau, dont le logo sera un petit esquimau espiègle habillé dans une parka toute blanche avec son bonnet en fourrure, va être à la fois victime de son succès et du rachat de *Gervais* par **Danone** en 1967. Devenu un mot générique pour désigner un bâtonnet de crème glacée, l'*Esquimau* va tenter de survivre en s'appelant *Kim Esquimau* puis *Kim Cône* (la glace était alors proposée dans un cornet) avant de disparaître définitivement à la fin du XXe siècle, victime, finalement, de son succès.

Ethiquable (2003)

Ethiquable est une entreprise coopérative (*SCOP*) créée par trois amis, Rémi Roux, actuel gérant élu, Stéphane Comar, économiste, et Christophe Eberhart, ingénieur agronome. Rémi et Stéphane se sont connus sur les bancs d'une école de commerce et Christophe a rencontré Stéphane au Mali alors que les deux effectuaient des missions sur le terrain dans le cadre de leur activité professionnelle du moment.

Trois mois après la création, en juillet 2003, la première gamme de produits est lancée. En décembre de la même année, plus de 75 magasins étaient partenaires.

En 2013, *Ethiquable* (mot-valise formé d'*équitable* et d'*éthique*) propose plus de 130 produits (café, chocolat, thé, fruits transformés, fruits secs...) issus de 49 coopératives de 24 pays dans 3 500 points de vente. *Ethiquable* est basée à Fleurance dans le Gers[so, w].

Etorki (1979)

Marque d'un fromage industriel au lait de brebis. Il est affiné sept semaines, son goût s'inspire de celui de la tomme basque. C'est le deuxième fromage de la *Fromagerie des Chaumes* (après le fromage éponyme). Cette fromagerie de Mauléon-Licharre, dans les Pyrénées Atlantiques a été rachetée par **Bongrain** en 1970. *Etorki* signifie *origine* en basque.

Euromarché (1968-1994)

Enseigne d'hypermarchés disparue, rachetée par **Carrefour.**

Évian (1829)

1789 : la date la plus connue des écoliers. Cette année-là, loin du tumulte parisien, un gentilhomme auvergnat, le marquis de Lessert, se rend, sur les conseils de son médecin à Amphion-les-Eaux, pour y soigner sa gravelle (calculs rénaux). Amphion est un petit village situé sur la rive sud du lac Léman, à mi-chemin entre les bourgs de Thonon et d'Évian. À l'époque, c'est seul lieu connu dans la région pour sa source aux eaux bienfaisantes. Mais celles-ci n'ont aucun effet sur le marquis qui continue d'être victime de violentes coliques néphrétiques. Un jour se promenant dans la région, il constate que plusieurs personnes viennent puiser de l'eau à une fontaine, la fontaine Sainte-Catherine, qui jaillit sous la clôture d'une propriété d'un certain Gabriel Cachat, sise sur la commune d'Évian. L'eau est fraîche, il fait chaud, le marquis s'abreuve. Il trouve l'eau agréable (elle n'avait pas le goût ferrugineux de beaucoup d'eaux thermales de l'époque). Il y revient les jours suivants et s'aperçoit qu'il urine plus facilement parvient même à expulser les calculs. Croyant à un hasard, il arrête d'en boire. Dix jours plus tard, nouvelle crise, stoppée à nouveau par l'eau de la source Cachat. Le marquis écrit alors à un médecin de ses connaissances, le docteur Tissot à Lausanne, pour lui faire part de sa découverte. Ce dernier commencera à y envoyer des patients dès ce moment-là. Quant au sieur Cachat, il fait enclore sa source et embouteiller l'eau, qu'il vend désormais. Progressivement, le nombre de curistes augmente, des bains sont construits. En 1823, un homme d'affaires genevois, François Fauconnet, rachète la source à Gabriel et Marie Cachat et fonde la *Société d'exploitation des Eaux Minérales d'Évian*[93]. La société deviendra française en 1860, avec l'annexion de la Savoie à la France.

Le thermalisme va connaître un formidable essor pendant le Second Empire et Évian en profite d'autant plus que le Conseil d'État autorise en 1865 Évian à s'appeler Évian-les-Bains. Parallèlement, son eau est déclarée d'utilité publique.

En 1867, la *Société des Eaux d'Évian* devient une société anonyme. Le prestige de la station s'accroît, elle se dote d'un nouvel hôtel prestigieux, le Royal (ainsi appelé parce qu'il devait accueillir Édouard VII d'Angleterre) en 1902, d'un casino en 1912, et, enfin, pourrait-on dire, d'un établissement thermal en 1927.

Quant à la commercialisation de l'eau, elle se fait en bouteilles (vendues en pharmacies), munies, à partir de 1910, d'une capsule en aluminium qui permet une ouverture *« sans aucun instrument »*. Ces bouteilles sont fabriquées par l'entreprise *Souchon-Neuvesel* de Givors (25 km au sud de Lyon).

Souchon-Neuvesel devient *Boussois-Souchon-Neuvesel* (*BSN*), qui a son tour prend le nom de **Danone** (*voir cette marque*), qui rachète *Évian* en 1970. L'eau d'*Évian* est la plus vendue en France et dans plusieurs pays européens et au-delà, jusqu'aux États-Unis et au Japon. La production annuelle s'élève à 1,5 milliard de litres, soit 15 millions d'hectolitres, à comparer par exemple, aux 6 millions d'hectolitres de vin. produits par le vignoble bordelais).

Quant à la station d'Amphion, elle n'a pas supporté la concurrence, d'autant que *Thonon* allait elle aussi se développer). Son nom a même pratiquement disparu aujourd'hui et on ne le voit plus qu'épisodiquement rattaché à celui de la commune de Publier. Les habitants s'appellent des Publiérains ou des… Amphionnais.

Fanta (1939)

L'Allemagne était le principal marché hors États-Unis pour **Coca-Cola** avant-guerre. La firme d'Atlanta gardant jalousement la recette, elle expédie un sirop fabriqué sur place à toutes ses filiales étrangères, qui n'auront plus qu'à rajouter de l'eau gazeuse. Or en 1939, ce n'est plus possible avec l'Allemagne, le gouvernement américain ayant gelé tout commerce avec ce pays.

Max Keith, patron de la filiale allemande, se tourne alors vers les nombreux chimistes que compte le pays pour leur demander de concocter un soda. Ils vont élaborer une boisson à base de petit-lait (lactérosum), de fibre de pomme, et de saccharine. Max Keith va appeler cette boisson, qui sauvait la filiale allemande de la faillite, *Fantasiche Getränk, la boisson de l'imagination*, raccourcie en *Fanta*. En 1941, il réussit même à obtenir du vrai sucre, qu'il a pu ajouter à sa boisson, à raison de 3,5 grammes par litre, ce qui la rendait bien meilleure que toutes celle de ses concurrents.

Coca-Cola récupérera tranquillement la marque après-guerre, pour en faire des boissons à l'orange et au citron[94].

Fanta est toujours une boisson très appréciée en Allemagne.

Le *Fanta* saveur pomme, proche de la formule originale et remis au goût du jour en 1985, est devenu l'actuel célèbre et très vendu *Lift Apfelschorle* (*Apfelschorle signifie*, littérale-ment *mousseux de pomme*) [95].

Fefe (2020)

Sans doute ne connaissez-vous pas encore cette marque.

Pas plus que le marché naissant sur lequel elle se développe, celui des *hardseltzers:* des sodas alcoolisés, faiblement (environ 5 %) et généralement peu ou pas sucrés. Leur objectif, être une alternative branchée à la bière.

Fefe a été développée par un bar parisien, *Le Syndicat*, dans le 10e arrondissement. Cette boisson a été développée avec la parfumerie *Jean Niel*, l'une des plus anciennes de Grasse (créée en 1779). Car, selon ses créateurs, cette boisson se veut une *« création aux frontières des mondes de la mixologie et de la parfumerie »*.

Les parfums proposés sont *concombre/eucalyptus*, *pêche/abricot/gingembre*, *tonic/genièvre/pamplemousse* et *fraise/bois de santal*. Quand on vous dit que c'est branché !

Fefe signifie *Fabriqué En FrancE.* En effet, le monde anglo-saxon a de l'avance sur nous et les premières marques américaines comme *Florida* débarquent. Heureusement, les Français ont profité de la Covid pour tester des mélanges et la concurrence est prête : outre *Fefe*, on trouve **Natz** et **Opean,** toutes trois *made in France.*

Quant au nom, *Fefe*, le fait que cela désigne chez les jeunes une Ferrari, n'est certainement un inconvénient...

Felix (1982)

Marque de nourriture pour chat créé par **Quaker Oats.** En 1995, la firme américaine revend son département européen d'aliments pour animaux domestiques (dont les marques *Felix* et **Fido)** à la firme anglaise *Dalgety.* Deux ans plus tard, **Nestlé** rachète l'ensemble via sa filiale *Friskies Petcare Company* (*voir* ***Friskies),*** aujourd'hui *Nestlé Purina Petcare.* Le nom de *Felix* est emprunté au chat noir et blanc éponyme, héros de dessins animés, créé en 1919.

Félix Potin (1844-1995)

Cette marque n'existe plus. Mais elle méritait de figurer dans cet ouvrage car beaucoup de lecteurs l'ont connue et parce que son fondateur a révolutionné le commerce en France.

Né à Arpajon dans l'Essonne, le jeune Félix Potin commence sa vie professionnelle à Paris comme commis épicier à l'âge de 16 ans, chez M. Bonnerot, rue du Rocher, dans le 8e arrondissement de Paris. Huit ans plus tard, il ouvre, à 24 ans, sa propre petite épicerie, rue Neuve-Coquenard (l'actuelle rue Rodier), dans le 9e. Une épicerie comme les autres ? Pas tout à fait. D'abord les prix sont affichés, une nouveauté à l'époque, également pratiquée dans le domaine du textile *Au Bon Marché* par un certain Aristide Boucicaut. Ce qui supprime le marchandage (mais aussi la vente à crédit sur de petites quantités), d'où un gain de temps. Ensuite, les produits correspondent à ce qui est présenté. Finies les arnaques sur la qualité (farine mélangée au sucre par exemple) ou le poids. Enfin, Félix Potin attire le chaland avec certains produits vendus à prix coûtant, comme le sucre ou le chocolat, quitte à augmenter sa marge sur d'autres produits.

Profitant du développement du chemin de fer et de transport fluvial, Félix Potin va chercher lui-même en province les produits qu'il souhaite mettre à l'étalage, supprimant ainsi les intermédiaires. Petit à petit, Félix Potin va devenir son seul fournisseur et son seul entrepositaire. Mieux, il va devenir dans certains cas son propre producteur. Pour cela, il fait construire deux usines, qui lui permettent de présenter des produits non plus en vrac, mais emballés, sous sa propre marque – encore une nouveauté. Les prix sont réduits d'autant.

Il s'agrandit: laissant sa boutique à son beau-frère, en 1860, il s'installe dans un local plus grand, boulevard de Sébastopol. Il en ouvrira un autre, quatre ans plus tard, boulevard Malesherbes. Un choix qui ne doit rien au hasard. Ces deux grandes artères viennent d'être créées par le baron Hausmann.

Pendant le siège de Paris, en 1970, il est l'un des rares commerçants à ne pas profiter de la panique des habitants pour faire de la spéculation sur les denrées alimentaires, quitte à organiser le rationnement.

Malheureusement, Félix n'aura pas le temps de mettre en pratique toutes ses idées: il meurt très jeune, à l'âge de 51 ans, en 1871.

À la tête de la plus grande épicerie de Paris, sa femme, et surtout ses trois fils et ses deux gendres vont poursuivre son œuvre: la marque *Félix Potin* est déposée en 1886, la société en commandite fondée en 1890 (elle deviendra société anonyme en 1924).

Au tournant du siècle, de nouveaux magasins sont construits dont le monumental magasin de la rue de Rennes, véritable monument de l'Art Nouveau sur quatre étages (aujourd'hui exploité par la *Fnac*), mais également des usines, tandis que l'enseigne investit dans la production, notamment viticole.

Au lendemain de la Première Guerre Mondiale, d'anciens commis retournés en province se marier obtiennent des franchises. En 1923, on compte 70 boutiques et magasins Félix Potin dans toute la France.

Au lendemain de la Seconde Guerre, la concurrence d'une nouvelle forme de commerce – les super, puis les hypermarchés – liée à la disparition accidentelle de Jean Potin, le petit-fils de Félix, en 1949, va porter un coup terrible à l'entreprise. Les magasins ferment les uns après les autres et les descendants finissent par vendre les quarante magasins restants à l'homme d'affaires André Mentzelopoulos[96]. Ce dernier relance la marque, la fusionne avec *Primistères*, reprend des enseignes comme la Parisienne et Paris-Médoc, prend des participations dans *Goulet-Turpin*[97] et le caviste **Nicolas.**

À la mort de Mentzelopoulos en 1980, *Félix Potin* compte 1300 magasins. Mais leur rentabilité diminue, face aux supermarchés. Les héritiers revendent la marque à l'homme d'affaires marocain Daniel Amar, qui lui adjoindra deux ans plus tard les magasins *Radar*. Mais le groupe continue à perdre de l'argent et passe ensuite sous le contrôle de l'homme d'affaires saoudien Gaith Pharaon[98].

Peine perdue. En 1988, le groupe est vendu par appartements, *Promodès* rachetant les 150 supermarchés et le groupe *Castel* (*voir Nicolas*) reprend les quelque 800 supérettes.

Castel ne parvient pas à relancer l'enseigne et la revend aux frères Louis et Fabien Sayer. Qui échoueront

à leur tour, par suite du retrait de la *BNP*, leur principal soutien financier.
Le groupe sera finalement liquidé en 1995. L'année suivante, *Promodès* reprend sous ses propres enseignes une centaine de magasins et **Franprix** obtient trois supermarchés.
Pour la petite histoire, s'il n'y a plus d'enseigne *Félix Potin* depuis plus d'un quart de siècle, la marque, elle, existe toujours. Elle a été en effet rachetée en 2004 puis utilisée par la *SNAPP* (*Société Nouvelle d'Alimentation Philippe Potin*, créée en 1958), un distributeur pour la restauration collective et commerciale implanté dans le sud-est de la France[99].

Ferrero Rocher (1982)
Friandise ronde produite par *Ferrero* (*voir* **Nutella**). Jusqu'au milieu des 1990, elle s'appelait *Ferrero Roche d'Or.* Il s'agit d'une aveline (grosse noisette) du Piémont, entourée de chocolat et d'avelines broyées, donnant à la bouchée un aspect irrégulier de rocher.

Fido (1962)
Marque de nourriture pour chiens créée par **Quaker Oats.** Le nom *Fido* a été inspiré par une publicité parue dans un célèbre magazine qui vantait la qualité de chaussures de chasse de cette marque.
La marque appartient aujourd'hui à **Nestlé** via sa filiale *Nestlé Purina Petcare* (*voir* ***Friskies***).

Figolu (1961)
Petit biscuit fourré à la pâte de figues, créée par **LU** (d'où le nom), qui a connu un énorme succès.

Findus (1945)
En 1945, la société de conserves Frukt-**Indu**strin (littéralement *Industrie de fruits*) lance en Suède les premiers produits surgelés (légumes divers et poissons) sous le nom de *Findu.*
En 1962, la marque arrive en France, (avec un *s: Findus*), grâce à un partenariat signé avec **Nestlé** qui dès 1963 distribue la marque via *France Glaces*, une division créée en 1960.
En 1971 *France Glaces* et *Findus* fusionnent.
En 2000, *Nestlé* cède *Findus* au groupe financier suédois *EQT* (pour *Equity*, en français *fonds propres*), un très important fonds d'investissements nord-européen (plus de 18 milliards d'euros d'actifs), créé en 1994 par la famille Wallenberg, la plus riche de Suède. Cette cession n'est pas totale: *Nestlé* garde la marque pour la Suisse et vend la licence à *Unilever* pour l'Italie.
De 1999 à 2004, *Findus* connaît une formidable progression de ses ventes, notamment en France, où la marque devient leader sur le marché des surgelés devant **Marie** et **Maggi.**
L'année 2005 marque un tournant car le dépeçage de l'affaire va se poursuivre. Ainsi, en Grande-Bretagne, Geir Frantzen, un ancien directeur de *Findus*, fait l'acquisition des activités de *Findus UK* ainsi que de la licence d'exploitation de la marque pour ce pays. Quelques mois plus tard, la branche espagnole de *Fin-*

dus est cédée au groupe belge *Ardo*, spécialiste de légumes surgelés.

Enfin, en 2006, ce qui reste de *Findus* est revendu au fonds britannique *Capvest*, un fonds d'investissement anglais fondé en 1999 et appuyé financièrement par le fonds américain *AIG* (*American International Group*) qui la fusionne avec *Young's*, sa filiale spécialisée dans le poisson, sous le nom de *Foodvest*.

En 2008, *Capvest* cède *Foodvest* à un autre fonds d'investissement britannique, *Lion Capital LLP*, qui le rebaptise *Findus Group*.

En 2011, *Findus Group* parvient à racheter la marque *Findus* en Espagne au groupe *Ardo*. L'opération ne marche pas pour l'Italie. C'est *Permira*, un autre fonds britannique, déjà propriétaire de la marque concurrente **Iglo,** qui la rachète à *Unilever* en 2010.

Arrive la crise économique de 2008. *Lion Capital*, endetté, revend une partie du capital de *Findus à* deux banques créancières: *J-P Morgan* (19,6 %) et *Highbridge Capital Management* (21,5 %), qui opère comme filiale de *J-P Morgan Chase*, la maison-mère de *J-P Morgan*.

En 2013, le scandale des lasagnes au cheval a failli être fatal à la marque.

À la suite d'un contrôle inopiné, de la viande de cheval est retrouvée, en partie ou en totalité, à la place de la viande de bœuf, dans les lasagnes et autres plats préparés de la marque *Findus*. Après enquête, on découvre que la société *Spanghero*, spécialisée dans l'élaboration de produits alimentaires à base de viande, a fourni à la *Comigel*, (qui prépare des plats surgelés pour *Findus*) de la viande de cheval pour de la viande de bœuf, moins chère (*voir encadré*). Une tromperie sur la marchandise sans aucune conséquence sanitaire: autrefois, la quasi-totalité des steaks tartares proposés par les restaurants étaient de la viande de cheval, en raison de sa plus grande résistance à la contamination bactérienne une fois hachée.

Findus passera finalement ce cap difficile. Fin 2018, elle occupait la première en France avec une pénétration de 52,6 %.[100, so, w]

À l'époque (révolue) où la boucherie chevaline faisait partie des commerces habituels de nos rues, la viande de cheval était plus chère que celle de bœuf. Pourquoi est-elle aujourd'hui moins chère? D'une part, le consommateur s'est détourné de cette viande, le cheval étant de plus en plus vu comme un animal domestique, à l'instar du chat et du chien. D'autre part, l'entrée de la Roumanie dans l'Union Européenne (2007) a permis à ce pays de se développer. Les tracteurs ont progressivement remplacé les traditionnels chevaux des agriculteurs roumains. Les braves rossinantes ont alors massivement pris le chemin de l'abattoir, faisant chuter les cours de la viande chevaline.

Finley (2014)

Coca-Cola est l'une des marques les plus connues au monde. À l'inverse, la firme d'Atlanta n'a jamais réussi à se diversifier. Ce n'est pas faute d'avoir essayé. La dernière tentative en date de 2014. *Coca-Cola* lance à grands frais (30 millions de dollars et plusieurs années de recherche) un soda destiné aux jeunes adultes pour concurrencer le règne sans partage de **Schweppes** sur le créneau, disons, du soda apéritif. Le produit est lancé en France, en première mondiale. Parmi les saveurs, pamplemousse-orange sanguine, citron-fleur de sureau et orange-cranberry. Suivront mojito et piña colada. Tous sans alcool.

Pourquoi choisir la France? Parce c'est le pays développé où les jeunes actifs boivent le moins de soda et donc là où il y a théoriquement le plus de place pour implanter un nouveau produit. Disons-le tout net, après un démarrage en trompe-l'œil, le résultat n'est pas à la hauteur des attentes. En 2015, Coca-Cola fait réaliser un clip avec Omar Sy, starifié depuis son rôle dans *Les Intouchables* (2011), pour tenter de relancer la renommée. Échec. Nouvelle tentative deux ans plus tard avec la présentatrice de télévision Alexandra Sublet. Nouvelle déconvenue. En 2020, on ne trouve plus de *Finley* dans les grandes surfaces. Sur le site de *Coca-Cola France*, la marque est bien présente, mais il ne s'agit plus du même produit. Le design des bouteilles a changé, les parfums aussi : elles sont au nombre de trois et se parent du nom de *Finley-Mix*. Ce sont des *mixers*, destinés aux *bartenders* (barmen), pour qu'ils les utilisent dans les cocktails (parfums tonic, *sea salt lemon* et concombre). Cette relance par le haut de gamme a été frappée par la crise de la Covid 19: tous les bars et boîtes de nuit sont restés fermés pendant des mois.

On ne sait pas grand-chose sur l'origine de la marque, si ce n'est qu'elle croupissait depuis un certain temps dans le portefeuille de *Coca-Cola*. S'agissait-il à l'origine d'un Dr Finley, qui aurait mis au point une recette ou d'une création par une société de *naming*, mystère.

Fischer (1821)

La marque *Fischer* avait un peu sombré sous la poussière, émigrant vers le bas des gondoles d'hypermarchés. **Heineken,** sa maison-mère, a récemment décidé de remettre en lumière cette bière après s'être occupé de quatre de ses autres marques, *Heineken* bien sûr, mais également **Desperados, Pelforth** et **Affligem.** L'histoire de *Fischer* plaide pour elle : elle existe depuis bientôt deux siècles. La fidélité de la clientèle aussi : sans publicité, la petite bouteille équipée de son traditionnel bouchon mécanique (également appelé bouchon à étrier ou à bascule) a continué à se vendre au rythme de 100 000 hectolitres par an.

C'est en 1821 que Jean-Frédéric Fischer-Garnier crée la *Brasserie de l'Ours Blanc* à Strasbourg. Elle est rachetée en 1838 par Martin Ehrhard-Weber, qui la renomme *Fischer* en 1840, en hommage à son fondateur, avant de la transmettre, trois ans plus tard, à un parent, Jean Ehrhard-Flach.

C'est lui, puis ses fils, Jean-Eugène et Auguste Émile, qui vont développer l'affaire. Auguste-Emile devint seul propriétaire de l'entreprise à partir de 1884. La production fut intégralement transférée à Schiltigheim, dans le nord immédiat de Strasbourg, déjà surnommée la *Cité des Brasseurs*, compte tenu du nombre d'établissements présents.

En 1900, la société, en pleine phase d'expansion et à la recherche de capitaux pour financer son développement, devient anonyme (société par actions).

Cela lui permet de racheter plusieurs petites brasseries des environs avant que n'éclate la Première Guerre Mondiale : *Brasserie de l'Aigle* à Surbourg, les établissements *Nico* à Colmar et *Amos* à Wasselonne, ou encore les *Brasseries de la Hache, de la Ville de Paris, du Rhin* et *Hauer* à Schiltigheim. La malterie, symbole de la brasserie, est construite en 1912.

À la fin du conflit, lorsque l'Alsace redevient française, la brasserie créée la *Bière du Pêcheur* (*Fischer* signifiant *pêcheur* en allemand et en alsacien). Et elle reprend ses achats : en 1922, elle acquiert la brasserie *Adelshoffen (voir* ***Adelscott****)*, également implantée à Schiltigheim. À l'issue de la Seconde Guerre Mondiale, la brasserie *Fischer* acquiert la *Brasserie Gruber* (1959), à Strasbourg qui fermera six ans plus tard.

Le logo de la marque, le *Fischer Männele*, le petit alsacien assis sur un tonneau buvant une énorme chope de bière et qui donnera tant de visibilité à la marque, sort en 1930, au moment du lancement de la *Fischer Gold*, une bière haut de gamme. Sa survie à la *loi Évin* a quelque chose d'étonnant, presque touchant.

Face à l'effet ciseau du ralentissement de la consommation conjugué à une concurrence de plus en plus féroce, *Fischer* lance en 1995, la bière **Desperados,** pour tenter de profiter de l'effet de mode que connaît la bière mexicaine **Corona.** Cela ne suffit pas à empêcher le rachat l'année suivante par *Heineken.* La brasserie *Adelshoffen* est fermée en 2000. Huit ans plus tard, la brasserie *Fischer* s'arrête à son tour. La production est transférée à la *Brasserie de l'Espérance*, également à Schiltigheim et à celle de *Pelforth*, à Mons-en-Barœul, dans le Nord. *Fischer* n'est plus qu'une marque.[101, w]

Fisherman's friend (1865)

Nous sommes en Angleterre au milieu du XIXe siècle. Fleetwood, un petit port en eau profonde donnant sur la mer d'Irlande, face à l'île de Man, voit le secteur de la pêche se développer à la suite du raccordement de la localité au chemin de fer. Mais si le métier a de l'avenir, il est particulièrement dur, d'autant que l'arrivée des bateaux à vapeur pousse les pêchers à aller pêcher plus loin en Atlantique nord. Les pêcheurs ne rentrent plus chaque soir, ils passent dorénavant plusieurs jours en mer, confrontés au froid, aux vagues qui détrempent les vêtements qu'ils gardent sur eux. D'où de nombreuses maladies respiratoires. Devant ce constat, un pharmacien de Fleetwood, James Lofthouse, met au point un sirop très fort à base de menthol et d'eucalyptus. Le menthol dégage les voies respiratoires, soulage les maux de gorge et plus généralement les douleurs. L'eucalyptus soigne plus précisément les sinusites, les bronchites et calme la toux. Il l'appelle tout simplement *Fisherman's Friend, l'Ami du Pêcheur*. Pour faciliter l'utilisation du produit, John Lofthouse va rapidement les proposer sous forme de pastilles.

Il faudra plus d'un siècle pour que ce produit soit accessible au grand public. Les membres de la famille Lofthouse, qui poursuivaient la fabrication de ces pastilles pour eux et leurs proches réalisent combien elles sont appréciées et décident d'acheter un camion pour les distribuer ailleurs qu'à Fleetwood. En 1972, fini le camion, pour faire face à la demande, la production s'installe dans un ancien dépôt de tramways. Encore deux ans et les petites pastilles traversent la mer et sont distribuées dans un premier temps en Belgique et en Norvège. Plusieurs variétés sont progressivement déclinées, avec ou sans sucre.

Aujourd'hui, la famille est toujours aux commandes, la production atteint 5 milliards de pastilles par an et celles-ci s'exportent jusqu'en Chine[50].

« Dans ses déplacements, [Emmanuel Macron] trouve [...] son carburant dans les Fisherman's, ces pastilles qui arrachent la bouche. Il en conserve dans ses poches, dans celles du siège de sa voiture. Pour ses interventions, on prévoit de l'eau, des rondelles de citron pour la gorge et une coupelle de Fisherman's. Pendant la campagne, il en avalait des caisses, au sens propre, livrées au QG, rue de l'Abbé-Groult ». (Corinne Laïk, *Le Président cambrioleur*, paru chez Fayard, p. 202-203).

Fitness (1995)

Ces céréales de petit-déjeuner à base de pétales de blé complet et de riz sont concoctées par la firme américaine *General Mills* et commercialisées hors Amérique du Nord par la société conjointe entre *General Mills* et **Nestlé,** *Cereal Partners Worldwide*, sous l'enseigne *Nestlé*.

Fitness signifie en anglais *remise en forme*, un nom plutôt destiné à la clientèle féminine.

Fjord (1969)

Yaourt de marque **Danone.** Ou plus exactement dessert lacté, plus onctueux – donc contenant plus de crème. Un *Fjord*, dont le nom vante la fraîcheur, contient pourtant 118 calories contre 23 pour un *Danone Nature*[102] !

Flanby (1967)

Flan au caramel créé par *Chambourcy* (*Flanby* est formé de *flan* et des *b* et *y* de *Chambourcy*). Ce dernier est racheté par **Nestlé** en 1996. *Flanby* survit, sous la bannière de *Nestlé*, *Chambourcy* disparaît. Depuis 2006, *Flanby* appartient à *LNPF* (*Lactalis Nestlé Produits Frais, voir* ***La Laitière*)**.

Le produit a profité d'un regain de notoriété en 2014, lorsqu'Arnaud Montebourg, débarqué de son poste de ministre de l'Économie pour avoir vertement critiqué la politique du gouvernement, aurait affublé le président François Hollande de ce surnom peu amène. Ce que l'intéressé dément, expliquant que c'était Bruno Gaccio, l'un des auteurs des Guignols de Canal +, qui avait mis ce propos dans la bouche de sa marionette[103].

Fleury Michon (1926)

Selon le site officiel, tout est parti de l'association, en 1905, de deux beaux-frères, Félix Fleury et Lucien Michon. Pour faire quoi ? Vraisemblablement de la charcuterie. Où ? A priori en Vendée, là où se trouve aujourd'hui l'entreprise, à Pouzauges. De toutes les façons, cela n'a pas beaucoup d'importance, les enfants des deux fondateurs, Pierre Fleury et Gustave Michon, sont repartis de zéro en 1926. L'enseigne, *Fleury Michon*, a été créée cette année-là. On devine entre les lignes qu'ils tiennent une charcuterie puisqu'on apprend que *« l'activité de charcuterie industrielle démarre au début des années 50, avec Jacques Chartier, gendre de Pierre Fleury »*. Il sera secondé par Roger Colin, qui rejoint l'entreprise en 1960. C'est sous son impulsion, semble-t-il, que les premières gammes de charcuterie arrivent en libre-service en 1964.

Dix ans plus tard, l'entreprise se diversifie en commercialisant des plats cuisinés frais en grandes surfaces. En 1980, Yves Gonnord succède à son beau-père Pierre Fleury. Diplômé de l'École vétérinaire de Toulouse, il ouvre le premier laboratoire d'analyse bactériologique et chimique de l'entreprise. Sous sa houlette, l'entreprise va prendre deux axes, la montée en gamme (un partenariat est signé avec le chef étoilé Joël Robuchon en 1987) et le frais.

Ainsi, la société va-t-elle s'intéresser, en 1990, à ce tout nouveau produit venu du Japon, le *surimi* (*voir encadré*). En 1992, *Fleury Michon* reprend *Olida*, un leader de la charcuterie et de la salaison, mais cède l'année suivante son activité *sèche* (saucissons et salaisons sèches).

À partir de 1998, *Fleury Michon* s'ouvre à l'international. Cela commence par une association avec la société italienne de commerce de porcs *Fratelli Beretta* (*Beretta Frères*). Mais cela demande des capitaux: *Fleury Michon* s'introduit en bourse en 2000. Deux ans plus tard, l'entreprise vendéenne crée une filiale commune avec un autre partenaire transalpin, *Piatti Freschi Italia* (*Plats Frais Italie*). En 2004, elle enchaîne avec le rachat de l'activité plateaux-repas livrés en entreprises de *Fauchon*. L'année suivante, elle fonde une co-entreprise avec le spécialiste espagnol de produits carnés *Martinez Loriente*. En 2006, elle fait l'acquisition d'une société canadienne, *Delta Dailly Food Canada*. D'autres suivront. En 2008, Grégoire Gonnord succède à son père à la tête de cette entreprise familiale[104, w].

Le *surimi*, littéralement *poisson haché*, aurait été inventé par des femmes de pêcheurs japonais au XVIIe siècle. À l'époque, on l'appelait *kamaboco, chair de poisson*, qu'elles conservaient dans le sel.
Dans les années 70, le Japon est confronté à une pénurie de crabe. Certains cuisiniers nippons vont alors se rappeler le principe du *kamaboko*. Ils vont prendre de la chair de poisson blanc, la parfumer au crabe, en faire des bâtonnets et en colorer l'extérieur couleur corail pour que cela ressemble à des pattes de crabe royal. Très honnêtement, ils appellent cela *Kani-Kamaboko, chair de poisson au crabe*. La réaction du public est plus que positive: c'est bon et surtout c'est pratique. L'exportation ne va pas tarder à suivre: les premiers bâtonnets de *surimi* (un nom plus facile à prononcer à l'international) vont arriver en France en 1985[w].

Florette (1983)

En 1983, un maraîcher du village de Geffosses, dans la Manche, Émile Ryckeboer, crée la *Sarl Ryckboer*, dans le but de commercialiser des légumes frais prêts à l'emploi. Sa démarche suscite bientôt l'intérêt d'une coopérative agricole locale, la *Casam* (*Coopérative d'approvisionnement et de services des agriculteurs de la Manche*), qui deviendra plus tard *Agrial* (***Agriculture-Alimentation***?), qui rachète l'entreprise et en profite pour la rebaptiser *Soleco* (*Société Légumière du Cotentin*). En 1987, la marque *Florette* est créée. Un nom qui évoque la flore avec un diminutif inspirant la sympathie mais qui surtout surfe sur la notoriété du film de Claude Berri, Jean de Florette (plus de 7 millions d'entrées rien qu'en France!), sorti l'année précédente!
1993 est l'année de l'expansion, d'une part au niveau de la production, avec l'ouverture d'un deuxième site, à l'Isle-sur-la-Sorgue, en Provence, d'autre part au niveau international, en prenant pied sur les marchés anglais et néerlandais. En 1999, *Florette* installe une usine au Royaume-Uni.

En juillet 2001, le Groupe *Florette* acquiert le n° 1 espagnol des légumes frais prêts à l'emploi, *Vega Mayor*, présent sur les marchés espagnol et portugais depuis 1989.

Après *Florette Ibérica*, *Florette Italia* démarre en 2005. En 2007, *Florette* s'implante en Suisse en rachetant la société *Müller*. L'année suivante, la firme française rachète l'Espagnol *Tallo Verde*. En 2008, *Florette* se rapproche de **Créaline,** producteur de purées et soupes au rayon frais.

Les rachats se poursuivent: *Salad's to go* au Royaume-Uni en 2009, de *5e Saison, Crudi et Sogesol* en France en 2011

Aujourd'hui, *Florette* commercialise 50 millions de sachets de salades, ce qui représente 50 000 tonnes de salades récoltées par an[50].

Florida (2018)

Depuis peu, un nouveau marché se développe, celui des *hard seltzers*. Il s'agit de sodas faiblement alcoolisés, sans sucre, aux fruits et/ou aux plantes aromatiques. Cette boisson s'adresse particulièrement aux jeunes, comme une alternative fruitée à la bière. L'un des tout premiers *hard seltzers* est *Florida*, made in USA. Ce nom vient du fait qu'il a été créé par la *Three Sisters Brewery* (*brasserie des 3 sœurs*), à St Petersburg… en Floride.

Fol Épi (1989)

Fol Épi est une marque commerciale de fromage à pâte pressée non cuite fait à base de lait de vache pasteurisé. Il est fabriqué en Mayenne. Sa croûte grillée (le fromage à la coupe ressemble à une miche de pain) contient du caramel et de l'*annato* (E150 et E160b respectivement), des colorants naturels. *Fol Épi* est un fromage **Bongrain.** De bon grain à fol épi, on voit le lien, même s'il n'a aucun rapport avec la boulangerie.

Force 4 (1981)

Panaché de la marque **Kronenbourg.** Pas d'explications sur le nom, si ce n'est que cette boisson se veut une vague de fraîcheur (les premières pubs mettaient en scène un surfeur). Un vent de force 4 (4 beauforts) correspond à une jolie brise. Rappelons toutefois aux publicitaires que les surfeurs sont moins intéressés par le vent que par la houle…

Four Roses (1910)

Cette distillerie de bourbon (voir l'encadré de **Jim Beam)** a été fondée à Lawrenceburg, dans le Kentucky par un certain Paul Jones Jr. La légende raconte qu'une jeune fille dont il était amoureux portait un corsage avec quatre roses brodées…

Dans les années 40, la distillerie sera rachetée par l'Américain **Seagram,** qui le revendra en 2002 à la brasserie japonaise **Kirin**[105]**.**

Fraise Tagada (1969)

Cette petite boule de guimauve en forme de fraise au merveilleux goût de fraise aussi chimique qu'inimitable a été lancée par **Haribo.**

Le nom aurait été proposé par le directeur commercial de l'époque, de nationalité allemande comme *Haribo*, après avoir entendu dans un cabaret français l'expression « *tagada tsoin-tsoin* ». Adopté.

Francine (1965)

En 1965, huit meuniers créent *France Farine* afin de fabriquer et de distribuer nationalement des farines en sachets sous la marque *Francine*, un mix des deux mots.

Franprix (1958)

Certains capitaines d'industrie traversent l'histoire économique avec plus de discrétion que d'autres. Qui connaît Jean Baud, qui s'est éteint en 2012, à l'âge de 92 ans? C'est pourtant le fondateur des enseignes *Franprix* et **Leader Price.** Né en 1919 dans l'arrière-boutique de l'épicerie de Choisy-le-Roi (Val de Marne) que tenait sa mère pendant que son père faisait les marchés, Jean Baud va créer avec ses deux frères au lendemain de la Seconde Guerre Mondiale, une entreprise de grossiste en produits alimentaires. Parallèlement, ils mettent sur pied un réseau de petites épiceries – la chaîne *Baud*.

En 1960, le premier *Franprix* (c'est-à-dire *prix franc, juste, honnête*) voit le jour. Un démarrage difficile mais qui finit par connaître le succès au travers d'une structure de franchises. Contrairement à Monoprix, l'un de ses concurrents désignés, qui s'implante dans les beaux quartiers, *Franprix* s'installe dans les quartiers à revenu intermédiaire, voire modeste, essentiellement dans la région parisienne.

En 1989, Jean Baud se lancera dans le hard discount en inaugurant son premier *Leader Price*. Nouveau succès, plus rapide cette fois.

Évidemment, cette belle réussite attire les convoitises. En 1997, le groupe **Casino** rachète les 416 magasins *Franprix* et les 241 établissements *Leader Price* pour quelque 2,8 milliards de francs (environ 430 millions d'euros). À l'origine, les Baud continuent à gérer les entreprises, Jean, le père, à la tête de *Franprix*, Robert, le fils, chez *Leader Price*. Cela ne durera pas. Jean-Charles Naouri, le patron de *Casino*, se séparera des Baud dix ans plus tard. Non sans recours aux tribunaux[106]...

Beaucoup de *Franprix* étaient franchisés. Comme parallèlement, ils étaient en situation de monopole, dans beaucoup de cas, la situation s'est dégradée avec le temps – manque de propreté, vétusté, qualité de l'accueil inexistante, cherté des produits, faible variété de l'offre... *Casino* a progressivement racheté les différentes échoppes pour les redynamiser, d'autant plus qu'entre-temps, la concurrence s'était installée. En 2014, pour unifier le réseau, apparaît le logo de la petite mandarine à côté du nom.

Freedent (1975)

Le nom de ce chewing-gum, lancé par la firme **Wrigley's,** est un raccourci de *free dental care, soins dentaires gratuits*. Car, comme l'explique son slogan, il ne colle pas aux appareils dentaires !

Il arrive en France en 1987 avec les premiers dentifrices sans sucres. Dès lors, *Freedent* devient alors une sorte de palliatif à la brosse à dents en les débarrassant des plus grosses impuretés (les restaurants japonais offrent ainsi un chewing-gum avec l'addition). La marque est d'ailleurs partenaire depuis 1989 de l'union Française pour la Santé buccodentaire.

Freixenet (1881)

À la fin du XIXe siècle, la région de Champagne est victime du phylloxéra, ce puceron qui attaque les pieds de vigne. Face à la pénurie de champagne, très apprécié par les grandes familles espagnoles, les vignerons catalans décident de créer leurs propres vins effervescents. L'équivalent catalan de Reims s'appelle Sant Sadurní d'Anoia, à 50 km de Barcelone. Là-bas le mousseux s'appelle *cava.*

Parmi les nombreuses maisons de cavas présentes dans cette bourgade, *Freixenet* deviendra le 1er groupe mondial de vin effervescent[50]. Et la troisième marque commercialisée en France, avec 7,6 millions de cols (2019) derrière **Charles Volner** et **Muscador** et le premier élaboré selon la méthode traditionnelle. Il faut dire que sa bouteille noir mat la distingue des autres sur une gondole de supermarché. Le nom *Freixenet* (prononcez *Fraiche-nett*) vient de *Freixeneda,* la Frêneraie en catalan, le nom de la propriété, bordée de frênes.

Frial (1994)

Huile spéciale friture créée par **Lesieur** garantie sans huile de palme.

Friskies (1930 ou 1934, 1958)

Nourriture pour animaux créée par la société américaine de produits alimentaires *Carnation* (*voir* ***Gloria)*** d'abord pour chiens, dans les années 30 puis pour chats au lendemain de la Seconde Guerre Mondiale. À la recherche de diversification, **Nestlé** rachète cette marque en 1985, et en fera une filiale, *Friskies Petcare Company, la Compagnie de soins des animaux domestiques Friskies,* dérivé de *frisky, joyeux,vifs* en anglais. En 2001, *Nestlé* rachètera la société américaine de nourriture pour animaux *Ralston Purina* pour 10,3 milliards de dollars et la fusionne avec sa filiale *Friskies Petcare.* La nouvelle entité s'appelle *Nestlé Purina Petcare.*

Frolic (1981 ?)

Croquettes pour chiens de la société **Mars.** *Frolic* veut dire *espiègle* en anglais.

Frosties (1952, 1990)

Appelées aux États-Unis *Frosted Flakes* (*pétales givrés :* ils sont glacés au sucre) et raccourcis en *Frosties* en Europe, ces céréales fabriquées par **Kellogg's** pour le petit-déjeuner ne sont arrivées en France qu'en 1990.

Depuis la fin de la Seconde Guerre Mondiale, *Kellogg's* associe une caricature d'animal par produit. Pour *Frosties*, c'est le tigre, dont le plus grand spécimen est le Tigre de Sibérie, pays glacé s'il en est...

Fruit d'Or (1972)

Première margarine en barquette, créée par *Astra-Calvé*, filiale d'*Unilever*. Composée d'un mélange de graines riches en tournesol et d'huiles végétales non hydrogénées, elle détient 30 % du marché des corps gras solides (en valeur).

Le nom vient du tournesol, plante qui, comme son nom l'indique, tourne avec le soleil, l'astre d'or par excellence..

Frulos (1985, 2015)

Yaourt aromatisé de *Yoplait* destiné aux enfants et enrichi en calcium et en vitamine D, bonne pour les os. À l'origine, ces yaourts s'appelaient *Frutos*, sorte d'argot enfantin pour fruit.

Et puis, à l'été 2014, très discrètement, le *t* a perdu sa barre horizontale et ces petits pots s'appellent désormais Frulos.

Yoplait a-t-il souhaité éloigner le nom de ses yaourts du terme *fructose* ?

C'est possible car ce sucre présent dans le miel et les fruits peut poser problème en cas de consommation importante. Ainsi, quand il est mélangé au glucose (comme dans le sirop de maïs), il peut avoir un caractère actif.

Fuze Tea (2000)

La firme *Fuze Beverages* a été fondée aux États-Unis par Lance Collins, un homme très engagé pour la conception de produits durables et bons pour l'homme. Dans ces thés (il y en a toute une gamme), on trouve des vitamines, des acides aminés, des herbes et du fructose en lieu et place du glucose, tous ingrédients censés améliorer la santé. La société a été rachetée par **Coca-Cola** en 2007. *Fuze* en anglais signifie *fusée, mise à feu*.

G

G20 (1975)

Cette enseigne a été créée par la réunion – le **G**roupement – de 20 supermarchés indépendants, qui se sont choisis comme centrale d'achat la *Diapar* (*Distribution Alimentaire Parisienne*), fondée, elle, en 1974 par la réunion de deux grossistes, les établissements *Bise* et *Laproste*. *G20* compte aujourd'hui 170 magasins, en Ile-de-France, bien sûr, berceau du groupe, mais également dans l'Ouest. La *Diapar* est l'un des 13 distributeurs affiliés à la *Francap*, un groupement de PME régionales spécialisées dans le développement de magasins alimentaires de proximité, qui compte d'autres enseignes de supermarchés comme **Coccinelle, Colruyt**.

Galak (1967)

Chocolat blanc commercialisé, essentiellement sous forme de tablettes, par Nestlé. *Gala, galaktos* signifie *lait* en grec (*cf. galaxie*, à rapprocher de la *voie lactée*).

Galbani (1882)

Laiterie italienne fondée par David Galbani et son fils Egidio à Ballabio, près du lac de Côme. Très vite Egidio se découvre une passion pour le fromage. Le public apprécie ses produits, localement mais également à l'étranger notamment aux expositions universelles de Bruxelles (1897) et Paris (1900) où ses fromages sont récompensés.

En 1906, *Galbani* lance son fromage phare, le *Bel Paese* (*beau pays*). En 1911, l'entreprise descend de ses montagnes pour se rapprocher du consommateur et s'installe à Melzo, près de Milan.

Galbani va passer la Première Guerre Mondiale sans encombres car l'entreprise fournit l'armée et les hôpitaux en fromages. En 1920, elle devient la société anonyme *Edigio Galbani.*

Edigio se retire pour raison de santé en 1926. Les cofondateurs poursuivent le développement. Avec succès puisqu'en 1934, *Galbani* emploie plus de mille salariés et poursuit son expansion internationale avec 4 filiales et 108 sièges de représentation, jusqu'en Argentine.

En 1936, *Galbani* se diversifie dans la viande en rachetant la charcuterie de Melzo.

Pour la seconde fois, *Galbani* va traverser la guerre sans trop d'encombres : il fallait bien continuer à nourrir les populations.

En 1956, est lancée la mozzarella *Santa Lucia*, un nom sans doute inspirée par la chanson populaire éponyme, composée en 1849 à Naples, première chanson à avoir été traduite du napolitain en italien. Dans les années 80, la riche famille Agnelli, propriétaire de **Fiat** et de **Ferrari** (ainsi que du club de foot turinois la *Juventus*), jette son dévolu sur *Galbani* et la rachète pour 2 200 milliards de lires (environ 2 milliards d'euros d'aujourd'hui). En fait, la famille n'agit pas pour son compte mais comme chevalier blanc de *BSN* (futur **Danone),** qui rachètera l'entreprise très progressivement: entrée en 1987 dans le capital, elle n'en prend le contrôle que trois ans plus tard et acquerra la dernière tranche de 5 % en 2001. Pourtant, dès l'année suivante, *Danone* va céder *Galbani* au fonds d'investissement européen *BC Partners* (*ex-Baring Capital Investors*) pour environ un milliard d'euros. Motif: malgré sa croissance, *Galbani* progresse moins vite que le reste de *Danone*.

BC Partners revendra le leader du fromage italien à **Lactalis** en 2006. Le montant de la transaction n'a pas été révélé, mais sur son site le fonds valorisait alors Galbani à 1,1 milliard d'euros.

Cette acquisition va favoriser la pénétration de *Galbani* en France, même si la marque reste encore connue avant tout pour sa mozzarella[w].

La véritable mozzarella est la *mozzarella di Bufala Campana*, fabriquée exclusivement avec du lait de la bufflonne (femelle du buffle) dans la région de Campanie. Celles fabriquées avec du lait de vache ne portent d'ailleurs pas le nom de mozzarella en Italie et s'appellent *fior di latte* (*fleur de lait*) ou *bocconcini* (*petits morceaux*).

Gallia (années 60)

Gallia, ou plutôt le *Laboratoire Gallia*, comme se nomme la société, est en réalité une marque de *laits de suite* et d'aliments lactés pour bébé, dépendant de **Blédina,** aujourd'hui propriété de **Danone.** *Gallia* est un combiné du grec *gala*, *le lait*, et du latin Gaule. Il s'agit donc d'un lait français, Monsieur!

Garbit (1958)

Jean-Pierre Garbit crée à Marseille la société *Garbit, Conza & Cie*, spécialisée dans l'importation et le négoce alimentaire de blé, d'épices et de conserves. Très vite, la société va proposer des ensembles d'ingrédients pour la préparation de plats précis (coucous, paella, pizzas) ... En 1962, l'arrivée massive des Pieds Noirs va inciter Jean Garbit à proposer le premier couscous en boîte. Cinq ans plus tard, en dépit de la concurrence de **Saupiquet** et de **Buitoni,** *Garbit* est leader du marché des plats prêts à cuisiner avec 55 % du marché.

Lesieur rachète la marque en 1967. Trois ans plus tard, la société est fusionnée avec la société *Bretagne-Provence* pour former la *Sapal* (*Société anonyme de Produits Alimentaires*). En 1973, la *Sapal* est cédée à **Panzani,** qui vient d'être racheté par **Danone.** En 1994, ce dernier fusionne ses activités non laitières avec celles non sucrières de **Saint-Louis** au sein de la co-entreprise *Penzalim*, qui réunit des marques comme **William Saurin, Marie, Petitjean…** qui finalement tomberont dans l'escarcelle du groupe *Financière Turenne Lafayette*, à l'exception de *Panzani* (*voir William Saurin*) [so, w]. Cette société sera démantelée en 2017 (*voir encadré*). *Garbit*, avec d'autres marques comme *William Saurin*, est racheté par un binôme, *Cofigéo* (*voir William Saurin*) et *Arterris*, une coopérative agricole du sud-ouest, basée à Castelnaudary.

En 1966 Monique Piffaut, après avoir travaillé pour le comptable de Bernard Tapie à l'époque où ce dernier était repreneur d'entreprises en difficulté, fonde le Comptoir Commercial Alimentaire. Le CCA est par la suite intégré dans une holding, la Financière Turenne Lafayette (FTL). Cette forte personnalité, rare femme dans le monde masculin de l'agro-alimentaire, en prendra la direction. Sous sa houlette, FTL va racheter à tour de bras des entreprises du secteur au point de constituer, au moment de son décès en 2016, un groupe réalisant un milliard d'euros de chiffre d'affaires. Éric Le Gouvello, spécialiste du management de transition, est nommé directeur général. Et là surprise : il découvre qu'il y a eu des transactions frauduleuses, beaucoup de transactions frauduleuses : elles portent sur quelque 300 millions d'euros ! Pas d'autre solution que de démanteler FTL, en vendant les différentes sociétés constitutives : la *Cooperl* rachète **Madrange** et *Paul Prédault* et *Cofigéo* acquiert **William Saurin, Marie, Garbit…**

Gaston de Lagrange
Voir ***Otard.***

Gauloises (1910)
En 1876, apparaissent sur le marché français de cigarettes appelées *Hongroises*, à base de tabac venant de Turquie et de Syrie, sans doute une allusion au fait que le royaume de Hongrie a été colonisé par l'Empire Ottoman (1541-1699). Il n'était, en effet, pas question d'appeler ces cigarettes les Turques, ce peuple ayant à l'époque une image en France de barbares et de sanguinaires : dans les baraques foraines, il y avait des stands où l'on jetait des sortes des projectiles sur une cible en forme de… tête de Turc, réputée très dure, d'où l'expression.
Mais évidemment les Hongrois appréciaient très peu la marque de ces cigarettes qui leur rappelaient une période de leur histoire qu'ils cherchaient avant tout à occulter. Alors, en 1910, la *Régie Française des Tabacs* a réfléchi à un autre nom : les *Françaises ?* Pas question,

compte tenu des associations féministes qui ont vu le jour depuis le début de la Troisième République (1870) et qui sont en ce début de XXe siècle très actives. Ce sera donc les *Gauloises.* Qui sortiront en même temps que les **Gitanes.**

Les *Gauloises* sont proposées à l'origine en deux qualités, *Caporal ordinaire* et *Maryland* (un État américain producteur de tabac). Ce n'est qu'en 1936 que le paquet deviendra bleu, ce qu'il est toujours. Auparavant, le paquet était réalisé dans une sorte de papier kraft.

En 1999, *Gauloises* devient la propriété d'*Altadis*, après la fusion de la *Seita* (*Société D'Exploitation Industrielle des Tabacs et Allumettes*) avec l'Espagnol *Tabacalera*. En 2008, *Altadis* est racheté par le britannique *Imperial Tobacco*. En 2014, l'usine de Carquefou en Loire Atlantique, qui produisait les *Gauloises*, est fermée et la production délocalisée en Pologne[107, w].

Si la marque de cigarettes *Françaises* n'a pas pu voir le jour au début du XXe siècle (*voir ci-dessus*), elle finira par exister un demi-siècle plus tard, mais sans *s*: la *Française* est unique, par essence...

La Française était à l'instar des *Gauloises* et des *Gitanes*, une cigarette de tabac brun, de type *caporal* (ainsi appelé pendant la Première Guerre Mondiale parce que la qualité était meilleure que celle du tabac dit *de troupe*). Mais, dans les années 196-70, certains commençaient à entrevoir les méfaits du tabac. Alors pour ne pas freiner la consommation (les hommes fumaient en moyenne un paquet par jour), la *Seita* proposa cette cigarette à bout filtre, élaborée avec un tabac moins fort, « *une brune légère pour vivre intensément* » disait la pub, et un format *king size* pour faire haut de gamme. Elle ne trouvera jamais son public.

Géant (Casino) (1970)
(*voir* ***Casino***)

Géant Vert (1903)

Au début du siècle dernier, une petite conserverie de légumes voit le jour à Le Sueur – une ville du Minnesota, comme son nom ne l'indique pas – la *Minnesota Valley Canning Company* (*Conserverie de la Vallée du Minnesota*, qui est également le nom de la rivière qui traverse Le Sueur).

En 1925, la société, qui jusque-là produisait essentiellement des produits à base de maïs. Mais elle cultivait également d'autres légumes dont des petits pois. Or ces petits pois sont nettement plus gros que la moyenne. Décision est donc prise d'en commercialiser des boîtes sous le nom de *Green Giant, Géant Vert.* Devant le succès de ces petits pois, en 1928, est créée une mascotte, verte bien sûr, mais ressemblant à l'origine plutôt à un homme des cavernes râblé et renfrogné. Guère engageant. La société fait alors appel en 1936 au publicitaire de génie Leo Burnett (son agence est aujourd'hui une filiale de *Publicis*), qui redresse le personnage, remplace sa peau de bête par une tunique de feuilles, lui accroche un sourire et lui fait prononcer (dans les publicités à la radio) l'onomatopée du Père Noël, le fameux « *ho-ho-ho* ». C'est le succès.

En 1950, la société pend le nom de *Green Giant Company*. Le *Géant Vert* arrive en France au début des années 60. Avec un produit unique, du maïs doux, en boîte. En 1980, d'autres qualités de maïs seront proposées. Mais ce n'est qu'en 1990, que la firme s'aventure vers d'autres légumes : asperges vertes, cœurs de palmier, poivrons doux, ultérieurement cours d'artichauts[108]... Depuis 2015, *Géant Vert* est la propriété de la firme américaine de produits alimentaires *B & G Foods*.

Quant aux petits pois, ils ne sont jamais arrivés en France !

George Kilian's (1864 ou 1870, 1975)

George Henry Lett, fondateur de la Brasserie Lett à Enniscorthy, dans le centre ouest de l'Irlande, élabore en 1864 une recette de bière rousse, la *Enniscorthy Ruby Ale* (*bière rubis*). Elle sera produite jusqu'en 1956, date de la fermeture de la brasserie.

À la brasserie **Pelforth,** à Mons-en-Barœul, il semble[109] que l'on cherchait également à cette époque à produire une bière rousse. Jean Deflandre, qui avait déjà élaboré la *Pelforth* brune, aurait eu l'idée d'interrompre le processus de fabrication en cours et aurait ainsi élaboré une bière ambrée, qu'il aurait initialement appelée *Indian Pale Ale*, en référence à un style de bière à fermentation haute d'origine anglaise, destinée au XVIIIe siècle aux troupes coloniales britanniques stationnées en Inde. Cette bière contenait plus d'alcool et de houblon que les autres bières de type ale (blonde de fermentation haute), pour lui permettre de se conserver durant le long voyage.

Mais chez *Pelforth*, on trouvait que cette bière avait plutôt un goût de bière rousse irlandaise. Alors, en 1972, les brasseurs nordistes sont partis arpenter l'Irlande et auraient rencontré George Killian Lett, le petit-fils du créateur de l'*Enniscorthy Ruby Ale*. Ils lui auraient fait goûter leur rousse à eux. Et George Killian aurait trouvé qu'elle ressemblait à celle que la brasserie de son grand-père et de son père produisait. Comme cette bière n'était plus produite depuis plus de quinze ans, il a accepté de leur vendre la recette et de donner son nom (en réalité ses deux prénoms).

Depuis la bière George Kilian est fabriquée chez *Pelforth* à Mons-en-Barœul. La brasserie changera de nombreuses fois de mains dans les années qui suivent avant d'être rachetées par **Heineken.** En 1990, le groupe vendra les droits de

George Kilian's à l'Américain *Coors* pour les États-Unis. Aujourd'hui, la bière est aussi produite dans une usine *Heineken* à Marseille[w].

Gerblé (1928)

En 1928, à Tassin-la-Demi-Lune dans la banlieue de Lyon, naissent les *Établissements Gerblé*, dont on ne sait pas grand-chose, si ce n'est que leurs fondateurs voulaient commercialiser des denrées alimentaires à base de **ger**me de **blé** (d'où le nom) en raison de ses qualités nutritionnelles. En 1972, l'entreprise est rachetée par Alain Châtillon, sénateur-maire de Revel, dans la Haute-Garonne, qui fonde sa propre structure, *Diététique & Santé* (*D & S*). En 1991, *D & S* (marques *Gerblé* et *Milical*) fusionne avec *Céréal Wander Nutrition*, une firme créée en 1934 et propriétaire des marques **Céréal** et **Isostar.** La nouvelle entité s'appelle *Nutrition & Santé* (*N & S*). *Céréal* va disparaître en France (et en Espagne) au profit de *Gerblé*, mais perdure en Italie, en Belgique et aux Pays Bas.

Elle acquiert en 1993 la société *Soy*, spécialisée dans le soja (*soy* en anglais). L'année suivante, la marque **Gerlinéa** est lancée en grandes surfaces.

En 2006, la société est rachetée par les fonds d'investissement français *Abenex* (*ex-ABN Amro France*) et *L Capital* (Groupe *LVMH)*, qui la revendent en 2009 au 3e groupe pharmaceutique japonais, *Otsuka Pharmaceutical*, qui commercialisera la marque *Gerblé* au Japon deux ans plus tard.

Gerlinéa (1994)

Ayant appris que le concurrent américain *Slim Fast*, qui réalisait jusqu'alors la totalité de ses ventes en pharmacie, s'apprêtait à commercialiser ses produits en grandes surfaces, **Gerblé** a réagi aussitôt pour créer une marque concurrente, plus jeune que *Gerblé*, moins chère que *Slimfast* et française : *Gerlinéa*, vraisemblablement formée des mots *Gerblé* et *linéaire* (de supermarché). Sans pub télé (la PME française ne pouvait pas se le permettre), *Gerlinéa* va s'imposer. *Slimfast* sera racheté par *Unilever* qui finalement jettera le gant. L'auteur de cette opération commando (création de la marque, de la gamme et mise en place dans les linéaires en quelques mois), s'appelle Luc Le Blanc, à l'époque chef de projet chez *Gerblé*[110].

Gervais (1852)

Entreprise laitière fondée par Charles Gervais, qui n'était ni un *maître gourmand* comme l'ont dépeint certaines pubs ni un agriculteur, mais un ambitieux homme d'affaires parisien. Charles Gervais s'appelle en réalité Louis. Il ne prendra celui de Charles que beaucoup plus tard. Il est né en 1830 à Fontainebleau dans une famille de vignerons (à cette époque la viticulture est largement pratiquée dans la région). Après sa scolarité, il est placé comme commis chez un notaire parisien (c'est peut-être là qu'il a pris le nom de Charles, sans doute parce qu'il y avait un Louis plus âgé dans la place). Quelques années plus tard, il travaille aux Halles de Paris. C'est là qu'il découvre le monde des affaires. C'est vraisemblablement là aussi qu'il rencontre Julie Hérould (ou Héroux), fermière à Villers-sur-Auchy, dans l'Oise à la limite de la Seine-Maritime, plus précisément dans le Pays de Bray). Celle-ci fabrique des *bondons*, des fromages frais au lait de vache à pâte molle et en forme de petits cylindres verticaux. Petite touche personnelle, Julie Hérould enrichissait le caillé de crème (*voir encadré*).

Les fromages de Mme Hérould sont délicieux mais fragiles. Il est difficile à l'époque d'en transporter beaucoup sans risquer de perdre une bonne partie de la marchandise. Charles Gervais n'a que 20 ans, mais il est ambitieux. Il propose à Julie Hérould une association : elle produit, lui transporte et commercialise.

Le projet va être rondement mis en œuvre. Au point qu'il faut déjà s'agrandir. Charles Gervais et Julie Hérould (on ne sait rien du mari de cette dernière, Alexandre, qui vivait avec elle à Villers) s'installent en 1852 à la ferme du Manais à Ferrières-en-Bray, à tout juste 5 kilomètres à l'ouest de Villers mais déjà en Seine-Maritime. Profitant de la construction de la ligne de chemin de fer Paris-Beauvais, Charles Gervais met en place un système de voitures rapides tirées par quatre chevaux entre Ferrières et Beauvais, distant de 30 km. À peine débarqués du train, à la Gare Saint-Lazare, les fromages rebaptisés *Petits-Suisses* (*voir encadré*) sont chargés à bord de voitures à cheval et livrés dans tout Paris. Le tout en quelques heures.

Le succès est au rendez-vous. Dès 1861, l'usine de Ferrières produit 10000 fromages par jour. Les locaux deviennent rapidement trop exigus et, en 1869, Gervais acquiert une ferme, la ferme de l'Estre, dans la localité voisine de Gournay, près de la gare de Ferrières sur la toute nouvelle ligne Paris — Dieppe. À Paris, il installe un atelier de préparation des fromages, rue du Pont-Neuf. Tout s'accélère. Charles Gervais absorbe la ferme Hérould, annihile la concurrence des **Maggi,** *Ancel*, *Fermiers Réunis* ou *Pommel* grâce à une organisation commerciale sans faille et une rigueur en matière d'hygiène. Dans ce domaine, Charles innove. Il utilise la nouvelle technique de réfrigération pour s'assurer de la fraîcheur de ses produits.

Il s'occupe même de la santé des vaches qui produisent le lait. Selon les textes officiels de l'époque, « *les vaches de Gervais sont soignées suivant des procédés scientifiques.* » Leur alimentation est surveillée, les éleveurs sont liés par contrat (y compris sur les soins aux animaux).Les pots sont fournis par la maison *Gervais*, les bouteilles de lait en verre ou en porcelaine sont cachetées au plomb, les fromages frais sont réalisés de nuit aux Halles de Paris pour être vendus dès le lendemain...

En 1872, *Gervais* crée le demi-sel qui devint par la suite le carré double-crème.

En 1873, la ferme de l'Estre devient une véritable fromagerie industrielle.

Charles installe par ailleurs à Clermont (Oise) une usine de fabrication d'emballages.

À sa mort en 1893, ses deux fils, Jules (qui prendra lui aussi le nom de Charles) et Paul, lui succèdent et transforment l'entreprise paternelle en société anonyme, les *Fromageries Charles Gervais.*

Dans les années 20, ils se diversifient dans les glaces: bientôt, l'**Esquimau** *Gervais* va devenir aussi célèbre que le *petit-suisse* ou le *carré.*

En 1967, *Gervais* fusionne avec **Danone** pour donner *Gervais Danone.* Mais très vite *Danone* prend le dessus, la marque devient *Danone* et *Gervais* est aujourd'hui réduit à être une simple marque de yaourt comme **Danette, Taillefine** ou **Activia...** [111, w]

Pourquoi appelle-t-on ces petits fromages frais, cylindriques entourés d'une bande de papier paraffiné des petits-suisses?

Ces petits fromages, des *bondons,* ont été conçus par un certain Étienne Pommel à Gournay-en-Bray, en Seine-Maritime. Étienne Pommel leur rajoutait de la crème et les entourait de papier joseph, un papier conçu par Joseph Montgolfier, patron de la papeterie éponyme (qui s'appellera plus tard *Canson*), qui permettait aux fromages de s'égoutter.

En 1850, Julie Hérould fabrique dans sa ferme des *bondons.* Un de ses vachers, venu du canton de Vaud, en Suisse, lui conseille de rajouter de la crème. A-t-il eu vent de la recette de Pommel ou l'a-t-il réinventée, on ne le sait pas.

À un mandataire des Halles de Paris qui trouvait ses fromages délicieux, Julie Hérould lui raconte son histoire. Pour se démarquer de la concurrence, un nom lui vient: *petit suisse*[w].

Gervita (1963)

Gervita est un fromage blanc nappé de crème fouettée conçu par **Gervais** quatre ans avant la fusion de ce dernier avec **Danone.** Pendant plus de quinze ans, *Gervita* a été commercialisé sous la marque *Gervais*, puis l'a été sous celle de *Danone* (d'abord écrit à la façon du logo *Gervais*), *Gervais* n'étant plus aujourd'hui qu'une marque parmi d'autres de *Danone.*

G.H. Mumm (1827)

En 1761, un certain Peter Arnold Mumm possède une maison de change et de commerce de vin à Cologne, en Allemagne. En 1772, il se marie à Elisabeth Ziegler de Francfort-sur-le-Main, ce qui lui permet de devenir citoyen de cette ville impériale. Il s'y installe et va faire fortune en commercialisant d'excellents vins du domaine de Johannisberg, tout proche de Francfort. Ce domaine, uniquement planté en cépage riesling, remonte à Charlemagne. Il est aujourd'hui détenu par la famille Oetker (*voir* ***Dr Oetker***).

Ses trois fils Jacob, Gottlieb et Philipp, ont pris goût à la liberté qui régnait à Francfort entre 1806 et 1815, quand elle était capitale dans la Confédération du Rhin, sous protectorat français. Si bien que quand cette dernière, en 1815, intègre la Confédération Germanique, et même si Francfort reste une ville libre, ils préfèrent gagner la France, dans la région de Champagne, une autre région viticole déjà en activité sous Charlemagne. Ils s'installent à Reims comme négociants en vins. Là, ils rencontrent deux hommes d'affaires allemands, G. Heuser et Friedrich Giesler. Ensemble, en 1827, ils décident de se lancer dans la production de Champagne et ils fondent à cette fin la maison *P. A. Mumm Giesler*; *P. A.* en l'honneur de Peter Arnold, le premier de cette dynastie vinicole naissante.

En 1852, Georges Hermann Mumm, le petit-fils de Peter Arnold devient le patron de la maison et lui donne son nom, *G.H. Mumm*. En 1876, il fait enregistrer la dénomination *Cordon Rouge*. Sur la bouteille, ce ruban rouge qui traverse l'étiquette comme une écharpe de maire fait référence à la Légion d'Honneur, une façon d'exprimer à la fois son attachement à la France (qui vient de perdre la guerre de 1870 contre les Allemands) et le caractère d'excellence de son champagne.

De 1879 à 1913, les ventes sont multipliées par six, pour atteindre 3 millions de bouteilles. *G.H. Mumm* est alors la première maison de champagne du monde. Et fournisseur de la couronne d'Angleterre sans discontinuer depuis 1886, c'est-à-dire depuis la reine Victoria.

En 1914, le gouvernement français confisque la propriété malgré la présence de la famille depuis près de cent ans sur le sol français. Mais elle n'en avait jamais pris la nationalité…

À l'issue de la guerre, Georges Robinet, ancien collaborateur de *G.H. Mumm*, prend les rênes de la société et préside à sa reconstruction.

Par la suite, *Mumm* changera à plusieurs reprises de mains, devenant tour à tour canadienne avec *Seagram* puis britannique avec *Allied Domecq* (deux entreprises disparues), avant de redevenir française en 2005, après son rachat par **Pernod Ricard.**

Aujourd'hui, *G.H. Mumm* est sur la 5e marque la plus vendue au monde.[so, w]

Gilbey's (1895)

À leur retour de la Guerre de Crimée (1853-1856), qui a vu la coalition réunissant l'Empire ottoman, la France, le Royaume-Uni et le Royaume de Sardaigne l'emporter sur la Russie, les deux frères Walter et Albert Gilbey, sur les conseils et avec le financement de leur frère aîné Henry, grossiste en vins, ouvrent un commerce de vins et spiritueux à Londres.

L'époque ne paraît pourtant propice à ce genre de commerce, compte tenu des très lourdes taxes fixées par le gouvernement britannique sur les importations de vins et d'alcool en provenance de France, d'Espagne et du Portugal. Les deux frères vont tourner la difficulté en important du vin d'Afrique du Sud, alors colonie britannique et donc non soumise aux taxes.

Les affaires vont marcher si bien qu'Henry revend son entreprise et les rejoint.

En 1875, les taxes à l'importation étant supprimées, les Gilbey achètent une grande propriété viticole dans le Médoc.

En 1893, la maison devient la société à responsabilité limitée *W. and A. Gilbey*. Walter en est nommé président. La même année, il est anobli par la Reine Victoria, qui le fait baronnet. Deux ans plus tard, les Gilbey distillent leur propre gin (*voir encadré* ***Gordon's***), qui devient vite célèbre.

La société restera indépendante jusqu'en 1962, époque où elle fusionne avec *United Wines Traders* (*négociants en vins unis*). La marque est aujourd'hui la propriété de **Diageo**.[112]

Gini (1971)

Deuxième soda créé par **Perrier**, près de 20 ans après **Pschitt.** En 1989, il est racheté par le groupe **Cadbury Schweppes.** Sur le plan de la publicité, *Gini* a toujours joué sur une partition érotique soft (cf. la chanson de Gainsbourg « *Gini je t'aime, Gini je t'adore* », dans les années 1980). *Gini* appartient au groupe *Orangina-Suntory*.

L'origine du nom nous est inconnue. Peut-être une déformation de *genious* (prononcez *djinieuce*), le mot américain pour *génial.* Autre hypothèse possible, quoique beaucoup plus alambiquée : Gustave Leven, alors patron de *Perrier* et grand philanthrope envers des institutions et des organismes juifs (il leur donna au cours de son existence plus de deux milliards de dollars, à condition de rester anonyme de son vivant), aurait pu vouloir rendre un hommage discret à Corrado Gini. Ce démographe, ethnologue, sociologue et économiste italien, a sauvé pendant la guerre toute une population juive de la Shoah, les Karaïmes. En 1934, le *Comité italien pour l'étude des problèmes de populations*, dirigé Corrado Gini, envoie une mission en Pologne et en Lituanie où vivent ces populations.

Au sein du comité, les discussions vont bon train pour savoir si ces populations sont juives ou non. Mais dans son rapport, Gini écrit : « *In fine, nous devons rendre une conclusion distin-*

guant nettement les Karaïmes des Juifs ». Or tous les observateurs avertis (Freund, Pourchier-Plasseraud, Szyszman...) s'accorderont à dire que cette conclusion fut rédigée dans un but de sauvetage évident[w]. Si la question n'est toujours pas tranchée philosophiquement, la plupart des 25 000 Karaïmes vivent aujourd'hui en Israël...
Gini, juste parmi les nations, juste parmi les boissons ?

Gillardeau (fin XIXe siècle)
Henri Gillardeau, s'installe à la fin du 19e siècle comme ostréiculteur à Bourcefranc-le-Chapus, un village situé en face de l'île d'Oléron, là où se trouvent les parcs à huîtres de Marennes-Oléron. Fier de ses productions, il est le premier du genre à apposer son nom sur les bourriches. Aujourd'hui Thierry et Véronique Gillardeau poursuivent la production des huîtres creuses et charnues. Qu'ont-elles de différent des autres ? Ce n'est pas le lieu de production : *Gillardeau* compte en effet quinze sites de production, en France (Bourcefranc-le-Chapus, Utah Beach en Normandie) mais aussi en Irlande, Écosse, Angleterre et au Portugal. Les *Gillardeau* ne bénéficient ni du label Marennes-Oléron, ni d'une *Indication géographique protégée (IGP)* ni du *Label Rouge, « par choix ».*
Non, ce qui fait la différence, selon le site officiel de l'Office de Tourisme de l'île d'Oléron et du bassin de Marennes, c'est le fait que neuf mois après leur naissance et un séjour sur des collecteurs dans des parcs de captage, les huîtres sont placées en poches et immergées pendant plus de trois ans dans des eaux profondes, riches en phytoplanctons. Durant ces trois ans d'élevage, les huîtres sont régulièrement nettoyées et changées de parcs pour favoriser leur développement... Au total, quelque 60 manipulations sont nécessaires.
Résultat, les contrefaçons se multiplient un peu partout, jusqu'en Chine ce qui représenterait un manque à gagner de 15 %. Pour éviter cela, la maison *Gillardeau* a investi dans des machines spéciales sur les chaînes d'emballage : chaque coquille est ainsi marquée d'un G dans un cercle, gravé au laser[113].

Gillot (1912)
Créée en 1912 par un certain M. Gillot dont on ne sait rien, cette laiterie a été rachetée par la famille Fléchard en 2006. Elle constitue la dernière PME indépendante fabricant du Camembert AOP et du Pont-l'Évêque. Son camembert AOP est élaboré au lait cru provenant uniquement de vaches normandes (tachetées noir et blanc), alors que l'AOP n'impose que 50 %.

Gitanes (1910)
Les *Gitanes* sont apparues en même temps que les **Gauloises.** Mais la Régie française des Tabacs voulait augmenter le nombre de

fumeurs parce que c'était autant de taxes recueillies pour le Trésor. À côté des *Gauloises* sont donc apparues les *Gitanes*, en trois versions. Une quatrième apparaît en 1918 : la *Gitane papier maïs*, qui sera très appréciée dans les milieux ruraux.

En 1886, la *Seita* (*Société d'Exploitation Industrielle des Tabacs et Allumettes*) tentera une nouvelle diversification avec la *Gauloise blonde*. Ce sera un échec, tant cette marque est liée au tabac brun.

Les *Gitanes* ont suivi le même parcours que les *Gauloises*[w] (*voir ce nom*).

Glann par Mor (1997)

Le *Glann par Mor* n'est pas encore un des plus célèbres whiskies au monde. Mais il est... français. La distillerie a été fondée à la toute fin du XXe siècle. Son premier *single malt* est sorti en 2004. Le premier *single malt* tourbé a suivi en 2009.

Comme son nom l'indique, *Glann par Mor* est breton. Les racines celtes sont préservées. *Glann par Mor* signifie *au bord de la mer*. La distillerie se trouve à Pleubian dans les Côtes d'Armor.

Glenfiddich (1887)

C'est le single malt le plus vendu au monde[w] (*voir* ***William Grant & Sons***). Le nom signifie *la vallée des cerfs*. Le *ch* final se prononce comme un raclement de fond de gorge... au cas où vous le commanderiez dans un pub écossais.

Glenlivet (1823)

Ce n'est pas la plus ancienne distillerie d'Écosse, mais c'est la première à avoir obtenu une licence légale ! Une loi datant de 1823 instaurait en effet une taxe en échange d'une licence officielle. Alexander Gordon, 4e duc de Gordon, député écossais de la Chambre des Lords favorisa l'adoption de cette loi. George Smith, qui était lié à Alexander par un contrat de fermage et qui, jusqu'à présent, distillait illégalement comme tous les producteurs de whisky de la région des Highlands (et plus précisément dans le Speyside, la région de la rivière Spey), est le premier à acquitter ces taxes lors de la construction d'une véritable distillerie. Dans le village de Glenlivet (du gaélique *Gleann Liobhat*, que l'on pourrait traduire par *la vallée heureuse*), cela lui vaut une franche hostilité de ses concurrents, dans le village et aux alentours.

Au point qu'Alexander Gordon lui donne deux pistolets pour se défendre. Commercialement, cette histoire est devenue aujourd'hui un slogan : « *le single malt qui a tout démarré* ».

Travaillant avec son fils John Gordon, George commence à produire un whisky de qualité, si bien que très vite il faut construire une deuxième unité, puis une nouvelle regroupant les deux premières.

George décède en 1871. Son fils prend la suite. Le whisky *Glenlivet* devient tellement célèbre que les contrefaçons se multiplient dans la région et l'une de ses premières tâches de John Gordon va être de les poursuivre en justice.

Pour un résultat plutôt mitigé : si seuls lui et son *blender* (assembleur) ont le droit d'inscrire le nom unique de *Glenlivet* sur l'étiquette, ses concurrents obtiennent l'autorisation d'ajouter au nom de leur distillerie celui de *Glenlivet* avec un trait d'union…

La distillerie sera l'une des rares à fonctionner sans interruption au cours de son existence, même pendant la Crise de 1929.

Elle ne s'arrêtera que pendant la Seconde Guerre Mondiale. Elle reprendra le conflit terminé malgré les difficultés d'approvisionnement. Difficultés au demeurant toutes relatives : le pain (élaboré alors en partie avec de l'orge) a en effet été rationné jusqu'en 1948 pour permettre aux distilleries de produire et donc d'exporter pour rapporter des devises au pays !

En 1953, *Glenlivet* fusionne avec la *Glen Grant Distillery* puis d'autres pour devenir *Glenlivet Distillers Ltd.* La société est alors rachetée par *Seagram* en 1977. Cette dernière sera démantelée et vendue par appartements en 2000.

L'ensemble des spiritueux fut acquis par deux firmes, **Diageo** et **Pernod Ricard.** Ce dernier hérita de *Glenlivet Distillers.* Il ne gardera que la marque, cédant la *Glen Grant Distillery* au groupe **Campari** en 2005[w].

Le *Glenlivet* est le *single malt* le plus vendu aux États-Unis et occupe la deuxième place au niveau mondial derrière **Glenfiddich.**

Glenmorangie (1743)

Glenmorangie dérive du gaélique *Gleann Mór Innse*, qui signifie *la vallée des grandes prairies.*

Au départ, il y avait une ferme, entourée de vastes prairies. Elle était appelée tout naturellement *Morangie.* Il paraît qu'on y distillait déjà quelque chose, depuis 1703… En 1730, la ferme est convertie en brasserie. Une source d'eau pure, toute proche, la source Tarlogie, était parfaite pour élaborer la bière. En 1843, un certain William Matteson rachète la brasserie et la transforme en distillerie, qu'il appelle *Glenmorangie.* C'est aujourd'hui le nom d'un bourg qui se trouve dans l'extrême nord de l'Écosse.

En 1918, la distillerie est rachetée par son principal client, la société *Macdonald and Muir*, d'Edimbourg.

Comme pour toutes les distilleries, la période 1920-1950 fut extrêmement difficile (*voir* ***Glenlivet***). Mais la famille Macdonald tint bon et les choses commencèrent à aller mieux, beaucoup mieux à partir des années 50. Le nombre d'alambics (les plus hauts d'Écosse : 5,14 m de hauteur) passera de deux à quatre pour répondre à la demande. En 2004, la distillerie est vendue à une co-entreprise *LVMH (Louis Vuitton –* ***Moët Hennessy***) et ***Guiness*** *Holdings France SA (groupe* ***Diageo***), *respectivement à 66 et 34 %.*

Glenmorangie est le *single malt* le plus vendu en Écosse depuis 1983. Sur les dix millions de bouteilles produites annuellement, les deux tiers sont consommés au Royaume-Uni[w].

Gloria (1923, 1929)

En 1923, une usine de traitement du lait s'installe dans les locaux de l'ancienne beurrerie *Lepelletier* à Carentan, dans le département de la Manche. Cette usine est rachetée six ans plus tard par la firme américaine *The Carnation Company*, littéralement *La Société des Œillets*, un nom choisi par le patron de l'entreprise spécialisée dans la production de lait concentré, reprenant le nom de la marque des... cigares qu'il fumait.

L'usine commence à produire du lait concentré en 1929 sous la marque *Gloria*: un nom dû à un changement de marques de cigares ou parce que *gloria* signifie en latin *gloire* mais également *renommée?*

The Carnation Company est rachetée par **Nestlé** en 1985. L'usine de Carentan est fermée en 1994. Les ouvriers sont mutés dans les usines **Mont Blanc** (racheté par *Nestlé* en 1971), à Chef-du-Pont et Bricquebec. L'usine de Bricquebec ferme à son tour en 2000. En 2003, *Mont Blanc* est racheté par le fonds d'investissement *Activa Capital* (*voir Mont Blanc*). Trois ans plus tard, *Mont Blanc* rachète *Gloria*, qui n'est plus qu'une marque de lait concentré non sucré[114].

Golden Grahams (1976)

Céréales pour le petit-déjeuner au miel et à la cassonade conçues par la firme américaine *General Mills*. En dehors des États-Unis et du Canada, celles-ci sont, comme tous les produits pour petit-déjeuner, concoctés par *General Mills*, distribuées par *Cereal Partners Worldwide*, une filiale commune avec **Nestlé**, sous l'enseigne *Nestlé*.

Le nom *Golden Grahams* (*Grahams dorés*) vient de la farine utilisée, appelée *farine Graham* aux États-Unis, une sorte de farine au blé complet mise au point dans la première moitié du XIXe siècle par le révérend Sylvester Graham, un pasteur de l'Église réformée *American Presbytarian*, pour apporter des éléments nutritifs aux plus défavorisés.

Gordon's (1769)

Le gin, un alcool de grain auquel on ajoute du genièvre (*voir encadré ci-dessous*), a été inventé au XVIIe siècle par les Hollandais, plus précisément, semble-t-il, par un certain Dr Sylvius. Hypothèse d'autant plus incertaine qu'il s'agirait d'un pseudonyme. Comme souvent, cet alcool était sensé tout guérir, des lumbagos aux calculs biliaires en passant par *« l'insupportabilité* (*sic:* le mot anglais est également un néologisme, *insufferability*) *d'être pris au piège dans son propre corps pour toujours »*. Serait-ce à dire qu'avec une bonne gorgée de gin, on s'évade? Le gin *Gordon's* a été développé par Alexander Gordon, un Londonien d'origine écossaise. Il ouvre sa première distillerie en 1769 à Southwark, un quartier de Londres situé sur la rive sud, non loin du London Bridge.

En 1786, il migre sur la rive nord, à Clerkenwell. Le succès de son breuvage doit beaucoup semble-t-il à la *Royal Navy*...

En 1898, *Gordon & Co* fusionne avec *Charles Tanqueray & Co* pour former la *Gordon Tanqueray & Co*. Toute la production est dorénavant réalisée à Goswell Road, à 500 mètres du précédent emplacement.

En 1922, *Tanqueray Gordon & Co* (les termes ont été inversés depuis la mort d'Alexander en 1899) est racheté par la *Distillers Company* (qui sera acquise par **Guiness** en 1986, *voir* ***Diageo)***.

Aujourd'hui, *Gordon's* est le gin haut de gamme le plus vendu au monde. *Tanqueray* est également une marque de gin commercialisée par *Diageo*[SO, W].

Le gin est un alcool de céréale fermentée (orge, seigle ou maïs) rectifié, c'est-à-dire qu'il est obtenu par distillation fractionnée, qui permet de mieux séparer les constituants et d'obtenir une meilleure concentration (et pureté) de l'alcool. Dans le cas du gin, cet alcool passe, à l'état encore gazeux, à travers un filtre de baies de genévrier (le mot *gin* dérive phonétiquement de *juniper berry*, *genièvre* en anglais), et autres aromates. Dans le cas du London dry Gin, l'alcool obtenu est mélangé avec de l'eau de source pour rabaisser son titrage alcoolique de 96 à 40 (voire 50) degrés, mais n'est pas vieilli en fûts de chêne ayant contenu du Xérès, contrairement à l'alcool de genièvre commercialisé aux Pays Bas. Il est donc incolore, beaucoup plus sec et donc rarement bu nature. Le gin est arrivé en Angleterre dans les soutes des bateaux de Guillaume III d'Orange, *stadhouder*, une sorte de chef militaire et politique nommé par les Provinces Unies des Pays Bas, déjà constituées en République. Guillaume, protestant, fut en effet appelé par les Anglais soucieux de chasser Jacques II, qui avait eu en 1668 un fils issu d'un second mariage avec une catholique, ce qui laissait prévoir une succession catholique. Guillaume débarqua en Angleterre en 1688 avec une armée puissante, Jacques II fut fait prisonnier alors qu'il tentait de fuir en France (Guillaume le laissera finalement partir). L'année suivante Guillaume montait sur le trône laissé vacant, puis quelque mois après sur celui d'Écosse.

Gosset (1584, 1884)

C'est le plus vieux producteur de vins de la région de Champagne encore existant. Mais au départ, le vigneron Pierre Gosset, qui a fondé la société à Aÿ (aujourd'hui Aÿ-Champagne), ne produisait que des vins *tranquilles* (non pétillants), le plus souvent rouges, ce qui laisse à **Ruinart** le titre de plus vieux producteur de champagne. Ce n'est, en effet, que 300 ans plus tard, en 1884, qu'un descendant, André Gosset, donnera à l'entreprise familiale le nom de *Champagne Gosset*. À sa mort son épouse, née Suzanne Paillard, prend la suite. Et comme d'autres veuves célèbres de la région, malgré les ravages du phylloxéra, elle saura remettre la maison sur la voie de la rentabilité.

Seize générations se sont succédé à la tête de la maison, avant qu'elle ne soit cédée à une autre société familiale, **Cointreau.** Depuis 2007, le P-DG de cette maison traditionnelle est Jean-Pierre Cointreau[115, w].

Gourmet (1973)

Alimentation humide haut de gamme pour chats. Appartient à **Nestlé,** via sa filiale *Purina Petcare* (*voir* ***Friskies***).

Grand Fermage (1992)

Cette marque de beurre est fabriquée par *Eurial*, un groupe agroalimentaire français spécialisé dans la collecte, la transformation et la commercialisation du lait, sous différentes formes. L'activité lait *UHT* (*Upérisation à haute température, voir* ***Guigoz***), a été cédée à **Candia** en 1999.

Le groupe a été constitué en 1988 par la réunion de deux coopératives, *Ucal* (*Union des Coopératives Agricoles de l'Allier*) et *Colarena* (*Coopérative Laitière de la région Nantaise*). La coopérative *Poitouraine* rejoindra *Eurial* en 1995, suivie par la *Coopérative du Pays de Gâtine* en 2011[116].

Grand Marnier (1880)

En 1827, Jean-Baptiste Lapostolle fonde une distillerie de liqueurs de fruits, à Neauphle-le-Château, dans les Yvelines. En 1976, sa petite fille Julia épouse Louis-Alexandre Marnier, le fils d'une famille de négociants en vins de la région de Sancerre. Les deux mariés décident d'unir leur nom, Marnier-Lapostelle.

Louis-Alexandre n'a pas rencontré Julia tout à fait par hasard. Lui-même s'intéressait de près à la distillation, après qu'il eut fait un stage à Cognac, en 1870. Cette connaissance du cognac est directement à l'origine de la liqueur qui va faire sa fortune et celle de ses successeurs. En 1880, le jeune homme a en effet l'idée de mélanger du cognac avec de l'orange. Le mélange orange-eau de vie était déjà connu depuis de plusieurs années avec le triple-sec et avant encore le curaçao (*voir encadré*). La grande idée de Louis Alexandre est d'utiliser exclusivement du cognac et des oranges. Pour répondre à la complexité aromatique de cet alcool, Louis-Alexandre va choisir une variété rare d'orange venue des Caraïbes, la *citrus bigaradia.* Restait à trouver un flacon digne de ce mélange haut de gamme : notre homme va s'inspirer de la forme des alambics de cognac. Le produit s'appelle à l'origine *curaçao Marnier.*

Le nom actuel a été suggéré par César Ritz, un entrepreneur suisse qui développera l'hôtellerie de luxe. Notre homme a dirigé l'hôtel *Savoy*, à Londres, entre 1889 et 1898. Là-bas, lorsqu'on lui demandait comment il allait, il avait pris l'habitude de répondre *« I'm grand ! »*, littéralement *« je suis grandiose »*, ce qui peut se traduire par *« on ne peut mieux »*. Il a donc proposé à Jean-Baptiste Marnier-Lapostolle d'appeler son breuvage Grand Marnier, c'est-à-dire, dans son esprit, au-dessus du lot. Ce dernier, en remerciement, l'aurait aidé à réaliser le palace parisien qui porte son nom, place Vendôme.

La société restera longtemps aux mains de la famille jusqu'à ce que les trois branches héritières, Marnier-Lapostolle, Gaspéris et Coury, se résolvent à céder l'entreprise, en 2016, au groupe **Campari.** D'une part, il semble bien que plusieurs erreurs marketing aient handicapé la marque aux États-Unis, le principal marché à l'export (notamment par rapport à **Cointreau**), et d'autre part, l'offre était particulièrement alléchante à 650 millions d'euros, soit une plus-value de 60 % par rapport à la boursière de l'époque.

Chronologiquement, la première liqueur à l'orange est le curaçao, du nom de l'île éponyme. Découverte par les Espagnols en 1499, elle passera sous contrôle des Pays Bas, après que ce pays eut acquis son indépendance vis-à-vis de l'Espagne. Ainsi, en 1634, la Compagnie des Indes Occidentales prend possession de cette île des Petites Antilles située à l'extrême nord du Venezuela et fonde la capitale Willemstadt en l'honneur de Guillaume II d'Orange-Nassau[117]. La distillerie *Lucas Bols* NV, qui revendique le titre de plus ancienne distillerie de spiritueux au monde (1575) était actionnaire de la *Compagnie des Indes Occidentales.* Et selon la société, c'est Lucas Bols lui-même qui aurait rapporté de Curaçao des zestes séchés d'orange *laraha*, une espèce autochtone dérivée de l'orange amère de Séville apportée par les Espagnols, pour concocter la première liqueur à l'orange.

Le Triple Sec est postérieur. C'est en 1834, à Saumur, que le liquoriste de Jean-Baptiste Combier aurait eu l'idée à son tour de faire macérer des écorces séchées d'orange dans de l'eau-de-vie. En réalité, il n'aurait rien inventé mais aurait vu la recette dans un almanach, sous le nom de *liqueur de Raspail*, concoctée quelques années plus tôt par le célèbre chimiste François Raspail. Beaucoup plus tard, en 1875, Édouard Cointreau crée une recette approchante qu'il nomme *Triple-Sec* parce qu'il est trois fois plus concentré en arômes et moins sucré que les curaçaos traditionnels.

Le *Grand Marnier* est utilisé dans la recette des fameuses crêpes *Suzette.* La paternité de cette dernière est généralement attribuée à Auguste Escoffier en 1890. Même si d'aucuns contestent cette hypothèse, elle possède néanmoins les atours de la vraisemblance. Escoffier était en effet chef de cuisine l'hôtel Savoy, à Londres, lorsque César Ritz en était le directeur, celui-là même qui avait popularisé le Grand Marnier. Au point de lui trouver plus tard son nom (il s'appelait alors *Curaçao Marnier*). Selon cette hypothèse, Escoffier aurait préparé des crêpes aromatisées avec cette liqueur pour le prince de Galles (futur Édouard VII d'Angleterre). Ce dernier aurait suggéré de donner au dessert le prénom de Suzanne Reichenberg, la gracieuse et sémillante actrice de la Comédie Française qui l'accompagnait. Ce sera *Suzette*, un diminutif tendre. En 1903, la recette figure dans le *Guide culinaire* d'Escoffier[w]. À noter que dans cette recette, les crêpes ne sont pas flambées.

Grand'Mère (1965)

En 1954, René Monnier reprend, avec sa femme Lucette, l'épicerie de son père à Roubaix, *L'Abondance*. Les affaires marchent bien, surtout en matière de café où sa réputation s'étend progressivement au-delà des limites de la ville. Ce qui l'incite à promouvoir sa propre marque. D'abord régionalement : en 1959, il lance la marque *59*. Non, ne vous y trompez pas, ce n'est pas la date, c'est le numéro du département ! Quelques années plus tard, il se sent prêt à aborder le marché national. Encore faut-il trouver un nom. *Grand-mère*, lui souffle Lucette. Un nom qui évoque les effluves de café chaud sur la cuisinière (c'était surtout vrai dans le Nord), l'enfance, la tendresse... Va pour ce nom, avec l'ancienne orthographe, *Grand'Mère*. Sorti en 1965, ce café attendra encore deux ans avant d'arriver dans les grandes surfaces.

En 1974, Monnier crée une nouvelle marque, haut de gamme cette fois : **Carte Noire.**

Le couple Monnier revend la société au groupe *Jacobs* en 1982, qui avait déjà racheté **Jacques Vabre** quelque temps auparavant. Regroupées, ces deux marques sont intégrées dans l'ensemble *Interfood* (chocolat **Suchard, Milka, Toblerone)** pour former *Jacobs Suchard.* Cette entité fusionnera ensuite avec *Kraft General Foods Europe*, qui deviendra **Mondelēz International** (*voir ce nom*). *En 2014, la filiale café de Mondēlez International fusionne avec* **Douwe Egbert** pour former **Jacobs Douwe Egbert.** Sans doute pour éviter de se retrouver en position dominante, ce dernier a revendu en janvier 2015, deux de ses marques de café, *Grand'Mère* et **L'Or** au groupe **Lavazza** pour quelque 600 millions de dollars.

Après la fête des mères et la fête des pères, inscrite au calendrier officiel de nombreux pays, pourquoi pas une fête des grands-mères ? C'est ce qu'ont pensé les dirigeants du café de la marque éponyme qui ont donc institué cette fête en 1987. L'idée a été ensuite soutenue par les confitures **Bonne Maman** et aujourd'hui, cette fête, qui trouve sa justification en France ne serait-ce qu'en raison des sept millions de grands-mères que compte le pays, a été fixée au calendrier, le premier dimanche de mars.

Quant à la fête des mères, on entend souvent affirmer qu'elle a été décidée par le régime de Vichy en 1941. En fait, elle avait été officiellement instituée en 1929 pour soutenir une politique nataliste et succédait elle-même à la fête des mères de familles nombreuses, adoptée en 1920. Vichy n'a fait que l'inscrire au calendrier, une disposition reprise par la loi du 24 mai 1950. Au demeurant, elle existe dans de très nombreux pays, tout comme la fête des pères[w].

Grand Sud (1999)

Marque de vins de table créée par les *Grands Chais de France* (*voir* ***J.-P. Chenet***) réalisés, on s'en doute, à partir de vignobles du sud de la France. Présentation en bouteille d'un litre.

Granini (1964)

Marque de jus de fruit allemande, comme son nom ne l'indique pas. C'est au cours d'un voyage en Italie qu'un certain Heinz Schürman, importateur dans son pays de pâtes italiennes, découvre des jus de fruits contenant enrichis en pulpe concentrée. Ce type de jus était alors quasiment inconnu en Allemagne.

Heinz Schürman pense que ses compatriotes apprécieraient autant que lui cette boisson. À son retour outre-Rhin, il fonde une usine de transformation et commence à proposer ses premiers jus en 1964. Il leur donne le nom de *Granini*, un mélange de *grano*, *grain* (notamment de raisin) en italien et *panini*, juste pour faire italien, donc soleil, donc fruits gorgés de soleil. Très vite, il éprouve le besoin de s'adosser à une structure plus importante pour assurer son développement. Ce sera **Melitta,** en 1967.

La célèbre petite bouteille alvéolée comme un ananas apparaît en 1970. La croissance va être rapide: 100 millions de deutschemarks (équivalent de 50 millions d'euros) en 1973, 500 millions en 1989. Entretemps, la marque s'est exportée: elle arrive en France en 1980.

En 1994, la firme *Eckes*, fondée en 1857 et initialement centrée sur la distillation de vin, rachète 74 % de *Granini*, qui devient *Eckes-Granini*. Le reste du capital est acquis en 2006[w].

Granola (1972)

Biscuit en pâte sablée nappé de chocolat et lancé par **LU** en France en 1972, qui a depuis décliné une gamme (chocolat, noir au lait, coco...).

Détail amusant, *granola* est un nom commun américain qui désigne une sorte de *muesli* croquant à base de céréales, noix, fruits séchés... Or ce nom, devenu commun, était auparavant une marque, déposée par l'Américain W. K. **Kellogg** en 1888, mais tombée en désuétude. Marque dont le nom serait dérivé de *granular*, *granuleux* en anglais...

Grant's (1898)
Voir ***William Grant & Sons.***

Grany (1986)
Barre aux céréales créée par **Heudebert,** commercialisée depuis 2001 sous la marque **LU** (*voir Heudebert*). Déclinée par la suite en céréales pour petit-déjeuner. *Grany* est une anagramme de *grain* (de céréales), le *i* étant remplacé par un *y* pour faire plus branché.

Grey Goose (1996)
Cette vodka est peu connue en France. Pourtant, elle est 100 % française dans son élaboration (savoir faire et matières premières).
Elle a été créée à la demande d'un importateur américain de spiritueux, Sidney Frank. Ce dernier avait déjà importé quelques années auparavant un produit de France qui avait connu un grand succès aux États-Unis, le *brandy Jacques Cardin* (*voir encadré*). Il désirait donc renouveler l'expérience avec un alcool dont la popularité ne cessait de progresser, la vodka. Comme il avait été pleinement satisfait de sa première expérience et qu'il avait sans doute remarqué que quelques producteurs de Cognac s'étaient discrètement mis à la fabrication de vodka (six fois moins chère à produire et plus facilement commercialisable, ne serait-ce que dans des *mixed drinks*), notre homme revient dans la région où il rencontre le maître de chai François Thibault.
Cette vodka est conçue à Gensac-la-Palue, dans la banlieue de Cognac, dans les chais de la maison de cognac *H. Mounier*, avec de l'eau d'une source locale, filtrée à travers les calcaires de Grande-Champagne, des blés tendres de première qualité cultivé en Picardie et un savoir-faire reconnu. Au point de décrocher en 1998 le titre de meilleure vodka du monde, décerné par le *Beverage Testing Institute* (*Institut de tests de boissons*) de Chicago.
Grey Goose fut ensuite déclinée en plusieurs parfums.
Le nom signifie *oie grise*, l'oie domestique locale (la plus utilisée pour le gavage, mais, chut, il ne faut pas le dire aux Américains).
Sidney Frank revend *Grey Goose* à **Bacardi** en 2004[w].

Quelle est la différence entre le brandy et le cognac? Le cognac (comme l'armagnac, plus ancien) est une eau-de-vie distillée uniquement à partir de cépages blancs. Quant au brandy (le mot vient du néerlandais *gebrande wijn*, *vin brûlé*, c'est-à-dire *distillé*, *voir* ***Absolut***), il désigne toute eau-de-vie de raisin: cognac, armagnac, mais aussi le *rakija* (ou *rakia*) consommé dans l'ensemble des Balkans.

Grimbergen (1128, 1957)
Deux dates séparées de plus de 800 ans. La première est celle de la construction de la première abbaye de Grimbergen, aujourd'hui dans la grande banlieue de Bruxelles. La seconde est celle de la création de la marque.
La première abbaye a été plusieurs fois détruite, plusieurs fois reconstruite, en 1142, 1566 et 1798. Il semblerait que ce soit lors de l'une de ces reconstructions que l'on ait ajouté une brasserie, peut-être en 1142. Après tout, la bière de l'abbaye d'**Affligem,** distante de 25 km, a été élaborée à partir de 1074. Et toutes deux ont le droit, avec la **Leffe** (pour ne parler que des principales), à l'appellation *bière d'abbaye reconnue*, ce qui signifie qu'il y a un lien historique entre la bière et l'abbaye, qu'une partie des bénéfices est reversée à la communauté monastique et que cette dernière a un droit de regard sur l'utilisation du nom (et donc sur la publicité). Comme la présence sur l'étiquette du Phénix – le fameux animal mythique qui renaît de ses cendres – souligné par la maxime latine : *« Ardet nec consumitur »* (*il brûle mais ne se consume pas*).
La marque, elle, n'apparaît qu'en 1957 lancée par la brasserie *Maes*, créée en 1880 par Égide Maes à l'occasion du rachat de la brasserie *Sint-Michiels* à Waarlos. En 1978, elle est rachetée par le groupe *BSN* (futur **Danone),** qui possède déjà **Kronenbourg.**
En 1988, *Maes* (troisième fabricant de bière belge) fusionne avec la brasserie *Alken*, quatrième producteur, fondée en 1881 par Arthur Boes, à Alken (70 km à l'est de Bruxelles) et détenue, elle, par *Belgian United Beverages* (*Boissons belges unies*). Mais en 1993, Théo Maes se désengage et revend ses parts à *BSN*, qui détient alors 85 % de l'entreprise. Du coup, une partie de la production de la *Grimbergen* est assurée, à partir de 1989, en France par les *Brasseries Kronenbourg* sur le site de *Champigneulles*, le reste étant brassé à Alken. En 2000, *Danone* revend son pôle bière à au groupe britannique *Scottish & Newcastle*. Deux ans plus tard, ce dernier est démantelé et ses actifs sont répartis entre **Carlsberg** et **Heineken,** la partie française au premier, la partie belge au second. La *Grimbergen* étant produite dans les deux pays, elle appartient aux deux groupes suivant le lieu de production. Pour l'international, c'est selon. [w]

Griottines (1955, années 80)
À l'origine, les *Grandes Distilleries Peureux*, rachetées en 2007 par le groupe **La Martiniquaise,** avaient élaboré des griottes à l'eau-de-vie à destination des chocolatiers. Jusqu'au jour où cette auguste maison s'est aperçue que ces cerises étaient délicieuses en elles-mêmes. Elles furent donc mises en bocal et commercialisées directement. Elles prendront, dans les années 1989, le nom de *Griottines*.

Guigoz (1908)

Fils d'agriculteur suisse, Maurice Guigoz commence sa vie professionnelle chez un horloger à Donneloye (30 km de Lausanne). Il part ensuite pratiquer son métier dans le val de Bagnes, au sud du pays puis crée sa propre fabrique de pendules à Monthey, dans le canton de Vaux. Guigoz ouvre ensuite à Montreux un magasin de vente de machines à coudre et de bicyclettes de son invention.

En 1908 – il a 40 ans – il reprend à Châtel-Saint-Denis une entreprise qui fabrique du lait en poudre. Il améliore le procédé en chauffant le lait sous vide à basse température. Reconstitué avec de l'eau, le lait, que Guigoz appelle *Cremo*, conserve ainsi toutes ses qualités nutritionnelles et ses vitamines. Pour le produire, notre homme construit une nouvelle usine à Vuadens, dans le canton de Fribourg.

En 1914, Guigoz obtient une médaille d'argent à l'exposition nationale de Berne, ce qui lui procure une certaine publicité. Mais ce n'est qu'en 1921, que ce lait va véritablement connaître un succès mondial. C'est en effet à partir de cette date que le lait Guigoz, qui était employé jusqu'à présent utilisé dans le traitement de certaines gastro-entérites, va être utilisé en diététique infantile. Maurice Guigoz décède en 1919.

En 1937, l'entreprise met au point un procédé d'*Upérisation à Haute Température* (*UHT*) pour stériliser le lait. L'upérisation consiste à injecter des vapeurs d'eau à très haute température sous pression.

En 1969, *Guigoz* propose aux maternités le premier lait liquide conditionné dans des petits biberons.

La société sera rachetée en 1971 par **Nestlé**[118].

En 1989, le lait *infantile* (ce qualificatif remplace celui de *maternisé*) *Guigoz*, qui n'était jusque-là disponible qu'en pharmacie, arrive dans les supermarchés.

Guiness (1759)

Cette année-là, Arthur Guiness, âge de 34 ans, fils de brasseur, signe un contrat de location d'une brasserie désaffectée de Dublin, la *St James's Gate Brewery*, littéralement la *brasserie de la Porte Saint Jacques*.

Les termes du contrat sont savoureux: 45 livres sterling (5 800 livres d'aujourd'hui, soit 7 800 euros) par an pendant... 9000 ans! Qu'on se rassure, le contrat n'est plus valable, *Guiness* ayant racheté la brasserie. Dix ans plus tard, *Guiness* exporte ses premiers tonneaux de bière en Angleterre. Un siècle plus tard, à la mort de son petit-fils Benjamin Guiness, la brasserie, dont la surface est passée de 0,4 à 25,9 hectares, vaut un million de livres. Et quand son fils Edward cède en bourse 65 % du capital en 1886, il récolte 6 millions de livres (l'équivalent de 700 millions d'euros actuels).

En 1932, *Guiness* installe son siège social à Londres.

En 1986, *Guiness* acquiert

la *Distillers Company*, pourtant plus grosse qu'elle (et notamment propriétaire de la marque de whisky **Johnny Walker),** ce qui a pour effet de faire descendre la part de la famille dans le capital de la société à moins de 10 % et de ne plus avoir de représentant au conseil d'administration. 1997, *Guiness* fusionne avec *Grand Metropolitan* et forme **Diageo.**

Grand Metropolitan était à l'origine un groupe hôtelier qui a vu le jour en 1934 sous le nom de *Mount Royal Metropolitan Association* (*MRMA*). Ce groupe va considérablement se développer avant de se diversifier dans les années 1970 dans différents secteurs d'activité, dont les alcools et spiritueux. Il rachète en 1972 les brasseries *Truman, Hanbury & Buxton* et *Watney Mann*, dont la filiale, *International Distillers & Vintners* détient, entre autres, les marques *J & B*, **Bailey's Irish Cream** et **Gilbey's** (gin). Il acquiert également les droits pour l'Europe et le Commonwealth de la vodka **Smirnoff.** En 1987, le groupe *Heublein Wines and Spirits* rejoint *Grand Met*, qui récupère ainsi la totalité des droits sur *Smirnoff* ainsi que la marque de whisky **Black & White,** parmi de nombreuses autres. En 1988, le groupe entre également dans le secteur de la restauration rapide en rachetant la *Pillsbury Company*, propriétaire entre autres de la chaîne **Burger King** et des glaces **Häagen Dazs.**

H

Häagen Dasz (1961)

Reuben Mattus est tout jeune quand il quitte sa Pologne natale pour New York. Son père vient de mourir, le climat politique est très instable, aussi sa mère décide de prendre ses deux marmots sous le bras et d'aller tenter sa chance de l'autre côté de l'Atlantique. Un oncle de la famille tient une boutique de glaces dans le Bronx, un des quartiers juifs de New York à l'époque.

Dès l'âge de dix ans, Reuben va livrer les glaces faites maison aux restaurants et petites confiseries d'abord du quartier puis un peu plus loin. En 1929, la famille crée une société, *Senator Frozen Products* (*Produits Surgelés Sénateur*), qui fabrique entre autres les premiers bâtonnets de glace recouverts de chocolat et les vend dans une carriole tirée par un cheval.

Quelques années plus tard, Mattus rencontre Rose, également fille d'émigrés juifs polonais, et l'épouse en 1936. Et la vie s'écoule, tranquillement besogneuse, jusqu'à la fin des années 50 où les choses se compliquent. Les industriels de l'agro-alimentaire commencent à inonder le marché de glaces très bon marché, contre lesquelles la *Senator Frozen Products* ne peut lutter. Alors Mattus a l'idée de monter en gamme. Et à fabriquer des glaces aux parfums sophistiqués et… beaucoup plus riches en matières grasses. Rose expliquera plus tard que l'appareil chargé s'insuffler de l'air au moment de la formation de la glace était tombé en panne. Qu'ils avaient goûté le résultat et l'avaient trouvé très bon. Mattus s'est dit alors qu'il fallait trouver un nouveau nom pour ces nouvelles glaces. Un nom à consonance étrangère, c'est plus chic. Étrangère, mais d'où ? Mattus choisit le Danemark. Pour deux raisons : d'abord le pays est réputé pour la qualité de ses produits laitiers. Mais pour Mattus, ce choix est dicté par des raisons beaucoup plus profondes : la formidable solidarité des habitants de ce pays en faveur des juifs pendant la guerre (*voir encadré*). Il cherche donc un nom à la sonorité qu'il veut danoise et après quelques heures passées à lancer des noms à haute voix, il finit par adopter *Häagen Dasz*. Et tant pis si le tréma n'existe pas en danois, pas plus que le digramme *sz*, plutôt… polonais.

Commercialement, Mattus et Rose se focalisent sur les

villes disposant d'établissements scolaires. Et la petite affaire se développe, lentement mais sûrement. En 1973 enfin, l'ensemble des États-Unis est approvisionné. Encore trois ans et le premier magasin de la marque ouvre à Brooklyn, le quartier le plus peuplé de New York. En 1983, Reuben a 71 ans et Rose 67. Ils décident de vendre leur affaire à la firme agroalimentaire *Pillsbury Company*, qui sera rachetée par *General Mills* en 2001.[119, w]

Le 9 avril 1940, au petit matin les troupes allemandes envahissent le Danemark, en totale violation du traité de non-agression signé l'année précédente entre les deux pays. Le Danemark n'avait pas un intérêt majeur pour les Allemands, mais y prendre position facilitait l'invasion de la Norvège, autrement plus importante sur le plan stratégique.

Dans un premier temps sous protectorat allemand, le gouvernement danois fut destitué par ces mêmes Allemands en août 1943, accusé de rester inactif face aux grèves, aux sabotages et aux attentats perpétrés dans le pays à leur encontre. La loi martiale est proclamée. Du coup, les Nazis programment de rafler et de déporter les quelque 8 000 juifs du pays. Par chance, un diplomate allemand, Georg Ferdinand Duckwitz, en informe discrètement le président du parti social-démocrate danois, Hans Hedtoft. Ce dernier répercute immédiatement l'information à la Résistance danoise, aux représentants de la communauté juive ainsi, sans doute, qu'à quelques hauts fonctionnaires.

Le plus extraordinaire, c'est que l'ensemble de l'administration, sans coordination, va globalement cacher puis faire exiler vers la Suède, pays neutre, la quasi-totalité de cette population. Seuls 145 d'entre eux seront arrêtés par les Allemands et déportés vers le camp de concentration de Theresienstadt (aujourd'hui Terezin, en République tchèque). Ce camp n'était pas un camp d'extermination, mais 51 juifs danois y laissèrent la vie. Sur un total de 8 000. Grâce au peuple danois dans son ensemble. C'est à lui que Reuben Mattus a voulu rendre hommage en donnant un nom pseudo-danois à ses glaces[w].

Haig (1824)

John Haig est né dans une famille de distillateurs de whisky. On retrouve la trace d'un de ses ancêtres, Robert Haig – venu de Hollande avec ce savoir-faire – distillant son whisky en 1655.

John, lui, a fondé la *Cameron Bridge Distillery* en 1824. En 1877, la maison fusionne avec cinq autres distilleries pour former *Distillers Company Ltd* (*DCL*), qui sera rejointe en 1925 par **John Walker** et *Buchanan-Dewar*.

Rachetée en 1986 par **Guiness,** elle fait aujourd'hui

partie du groupe **Diageo.** En 1890, *Haig* lança une série spéciale, dans une bouteille très originale, appelée **Dimple** (*voir ce nom*). Le succès fut tel qu'elle devint une marque à part entière.

Haribo (1920)

Cette confiserie a été fondée par l'Allemand **Ha**ns **Ri**egel à **Bo**nn, *Haribo.* Hans aidé de sa femme Gertrude, a commencé par un simple chaudron. Dix ans plus tard, l'entreprise emploie 160 personnes et distribue des bonbons dans toute l'Allemagne. À la veille de la guerre, *Haribo* compte jusqu'à 420 employés. Le conflit réduit tout cela à néant ou presque. Et comme si cela ne suffisait pas, Hans décède en 1945, à 52 ans.

Sa femme reprend le flambeau, à la tête d'une trentaine d'employés, aidée par ses deux fils, Hans et Paul, quand ils reviendront de captivité en 1946.

Quatre ans plus tard, la maison compte 1 000 employés : quoi de mieux qu'un bonbon, avec ce sucre qui a tant manqué, pour apporter un peu de douceur après ces années de privations...

L'expansion de la maison se fait également au travers de rachats d'entreprises jusqu'à la fusion, en 1987, avec le groupe français *Ricqlès-Zan* (**Zan** a racheté **Ricqlès** en 1970) pour former *Haribo-Ricqlès-Zan.* Aujourd'hui encore, c'est un membre de la famille, Hans Guido Riegel, qui dirige l'entreprise.

Harrys (1965)

En 1965, Paul Picard crée à Châteauroux, dans l'Indre la *Sopani* (*Société de Panification ?*), qui se spécialise dans la fabrication de pains de mie, vendus sous marques distributeurs. Selon le site officiel, ce boulanger et fils de boulanger, serait parti aux États-Unis au lendemain de la Seconde Guerre Mondiale pour tout apprendre sur les secrets de ce pain de mie si moelleux dont il raffole.

En 1970, la *Sopani* lance, sous la marque *Harry's*, le premier pain de mie américain en France, *American Sandwich*.

En 1991, pour se diversifier dans la viennoiserie, *Harry's* rachète une boulangerie de quartier aux Sables d'Olonne, *Aux Délices de la Côte de Lumière* (*ACDL*). Cinq ans plus tard, les deux sociétés fusionnent pour devenir *Harry's France.*

En 2000, *Harry's* devient leader de la boulangerie préemballée. En 2003, **Barilla** rachète la majorité de *Harry's*, puis la totalité deux ans plus tard. En 2009, *Harry's* et *Barilla France* fusionnent[50]. La nouvelle société se nomme *Barilla Harry's France.* La marque perdra son apostrophe, fusionnée avec le *y*, dont la seconde branche est un peu plus haute.

Havana Club (1934)

Cette marque de rhum cubain a été créée en 1934 par la société *Jose Arechabala S.A.*, du nom du fondateur de la distillerie en 1878. Celle-ci fut, comme l'ensemble des sociétés privées, nationalisée par le régime castriste en 1960. La famille, qui gérait l'entreprise, quitte alors Cuba pour l'Espagne, puis les États-Unis.

Le gouvernement cubain commence à exporter le rhum *Havana Club* à partir de 1972, essentiellement en URSS et dans les pays d'Europe de l'Est. En 1973 – oubli ou désintérêt – la famille Arechabala oublie de renouveler la licence *Havana Club* pour les États-Unis. La chose passe relativement inaperçue jusqu'à ce que les Cubains, les premiers, en prennent con-science… en 1976. Et ils déposent la marque pour leur propre compte. En 1994, les choses prennent une autre tournure quand La Havane signe un accord de partenariat avec **Pernod Ricard.** Au même moment, le groupe **Bacardi,** qui a obtenu de la famille Arechabala la recette originale du *Havana Club*, commence à le produire sous ce nom dans sa distillerie de Cataño, à Puerto Rico. Et à le distribuer aux États-Unis. Évidemment, *Pernod Ricard* assigne *Bacardi* devant les tribunaux et gagne.

Mais *Bacardi*, dont la famille est depuis longtemps proche des milieux politiques américains, voire à une période de la *CIA*, va faire un lobbying intense auprès du Congrès américain, qui va aboutir à la loi Helms-Burton (du nom des deux parlementaires républicains qui l'ont portée, le Sénateur Jesse Helms et le Représentant Dan Burton) élargissant la portée de l'embargo à l'encontre de Cuba. Trois ans plus tard, Otto Reich, un lobbyiste travaillant pour le compte de *Bacardi*, rédige un addendum à une loi agricole existante, qui a pour objet la protection des marques des sociétés cubaines expropriées. Ce qui déboute *Pernod Ricard.* Chose intéressante, cette loi ne fut appliquée que pour la marque *Havana Club.* Cette disposition est toutefois déclarée illégale par l'*Organisation Mondiale du Commerce* (*OMC*), en 2001 et 2002 sous le motif qu'elle ne s'applique qu'à un seul pays, Cuba.

Les choses n'ont pas évolué depuis. *Pernod Ricard* exporte le rhum *Havana Club* partout dans le monde sauf aux États-Unis où *Bacardi* détient les droits de commercialisation. [w]

Heidsieck & Co Monopole (1785, 1860)

La maison est fondée par Florens-Louis Heidsieck, un jeune allemand originaire du duché de Westphalie.

Drapier à l'origine, il s'installe à Reims, en Champagne, région connue à l'époque pour son industrie du drap. Là, il tombe amoureux d'une belle Champenoise et du divin nectar. Il fonde une entreprise de négoce de laine et de vins. Très vite, il laisse tomber la partie textile pour se consacrer au commerce des vins de Champagne. L'homme ne manque pas de culot puisque dès 1788, il se débrouille pour aller à Versailles présenter son champagne à la reine Marie-Antoinette. Et il ne manque pas non plus de panache si l'on en croit l'action bravache qu'on lui attribue, d'avoir devancé à cheval les troupes de Napoléon 1er en Russie avec des caisses de champagne pour fêter la victoire, qui, comme on le sait, n'aura pas lieu.

En 1814, son fils unique décède. Florens-Louis fait alors appel à trois de ses neveux pour le seconder: Henri-Louis Walbaum, Frédéric-Auguste Delius et Christian Heidsieck. Les deux premiers arrivent dès 1814, le dernier en 1820. La maison prend alors le nom de *Heidsieck & C°*. Florens-Louis Heidsieck décède en 1828 après avoir désigné Ferdinand Waldbaum, le fils de Henri-Louis, comme légataire universel. Les neveux se séparent. Christian Heidsieck décide alors de monter sa propre affaire (*voir* ***Piper Heidsieck***). Frédéric-Auguste Delius optera pour la banque. Resté seul à la tête de la maison, Henri-Louis Walbaum s'associe à son beau-frère Auguste Heidsieck. L'affaire est renommée *Walbaum-Heidsieck & C°*.

En 1860, ils créent la marque *Monopole*. En 1970, à la suite du décès d'Auguste Heidsieck, son épouse dirige quelques années la société *Veuve Heidsieck et C°, successeurs de Heidsieck & C°*. En 1882, Florens Walbaum lui succède. La société redevient *Heidsieck & C°*. La même année, Florens Walbaum devient le 1er président du *Syndicat du Commerce des Vins de Champagne* et le restera jusqu'à sa mort en 1893.

À partir de 1889, la société va plusieurs fois changer de nom au gré des associés. Ainsi, en 1889, elle devient *Walbaum, Luling, Goulden & C°, successeurs d'Heidsieck & C°*, puis, en 1907, *Walbaum Goulden & C°, successeurs d'Heidsieck & C°, Maison fondée en 1785*.

La maison connaît son heure de gloire à la fin du XIXe siècle: ses ventes s'élèvent à 1,5 million de bouteilles en 1895. Elle devient le fournisseur de nombreuses têtes couronnées en Europe. Le Tsar Nicolas II en commandait 400 000 bouteilles par an. Le roi de Prusse, l'Empereur d'Allemagne, les cours d'Angleterre et de Suède étaient également des clients fidèles.

En 1923, Édouard Mignot, fondateur de la chaîne de magasins d'épicerie les *Comptoirs Français* rachète l'entreprise qui devient alors la société anonyme *Champagne Heidsieck & C° Monopole*.

En 1972, la maison passe sous contrôle du groupe canadien *Seagram*. Elle est revendue au groupe *Vranken Pommery* en 1996, pour donner le nouveau groupe **Vranken-Monopole.** La marque *Heidsieck & C° Monopole* demeure[120, so].

Heineken (1874)

En 1864, un jeune néerlandais aisé, Gerard Adriaan Heineken rachète la brasserie d'Amsterdam *De Hooiberg* (la meule de foin). Fondée en 1592, cette brasserie est la plus grande de la ville mais elle est en perte de vitesse.

L'année suivante, le jeune homme inaugure la *Heineken & Co* qui a pris place dans les locaux modernisés de l'ancienne. Pour donner plus d'impact à ce changement de nom, Heineken modifie profondément l'élaboration du produit, passant d'une fermentation haute (le moût fermente à une température d'environ 15°) à une fermentation basse (8-10°), une technique empruntée aux brasseurs bavarois (*voir* ***Amstel***). Cette fermentation est plus lente, mais elle assure une meilleure conservation.

Du coup, Gerard change le nom ou plutôt, il le traduit en anglais : *Hooiberg* devient *Haystack*. Le résultat dépasse les attentes : le volume des ventes explose pour atteindre 17 000 hectolitres en 1873. Heineken est donc contraint d'augmenter la capacité production. Pour financer cette expansion, il a donné à l'entreprise l'année précédente un statut de société par actions : *Heineken's Bierbrouwerij Maatschappij NV* (*Compagnie de brasserie Heineken SA*). Une seconde brasserie voit le jour à Rotterdam en 1874. Il faut lui trouver un nouveau nom car *Haystack* est trop associé à Amsterdam tant cette brasserie était historiquement célèbre. La nouvelle bière s'appellera dorénavant *Heineken*, tout simplement.

En 1889, Gerard travaille avec le Dr Elion, un élève de Louis Pasteur, pour créer une souche de levure pure, garante d'une qualité constante. Baptisé *Levure A*, cet ingrédient majeur va considérablement améliorer le produit au point qu'il décroche, la même année, la médaille d'or dans sa catégorie à l'Exposition universelle de Paris.

À sa mort en 1893, son épouse, Marie Tindal lui succède, avec la même énergie que les veuves de Champagne. À sa mort en 1914, la brasserie produit 300 000 hectolitres. Son fils, Henry Pierre Heineken, lui succède.

À partir de 1929, il cherche à se développer à l'international. Tenant compte de la fermeture du marché russe pour cause de Révolution, du marché américain pour cause de Prohibition, il met le cap sur les colonies asiatiques et africaines des pays d'Europe. En commençant par la Malaisie, colonie anglaise mais que les Néerlandais connaissent bien : ils y avaient pris pied dès 1641, avant de céder les territoires aux Britanniques en 1795 sur ordre de Guillaume V d'Orange Nassau, réfugié en Angleterre pour fuir l'invasion des armées françaises. Suivront le Congo belge (actuelle République démocratique du Congo, ex-Zaïre), l'Île de Java et l'Égypte.

Mais en 1933, il s'est préparé à l'ouverture d'un marché au potentiel beaucoup plus important: les États-Unis. Cette année-là, le 17 avril, trois jours seulement après la fin de la prohibition, la bière *Heineken* est déjà disponible dans certains bars new-yorkais.

Ce succès international repose également sur une innovation. Jusque-là, dans les bars, on servait de la bière pression. *Heineken* va proposer des bières en bouteilles, garantes d'une qualité intacte. En 1948, les petites bouteilles *Heineken* vont investir, encore avant tout le monde, les épiceries: *Heineken* devient la première marque à consommer à la maison.

L'année suivante, il investit l'Afrique, en commençant par l'Angola, pays le plus peuplé du continent, puis l'Afrique de l'Ouest, du Centre. Aujourd'hui, Heineken est la première marque de bière en Afrique.

En 1954, Henry Alfred Heineken – troisième génération – prend la relève. C'est lui qui donnera à *Heineken* son étiquette verte, en forme d'ovoïde verticale, marquée d'une étoile rouge. Aucune allégeance au communisme dans ce sceau, juste une référence, selon l'entreprise, à un symbole utilisé par les brasseurs au Moyen-Âge pour qui les cinq branches représentaient la terre, le feu, le vent, l'eau et la « *protection magique* » de leurs cuves et du moût qu'elles contenaient.

Au début des années 70, « *Freddy* » Heineken fait le constat étonnant que l'Europe ne connaît pas encore bien sa bière. En 1972, *Heineken* rachète donc la *Brasserie de l'Espérance* en Alsace, à Schiltigheim. Ce choix est peut-être un clin d'œil historique: le premier marché d'exportation de la marque au XIXe siècle avait été la France, en 1876. Elle produit aujourd'hui les marques **Desperados, Fischer et Adelscott** (depuis la fermeture en 2009 de la *Brasserie Fischer*, rachetée en 1996 et située dans la même ville).

Dix ans plus tard, c'est au tour de l'Amérique Latine de découvrir le goût *Heineken*. En 1988, c'est celui de la Chine (après cinq ans de négociation). Une usine à la dimension du marché est ouverte sur l'île d'Hainan, tout à fait au sud du pays, face à la ville vietnamienne d'Haiphong. Capacité: un million d'hectolitres.

Quand Charlène Heineken succède à son père, en 1988, la marque est déjà présente dans 145 pays. La chute du mur de Berlin, l'année suivante va lui ouvrir les pays de l'Europe de l'Est et de la Russie. En 2007, *Heineken* devient *Fournisseur officiel du Kremlin*, 90 ans après avoir été celui des tsars... Aujourd'hui Heineken occupe la troisième place sur le podium russe du marché de la bière.

En 2010, *Heineken* rachète la division bière de la so-

ciété *FEMSA* (*Fomento Económico Mexicano SA*, *Promotion Économique Mexicaine*).
Aujourd'hui, *Heineken* est le 2e producteur mondial derrière *AB InBev* (issu de la fusion en 2008 entre l'Américain *Anhauseur Bush* et le belgo-brésilien *In Bev*, *voir* **Stella Artois**). En Europe, *Heineken* occupe la première place[so, w].

Heinz (1869)
Henry John Heinz naît en 1844 à Birmingham, en Pennsylvanie dans une famille d'immigrants allemands. Son père est maçon. Cinq ans plus tard, celle-ci déménage à Sharpsburg, dans la banlieue nord de Pittsburgh. Ce n'est pas tout à fait un hasard : une importante communauté d'immigrants allemands se constitue dans cette ville.
La maison familiale comporte un potager que sa mère cultive pour nourrir la famille. Le petit Heinz va non seulement l'aider, mais il va valoriser la production en vendant les excédents aux voisins. Dès neuf ans, il élabore une sauce au raifort, qu'il commercialise avec succès dans le voisinage. À 17 ans, il gagne 2 400 dollars par an. C'est cinq fois plus qu'un ouvrier (à 60 heures de travail hebdomadaire). Il commence sa carrière professionnelle comme emballeur de denrées alimentaires.
À 25 ans, il décide de voler de ses propres ailes et fonde avec un voisin, L. Clarence Noble, la *Heinz Noble & Company*. La petite entreprise commercialise des condiments. Outre la sauce au raifort, ils ajoutent des cornichons, des oignons, de la moutarde, puis en 1873 du vinaigre. Leurs produits sont conditionnés dans des bocaux en verre, plutôt qu'en grès, pour montrer aux clients voient leur fraîcheur.
Malheureusement, la jeune société ne survivra pas à la crise économique de 1875. Nullement découragé, Heinz recrée dès l'année suivante une nouvelle structure avec son frère John et son cousin Frederick. Cette fois-ci, ils vont se concentrer sur un seul produit ou presque, le *tomato ketchup* (*voir encadré*). La société est alors sur les bons rails, au figuré comme au sens propre : Heinz a pris le soin d'installer l'usine près de la ligne de chemin de fer pour diffuser ses produits le plus largement possible.
En 1886, *Heinz* commence à s'internationaliser, en commençant par l'Angleterre.
En 1888, Heinz rachète les parts de ses partenaires et poursuit seul l'aventure. La société devient la *H. J. Heinz Company*.
En 1892, le ketchup a été rejoint par une soixantaine d'autres condiments. Pourtant, Heinz indique *57 variétés*. Il aurait été inspiré par une publicité vue depuis un métro aérien de New York où un chasseur vantait 21 styles de chaussures. Quant au nombre, il

l'a pris le plus près possible de la réalité mais sans excéder le nombre pour ne pas être accusé de publicité mensongère. Un nombre terminé par 7, que Heinz explique avoir choisi pour *« son influence psychologique et son importance immuable quels que soient les peuples et les époques »*.

De fait, il y a les sept jours de la semaine, les sept planètes du système solaire, les sept péchés capitaux, le chandelier à sept branches, les sept cordes de la lyre, les sept têtes de la bête de l'Apocalypse...

En 1900, comme d'autres grands bâtisseurs d'empire à l'époque, aux États-Unis comme en Europe, Henry J. Heinz souhaite le bien-être de ses ouvriers en les faisant adhérer à sa philosophie paternaliste de pureté, de loisirs culturels et de rationalité. Ainsi les employés disposeront-ils de l'eau courante dans leur foyer et pourront-ils profiter de loisirs collectifs: salles d'exercices, services médicaux, récitals, clubs de philosophie, pique-nique annuel, etc. Henry J. Heinz finance par ailleurs la construction de plusieurs bâtiments collectifs dont un centre pour la jeunesse et un théâtre.

Toute sa vie, Heinz mettra l'accent sur l'hygiène, forçant même les préparatrices non seulement à se laver les mains mais également à aller chez la manucure une fois par semaine.

En 1919, son fils Howard lui succède à la tête des 25 usines du groupe. Comme son père, il fait la chasse aux bactéries en ayant recours aux scientifiques et en en instituant de nouveaux contrôles qualité. Il surmontera la Grande Crise de 1929 en fabriquant de la soupe et des aliments pour enfants. En 1941, il passe le relais à Henry Jack. Durant la Seconde Guerre Mondiale, les usines de Pittsburgh produisant des rations alimentaires mais également des pièces pour l'aéronautique.

Dans la seconde moitié du XXe siècle, la politique va évoluer et Heinz va racheter de nombreuses marques en Italie, au Portugal, au Mexique mais aussi aux États-Unis.

La famille continuera à diriger la maison jusqu'en 1987, date à laquelle R. Buck Gookin succédera à Jack Heinz.

En 2013, *Heinz* accepte l'offre de rachat à 50/50 par la société d'investissement *Berkshire Hathaway* du milliardaire Warren Buffet et par la société brésilienne de capital investissement *3G Capital*, pour quelque 23 milliards de dollars. En 2015, *Heinz* et **Kraft Foods** fusionnent dans une nouvelle société, *Kraft Heinz*, détenue à 51 % par les actionnaires de *Heinz*, le reste par *Kraft*[121, w].

Au XVIIe siècle, les Chinois de la région de Canton (sud-est de la Chine) ont concocté un mélange de poisson en saumure agrémentée d'épices, capable de se conserver l'été malgré les températures élevées et la forte humidité ambiante. Cette saumure s'appelait *kôe-chiap* ou *kê-chiap* en langue Amoy, parlée dans la région. Au XVIIIe siècle, cette mixture devient une sauce à part entière et se transmet aux États malais (Malaisie et Singapour actuels), sous le nom de *kecap*, prononcé *kay-tchap*. C'est là que les explorateurs anglais la découvrent.

En Grande-Bretagne, le *ketchup* (c'est ainsi que les Anglais l'ont phonétiquement transcrit) se fera longtemps à base de champignons (beaucoup plus communs outre-Manche que les tomates). Il se transmet sous cette forme aux États-Unis dans les années 1770.

Ce n'est qu'en 1801 qu'un certain Sandy Addison invente le *ketchup* à la tomate. La formule sera reprise dans un livre de cuisine en 1801, le *Sugar House Book*. D'autres recettes vont être publiées tout au long du XIXe siècle. Il sera ensuite préparé en pot et vendu localement par des fermiers. En 1837, Jonas Yerkes fut le premier américain à le conditionner en bouteilles et à le commercialiser à l'échelon national. Il sera suivi par H.J. Heinz en 1874, avec un slogan : « *Soulagement béni pour les mères de famille et les maîtresses de maison* », signifiant par là que le ketchup était beaucoup plus long (et plus onéreux) à faire chez soi. On connaît la suite... ʷ

Hénaff (1907)

Jean Hénaff, un paysan de 48 ans est contrarié de voir son cher Pays Bigouden se vider chaque jour un peu plus de ses forces vives, les agriculteurs ne parviennent plus à vendre leurs récoltes de petits pois et de haricots vert localement. Les premières conserveries sont à Pont-L'Abbé, à une quinzaine de kilomètres ou plus loin encore, à Quimper, à 25 km de Pouldreuzic où habite Jean Hénaff. Et en carriole, c'est très loin...

Alors, avec le soutien de deux associés, Aristide Gantier et Joseph Stanislas Moreau de Lizoreux, Jean Hénaff va créer une conserverie sur place qui en outre va créer des emplois. Les premières années sont difficiles.

En 1912, Gantier quitte l'affaire. Les deux partenaires restants fondent alors la société *Jean Hénaff et Cie*. Moreau de Lizoreux se retirera à son tour en 1917.

En 1915, Hénaff a l'idée, pour faire tourner l'usine en dehors des récoltes, de mettre en boîte du pâté de porc, un pâté qu'il a lui-même concocté, en y incorporant des morceaux nobles. Cette année-là, l'usine ne mettra que quatre porcs dans ses boîtes, déjà bleues, 73 l'année suivante. Il faut dire qu'en cette période de guerre, l'usine manque de bras (les quatre fils de Jean sont au front) et les expéditions sont difficiles.

Au lendemain de la guerre, l'entreprise va toutefois parvenir à étendre son activité aux conserves de poissons en rachetant une conserverie située dans le port d'Audierne. Sans doute cette conserverie était-elle à vendre pas cher, les hommes qui la dirigeaient n'étant pas revenus du front...

La période qui s'ouvre va être faste. La petite boîte bleue trouve rapidement son public: en 1925, l'usine abat et transforme un peu plus de 1 000 porcs.

Jean Hénaff se retire en 1933, ses fils prennent la relève. Mais en 1940, tout s'arrête. La Maison familiale est même réquisitionnée par l'armée allemande. L'usine ne redémarre qu'en 1949. Mais sur de bonnes bases. En 1972, Michel Hénaff, l'arrière-petit-fils du fondateur, décide de se recentrer sur le porc. Les conserveries de légumes et de poissons sont arrêtées. En revanche des plats cuisinés font leur apparition. Son fils, Jean-Jacques reprend ensuite les rênes de l'entreprise. Son développement va aller de pair avec celui des supers et hypermarchés. En 1984, *Hénaff* se diversifie dans les salades à base de viande en barquettes plastiques. Il devient clair que l'avenir passe par le développement du frais. En 1995, *Hénaff* lance ses saucisses fraîches, sans colorant ni conservateurs, ni même anti-oxygène: *« du sel, du poivre et c'est tout! »*.

En 2008, *Hénaff* s'ouvre le marché américain, en décrochant l'agrément *USDA* (*US Department of Agriculture*, l'équivalent de notre ministère de l'Agriculture), indispensable pour pouvoir exporter ses produits Outre-Atlantique. À ce jour, *Hénaff* est la seule entreprise française de viande agréée aux États-Unis.

En 2010, Loïc Hénaff succède à son père Jean-Jacques. Depuis, l'entreprise a ouvert deux nouveaux créneaux: le *bio* et la charcuterie sèche.

Hennessy (1765)

Le Cognac *Hennessy*, le *H* du premier groupe de luxe mondial *LVMH*, revendique la troisième marche du podium, lui aussi mondial, des producteurs de spiritueux *haut de gamme*. Et la première en matière de cognac, avec 40 % du marché mondial.

Ce que l'on sait moins, c'est que cette marque apparemment bien française a été fondée par un officier irlandais, au service du roi Louis XV, Richard Hennessy.

Il découvre la Charente en 1745, et vingt ans plus tard, décide de s'y installer et de fonder, avec deux compatriotes, la maison *Hennessy, Conely & Arthur*, rapidement rebaptisée *Hennessy-Conely & Cie*, à Tonnay-Charente, une bourgade qui jouxte la ville de garnison de Rochefort.

Les débuts sont difficiles, malgré l'ouverture d'un comptoir à Bordeaux où Richard s'appuie sur la colonie irlandaise très influente qui y réside.

En 1774, la maison se rapproche d'une autre et

devient *Hennessy et Saule.* Quatre ans plus tard, Saule décède et sa femme confie la totalité de l'affaire à Hennessy. L'affaire devient *Richard Hennessy et Fils*, le fils en question s'appelant James, alias Jacques.

Richard s'associe à un certain *Sam Turner*, neveu de *Delamain* (une autre marque de cognac), la société devient *Hennessy & Turner.*

En 1794, la maison expédie ses premiers fûts aux États-Unis : une sorte d'exploit quand on sait que la France sort à peine de la Révolution et que les États-Unis n'ont que... douze ans d'existence.

En 1800, Richard meurt, son fils Jacques lui succède. En 1813, Richard et Ted se séparent. La société prend le nom de *Jas Hennessy & Co* (*Jas* est le diminutif de James et Jacques). C'est toujours son nom officiel, même si la marque du cognac est bien *Hennessy.*

En 1817, le Prince de Galles, futur George IV de Grande-Bretagne et grand connaisseur de cognac, demande à Hennessy de créer une eau-de-vie *« very superior old pale »* (*très supérieure, vieille, blonde, voir encadré*). Depuis, l'abréviation, *VSOP*, est devenue une référence adoptée par l'ensemble de la profession.

L'année suivante, l'impératrice de Russie, Maria Feodorovna, demande à son tour à la maison *Hennessy* de créer un cognac d'exception pour en faire un cadeau d'anniversaire au Tsar Alexandre Ier. Dès lors, *Hennessy* deviendra fournisseur officiel de la dynastie impériale Russe.

En 1856, la maison trouve son emblème, *le bras armé*, en l'honneur de son fondateur, Richard Hennessy, devenu français après douze ans passé dans l'armée française.

L'exportation a toujours été l'une des priorités de *Hennessy*. En 1845, les premières caisses de cognac atteignent l'Amérique du Sud, puis l'Australie en 1855 et la Chine quatre ans plus tard. Pour le Japon, il faudra attendre l'ère Meiji et l'ouverture des frontières (1866).

En 1865, Maurice Hennessy, arrière-petit-fils du fondateur, attribue des étoiles en fonction de la qualité du cognac et donne naissance au *Cognac Hennessy Trois Étoiles*, connu aujourd'hui sous l'appellation *VS* (*Very Special*). Là encore, cette classification sera reprise par les autres marques de cognac. Cinq ans plus tard, Maurice crée la qualité *XO* pour *extra old.*

À la toute fin du XIXe siècle, *Hennessy* se tourne vers la publicité, qui fait florès dans d'autres secteurs et qui s'affiche dans les très nombreux journaux de l'époque.

Les années passent, la dynastie reste. Au décès de Maurice, en 1905, James et Jean prennent la relève. Ils décident de repartir à la conquête de l'Orient. Un objectif très bien accueilli en Chine où les médecins attribuent des vertus thérapeutiques au cognac.

Les années qui suivent vont être menaçantes pour la bonne santé de l'entreprise. Non pas tellement la Première Guerre Mondiale (l'armée elle-même distribuait de l'alcool aux soldats pour leur donner du courage), mais la prohibition, décidée par les États-Unis et entrée en vigueur en octobre 1919. Heureusement, en 1922, un certain Schieffelin, devenu agent exclusif de Hennessy pour les États-Unis et détenteur d'une des plus grandes pharmacies du pays, parvient à importer du cognac Hennessy en le faisant classer parmi les produits *« à usage médicinal »*. *Hennessy* ne sera pas le seul alcool distribué sur ordonnance, certains whiskies y parviendront également, mais ils ne seront guère légion. Au demeurant les quantités distribuées resteront marginales, juste de quoi entretenir la mémoire de la marque.

Au sortir de la Seconde Guerre mondiale, *Hennessy* est aux mains de la sixième génération : Maurice, un fils de James, aux commandes depuis 1923, est rejoint par ses deux cousins Patrick et Kilian. Ils mettront à profit les Trente Glorieuses pour porter les exportations de 4,5 millions de litres en 1960 à plus de 18 millions en 1985.

En 1971 Kilian Hennessy et Fred Chandon, de la maison de champagne **Moët & Chandon,** décident d'unir leurs forces, pour former le groupe *Moët-Hennessy.* Mais le cognac n'a plus la cote, supplanté par le whisky.

En 1987, l'ensemble *Moët-Hennessy* fusionne avec *Louis Vuitton*, pour former le premier groupe mondial du luxe, *LVMH*, dirigé par Bernard Arnaut.[122, so]

Comment lire l'étiquette d'une bouteille de cognac ou d'armagnac ? Il y a d'abord le *VS*, *Very Special* (parfois remplacé par trois étoiles), qui indique que l'alcool (ou le plus jeune en cas de mélange, *blend*) a séjourné au moins deux ans en fûts de chêne. Puis vient le *VSOP*, *Very Special Old Pale*, cette couleur pâle étant donnée par les quatre années passées en fûts. Le sigle VSOP peut être remplacé par cinq étoiles. L'échelon suivant est le *XO* (*Extra Old*), également appelé *Napoléon*, qui impose au moins six ans de fûts. Enfin le Hors d'Âge, qui impose au moins dix ans.

Cette typologie peut également s'appliquer aux autres alcools, calvados, rhum, whisky, mais parfois les mêmes sigles peuvent indiquer des maturations différentes.

La plupart des whiskies ont résolu le problème en indiquant tout simplement l'âge en chiffres sur l'étiquette. L'appellation *Napoléon* est réservée au cognac ou à l'armagnac.

Quant à l'expression *Fine Champagne*, elle signifie tout simplement que les alcools ont été élaborés à partir de vins cultivés en plaine (par opposition aux coteaux). Le mot vient de *champaigne*, qui a également donné *campagne*[123].

Hépar (1873)

Cette source, qui s'appellera dans un premier temps la Source salée en raison l'abondance de sels minéraux dans son eau, a été découverte par Ambroise Bouloumié, en charge de la *Société des Eaux de* ***Vittel***, et fils de son fondateur, Louis Bouloumié. Les deux sources sont situées à 3 km l'une de l'autre. En 1975, Ambroise obtient l'autorisation d'exploiter l'eau de cette source, qui portera le nom d'*Hépar*, tandis que la source de *Vittel* s'appellera *Grande Source*. Pendant plusieurs décennies, les bienfaits réputés de ces deux eaux étaient pour la Grande Source les maladies rénales (ainsi que l'arthrite) et pour la source *Hépar* les maladies du foie: *Hépar* signifie *foie* en grec. Aujourd'hui *Hépar* est essentiellement indiquée contre la constipation.

Vittel, *Hépar*, mais également **Contrex** (Contrexeville n'est qu'à 5 km de Vittel), sont détenus par ***Nestlé*** *Waters*. Bénéficiant de moins de publicité que *Contrex*, *Hépar* écoule pourtant le même nombre de bouteilles: environ 300 millions par an, loin derrière Vittel, 900 millions.

Herta (1897)

Ludwig Schweisfurth et son épouse Wilhelmine, ouvrent un commerce de charcuterie dans la petite ville de Herten, en plein cœur de la Rhur, le poumon industriel de l'Allemagne. Les produits sont bons, les prix modérés et la région très peuplée: le commerce se développe vite, tant et si bien que cinq ans à peine après l'ouverture du magasin, le couple construit sa première usine pour automatiser la production.

Les guerres ne ralentiront pas l'inexorable progression de l'entreprise: il faut nourrir les soldats (et les autres). En 1917, l'entreprise compte 50 employés, en 1947 dix fois plus. Cette année-là, Karl Schweisfurth, le fils de Ludwig, profite du 50e anniversaire de la maison pour lui un nouveau nom, plus dynamique, plus jeune: *Herta*, un nom bien sûr en rapport avec la ville, mais également avec une divinité germanique, *Herta* ou *Hertha*, au sexe variable, tantôt femme, tantôt homme, voire ambivalente, qui représente la Terre Mère, et peut s'apparenter au couple Adam et Ève des Chrétiens. Dans la mythologie germanique, *Herta* veille à l'irrigation des prairies, à l'amendement des terres, aux migrations saisonnières et à la transhumance des éleveurs et de leur bétail.

Karl va profiter à plein du plan Marshall et du redressement économique de l'Allemagne pour développer la société. Au débit des années 60, *Herta* lance les premières charcuteries coupées et pré-emballées dans les rayons des tout premiers magasins en libre-service.

En 1959, Herta réalise sa première acquisition à l'étranger. C'est en France, avec la *Solpa* (*Société Lorraine de Produits Alimentaires*). En 1963, en un peu plus de quinze ans, le nombre de salariés a été multiplié par douze, l'entreprise possède cinq usines, soixante-quinze magasins et quelque cinq cents camions de livraison.

En 1964, Karl-Ludwig prend la succession de son père. Il revient d'un stage aux abattoirs de Chicago. Cette expérience de la production de masse va lui permettre de devenir le premier charcutier industriel européen. Le représentant de la troisième génération des Schweisfurth va mettre à profit la création du Marché Commun. Après la France, la marque débarque en Belgique, puis au Royaume-Uni. En 1973, une première unité industrielle de charcuterie voit le jour en France, à Saint-Pol-sur-Ternoise, dans le Pas-de-Calais.

En 1975, *Herta l*ance la saucisse **Knacki.**

Mais la concurrence s'exacerbe, les conflits sociaux se multiplient (en France), et il apparaît de plus en plus clair qu'aucun des deux enfants de Karl-Ludwig ne souhaite prendre sa succession. Alors ce dernier va vendre son entreprise à **Nestlé.** En trois temps : en 1984, le géant suisse de l'agroalimentaire prend 26 % du capital, porte l'année suivante sa participation à 51 % pour racheter la totalité en 1986.[124, w]

En 2013, *Herta* représentera jusqu'à 20 % du chiffre d'affaires de *Nestlé*. Il semble que la proportion ait diminué depuis puisqu'en 2019, la firme suisse décide de revendre 60 % de l'affaire au groupe alimentaire espagnol *Casa Tarradellas*.

Heudebert (1903)

Non, contrairement à ce qu'on entend parfois, le boulanger Charles Heudebert n'a pas inventé par hasard, au début du XXe siècle, la biscotte, à partir d'un pain coupé en tranche et invendu qu'il aurait passé au four une deuxième fois. Le mot existe déjà en français dès 1806 et dérive de l'italien (*voir* ***Pelletier***).

Ce qui est vrai, c'est que, comme plusieurs de ses contemporains produisant des denrées, Charles Heudebert s'est intéressé à la question de la nutrition et à la conservation des aliments, notamment à base de céréales. Ainsi, en 1912, il met au point un « *pain de guerre* » très longue conservation, qui intéresse le ministère de la guerre.

À l'issue de la Première Guerre Mondiale, la marque *Heudebert* couvre un très large éventail : lait en poudre, aliments pour enfants, bouillons, céréales, cafés et biscottes...

En 1963, la marque est rachetée par *L'Alsacienne*, qui va elle-même être absorbée dans une méga-fusion d'où

émerge l'entité *Lu-Brun.*
Aujourd'hui, la marque *Heudebert* n'est plus qu'une gamme de produits au sein de la marque **Lu,** elle-même détenue par **Danone,** qui revend sa division biscuits à **Kraft Food** en 2007.
En 2012, KF est divisé en deux et la partie internationale, à laquelle est rattachée la division biscuits (et *Heudebert*) prend le nom de **Mondelēlez International.**
W

Hine (1763, 1817)

A priori, on pourrait se dire : encore une marque de cognac fondée par ressortissant des Îles Britanniques. Sauf que celle-ci n'a pas été fondée mais seulement reprise. Explications.
Tout commence à Beaminster, une bourgade du comté de Dorset, au sud-ouest de l'Angleterre. Là, M. Hine père, de onze enfants, et néanmoins grand amateur de cognac, va envoyer en France un de ses enfants, Thomas, apprendre le français et... l'art élaborer le précieux alcool (*voir encadré*).
Thomas, âgé de seize ans, débarque à Nantes en 1791, puis se rend à Bordeaux où il séjourne quelque temps, puis rejoint Jarnac, petite ville proche de Cognac. Là, il entre comme commis chez *Ranson et Delamain,* le producteur du cognac préféré de son père. En 1796, il se marie avec Françoise Delamain et s'associe à son beau-père, James Delamain, co-fondateur de la maison.
Malheureusement, la firme fait faillite en 1817. Mais l'établissement, les alambics ont pu être sauvés. Thomas Hine s'associe alors avec son beau-frère, Garreau, et fonde la maison *Hine & Cie*. Finalement, il n'y a que le nom qui change. Or la maison *Ranson et Delamain* avait été fondée en... 1763. D'où la date revendiquée désormais par Hine.
Malheureusement, cinq ans plus tard, Thomas décède d'une pneumonie, à l'âge de 47 ans. Son fils aîné, Thomas George, prend la relève.
Cinq générations se succéderont ainsi, jusqu'à ce que la maison soit rachetée en 1971 par la firme britannique *Distillers Company Ltd* (*LCD*). Elle-même sera rachetée par **Guiness** en 1986. L'année suivante, à l'occasion de la reprise de **Moët-Hennessy** par Bernard Arnault, propriétaire de *Louis Vuitton, Hine* passe chez ce dernier.
En 2003, *Hine* est revendu au fonds d'investissement *CF Financial Group* de Trinidad, qui le cède en 2013 au négociant en vins **Nicolas,** lui-même détenu par le groupe *Castel.*[125, so]

Comment est né le cognac ? Grâce aux marchands néerlandais. Des vignes, dans la région de Cognac, il y en a depuis le IIIe siècle de notre ère, depuis que l'empereur romain Probus a autorisé sa culture en Gaule. Au XIIe siècle, sous l'impulsion

de Guillaume X, duc de Guyenne et comte de Poitiers, se constitue un vignoble important, le vignoble du Poitou.
Au siècle suivant, ce vin commence à être commercialisé via les bateaux hollandais venus chercher du sel. Le vignoble s'étend dans l'intérieur de la région.
Mais au XIVe siècle, ce vin est de plus en plus concurrencé par celui de Bordeaux, qui résiste mieux au transport maritime, d'autant plus que ce dernier est fortement perturbé, donc ralenti, par la Guerre de Cent Ans.
Au XVIIe siècle, les Hollandais, qui possèdent déjà l'alambic, en apportent dans le Poitou pour distiller le vin sur place. Ils appelaient le vin distillé le *vin brûlé*, en néerlandais *gebrande wijn*, qui a donné le mot *brandy*.
À l'époque, il ne s'agit que de simple distillation, l'idée étant de débarrasser ce vin de son eau, pour diminuer les frais de stockage, faciliter son transport et sa stabilité dans le temps. Et à l'arrivée, les consommateurs en rajoutaient, pour recréer du vin. Évidemment le goût n'était pas le même, mais apparemment il était suffisamment agréable pour que cette pratique se répande.
Au XVIIIe siècle, la technique progresse, les Français apprennent à se servir des alambics et les modifient au gré de leurs besoins. D'autre part, on s'est aperçu que du cognac oublié dans des fûts en bois s'était bonifié, au point de pouvoir se boire pur.
Peu à peu, Londres se substitue à Amsterdam comme plaque tournante du commerce européen. Au même moment, la croissance économique et démographique anglaise, le développement de la Royal Navy et la révolution financière britannique créent au même moment une pénurie d'alcools distillés à base de céréales.
Il faut trouver des produits de remplacement pour la consommation locale et plus encore pour l'exportation dans les colonies. Pour rendre le cognac inaltérable, les marchands anglo-saxons et les Hollandais installés à Londres ont alors l'idée de pratiquer la double distillation à l'instar de ce que font déjà les irlandais avec leur whisky.
Cette double distillation est vraiment utilisée à grande échelle à partir XVIIIe siècle. Du coup, de riches commerçants britanniques viennent fonder en Charente des sociétés de négoce, puis de production de cognac. Seront ainsi créées les maisons **Martell, Hennessy,** *Delamain et Hine.*[126, w]

Hipp (1899, 1932)

En 1999, Maria, la femme de Joseph Hipp, un boulanger et fabricant de bougies, installé à Pfaffenhofen, dans le Bade-Wurtemberg (Allemagne), donne naissance à des jumeaux qu'elle ne parvient pas à nourrir au sein. Son mari va alors concevoir une bouillie à base de biscotte broyée, de lait et d'une touche de miel pour pallier cette carence. Les jumeaux sont sauvés, la nouvelle se répand, la demande afflue pour ce nouvel aliment pour bébé, Georg commence à le fabriquer en grandes quantités et à le commercialiser, les affaires vont bien.

Son fils Georg va passer la vitesse supérieure en 1932 en fondant la société Georg Hipp OHG (Offene Handelsgesellschaft, société en nom collectif). La politique nataliste du parti nazi au pouvoir favorise objectivement le business de Georg. Ce dernier n'est pas pour autant bien vu du régime. Otto, l'un de ses frères, maire de Ratisbone (Regensburg) de 1922 à 1933, a été brutalement *démissionné* pour avoir refusé d'accrocher l'étendard nazi au fronton de l'hôtel de ville. Ennemi acharné de Hitler, il fera d'ailleurs partie du réseau de résistance allemand *Heimatbewigung, le Mouvement pour la patrie.* Georg lui va discrètement déménager à Munich avec sa femme et ses cinq enfants au début de la guerre. Même s'il tente de garder les commandes à distance, la firme sort exsangue du conflit. Elle ne devra son salut qu'aux Américains qui, dans le cadre d'un programme alimentaire, lui fournissent le cacao et le lait en poudre, en échange de rations de boîtes de son produit fini. Toutes les 100 boîtes, Georg est autorisé à en prélever une. C'est peu mais cela lui permet de refaire surface pour profiter du baby-boom d'après-guerre. Très vite, il va se diversifier vers le bio, histoire de se distinguer de la concurrence, nombreuse. Son fils Claus poursuit dans ce sens : aujourd'hui *Hipp* dispose d'un réseau de quelque 6000 agriculteurs labellisés *bio.* Il s'ouvre en outre à l'international. Mais il faudra attendre les années 90 pour que *Hipp* fasse son apparition en France.[50 et 127]

Hoegaarden (1965)

Hoegaarden, dont l'orthographe est aussi simple que la prononciation, est une *bière blanche* (*witbier* en flamand), c'est-à-dire une bière de blé (et non pas d'orge, contrairement à la plupart des cervoises).

La paternité de ce type de bière est attribuée aux moines du village de Hoegaarden, aux alentours de 1445. Ces bières avaient l'inconvénient d'être très aigres, jusqu'au jour où, un bon siècle plus tard, l'un des moines eut l'idée d'y faire macérer des écorces d'orange et de la coriandre en provenance de la colonie espagnole de Curaçao : les Pays Bas, qui comprenaient alors la Belgique, ont appartenu à la Couronne espagnole de 1556 à 1714. À partir de là, l'industrie brassicole de Hoegaarden va prospérer et, en 1736, le village compte 36 brasseries et 110 malteries. Cependant, après les invasions des armées françaises révolutionnaires à la fin du XVIIIe siècle, puis le développement de la bière blonde, la *lager*, à fermentation basse (*voir* ***Amstel, Bavaria)***, le village perd beaucoup de son importance. Une brasserie, *Thomsin*, fera de la résistance jusqu'en 1957, où elle finira par fermer. La bière blanche disparaît.

En 1965, un ancien employé de *Thomsin*, Pierre Celis, décide de relancer la production en créant la brasserie *De Kluis* (*le caveau*). Malheureusement, en 1985, un incendie ravage les installations. La brasserie **Stella Artois** décide alors d'aider cette brasserie à se reconstruire, en échange d'une partie du capital. Cette acquisition sera facilitée par le fait que Pierre Celis revend la totalité de ses parts pour aller poursuivre d'autres aventures aux États-Unis.

Aujourd'hui, *Hoegaarden* fait partie du portefeuille de marques de *AB InBev* (*voir* ***Stella Artois)***. w

Hollywood (1952)

Ce chewing-gum au nom si américain a bien été créé par un Américain, mais en France. Courtland E. Parfet, un ex-GI qui avait participé au débarquement de Normandie, revient dans l'Hexagone au début des années 50 comme représentant en chewing-gums pour le compte d'une société américaine.

Il va finalement décider de créer sa propre société. Où ? Comment ? Curieusement, on dispose de très peu d'éléments. Ce qui est sûr, c'est que *Hollywood* n'est commercialisé que sur le marché français, deuxième marché mondial du chewing-gum derrière les États-Unis (idem pour *McDonald*), où il est leader avec 45 % du total.

Quant au nom, *Hollywood* (littéralement *bois de houx*), il a sans doute été choisi parce que c'est le nom américain le plus connu en France avec New York, et surtout celui qui évoque le cinéma, le strass, le rêve.

En 1955, la société fusionne avec **Kréma.** En 1963, *Kréma-Hollywood* est rachetée par *General Food Corporation* et devient *General Food France.*

En 1990, *Kréma* et *Hollywood*, ainsi que **Malabar,** sont regroupés au sein de *Kraft Jacobs* ***Suchard***, filiale de **Kraft Foods,** qui vient de fusionner avec *General Foods* au sein de **Philip Morris.**

En 2000, *Kraft Foods* cède son activité confiserie de bonbons et chewing-gums à **Cadbury.** Pourtant, en 2010, *Kraft Food* rachète *Cadbury* et redevient propriétaire des marques héritées de *General Foods*

Enfin, en 2012, à la suite d'une scission du groupe *Kraft Foods*, *Hollywood* appartient au groupe **Mondelēz International** (*voir ce nom*) w, tandis que **Kréma, Suchard, Malabar** et autres confiseries sont rachetés par Eurazeo (*voir* ***Carambar)***.

Hoyo de Monterrey (1851)

En 1831, José Gener y Batet quitte sa Catalogne natale pour rejoindre son oncle dans une plantation de tabac à Cuba, dans la Vuelta

Abajo, l'une des meilleures régions à l'ouest de l'île.

Vingt ans plus tard, il ouvre sa propre fabrique de cigares à la Havane et crée sa marque, *La Escepción*. En 1865, grâce aux bénéfices il achète dans la commune de San Juan y Martinez une plantation (sur place on appelle cela une *vega*) dans la Vuelta Abajo, et dépose un nouveau nom de cigare : *Hoyo de Monterrey*, littéralement *le trou de Monterrey*, cette plantation se trouvant dans une sorte de cuvette. *Vuelta Abajo* signifie d'ailleurs (*re*)*tour en bas.* Il va devenir l'un des plus gros producteurs de cigares de Cuba. À sa mort en 1900, la maison compte 350 employés et produit 50 millions de cigares par an. Sa veuve prend la relève. Puis sa fille. Mais en 1931, les Gener préfèrent se recentrer sur la canne à sucre. Ils vendent les deux marques à la société *Fernández, Palicio y Cía*, qui possède déjà, entre autres, la marque **Punch.**

Dans les années 40, les gammes *Le Hoyo* et *Châteaux* (cette dernière sera reprise ultérieurement par la marque **Davidoff)** sont créées pour le distributeur suisse *A. Dürr.* À la mort de Ramón Fernández, Fernando Palicio devient l'unique propriétaire et en 1958, ses cigares représentent 13 % des exportations de cigares cubains.

Après la nationalisation de l'économie cubaine en 1960, Fernando Palicio quitte Cuba pour la Floride. Il vend ses marques à la famille *Villazon*, qui poursuit les fabrications *Punch* et *Hoyo de Monterrey* dans leur usine de Tampa, en Floride, pour le seul marché américain, du fait de l'embargo décidé par le gouvernement à l'encontre de Cuba dans les mois qui ont suivi la nationalisation et l'expropriation.

Cuba, de son côté, exporte ces mêmes marques dans le reste du monde[128, w].

8 à Huit (1977)

Cette enseigne créée par le groupe *Promodès* est tombée dans l'escarcelle de **Carrefour** après la fusion des deux groupes en 1999. Elle s'efface progressivement depuis 12018 au profit de **Carrefour Market, Express, Contact** (*voir Carrefour*).

H. Upmann (1843 ou 44)

En 1840, le banquier allemand Hermann Upmann ouvre une succursale à la Havane, ce qui lui permet de se faire envoyer des cigares chez lui à Brème. C'est lui, dit-on qui, le premier, aurait eu l'idée de conditionner les cigares dans des boîtes en bois de cèdre.

En 1943 (ou 1844), il ouvre une fabrique avec son frère August et les fils de ce dernier, German et Alberto.

Après un demi-siècle de succès, en1924, la fabrique se retrouve en cessation de paiements, en raison de l'effondrement du Mark (l'Allemagne était le plus gros débouché). Elle est rachetée par une firme anglaise *J. Frankau & Co.* En 1935 (1937 ?), nouveau changement de propriétaires, les frères *Menéndez, Garcia y Cía.*, les fabricants de **Montecristo,** reprennent l'affaire.

En 1960, à la suite de la nationalisation de l'économie cubaine et l'expropriation de toutes les entreprises étrangères, *Menéndez and García* déménagent la marque dans un premier temps vers les îles Canaries, ensuite en République dominicaine, où ils recommencent à produire pour le marché américain (les États-Unis ont décrété l'embargo à l'encontre de Cuba et ne reconnaissent pas les nationalisations des sociétés étrangères). Aujourd'hui, la marque est détenue par *Altadis* (aujourd'hui propriété d'*Imperial Brands*), tandis qu'à Cuba, des cigares de même marque sont également produits dans la fabrique d'origine, maintenant appelée *Fabrique José Martí*, avec des feuilles provenant de la région Vuelta Abajo, l'une des meilleures pour la culture du tabac[w]. Ces cigares sont exportés dans le monde entier, États-Unis exceptés.

Hyper U (1983)
(*voir **Super U***)

Iglo (1924, 1958)

Au début des années 1910, l'explorateur et scientifique Clarence Birdseye constate au cours d'un périple dans des régions froides que le poisson qu'il avait laissé dans la glace immédiatement après la pêche l'année précédente était parfaitement conservé.

En 1924, il dépose le nom de *Birdseye Plate Froster* (que l'on peut traduire par *Plat gelé Birdseye*) et fonde la *General Seafoods Corporation* (*société générale de produits de la mer*). En 1929, la société *Birdseye* est rachetée par les sociétés *Postum* et *Goldman-Sachs trading Corporation* (qui deviendra plus tard *General Foods*).

Le nom *Birdseye* est conservé mais en deux mots, *Birds Eye*, littéralement *œil d'oiseau* (en l'occurrence un oiseau de mer, qui repère sa proie depuis le ciel avant de plonger).

Dans les années 30, l'arrivée de la technologie du surgelé fait naître une nouvelle branche de l'alimentation. En 1938, *Frosted Foods* (*aliments surgelés*), une filiale de *General Foods*, gère la marque *Birds Eye* au Royaume Uni, en partenariat avec la société **Chivers & Sons,** le fabricant de marmelade.

À la fin des années 40, *Unilever* obtient les droits de distribution pour le monde entier et commence à commercialiser ses premiers produits surgelés, du hareng et des petits pois. Une société sœur hollandaise (*Unilever* est une société mi-anglaise, mi-néerlandaise, comme *Shell*) propose ces produits aux Pays Bas, en France, en Belgique et en Suède. Sans succès.

En 1952, *Birds Eye* lance les *Fish Fingers, les Doigts de Poisson*, des petits bâtons de cabillaud panés. Cette fois-ci, le succès est au rendez-vous. En Angleterre comme en Europe. *Unilever* rachète la totalité du capital de *Birds Eye Europe.*

En 1958, *Unilever* fait alliance avec une société belge, *Iglo.* Conséquence, la plupart des produits Birds Eye distribués en Europe continentale, Russie comprise, porteront la marque *Iglo,* sauf en Italie, où *Unilever* a racheté la filiale italienne de **Findus,** et où ils porteront donc ce nom. Simple, non ?

Dans les années 60, est lancée en Grande-Bretagne la marque *Captain Birds Eye,* plus spécifiquement destinée aux enfants. Elle intègre naturellement les bâtonnets de poisson. Cette marque a pour mascotte un vieux capitaine à barbe blanche.

Mais là encore, même au sein d'*Iglo*, la sous-marque va porter des noms différents suivant les pays. En France, où cette marque n'arrive qu'en 1986, c'est *Captain Iglo*, le mot anglais étant retenu car plus court que le français capitaine. On aurait aussi pu écrire *Cap'taine*. C'est ce qu'ont fait les Allemands: *Käpt'n Iglo*. Au Portugal, cela devient *Capitãn Iglo*, en Italie, *Capitan... Findus*, en Espagne *Capitan* ***Pescanova***. Dans ce pays, le capitaine est jeune et habillé en jaune. Enfin en Belgique et aux Pays Bas, c'est *Kapitein Iglo*.

En 2006, le fonds d'investissement *Permira* rachète à Unilever *Birds Eye et Iglo* et rebaptise l'ensemble *Birds Eye Iglo Group*, ramené en 2011 à simplement *Iglo*.

En 2015, *Permira* revend *Iglo* au Britannique *Nomad Foods*, qui rachètera quelques mois plus tard son principal concurrent, **Findus.**[so, w]

Illy (1933)

Cette entreprise italienne de café, *Illycaffè*, a été fondée par un officier hongrois, Illy Ferenc, basé à Trieste pendant la Première Guerre Mondiale. À cette époque, la ville fait partie de l'Empire austro-hongrois.

Trieste devient italienne en 1921 et Illy Ferenc décide d'y rester pour monter un petit commerce de café. Il italianise très vite son nom en Francesco Illy. En 1935, il invente la première machine automatique utilisant la vapeur pour faire passer le café. C'est l'ancêtre des machines à expressos. Il va également développer un conditionnement en boîte de métal scellée où l'air est remplacé par un gaz inerte, ce qui permet une conservation beaucoup plus longue du café sans pertes de goût ni d'arôme. Cela permet de commercialiser le café *Illy* dans toute l'Italie.

À l'issue de la Seconde Guerre Mondiale, son fils Ernesto reprend les rênes de la société et la développer à l'international. Ernesto est également un scientifique. Il met sur pied un laboratoire de recherches, à la fois pour améliorer encore la conservation du café mais également pour fabriquer des machines à expressos. Aujourd'hui, c'est son fils Andrea qui tient les rênes de l'entreprise.

Innocent (1999)

Richard Reed, Adam Balon and Jon Wright, trois jeunes diplômés du collège Saint John's de Cambridge, où ils se sont connus, travaillent dans des entreprises différentes, publicité ou consultants. Un hiver, ils partent en vacances, faire du ski. Et pendant les longues soirées, ils discutent. Une chose ressort: ils aimeraient bien travailler ensemble. Pour faire quoi ? Aux États-Unis, il y a un type de boissons qui marche bien depuis la fin des années 60 et qui n'existe pas encore en Europe, les *smoothies*, (littéralement *les onctueux*), des jus de fruits mélangés à des fruits pressés. Aussitôt dit, aussitôt entrepris. De retour à Londres, les trois entrepreneurs en herbe vont passer six mois – et 500 livres (un peu plus de 650 euros) – à expérimenter différentes recettes. Satisfaits du résultat, ils prennent un stand à un festival de musique pour vendre leurs breuvages. Au-dessus du stand, un panneau : « *Devons-nous quitter nos jobs pour lancer des boissons saines ?* ». Et à côté du stand, deux poubelles pour les gobelets vides, l'une marquée *Oui*, l'autre, *Non*. À la fin de la soirée, la poubelle des oui est pleine. Leur destin est scellé. Ils rédigent un business plan. Refus de la banque. Ils le referont dix fois. Dix refus. En désespoir de cause, ils envoient un courriel à toutes leurs relations : « *Connaissez-vous quelqu'un de riche prêt à se lancer dans une aventure entrepreneuriale ?* ». Ils ont besoin de lever 250 000 livres, près de 300 000 euros…

Une personne leur répond. Un riche américain, du nom de Maurice Pinto. Il leur explique qu'il ne croit pas beaucoup au projet, mais il croit en eux en tant qu'équipe. Il leur annonce qu'il va mettre 50 000 livres et qu'il se fait fort de trouver quatre autres investisseurs pour le même montant. Tous ses amis répondront par la négative. Alors, gêné de s'être trop avancé, il va rajouter 200 000 livres de sa poche. À fonds perdu pensait-il… Reste à trouver un nom. Après neuf mois de cogitations, leur bébé s'appellera *Innocent*. Et ce sera un *Innocent* les mains pleines. L'entreprise va en effet écouler deux millions de smoothies par semaine ! Douze ans plus tard, quand ils revendent leur affaire à **Coca-Cola,** le géant américain leur fait un chèque de 320 millions de livres (430 millions d'euros). Maurice Pinto empochera cent fois la mise de son investissement initial… Jolie histoire non ? [129, 80]

Intermarché (1969)

Tout commence par un schisme. Entre Édouard Leclerc, fondateur des magasins éponymes et Jean-Pierre Le Roch, président de l'*ADCLec, l'Association des Centres Distributeurs Leclerc.* Question de vision : Édouard Leclerc fait du magasin – super ou hypermarché – le centre névralgique des achats, ce qui lui permet d'acheter en direct aux producteurs locaux, la centrale d'achats n'étant là que comme un mal nécessaire. Au contraire, pour Jean-Pierre Le Roch, la centrale occupe une place primordiale dans la structure. Une partie des adhérents va le suivre et former les *Ex, Offices de Distribution*[130]. En 1973, le pétrolier américain **Exxon** ayant souhaité racheter tous les noms commençant par *Ex*, cette structure coopérative change de nom pour s'appeler *Intermarché*, avec pour slogan : « *Les Mousquetaires de la Distribution* ». À partir de 1979, en raison du lancement de plusieurs lancements de plusieurs enseignes spécialisées – **Bricomarché,** *Restaumar-*

ché qui deviendra *Poivre Rouge* en 2011, *Stationmarché*, des stations-service qui deviendront *Roady* en 2005, *CDM* (*Comptoir des marchandises*), parallèlement au développement d'un réseau de magasins de hard-discount qui deviendront **Netto** en 1995 – *Les Mousquetaires* vont devenir le nom de la société civile qui chaperonne l'ensemble et *Intermarché* l'enseigne réservé aux hypermarchés. Particularité *d'Intermarché*, l'enseigne se veut *«producteur-commerçant »*.

Irish Mist (1947)
À l'issue de la Seconde Guerre Mondiale, Desmond Williams, petit-fils de Daniel E. Williams et patron de la distillerie de *whiskey* irlandais **Tullamore Dew,** a tenté de relancer l'activité en créant l'*Irish Mist* (littéralement *brume irlandaise*), une liqueur élaborée à base de *blends* (assemblages) de *whiskeys* irlandais mélangés à des herbes et du miel, officiellement selon une recette qui aurait disparu à la fin du XVIIe siècle et dont on aurait retrouvé le manuscrit. Miraculeusement. Rachetée avec la marque *Tullamore Dew* par **William Grant & Sons** en 2010, elle a été revendue dans les mois suivants au groupe italien **Campari.** Ce dernier la cédera en 2018 au groupe familial américain *Heaven Hill*, qui possède également **Dubonnet.**

Isio 4 (1990)
Cette huile, lancée par le groupe **Lesieur,** est la première huile issue d'un mélange de plusieurs huiles, pour offrir au consommateur un corps gras équilibré : huiles de tournesol, de colza, d'*Oléisol* (huile de tournesol issue de graines dites oléiques riches en oméga 9, bénéfiques pour leur action contre le cholestérol) et de pépins de raisin. Ce nom, *Isio 4*, a été conçu par la créatrice de marque Barbara Castello. Sans dévoiler de secrets de fabrication, on peut imaginer que ce nom s'inspire d'*iso*, *égal* en grec, donc *équilibré*, sans doute mixé avec *bio*, *la vie*, que cette huile améliore chez le consommateur.

Isostar (1977)
Première boisson de l'effort conçue pour répondre aux besoins des athlètes. Pour ce qui est du nom, on peut imaginer que cette potion se donne pour objectif de mettre celui la boit à l'*égal*, *iso* en grec, des meilleurs, c'est-à-dire des stars... *Isostar* est aujourd'hui propriété de la société *Nutrition & Santé* (*voir* ***Gerblé***).

Istara (1987)
Le fromage de Roquefort, dont on fait mention dès le XIe siècle, a vu sa renommée dépasser les limites de la région de production, l'Aveyron, au cours du XIXe siècle. Tant et si bien qu'en 1904, des producteurs de Roquefort implantent des unités de production de fromages de brebis dans les Pyrénées, les fromages étant par la suite expédiés à Roquefort-sur-Soulzon pour l'affinage

dans les cavités naturelles de la montagne du Combalou.

La **Société des Caves de Roquefort** réfléchit alors à l'élaboration de nouveaux produits, notamment au Pays basque, où la production de fromages de brebis est ancestrale.

En 1964, la *Société des Caves de Roquefort* inaugure fait construire une fromagerie dans le petit village de Larceveau-Arros-Cibits (Pyrénées-Atlantiques), gérée par sa filiale *Pyrénéfrom*, créée simultanément. En 1980, afin de regrouper une production de fromages jusque-là éparpillée dans chaque vallée, chaque fromage portant le nom du village où il est fabriqué, une zone d'*Appellation d'Origine contrôlée* (*AOC*) est mise sur pied. Sa limite de production est comprise entre la vallée d'Ossau, à l'ombre du pic du Midi, et la forêt d'Iraty, ou Irati en basque, à 100 km à l'ouest. D'où cette appellation *Ossau-Iraty*.

Lactalis, propriétaire du roquefort *Société* depuis 1992, créera six ans plus tard pour l'Ossau-Iraty une marque de fromage, *Istara*, qui sonne comme un raccourcissement d'un nom bien difficile à mémoriser. En 2008, cette marque sera déclinée sur toute une gamme de fromages pyrénéens, le **P'tit Basque**[131, w].

J

Jacques Vabre (1968)
À la fin de la Seconde Guerre Mondiale, Jacques Vabre entre dans la petite société de torréfaction créée en 1924 par son beau-père, Marcel Denamiel. Sous sa houlette, l'entreprise va rapidement prendre de l'importance, notamment après la création d'une usine de torréfaction, près Montpellier, en 1953. Mais c'est à 1967 que les choses changent vraiment: Jacques Vabre sort sous sa marque le premier paquet de café moulu sous vide. La société *Jacques Vabre* est fondée simultanément.
Trois ans plus tard, les sociétés **Douwe Egberts** et *Jacobs* entrent au capital. En 1983, *Jacobs* l'a racheté en totalité et regroupe la marque avec celles de *Jacobs*, **Grand'Mère et Carte Noire** qu'il possède déjà et celles de sa filiale *Interfood* (chocolat **Suchard, Milka, Toblerone)** pour former Jacobs Suchard. Aujourd'hui, *Jacques Vabre* appartient au groupe **Jacobs Douwe Egberts**.

Jacobs Douwe Egbert (JDE) (1753)
En France, Louis XV est sur le trône quand un certain Egbert Douwes fonde à Amsterdam la *Douwe Eberts Koninklijk Tabaksfabriek-Koffiebranderijen-Theehandel* (*Société Royale de Manufacture de Tabac, Torréfaction de Café et Commerce de Thé Douwe Egbert*).
La société est rachetée en 1978 par la firme américaine *Consolidated Foods Corporation* qui devient, en 1985, *Sara Lee*. En 2012, la société se scinde en deux. D'une part, *Hillshire Brands*, regroupe toutes les activités nord-américaines, d'autre part *D.E. Masters Blenders 1753* (*DEMB* pour faire court), reprend l'ensemble de son secteur café et thé au niveau mondial. *D.E.* fait tout naturellement référence à *Douwe Egberts* en rappelant que lui et ses descendants étaient Maîtres Torréfacteurs d'une maison créée en 1753.
En 2013, *DEMB* est racheté par *Joh. A. Benckiser* (*JAB*), la holding financière de la famille Reimann pour 7,5 milliards d'euros.
Un an plus tard, *DEMB* est fusionné avec les activités café de **Mondelēz International** pour former **Jacobs Douwe Egbert,** détenu à 51 % par *DEMB* et 49 % par *Mondelēz International*.
La famille Reimann est aussi discrète que riche. C'est un peu l'équivalent allemand de la famille Besnier **(Lactalis),** à ceci près que leur empire est très di-

versifié. Il comprend notamment les parfums *Coty* et le groupe de détergents et de produits pharmaceutiques *Reckitt* (*ex-Reckitt Benckiser*).

Selon le magazine américain *Forbes*, la fortune de la famille Reimann est répartie équitablement entre quatre membres, Wolfgang Reimann, Matthias et Stefan Reimann-Andersen et Renate Reimann-Haas, avec chacun 3,8 milliards de dollars (2021).

J & B (1749, 1830)

L'histoire commence à... Bologne, en Italie. Là, un certain Giacomo Giusterini, 30 ans, tombe éperdument amoureux de la chanteuse d'opéra Margherita Bellino. Drame absolu, l'élue de son cœur part à Londres poursuivre sa carrière professionnelle. Ni une ni deux, Giacomo part s'y installer. Gardant les pieds sur terre, il emporte avec lui quelques recettes de liqueur : son oncle est un distillateur.

À peine arrivé dans la capitale britannique, il comprend que son nom est imprononçable par les sujets de sa Majesté le roi George III et le modifie en Justerini. L'affaire avec la belle Margherita ne dure pas plus que le temps d'une rose. Mais grâce à elle, Justerini a rencontré un acteur de la troupe dont le petit-fils, George Johnson, ayant eu connaissance des recettes de l'Italien, décide de le financer.

Ensemble, ils ouvrent un magasin de liqueurs, *Justerini & Johnson*. Ce dernier gère pendant que son associé prépare dans l'arrière-boutique liqueurs, élixir, sirops, essences selon les préceptes de son oncle.

Mais le climat londonien et la routine finissent par lasser le Transalpin. En 1760, il revend ses parts à Johnson et repart pour l'Italie. Cette année-là – est-ce avant, est-ce après ? – la maison se voit accorder son premier *Royal Warrant*, c'est-à-dire le titre de fournisseur de la couronne.

Au siècle suivant, en 1830, un riche Britannique, Alfred Brooks, rachète l'affaire à la 3e génération de Johnson. Et la renomme *Justerini & Brooks*, ce qui tendrait à prouver qu'il savait que les liqueurs avaient été concoctées par l'Italien. Il installe la boutique à Regent's Park, un quartier huppé de Londres. Charles Dickens en sera un client assidu.

Pour l'instant, le mot whisky n'a pas encore été évoqué. C'est effectivement Brooks, qui le premier dans cette maison, va s'y intéresser. Entrevoyant le potentiel des *blends*, les mélanges de whiskies, il est le premier marchand de spiritueux londonien à faire venir des whiskies d'Écosse et à élaborer son propre mélange à Londres. Il l'appelle *Club* et ce *blend* est encore disponible à la boutique de Saint James's Street à Londres et à Alva Street à Edimbourg.

J & B se développe, survit à la Première Guerre Mondiale, puis à la Prohibition aux États-Unis (1919-

1933), la crise économique post-krach de 1929, enfin à la Seconde Guerre Mondiale. Mais il ne résistera pas au mouvement de concentration opéré dans les années 50 dans le domaine des spiritueux. *J & B* fusionne avec *United Wine Traders*. La nouvelle entité fusionne à son tour en 1962 avec le producteur de gin *Gilbey* pour former l'*International Distillers & Vintners* (*Marchands de vin et distillateurs internationaux*). Cette société est ensuite rachetée par *Grand Metropolitan*, qui en 1972 fusionne avec **Guiness** pour devenir **Diageo.**[132, w]

Jack Daniel's (1875)

Sur la bouteille de ce whiskey, ainsi que l'écrivent les Américains, il est écrit, discrètement sur le côté « *qualité et savoir-faire depuis 1866* ». Tout esprit normalement constitué pourrait conclure que c'est la date de création de la distillerie. Que nenni : elle a été fondée en 1875.

La phrase n'est pas totalement mensongère pour autant. Explications. Et suppositions. L'histoire de Jasper Newton « Jack » Daniel commence par un mystère, celui de sa date de naissance. Sur sa tombe, il est indiqué : 1850. Problème, sa mère est morte trois ans avant. En 2013, la bibliothèque de l'État du Tennessee précise, selon les documents officiels de l'époque, qu'il est né le 5 septembre 1846. Très jeune, le petit Jack sera placé chez un certain Dan Call, un prédicateur laïc le jour et un bouilleur de cru la nuit (donc illégal). Là, il va apprendre l'art de la distillation avec le Maître Distillateur Nathan « Nearest » Green, un esclave noir : nous sommes à Lynchburg, Tennessee, c'est-à-dire dans le sud des États-Unis, quelques années avant la Guerre de Sécession (1861-1865).

Le père de Jack fera partie des quelque 260 000 victimes du conflit, côté Confédérés (Sudistes). Après une longue bataille familiale, Jack touche une part de l'héritage en... 1875. Et c'est précisément à cette date qu'il s'enregistre officiellement comme distillateur. Toujours avec Green à ses côtés, mais en homme libre. Certains de ses descendants travaillent aujourd'hui encore dans la distillerie.

Jack rachète la distillerie en 1884. Sans enfants, il fait venir ses neveux, parmi lesquels Lemuel « Lem » Motlow. En 1895, Jack a un coup de génie : il décide d'embouteiller son nectar dans des bouteilles carrées, ce qui permet d'identifier à coup sûr le produit, même quand on a oublié le nom ! En 1907, sentant sa santé faiblir, Jack cède la distillerie à Lem, qui restera près de quarante ans à sa tête. Jack décèdera en 1911. Non pas de maladie, mais d'un accident bête s'il en est : il mourra d'une septicémie après s'être fracturé le pouce du pied en donnant un coup sur son coffre-fort dont il avait oublié la combinaison !

La maison *Jack Daniel's* va particulièrement souffrir de la Prohibition. En effet, si à l'échelon du pays, celle-ci a duré de 1920 à 1933, au Tennessee, elle a commencé en 1910 pour s'achever en 1938 ! Par ailleurs, le gouvernement américain a interdit la production de whisky entre 1942 et 1946 pour que les entreprises se concentrent sur l'effort de guerre. La distillerie fabriquera de l'alcool industriel. La production de whisky redémarre finalement en 1947, l'année de la mort de Lem. Mais ce dernier avait déjà transmis les rênes à son fils J. Reagor, depuis 1938. Comme son père, ce dernier a mené de front une carrière politique, comme parlementaire local. Cela a-t-il des conséquences sur la marche de l'entreprise et son rachat par le groupe américain de spiritueux Brown-Foreman, difficile de dire, d'autant que Reagor restera président jusqu'en 1963.

Reste une inconnue : qui a eu l'idée de filtrer le distillat à travers du charbon de bois d'érable, ce qui donne son goût si typique à ce breuvage ?

Jack Daniel's est aujourd'hui la 6e marque la plus vendue au monde avec 1,2 million d'hectolitres. C'est même la 2e derrière **Johnnie Walker,** si l'on exclut les whiskies produits en Inde.

Sur les bouteilles de Jack Daniel, il est précisé, dans un petit cartouche, *Old No. 7 Brand.* Parmi les très nombreuses explications plus ou moins fantaisistes qui ont circulé à propos de ce nombre, deux retiennent l'attention. La première est celle de Ben A. Green, dans son livre *Jack Daniel's Lagacy*, qui explique que ce numéro a été choisi en 1887 en l'honneur d'un ami de Tullahoma, ville voisine de Lynchburg. Cet ami, marchand, disposait d'une chaîne de sept magasins. Outre le fait que le nom de cet ami n'est pas précisé, nous préférons la deuxième explication, celle de Peter Krass, auteur d'une biographie sur Jack Daniel (*Blood and whiskey : the life and times of Jack Daniel*). Selon lui, ce nombre était le numéro d'immatriculation de la distillerie attribué par le gouvernement fédéral : n° 7, dans le district 4. Au demeurant, il semble que les distilleries n'avaient pas le droit d'afficher le nom le nom de la marque du whiskey qu'elles produisaient. Jack Daniel avait contourné cette interdiction en appelant son whisky tout simplement : *Marque n° 7, No. 7 Brand.* Par la suite, précise Peter Krass, le redécoupage du district a changé le numéro : n° 16, district 5, mais Jack a gardé le numéro original en raison de la déjà réputation acquise.

Le 17 mars 1924 au soir, Lem Motlow, alors patron de Jack Daniel's, avait beaucoup bu avec des amis, malgré la Prohibition. Il monte dans le train de nuit qui relie Louisville à Nashville et s'effondre sur une couchette sans même avoir pris le soin de prendre un billet. Arrivent deux contrôleurs, un Blanc et un Noir. Constatant que notre homme n'a pas de billet, ils veulent le faire descendre de sa couchette. Lem, fou de rage saisit alors le colt qu'il avait à sa ceinture. Et tire droit devant lui. Deux fois. Clearance Pullis, le contrôleur blanc, s'effondre, touché à mort. Lem est évidemment arrêté. Il risque la peine de mort. Sauf qu'au procès, il raconte qu'il a été bousculé par le contrôleur que celui a pris l'arme et dans la bagarre le coup de feu est parti. Ed Wallis dément cette version et raconte l'histoire telle qu'il l'a vécue. Le jury est entièrement constitué d'hommes blancs. Les avocats de Lem ne vont y aller par quatre chemins : *« il y a deux sortes de (Noirs) dans le Sud. Il y a ceux qui savent où est leur place... et ceux qui ont des ambitions d'égalité raciale. Dans cette catégorie est tombée Wallis, le réformiste racial, l'homme qui veut être socialement égal à vous, Messieurs du jury »*. Lem sort libre du tribunal. Aucune charge n'est retenue contre lui. Il pourra même faire de la politique[133].

Rappelons qu'à une année près, de l'autre côté de l'Atlantique, Joséphine Baker triomphait à Paris dans la *Revue Nègre.*

Jameson (1780)

Grandeur, décadence, renaissance. Voilà résumée, en trois mots, l'histoire de ce whisky irlandais.

John Jameson, un homme d'affaires écossais s'installe à Dublin où il se marie avec Margaret Haig, une sœur des frères **Haig** qui fondèrent la distillerie éponyme. Margaret a également des liens avec les Steins, des Écossais installés à Dublin et qui ont des intérêts dans le whisky.

John Jameson se dit que ce serait dommage de ne pas profiter de cet environnement et achète une distillerie à Bow Street, à Dublin. Nous sommes en 1780 et donc, s'il acquiert cette distillerie, c'est qu'elle était déjà en fonctionnement. Depuis quand nous l'ignorons mais au moment de l'achat, elle produisait déjà 30 000 gallons impériaux de whisky par an soit 136 380 litres, un niveau encore artisanal quoique déjà conséquent.

En un peu plus d'un siècle, *Jameson* va devenir la première marque mondiale de whisky, avec une production annuelle d'un million de gallons (4,5 millions de litres) à la fin du XIXe siècle. Le XXe siècle va multiplier les embûches pour le whisky irlandais, et *Jameson* n'y échappera pas : il y a d'abord l'invention de l'alambic à colonnes, qui permet une distillation continue, donc plus rapide. Inventée par un Irlandais, cette distillation sera mise en œuvre par les Écossais, les Irlandais préférant conserver les vieux alambics à cuves (*pot stills*), qui permettaient de varier les cuvées, mais qui étaient beaucoup moins productifs. À ce handicap technologique s'ajoutent toute une série de catastrophes : la Première Guerre Mondiale, suivie immédiatement après par la guerre d'indépendance de l'Irlande vis-à-vis du Royaume-Uni, ce qui va priver les producteurs de whisky de l'immense marché du Commonwealth, la Prohibition aux États-Unis puis la Crise de 1929, la hausse des taxes à l'importation du Royaume-Uni et enfin la Seconde Guerre Mondiale. À la fin du conflit, l'industrie irlandaise du whisky est exsangue. En 1966, toutes les distilleries décident alors de se réunir au sein d'une seule société, *Irish Distillers* (**Bushmills,** installé en Irlande du Nord, ne rejoindra le groupe qu'en 1972), qui va produire toutes les marques à partir d'une seule distillerie, entièrement nouvelle – tellement grande qu'on l'a comparée à une raffinerie – basée à Middleton, dans le sud du pays.

Cela ne suffira pas et en 1988, **Pernod Ricard** rachète *Irish Distillers.* En d'autres termes, le groupe français détient la quasi-totalité des grandes marques de whisky irlandaises, à l'exception de *Bushmills* revendue en 2005.

Mais sous la direction de *Pernod Ricard*, *Jameson* a retrouvé une partie de son lustre d'antan. En 1988, la distillerie de Middleton produisait environ 4,5 millions de litres par an, dont la moitié pour le marché local. Aujourd'hui, *Jameson* produit 7,3 millions de litres, ce qui le place en 11e position sur le marché mondial et même en 4e, si l'on décompte les marques indiennes (*voir ci-dessous*).[134]

Sur les vingt premières marques de whisky, douze sont indiennes. Historiquement, les premières distilleries ont été évidemment créées par les Britanniques au temps où l'Inde était une colonie. Ces marques sont le plus souvent locales (*United Spirits, Allied Blenders & Distillers, John Distilleries*), mais le groupe **Ricard** a réussi à s'implanter solidement dans le pays depuis 1993, ce qui lui permet de décrocher la 3e et la 4e place en termes de ventes au niveau mondial avec les marques *Imperial Blue* et *Royal Stag*, respectivement 233 et 198 millions de litres annuels, derrière *McDowell's* (*United Spirits*) et *Officer's Choice* (*ABD*), caracolant en tête avec plus de 270 millions de litres chacun !

Jardin BiO étic (1995, 2005)

En 1995, le groupe *LÉA-Institut Vital* (*Laboratoire d'Équilibre Alimentaire*), créé en 1993 par Charles Kloboukoff, jusque-là spécialisé dans la phytothérapie, se diversifie dans les produits bio sous la marque *Le Jardin Biologique.* En 2005, la marque élargit son offre vers les produits d'épicerie biologique issus du commerce équitable et en profite dynamiser sa dénomination en *Jardin BiO.* Par la suite, la marque inclura sa *dimension sociétale* pour devenir *Jardin BiO étic.*

Jean Rozé (1955)

Comme celle de **Monique Ranou,** vous ne trouverez la marque de *Jean Rozé* que dans les magasins *Intermarché* et *Netto.* Dans les deux cas, il ne s'agit pas de marque distributeur, dans la mesure où les produits, ici de boucherie, sont réellement produits par le groupement des *Mousquetaires*, propriétaire des enseignes de distribution. Et comme Martine Ranou, Jean Rozé a existé en chair et en os. Héritier d'une longue tradition bouchère, il a fondé avec son frère Louis en 1955 la *Société Viréenne d'Abattage* (*SVA*). Progressivement, la société va s'agrandir en rachetant plusieurs abattoirs, situés en Bretagne. En 1993, la *SVA* lance la marque *Jean Rozé.* Le fondateur de l'entreprise se retire en 2000. Un an plus tard la *SVA* est rachetée par le groupement des *Mousquetaires.* Jean Rozé décède en 2004.[so, 135]

Jenlain (1922)

En 1900, Léon Duyck fonde une brasserie à Zegerscappel, dans du Nord, près de Dunkerque.

Brouille familiale ? Toujours est-il que son fils Félix préfère, en 1922, reprendre une petite entreprise brasserie à Jenlain, dans le sud du département, où il élabore une bière de garde.

Longtemps, elle a été consommée localement. À l'issue de la Seconde Guerre Mondiale, Jenlain a l'idée de réutiliser les bouteilles de champagne vides pour y mettre sa bière, qu'il bouche avec un bouchon en liège et un muselet en métal. Ainsi parée, cette bière séduit un commerçant lillois, qui commence à la proposer à sa clientèle. Son magasin étant situé près de l'Université catholique, les étudiants se chargent de faire connaître ce qu'ils appellent la « vieille bière », faute de nom.

En 1960, le fils de Félix, Robert Duyck, lui succède. Progressivement, cette bière commence à se faire connaître et on vient de loin pour en trouver.

Il devient urgent de lui trouver un nom. Ce sera celui du bourg où se trouve la brasserie : *Jenlain.* Nous sommes en 1968. À partir des années 80, sa bière arrive sur les gondoles de la grande distribution.

En 1990, Raymond Duyck, l'arrière-petit-fils de Léon, prend les rênes de l'entreprise familiale.

Pour résister à la concurrence des grands groupes, il diversifie l'offre et propose différents types de bières. En 2013, c'est au tour de Matthieu (5e génération) de prendre la relève. Objectif : l'international. Aujourd'hui, cette brasserie produit quelque 100 000 hectolitres par an. Un volume respectable, même s'il est faible comparé à la production nationale : 20 millions d'hectolitres[so, w].

Jim Beam (1795)

Comme de nombreuses autres à la fin du XVIIIe et au cours de la grande moitié du XIXe, les Böhm émigrent aux États-Unis et s'installent dans le Kentucky, au centre-est des États-Unis. Le choix de la région n'est pas tout à fait un hasard : la plupart des émigrés allemands sont des agriculteurs, bien souvent chassés par la famine.

Ils s'installent donc sur des terres fertiles comme l'Ohio, le Kentucky, l'ouest du Maryland, le Missouri, Pennsylvanie: *« No German settles on a bad soil »* (*aucun Allemand ne s'établit sur une mauvaise terre*), écrira plus tard l'une des nombreuses gazettes allemandes publiées dans ces régions.

Très vite, la famille changera son nom en Beam, un mot qui signifie *rayon* (*de lumière*) en anglais.

Johannes Reginald Beam fut le premier d'entre eux à distiller du *whiskey* (ainsi orthographié aux États-Unis) selon une méthode particulière que l'on appellera bourbon (*voir encadré*). Nous sommes en 1795. Le *whiskey* fut d'abord appelé *Old Jake Beam.*

Les Beam vont se succéder à la tête de la distillerie, qui déménagera plusieurs fois, au gré des circonstances. Ainsi, David Beam, le petit-fils du fondateur, transfère en 1854, la distillerie dans le Nelson County (Comté), à 70 km au sud de Louisville, la capitale du Kentucky, pour profiter d'un nœud ferroviaire, à même de faciliter la commercialisation dans tout le pays.

À la fin de la Prohibition, la distillerie changera encore de lieu pour s'établir à 30 km au nord-ouest, dans le bourg de Clermont. Cette nouvelle unité de production, construite en 1933, prendra deux ans plus tard le nom de *James B. Beam Distilling Company*, du nom de celui qui dirigea l'entreprise avant et après la Prohibition et sut donc éviter la faillite.

De même à partir de ce moment-là le bourbon maison prend le nom de *Jim Beam Bourbon* (*Jim* est le diminutif de *James*).

La maison, qui acquerra d'autres distilleries, restera dans des mains familiales jusqu'en 2014, d'abord via la holding *Fortune Brands*, pour ensuite redevenir, en 2011, *Jim Beam Inc*, avant que le groupe japonais *Suntory Holding* ne la rachète[50]. *Jim Beam* est la 8e marque de whisky la plus vendue au monde et même la 3e (derrière l'Écossais **Johnnie Walker** et l'Américain **Jack Daniels),** si l'on exclut les whiskies *made in India*, peu ou pas exportés en Europe.

Le nom de bourbon, le *whiskey* américain par excellence, vient du comté de Bourbon tel qu'il a été établi en 1785. Il appartenait alors à la Virginie occidentale. À l'époque, ce comté englobait 34 des 120 comtés que totalise le Kentucky moderne. Il a été constitué à l'origine par la terre donnée par le comté Fayette (en référence à La Fayette bien sûr). Le nom de Bourbon vient de la Maison de Bourbon, en remerciement à Louis XVI pour son aide pendant la Révolution américaine. L'histoire n'en est pas à son premier paradoxe: ce roi, qui a favorisé l'avènement de la République américaine (avant tout pour gêner les Anglais) sera guillo-

tiné par ceux qui voulaient la République en France... Le comté de Bourbon est aujourd'hui beaucoup plus petit que l'original. La zone couverte par l'ancien a été renommée Old Bourbon. Du coup, ne vous y trompez pas: *Old Bourbon Whiskey* ne signifie pas que le nectar a vieilli en fûts, il vient simplement de cette région...
Le siège (chef-lieu) du Comté de Bourbon actuel s'appelle... Paris[w].

Joker (1936)
En 1929, Henri Malvoisin, négociant en vins, met au point un concentré de jus de raisin, le *Grap Curr* (une allusion à *grape cure, raisin remède* en anglais). C'est si vrai qu'il convainc les pharmaciens de le vendre en apposant le slogan *« C'est bon pour la santé! »*.
Il va ensuite élaborer toute une gamme de jus de fruits. En 1936, il fonde sa société à Mâcon et la baptise *Joker's* (Henri et son épouse Louise sont passionnés de jeux de cartes) [so]. Après la guerre, la marque *Joker* (le *s* a disparu) va aborder des saveurs moins courantes comme l'ananas, le pamplemousse ou les fruits exotiques. De nombreuses gammes seront développées en fonction de leur teneur en fruits: *Joker 100 % Pur Jus*, *Joker Pulpéa*, *Joker Vital*, *Joker Le Fruit* et *Joker Le Pur Jus Velours*. En 2001, la société est rachetée par la firme allemande *Eckes-Granini* (*voir* ***Granini***) qui possède également les marques de jus de fruits **Réa** et bien sûr *Granini*[136]. En part de marché, *Joker* occupe la deuxième place sur le marché français des jus de fruits, avec 11 % (chiffres 2018), derrière **Tropicana.** Les deux tiers des jus de fruits commercialisés le sont sous marques distributeurs.

Jockey (1963)
Fromage blanc onctueux au lait entier – malgré le nom suggérant la légèreté – créé par **Danone.**

Johnnie Walker (1820, 1857)
En 1820, John « Johnnie » Walker ouvre une épicerie à Kilmarnock, en Écosse. Il élabore son propre whisky, qu'il appelle tout simplement *Walker's Kilmarnock Whisky.*
Mais ce n'est qu'après sa mort, en 1857, que la popularité de ce breuvage va franchir les limites de la bourgade, sous l'action conjuguée de son fils Alexander et son petit-fils Alexander II. Du temps de John, le whisky représentait 8 % du chiffre d'affaires de l'épicerie. Sous les Alexander, il va dépasser les 90 %. Un événement explique ce démarrage. À partir de 1865, la loi va autoriser la vente de *blends*, c'est-à-dire de mélanges de whiskies. Le *blend* maison sera proposé dès cette année-là, sous le nom *Walker's Old Highland*, issu des *hautes terres* situées de part et d'autre de la grande faille qui partage l'Écosse. La composante majeure de ce blend est le *single malt Car-*

dhu dont la société *Johnnie Walker & Sons* rachète la distillerie en 1893.

La bouteille en section carrée fait son apparition en 1870. Trois avantages: pas de place perdue dans les caisses, moins de casse dans le transport (les bouteilles occupent totalement leur casier) et un flacon reconnaissable entre mille. D'autant plus que l'étiquette est inclinée, très précisément de 24 degrés par rapport à l'horizontale, pour plus de visibilité encore.

En 1908, James Stevenson (qui sera anobli en 1917) est directeur général de l'entreprise.

C'est lui qui va changer le nom du whisky, de *Walker's Kilmarnock Whiskies* en *Johnnie Walker Whisky.* Parallèlement, il trouve le slogan, « *Born 1820 – Still going Strong!* » (*Né en 1820 – Toujours plein d'allant!*) et le logo, qui représente *The striding man,* l'homme qui marche à grandes enjambées (*Walker* signifie *marcheur*).

La société est rachetée par la *Distillers Company* en 1925. Elle sera à son tour acquise par **Guiness** en 1986 (*voir* **Diageo**).

En dépit d'une levée de boucliers et d'une campagne de presse hostile, *Diageo* a fermé en 2012 le site historique de Kilmarnock[w]. *Johnnie Walker* est maintenant concocté à Shieldhall et à Leven.

Johnnie Walker est la marque de whisky la plus vendue au monde avec 165 millions de litres (2018), hors whiskies indiens (voir **Jameson**).

John Player Special (1877, 1901)

En 1877, le Britannique John Player achète la fabrique de tabac créée par William Wright en 1820, à Nottingham, en l'Angleterre. John Player va apporter une innovation, le tabac emballé (auparavant, il était vendu au poids). L'affaire est ensuite reprise par les fils de John, John Dane Player et William Goodacre Player. L'affaire devient *John Player & Sons.*

En 1901, face à la menace de la concurrence américaine, *JP & S* fusionne avec un autre industriel britannique du tabac, *Imperial Tobacco Group. JP & S* conserve toutefois ses marques, dont la fameuse *John Player Special,* dont on verra après la Seconde Guerre Mondiale, le sigle doré *JPS* sur les carrosseries noires *Formule 1* **Lotus** ou des motos *Norton.* Aujourd'hui la marque est partagée entre *Imperial Tobacco* et sa filiale américaine *British American Tobacco,* devenue indépendante en 1980.[w]

Jort (1888)

Julien Bessart-Duparc, nantais d'origine, s'installe en 1883 à Bernières d'Ailly dans le Calvados. Il y rachète un vieux moulin à huile, précédemment moulin à blé, construit en 1800. Il le transforme en fromagerie. Il va produire son premier camembert sous la marque *Jort* à partir de 1888. C'est le plus vieux camembert encore existant sous la même marque. Pourquoi *Jort?* Jort est un village limitrophe de Bernières d'Ailly. Très court, ce nom *Jort* était d'autant plus facilement mémorisable qu'il existait dans une maxime locale, *« vieux comme les ponts de Jort »*. Cette expression découlait du fait que ce bourg avait été un centre important à l'époque de la conquête romaine et que des ponts y avaient été construits pour traverser la Dive, un fleuve côtier qui se jette dans la Manche, entre Deauville et Trouville-sur-Mer.

En 1896, Julien cède sa fromagerie à la Société Laitière des Produits Normands. Près de six décennies plus tard, nouveau changement de propriétaire, à la suite du rachat par la famille Leboucher. En 1994, nouvelle vente, cette fois à la famille Vallée. Pas pour longtemps. En 1997, le groupe *Besnier*, qui deviendra **Lactalis,** jette son dévolu sur la fromagerie.

Joseph Perrier (fin du XVIIIe siècle, 1825)

Si on vous demande de citer des villes liées au champagne, deux noms viennent presque immédiatement: Reims et Épernay. Les plus doués peuvent ajouter Aÿ, aujourd'hui Aÿ-Champagne. Mais après? Il existe pourtant une quatrième ville, qui, c'est vrai n'abrite qu'une seule grande maison de champagne, *Joseph Perrier*: Châlons-sur-Marne.

La maison fut fondée à la fin du XVIIIe siècle par François Alexandre Perrier. Quand il lui succède, en 1825, son fils Joseph ajoute son prénom à l'enseigne de la maison. Ce dernier rachète un ancien relais de poste adossée à une montagne déjà parcourue par d'anciennes crayères romaines. Il suffisait de les relier pour disposer de caves naturelles... de plain-pied. La maison va se développer rapidement, en France comme à l'étranger: Russie, Amérique du Nord, Grande-Bretagne et Inde, colonie britannique à l'époque.

En 1888, la maison est cédée à Paul Pithois qui travaillera avec Pasteur sur la fermentation du vin. Depuis cinq générations se sont succédé à la tête de cette maison, aujourd'hui dirigée par Benjamin Fourmon, descendant de Paul Pithois.

Certes, en 1994, la Maison quelque peu chahutée par les profonds bouleversements intervenus dans le monde du champagne à partir des années 60, avait dû rejoint son presque homonyme **Laurent-Perrier.** Mais pas pour longtemps, puisque quatre ans plus tard, la maison était rachetée par Alain Thiénot, cousin de Claude Fourmon, ancien courtier en vin devenu propriétaire des champagnes *Thiénot*, **Canard-Duchêne** et *Marie-Stuart* et dans le Bordelais de la *CVBG, la Compagnie des Vins de Bordeaux et Gironde.*

JP. Chenet (1984)

Ne cherchez pas. Ce *JP. Chenet* n'existe pas. C'est

une marque de vin produit par les *Grands Chais de France*, créés en 1979, par Joseph Helfrich, et établi à partir de 1984 à Petersbach, dans le Bas-Rhin, à l'occasion de l'installation de la première ligne d'embouteillage de la maison. Selon le site officiel, le nom, qui s'est d'abord écrit *J. P. Chenet*, avant d'être simplifié en *JP. Chenet*, dérive de Jean-Paul Chanel, *« le plus proche collaborateur de Joseph Helfrich, et qui contribua activement au rayonnement de J.-P. Chenet dans le monde ! »*. On peut effectivement admettre que le patronyme Chanel était difficile à garder l'état et que Helfrich sonnait moins français, d'autant que ce vin est également destiné à l'exportation. Chenet, cela évoque tout à la fois le *chêne* (le vin est boisé), les *chais*. Voire les longues soirées au coin du feu (chenets), entre amis, le verre à la main…

Ce vin a été commercialisé dès l'origine avec une curieuse bouteille au col penché, conçue par Joseph Helfrich lui-même, et donc appelée *Joséphine*. *JP. Chenet* est aujourd'hui le vin français le plus exporté dans le monde avec 96 millions de bouteilles (72 millions de litres) par an, ce qui le situe au 13e rang mondial (le premier étant *Franzia*, du groupe… américain *Wine Group* avec 312 millions de bouteilles !).

JP. Chenet constitue une gamme, disponible non seulement dans les trois couleurs, mais également déclinés en cépages (cabernet-sauvignon, cabernet-syrah, merlot-cabernet, chardonnay…). Il existe même des *JP. Chenet* effervescents. *JP. Chenet* est la première marque des *Grands Chais de France*, premier groupe vinificateur français, avec l'équivalent de 432 millions de bouteilles, exportées aux trois quarts.

Depuis sa création par Joseph Helfrich en 1979, le groupe, à l'origine spécialisé dans le cognac, s'est rapidement diversifié dans le vin essentiellement. Il a racheté ainsi quantité de sociétés viticoles partout en France (dont les vins **Calvet**), a créé de nombreuses marques de vins **(Grand Sud)** et même de spiritueux (*vodka Jelzin*). *Les Grands Chais de France* sont le premier groupe de vinification et d'exportation de vins et spiritueux de France et l'une des deux plus importantes sociétés du secteur en France, au coude à coude avec le groupe *Castel*, avec un chiffre d'affaires tournant autour du milliard d'euros.

Justin Bridou (1978)

Première diversification dans le saucisson du groupe **Aoste.** Ce saucisson portera dans un premier temps le nom de *Le Bridou* (car bridé aux deux extrémités par une ficelle, *voir encadré*). Cinq ans plus tard, à la sortie de la saucisse sèche **Bâton de Berger**, *Bridou* se donne un prénom et s'appelle dorénavant *Justin Bridou*, un nom à la consonance bien française (d'où le logo arborant un Français à moustache fleurant bon le terroir avec sa veste de toile verte et son béret) [137]. En outre, de façon subliminale, *Justin* fait penser à *juste un Bridou et…* (la suite à votre gré).

Bridage ou emmaillotage ? La petite ville de Morteau, dans le Doubs est célèbre pour sa saucisse fumée généralement servie avec des lentilles. Le haut de gamme est appelé *jésus* (souvent écrit *jésu* sans *s* dans cette région très catholique, par respect du Seigneur), parce que la saucisse est emmaillotée dans un boyau fermé aux deux bouts par une cheville de bois comme l'étaient autrefois les nouveau-nés dans des langes ceints par des figules et autres épingles de nourrice.

K

Kanterbräu (1936)
Kanterbräu, littéralement *la brasserie de Kanter*[138], en allemand. Eh bien, ce Kanter a bel et bien existé, il s'appelait Hans, est né à Berlin en 1874, a préparé un doctorat en philosophie, puis étudié la chimie, avant de travailler dans la cimenterie de son beau-père et enfin de racheter les brasseries *Schmitt & Guttenberger* de Walsheim, en Rhénaie-Palatinat (à 100 km au nord de Strasbourg).
En 1936, l'ancienne *Brasserie de Charmes*, qui doit son nom à son implantation, en 1864, à Charmes en Lorraine passe un accord de fabrication avec le Dr Hans Kanter et lance dans la foulée la *Kanterbräu.*
En 1966, la *Brasserie de Charmes* intègre la *Société Européenne de Brasserie* (*S.E.B.*), qui sera rachetée quatre ans plus tard par *BSN* (qui deviendra plus tard **Danone)**, simultanément avec *Kronenbourg.* La *SEB* et *Kronenbourg* fusionnent en 1986. L'ensemble sera par la suite cédé au groupe britannique *Scottish & Newcastle*, qui sera démantelé par **Carlsberg** et **Heineken** en 2008, *Carlsberg* récupérant notamment l'ensemble des marques détenues par *Kronenbourg*

En 1986, le chanteur Renaud réalise un film publicitaire pour *Kanterbraü.* Regrettant par la suite avoir fait la promotion de l'alcool, il reversera son cachet de 900 000 francs (l'équivalent de 250 000 euros d'aujourd'hui) au Muséum d'Histoire Naturelle pour participer à la rénovation de la Galerie de la Zoologie, fermée depuis 1965 pour cause de vétusté. Une goutte d'eau par rapport aux 300 millions estimés des travaux de rénovation mais en même temps un coup de pouce décisif. Ce bâtiment du Jardin des Plantes rouvrira en 1994 sous le nom de Grande Galerie de l'Évolution.

Kellogg's (1906)
D'une certaine façon, tout commence en 1860 à Battle Creek, dans le Michigan. C'est ici, cette année-là, qu'est constituée l'Église adventiste du septième jour, un mouvement chrétien issu du protestantisme. Adventiste vient du latin *adventus*, qui signifie *arrivée.* À l'origine de ce qui n'est au début qu'un mouvement, un prédicateur, William Miller, qui prédit en 1818 le retour – l'arrivée – du Christ en 1843-1844. Passée cette date, Miller reconnaît son erreur mais continue de croire en un retour du Christ, sans donner

de nouvelle date. Le mouvement éclate alors en trois tendances dont une prendra nettement l'ascendant sur les autres, les adventistes du septième jour, fixé au samedi (sabbat), jour de repos et d'adoration de Seigneur. S'appuyant sur l'enseignement de la Bible, et sur les préceptes d'Ellen White, la grande inspiratrice du mouvement, les adventistes entament une réforme de leur mode de vie dans les domaines de la famille, de l'éducation, et de la santé.

Quel rapport avec les *corn flakes?*

On y arrive. En 1866, toujours à Battle Creek, est inauguré l'institut de réforme sanitaire, un établissement adventiste. Dix ans plus tard, John Harvey Kellogg en devient le directeur (son frère, Will Keith Kellogg, sera responsable de la gestion à partir de 1880).

Deux ans après son arrivée, John Harvey Kellogg construit une nouvelle structure qu'il appelle le *Sanitarium de Battle Creek*. Le mot *sanitarium* aurait été conçu selon ses dires, en transformant le mot *sanatorium*, qui désignait un hôpital pour les soldats mutilés ou les malades atteints de la tuberculose, en *Sanitarium*, pour désigner un centre hospitalier d'enseignement et de restauration sanitaire, *« un lieu où les gens apprennent à être en bonne santé »*.

En 1902, un incendie ravage l'édifice. Kellogg en fait reconstruire un nouveau, plus grand, plus beau, inauguré en 1906. L'hôpital va alors accueillir jusqu'à 7 000 patients contre 106 vingt ans plus tôt. À l'époque, c'est l'un des établissements hospitaliers les plus réputés et les plus grands du monde.

Dans cet hôpital, on retrouve toutes les branches classiques de la médecine et de la chirurgie. Ce qui le différencie, c'est l'accent mis par le Dr Kellogg sur le besoin d'air pur, l'exposition (modérée) au soleil, l'exercice physique et la nutrition. Sur ce dernier point, ses principes sont plutôt restrictifs dans la mesure où il élimine viande, condiments, épices, alcool, chocolat, café et thé de la consommation courante. Pour les remplacer, il va créer quelque 80 substituts alimentaires, à base de céréales et d'oléagineux.

Et c'est en concoctant ses substituts que le Dr Kellogg a inventé – par hasard, à la suite d'un oubli – les fameux *corn flakes* (*pétales de maïs*). Un jour de 1894, les frères Kellogg cuisent, comme à leur habitude, des grains de blé. En principe, ils les passent ensuite entre des rouleaux afin de former une fine feuille de pâte. Ce jour-là, ils quittent la cuisine en oubliant le blé déjà cuit. Quand ils reviennent, le blé a durci. Les deux frères, désireux de ne pas perdre de la nourriture, décident de les passer malgré tout entre les cylindres. Ils recueillent ainsi des pétales qu'ils font ensuite dorer au four. C'est une réussite : non seulement, les patients adoptent ce produit au petit-déjeuner, mais continuent de s'en faire livrer bien après être sortis de l'hôpital.

Quatre ans plus tard, Will Keith et John Harvey appliquent le même procédé à des grains de maïs. Ils obtiennent les fameux *Corn Flakes.* Devant le succès, ils décident en 1906 de fonder la *Battle Creek Tosted Corn Flakes Company* (*société des pétales de maïs dorés au four de Battle Creek*).

En 1930, la société fait passer la semaine de travail de quarante à trente heures par semaine ceci afin d'employer plus de personnel pour lutter contre l'explosion du chômage consécutive à la crise économique consécutive au krach boursier de 1929.

Cette réforme durera jusqu'après la Seconde Guerre Mondiale et même 1980 pour certains départements.

Kellogg a toujours son siège social à Battle Creek, mais dans un autre bâtiment. L'hôpital, lui, a été reconverti en bureaux pour l'administration américaine. Depuis sa création, la société a poursuivi son développement en rachetant de nombreuses entités. Mais en 2012, en acquérant **Pringles** (les chips), pour 2,7 milliards de dollars (deux milliards d'euros à l'époque), elle est devenue la deuxième entreprise mondiale de snack-food (produits d'apéritif et de collation), derrière **Pepsico.**

Le groupe emploie quelque 34000 personnes dans le monde et a dégagé en 2017 un chiffre d'affaires de 13 milliards de dollars (11,2 milliards d'euros) [w].

Kent (1952)

Kent est une marque américaine de cigarettes lancée peu de temps après la parution d'un article dans le magazine américain *Reader's Digest* (*résumé du lecteur*) sur les risques de cancer procurés par la cigarette. *Kent* se veut différente car elle est équipée d'un *micro-filtre.* Ce n'était pas à proprement parler une première (la marque *Viceroy* avait commercialisé la première cigarette filtre en 1936), mais le moment retenu pour la mettre dans le commerce était particulièrement bien choisi et a assuré son succès.

Toutefois, ces premiers filtres contenaient une variété d'amiante reconnue comme cancérogène. Ils furent modifiés en 1955, la substance incriminée étant remplacée par du charbon actif.

Le nom *Kent* est celui d'Herbert Kent, un ancien directeur général de la firme américaine *Lorillard Tobacco Company*, n° 2 américain du secteur. En 2014, cette société est rachetée par le n° 1, *Reynolds American* pour la bagatelle de 27, 4 milliards de dollars (environ 25 milliards d'euros aux cours actuels), à la condition de revendre plusieurs marques, dont **Kool, Salem** et **Winston,** pour éviter d'être en position dominante. Elles seront rachetées par le Britannique *Imperial Tobacco* pour 7,1 milliards de dollars[w].

Kinder (1968)
À l'origine, cette friandise plus particulièrement destinée aux enfants et élaborée par Michele Ferrero (*voir* ***Nutella)*** s'appelait *Kinder Chocolat. Kinder* signifie *enfants* en allemand, sans doute parce que c'est l'usine allemande de la marque qui a eu en charge la fabrication.
Constatant que les chocolatiers, en Italie (mais pas seulement), fabriquaient à Pâques d'énormes quantités d'œufs en chocolat mais que les machines restaient inactives tout le reste de l'année, *Ferrero* conçoit à partir de 1974, un œuf de taille moyenne, avec quelques confiseries à l'intérieur et un petit jouet en plastique. C'est le *Kinder Surprise.* Avec le temps, ces petits jouets vont se sophistiquer au point générer des collectionneurs et des bourses d'échange. Par la suite, *Ferrero* utilisera des personnages sous licence, héros des plus jeunes, comme *Mickey, Maya l'Abeille, les Simpsons...*
À noter que les *Kinder* sont interdits aux États-Unis, les autorités estimant qu'il y a un risque que l'enfant n'avale le jouet, de petite taille il est vrai... [w]
Kinder se déclinera par la suite en gamme, sous forme de gâteaux (*Kinder Délice*) ou de barres chocolatées (*Kinder Bueno*), ou encore en bonbons (*Kinder Shoko-Bons*), entre autres...

Kir (1952)
Voir ***Lejay-Lagoute.***
Kiri (1966)
Fromage fondu à base fromage blanc et de crème destiné, comme le disait à l'époque la pub, *« aux gastronomes en culottes courtes »*, fabriqué après de longues années de recherches, par le groupe *Bel*, dont la marque-phare est la **Vache Qui Rit.** *Qui Rit?* Quand on est petit, on parle en phonétique : *Kiri*).

Kitchen Daily (2020)
Dernier né du groupe *K-Santé* (*voir* ***Kitchen Diet)***, ce programme de livraison de repas n'est pas orienté vers la perte de poids stricto sensu mais vers des menus équilibrés tout préparés ou à réaliser (les ingrédients seuls sont alors fournis).

Kitchen Diet (2009)
Ce programme minceur sous la forme de colis de repas frais livrés en cartons réfrigérés à domicile a démarré quelques mois avant son célèbre concurrent **Comme j'aime.** À l'origine, *« un entrepreneur passionné par la foodtech »* comme il se définit sur le site *LinkedIn*, qui fonde avec le chef à l'époque doublement étoilé Mauro Colagreco (il a obtenu sa troisième étoile en 2019), le groupe *K-Santé.* Ce groupe va décliner une gamme de *régime-box* comme on les appelle dorénavant. Après *Kitchen Diet* sera créé **Dietbon,** puis *Good Santé* (*voir* ***Dietbon)*** et enfin **Kitchen Daily.**

KitKat (1911, 1920)
La marque a été déposée en 1911 par la firme anglaise de confiserie *Rowntree* basée

à York (centre-est de l'Angleterre). Sous deux orthographes : *Kit-Cat* et *Kit-Kat*. Mais elle ne fut utilisée pour la première fois qu'en 1920, pour des chocolats en boîte. Simplifiée depuis en *KitKat*.

Le *KitKat* que l'on connaît aujourd'hui, cette mini-tablette de biscuit recouvert de chocolat, divisée non pas en carrés mais en doigts, au nombre de quatre, est apparu en 1935 sous le nom de *Rowntree's Chocolate Crip* (*croustillant au chocolat*) avant d'être rebaptisé deux ans plus tard *Kit-Kat Chocolate Crisp*.

À la fin des années 40, ce produit sera exporté aux États-Unis ainsi que dans certains pays du Commonwealth (Canada, Australie, Nouvelle-Zélande) et en Irlande, Afrique du Sud. Il n'arrivera en Europe continentale, dont la France, qu'en 1970.

En 1988, *Rowntree* est racheté par **Nestlé.**

L'origine du terme *Kit-Cat* est très ancienne. Elle vient d'un célèbre club de Londres, le *Kit-Cat Club*. L'historien britannique Thomas Hearn écrivait déjà, en 1705 : « *The Kit Cat Club doit son nom à Christopher Cattling…* ». Ce Cattling, ou Catt selon d'autres sources, était le nom du cuisinier du club (qui initialement portait un autre nom), qui avait inventé une remarquable spécialité de tourte (*pie* en anglais) au mouton, qu'il avait appelée le *Kit Cat pie*, Kit étant l'un des diminutifs de Christopher. La tourte aurait par la suite donné le nom au Club.

Knacki (1975)

Cette saucisse de Strasbourg, initialement destinée aux campeurs, c'est-à-dire pratique d'utilisation, a été lancée par **Herta** sous le nom de *Knacki Original* avant de s'appeler *Knacki* tout court une fois le produit connu.

Ce nom aurait été élaboré par des spécialistes pour évoquer le bruit que l'on fait quand on croque dans l'une de ces saucisses.

Knorr (1838, 1873)

Carl Heinrich Knorr obtient en 1838 de la ville de Heilbronn, dans le Bade-Wurtemberg un bail de quatre ans pour installer un atelier de séchage de chicorée. Au bout de deux ans, il rend le bail et fonde une usine de torréfaction de chicorée pour fabriquer un succédané de café, meilleur marché. Le produit trouve son public. En 1855, Carl Heinrich cède l'usine au frère de son gendre, Johann Friedrich Closs. Deux ans plus tard, il fonde une entreprise de draperie. C'est un échec. Il s'en relève et quelques années plus tard, il met sur pied un commerce en gros de riz, orge, *sagou* (fécule alimentaire extraite du sagoutier, un arbre de type palmier) et autres produits du pays. Deux de ses fils, Carl et Alfred, entrent dans l'entreprise paternelle, respectivement en 1866 et en 1870. Knorr ajoute alors au commerce la fabrication de produits alimentaires. Il commence par des produits de base, nourrissants et économiques, comme la farine de légumes secs (blé vert, petits pois, haricots, lentilles). Viennent ensuite des produits plus élaborés obtenus par mélange de farines de légumes secs, de légumes séchés et moulus, de tapioca et d'épices. Ce sont les deux fils qui ont eu l'idée des premières préparations déshydratées pour soupes, à la suite d'un périple en France, sans doute pour apprentissage. Ces nouveaux produits sont commercialisés en 1873. Deux ans avant que Carl Heinrich Knorr ne décède.

Ce sont donc bien Carl et Alfred qui sont à l'origine de la société *Knorr* telle qu'elle va se développer et la véritable date de création est donc plutôt 1873.

En 1889 est lancée une soupe aux pois, suivie, en 1904, d'un mélange pour sauce. Quatre ans plus tard, apparaît le premier bouillon en cube *Knorr*. En 1912, une filiale française est ouverte à Nancy, *Produits Alimentaires Knorr S.A.*

En 1958, *Knorr* est rachetée par la firme américaine *Bestfoods*. Cette dernière est rachetée par *Unilever* en 2000.[so, w]

Kool (1933)

Kool est une marque américaine de cigarettes mentholées commercialisée à l'origine par la firme *Lorillard Tobacco Company* et rachetée en 2014 par *Reynolds American*. Pour éviter d'être en position dominante, *Reynolds* a été contraint de revendre un certain nombre de marques, dont *Kool* au Britannique *Imperial Tobacco* (*voir* **Kent**).

Le nom **Kool** vient de *cool*, *frais* en anglais, une sensation procurée par le menthol. Mais c'est justement cette sensation de fraîcheur qui pose en problème. Un certain nombre d'études ont montré qu'elle favorisait des aspirations plus profondes et plus denses de la fumée, notamment chez les jeunes, ce qui augmentait d'autant, à terme, les risques de cancer du poumon. Pour cette raison, la consommation des cigarettes mentholées a été interdite dans de nombreuses régions du monde, dont l'Union Européenne depuis le 20 mai 2020. Les États-Unis s'apprêtent à faire de même. Dans ce pays, ces cigarettes sont particulièrement consommées par les Noirs américains, notamment les jeunes (80 %) et c'est dans cette communauté que l'on dénombre le plus de décès liés au cancer du poumon.

Kraft Foods (1923-2015)

La partie internationale de ce groupe est devenue en 2012 **Mondelēz International** (*voir ce nom*), tandis que la partie nord-américaine a fusionné avec le groupe **Heinz** en 2015 pour former *Kraft Heinz*.

Krema (1923)

Un certain M. Mollié fonde à Montreuil, dans la banlieue est de Paris les Établissements éponymes, spécialisés dans la confiserie. En 1926, ce M. Mollié décide de faire des caramels et implante une nouvelle usine, à la limite de Rosny-sous-Bois. Ces nouveaux bonbons s'appellent *Kréma*, sans doute pour souligner non pas qu'ils sont crémeux au sens figuré du terme, c'est-à-dire tendres et fondants. La société prendra par la suite ce nom, qui perdra son accentuation. L'un des bonbons qui a fait la réputation de *Krema* dès l'origine est le *Mint'Ho*, aujourd'hui disparu, ainsi appelé parce que sa pâte contenait des milliers de microbulles qui le faisaient flotter dans l'eau (*Mint* + H_2O, le symbole chimique de l'eau). En 1955, *Krema* fusionne avec **Hollywood,** les chewing-gums. Trois ans plus tard, c'est la sortie du célèbre **Malabar.** Dans les années 60, *Krema* sort toute une série de bonbons qui seront autant de succès, aujourd'hui disparus, *Régliss'Mint*, *Régalade*… En 1963, l'entreprise est rachetée par **Kraft Foods,** qui deviendra par la suite **Mondelēz International**. En 2017, le fonds français d'investissements) *Eurazeo* acquiert l'ensemble et crée à une filiale *CPK*, destinée à devenir le champion du secteur de la confiserie. Le nom opérationnel de *CPK* est **Carambar** *& Co.*

Krisprolls (1878, vers 1980)
En 1878, le boulanger suédois Anders Påhlsson fonde, avec sa femme Mathilda, la marque *Pågen* (littéralement *le garçon*) à Malmö, sur la côte ouest de la Suède, face à Copenhague.
Cent ans plus tard, la firme s'étend dans le reste de la Scandinavie ainsi qu'en Finlande. C'est seulement dans les années 80 que sont créés les célèbres *Krisprolls*, un nom anglais déguisé en suédois. En effet *crisp rolls* signifie *petits pains croustillants* dans la langue de Shakespeare.
Aujourd'hui, *Pågen* emploie quelque 1 400 employés pour un chiffre d'affaires de 2,7 milliards de couronnes (285 millions d'euros). En France, les *Krisprolls* sont distribués par *Distriborg*, filiale du groupe néerlandais *Royal Wessanen* (*Koninklijke Wessanen*).

Kriter (1955)
Georges Kriter était le cousin et l'ami d'enfance d'André Boisseaux, le repreneur en 1941 de la maison de négoce bourguignonne **Patriarche Père et Fils.** C'est lui qui créa en 1955 le vin effervescent de la maison. *Kriter* est aujourd'hui la 4e marque la plus vendue en France de vins effervescents avec 5,2 millions de cols.
Georges Kriter laissera également son nom accroché à la cuvée du domaine *Clos de la Roche*, à la suite du legs effectuée par sa veuve aux *Hospices de Beaune*, qui leur permit d'acquérir en 1991 des vignes de ce cru.

Kronenbourg (1664, 1947)
Jérôme Hatt, fils de teinturier, rejoint la corporation des tonneliers où il obtient son diplôme de brasseur. En 1664, il loue la brasserie *Au Canon* (*Zur Kanonen*), place du Corbeau, sur les bords de l'Ill, un affluent du Rhin.

Il la rachètera quelques années plus tard.

Vers 1850, un de ses descendants, Frédéric Guillaume Hatt, lassé des crues de la rivière, déménage pour aller s'installer sur la colline de Cronenbourg (littéralement, château de la couronne). Un choix qui allait se révéler doublement stratégique, d'abord avec l'essor de la fermentation basse (*voir* ***Amstel***), ce qui suppose de garder la bière longtemps dans des caves fraîches, ensuite avec l'arrivée du train, au pied de la colline, qui va permettre d'expédier la bière dans les restaurants parisiens, et en particulier à la brasserie *Lipp*, fondée par un Alsacien (elle s'appelait alors la Brasserie des bords du Rhin).

En 1922, Maurice-Georges Hatt acquiert *Le Grand Tigre*, un prestigieux restaurant strasbourgeois. Pour l'occasion, il lance une bière appelée *Tigre Bock*. A priori, *bock* ne désigne pas ici le verre à bière (à l'origine de 25 cl, par opposition au *demi*, qui en faisait 50, mais ça, c'était avant), mais le fait qu'il s'agissait d'une fermentation basse, selon un terme venu de Bavière où a été inventé ce type de fermentation, en stockant la bière en cave sur des tréteaux (bock en allemand).

Huit ans plus tard, le *Tigre Bock* est n° 1 en France.

À l'issue de la Seconde Guerre Mondiale, Jérôme Hatt, représentant la 8e génération, lance la *Kronenbourg*, du nom du quartier, dont le nom a été réécrit avec *K*, lorsque l'Alsace a été rattachée à l'Allemagne après la guerre de 1870. Et pour la faire connaître, il innove, en faisant de la publicité (une première, semble-t-il, pour une bière).

Deux ans plus tard, il innove encore, au niveau du conditionnement, en proposant des bouteilles capsulées (et consignées) de 33 cl, puis de 25, ce qui facilite la consommation tant à la maison que dans les bars n'ayant pas de fontaine de bière à la pression.

En 1952, lancement de la **1664**, bière haut de gamme de la marque. L'année suivante, nouvelle innovation, *Kronenbourg* lance la boîte métal, qui sera rapidement appelée *canette* (de *can*, *boîte de conserve* en anglais). En 1963, autre première, le pack de 6 bouteilles en verre perdu. Le pack passera progressivement à 10 et jusqu'à 26 bouteilles aujourd'hui.

Portée par toutes ses nouveautés, l'entreprise se développe. Les installations vont se révéler insuffisantes et en 1969 une nouvelle unité est construite à Obernai, d'une capacité de 6,5 millions d'hectolitres. L'usine est appelée *K2*, Cronenbourg devenant *K1*.

En 1970, le groupe *BSN* (*Boussois-Souchon-Neuvesel*), futur **Danone**, opère sa mue, passant du contenant (*BSN* est alors un verrier) au contenu et rachète coup sur coup, **Évian**, *Kronenbourg* et la *Société Européenne de Brasserie* (*S.E.B.*), avec les marques **Kanterbraü**, **Tourtel...** Les deux sociétés brassicoles seront fusionnées en 1986 pour donner les *Brasseries Kronenbourg*.

En 1975, la production des deux sociétés atteint les 5 millions d'hectolitres, pour passer les 6 millions dès l'année suivante grâce à la multiplication des supermarchés. En 1983, elle atteint 7 millions.

En 2000, les *Brasseries Kronenbourg* sont revendues par *Danone* au groupe britannique *Scottish & Newcastle*. En 2008, ce groupe est racheté conjointement pour 10,3 milliards d'euros par **Carlsberg** et **Heineken** qui se répartissent le portefeuille de marques. *Kronenbourg* passe alors chez *Carlsberg*.[so, w]

Krug (1843)

Johann-Joseph Krug est né en 1800 à Mayence. À l'époque, la ville est sous administration française. Mais après la fin de la période napoléonienne, la situation de la ville est restée longtemps floue, entre les partisans du retour de l'Ancien régime et ceux favorables à une plus grande autonomie.

Déjà bilingue allemand-français, Johann-Joseph va apprendre l'anglais et devenir à 24 ans une sorte de voyageur de commerce dans toute l'Europe.

Il arrive à Paris dix ans plus tard. La capitale, en pleine monarchie de Juillet, est en ébullition permanente, ce qui favorise l'éclosion d'artistes dont une partie au moins s'épanouit dans les bulles de champagne. Krug porte alors un grand intérêt à ce breuvage et grâce à son entregent finit par être engagé par *Jacquesson & Fils*, la grande maison de champagne de l'époque, sise à Châlons-en-Champagne. Très vite, il va gravir les échelons et devenir directeur associé. Il entre même dans la famille, en se mariant en 1841 avec l'Anglaise Anne Emma Jaunay, sœur de l'épouse du président, Adolphe Jacquesson. Pourtant, à 42 ans, Joseph Krug aspire à autre chose : créer un champagne à son nom, le meilleur des champagnes. Joseph s'installe à Reims en 1843 et fonde avec l'aide d'un des plus grands marchands de champagne de Reims, devenu un ami, Hippolyte de Vivès, la maison *Krug & Cie*.

Son objectif, produire un des meilleurs champagnes, et ce quels que soient les aléas climatiques. Sa première Grande Cuvée sera un succès.

Les générations de *Krug* passeront, mais la politique maison restera la même : ne produire que des cuvées de prestige.

Cela même si la firme n'a pas échappé à la vague de fusions-acquisitions qui a agité le secteur à la fin des années 60 : *Krug* a en effet été racheté en 1970 par **Rémy Cointreau** (la famille a toutefois gardé une certaine part du capital), puis revendu à *LVMH* en 1999 pour un milliard de francs (environ 200 millions d'euros d'aujourd'hui).

Car la famille Krug veille. Elle a dirigé la maison jusqu'en 2007. Et si depuis 2009, la présidence est assurée par Margareth Henriquez, une Vénézuélienne précédemment directrice de la *Bodegas Chandon* en Argentine où elle a fait des merveilles, Olivier Krug, directeur, représente la sixième génération[50].

Kub Or (1907, 1958)
Le bouillon *Kub*, concentré de bouillon créé par **Maggi** il y a plus de cent ans a été rajeuni en 1958, rajoutant l'or à son nom.

Le *cubisme*, du moins le terme, descendrait-il du bouillon *Kub ?* C'est l'hypothèse osée mais possible de Monique Pivot dans son livre *Maggi et la magie du bouillon Kub*. Elle rappelle que tout part d'une lettre du 15 avril 1904 de Paul Cézanne écrit à son ami Émile Bernard de « *traiter la nature par le cylindre, la sphère, le cône, le tout mis en perspective […] les lignes parallèles à l'horizon donnent l'étendue […] les lignes perpendiculaires à cet horizon donnent la profondeur* ».
En 1908, Braque, grand admirateur de Cézanne, installé à l'Estaque, à Marseille, ramène une série de tableaux qu'il présente au jury du Salon d'Automne de 1908. Matisse, président du jury, acquis au fauvisme, aurait refusé les tableaux en raison d'une palette chromatique limitée et un système constructif basé sur la décomposition de la nature « *en petits cubes* ». Est-ce un hasard ou une réminiscence ? Le bouillon *Kub* avait été lancé quelques mois plus tôt, en février, et les publicités s'étalaient partout, sur les murs comme dans les journaux. Picasso a par ailleurs peint un tableau cubiste, *Paysage aux affiches* (1912), où trois marques apparaissent, **Pernod Fils,** *Léon* (futur *Léon de Bruxelles)* et, au premier plan, *Kub*.

Kühne (1762)
Carl Kühne rachète une petite vinaigrerie à Berlin en 1762, soit quinze ans avant que **Maille** n'ouvre la sienne. Sept générations plus tard, la maison appartient toujours à la famille. Pour les Français, la marque est récente et s'est d'abord fait connaître par ses gros cornichons aigres-doux.

Kusmi Tea (1867, 2003)
Pavel Michailovitch Kousmichoff fonde en 1967 à Saint-Pétersbourg la maison de thé *P. M. Kousmichoff*. Elle va progressivement s'imposer comme l'une des trois plus importantes maisons de thé russes (la Russie est la deuxième nation pour la consommation de thé derrière la Chine) et devenir fournisseur de la Cour.
En 1901, la maison *Kousmichoff* possède onze boutiques. En 1907, le fils de Pavel, Viatcheslav, ouvre une échoppe à Londres, *P. M. Kousmichoff et Sons*. L'année suivante, son père décède et il retourne en Russie pour reprendre les rênes de la maison. Il en repart neuf ans plus tard, chassé par la Révolution d'Octobre et s'installe à Paris, où il ouvre la maison *Kusmi-*

Thé (prononcé *Kousmi*).

De nouveau, l'affaire prend de l'essor et ouvre, dans l'entre-deux-guerres, plusieurs succursales à l'étrange, dont Constantinople (aujourd'hui Istanbul), New York et Berlin, trois villes ayant une forte communauté russe. Du fait de l'importance de cette communauté à Berlin, Viatcheslav décide même d'y déplacer son siège social.

On ne sait rien de ce qui s'est passé pendant la guerre, mais vraisemblablement, l'entreprise a dû péricliter, faute d'approvisionnements. Viatcheslav meurt en 1946.

Son fils Constantin, lui succède mais n'arrive pas à redresser l'entreprise et finit par la vendre en 1972 au bord de la banqueroute. Les nouveaux propriétaires ne feront pas beaucoup mieux.

La belle endormie va se réveiller en 2003 lorsque la société *Orientis*, fondée par Sylvain Orebi, un spécialiste du négoce café-cacao-sucre, rachète la marque. En 2007, une nouvelle boutique ouvre à Paris, à St Germain des Prés, suivie, deux ans plus tard, par une seconde dans le quartier de l'Opéra.[w]

À fin 2020, il y a en avait près d'une centaine, dont la très grande majorité en France.

La marque a été rajeunie en *Kusmi Tea.*

Sylvain Orebi est secondé par ses deux frères Claude et Arnaud.

La Baleine (1934)

Lors de sa création par la *Compagnie des Salins du Midi* (une société dont l'origine remonte à 1856), la marque de ce sel de table était : *A la baleine.* Ce nom ne sera raccourci qu'en 1970. La marque elle-même n'occupe plus alors qu'un petit espace sur la boîte où le fabricant préfère inscrire en gros : *Sel de mer iodé.*

En 1993, changement de stratégie, le nom de la marque revient au premier plan, avec son logo, une gentille baleine souriante. Ce logo explique à lui seul le choix du nom : un animal marin, pour souligner la provenance du sel, avec un fort capital de sympathie…

À partir de 2005, *La Baleine* se diversifie dans la fleur de sel, le sel gris non lavé et même le bicarbonate de soude.

La maison-mère, *Les Salins du Midi*, est l'un des producteurs les plus importants de sel d'Europe. C'est également le seul pur salinier. À l'inverse, il couvre toutes les utilisations : alimentation humaine, agriculture, chimie, déneigement, traitement de l'eau et autres activités industrielles.

Rachetée en 2013, par son patron, Hubert François, aux fonds d'investissement *Chequers Capital*, *Abénex Capital* et à un fonds du *Crédit Agricole*, propriétaires depuis 2004, la société s'appelle dorénavant *Salins*[139, so].

Label 5 (1969)

Ce whisky *blend* (*assemblage*) a été élaboré en 1969 par le très discret groupe de **La Martiniquaise** à destination des grandes surfaces. Avec un objectif : offrir une marque, même créée de toutes pièces, toujours plus valorisante qu'une marque distributeur, à petit prix, environ dix euros la bouteille, contre douze pour **Johnny Walker** ou **J.-B.**

Label 5 est élaboré dans la très moderne distillerie de Bathgate, en Écosse. Le site officiel précise que le *Label 5* contient du whisky *Glen Moray*, une distillerie créée en 1897 à partir d'une brasserie que *La Martiniquaise* a rachetée à *LVMH* en 2008[140]. Quant au nom, faute d'informations officielles, on peut remarquer que *Label* signifie tout simplement *étiquette* en anglais et que l'on retrouve le chiffre *5* (*five* en anglais) dans l'expression *take five* signifie *faire une pause*, sous-entendu de cinq minutes… le temps de prendre un whisky !

Autre explication plus prosaïque, mais plus vraisemblable : c'est le 5e *blend* sur une série de différents mélanges qui a été retenu, exactement comme le *N°5* chez *Chanel*...

La Belle Iloise (1932)
Conserverie de poissons haut de gamme fondée à Quiberon, dans le Morbihan, au bout de la presqu'île éponyme, face à... Belle Île.
En 1967, *La Belle Iloise* ouvre un magasin de vente directe à Quiberon. Dix ans plus tard, elle lance une activité de vente à distance. En 1996, la société est reprise par Bernard Hilliet, petit-fils du fondateur. En 2007, un site de vente est créé sur internet. Par ailleurs, un réseau de magasins franchisés a été mis en place. Il compte aujourd'hui 62 points de vente, exclusivement de la marque –150 références, répartis tout au long du littoral *« du Touquet à Menton »*, sauf deux, Paris et Lyon. La sardine vendue comme des bijoux, parfois en coffret... En 2011, Caroline Hilliet-Lebranchu prend la succession de son père.
La Belle-Iloise joue le jeu du haut de gamme et de la transparence : la conserverie accueille les visiteurs.

La Cigogne (1864)
C'est en 1864 quc furent fondées les *Grandes Distilleries Peureux* à Fougerolles, en Haute-Saône, à la limite des Vosges. Le premier produit de la maison a été le *Kirsch de Fougerolles*. Près de 150 ans après, ce kirsch a obtenu sa consécration en décrochant en 2010 une *AOP, une appellation d'origine protégée* (européenne).
Très vite, les *Grandes Distilleries Peureux* se sont diversifiées dans les eaux-de-vie de fruits sous la marque assez naturelle de *La Cigogne*, compte tenu la proximité de cette région avec l'Alsace, dont cet oiseau est le symbole.
En 2007, les *Grandes Distilleries Peureux* ont été rachetées par le groupe **La Martiniquaise.**

Lactalis (1947, 1999)
Lactalis est un groupe aussi tentaculaire que discret. Plus qu'une marque proprement dite (vous ne la verrez mentionnée qu'en petit, au dos de l'emballage), c'est une pépinière de marques, plus d'une vingtaine pour ne retenir que les plus connues, dont **Président, Lactel, Lanquetot, Lepetit, Bridélice, Sveltesse...**
La discrétion, chez les Besnier, la famille qui se cache derrière *Lactalis*, c'est une marque de fabrique, qui commence par le fondateur, André. On ne sait rien de lui, ou presque.
Tout juste lit-on qu'il s'est lancé en 1933 dans la production de fromages, à Laval, chef-lieu de la Mayenne (à mi-chemin entre Le Mans et Rennes). Avec un employé, au rythme de 17 camemberts par jour... Et puis, plus rien jusqu'en 1947.
C'est à cette date que l'on

situe, officiellement, la naissance de l'entreprise. L'explication tient dans le fait qu'André Besnier transforme son entreprise personnelle en une *Sarl* (*Société à responsabilité limitée*) qui prend le nom de *Société Laitière de Laval A. Besnier et Cie*.

Et puis, de nouveau plus rien jusqu'à son décès brutal en 1955. Son fils Michel reprend les rênes de l'entreprise à l'âge de 27 ans (dont neuf déjà passées dans l'entreprise paternelle). Celle-ci compte alors 50 salariés réalisant un chiffre d'affaires de 2,5 millions de francs (380000 euros).

Michel commence à développer la production de camemberts (*voir encadré*). En 1961, l'entreprise change de nouveau de nom pour s'appeler la *Société Laitière Besnier*. Mais le véritable démarrage n'a lieu que plus tard, à partir de 1968: coup sur coup, Michel Besnier met au point le camembert pasteurisé (*voir Président*), et lance, l'année suivante, la brique de lait *UHT* (*voir Lanquetot*). En 1972, une deuxième usine de camemberts voit le jour à Domfront, dans l'Orne.

Un camembert bien meilleur marché, un lait longue conservation, ces deux produits vont faire d'autant plus mouche qu'ils vont être portés par une forte politique marketing et publicitaire.

L'argent rentre, ce qui permet d'acquérir plusieurs entreprises. Dès 1973, la société normande de produits laitiers *Préval* est rachetée au groupe **Perrier.** Puis, en 1980 c'est au tour du groupe nantais *Atlalait.* Suivra la société laitière de Montauban, *Solaisud*, qui possède la marque **Lactel,** acquise en plusieurs fois, entre 1984 et 1988.

Le rythme ne faiblit pas bien au contraire. En 1985, *Besnier* rachète la société *Claudel Roustang*, filiale du Groupe **Nestlé.** Et, dans le même temps, démarre une fromagerie d'emmental à Charchigné (Mayenne).

L'année 1987 voit surgir deux nouvelles usines, l'une à Turlock, en Californie, l'autre à Saint-Maclou dans le Calvados.

Trois ans plus tard, *Besnier* récupère le groupe **Bridel,** propriétaire de *Lanquetot*. En 1991, nouvel achat, aux États-Unis cette fois, de la fromagerie de *Belmont.* L'année suivante, la *Société des Caves de Roquefort* est rachetée à **Nestlé,** ainsi que *Sorrento*, sa filiale américaine. En tout, huit usines en France, trois aux États-Unis, et les marques **Société,** *Louis Rigal*, *Maria Grimal*, **Salakis,** *Pyrénéfrom* (**Istara**), *Corsica*, *Sorrento* et *Precious*. Dans la foulée, achat de *Philipona*, un fabricant de comté.

En 1996, la société s'intéresse aux pays d'Europe de l'Est et rachète deux coopératives laitières, l'une en Ukraine, l'autre en Pologne. L'année suivante, reprise de l'activité fromagère de l'entreprise italienne *Locatelli*, filiale de *Nestlé.* En 1998, soit trente ans après le vrai démarrage, la production fromagère du groupe atteint 400000 tonnes, le chiffre d'affaires est de 30 milliards de francs (3,7 milliards d'euros), dont le tiers à l'export. L'année suivante, acquisition de deux nouvelles sociétés fromagères aux États-Unis: *Concord Marketing et Simplot Dairy*. Mais surtout, cette année-là, la société change de nom pour devenir le groupe *Lactalis*, un nom inspiré par *Lactel*, mais en outre formé de deux mots latins réunis, *lac talis*, qui signifient *lait de qualité*. Une auto-promotion très discrète à l'image de la famille.

Parallèlement à ce formidable développement industriel, Michel Besnier n'est pas resté inactif sur le plan financier: au début des années 1990, il domicilie une société privée à responsabilité limitée à Bruxelles baptisée *Miro* (une façon de dire, circulez, il n'y a rien à voir?). En 1998, cette société devient *Besnier SA International*, puis dès l'année suivante, *BSA International*, c'est plus discret…

En 2000, Michel Besnier décède à l'âge de 61 ans. Son fils Emmanuel lui succède.

Et enchaîne. En 2002, *Lactalis* ouvre une usine de fromage fondu en Russie. Faisons le point: à cette époque, le groupe est n° 1 des entreprises laitières en France et n° 2 en Europe. L'année 2003, est marquée par l'achat d'*Invernizzi*, filiale italienne du Groupe **Kraft.** En France, *Lactalis* acquiert la *CEMA*, une société lilloise, connue pour ses matières grasses diététiques de marque **Primevère.** Ça continue en 2004 avec des rachats dans les pays de la CEI, de *Rondelé* aux États-Unis, d'une coopérative en Pologne et d'une entreprise espagnole. En 2005, encore de nombreuses acquisitions, parmi lesquelles, pour la première fois, des entreprises d'Égypte et du Moyen-Orient (Arabie saoudite). Arrêtons là l'énumération tant les acquisitions se multiplient. Citons simplement en 2011 l'acquisition de 83,3 % du groupe italien *Parmalat*, leader sur son marché qui permet à *Lactalis* de devenir n° 1 mondial des produits laitiers, et le fait que le groupe s'intéresse à de nouvelles zones géographiques par des acquisitions à Singapour, Australie, Inde et au Brésil.

En 2015, *Lactalis* est devenu le 15e groupe agroalimentaire mondial et emploie 61000 personnes dans 200 unités à travers la planète. Un résultat d'autant plus étonnant que l'expansion s'est faite par autofinancement (et/ou emprunt), sans passer par la bourse: la société n'est pas cotée. Elle appartient donc toujours à la famille, via BSA. Du coup, Emmanuel Besnier est aujourd'hui considéré par le magazine **Forbes** comme la 6e personne la plus riche de France (93e au plan mondial) avec une fortune estimée à 19,1 milliards d'euros (2021). Riche mais pas célèbre: Emmanuel Besnier fuit les journalistes, encore plus les photographes : on n'aurait que trois photos de lui. Une discrétion qui confine à l'obsession. Au stade de Laval (il est président du conseil d'administration du club de foot), il assiste aux matches dans une loge aux vitres fumées ! C'est bien connu, pour vivre heureux, vivons cachés... [141, so, w]

« *L'important dans le camembert*, disait un jour un spécialiste dont on a malheureusement perdu le nom, *c'est la particule* ». Pour qu'un camembert bénéficie de l'*AOP* (*appellation d'origine protégée*) et avoir ainsi le droit à cette particule, il doit être au lait cru, moulé à la louche et fabriqué en Normandie. Alors seulement, l'étiquette pourra mentionner : « *Camembert de Normandie* ». En 2007, *Lactalis*, avec le concours de la coopérative d'*Isigny Sainte-Mère* (à eux deux ils produisent 90 % des camemberts commercialisés en France), a tenté de faire supprimer l'obligation du lait cru dans le cahier des charges de l'*AOP*. En vain. À la leur décharge, les pont-l'évêque et les livarots, les deux autres fromages à pâte molle de Basse-Normandie, bénéficient de l'*AOP* sans être contraints à l'utilisation de lait cru. Qu'on se rassure. Les deux producteurs ont cru pouvoir contourner la difficulté en mentionnant sur l'étiquette : « *Camembert fabriqué en Normandie* ». Mais l'astuce ne durera qu'un temps : la formulation a été jugée trompeuse pour le consommateur et elle est désormais interdite (depuis 2021).

Lactel (1972 ?)

Ce lait, le second à bénéficier d'une marque après **Candia,** a été conçu par un ensemble de coopératives laitières laiteries de l'ouest et du sud-ouest. La *Société Laitière Besnier*, va racheter une à une les usines de production, ce qui lui permet, dès cette date, d'utiliser la marque *Lactel*, dont le nom est formé à partir du mot latin *lac/lactis, lait*. En 1988, grâce au rachat des actifs de *Solaisud*, à Toulouse, Montauban et Auch, la *Société Laitière Besnier* possède 100 % de la marque.

Lagavulin (1816)

La distillerie a été fondée en 1816 par John Jonston et Archibald Campbell, au sud-ouest de l'île Islay, elle-même située sur la côte ouest de l'Écosse, face à l'Irlande. Elle se nommera *Lagavulin*, un mot qui dérive du gaélique *lag a mhuillin – le moulin dans la cuvette*, en l'occurrence une baie. Sur ce lieu se trouvaient d'anciennes distilleries illicites dont on retrouve la trace dès 1742.

Au XIXe siècle, de nombreuses batailles juridiques opposèrent les distilleries de *Laguvulin* et de **Laphroaig** (2 km au nord-est), sous le prétexte que Sir Peter Mackie, le propriétaire de *Lagavulin* aurait obtenu un bail sur la distillerie de *Laphroaig*, juste pour copier le whisky qui sortait de ses alambics.

Pour les spécialistes, dès lors que la tourbe et l'eau utilisées par les deux cette accusation ne tient pas.

Au milieu des années 1880, Sir Peter Mackie fonda avec un partenaire resté anonyme la société *Mackie & Co* à Londres pour commercialiser le *Lagavulin* et d'autres whiskies. En 1890, les deux partenaires élaborent un *blend* (assemblage), qu'ils appellent **White Horse** (*cheval blanc*). En 1924, la firme est renommée *White Horse Distillers Ltd.* [w] *Lagavulin* appartient aujourd'hui à **Diageo.**

La Laitière (1973)

En 1971, Jean-Claude Marcantetti, chef des produits *ultrafrais* chez *Chambourcy*, une marque aujourd'hui disparue, propose de lancer un yaourt au lait entier en pot de verre consigné. Un positionnement haut de gamme, *à l'ancienne*, face aux laitages au lait écrémé vendus en pots de plastique ou de carton.

En cherchant dans le catalogue des marques détenues par **Nestlé** (le géant suisse de l'agroalimentaire a racheté 20 % du capital de *Chambourcy* en 1968), il découvre une marque inutilisée, *La Laitière*, adaptation de la marque britannique *Milkmaid*, créée en 1870 et tombée dans l'escarcelle de *Nestlé* lors de sa fusion avec le groupe anglais *Condensed Milk Co*, en... 1905.

Reste à incarner cette laitière d'autrefois. *Chambourcy* confie la tâche à l'agence *Effivente*.

La légende veut qu'une secrétaire de l'agence, peut-être de retour d'un séjour à Amsterdam, ait évoqué une petite toile peinte en 1658 par Johannes Vermeer et exposée au Rijksmuseum, intitulée *Het melkmeisje*, *La laitière*.

Le tableau exprime toutes les valeurs que l'agence cherchait à mettre en avant comme la tradition, l'authenticité, la chaleur humaine. En 1974, le tableau prend vie grâce à la magie de la télévision. Le slogan n'hésite pas à détourner le tableau pour ses besoins publicitaires : *« La Laitière, un chef-d'œuvre de Chambourcy »*.

En 1979, l'icône apparaît sur l'étiquette des produits. La marque prend de l'ampleur en s'appuyant d'abord sur l'essor du marché du yaourt puis, à partir de 1989, sur la diversification des produits, yaourts aux fruits, crèmes caramel...

En 1996, *Nestlé* rachète *Chambourcy* et reprend *La Laitière* sous sa marque (*Chambourcy* disparaît). Et poursuit sa diversification : riz au lait en 1997, puis flans pâtissiers et en 2002, les glaces.

En 2006, *Nestlé* et **Lactalis** fondent une coentreprise, *LNPF* (*Lactalis Nestlé Produits Frais*), pour commercialiser des produits frais libellés *Nestlé* et **Bridélice.** *Lactalis* en détient 60 %, *Nestlé* 40. *La Laitière* est rattachée à cette structure.[142, w]

La Martiniquaise (1934)
Jean Cayard fonde en métropole la société *La Martiniquaise* dont la première activité est l'importation et la distribution de rhum en provenance de Martinique, la patrie d'origine de cet alcool. L'entreprise va réellement prendre de l'ampleur après la Seconde Guerre Mondiale. Dès 1946, elle se diversifie dans la commercialisation de cognacs, calvados, kirschs, madères, portos et vins doux naturels.

En 1956, année majeure dans le développement de l'entreprise, la Martiniquaise obtient la commercialisation en France du **Porto Cruz**. Dans les années 60, l'essor de la grande distribution va donner un coup de fouet au groupe qui va se spécialiser dans les alcools bon marché (parce que vendus en grandes quantités). En 1969, lancement du whisky **Label 5.** En 1975, le groupe acquiert *Gran Cruz*, le producteur de *Porto Cruz.* D'autres acquisitions vont suivre, dont, en 1987, **Floranis,** plus connu par certains sous le nom d'*Anis Gras.* En 1993, c'est l'ensemble du groupe **Bardinet (Negrita, Dillon, Old Nick)** qui rejoint *La Martiniquaise.* En 2003, nouvelles acquisitions: les distilleries *Busnel* et les marques **Saint James** et *Bally.* En 2004, le groupe inaugure la *First Blending Company* à Bathgate en Écosse, site de vieillissement et d'embouteillage des whiskies du groupe.

En 2007, nouvelles acquisitions dont les distilleries *Peureux* (alcools blancs **La Cigogne,** cerises à l'eau-de-vie **Les Griottines).** L'année suivante *La Martiniquaise* acquiert la distillerie de whisky de pur malt *Glen Moray.*

Quelques mois plus tard, la vodka maison, **Poliakov,** devient la première marque en France, en termes de ventes. En 2009, les acquisitions se poursuivent, se diversifient et s'accélèrent. Ainsi, *La Martiniquise* rachète les marques **Duval, Casanis, L'Héritier-Guyot, Saint Raphaël,** entre autres. Parallèlement, le groupe acquiert le réseau de cavistes parisien *Repaire de Bacchus* (une trentaine de magasins). Enfin, elle reprend **Caraïbos,** la marque de jus et nectars de fruits utilisée par les barmen professionnels. En 2012, parmi les nouvelles acquisitions, signalons la firme *Quartier Français Spiritueux*[so]. Aujourd'hui, *La Martiniquaise* est le deuxième groupe de spiritueux français derrière **Pernod-Ricard.**

La famille, représentée par Jean-Pierre Cayard et sa femme Édith, est toujours aux commandes du groupe via une société holding, la *Cofepp* (*Compagnie Financière Européenne de Prise de Participation).*

Rien d'étonnant donc que Jean-Pierre Cayard, bien qu'inconnu du grand public, figure depuis 2014 dans le club restreint des milliardaires français avec 1,6 milliard d'euros en 2021, selon le magazine *Forbes.*

Lanquetot (1890)

Émilie Mofras, veuve Lanquetot, fonde avec son fils une société au nom collectif de *Madame Lanquetot et Charles Lanquetot.* Cette société possède une laiterie à Saint-Martin-de-Bienfaite-la-Cressonnière, dans le Calvados, qui produit du lait mais également des fromages dont le fameux camembert *Lanquetot.* En 1905, Maurice Lanquetot, le deuxième fils d'Émilie, entre dans la société qui prend le nom de *Veuve Lanquetot et Fils et Cie*. Quatre ans plus tard, Maurice et Charles fondent le *Syndicat du Véritable Camembert de Normandie.*

En 1988, *Lanquetot* est racheté par **Bridel,** lui-même acquis deux ans plus tard par **Lactalis.** En 2007, *Lanquetot,* pourtant à l'origine de l'*AOC* (*Appellation d'Origine Contrôlée*) de ce fromage, perd cette appellation, car *Lactalis* le fabrique désormais avec du lait *thermisé* (*voir l'encadré ci-dessous ainsi que celui sous l'article Lactalis*). *Lanquetot* fabrique également du *livarot, sous AOP,* car cette dernière n'exige pas, contrairement au camembert, la fabrication au lait cru[143].

Le lait cru n'a, par définition, subi aucun traitement. Le lait *thermisé* consiste à chauffer le lait (30 minutes à 45° ou une seconde à 72°) pour retirer un certain nombre de gènes pathogènes. Il faut alors rajouter des ferments lactiques sélectionnés pour réactiver l'activité enzymatique, ce qui diminue quelque peu la palette gustative.

Le lait *pasteurisé* est davantage chauffé (30 minutes à 63 °C ou 15 secondes à 72 °C). L'addition de ferments lactiques sera encore plus importante, diminuant d'autant la variété des goûts.

Dans le cas du lait *micro-filtré*, la crème qui est séparée du lait est pasteurisée. Le lait, écrémé, passe quant à lui à travers un système de membranes extrêmement fines qui retiennent les bactéries.

On trouve des camemberts réalisés avec ces quatre types de lait, dont *Lanquetot* (thermisé), **Lepetit** (pasteurisé) et *La Ferme d'Isigny* (micro-filtré). Les camemberts bénéficiant de l'*AOP* (*Appellation d'Origine Protégée*) sont quant à eux au lait cru.

Quant au lait *UHT* (*Upérisation à Haute Température*), il est chauffé de 140 à 150 degrés pendant 2 à 5 secondes. Ce procédé de stérilisation tue tous les micro-organismes et inactive les enzymes. Pas de fromages possibles avec ce lait, qui en revanche peut être gardé trois mois avant ouverture à température ambiante[144].

Lanson (1760)

En 1760, François Delamotte, échevin (conseiller municipal) et marchand à Reims, créée l'une des premières maisons de champagne. En 1798, son fils Nicolas-Louis, lui succède. À sa mort en 1837, Jean-Baptiste Lanson, associé et grand ami des Delamotte, se voit confier la gestion de la maison qui prend alors le nom *Lanson, Père et Fils*. En 1882, son fils, Victor-Marie, signe un premier contrat d'agent exclusif avec la Maison Percy Fox à Londres, qui contribuera grandement à l'essor de la maison. En 1900, nouvel échelon de la renommée, la Reine Victoria décerne à *Lanson* le *Royal Warrant* (brevet de fournisseur officiel de la cour d'Angleterre), que *Lanson* a toujours conservé depuis.

En 1937, sans doute pour endiguer les conséquences dramatiques de la Crise de 1929, *Lanson* décide de favoriser les ventes du brut *« sans année »* et le nomme *Black Label* (*étiquette noire*).

Les maisons de champagne vont naturellement profiter des Trente Glorieuses, ces années qui suivent la Seconde Guerre mondiale et qui voient le champagne se démocratiser. Les habitudes changent également: on ne le boit plus seulement à la fin du repas, mais de plus en plus à l'apéritif. Mais si la demande augmente, la concurrence aussi, notamment, à partir des années 60, avec l'apparition des marques distributeurs dans les grandes surfaces. Conséquence, les prix baissent. Surviennent alors, au milieu des années 70, trois récoltes excédentaires successives. Les prix s'effondrent. Certaines maisons n'y résistent pas et sont rachetées. C'est le cas de *Lanson*, acquise en 1975 par Xavier Gardinier, qui avait repris dans les années 60 l'entreprise familiale spécialisée dans les engrais chimiques et qui va la réorienter progressivement vers la viticulture: il rachètera la maison **Pommery** en 1979, l'ensemble devenant *CHPL* (*Champagnes Pommery Lanson*). Malheureusement, après l'excédent, la pénurie. Les récoltes 1978, 1980 et 1981 sont très déficitaires. Les prix s'envolent certes, mais les stocks fondent encore plus vite!

Gardinier cherche alors à sécuriser avant tout son approvisionnement, quel que soit le prix. Patatras! Les deux récoltes 1982 et 1893 sont largement excédentaires. Les prix s'effondrent à nouveau. Gardinier est contraint de vendre une partie de ses bouteilles à la grande distribution, à prix cassés. Les comptes sont dans le rouge vif. En 1984, il est contraint de céder *CHPL* au groupe *BSN* (futur **Danone).**

En 1991, ce dernier revend l'ensemble à *LVMH*. Ce dernier sépare les deux marques et cède *Lanson* (sans les vignobles) au groupe *Marne et Champagne*, lui-même racheté en 2006 par *Boizel Chanoine Champagne* (*voir* ***Lanson-BCC***).[145, 90]

À Reims, il existe une rue Lanson.

Lanson-BCC (1991)

Ce n'est pas à proprement parler une marque, mais le nom du 3e groupe de champagne, derrière **LVMH** et **Vranken-Pommery.** Elle rassemble les marques **Lanson** bien sûr,

Chanoine Frères (une marque destinée principalement à la grande distribution, notamment avec sa cuvée **Tsarine), Boizel,** leader de la vente par correspondance dans le secteur, *Burtin* (ex-*Marne et Champagne*), également propriétaire de **Besserat de Bellefon,** distribuée en réseaux traditionnels (restaurants et cavistes) et **de Venoge,** commercialisée en distribution sélective, ou encore *Philipponat* et *Alexandre Bonnet.* Sans parler de la marque de grande distribution **Alfred Rothschild et Cie.**

Tout commence en 1975. Cette année-là, Philippe Baijot, diplômé de l'ESC Reims et avec une petite expérience professionnelle qui n'a rien à voir avec le champagne (responsable de l'export dans une tannerie angevine) revient à Reims avec le désir de travailler dans une maison qui produit ce breuvage qu'il adore. Il entre chez *Abel Lepitre*, comme inspecteur des ventes, où il reste deux ans puis passe chez Gaston Burtin, patron de la maison *Marne et Champagne*, pour promouvoir la marque *Alfred Rothschild et Cie*.

En 1990, à l'arrivée des successeurs de Gaston Burton, sa petite-nièce Marie-Laurence et son mari François-Xavier Mora, Philippe Baijot démissionne : *« je comprends qu'ils n'y comprennent rien*[146] ». Ils rachèteront pourtant les champagnes *Lanson* (*voir ce nom*). Philippe Baijot se rapproche alors de Bruno Paillard qu'il connaît depuis longtemps : Bruno était l'agent commercial de *Marne et Champagne* en Grande-Bretagne. En 1981, Bruno Paillard a lancé sa propre affaire de champagne. Ensemble, ils rachètent une agence commerciale qui appartenait au père de Bruno, *La Champenoise des Grands Vins.*

Les deux amis passent alors du courtage au négoce. En 1991, ils ont l'opportunité de racheter une petite marque, *Victor Canard*, vite radiée à la demande de **Veuve Clicquot-Ponsardin** (propriétaire de la marque **Canard-Duchêne)** en échange de la marque *Chanoines Frères*, historiquement le plus ancien des champagnes d'Épernay après **Ruinart.** En 1994, le duo passe à la vitesse supérieure avec l'acquisition de **Boizel.** L'auguste maison traversait alors une mauvaise passe. Elle venait d'arriver en grande distribution au pire moment : les Roques-Boizel, les propriétaires de la maison, avaient acheté les vins très chers avant l'effondrement du marché. Ils n'ont pas résisté. Toutefois, s'ils ont perdu leur indépendance, ils resteront dans l'affaire. La marque est retirée de la grande distribution et remise en VPC (vente par correspondance), secteur où elle était déjà forte et où elle est devenue leader. Les choses s'accélèrent : entrée en Bourse en 1996, achat des champagnes *Philipponnat* au groupe **Marie Brizard,** puis, en 1998, de **De Venoge** à **Moët et Chandon.** Suivent les champagnes *Alexandre Bonnet* et leurs 43 hectares de vignes.

En 2006, la jeune maison *Boizel Chanoine Champagne* (*BCC*), décroche son bâton de maréchal avec l'acquisition du groupe *Marne et Champagne* et donc la prestigieuse maison *Lanson*, grâce à *Caisse Nationale des Caisses d'Épargne (CNCE)*, qui en détient 44 %. La famille Mora, qui possède le reste, suit.

Marne et Champagne en profitent pour changer de nom et prendre celui de *Burtin.* Un petit nom qui cache une vaste maison: *Burtin*, c'est en effet 800 hectares d'approvisionnement, 10 millions de cols (bouteilles) dont la moitié en marques de distribution, le reste se répartissant entre *Alfred Rothschild* (3 millions de cols en hypermarchés) et *Besserat de Bellefon*[147].La nouvelle entité s'appelle *Lanson-BCC*, pour profiter de la notoriété internationale de cette grande marque.

La Perruche (1889)

La marque de sucre pure canne *A la Perruche* est lancée à l'occasion de l'Exposition universelle de Paris – celle pour laquelle la **Tour Eiffel** a été construite. La marque reçoit plusieurs prix à cette occasion.

En 1934, la famille Say rachète la raffinerie et construit l'usine actuelle de Nantes. Lors du rapprochement avec *Beghin* en 1973 (*voir* ***Beghin Say***), la marque connaît un essor international.

En 1996, la marque évolue pour devenir *La Perruche*[so], Le logo représente une *perruche à collier*, toute verte, un perroquet des Caraïbes, d'où provient le sucre.

Aujourd'hui, la perruche du logo est devenue multicolore, à dominante vert et bleu, comme la *perruche Roi-bois*, également originaire de cette région.

Laphroaig (1815)

La distillerie a été fondée en 1810 par Alexander et Donald Johnston, mais la production ne débuta que cinq ans plus tard.

Construite sur l'île Islay sur la côte ouest de l'Écosse, à moins de deux kilomètres de la distillerie de **Lagavulin,** ce qui n'a pas manqué de créer quelques tensions, aujourd'hui apaisées.

Laphroaig appartient au groupe japonais *Suntory Holdings* après son rachat en 2014 du groupe de spiritueux américain *Beam* pour 16 milliards de dollars, dette comprise, afin de créer le numéro trois mondial du secteur.

Dans son portefeuille de marques, *Beam* détenait également le *whiskey* américain **Jim Beam** et le whisky canadien **Canadian Club** ainsi que le cognac **Courvoisier.**

Le *Laphroaig* fait partie des rares alcools autorisés aux États-Unis pendant la Prohibition, en raison de son caractère très fumé, presque médicinal.

On pouvait en obtenir sur ordonnance chez son médecin!

La Pie Qui Chante (1860, 1925)

Cette marque de bonbons est née à Lille mais son nom vient de Marseille. Explications.

En 1860, Émile Cornillot fonde une confiserie artisanale dans la capitale du Nord. Les affaires marchent bien, notamment les bonbons fourrés, et quand il prend la relève, son fils, Louis, cherche le nom d'une marque pour mieux populariser ses produits. Nous sommes en 1893. Il y a moins de deux ans que l'alliance franco-russe a été signée. Elle stipule notamment que si l'un des deux pays est attaqué par l'un des pays de la Triple Alliance (l'Empire allemand, l'Autriche-Hongrie et le Royaume d'Italie), l'autre doit se porter immédiatement à son secours. La Grande Russie bénéficie dès lors d'une aura toute particulière en France. Louis cherche à surfer sur cette vague de popularité et appelle sa société la *Confiserie Franco-russe.*

Au lendemain de la Première guerre Mondiale, Georges Cornillot succède à son père. Souhaitant se diversifier, il rachète en 1925 une confiserie marseillaise, *La Pie qui Chante,* qui produit des caramels, les *Galéjades.* Plusieurs explications ont été avancées pour ce nom, nous privilégions quant à nous la référence à la chanson enfantine *« Y'a une pie dans le poirier, j'entends la pie qui chante... »:* après tout, les caramels sont d'abord destinés aux enfants. Tous connaissent au moins ces deux premiers vers et ne risquent donc pas d'oublier la marque...

Ça tombe bien, d'autant qu'il est urgent de changer le nom de la société repreneuse : les bolcheviques ont pris le pouvoir en Russie et ils n'ont pas bonne presse, ni en France, ni ailleurs. En 1927, Georges décide de reprendre celui de *La Pie qui chante* pour l'ensemble de la société et même de prendre une pie pour logo. La firme survit à la crise économique des années 30 puis à la Seconde Guerre Mondiale. Mieux, à partir de 1955, elle sort de sa zone de chalandise régionale pour aborder le marché national grâce à des publicités à la radio.

L'union fait la force : la marque va bénéficier d'un sérieux coup de pouce en 1965, lorsqu'un certain nombre d'industries alimentaires – salé comme sucré – décident de se regrouper en une seule société, la *Générale Alimentaire,* où l'on retrouve pêle-mêle, outre *La Pie qui Chante,* des marques comme **Amora, Bordeau-Chesnel,** champagne **Mercier, Savora, Vandame, Carambar,** et même la lingerie *Lou.* Par la suite, la *Générale Alimentaire* entrera dans le giron de la *Générale Occidentale,* qui la cède par la suite à *BSN,* qui deviendra **Danone.** En 1998, *La Pie qui Chante* est vendue au groupe *Cadbury,* qui passe sous la bannière de l'Américain **Kraft Food,** qui deviendra **Mondelēz Inter-**

national. » En 2017, la marque repasse sous pavillon français, à la suite de son rachat avec *Carambar* et d'autre part le fonds d'investissement français *Eurazeo*, qui regroupe toutes les marques de confiserie dans une filiale, *CFK*, sous l'emblème *Carambar & Co*.

La Tisanière (1981)

Selon le site officiel, *La Tisanière*, c'est *« près de cinquante ans d'histoire aux racines provençales »*. Cela sonne bien, mais c'est un peu abusif. D'une part, *La Tisanière* n'a eu que quarante ans en 2021, d'autre part le propriétaire actuel, *Foods International SAS*, qui l'a rachetée en 1993, n'y est pour rien : *La Tisanière* a été créée par **Ducros,** celui qui se décarcasse.

Pire, le site explique que *« c'est au cœur de la Provence que La Tisanière puise ses origines et sa culture. Une culture transmise par des habitants chaleureux, ouverts, où la langue chante un peu comme les romans de Pagnol »*. Plutôt gonflé quand on sait que *Foods International* a fermé en 2005 son site de production d'Aubignan dans le Vaucluse et transféré la totalité de sa production – environ 14 millions de sachets des gammes *Bien-Être*, *Fruisanes*, *bio*, et une partie des thés **Twinings** – sur le site de Newcastle dans le nord de l'Angleterre, 60 km à vol d'oiseau de la frontière écossaise[148]. Et à 1 500 km des champs de tilleul…

Foods International SAS est la filiale française de *Twinnings-Ovo*, la division boissons chaudes du groupe anglais *Associated British Foods* (*ABF*). *ABF* est le 4e groupe agroalimentaire d'Europe. Il est présent dans 46 pays et emploie 102 000 personnes pour un chiffre d'affaires de plus de 11 milliards de livres sterling (environ 15 milliards d'euros) [149].

Laurent Perrier (milieu du XIXe siècle, 1881)

Alphonse Pierlot, ancien tonnelier et embouteilleur à Chigny-les-Roses dans la Marne, fonde une maison de champagne à Tours-sur-Marne. Quand ? On ne le sait pas avec précision : disons vers 1850…

En 1881, il lègue ce qui est déjà devenu une belle affaire à son chef de cave, Eugène Laurent. Ce dernier, avec l'aide de son épouse Mathilde-Émilie Perrier, va encore la développer. Pour ce faire, il rachète plusieurs maisons de champagne, fait creuser quelque 800 m de caves et crée un laboratoire de dégustation. C'est lui qui aurait inventé ce qu'on appelle aujourd'hui, le *Brut nature*, sans ajout de sucre.

À la mort d'Eugène, en 1887, Mathilde-Émilie reprend seule le contrôle du domaine créant la marque *Veuve Laurent-Perrier & Cie*. On ne soulignera jamais assez jamais le rôle des femmes dans l'histoire de cette profession, tant les exemples sont nombreux. Et souvent, elles réussissent fort bien, à l'instar de Veuve Mathilde qui porte les ventes aux alentours de

50 000 caisses, soit 600 000 bouteilles.

Malheureusement, ce succès sera de courte durée. La Première Guerre éclate, la production s'effondre – la ligne de front passe dans les vignobles – la demande aussi. À la fin du conflit, Mathilde-Émilie engage un Britannique, Alexander Fletcher Keith Mackenzie, pour assurer la commercialisation de son champagne outre-Manche.

Elle décède en 1925, laissant les rênes de l'entreprise à sa fille Eugénie-Hortense Laurent. Mais la période n'est guère propice avec l'arrivée, en Europe du contrecoup du krach boursier de Wall Street en octobre 1929. Avec une nouvelle guerre qui se profile, Eugénie-Hortense jette l'éponge en 1939 et préfère vendre à une autre femme, Marie-Louise Lanson de Nonencourt.

La guerre éclate. Ses deux fils, Maurice et Bernard, partent se battre. Seul Bernard reviendra. Maurice a été fait prisonnier par les Allemands et décèdera dans le camp de concentration d'Oranienbourg, en Allemagne. Pendant le conflit Marie-Louise a eu la présence d'esprit de cacher 10 000 bouteilles derrière un mur dans une des caves, pour les soustraire aux *prélèvements* de l'armée allemande.

Au retour de Bernard, sa mère veille à sa formation ès-champagne en l'envoyant travailler dans les maisons **Lanson** et *Delamotte*. Il héritera de la maison en 1949, la développera, faisant passer la production de quelque 80 000 bouteilles à plus de 7 millions aujourd'hui, faisant ainsi de Laurent-Perrier la 4e maison de champagne (avec les marques **De Castellane,** *Salon et Delamotte*). Il lancera également de nombreuses cuvées spéciales en commençant par la *Cuvée Grand Siècle* en 1957.

En 1997, la société se dote d'un conseil de surveillance que Bernard de Nonencourt préside jusqu'à son décès en 2010. Aujourd'hui, ses deux filles Alexandra Pereyre de Nonancourt et Stéphanie Meneux de Nonancourt perpétuent la tradition familiale en tant que membres du Directoire, présidé par Stéphane Dalyac, ancien directeur général Europe de **Yoplait**[150, w]

La Vache Qui Rit (1921)

Tout commence, explique le site officiel, en 1865, à Orgelet, dans le Jura. C'est là que Jules Bel crée sa société fromagère spécialisée dans le long et lent affinage de ce que l'on appelait alors le gruyère de comté. Après trente ans de labeur, Léon transmet sa petite affaire à ses deux fils, Henri et Léon. Ces derniers décident dès 1886 de transférer la compagnie, pour des raisons de commodités notamment de transport, à la préfecture de Lons-le-Saunier, à une vingtaine de kilomètres au nord.

Henri se retire en 1910, laissant seul Léon aux commandes. Pas pour longtemps : en 1914, il part à la guerre. Dans les fruitières, comme on appelle les coopératives de fromagères (mais aussi viticoles) dans le Jura (*voir encadré 2*), les hommes sont remplacés par des Suisses, qui connaissent bien le métier (à La Gruyère ou à Emmenthal, on fabrique des produits très proches). Parmi eux, la famille Graf, qui apporte, une recette très innovante de fromage fondu. Celle-ci avait été conçue par un certain Fritz Stettler en 1911, à Glockenthal (étymologiquement *la vallée des cloches*), nom loin d'Emmenthal, *la vallée de la rivière Emme.*

À son retour du front, en 1918, Léon saisit tout de suite le potentiel de cette invention : un fromage commercialisable en petit format, facile à tartiner et à conserver. En 1921, il lance sa propre production sous le nom de *Vache Qui Rit* (*voir encadré 1*). À partir de cette date, la société n'aura de cesse que de se développer. Par l'ouverture de filiales à l'étranger, d'abord (Royaume-Uni en 1929, Belgique en 1933) puis après la Seconde Guerre Mondiale, par la création ou déclinaison de nouveaux fromages **(Bonbel** en 1947, **Babybel** en 1952, les cubes de *Vache Qui Rit* à l'apéritif en 1960 qui deviendront **Apéricube** en 1976, **Kiri** en 1966). Les rachats d'entreprise, tant en France qu'à l'étranger sont également à l'ordre. Parmi elles, citons la *Société des Fermiers Réunis* (*SAFR*, marques **Rouy, Le Roitelet)** en 1976, le néerlandais **Leerdammer** en 2000 et **Boursin** en 2007 (racheté à *Unilever*). Pour financer toutes ces acquisitions, le groupe *Bel* a fait appel au marché. La *Banque Vernes* aujourd'hui disparue, absorbée par ce qui est devenu la *Banque Palatine*, investit massivement sur cette valeur. Jusqu'en 1992, où elle revend son paquet d'action (environ 23 %) au géant laitier **Lactalis,** le grand rival. La famille Bel-Fiévet (en 1937 Léon Bel avait passé la main à son gendre Robert Fiévet) est ressentie comme une agression. Et réagit par un pacte en interdisant à un membre du clan de vendre ses parts (environ 40 % du total).

Le temps mûrit toutes choses. En 2000, Michel Besnier, le patron *raider* de *Lactalis*, est mort et Robert Fiévet, le P-DG agressé de *Bel* en 2002. Antoine, le petit-fils de Robert, va reprendre le dialogue avec Emmanuel, le fils de Michel. Finalement un accord intervient en mars 2021. Bel cède *Leerdammer*, ainsi que les filiales Bel aux Pays Bas, en Allemagne et en Ukraine, contre les actions *Bel* détenues *par Lactalis*, qui conserve toutefois 0,9 % du capital. *Bel* se retire de la bourse. Entretemps, *Bel* a entamé sa diversification hors du fromage par la prise de participation en 2016 de 65 % dans le groupe *Mom* **(Mont Blanc Materne).**

Pourquoi ce nom, la *Vache Qui Rit?* Cela remonte à la Première Mondiale. Léon Bel est affecté au train, comprenez par là à la logistique et au transport au sein de l'Armée de Terre. L'une des unités du train est le *RVF, le Ravitaillement en Viande Fraîche*, dont l'emblème est une vache hilare, dessinée par Benjamin Rabier, illustrateur et auteur des premières bandes dessinées. Et la bestiole qui se marre est surnommée la *Wachkyrie*, allusion caricaturale aux *Walkyries*, ces divinités de la mythologie germanique rendues célèbres par Ricard Wagner et emblème des transports de troupes allemandes.
Cela deviendra en 1924, la *Vache Qui Rit* d'après un nouveau dessin de Rabier. La femme de Léon lui conseille de lui rajouter des boucles d'oreilles. Bel confie le dessin à l'imprimeur pour retouches. Ce dernier décide de son propre chef de lui donner sa couleur rouge et surtout de le déposer à son nom ! Bel finira par racheter beaucoup plus tard les droits aux successeurs de l'imprimeur, mais aussi à un fabricant de camembert, *Le Camembert Saint Hilaire*... à Nancy, dont l'étiquette représentait une *Vache Qui Rit* (écrit en toutes lettres), également rouge, mais présentant l'autre profil et sans boucles d'oreilles. Rabier lui avait vendu le dessin en 1921, estimant peut-être que les fromagers n'étant pas de la même région, il n'y avait pas de problème ! [w]
Dans le Jura une coopérative traditionnelle de fromage ou de vin s'appelle une *fruitière*. L'origine pourrait être double : en Suisse, le dialecte fribourgeois *freit* signifie fromage, tandis que *fructis* en latin a pour signification le fruit de la terre, ce qui s'appliquerait mieux à la culture viticole.

Lavazza (1895)

En 1894, Luigi Lavazza rachète une petite épicerie, *Paissa & Olivero*, dans le centre de Turin. Il lui donne son nom l'année suivante. Quatre générations plus tard, la famille est à la tête du 3e groupe mondial de café.
Ce qui va faire le succès de Luigi Lavazza, c'est bien sûr ses cafés, qu'il n'hésite pas à mélanger pour obtenir le goût souhaité, une pratique inconnue à l'époque.
En 1927, il fonde la société anonyme *Luigi Lavazza S.p.A.*
En 2015, les sociétés **Mondelēz International** et *Demb* fusionnent leurs activités café pour former **Jacobs Douwe Egberts.** La Commission Européenne exige, au nom de la concurrence, que le nouveau groupe cède une partie de ses marques. Longtemps, il aura été question de **L'Or** et **Grand'Mère,** ce sera finalement **Carte Noire,** acquis en 2016. *Lavazza* est aujourd'hui le 3e groupe mondial de café derrière **Nestlé** et *Jacobs Douwe Eg-*

berts. Sans perdre son côté familial : l'arrière-petit-fils du fondateur, Giuseppe Lavazza est vice-président du groupe depuis 2008.

La Vie Claire (1948)

À coup sûr, l'ancêtre des magasins bio : cette enseigne a vu le jour près de quatre décennies avant **Biocoop,** la première chaîne de magasins revendiqués bio par une charte. *La Vie Claire* a été créée par Henri-Charles Geffroy, un fils d'éditeurs parisiens. Soldat pendant la Guerre de 1914-1918, il est gazé à l'ypérite (gaz moutarde).

Il survit, se marie et a trois enfants. Pourtant en 1935 – il n'a que 40 ans – sa santé se dégrade brutalement. Un article de journal va transformer son existence : il y est dit qu'un régime alimentaire, préconisé par les médecins allemands, le chirurgien Ferdinand Sauerbruch et Max Gerson, spécialisés à l'époque dans la lutte contre la tuberculose, peut sauver des vies. Ce régime préconise la suppression de tout aliment d'origine animale et recommande la consommation de fruits crus, céréales et la cuisson à l'étouffée de certains légumes. De tels régimes étaient très en vogue à l'époque, promus par des médecins dits hygiénistes, inspirés sans doute par celui popularisé outre-Atlantique par les deux frères Kellogg un demi-siècle plus tôt.

Alors que l'on ne lui donnait que quelques semaines à vivre, Henri-Charles va se rétablir grâce à ce régime. Convaincu des bienfaits de cette alimentation, il lance au lendemain de la guerre, en 1946, une revue, *La Vie Claire*, vantant les mérites et les bienfaits d'une alimentation saine et au-delà, d'une vie saine, destinée à ceux qui aspirent à « *penser clair, à voir clair, à agir clair et à vouloir vivre clair.*[50] » C'est un succès. Du coup, deux ans plus tard, il ouvre une boutique coopérative au même nom. Elles vont se multiplier comme des petits pains. Mais la gestion, plus précisément la gestion entre les magasins en propre et les franchisés, ne suit pas. En 1980, l'enseigne est au bord du gouffre. Le chevalier blanc s'appelle Bernard Tapie. Modernité, *sponsoring* (voir encadré), la marque reprend sa marche en avant. Mais là encore, la croissance est trop rapide. Malgré les 200 points de vente, la rentabilité s'effondre : en 1996, Tapie revend l'affaire à *Distriborg*, un pro du bio (propriétaire de la marque **Bjorg).** Son fondateur, Régis Pelen, revend *Distriborg* en 2000 au groupe hollandais *Wessanen*, mais garde *La Vie Claire*, dont il détient 87 % des parts. Il faudra attendre 2004 pour retrouver le chemin de la croissance. En 2010, l'enseigne retrouve ces 200 points de vente. Ils sont 355 en 2019.

Bernard Tapie a remporté deux fois le Tour de France, avec deux coureurs différents, Bernard Hinault en 1985 et l'Américain Greg

Lemond en 1986, avec des maillots aux couleurs de la *Vie Claire*, ce qui n'a pas manqué de faire sourire un certain nombre d'afficionados du vélo, un sport régulièrement égratigné par des affaires de dopage.

La Villageoise (2012)
Marque de vin créée par le groupe *Castel*. Vin plus spécialement destiné à la cuisine, il est vendu en bouteilles plastiques de 25 cl avec un bouchon doseur de 5 cl. Existe dans les trois couleurs[151].

Lay's (1932)
Herman Lay ouvre dans les années 30 un commerce d'aliments à grignoter. En France, on parlerait de biscuits apéritifs. À la double différence près que *Lay* ne fabrique pas que des biscuits et qu'aux États-Unis, on ne les mange pas uniquement à l'apéritif. Là-bas, on peut donc en faire un commerce, même dans un bled, Dorset dans l'Ohio est une *unincorporated community*, comprenez un hameau de quelques fermes.
Depuis Dorset, Lay va bâtir un empire. Pour cela, il ne ménagera ni son temps ni les *miles*: bien souvent, il vend ses produits au cul de sa voiture. Résultat, en 1938, ses affaires ont suffisamment bien marché pour qu'il puisse racheter un fabricant de chips d'Atlanta en Géorgie (1250 km de Dorset), la société *Food Company Barrett* qu'il renomme *HW Lay Lingo & Company*. En 1942, nouvelle étape, Lay installe la première chaîne de transformation des pommes de terre en continu, qui lui permet de produire des chips en quantités industrielles. Et pour les vendre, il fait appel à la publicité, une première sur ce créneau.
En 1961, *Lay* fusionne sa société avec la *Frito Company*, pour former *Frito Lay Inc*, le n° 1 du *snack food* (*de l'en-cas*), avec un chiffre d'affaires de 127 millions de dollars. Les chips de marque *Lay's* conquièrent la planète, à tel point que dans certains pays comme la Thaïlande, *Lay's* est devenu le terme générique pour désigner des chips. Quatre ans plus tard, *Frito-Lay* fusionne avec rien de moins que **Pepsi-Cola.** La nouvelle entité s'appelle **PepsiCo.** [w]
Les chips *Lay's* n'arriveront en France qu'en 1963.

LDC (1968)
Avouez-le, *LDC*, ça ne vous dit rien. En revanche, si l'on cite les marques **Le Gaulois, Maître Coq, Loué, Marie,** voire **Traditions d'Asie,** là, ça vous parle. *LDC* est en effet le leader européen de la volaille.
Ce sigle est dû à la fusion de deux entreprises spécialisées dans l'abattage de volailles, la *SA Lambert* de Sablé-sur-Sarthe, dans la Sarthe, et la *SA Dodard Chancereul*, à Saint-Denis-d'Anjou, dans la Mayenne. Bien qu'étant dans deux départements différents, ces entreprises n'étaient éloignées que d'une dizaine de

kilomètres. Ce rapprochement, rendu indispensable par l'avènement de la grande distribution, va permettre à la nouvelle entité non seulement de se développer mais en outre de valoriser ses productions par la découpe et l'élaboration de volailles, puis d'évoluer vers le marché du traiteur.

En 1989, une autre société – une autre famille – rejoint ce premier noyau : la famille Guillet, dont l'usine est basée à Daumerey, dans le Maine-et-Loire (18 km de Sablé sur Sarthe, 13 de Saint-Denis d'Anjou).

Enfin, en 2001, l'arrivée la famille Huttepain permet au groupe *LDC* de compléter la filière de production, en apportant l'alimentation animale et les œufs.

En 2005, le groupe se renforce et se diversifie, en acquérant la société *Agis* spécialisée dans la fabrication de plats préparés sous vide, qui possède la marque **Traditions d'Asie.** En 2009, *LDC* s'agrandit encore avec le rachat du producteur vendéen *Arrivé* et sa marque **Maître Coq,** et de l'entreprise de plats cuisinés **Marie,** acquise auprès de la firme britannique *Uniq*, pour 60 millions d'euros.

Aujourd'hui, le groupe *LDC* est n° 1 français de son secteur et « *un des leaders européens* ». Il compte 93 sites de productions en France et en Europe, grâce à des rachats successifs d'entreprises, employant quelque 23 000 salariés et dégage environ 4,4 milliards d'euros de chiffre d'affaires.[so, w]

Lea & Perrins (1837)

Cette marque s'est essentiellement fait connaître par sa célèbre et imprononçable *Worcestershire Sauce*. Ce condiment intègre beaucoup de composants : mélasse (résidu issu du raffinage du sucre de canne), vinaigre de malt, anchois, échalotes, pulpe de tamarin (fruit originaire de l'Inde), oignons, ail, sel et épices diverses.

Elle a été concoctée par les pharmaciens John Wheeley Lea et William Henry Perrins d'après une recette venue d'Inde (d'où la présence de tamarin) et rapportée en Angleterre par un certain capitaine Henry Lewis Edwardes, qui aurait bourlingué en Inde avant de revenir vers la mère patrie. Comment est-elle arrivée jusqu'à la pharmacie de Lea et Perrins, basée à Worcester, chef-lieu du comté de Worcestershire, on l'ignore. Ce que l'on sait, c'est qu'après fait réaliser cette recette dans un tonneau en bois, le mélange était si fort que nos deux pharmaciens se sont empressés de le stocker à la cave. Et de l'oublier. L'année suivante, à l'occasion d'un rangement, ils retombent sur leur préparation. Goûtent à nouveau. La sauce avait fermenté et s'était adoucie. Le goût était bien meilleur et ils décident de commercialiser le produit.

Paradoxalement, cette sauce improbable est relativement universelle. Selon les historiens, elle est assez proche du *garum* qu'employaient les Romains. Elle n'est pas très éloignée non plus du *nuoc-mâm* vietnamien.

En 1930, la firme *Lea & Perrins* est rachetée par *HP Foods*, qui a son tour est acquis par *Imperial Tobacco* en 1967. *HP* est revendu à **Danone** en 1988 qui le cède à **Kraft Heinz** en 2005.[w]

Leader Price (1986)

Près de 30 ans après avoir créé sa chaîne de magasins de proximité **Franprix** dans des zones de revenu intermédiaire voire modeste, Jean Baud se lance dans le discount avec *Leader Price* (le meilleur en matière de prix). En 1997, **Casino** rachète l'enseigne, en même temps que *Franprix*, soit 250 et 400 magasins respectivement).

Mais grevé de dettes, le groupe stéphanois doit se résoudre à céder des actifs et en 2020, *Casino* revend à **Aldi** France 567 magasins des 656 magasins *Leader Price* pour 735 millions d'euros. Casino conserve la marque et les magasins en franchise.

Le Bon Paris (1997-2001)

Jambon en tranches sous blister cuit à l'étouffée de marque **Herta.** Initialement, ce produit s'appelait *Jambon de Paris*, avant de prendre son nom actuel en 2001. Le jambon de Paris est en effet un produit générique, en l'occurrence un jambon cuit dans un bouillon aromatisé.

Leerdammer (1970)

En 1914, Cees Boterkooper achète une laiterie près de Leerdam aux Pays Bas. Beaucoup plus tard, en 1970, il s'associe à un négociant en fromage, Baastian Baars. Ensemble ils vont créer une sorte d'emmenthal, qu'ils appelleront tout simplement *Leerdammer.* En 2000, la société est rachetée par le groupe *Bel*, qui la cédera à son tour à **Lactalis** en 2021 *(voir **La Vache Qui Rit**).*

Leffe (1240, 1952)

Leffe est l'une trois principales *bières d'abbaye reconnues* distribuées en France, avec **Affligem** et **Grimbergen.**

Cette abbaye-là a été construite en 1152 sur les bords de la Meuse, à Dinant, en Belgique, par les Pères Norbertins, disciples de Saint-Augustin.

Toutefois, les premières opérations de brassage ne commencèrent qu'en 1240 (c'est d'ailleurs la date qui est indiquée sur la bouteille), après que les moines eurent acheté une brasserie voisine.

Pendant un peu de deux siècles, les moines confectionnèrent cette bière pour leur usage personnel mais également pour les pèlerins et les voyageurs.

Tout prend fin en 1460 avec de terribles inondations, suivies six ans plus tard par l'invasion de la région par Charles le Téméraire : les moines sont contraints de céder une partie de leur terre et de confier la production de la bière aux laïcs. L'abbaye poursuivit une production destinée à ses propres besoins.

L'existence de l'abbaye va se poursuivre ainsi dans les siècles suivant, oscillant entre prospérité et ruine. L'invasion des armées françaises à la Révolution, puis bien plus tard la Première Guerre Mondiale, semblent avoir porté des coups de boutoir définitifs.

Pourtant, en 1929, les Frères Norbertins reviennent pour reconstruire l'abbaye après un énième incendie. Mais il faudra attendre 1952, lorsque les Frères brasseurs cèdent les recettes de leurs bières à Albert Lootvoet, pour que se développe une production commerciale.

Ce dernier lance la production de *Leffe Brune* dans sa propre brasserie, *De Fontein* (*La Fontaine*) à Overijse, près de Bruxelles. Le succès est au rendez-vous.

En 1955, la maison est rachetée par une autre brasserie belge, **Stella Artois,** qui fusionnera avec la brasserie *Piedbœuf* en 1987 pour former *Interbrew.* En 2004, ce dernier se marie avec le groupe brésilien *Companhia de Bebidas das Americas* (*AmBev*) pour devenir *InBev* (*In* pour *International*), qui à son tour fusionne avec l'Américain *Anhauser-Bush* en 2008 pour former *AB Inbev*, le premier groupe brassicole du monde (*voir Stella Artois*).

La *Leffe* est aujourd'hui brassée dans la brasserie de la *Stella Artois* à Louvain, 30 km à l'est de Bruxelles[152].

Le Fleurier (1989)

Corps gras à base de beurre et de margarine lancé par la maison **Saint-Hubert.** Ce produit n'a donc pas le droit au terme de margarine (ce n'est d'ailleurs pas inscrit sur la boîte). Il est censé apporter le meilleur des deux mondes, le goût et la légèreté…

Le nom de *Le Fleurier* insiste toutefois sur le côté végétal (fleur de tournesol), donc sur la légèreté, même si le produit contient davantage de matières grasses qu'une margarine allégée : 59 %.

Legal (1851, 1941)

L'histoire de cette société de café très ancienne est pleine de trous. Tout au plus saiton que le nom de la marque, beaucoup plus récente (elle date de 1941) a été composé avec la première syllabe des deux fondateurs de cette entreprise du Havre, **Le**monnier et **Gal**ly.

En fait, compte tenu de la Guerre, la marque n'a vraiment pris son essor qu'en 1951, grâce notamment à un emballage sous vide en boîte métallique. Les cafés *Legal* sont alors la propriété des *Établissements P. Lemonnier* qui, apparemment, la revendent en 1959 à *General Foods* (*voir* ***Mondēlez International***). En 1963, à la suite du regroupement des marques **Krema-Hollywood** et *Legal*, le géant américain crée une filiale française *General Foods France* dont il confie la présidence à Pierre Lemmonier. C'est à cette époque que le slogan « *Legal, le*

goût » est trouvé et popularisé à la télévision par Johnny Hallyday.
En 1986, *Legal* est acquis par Armand Frydman, qui détient également à cette époque les enseignes de prêt-à-porter *Gérard Pasquier* et *Jacadi* ainsi que les machines à coudre *Singer*[153].
Aujourd'hui, *Legal* est dirigé par Alain Frydman, l'un des fils d'Armand. L'entreprise, toujours basée au Havre, est le premier torréfacteur à capitaux entièrement français.

Le Gaulois (1984)
Si la famille Lambert est dans la volaille depuis 1909, à l'époque où Auguste arpentait les routes sarthoises pour choisir ses volailles dans les fermes et les revendre sur les marchés, le véritable démarrage eut lieu en 1968, quand Auguste Lambert, fils du précédent, et son fils Rémy s'associent avec deux autres volaillers de la région, Auguste Dodard et Gérard Chancereul pour former **LDC.** Deux ans plus tard, deux nouveaux bâtiments sont construits, qui permettent d'accueillir la production de 380 éleveurs de volaille et de lapins (la barre des mille éleveurs sera franchie avec le nouveau millénaire). En 1984, cette production a désormais une marque, *Le Gaulois*, avec une cocarde bleue, blanc, rouge pour rappeler l'origine des volailles. En 1990, l'offre s'élargit en proposant la gamme *Cordon-Bleu* et les *Panés.* Nouvelle diversification en 1993, vers le marché de la dinde. En 2002, *Le Gaulois* comprend les évolutions de la consommation et propose toute une gamme de charcuterie à base de volaille, alternative à la charcuterie de porc. [w]

Lejay-Lagoute (1836)
Auguste-Denis Lagoutte fonde sa fabrique de spiritueux à Dijon en 1836. Cinq ans plus tard, est créée, avec le liquoriste Claude Joly, la fameuse crème de cassis. Le succès est tel qu'il est contraint de déménager pour trouver des locaux plus grand et de s'associer pour les financer. La maison prend le nom de *Fabrique des liqueurs Lagoutte et Mutin.*
En 1890, sa fille se marie avec Henri Lejay, qui vient travailler avec son beau-père. L'entreprise prend le nom de *Lejay-Lagoute*, qui au passage perd un *t*.
L'entreprise va gentiment prospérer jusqu'au début de 1940 où l'usine est bombardée par les Allemands (elle était située non loin d'un dépôt de gaz). La reconstruction commence dès 1941. Mais c'est au début des années 50 que la maison connaît son apogée grâce à un certain chanoine, Félix Kir, député-maire de Dijon de 1945 à 1968. Ce dernier, trouvant le bourgogne aligoté trop aigrelet pour être bu nature, eut l'idée d'y ajouter de la crème de cassis, en l'occurrence de marque *Lejay-Lagoute.* Un nom aussi claquant que *Kir* pour désigner le mélange ne pou-

vait qu'assurer son succès ! Ce qui ne dérange pas le moins du monde l'élu qui concède même, en 1952, l'exclusivité de l'appellation **Kir** à *Lejay-Lagoute.*

En janvier 2013, la société s'est installée dans de nouveaux locaux. Pour le reste, la vie continue, sereinement. *Lejay-Lagoute* exporte aujourd'hui dans 40 pays du monde[154]. En 2017, la maison se voit décerner le label Entreprise du patrimone Vivant (EPV).

Le Moulin de Carel (1950)

En 1950, Henri Gondouin et son gendre Michel Waroquier construisent une fromagerie dans un ancien moulin à Carel, un hameau rattaché à la commune de Saint-Pierre-en-Auge pour produire un camembert sous ce nom. La valeur n'attend pas le nombre des années et en 1963, ce camembert décroche sa première médaille d'or au concours général agricole. Il en aura d'autres. Clin d'œil de la géographie, le plus jeune des camemberts AOP (Appellation d'Origine Con-trôlée) est fabriqué à sept kilomètres du doyen de la catégorie, le camembert **Jort.** Les deux marques font partie aujourd'hui du portefeuille de *Lactalis.*

Le Mutant (1986-2015)

Cette enseigne aujourd'hui disparue a été créée par la *Coopérative de consommateurs de Normandie Picardie* (*CNP*), puis reprise par les autres coopératives françaises (*voir* ***Coop).***

Lepetit (1890)

Ce camembert a été conçu par Léontine et Auguste Lepetit en 1890 à Saint-Maclou dans le Calvados. Rachetée par **Lactalis,** la marque avait discrètement abandonné début 2007 la fabrication au lait cru et de fait son *AOC* (*Appellation d'origine contrôlée*).

Une émission télévisée, diffusée fin 2007, sous le titre *Ces fromages qu'on assassine*, avait révélé au grand public cette évolution, provoquant une chute des ventes de *Lepetit.* Résultat, l'usine historique de Saint-Maclou ferme fin 2008 (reclassement des employés dans l'usine de Lisieux où le camembert *Lepetit* continue d'être fabriqué, avec d'autres fromages[155], *voir encadré* ***Lanquetot***).

Le P'tit Basque (1991)

Marque d'un fromage de brebis à la croûte sculptée qui reproduit les dessins des moules en osier de jadis, en s'inspirant de la tradition pastorale du Pays basque. Ce fromage appartient à la gamme des fromages pyrénéens **Istara,** appartenant à **Lactalis.**

Le Roitelet (1966)

Ce fromage a été conçu par la *Société Anonyme des Fermiers Réunis*, *SAFR*, créée en 1882. Cette société va rapidement disposer de plusieurs laiteries en Seine et Marne et Marne. C'est dans l'une de ces dernières qu'aurait été créé le premier fromage de la marque *Le Roitelet*, en hommage à un petit passereau de la région, portant ce nom, l'un des plus petits oiseaux d'Europe. La société sera rachetée en 1976 par le *Groupe Bel* (*voir La **Vache Qui Rit***) avant de tomber dans l'escarcelle de **Lactalis.**

Leroux (1858)

En 1858, Jean-Baptiste Alphonse Leroux achète la manufacture *Herbo fils et Compagnie* à Orchies dans le Nord.

Créée en 1840, elle produit du chocolat, de la moutarde, du tapioca et de la chicorée torréfiée. Il confie l'entreprise à son fils Alphonse-Henri-François Leroux. Cinq ans plus tard, ce dernier dépose un brevet pour une empaqueteuse mécanique qui traite 200 paquets à l'heure (soit 3 000 par jour). Un avantage considérable par rapport à la concurrence qui ensache à la main.

En 1871, un incendie ravage l'usine. Le fils Leroux profite de cet événement malheureux pour se spécialiser dans la chicorée. En 1876, la manufacture effectue ses premières exportations (Espagne, Argentine).

À l'instar de certains patrons du XIXe siècle, *Leroux* crée à l'intention de ses employés une *Société de Secours Mutuel*, sorte d'assurance-maladie avant l'heure (elle prend également en charge les frais d'obsèques).

L'entreprise *Leroux* poursuit son existence au gré des générations. En 1953, l'entreprise commercialise la première chicorée soluble en poudre beaucoup plus pratique d'utilisation que les cossettes de racine torréfiées.

Deux ans plus tard, Leroux sort du concentré de chicorée liquide, utilisable dans les préparations culinaires.

En 1996, *Leroux* ouvre une antenne à Abidjan (Côte d'Ivoire) pour approvisionner une large partie de l'Afrique francophone.

Aujourd'hui, les exportations représentent environ le tiers de la production.

En 2005, *Leroux* lance son site de e-commerce. En 2008, la firme lance la *Chicorée douce*, débarrassée de son amertume.[so]

Leroux est le premier producteur français de chicorée, la France étant le premier producteur européen. Il y a une explication historique à cela : le blocus de l'Angleterre décrété par Napoléon 1er s'est rapidement retourné contre la France, soudain privée d'approvisionnement en sucre de canne et en café. Le sucre de betterave, produit par Jean-Baptiste Delessert en 1812 (*voir la **Caisse d'Épargne***), et la chicorée s'y substitueront. Deux productions pour l'essentiel situées dans le nord de la France.

Si *Leroux* s'intéresse aux racines de la chicorée, les maraîchers eux s'intéressent aux feuilles qui fournissent plusieurs salades. Ainsi, la frisée et la scarole sont deux variétés de chicorée d'espèce *Cichorium endivia.* L'endive est également une chicorée. Paradoxalement, il ne s'agit pas de la variété *Cichorium endivia*, mais *intybus*. Dans le Nord et en Belgique, on ne parle d'ailleurs pas d'endive mais de chicon.

Le Rustique (1975)

Le Rustique est à l'origine un camembert fabriqué au lait pasteurisé conçu par Jean Verrier (la signature est sur la boîte), patron de la fromagerie *Lutin*, à Condé-sur-Sarthe, une bourgade située dans l'Orne, ce qui lui donne droit à la mention *Camembert fabriqué en Normandie* (*voir encadré de* **Président**). Bien qu'industriel, ce fromage tente de jouer sur la corde sensible de la tradition, comme le prouve son papier d'emballage type nappe à carreaux rouge et blanc (e serait un cun hasard, selon le site officiel de **Bongrain**).

La fromagerie *Lutin* a été rachetée en 1992 par le groupe *Ideval* (*Initiative et Développement Alimentaires*), qui deviendra en 1998 *Les Fromageries Riches Monts* (*voir* **Sodiaal**).

Ces dernières fusionnent en 2008 avec la *Compagnie des Fromages* (*groupe* **Savencia**) pour donner la *Compagnie des Fromages & Riche-Monts* (*CF & R, voir* **Cœur de Lion**). La marque *Le Rustique* a été déclinée dans d'autres fromages, brie, coulommiers, munster...

A noter ce dernier bénéficie d'une *AOP* (*Appellation d'Origine Protégée*).

Lesieur (1908)

Georges Lesieur fonde la société *Georges Lesieur et ses fils* à Coudekerque-Branche, dans la banlieue de Dunkerque. Le libellé peut étonner : les créateurs d'entreprise sont généralement jeunes et n'ont pas encore d'enfants en âge de travailler. Ce n'est pas le cas de Lesieur. Il a 60 ans.

Georges Lesieur, fils de cultivateurs de Seine-et-Oise, a commencé à travailler à l'âge de quinze ans dans la société Desmarais Frères, fondée en 1861 et spécialisée dans la commercialisation d'huiles végétales, principalement utilisées à l'époque pour l'éclairage. Peu à peu cette société évolue vers le pétrole, toujours destiné à l'éclairage. La carrière de Georges Lesieur au sein de cette maison va être fulgurante : entré par la petite porte, il en est quinze ans plus tard le co-gérant. Il a 30 ans.

Pendant près de quarante ans, il va participer au développement de cette entreprise, ce qui lui permet d'entrer à la Chambre de Commerce de Paris, dont il finira président de 1905 à 1907. Il est également membre du Conseil d'Administration de plusieurs sociétés. Bref, il a dû pouvoir, de l'argent, des réseaux.

Alors quand la famille Desmarais[156] refuse d'embaucher ses enfants dans la société, il claque la porte. Nous sommes en 1908.

Ce sexagénaire n'hésite pas. Puisqu'on ne veut pas de ses enfants, il va monter sa propre entreprise. Le choix est vite fait. Il construit une huilerie. Pas au Havre, il y a les Desmarais. Pas à Marseille, des huileries existent déjà. Seule solution, Dunkerque, troisième port français, notamment pour l'importation des arachides, derrière Marseille et Bordeaux. Dunkerque dispose en outre d'une main-d'œuvre abondante et est située près des grands centres de consommation : le Nord et la région parisienne. Avec lui, ses enfants, Maurice, Paul et Henri, tous diplômés, ainsi que trois anciens collaborateurs de Desmarais.

L'usine ouvre ses portes en 1910. La société, spécialisée dans le traitement des graines d'arachide importées d'Afrique, bénéficie de l'interdiction en 1908 de la consommation alimentaire de l'huile de lin[157]. Au demeurant, la culture du lin avait fortement chuté depuis quelques années, la production des petites exploitations agricoles du Nord ne répondant plus aux besoins des grandes usines textiles de la région qui se tournaient de plus vers le coton.

Parallèlement, les revenus des ménages augmentent et avec eux la consommation de corps gras.

À partir de 1918, l'huile est raffinée, ce qui lui donne un goût neutre, facilitant son utilisation, y compris pour la cuisson.

À partir de 1924, *Lesieur* propose son huile en bouteilles consignées sous sa propre marque, à une époque où l'huile se vendait à la tireuse, comme le lait et le vin de consommation courante (le client apportait son récipient que le commerçant remplissait). Parallèlement, l'usine se diversifie dans la savonnerie pour exploiter les sous-produits de l'huilerie et qui donnera la marque *Persavon* dans les années cinquante.

À la mort de Georges Lesieur en 1931, son gendre, Jacques Lemaigre Dubreuil, devient P-DG de l'entreprise. Dans les faits, c'est son beau-frère, Paul Lesieur, deuxième fils de Georges, qui a la direction opérationnelle de la société. Lemaigre Dubreuil lui, s'occupe principalement de la commercialisation en France et à l'international ainsi que de la production et l'acheminement à Coudekerque de l'arachide en provenance du Sénégal. Ce qui lui laisse du temps pour militer à l'extrême droite, qu'il contribue à financer. Conseiller de la *Banque de France*, il est farouchement opposé au Front Populaire et soutient la Cagoule, une organisation terroriste d'extrême-droite active dans les années 30. Tout cela n'empêche pas les ventes d'huile *Lesieur* d'atteindre 15 millions de litres en 1938.

Avec la signature de l'armistice, la moitié nord de la France est sous occupation allemande, ce qui rend très difficile la poursuite de l'exploitation de l'huilerie. Lemaigre Dubreuil transfère l'activité à Casablanca, au Maroc. Il bénéficie pour cela de l'encouragement des autorités allemandes pour l'importation d'huile en Europe (*voir encadré 2*). À la fin de la guerre, l'huilerie de Coudekerque, qui a été détruite en 1944, est reconstruite. Paul Lesieur, qui reprend les rênes de la maison, l'introduit en bourse (la famille conserve toutefois 80 % du capital). Le groupe représente alors 75 % du marché français des huiles de marque.

En 1963, il lance sa margarine ainsi que la première bouteille d'huile non consignée, en PVC.

En 1967, *Lesieur* opère sa première grande diversification en prenant le contrôle de la société de plats préparés **Garbit** et se rapproche de *Cotelle et Foucher*, propriétaire des marques de lessive *Mir*, *Comète et Super Croix*, de l'eau de javel *La Croix* et de la poudre à récurer *Bref*. Une filiale commune, *Lesieur-Cotelle*, est créée en 1968.

Mir est revendu à *Henkel* en 1971. En 1972, la banque d'affaires *Banexi*, filiale de la *BNP* prend 25 % du capital de la *Compagnie Financière Lesieur*, nouveau nom de la holding familiale.

En 1973, *Garbit* est cédé à **Panzani.**

En 1979, *Lesieur* rachète **William Saurin** à la famille fondatrice. Deux ans plus tard, elle acquiert la *Société Française Alimentaire*, qui détient entre autres la marque **Végétaline.**

1985 va marquer le début des grandes manœuvres : *Lesieur* s'allie avec l'entreprise sucrière **Saint-Louis** pour racheter le groupe *Royal Champignon*, premier producteur mondial de champignons. Chez *Lesieur*, le PVC (polychlorure de vinyle) laisse la place au PET (polytéréphtalate d'éthylène), plus léger, moins toxique et plus résistant.

En 1986, le groupe agroalimentaire italien *Feruzzi*, propriétaire du groupe sucrier *Béghin-Say* via le conglomérat *Montedison*, lance une OPA contre *Lesieur*. Pour la contrer, *Saint-Louis* rachète son associé. L'année suivante, les activités de *Lesieur-Cotelle* dans les produits d'entretien sont revendues à *Colgate-Palmolive*. En 1988, *Saint-Louis* démantèle *Lesieur*. La branche corps gras (mayonnaises et sauces, margarine **Excel** et la filiale espagnole) est revendue à *Béghin-Say*. *Lesieur* revient alors à son métier d'origine, huilier, *Saint Louis* conservant *William Saurin* et *Royal Champignon*.

En 2013, *Lesieur* a réalisé un chiffre d'affaires de 797 millions d'euros, ce qui en fait le n° 1 de l'huile en France (et le n° 3 des sauces condimentaires). [so, w]

Le logo de *Lesieur*, qui représente quatre losanges rouges égaux et accolés pour former eux-mêmes un losange, représente Georges Lesieur et ses trois fils. Pendant la guerre, Jacques Lemaigre Dubreuil le patron de Lesieur à l'époque, va être très actif, effectuant beaucoup de voyages entre l'Afrique, surtout du Nord,

et la France. Lemaigre Dubreuil se revendique de l'extrême-droite. Mais dans son cas, cela signifie anticommuniste viscéral, pas collabo.
Il va ainsi faciliter le débarquement des Alliés en Afrique du Nord (opération Torche) À la fin de la guerre, s'il s'oppose à l'indépendance du Maroc, Jacques Lemaigre Dubreuil infléchit par la suite sa position en faveur de l'autonomie. Mais en 1955, coup de théâtre, il est assassiné à Casablanca, au pied de l'immeuble Liberté qu'il habitait. La place où est situé cet immeuble porte désormais son nom. Le principal témoin est assassiné à son tour.
Malgré les aveux de l'un des quatre hommes ayant affirmé avoir participé à cet homicide, un non-lieu est prononcé en 1965.
Étymologiquement, Coudekerque vient du flamand occidental Koudekerke, qui signifie *église froide*. Dans la même veine, Dunkerque veut dire *église des dunes*.

Les Ormes de Cambras (2001)
(*Voir* ***Cambras***)

Les Petits Amis (1856, 1971 ?)
Ce munster (ce nom vient de *monastère*) a vu le jour en Alsace, à Ostheim, au sein d'une très ancienne entreprise créée en 1856 par L. Bailleux, reprise par la suite par C. Dessoutter qui la cède à ses fils en 1926. Elle prend le nom de *Société anonyme des Fermiers Réunis* (*SAFR*) en 1933. En 1976, elle est acquise par le Groupe **Bel.** Ce dernier revend la SAFR en 2002 à **Lactalis.** En 2007, la fromagerie d'Ostheim, en Alsace, qui fabriquait jusqu'alors les munsters *Les Petits Amis* ferme. La production est transférée dans l'autre fromagerie de la *SAFR*, à Xertigny, dans les Vosges, qui fabrique déjà d'autres fromages comme le coulommiers *Le Roitelet*, et les spécialités **Rouy,** *Saint-Morgon* et *Péché Mignon.* Xertiny fermera à son tour en 2012, la production étant une nouvelle fois transférée, à Corcieux, également dans les Vosges.
Quant au nom, faute de certitude, on peut penser qu'il a été créé lors de la reprise de la société par les *Fermiers Réunis*, l'adjectif de *petit* faisant référence à la taille du fromage, nettement inférieure à celle d'un *munster* classique.

Les Pyrénéens (1924, 1927)
Maurice Rozan de Mazilly. Derrière ce nom valorisant, beaucoup de souffrances et de ténacité. Maurice est né, malgré ce noble nom, dans une famille pauvre, près de Rouen, en 1893. À 13 ans, il perd son père. Pour alléger la tâche de sa mère qui se retrouve avec cinq enfants, il s'engage comme mousse à bord d'un voilier. À ce titre, il peut se targuer d'être un des derniers cap-horniers. 1914, la Grande Guerre éclate : il s'engage, obtient le grade d'aspirant. En septembre 1915, près de Lens (*voir encadré*), un obus lui arrache une partie

du visage. Évacué, il va passer deux ans à l'hôpital du Val de Grâce, subir une vingtaine d'opérations toutes plus douloureuses les unes que les autres: il n'en restera pas moins une *Gueule Cassée*…

Il faut néanmoins retrouver du travail. Au plus vite. Un voisin de chambrée lui indique que son père cherche du personnel pour son entreprise, *Les Chocolats Melba*. Il est engagé, ses qualités d'organisation font mouche: quelques mois plus tard, il dirige l'usine, à Courbevoie, forte de quelque 300 ouvriers, pour l'essentiel des femmes, guerre oblige: nous sommes fin 2017.

Deux ans plus tard, il souhaite s'établir à son compte. Toujours dans le chocolat, où il acquiert un réel savoir-faire. À la recherche d'une implantation industrielle, il entre en contact avec une autre Gueule Cassée, Maître Joseph Vignau, avoué à Oloron-Sainte-Marie (Pyrénées-Atlantiques), qui lui vante la région. Il convainc rapidement Maurice, pour qui l'endroit présente trois avantages: une région loin de l'Allemagne, productrice d'électricité (la fabrication du chocolat en demande beaucoup) et des terrains financièrement accessibles. Maurice va commencer par acheter une petite centrale hydroélectrique à Gurmençon, à cinq kilomètres d'Oloron où il fait construire sa fabrique de chocolat. Très vite, les affaires marchent. Il ouvre une boutique à Paris, où il réside.

En 1926, lors d'un voyage en Autriche, Maurice goûte des pâtisseries qui fondent dans la bouche tout en donnant une sensation de fraîcheur. À son retour à Oloron, il cherche à obtenir le même résultat avec du chocolat. Avec l'aide d'un scientifique, près de deux ans seront nécessaires pour mettre au point ce bonbon au chocolat, dont la recette est gardée secrète aujourd'hui encore. Il s'appellera bien évidemment le *Pyrénéen*.

Le succès est total. Mais Maurice ne possède pas les moyens pécuniaires de son développement espéré. Il s'en ouvre à un ancien camarade de chambrée du Val-de-Grâce, Pierre Brunswig. Ce dernier le met en relation avec une de ses connaissances, le milliardaire américain Frank Jay Gould (*voir encadré*). Ce dernier croit au projet de Maurice. Peu à peu, à partir de 1924, le capital de la société passe de 10 millions de francs à 150, puis 185, 275, puis enfin 400 millions de francs.

Pendant la guerre, la chocolaterie continuera de tourner, grâce notamment aux commandes de Florence Jay Gould, la troisième femme du milliardaire. Vraisemblablement, Maurice, réfugié à Oloron au début de la Seconde Guerre – le plus loin possible des Allemands – ignorait tout des circonstances dans lesquelles ses chocolats étaient écoulés par la festive américaine (*voir encadré*).

Au début des années 50, Maurice, cherchant à redévelopper l'entreprise, propose à la firme suisse **Lindt & Sprüngli** qui cherchait une usine en France, de produire ses chocolats sous licence.
En 1958, Franck Jay Gould meurt et sa fille souhaite vendre les parts majoritaires qu'elle détient dans l'affaire *Rozan*. Maurice propose alors à *Lindt* de les racheter. La firme suisse tergiverse. Un autre acheteur se propose : Henri Lacarre, dirigeant et actionnaire majoritaire de *Cacao Barry* et du Chocolat **Menier.** Maurice reste aux commandes et l'usine continue d'assurer la production pour le compte de *Lindt*, en plus de celles de *Rozan* et *Menier*. Mais *Menier* a du mal à faire face à la concurrence et en 1965, la société *Menier-Rozan* est rachetée par la source **Perrier.** À cette occasion est créée l'*Union Française d'industries de Chocolaterie et de Confiserie — Chocolat Menier* (*UFICO*). En 1970, nouvelle restructuration interne, l'ensemble des activités confiserie-chocolaterie du groupe sont regroupées au sein du *Consortium Français de Confiserie* (*CFC*).
Mais la concurrence se fait de plus en plus vive, face à des géants européens comme *Ferrero* en Italie, *Strumpf* en Allemagne et **Mars** en Hollande. L'usine d'Oloron-Sainte-Marie souffre de son éloignement vis-à-vis des grands bassins de consommation et il est donc décidé en 1968 de la fermer pour rapatrier la production à Strasbourg. Mais nous sommes en France : on ne ferme pas une usine comme cela, surtout dans une région où le tissu industriel est si léger. La résistance s'organise de la part des édiles locales. Suivent l'intervention de différents ministres et surtout les aides de l'État.
Résultat, en 1969, c'est l'unité de Strasbourg qui ferme et sa production est rapatriée à Oloron ! Tout est bien qui finit bien, *Lindt* rachète l'usine d'Oloron-Sainte-Marie en 1977. Maurice Rozan de Mazilly décèdera en 1984, à l'âge de 91 ans[158].

Fils de milliardaire, l'Américain Franck Jay Gould s'est installé en France. Son père avait fait fortune dans l'édification des chemins de fer aux États-Unis. Jay choisit de vivre en France, notamment sur la Côte d'Azur. Sa grande idée, c'est de créer des lieux de villégiature pour des personnes aisées. C'est ainsi qu'il fait du village de Juan-les-Pins la station balnéaire chic qu'elle est aujourd'hui (le festival de jazz, c'est lui). Mais pas que. Il fait construire un hôtel de luxe et un casino à Granville (Manche) dont il voulait faire la « *Monaco du nord* [159] », le Palais de la Méditerrannée à Nice, un deuxième casino à Bagnoles-de-l'Orne ou encore embellit le champ de courses de Maisons-Lafitte. En autres. Sans oublier des coups de pouce à des en-

trepreneurs du secteur alimentaire, comme les chocolats *Rozan* et *Potel et Chabot.*
Pendant la Seconde Guerre Mondiale, sa troisième femme, Florence, américaine comme lui, tenait officiellement un salon littéraire à Paris, en réalité l'une des meilleures tables de la capitale où étaient invités tant des collabos que des officiers de la Wehrmacht, mais également de la Gestapo. Les meilleurs mets, les vins les plus recherchés, les champagnes et plus encore le café ou les chocolats, notamment ceux de *Rozan*, y étaient servis à profusion. Les petites boîtes de si délicieux chocolats constituaient même des petits cadeaux qui ouvraient bien des portes...
La belle avait également la réputation de donner de sa personne auprès de différents beaux officiers allemands. Sa fortune et sa nationalité américaine lui firent très utiles à la Libération[160].

L'Héritier-Guyot (1845)
Louis-Baptiste L'Héritier crée son entreprise de liqueurs dans la région de Dijon en 1845. Dix ans plus tard, il épouse Mademoiselle Guyot avec laquelle il fonde *L'Héritier-Guyot.* S'il y avait à l'origine plusieurs liquoristes à Dijon, il n'en reste plus depuis la fin de la Seconde Guerre Mondiale, que deux grands, *L'Héritier-Guyot* et **Lejay-Lagoute.**
Qui évidemment se marquent à la culotte. Ainsi, quand, en 1952, le chanoine Kir a laissé l'exclusivité de son nom au second, qui s'est empressé de le déposer (*voir Lejay-Lagoute*), le premier ne s'est pas laissé impressionner et a lancé son *Super Kir.* S'en est suivie une longue bataille juridique qui s'est achevée en... 1992, au bénéfice de *Lejay.*
L'Héritier-Guyot, racheté en 2009 par le groupe **Bardinet**, n'abdique pas pour autant et revendique la place de n° 1 pour les liqueurs de fruits avec plus de 2 millions de bouteilles vendues.[161, so]

Lichette (1973)
Voir ***Champlure.***

Lidl (1930)
À quoi tient la postérité... Quand Josef Schwarz ouvre son commerce de gros en produits alimentaires (*Schwarz Lebensmittel-Sortimentsgroßhandlung*), à Heilbronn en Allemagne, il a un partenaire, Ludwig Lidl, un instituteur en retraite.
Ce n'est qu'en 1973 que le premier commerce de détail (discount) à l'enseigne *Lidl* ouvre ses portes. Dieter, le fils de Josef, qui a rejoint son père dans l'entreprise familiale, se rend compte à cette occasion qu'il ne peut ouvrir un magasin à son nom : *Schwartz Markt* signifie, en allemand, *marché noir.* Alors, il pense au nom de Lidl, va voir le dénommé Ludwig et lui achète 10 000 deutschemarks (5 000 euros d'aujourd'hui) le droit d'utiliser son nom.

Lorsque Joseph décède en 1977, l'enseigne compte déjà 33 magasins. Aujourd'hui, on ne dénombre plus de 10000 dans toute l'Europe (sauf les pays baltes), en plus d'un certain nombre d'hypermarchés en Allemagne, tous réunis sous la bannière du *Schwartz Gruppe*.

Selon le magazine américain *Forbes*, Dieter Schwartz est à la tête d'un empire de quelque 36,9 milliards de dollars, ce qui fait de lui la 38e personne la plus riche du monde. Selon certains syndicats, cette prospérité se serait faite sur le dos des salariés, par des méthodes de surveillance appuyées et parfois illégales. En 2006, un livre-choc est même sorti outre-Rhin[162] sur le sujet. Le 26/09/2017, l'émission *Cash Investigation*, sur *France 2*, allait dans le même sens.

Liebig (1865)

La prochaine fois que vous achèterez un produit *Liebig*, vous ne regarderez plus le paquet ou la boîte du même œil après avoir lu cet article.

Justus Liebig est un chimiste talentueux et touche-à-tout. Impossible de raconter ici sa vie, qui mériterait à elle seule un livre.

Né à Darmstadt, en Allemagne, dans une famille de la moyenne bourgeoisie, Justus est élève brillant Mais alors qu'il n'a que douze ans, un événement va marquer sa vie : l'année 1815 n'aura pas d'été (*voir encadré 1*). La famine qui s'ensuit marquera profondément Justus.

En 1922, le jeune Liebig part à Paris pour travailler dans le laboratoire privé du grand chimiste français Joseph-Louis Gay-Lussac. À cette époque, il sympathise par ailleurs avec Georges Cuvier, le célèbre zoologiste français, et Alexander von Humbold, un explorateur et géographe allemand renommé, spécialiste des sciences de la nature.

À son retour en Allemagne, Justus devient professeur à l'Université de Munich tout en restant chercheur : il va même installer un laboratoire, l'un des tout premiers du genre, dans son jardin. Des étudiants du monde entier assistent à ses cours.

Liebig va surtout s'intéresser à la chimie organique. C'est lui par exemple qui découvre que les plantes se nourrissent essentiellement d'azote par des microbes permettant de fixer celui de l'air et d'assimiler celui, minéralisé, dans le sol. Il est à l'origine de l'engrais azoté. Parallèlement, il s'intéresse à d'autres sujets comme la physiologie des animaux ou l'explication chimique du phénomène de putréfaction. Ses recherches lui valent d'être anobli en 1845 par Luis II de Bavière et de recevoir le titre de baron (Freiherr von Liebig).

À partir de ses travaux sur la nutrition des plantes et le métabolisme animal, le désormais von Liebig va développer une théorie de la nutrition dans laquelle il insiste sur l'importance du jus de la viande, que toute cuisson dans l'eau ou à la broche perd. Pour le conserver, Liebig conseille soit de sécher la viande, soit de réutiliser le jus dans des soupes ou des bouillons.

Voyant dans ce jus de viande une source bon marché de nutriments, Liebig développe une formule pour produire de l'extrait de bœuf. Évidemment, en Europe, ce n'est pas possible car la viande est chère. Mais pas en Uruguay où les bovins sont élevés essentiellement pour leur cuir, la viande en excès – on ne sait pas la conserver – est jetée. Reste à trouver quelqu'un pour monter un tel projet. Pour que le jeu en vaille la chandelle, Justus von Liebig est prêt à donner gratuitement sa formule à quiconque se lancerait. Ce sera un jeune ingénieur belge, Heinrich Georg Giebert, qui suivait avec intérêt les travaux de chimiste allemand. Il se présente à lui. Affaire conclue.

Pendant deux ans, le maître va former l'élève à la fabrication et à la production industrielle de son nectar bovin. Dans le même temps, Giebert réunit les fonds pour acheter des terres et construire des bâtiments. Lors d'un premier voyage d'études, il choisit Villa Independencia (aujourd'hui Fray Bentos), le long du fleuve Uruguay, à 300 km en amont de Montevideo, la capitale.

Les premières installations ont lieu en 1863. Quatre ans plus tard (les machines n'ont été livrées qu'en 1866), l'usine commence à produire. Dans le guide *Baedeker* 1907 (*voir encadré 2*), l'usine *Liebig* est « *considérée comme un colossal établissement, connu dans le monde entier et le plus considérable d'Amérique du Sud où l'on consomme annuellement 200 000 bœufs* ».

Il faut dire qu'il fallait 32 kg de viande pour produire un litre d'extrait. Ce dernier est expédié à Londres et réceptionné par la *Liebig Extract of Meat Company*, fondée en 1865. Dix ans plus tard, 500 tonnes d'extraits sont produites annuellement à Fray Bentos. L'usine fabrique parallèlement du *corned beef* (*bœuf à cornes*) en conserve. Il est toujours produit, sous la marque *Baxters* (non disponible en France). En 1899, l'usine *Liebig* sort son bouillon cube, concurrent de celui de *Maggi*, l'*Oxo* (de *ox, le bœuf sur pied* en anglais et le *o* sans doute pour faire latino).

En 1968, *Liebig* fusionne avec la société anglaise *Brooke Bond*, spécialisée jusqu'alors dans le thé. Cette dernière sera à son tour rachetée par *Unilever* en 1968, puis par *Campbell Soup*, qui la revendra en 2006 à *Premier Foods*, une autre société britannique spécialisée dans l'agro-alimentaire.

La filiale française, créée en 1919, a été apparemment détachée. En 1983, la marque *Liebig* est adossée à *Maille*, au sein de *SLM* (*Segma Liebig Maille*), appartenant à **Danone.**

Une restructuration interne rapproche *SLM* d'*Amora*, la nouvelle entité s'appelant *LMA* (*Liebig Maille Amora*). En 1997, *Danone* se sépare de sa branche épicerie et vend *Amora-Maille* au fonds d'investissement *Paribas Affaires Industrielles* et *Liebig* à la firme américaine *Campbell Soup Company*. Quatre ans plus tard, cette dernière acquiert auprès *d'Unilever* les activités potages (dont **Royco**) et sauces du groupe en Europe et les regroupe au sein d'une filiale européenne *Continental Foods*. En 2013, cette filiale rachetée par le fonds *CVC Capital Partners*, filiale européenne de l'américain *Citicorp Venture Capital*. Enfin, en 2019, *Continental Foods* est revendu au groupe espagnol *GB foods* (*ex Gallina Blanca, poule blanche*).

Liebig a également inventé d'autres produits, parfois très éloignés de la chimie organique. Il a ainsi conçu en 1856 le miroir argenté, tel que nous le connaissons aujourd'hui, en remplaçant l'amalgame d'étain-mercure, très toxique, par le dépôt d'une fine couche d'argent métallique sur le verre grâce à la réduction chimique du nitrate d'argent.

En 1867, il a par ailleurs élaboré le premier lait pour enfant.[163, w]

En 1815, un volcan indonésien, le Tambora, entre en éruption. C'est tout simplement la plus forte jamais enregistrée depuis l'Antiquité. Selon les spécialistes, elle est huit fois plus puissante que celle du Vésuve qui ravagea la baie de Naples et notamment Pompéi en 79 de notre ère. Cette irruption tue localement quelque 70 000 personnes (11 000 personnes directement, les autres par suite du tsunami qu'elle a provoqué ou de la famine qu'elle a entraînée).

Mais les matières et les poussières que le volcan a projetées à plus de 40 km de hauteur et que les spécialistes évaluent à 150 km^3 vont se propager sur l'ensemble de la terre, parfois de façon si épaisse, qu'elles empêcheront le soleil de passer, faisant chuter la température en Europe et en Amérique du Nord en plein été aux alentours de zéro degré. C'est ce que les scientifiques appellent l'hiver volcanique. Cette absence de saison estivale va provoquer l'une des plus grandes famines de l'histoire (le chiffre de 200 000 morts est évoqué) et une multiplication des émeutes, les gens ne comprenant pas pourquoi il n'y avait plus de nourriture dans les magasins. Vous n'en aviez jamais entendu parler ? Eh bien sans doute parce que les journaux de l'époque – et après eux les historiens – se sont davantage intéressés, à la politique. 1815, c'est l'année du retour de l'île d'Elbe de Napoléon, des Cent Jours, du congrès de Vienne (où la France perd tous les territoires conquis par Napoléon), de Waterloo et du départ vers Sainte-Hélène…

Le Suisse Karl Baedeker

(1801-1859) est l'inventeur du guide moderne du voyageur. Ces guides seront publiés jusqu'en 1944.

Lillet (1887, 1895)

La société de négoce de vins et de spiritueux *Lillet Frères* a été fondée en 1872 à Podensac, en Gironde. Parmi les produits qu'ils commercialisent, il y a en premier lieu ceux élaborés dans la région. En particulier celui du Père Kermann. Cet homme d'Église était également médecin. Parti au Brésil sous Louis XVI, il a élaboré là-bas différents élixirs pour combattre les fièvres à base de plantes locales et de quinine qu'il faisait macérer dans l'alcool afin de les conserver. De retour à Bordeaux après la Révolution, il continue à fabriquer ses décoctions. À l'approche de sa mort (à 109 ans paraît-il), le père Kermann transmet son affaire à un ami bordelais, le sieur Sieuzac, rencontré au Brésil. Ce dernier s'associe à un certain Cazanove, pour produire les liqueurs et fortifiants du Père Kermann, dont son absinthe. Outre ces liqueurs, les Lillet commercialisent également l'anisette **Marie Brizard,** elle aussi installée à Bordeaux, avant de s'ouvrir à des produits d'autres régions comme le **Picon, le Byrrh, le Noillat Prat...**
À force de commercialiser toutes ces liqueurs, alcools et autres vins aux herbes, les Lillet ont eu l'idée de fabriquer le leur. Ils l'auraient concocté en 1887 mais ne l'auraient, semble-t-il commercialisé qu'en 1895 sous le nom de *Kina-Lillet* (*kina* pour rappeler la présence de quinine), présenté comme un « *tonique au vin blanc de la Gironde. Le meilleur des apéritifs [...] il peut être consommé, pour leur plus grand bien, par les personnes les plus délicates, quel que soit leur âge* ». Le laps de temps entre l'élaboration du produit et sa commercialisation correspond à la crise de phylloxéra dans le Bordelais. En revanche, à partir de la récolte de 1893, la surproduction menace. L'existence d'un nouvel apéritif pour éponger ce trop-plein de production est donc la bienvenue (et permet aussi aux frères Lillet de s'approvisionner en vins, qui représentant 85 % de l'apéritif en volume, à moindre coût).
La marque va se développer rapidement en France jusqu'à la Première Guerre Mondiale pour gagner l'Europe pendant les Années Folles (1920-29).
Au lendemain de la Seconde Guerre Mondiale, le *Lillet* franchit avec succès l'Atlantique grâce au négociant new-Yorkais Michel Dreyfus. En France, la duchesse de Windsor va relancer la consommation dans les endroits huppés de la capitale puis de la Côte d'Azur.
Par la suite, le *Lillet* passera de mode, comme la plupart des vins aromatisés. Pourtant, cet apéritif au charme désuet, conserve son carré de fidèles.
En 2008, **Pernod Ricard** rachète la marque. Il en

produit annuellement environ 9 millions de bouteilles, dont les 4/5e à l'export.[164, w]

Lindor (1949)
Sorte de truffe au chocolat inventée par **Lindt & Sprüngli** (*Lindt* + or). *Lindor* existera par la suite en barre et en carrés emballés.

Lindt (1845, 1899)
Si la marque s'appelle *Lindt*, la société, elle, répond au nom plus complet de *Lindt & Sprüngli*. Le plus amusant, c'est que dans cette société vieille de 170 ans, Rodolphe Lindt n'y a passé que six ans. Mais il a introduit une innovation technique qui allait bouleverser l'industrie du chocolat.

L'histoire commence à Zurich, lorsque le confiseur David Sprüngli-Schwarz et son fils Rudolf Sprüngli-Amman, décident, à l'instar de François-Louis Cailler à Vevey et de Philippe Suchard à Neuchâtel avant eux, de se lancer dans la fabrication de chocolat, sous forme solide. Malgré le prix encore élevé de cette friandise, l'initiative est couronnée de succès, au point qu'ils sont contraints par deux fois de transférer la fabrication par manque de place.

En 1892, Rudolf, qui a succédé à son père, se retire à son tour, laissant les rênes de la maison à ses deux fils. Le plus jeune, David Robert, reçoit les deux confiseries que possédait alors la société. L'aîné, Johann Rudolf Sprüngli-Schifferli, hérite de la fabrique de chocolat.

Très vite, ce dernier comprend qu'il faut une nouvelle fois déménager pour agrandir et moderniser les installations. Pour en faciliter le financement, il en profite, en 1899, pour transformer la société en société anonyme par actions, *Chocolat Sprüngli AG*.

Une initiative qui lui permet de prendre un risque supplémentaire, celui d'acheter au même moment la manufacture de chocolat du déjà célèbre *Rodolphe Lindt* à Berne. Du coup, la société devient *Aktiengesellschaft Vereinigte Berner und Zürcher Chocoladefabriken Lindt & Sprüngli* (*société par actions des fabriques de chocolat bernoise et zurichoise réunies Lindt & Sprüngli*).

Le prix n'est pas négligeable : 1,5 million de francs or (un peu moins de quatre millions d'euros). Mais le risque est calculé : Rodolphe Lindt, sans doute le chocolatier le plus renommé à l'époque, a développé, vingt ans plus tôt un procédé tout-à-fait innovant, qui rend le chocolat fondant, le *conchage* (*voir encadré*).

Rodolphe Lindt garde la direction de son usine de Berne. Mais lui et deux membres de sa famille, August et Walter Lindt, quittent l'entreprise six ans plus tard. Pour quelles raisons, nous l'ignorons. Peut-être le caractère industriel de l'entreprise choque ces artisans du chocolat. Ou tout simplement pour jouir de la vie. Elle sera courte pour Rodolphe. Il décède en

1909, à l'âge de 54 ans.

Les dix ans qui viennent sont fastes pour la firme: en 1915, la société exportera près des trois-quarts de sa production dans quelque 20 pays de par le monde. Toutefois, cette période d'opulence ne dure pas. Les crises économiques, entraînant des réflexes protectionnistes vont se multiplier dans le monde jusqu'à la Seconde Guerre Mondiale, qui va provoquer, elle, des ruptures d'approvisionnements en cacao. Résultat, en 1946, les ventes sont retombées au niveau de celles de 1919.

En revanche, la fin du conflit va marquer une véritable explosion de la demande. Pour y répondre, et compte tenu de la relative obsolescence des machines dans les usines suisses, *Lindt & Sprüngli* va accorder des contrats de licence de production en Italie (1947), en Allemagne (1950) et en France (1954). Par la suite, la maison poursuivra son expansion en rachetant un certain nombre de concurrents, tant en Suisse qu'à l'étranger. Ainsi en France, la société acquiert en 1977 son ancien licencié, le *Consortium Français de Confiserie* (*CFC*), qui fabrique notamment **Les Pyrénéens.** Même chose en Allemagne en 1986 où la *Chocoladefabriken Lindt & Sprüngli GmbH* est créée. Dans le même temps, aux États-Unis, la société *Lindt & Sprüngli* (*USA*) *Inc.*, fondée en 1925, est réactivée. Enfin, en 1993, l'ancien licencié italien, *Bulgheroni S.p.A.* est repris pour devenir *Lindt & Sprüngli S.p.A.*

Quatre ans plus tard, toujours en Italie, la société se porte acquéreur de la firme turinoise *Caffarel S.p.A.*, crée dans la foulée une filiale à Sydney et rachète l'entreprise *Ghirardelli Chocolate Company* à San Francisco.

Toutes ces usines sont aujourd'hui regroupées au sein de la holding *Chocoladefabriken Lindt & Sprüngli AG*, qui a son siège social à Kilchberg, une bourgade située sur le lac de Zurich[165].

En 2020, la société a enregistré un chiffre d'affaires de l'ordre de 4 milliards de francs suisses de chiffre d'affaires (3,7 milliards d'euros, en baisse de 10 % par rapport à 2019, confinement oblige).

La technique du *conchage*, inventée par Rodolphe Lindt, consiste à mélanger dans une *conche* (sorte de grand bol aplati) les fèves torréfiées et broyées de cacao avec le beurre de cacao, le sucre et éventuellement le lait et les épices (vanille...) par un mouvement de brassage lent (entre 6 et 78 heures, à des températures comprises en 49 et 82 degrés, suivant la qualité), ce qui développe l'arôme et élimine les éthers acides (acides acétique, propionique et butyrique) et donne au chocolat son côté lisse, brillant et fondant.

Lion (1979)

Barre chocolatée créée par la firme britannique *Rown-*

tree, rachetée par **Nestlé** en 1988. Il s'agit d'une gaufrette nappée de caramel et enrobée de chocolat, que l'on croque à pleines dents comme pourrait le faire un... lion. Existe également sous forme de céréales pour le petit-déjeuner.

Lipton (1890)

Sir Thomas Lipton méritait mieux pour sa postérité que de finir en Lipton Yellow (jaune), un thé en sachet très moyenne gamme vendu en grande surface.

Ses parents étaient des Scotts d'Ulster, ces Écossais venus s'établir en Irlande du Nord toute proche (une vingtaine de kilomètres séparent les deux pays) lors du règne de Jacques Stuart (Jacques 1er pour les Anglais, Jacques VI pour les Écossais), fin XVIe-début du XVIIe siècle. Pour échapper à la Grande Famine, qu'a connu l'Irlande entre 1845 et 1852, les parents de Thomas sont retournés à Glasgow en 1847. Thomas est né l'année suivante.

Il ne restera pas longtemps à l'école. À 13 ans, il est obligé de travailler, les revenus de petite épicerie parentale ne permettant pas de lui offrir de longues études. D'abord garçon de courses chez un imprimeur, il devient ensuite apprenti chez un tailleur. Pendant ce temps, il prend des cours du soir.

En 1864 – il a seize ans – il devient garçon de cabine dans un bateau qui assure la traversée entre Glasgow et Belfast. La mer, les histoires que lui racontent les marins qui ont déjà traversé l'Atlantique le fascinent.

Un an plus tard, il rassemble ses économies et prend un billet pour les États-Unis. Il y restera cinq ans, parcourant le pays et pratiquant différents métiers en fonction du lieu, dans une plantation de tabac en Virginie, de riz en Caroline du sud, en vendeur porte-à-porte à la nouvelle Orléans, comme journalier dans une ferme dans le New Jersey et employé dans une épicerie à New York.

Il revient en Écosse au bout de cinq ans. Après quelques mois à aider ses parents dans leur petite épicerie, il ouvre sa première boutique quelques rues plus loin. Apparemment, les voyages lui ont appris que les gens étaient différents, et lui savait s'adapter à leurs besoins, leurs désirs. Les affaires marchent tellement bien qu'au bout de quelques mois, il ouvre un second magasin, puis un troisième, puis dans toute l'Écosse, avant de couvrir l'ensemble du Royaume-Uni. En 1888, il possède 300 magasins.

C'est alors qu'il décide de pénétrer l'univers du thé, dont il juge les prix trop élevés, ce qui ne permet pas de toucher la classe moyenne basse, la plus nombreuse. Il va donc partir pour le Sri Lanka, y développer ses propres plantations. Court-circuitant les intermédiaires, il peut casser les prix tout en étant garant de la qualité : il commence à exporter vers l'Europe mais également aux États-Unis.

Au tournant du siècle, il a fait fortune. Il est anobli en 1902 et devient baronet, Sir Thomas Lipton d'Osidge. Il sera un grand philanthrope anonyme, donnant 25 000 livres (l'équivalent de 2,5 millions de livres d'aujourd'hui, soit 3,4 millions d'euros) pour soulager les populations les plus pauvres de Londres, ou encore la même somme pour l'Inde. Il fut aussi un fervent challenger de la Coupe de l'Amérique : entre 1899 et 1930, il défia cinq fois, avec des bateaux différents, les défenseurs américains, sans jamais l'emporter, ce qui lui valut le nom de meilleur de tous les perdants.

Que reste-t-il de cet empire ? Pas grand-chose. En 1929, les épiceries de Sir Lipton fusionnent avec celles de différents groupes — *Home and Colonial Stores, Maypole Dairy Company, Vyes & Boroughs, Templetons, Galbraiths & Pearks* – pour devenir *Allied Suppliers* (*Fournisseurs associés*), un groupe fort de 3 000 magasins. Cette chaîne fut rachetée en 1982 par le groupe *Argyll Foods*.

Quant à l'activité thé, elle fut progressivement acquise, à partir de 1938 jusqu'à la totalité en 1972, par la firme *Unilever*. [w]

Lipton Ice Tea (1972, 1993)

Boisson pétillante de thé apparue aux États-Unis en 1972. Il aura fallu plus de vingt ans pour qu'elle arrive en France (1993), le marché français disposant, depuis à peu près la même époque, du *Liptonic*, plus citronné. Les deux ont fusionné, le double nom apparaissant pendant un temps sur l'étiquette.

Autre particularité pour la France (et peut-être d'autres pays), la distribution est assurée par **PepsiCo,** alors que la marque appartient bien à *Unilever*.

Listel (1955)

Dans les années 1880, la *Compagnie des Salins du Midi* plante en vignes les bandes de sables entre Aigues-Mortes et Saintes-Maries-de-la-Mer ainsi que sur le lido – le cordon littoral entre mer et lagune – de Sète à Marseillan. Ce seront les seules vignes de France à échapper aux ravages causés par le phylloxéra à la fin du XIXe siècle, un puceron venu des États-Unis (dans des pieds de vigne) et qui s'étendra pratiquement à tout le pays : 2,5 millions d'hectares arrachés, la quasi-totalité du vignoble d'alors (il ne totalise plus aujourd'hui que 800 000 hectares).

Mais s'il a échappé au phylloxéra, ce vignoble de bord de mer sera dévasté lors de la Seconde Guerre Mondiale. Un homme, Pierre Julian, va tout reconstituer. La marque, elle, date de 1955. C'est l'une des plus anciennes marques de vins de France. Ce nom vient d'un lieu-dit, *Isle de Stel*, petit îlot sableux qui domine le *Domaine Jarras*, aux pieds des remparts médiévaux d'Aigues-Mortes. Ce domaine, ainsi que le *Château de Villeroy*, appartient aux *Domaines Listel*, filiale de la maison champenoise **Vranken-Pommery,** aujourd'hui propriétaire dans la région de 3 350 hectares de terres, dont 1 650 plantés de vignes.

À côté des domaines, la marque *Listel* constitue le plus grand domaine viticole d'Europe, possède donc au total 4 500 hectares de terres, dont près de 2 000 plantés de vignes. Outre les *Vins des Sables*, cette marque comprend également des vignobles de Provence (depuis 1970) et des Côtes-Du-Rhône (depuis 1986). Pour commercialiser ces vins à l'international, une joint-venture, *Listel SA*, est constituée en 2014 entre *Vranken Pommery* et le groupe **Castel,** détenue à parts égales. Celle-ci prendra fin trois ans plus tard, *Castel* rachetant la part de son partenaire, récupérant par là même les marques *Listel* et **Billette** (rosé de Provence AOP). Mais le vin continuera d'être produit par *Vranken Pommery*. Le groupe champenois assure à *Castel* l'approvisionnement en vins rosés sous les signatures *Listel* et *Billette* tandis que *Castel* les commercialise dans son réseau de distribution, notamment en Chine, Russie et Afrique, où il est très présent.[166, so, w]

L'Œuf de nos Villages (1987)

L'ODNV (*Œuf de nos villages*) a été constitué par la société des *Aviculteurs Associés* (*2A*), qui réunit aujourd'hui 400 producteurs répartis sur tout le territoire, ce qui limite les transports jusqu'au point de vente.

Depuis 2011, afin de stopper la fuite des clients, qui achètent pour moitié leurs œufs en dehors des grandes surfaces faute de pouvoir connaître leur origine, chaque boîte de *L'Œuf de nos villages* affiche la photo et l'adresse du producteur. En outre, ces producteurs s'engagent sur une charte environnementale. Bref traçabilité maximum, transport court et écologie pour rassurer le client.

Loïc Raison (1918, 1923)

Chez les Raison, cidriers de père en fils, on fait partir la création de la maison du moment où Louis père, marchand ambulant, commence à acheter du cidre chez les producteurs de sa région, à Domagné, en Ille-et-Vilaine.

Louis va commencer à produire son propre cidre en 1923, qu'il livre en tonneaux aux cafés, restaurants et épiceries locales.

En 1934, son fils Louis, né en 1920, entre comme apprenti dans la maison paternelle. En 1945, il prend les rênes de la maison.

En 1949, la première bouteille en verre est commercialisée, sous l'étiquette *Doma*, pour Domagné. Il est clair que c'est l'avenir. Louis fils fait construire trois chaînes d'embouteillage. Bientôt, 30 000 bouteilles sortent chaque jour des chaînes que huit camions aux couleurs des *Établissements Raison* vont livrer.

En 1962, le cidre lui-même s'appelle *Raison.* Une vingtaine d'années plus tard, en 1983, il se donne un prénom, *Loïc, Louis* en breton. Et pour bien le faire connaître ce prénom, il se lance dans le sponsoring, dans la voile (la Bretagne est liée à la mer) en soutenant en 2003 le bateau de... Loïc Peyron dans la *Solitaire du Figaro.*

Louis Raison est décédé en 2008. La marque éponyme est rachetée dans les années 80 par le groupe **Pernod Ricard** qui souhaite alors se diversifier dans le cidre. Le roi du pastis achète coup sur coup de nombreux producteurs tant bretons que normands, qu'il réunit dans une structure commune, les *Cidreries Sopalgy Réunies* (*SCR*), autrefois *Cidreries et Distilleries Réunies,* reprises au début des années 70.

Les CSR sont rachetées en 2002 par la *CCLF* (*Cidrerie du Calvados La Fermière*), ce qui en fait de loin le premier producteur de cidre en France aussi bien breton (*Loïc Raison*) que normand **(Écusson),** ainsi que de nombreuses autres marques. Les *CCLF* sont absorbées deux ans plus tard par le groupe coopératif agricole et agroalimentaire *Agrial* (22 000 salariés pour un chiffre d'affaires de 6,1 milliards d'euros).[167, so, w]

Long John (1825)

En 1825, John McDonald, affirme le site officiel, aurait été l'un des premiers producteurs écossais à distiller et commercialiser légalement son propre whisky. Il provient de la distillerie Ben Nevis, qui se trouve au pied du mont éponyme, point culminant des îles britanniques (1 344 m), le long de cette grande faille orientée nord-est sud-ouest et qui partage l'Écosse en deux.

John McDonald aurait hérité du surnom de Long John parce qu'il était grand et athlétique.

Après la Seconde Guerre Mondiale, la marque changera plusieurs fois de mains pour appartenir successivement aux entreprises britanniques *Whitbread* (reconvertie par la suite dans les hôtels et restaurants), puis *Allied Domecq,* démantelée en 2005 au profit de l'Américain *Fortune Brands* (qui revendra son département spiritueux au Japonais *Suntory* pour se reconvertir en 2011 dans les produits pour la maison) et du Français **Pernod-Ricard.** Outre *Long John,* ce dernier récupère entre autres le gin **Beefeater,** le whisky **Ballantine's,** la liqueur à base de café *Kahlúa,* le cocktail tout préparé rhum-coco **Malibu,** les champagnes **Mumm** et **Perrier-Jouët** et la vodka **Stolichnaya.**

L'Or (1992)

La **Maison du Café** lance **L'Or,** un café haut de gamme destiné à concurrencer celui des cafés **Grand'Mère, Carte Noire.** Le nom a été choisi pour insister sur son côté précieux – *« peut-être le meilleur café au monde »,* suggère la pub – et peut-

être aussi parce que, à l'époque, les paquets de café moulu sous vide ressemblent à des lingots.
En 2010, *L'Or* se diversifiera ensuite en *L'Or Espresso* (en capsules compatibles avec les machines **Nespresso)** et, en 2014, sous forme de café soluble.

Lotus (Bakeries) (1932)
Aucun rapport avec le papier toilette. En 1932, trois frères, Jan, Emil et Henri Boone fondent la biscuiterie *Lotus Bakeries* à Lembeke, en Flandre (Belgique), une biscuiterie qui élabore essentiellement des cookies et des *speculoos* (*voir encadré*). Très vite, devant le succès remporté par ces derniers, ils vont se spécialiser dans leur fabrication. Destinées à l'origine à être dégustés avec le café, ces petites friandises addictives vont rapidement être grignotées tout au long de la journée. En d'autres termes, la maison se développe, en particulier à l'international (70 pays couverts aujourd'hui). Progressivement, la société rachète d'autres biscuiteries de par le monde, tant et si bien qu'en 2019, *Lotus* compte plus de 2 000 employés pour un chiffre d'affaires de plus de 600 millions d'euros (chiffres de 2019). Ce qui n'empêche pas la société de rester familiale : après Karel, qui a pris le relais de son père Jan en 1974, suivront Matthieu, et En 1974, Karel, le fils de Jan, lui succède, puis en 2006, son fils Mathieu en 2006, puis Jan en 2011.
Pourquoi *Lotus ?* Selon le site officiel, c'est Jan Sr qui a choisi ce nom car cette fleur est le symbole la pureté. On peut ajouter que le lotus est la seule plante aquatique qui pousse au-dessus de l'eau. Petite remarque subliminale à l'intention des concurrents nénuphars ?

Les *speculoos* sont de petits biscuits à la cannelle et caramélisés à la cassonade. À l'origine, ils étaient consommés à l'occasion de la Saint-Nicolas (6 décembre), très fêtée depuis plusieurs siècles dans toute l'Europe du Nord et de l'Est. Dans le nord de la France, encore aujourd'hui, certaines familles envoient tous les ans, le 6 décembre, des cartes postales aux jeunes garçons de moins de 30 ans (et aux jeunes filles de moins de 25 ans le 25 novembre, à la Sainte-Catherine).
Saint-Nicolas était devenu le patron des enfants et c'est à ce moment-là que les plus sages recevaient des cadeaux. À la fin du XIXe siècle, les Hollandais migrant aux États-Unis apportent cette tradition dans leurs bagages. Celui qu'ils appellent Sinterklaas en flamand deviendra par déformation Santa-Claus, le nom du Père Noël dans les pays anglophones.
Le nom de spéculoos viendrait directement de cette tradition, dérivé du flamand *spek* (friandise) et *klaas* (Nicolas).

Loué (1958, 1997)
Le 30 août 1958, lors du comice agricole de Loué,

dans la Sarthe, quelques producteurs de volaille décident de *« sauver leur poulet fermier »*, de plus en plus menacé depuis la fin de la Seconde Guerre mondiale par le poulet industriel.

Ils se réunissent en groupement, *Les Fermiers de Loué*, et adoptent comme marque collective le nom du bourg. Une charte est dans le même temps définie pour tenter de décrocher une *AOC* (*Appellation d'Origine Contrôlée*). En 1966, première reconnaissance, les poulets de *Loué* obtiennent le *Label Rouge*. Une première dans le secteur de la volaille. Ces éleveurs – ils sont aujourd'hui 1 100 – décrocheront le même label quelques années plus tard pour les œufs. En 1984, est constituée la *Cafel*, la *Coopérative agricole des Fermiers de Loué*.

Les éleveurs de Loué peuvent s'enorgueillir de non seulement produire des poulets de qualité mais également de respecter la nature : plantation d'arbres (un million d'arbres plantés en Sarthe et en Mayenne, sans compter 1 200 km de haies). Le paysage de la Sarthe et de la Mayenne a été modifié par les éleveurs de Loué. Eh oui, les poules en liberté ont besoin de repères, mais également de protection contre le soleil et les rapaces... Comme l'a rappelé le philosophe Michel Serres, précisément en parlant de Loué, *« le mot paysage, c'est le même mot que le mot paysan »*... Toujours dans ce respect de la nature, les toits des fermes se sont couverts de panneaux solaires (6 ha au total !) tandis que six éoliennes ont été installées, de façon *« consensuelle »*, insiste Yves de la Fouchardière, directeur général des *Fermiers de Loué*. Résultat, Nicolas Hulot, alors ministre de l'Environnement, s'est rendu à Loué et a parlé d'*« intelligence collective »* à propos de cet élevage. Quand on connaît les relations plutôt... distantes entre les écolos et les paysans, on mesure l'importance de cet hommage[168].

Les poulets sont abattus et commercialisés par la **LDC**, organisation à laquelle la *Safel* est liée et possède même 10 % du capital. C'est donc la *LDC* qui gère la marque, qui n'est apparue, en tant que telle, qu'en 1997.[50]

Il y a quelques années, était apparue l'IGP (Indication Géographique Protégée) des *Volailles de Loué*. Devant les risques de confusion avec la marque *Loué*, cette IGP va être supprimée.

Louis Roederer (1776, 1833)

Cette maison de champagne a été créée l'année de l'indépendance des États-Unis. Et elle l'est toujours, indépendante.

La maison a été fondée en certain 1776 par un certain Dubois, qui associa son fils à l'affaire : *Dubois Père & Fils*. Quelques années plus tard, Dubois père et fils s'associent à Nicolas Schreider, un marchand de vins de Strasbourg et finissent par lui céder la propriété.

En 1827, ce dernier prend

son neveu, Louis Roederer, Strasbourgeois lui aussi, comme associé. Au décès de son oncle, en 1833, Louis Roederer hérite de la Maison et décide de l'exploiter sous son nom. Dans le même temps, pour assurer la constance et plus encore la qualité de ses approvisionnements en raisins, il achète ses premiers quinze hectares de vigne. À cette époque des premières bulles de champagne, les vignobles coûtaient d'autant moins cher qu'aucun négociant-assembleur ne voulait supporter les aléas climatiques, mauvaise récolte ou au contraire pléthorique. Depuis, et c'est unique en Champagne, tous les millésimes de la Maison sont issus exclusivement du vignoble *Roederer*.

Maîtrisant totalement sa production, Louis Roederer va s'attacher à produire un champagne de qualité. Le succès est tel que très vite, il va exporter ses premières bouteilles vers des destinations aussi lointaines que la Russie et les États-Unis. Louis Roederer décède en 1870. Son fils, Louis Roederer II, lui succède et poursuit l'œuvre de son père : en 1873, les expéditions atteignent le chiffre astronomique pour l'époque de 2,5 millions de bouteilles, soit l'équivalent de 10 % de la production totale de champagne, tous producteurs confondus. La Russie est le premier client avec 700 000 cols. En 1976, le tsar Alexandre II demande à *Louis Roederer* de lui élaborer une cuvée spéciale pour son usage personnel, qui devra se distinguer des autres par des bouteilles en cristal. La maison fait alors appel à un verrier flamand pour créer cette bouteille, d'autant plus complexe à comprendre qu'elle doit avoir un fond plat : le Tsar vivait dans la psychose d'un attentat et un fond creux pouvait cacher une charge explosive…

Louis Roederer élabore ainsi la *Cuvée Cristal*, première cuvée de prestige de l'Histoire. Depuis, les bouteilles de cette cuvée sont en verre, mais incolore.

En 1980, Louis meurt prématurément, à l'âge de 34 ans. Sa sœur, Léonie Olry-Roederer, prend la direction de la maison, avec son époux, Jacques Olry. En 1908, la maison devient « *Fournisseur officiel de la Cour de sa Majesté l'Empereur* » de Russie, à l'époque Nicolas II. Depuis, toutes les bouteilles de la *Cuvée Cristal* portent les armes du Tsar.

Léon succède à sa mère. Mais les années noires du champagne se profilent, notamment pour *Louis Roederer* qui commence par perdre le marché russe en 1917. Deux ans plus tard, la Prohibition s'installe aux États-Unis. Elle est à peine abolie que les effets de la crise de 1929 frappent de plein fouet l'Europe. Bref, lorsque Léon décède en 1932, la Maison est au bord de la faillite.

Sa veuve, Camille Olry-Roederer, va sauver la maison. En 40 ans de direction, elle va entretenir la renommée et le prestige de la marque par des soirées mondaines, tout en effectuant de judicieuses acquisitions.

En 1975, sa fille, Claude Rouzaud, hérite de la maison, tandis que le fils de cette dernière, Jean-Claude, en prend la direction. Il est un des rares dirigeants de maisons de champagne à posséder un diplôme d'ingénieur agronome-œnologue (université de Montpellier) et à participer à l'élaboration de son champagne. Mais cela lui a également permis de diversifier la maison hors champagne, en acquérant des vignobles en Californie (1980), au Portugal, (1990) en Bordelais (deux châteaux à Saint-Estèphe, en 1992 et 1994) et en Provence (*domaine d'Ott*). Sans se désintéresser pour autant du champagne : en 1993, il a racheté la maison **Deutz** alors en difficulté.

En 2006, son fils Frédéric, qui représente la 6e génération est devenu directeur général. Sur les traces de son père, il a racheté, en 2007, le château *Pichon Longueville Comtesse de Lalande*, à Pauillac. En 2017, la Maison reçoit le label *Entreprise du Patrimoine Vivant*.

Aujourd'hui *Louis Roederer* produit environ 4,5 millions de bouteilles par an, distribuées dans plus de 100 pays et possède 240 hectares de vignes.[169, w]

Lou Perac (vers 1999)

Le pérail est un fromage frais (ce qui se dit *perál* ou *peralh en* languedocien) issu du caillage de lait de brebis cru. Sa zone géographique s'étend du Massif Central Aveyron au Tarn.

Il avait pratiquement disparu quand en 1973, une vieille famille aveyronnaise d'éleveurs de Nant (30 km de Millau) en a de nouveau commercialisé ce fromage traditionnel sous le nom de *Lou Fernandou*. Il existe toujours et a même décroché plusieurs médailles et récompenses.

Il faudra encore 20 ans pour parler de relance. C'est en effet en 1994 que les fabricants de pérail ont pris l'initiative de se regrouper dans une association afin de s'accorder sur des règles communes de qualité et obtenir une reconnaissance de leur fromage en appellation d'origine. À l'époque, la production était d'environ 400 tonnes.

Le géant **Lactalis** va s'y intéresser à son tour via sa filiale **Société** (*des Caves de Roquefort*). Fabriqué avec le même lait que le roquefort, ce fromage permet en effet d'amortir soit la surproduction de lait de brebis, soit une moindre demande de Roquefort, soit les deux. Vers la fin des années 90, *Lou Pérac* a ainsi vu le jour, un nom formé de *pérail* et de *Larzac* pour donner une identité forte et écologique. Aujourd'hui *Lou Pérac* représente 80% de la production de *pérail*. La marque a été ensuite déclinée sur d'autres produits.[170, w]

LU (1846)

Varennes, pour les Français qui s'intéressent quelque peu à l'Histoire, est le bourg où, en 1791, Louis XVI a été arrêté alors qu'il tentait de quitter la France avec sa femme, Marie Antoinette.

Varennes-en-Argonne, de son nom complet, ne compte plus aujourd'hui que 650 habitants, moitié moins qu'à la fin du XVIIIe siècle. Pourtant ce village peut se prévaloir d'un autre titre de gloire, certes plus anecdotique : c'est là qu'est né en 1819 Jean-Romain Lefèvre, où il se mariera en 1850 avec Pauline Isabelle Utile, avant de fonder la biscuiterie *LU*, à... Nantes. Pourtant, Varennes est située dans le département de la Meuse, à mi-chemin entre Reims et Metz.

Jean Romain a fait des études de pâtissier. Nantes est une ville qui compte en matière de pâtisserie-biscuiterie : le biscuit est un aliment très prisé des marins car il se conserve longtemps : *bis-cuit*, c'est-à-dire deux fois cuit. Et Nantes est un port important.

Jean Romain va reprendre une biscuiterie là-bas. Il s'installe à Nantes en 1846. Il a 27 ans. Pour se différencier des très nombreuses pâtisseries et biscuiteries que compte la ville, il appelle son échoppe *Biscuits de Reims*. Et effectivement, ses gâteaux venus de l'est de la France apportent un peu de nouveauté par rapport aux biscuits de marins et aux biscuits anglais (copies des célèbres biscuits *Huntley & Palmers*, la plus grande biscuiterie du monde à l'époque). Pour jouer à plein sa différence, Lefèvre, que sa femme est venue rejoindre, fait dans le haut de gamme. Les produits-phares sont bien sûr les *Biscuits de Reims* – un biscuit rose et très dur que l'on trempe généralement dans du champagne ou, à Nantes, dans du vin pour le ramollir –, les boudoirs (*voir encadré*), les biscuits vanille, les biscuits champagne, les langues de chat, les macarons, les massepains (à base de pâte d'amande) et les petits-fours aux amandes. Bref des gâteaux venus de l'est, mais également des recettes sophistiquées apportées par les cuisiniers de la florentine Marie de Médicis quand elle est venue en France épouser Henri IV. Toutes choses que les Nantais ne connaissaient pas.

En 1880, la biscuiterie-pâtisserie *Lefèvre-Utile* emploie quatorze personnes. C'est déjà ce qu'on peut appeler une belle affaire. Deux ans plus, la maison décroche une médaille à l'exposition de Nantes. Une reconnaissance officielle. Cette même année, Louis, le troisième fils revient d'un voyage en Angleterre pour s'initier aux techniques de production industrielle des gâteaux outre-Manche.

Mais en 1983, drame, Jean-Romain décède prématurément, à l'âge 64 ans. Son fils Louis, 24 ans, reprend les rênes, épaulé par sa mère. Et les choses vont changer. Ce qu'il a vu en Angleterre, Louis veut le reproduire. Et si possible l'améliorer, le moderniser. Dès 1885, il fait construire une manufacture de quelque 2 000 m² dans les locaux d'une ancienne filature. Les fours, les machines sont de la toute dernière technologie. Jusqu'à 130 ouvriers y travailleront. Un an plus tard, il invente le **Petit-Beurre.** Le succès est tel que ce biscuit va bientôt représenter à lui seul le tiers de la production, qui atteint trois tonnes par jour!

En 1887, Louis Lefèvre-Utile et son beau-frère, Ernest Lefièvre (étrange ressemblance de nom), s'associent pour créer la société *LU*. Louis s'occupe de la production, son domaine, tandis qu'Ernest est en charge de la direction commerciale. Malheureusement, quelques mois plus tard, l'usine est en flammes, un drame qui n'est pas rare à l'époque (*cf.* ***BN***). Très vite, l'usine est reconstruite, avec des matériaux ininflammables: pour les charpentes, l'acier remplace le bois. Et on en profite pour se doter de la dernière technologie.

Comme on peut le constater pour d'autres marques, quel que soit le domaine, toutes celles qui ont réussi à cette époque ont fait appel à la publicité, naissante elle aussi. *LU* ne déroge pas à la règle. De très belles affiches Art nouveau sont réalisées, qui font partie désormais de notre patrimoine artistique, notamment les panneaux en céramique émaillée. L'une des affiches les plus célèbres, celle du *Petit Ecolier*, est réalisée par l'illustrateur Firmin Bouisset, celui-là même qui avait dessiné la *Petite Fille* ***Menier***, pour le chocolat du même nom. Louis n'hésite pas à concocter lui-même des slogans pour mettre en valeur le côté croustillant de ses biscuits: *« Qui me croque, craque. Qui m'a croqué, recroquera »* (1902).

À l'invention de nouveaux biscuits, la technologie de fabrication, la publicité, *LU* ajoute encore l'innovation en matière de commercialisation: la vente en vrac est arrêtée, désormais, les biscuits sont vendus en boîtes en fer-blanc, dont certaines sont devenues aujourd'hui très recherchées par les collectionneurs.

Pour *LU*, le XXe siècle va démarrer en fanfare. D'abord l'Exposition universelle de Paris. On a vu les choses en grand: un pavillon installé en bordure de Seine avec un phare de 36 mètres portant haut et loin le monogramme de la maison. *LU* obtient l'unique prix décerné à la biscuiterie française. De quoi assurer une renommée internationale.

En 1905, *LU* sort un nouveau biscuit qui, lui aussi, sera mythique: la **Paille d'Or.** Enfin, de 1904 à 1909, l'usine est entièrement rénovée, pour ne pas dire reconstruite pour devenir le plus beau bâtiment industriel de Nantes. Environ 1 200 personnes y travaillent, produisant 20 tonnes de biscuits par jour.

La Première Guerre va enrayer la belle mécanique. Certes, l'usine va continuer de tourner, notamment pour produire du pain à destination des militaires. En 1922, Pauline-Isabelle Lefèvre-Utile, la co-fondatrice en quelque sorte, décède, à l'âge de 92 ans. Louis, son fils, a alors 64 ans. La dynamique maison se fige. Mais Louis gardera la direction jusqu'à sa mort en 1940, malgré les tentatives de Michel son fils pour aller de l'avant.

La guerre et le bombardement de l'usine vont retarder la modernisation de l'usine voulue par Michel. À la fin du conflit, c'est déjà Patrick, son fils, qui est à la manœuvre: il lance la première ligne de production en continu de la fabrique. En 1956, il demande au designer franco-américain Raymond Loewy, qui a déjà à son actif le logo de **Coca-Cola,** de dessiner un logo pour la maison. Côté emballage, le paquet souple avec feuille d'aluminium à l'intérieur remplace la boîte en fer-blanc. Enfin, le nombre de références est réduit aux seuls grands succès de la maison et passe en quelques années de 200 à 15 ! Car la concurrence est sévère. Trop même, au point que six concurrents d'hier préfèrent s'unir que de s'entretuer: en 1969, *LU*, *Brun*, *Trois Chatons*, *Saint-Sauveur*, *Rem* et le biscottier *Magdeleine* fusionnent pour former le groupe *LU Brun et Associés.* Patrick Lefèvre-Utile en est le premier président. Mais le ménage à six n'est pas facile et en 1974, hostile à la stratégie voulue par la majorité des actionnaires, il est contraint de partir.

C'est le moment que Claude-Noël Martin, président de la société *Céraliment* (*Biscottes de France*, **Heudebert,** *Prior*, **Pelletier)** choisit pour entrer au capital et rachète un tiers des parts de *LU-Brun* et associés.

La nouvelle entité, qui réunit désormais quelque 18 entreprises, devient *Céraliment LU-Brun* (*CLB*). Elle est évidemment n° 1 du marché français.

Deux ans plus tard, Claude-Noël Martin prend le contrôle de la société belge *GBCo* (*L'Alsacienne*, *De Beukelaer*, *Parein*). Le nouveau groupe, introduit en bourse en 1978 sous le nom de *Générale Biscuit*, regroupe alors 32 entreprises et monte sur la troisième marche du podium mondial de l'industrie biscuitière et biscottière, derrière l'américain *Nabisco* et l'anglais *United Biscuit.*

En 1986, *BSN*, qui deviendra **Danone** en 1994, prend le contrôle de *Générale Biscuit.*

En 1996, **Belin** rejoint *LU* pour former *Belin-LU Biscuit France.* Pour *Danone*, les choses sont claires: la marque, c'est *LU.* Beaucoup d'autres marques appartenant au portefeuille de *Danone* vont voir ainsi leur gamme sucrée rebadgée: *Belin* en 1997, *Vandamme* deux ans plus tard, *Heude-*

bert en 2001. Cette restructuration de marques s'accompagne aura son pendant industriel: plusieurs usines sont fermées.

En 2007, *Danone* revend sa branche biscuit au géant américain de l'agro-alimentaire **Kraft Foods** (qui deviendra **Mondelēz),** pour 5,3 milliards d'euros.[171, w]

Lucky Strike (1871)

La marque a été lancée par *R.A. Patterson*, de Richmond, en Virginie, une région productrice de tabac, d'abord sous forme de tabac à chiquer puis en cigarettes. C'est la pleine période de la Ruée vers l'or au Colorado. Les conditions sont beaucoup plus difficiles que lors de la Ruée en Californie, quelque dix ans plus tôt. The Golden Hill, la montagne d'or, tout près de Denver, là où ont été trouvés les premiers filons s'élève à 2 500 mètres. L'hiver, les températures descendent largement en dessous de zéro. On estime que 4 chercheurs sur mille ont trouvé une ou plusieurs pépites. Comme ils en convenaient eux-mêmes: *c'est un coup de chance, it's a lucky strike.*

Patterson réutilise cette expression pour sa marque pour le sens positif qu'elle a et pour donner de façon subliminale au porteur du paquet qu'il a sur lui une pépite. Et ça marche.

En 1905, la société est rachetée par l'*American Tobacco Company.* À l'époque le paquet est vert, vert foncé. En 1940, le célèbre designer, né en France, Raymond Loewy, qui a déjà trouvé entre autres le logo de **Shell** (la coquille Saint-Jacques) et travaillé pour **Coca-Cola,** dessine le logo du paquet, une cible, surnommée *bull's eye*, *l'œil de taureau*, au centre rouge. Sur les deux faces. Argument: même tombé par terre, non seulement le paquet est rapidement identifiable mais il continue à faire sa promotion.

Pendant la seconde Guerre Mondiale, *Lucky Strike* fait partie de la ration des soldats américains. Le paquet est devenu blanc, une décision que le fabricant présente comme sa participation à l'effort de guerre: plus question d'utiliser du vert, l'armée en a trop besoin pour ses chars, ses véhicules, ses costumes, ses casques... D'autant que pour faire cette couleur verte, on utilise du chrome, une matière première dorénavant réservée à l'armée. En réalité, il semble bien qu'*American Tobacco* ait cherché à séduire les femmes: le blanc est beaucoup plus doux...

À l'arrivée en Europe, les GI américains distribuent évidemment des *Lucky Strike*, qui sont perçues comme un symbole de liberté. À la fin de la guerre, *American Tobacco* est racheté par *British American Tobacco*, une ancienne filiale américaine du britannique *Imperial Tobacco* qui a acquis son indépendance. [w]

Lustucru (1824, 1911)

Si la marque débute en 1911, la confection de pâtes

commence bien avant. Près d'un siècle avant, en 1824. Cette année-là s'ouvre à Grenoble une petite fabrique de pâtes. L'Histoire ne nous dit pas qui en était le fondateur mais on peut raisonnablement penser qu'il était italien. La Savoie est à moins de 20 km à vol d'oiseau de Grenoble et à cette époque-là, le duché de Savoie fait partie du Royaume de Sardaigne.

En 1871, cette fabrique est rachetée par un Français, Louis Cartier-Millon. La Savoie a été rattachée à la France par référendum en 1860 (130 553 voix pour, sur un total de 130 839 exprimées !).

Les affaires marchent bien puisque dix ans plus tard la production a doublé et atteint 500 kg par jour.

Félix, Gabriel et Albert, les trois enfants de Louis, rejoignent l'entreprise dans les années 1890. Félix prend la direction en 1900. Gabriel s'occupe de la vente sur place tandis qu'Albert cherche à faire connaître les pâtes maison au-delà des frontières du département. Il a donc l'idée de mettre ses pâtes en boîte de carton – jusqu'à présent elles étaient vendues en vrac – avec le nom de dessus. Ce packaging, pour prendre un néologisme, est bien perçu et les pâtes *Cartier-Million* se vendent si bien qu'il faut bientôt construire une nouvelle usine. Une catégorie de pâtes connaît un succès particulier, même si elles sont plus chères, les pâtes aux œufs.

Albert veut encore améliorer la notoriété des fabrications maison. Il organise donc un concours d'affiches. C'est le peintre Synave, affichiste à ses heures, qui remporte le concours avec une affiche représentant une boîte peinte en damier bleu ciel et bleu foncé c'est aujourd'hui encore les couleurs de *Lustucru.*

Le soir, lors du banquet qui suit les résultats du concours, un convive, sans doute quelque peu éméché, entonne la chanson pour enfant, *La Mère Michel,* vous savez celle qui a perdu son chat (évidemment, un thème qui peut plaire dans un banquet...), qui crie par la fenêtre à qui le lui rendra. Et c'est le *Père Lustucru* (*voir encadré*) qui la rassure. Le nom, ou plutôt les noms, étaient trouvés : *Père Lustucru* désignera les pâtes aux œufs, *Mère Michel,* celles sans.

La Première Guerre Mondiale va bousculer cette belle ordonnance. Seul survivra le *Père Lustucru,* qui y laisse cependant son qualificatif paternel.

Pendant la Guerre, Félix, qui a 43 ans au début du conflit, reste seul pour gérer la société tandis que ses plus jeunes frères sont mobilisés. Gabriel est affecté à l'infanterie. Il tombe malade et ne se remettra jamais complètement : il meurt en 1921. Albert est ambulancier.

À son retour, un profond différend oppose les deux frères quant à la stratégie à suivre. Félix finit par claquer la porte et ira fonder les chocolats **Cémoi.** Albert reprend seul l'usine.

En 1940, Albert Cartier-Millon passe les rênes de l'entreprise à ses deux enfants. Pas question pour lui qui a vu les horreurs de la Première Guerre d'avoir des contacts avec l'ennemi. À la fin du conflit, Robert va mettre en place toute une aviculture dans la région pour pouvoir subvenir aux besoins de l'entreprise et lui éviter d'importer ses œufs de Tunisie et d'Israël. Car ces besoins sont immenses : 180 000 œufs/jour en 1958 !

En 1968, l'ouverture du Marché Commun fait redouter aux nombreux fabricants de pâtes français la concurrence des Italiens bien sûr, **Barilla** en tête, mais également des Allemands, en particulier le groupe *Birkel* de Hambourg.

La famille Carret, propriétaire de la marque *Rivoire et Carret*, installée à Marseille, propose un rapprochement à *Lustucru*, qui accepte. Une holding est formée (*RCL*), qui chapeaute les deux marques, dont *Rivoire et Carret*, plus gros producteur, reçoit 58 % des parts.

Il est décidé de construire une usine près de Paris, dans l'Oise, d'une capacité de 200 tonnes (à comparer avec les 130 tonnes produites par *Rivoire et Carret* à Marseille et les 100 tonnes élaborées par *Lustucru* à Grenoble). Mais les partenaires ont vu trop grand. La demande n'est pas au rendez-vous. Le problème, c'est que *Lustucru* voient ses ventes continuer à progresser tandis que les pâtes *Rivoire et Carret* stagnent. En 1971, sans doute pour éviter un rééquilibrage prévisible au sein de la holding, la famille Carret revend brusquement la majorité de ses actions à une famille de semouliers marseillais, les Cohen-Skalill.

En 1977, le groupe *RCL* entre au capital d'une petite entreprise, la société *Pâtes Fraîches Roland Giai*, qui propose au rayon frais de pâtes fraîches pasteurisées sous blister, ce qui permet de les conserver sept jours (elles cuisent beaucoup plus rapidement que les pâtes sèches).

En 1982, la marque *Lustucru* apparaît sur des pâtes fraîches. En 1989, *RCL* détient 100 % du capital de *Pâtes Fraîches Roland Giai*. Ce nouveau marché, même s'il est encore embryonnaire à l'époque, ne fait que mettre en évidence la surcapacité chronique de production de pâtes sèche du groupe *RCL*. Les Cohen-Skalill décident de fusionner les deux marques et de fermer Grenoble. Après de longues procédures judiciaires, les Cartier-Millon jettent le gant en 1987 et revendent leurs parts aux Cohen-Skalill.

En 1999, la société *Pâtes Fraîches Roland Giai* devient *Lustucru Frais*. Un an plus tard, la marque *Rivoire et Carret* disparaît. En 2002, la société **Panzani** rachète les activités riz, produits frais et couscous de *Lustucru* à la famille Cohen-Skalill. Apparemment, le gouvernement français se serait opposé à la vente totale de *Lustucru* au groupe italien. Certes, *Panzani* est détenu par un fonds d'investissement français, *PAI* (*Paribas Affaires Industrielles*), mais précisément un fonds n'a pas vocation à détenir très longtemps un actif qui suscite l'intérêt des investisseurs, quels qu'ils soient.

La famille Cohen-Skalill conserve donc l'activité pâtes sèches qu'elle rebaptise *Pasta Corp*.

En 2005, le groupe *Panzani*, dont *Lustucru Frais*, est racheté par le groupe espagnol *Ebro*, n° 1 espagnol de l'agroalimentaire, n° 1 mondial du riz et n° 2 mondial des pâtes.

En 2005, *Lustucru* sort son riz à poêler, tandis que parallèlement, les gnocchis et autres pâtes de blé tendre à poêler sortent sous la marque *Panzani*.

La renaissance de la marque *Rivoire et Carret*, disparue en 2002, a été relancée en 2012. Sans grand succès, semble-t-il: elle n'apparaît pas (ou plus) sur les gondoles des supermarchés.[so, w]

Voici les premiers vers la comptine de la Mère Michèle, apparue vers 1820 :

C'est la Mère Michel qui a perdu son chat
Qui crie par la fenêtre à qui le lui rendra.
C'est le père Lustucru
Qui lui a répondu:
Allez la Mère Michel
Vot'chat n'est pas perdu.

Dans les versions anciennes, le 3ᵉ vers s'écrit parfois:

C'est le Père, l'eusses-tu cru?

On retrouve ce personnage, ce ne peut être une coïncidence, dans les Historiettes de Tallemant des Réaux publiées au XVIIᵉ siècle: il y explique que *« quelque folâtre s'avisa de faire un almanach, où il y avoit une espèce de forgeron grotesquement habillé, qui tenoit avec des tenailles une tête de femme, et la redressoit avec son marteau. Son nom étoit « L'eusses-tu cru », et sa qualité « médecin céphalique », voulant dire que c'est une chose que l'on ne croyoit pas qui pût jamais arriver qu'on pût redresser la tête d'une femme »*.

Dans un autre recueil, on peut lire, avec une orthographe modifiée, un autre épisode les aventures de notre *'médecin céphalique'*: *« Céans, M. Lustucru a un secret admirable qu'il a apporté de Madagascar pour reforger et repolir, sans faire mal ni douleur les testes* (têtes) *des femmes acariastres, bigeardes* (bizarres), *criardes, diablesses, enragées, fantasques, glorieuses, hargneuses, insupportables, lunatiques, meschantes, oiseuses, obstinées, pies-grièches* (d'humeur aigre et querelleuse, du nom d'un passereau), *revesches, sottes, testues, volontaires et autres incommodités, le tout à prix raisonnable, aux riches pour de l'argent, aux pauvres gratis »*.

Cette tirade rappelle furieusement la pièce de Molière, *Les femmes savantes*, parues en 1672, où l'auteur se moque des femmes qui s'intéressent aux choses de l'esprit plus qu'à leur famille où à la gestion de la maison. Le texte était plus élégant et teinté d'humour que les pratiques de M. Lustucru ou L'eusses-tu cru, mais le fond était le même: une misogynie revendiquée haut et fort.

La morale est sauve: une gravure de 1663 montre *« La grande destruction de Lustucru par les femmes fortes et vertueuses »* où l'encéphale du forgeron misogyne est impitoyablement broyé à coups de marteau, tandis que les femmes décapitées par Lustucru retrouvent enfin leur tête.[172]

Lutti (1889, 1929)

Rien n'est clair dans la création de cette marque. Officiellement, elle est née en 1889. Or cette date correspond à l'ouverture de la confiserie Leopold à Enghien (Belgique) par une dénommée Mademoiselle Marguerite Hagenmaier. Cette confiserie existe toujours et est connue localement pour ses *cuberdons*, de petits cônes en gomme arabique parfumés aux fruits.

Quel rapport avec *Lutti?* Faute de documents officiels, il nous semble, avec les réserves qui s'imposent, qu'un certain Henri Cornet, qui aurait travaillé pour cette confiserie, ait ensuite volé de ses propres ailes après avoir inventé un bonbon, un caramel mou plus exactement. Cette friandise, il l'appelle *Lutti*, selon le site officiel, le surnom affectueux qu'il donne à sa bien-aimée. Celle-ci, selon certains documents, se serait appelée Lute. Sauf que ce prénom, qu'on trouve parfois en Belgique, est exclusivement masculin. Donc soit l'histoire a jeté un voile pudique sur la relation d'Henri, soit il s'agit de Lotte, un prénom à consonance germanique, comme le nom de la fondatrice de la confiserie *Leopold*.

À moins que ce ne fût une forme d'hommage à celle qui l'avait engagé dans sa jeunesse... Toujours est-il que l'on retrouve notre homme en 1929 en France, à Bondues dans le Nord. En 1975, *Lutti* fusionne avec une autre confiserie, *Lamy*.

Si le siège social y est toujours, la société a plusieurs fois changé de mains pour finalement être rachetée en 2018 par **Carambar & Co,** filiale à 100 % du fonds d'investissement français *Eurazeo*. Elle occupe aujourd'hui la deuxième part du marché français de la confiserie derrière **Haribo.** Sa production est de l'ordre de 100 tonnes par jour.[173]

M

Madrange (1924, 1966)
Baptiste Latronche et sa femme fondent une entreprise de charcuterie artisanale à Chamberet, en Corrèze. L'entreprise est reprise après-guerre par son gendre René Madrangeas. En 1966, ce dernier décide de transférer la société à Limoges, à 55 km au nord-est de Chamberet et y ouvre une usine spécialisée dans le jambon cuit. En 1978, une nouvelle unité spécialisée dans les terrines et pâtés est construite. En 1989, une autre usine voit le jour à Feytiat, près de Poitiers. C'est à partir de cette époque que le jambon *Madrange* va faire appel à de multiples vedettes (Véronique Jannot, Lio, Guy Marchand, Véronique Genest, Clémentine Célarié, Liane Foly, Bernard Laporte, Marc Veyrat) pour faire sa pub à la télé.
En 2011, après une tentative avortée en 2009, la *Financière Turenne Lafayette* (*FTL, voir* ***Garbit)*** rachète *Madrange*, ainsi que *Géo*, un charcutier breton acquis par le spécialiste du jambon quelques années plus tôt. En 2017, après le démantèlement de *FTL*, *Madrange* est rachetée par la *Coperl* (*Coopérative de Lamballe*), qui acquiert également la marque *Paul Prédault* [so, w]

Maggi (1886)
Fils d'une Suissesse et d'un immigré italien devenu un homme d'affaires reconnu à Zurich, Julius Maggi naît à Frauenfeld (littéralement, *le champ des femmes*), en Suisse alémanique.
Julius réalise une scolarité disons moyenne mais sauvée grâce à l'*Institut Raymond Pélissier*, à Yverdon dans le canton de Vaud, une école révolutionnaire pour l'époque, sans notes, ni horaires fixes, ni programme mais qui enseignait les mathématiques, les langues et encourageait le dessin, les activités manuelles, l'hygiène et le sport.
À 17 ans, il effectue un stage à Bâle dans une entreprise spécialisée dans l'import-export, un stage vite interrompu par l'obligation de remplir ses devoirs militaires. Il reste quatre ans dans l'armée où il occupe notamment les fonctions de chef cuisinier.
À sa sortie, il est engagé dans une minoterie ultramoderne en Hongrie, à Pest (qui n'est pas encore réunie à la ville haute de Buda, de l'autre côté du Danube).
En 1869 Julius a 23 ans, son père l'embauche dans l'en-

treprise familiale, le *Moulin de Hammermühle* (littéralement, *le moulin du marteau:* c'était une ancienne forge), à Kemptthal (aujourd'hui Lindau).

Il se marie en 1871 mais perd sa femme la fin de l'année suivante, décédée à l'accouchement de son deuxième enfant (qui meurt lui aussi).

Mais Julius, qui avait déjà beaucoup bourlingué, tenait à tracer son propre sillon: il fonde, au tout début de 1872, sa propre maison, *Julius Maggi & Cie*, en s'associant avec Richard Challandes, un homme de 32 ans qui avait suivi une formation commerciale à Lausanne. En 1874, il rachète le moulin municipal de Zurich, puis en 1880, celui de Schaffhausen, près de la frontière allemande.

Entre-temps, il a été l'un des douze fondateurs de la bourse aux grains de Zurich (1974) et quatre ans plus tard, membre de la Commission cantonale pour le commerce, l'industrie et les métiers.

Bref, c'est un notable quand il se remarie en 1979 avec Louise Müller, 20 ans, qui lui donnera quatre enfants. En 1982, Julius Maggi fait une rencontre qui va profondément changer sa vie. Lors d'une conférence, un médecin, le Dr Fridolin Schuler, inspecteur fédéral en chef des fabriques, alerte l'auditoire sur les carences de l'alimentation des ouvriers, notamment en matière de protéines, du fait du prix trop élevé de la viande, et prône pour la remplacer l'utilisation de légumineuses.

Julius va alors se lancer dans l'élaboration d'un produit, nourrissant, bon marché et rapide à préparer. Pour cela, il s'entoure des meilleurs spécialistes, le Dr Schuler bien sûr, mais également deux chimistes, MM. Schulze et Barbieri ainsi qu'un professeur de physiologie, Johann Friedrich Miescher-Ruesch.

En 1884, il met au point la farine de légumineuses. Mais tout n'est pas réglé pour autant. Certes, cette farine nourrit et n'est pas chère mais elle n'est pas non plus très goûteuse. En outre, Maggi n'est pas seul sur le marché: ses principaux concurrents, à cette époque, s'appellent **Knorr** et **Liebig.** Enfin, la recherche et le développement coûtent cher. La rentabilité passe donc par l'accroissement du marché: la Suisse ne suffit pas. Maggi va donc ouvrir des filiales, en Allemagne en 1886 et en France en 1887. Deuxième axe: le goût. Maggi sort en 1886, l'**Arôme Maggi.** Il existe toujours... Troisième axe, la publicité. Maggi en fera beaucoup.

Les affaires se développent, mais la filiale française reste à la traîne. Maggi va s'en occuper. Il multiplie les produits, bouillons en cubes ou liquides pasteurisés... Il crée ensuite la *Société des Boissons Hygiéniques*, pour lutter contre le fléau de l'absinthe et inciter, à grand renfort de pub, les hommes à boire son consommé tonique et plus fortifiant que la *fée verte*. Il poursuit en France, par la construction à Paris d'une gigantesque usine rue de l'Allemagne (qui allait devenir l'avenue Jean-Jaurès après l'assassinat de ce dernier en 1914), juste en face des abattoirs de la Villette. Elle fonctionnera jusqu'en 1981 (sept ans après la fermeture des abattoirs).

Enfin, il décide de s'installer lui-même à Paris, en 1901. L'année suivante, il crée la *Société laitière Maggi*, filiale de la *SBH*, qui distribue un lait pasteurisé dont la qualité est contrôlée par un *Institut du lait*. Le succès va être retentissant: il faut savoir que depuis le début du siècle, quelque 90000 enfants, dont 20000 à Paris, étaient morts du choléra en raison d'un lait infecté ou falsifié. En 1903, Maggi commercialise 21000 litres de lait. Il en vendra plus d'un million en 1910! Évidemment le syndicat des crémiers est vent debout contre Maggi. Faute d'avoir de réels arguments, ils vont axer leur combat, au fur et à mesure que s'accroissent les tensions avec l'Allemagne, en accusant Maggi d'être allemand (il est Suisse, mais dispose d'usines en Allemagne et en Autriche), que c'est un ennemi et que donc son lait est empoisonné!

En attendant Maggi sort, en 1907, un autre produit qui va faire mouche, le bouillon **Kub,** ainsi écrit parce qu'il n'a pas eu le droit d'enregistrer cube, qui permet de faire – ou de bonifier – un potage. Ce petit cube va rapporter un million de francs en 1908, cinq en 1909, onze en 1910. Une réussite.

Bourreau de travail – il ne dormait, dit-on, que trois heures par nuit – Julius Maggi va être victime en 1912 d'un accident vasculaire cérébral. Transféré en Suisse, il y meurt quelques semaines plus tard.

Au début de la Première Guerre Mondiale, les 850 points de livraisons de la *Société Laitière Maggi* sont vandalisés par une foule en colère: le journal de l'Action Française avait relayé les crémiers et attisé la haine contre le soi-disant ennemi de la France.

La *Société Laitière* survivra jusqu'en 1947, lorsque *Maggi* fusionne avec **Nestlé.** En 1958, le bouillon *Kub* devient le **Kub Or.** Trois ans plus tard, la marque lance la purée **Mousline.** En 1980, sont lancés les plats instantanés *Bolino.* En 1990, les fonds de sauce et fumets en boîte. Et en 2009, le *Cœur de Bouillon*, en dosettes.[174].

Magnum (1989)

Un esquimau, c'est un produit hautement technologique. Vous n'imaginez pas la difficulté pour couler du chocolat chaud sur une glace sans qu'elle ne fonde. Dans le cas présent, il a fallu le talent de l'ingénieur biologiste belge Geert Debevere, de la firme *Ola de Baasrode*, pour mettre au point ce chocolat très spécial avec la société belge *Callebaut.* Il sera produit industriellement par la firme danoise *Frisco* pour être lancé d'abord en Suède : les Suédois, on ne le sait peut-être pas, sont de gros mangeurs de crèmes glacées.

Frisco appartient au géant de produits grand public *Unilever.*

À noter : en Grèce, la marque *Magnum* étant la propriété du concurrent **Nestlé,** ce gros esquimau (d'où son nom) s'appelle *Magic* (les trois premières lettres sont conservées).

Maille (1747)

Antoine Maille était vinaigrier-distillateur à Marseille au début du XVIIIe siècle (il a d'ailleurs sa rue dans la cité phocéenne) et à ce titre il a connu la terrible épidémie de peste qui ravagea la ville, tuant près de la moitié de ses 80000 à 90000 habitants, où le vinaigre avait servi comme antiseptique (*voir encadré*).

Dix ans après le drame, son fils, Antoine-Claude, élabore une cinquantaine de vinaigres, à usage médicinal et de toilette pour les cheveux, les boutons, la voix... Certains sont de véritables produits de beauté. Antoine-Claude va également concocter des moutardes. Au total on estime qu'il aura créé environ 200 vinaigres aromatisés et autant de moutardes.

En 1747, il ouvre sa première boutique à Paris, rue Saint-André des Arts, aujourd'hui dans le 6e arrondissement. C'est la date retenue pour la création de la maison. Sa réputation dépasse rapidement les limites de la ville. Ainsi, dès 1752, il devient fournisseur officiel de la cour de Hongrie, bien avant de décrocher les armes du Roi de France, en l'occurrence Louis XVI (1769), puis celles de Catherine II de Russie en 1771.

En 1789, il s'associe avec le brasseur André-Arnoult Aclocque, devenu commandant général de la Garde Nationale parisienne.

En 1800, Antoine-Claude Maille lui cède l'entreprise, ses 20 recettes de moutardes et ses 50 de vinaigre. À une condition : que ce dernier reverse 10 % du capital à son fils Robert à sa majorité. Ce dernier renoncera à ce versement, préférant s'associer avec le fils de M. Aclocque, André-Gabriel, qui a modifié son nom en Alcoque (erreur de transcription ou choix pour éviter le sobriquet de *en cloque* ?). Une association couronnée de succès puisqu'en 1821 *Maille et Alcoque* deviennent distillateurs du roi et uniques fournisseurs de la cour de Louis XVIII, puis en 1826 de Charles X, suivi en 1830, par le roi d'Angleterre.

En 1831, Alcoque revend ses parts et Maille s'associe à Robillard, dont le prénom n'est pas parvenu jusqu'à nous. Cela ne change en rien la renommée de la maison puisqu'en 1936, Louis-Philippe confirme à *Maille et Robillard* le statut de fournisseur de la couronne.

En 1845, une nouvelle étape est franchie avec l'ouverture d'une nouvelle boutique à Dijon, capitale de la moutarde. Avec la création des Expositions universelles, la marque *Maille* collectionne les médailles lors des expositions qui se tiennent à Paris, en 1867, 1878 et 1889. Aujourd'hui encore, les vinaigres *Maille* sont fabriqués en Bourgogne.

En 1930, la maison change de main, à la suite du rachat par le baron Philippe de Rothschild. L'année suivante, est trouvé le slogan resté inchangé depuis : *« Il n'y a que Maille qui m'aille »*. Philippe de Rothschild revend *Maille* en 1952 à André Ricard et Joseph Poupon, dirigeants de *Grey-Poupon*, une enseigne de moutarde dijonnaise créée en 1777.

Ils vont sortir la marque des petites épiceries pour l'installer dans les grandes surfaces, en s'appuyant sur deux produits : le vinaigre et le cornichon, pour lequel *Maille* a développé une technique de pasteurisation. Des produits rapidement rejoints en rayons par la moutarde, fabriquée dans une nouvelle usine construite en 1965 près de Dijon, la mayonnaise, le ketchup et autres condiments. Mais André Ricard et Joseph Poupon manquent de capitaux pour développer l'entreprise et préfèrent la vendre. L'américain **Heinz** est intéressé mais le gouvernement français s'y oppose et le 31 décembre 1970, *Grey-Poupon Maille* est racheté par le groupe chocolat **Poulain.** André Ricard est alors nommé P-DG des sociétés *Grey-Poupon, Maille et Parizot* (une société rachetée par Poulain à la même période), qui sont fusionnées en un seul groupe, la *Segma* (*Société d'exploitation des grandes marques alimentaires*), avec un seul nom de marque, *Maille.*

En 1978, la *Segma* est rachetée par les laboratoires *Clin-Midy*, puis revendue un an après à la *Générale Occidentale*, déjà propriétaires d'autres marques comme **Amora** ou *Vandamme.*

En 1980, la division alimentaire de la *Générale Occidentale* est acquise par *BSN* qui deviendra **Danone** en 1994. En 1996, *Maille* est regroupée avec *Amora* et **Liebig** dans une filiale commune, *LMA* (*Liebig-Maille-Amora*).

En 1997, *Danone* se sépare de sa branche épicerie et vend *Liebig* à *Campbell* et *Amora-Maille* à *Paribas Affaires Industrielles* qui la cède en 1999 au groupe *Unilever…* [176, so, w]

Certains adeptes des médecines alternatives le concoctent encore : le *vinaigre des quatre voleurs.* L'histoire – ou la légende – de ce vinaigre commence en 1631, au lendemain de la terrible épidémie de peste qui ravagea Toulouse pendant trois ans et qui fit quelque 500 000 victimes. Quatre voleurs furent arrêtés pour avoir pillé sans vergogne les maisons des mourants sans jamais attraper le bacille, soi-disant grâce à une décoction de plantes dans du vinaigre. Pour éviter le bûcher (ils seront pendus), les 4 voleurs révélèrent la formule de leur vinaigre antiseptique (qui paraîtra au **Mercure de France** en 1721), dont ils se frottaient tout le corps et en répandaient autour d'eux avant de commettre leurs exactions.

Près d'un siècle plus tard, en 1720, c'est au tour de la population de Marseille d'être décimée par la peste. Les médecins et apothicaires avaient entendu parler de ce vinaigre des quatre voleurs, dont la composition avait au demeurant évolué en fonction de plantes de la région et du temps écoulé. Ainsi, à Marseille, ce vinaigre contenait-il de l'ail...

Antoine Maille, qui en dit le plus grand bien, explique même les bienfaits qu'on peut en retirer même dans des circonstances moins dramatiques: « *Le vinaigre des 4 voleurs, tel qu'il fut composé par les médecins lors de la peste de Marseille, est un excellent préservatif contre tout air contagieux. Il faut en mettre dans le creux de la main, échauffer la liqueur puis la respirer et s'en frotter les tempes. On peut en boire à jeun une cuillerée à café dans un verre lorsqu'on est obligé d'approcher les personnes atteintes de maladies pestilentielles. Ce vinaigre est particulièrement recommandé contre les maladies des gens de mer, contre l'air infect et corrompu qu'on ne respire que trop souvent dans les vaisseaux* » [177].

Maison du Café (1890, 1923)

En 1890, Michel Cahen et sa femme ouvrent une petite boutique de torréfaction à Paris, qu'il appelle joliment « *Au planteur de Caïffa* ». D'où vient ce nom, même ceux qui y ont travaillé l'ignorent[w]. Nous suggérons une hypothèse. Caïffa est l'ancien nom de Haïfa, la grande ville du nord d'Israël. À l'époque de Michel Cahen, cette ville appartient à l'Empire ottoman, grand consommateur de café. Or la réussite de Michel Cahen serait due à un stock de café acheté au Havre et qui aurait pris l'eau pendant le transport. Michel rachète à très bas prix ce stock dont personne ne voulait, le fait sécher et le revend à des prix abordables à une époque où le café était un produit de luxe. Sous quelle marque? Et d'abord, d'où venait-il ce café? De Caïffa, l'une des possibles plateformes de réexpédition du café éthiopien vers l'Europe? Peu probable. À l'époque, le café consommé en France provenait essentiellement d'Afrique et notamment de la Côte d'Ivoire, alors sous protectorat. Plus simplement, nous pensons qu'il s'agit d'un innocent jeu de mots entre *planteur de café* et effectivement la ville de Caïffa, qui avait sans doute aux yeux de Michel l'autre avantage d'être abondamment citée dans les textes talmudiques... Au final, une marque qui fait immanquablement penser au café, tout en étant parfaitement différencié et facilement mémorisable.

Non seulement Michel torréfie le café mais il l'apporte au client via une petite carriole tirée par deux chiens. La formule va séduire et Michel va multiplier les carrioles et les colporteurs qui passaient *dans les rues en criant « Caïffa, Caïffa! »*, comme le faisaient beaucoup de petits métiers à l'époque, vitriers, rémouleurs et autres.

Après les colporteurs, les boutiques. Michel Cahen va en ouvrir de très nombreuses en province, tout en diversifiant ses produits. En 1909, une importante usine de torréfaction (aujourd'hui détruite) est construite à Malakoff, dans la région parisienne, où travaillent plusieurs centaines de personnes. À la veille de la Seconde Guerre Mondiale, on estime que la maison comptait quelque 400 points de vente partout en France. L'occupation allemande s'accompagne de l'*aryanisation* de toutes les sociétés et boutiques détenues par des juifs. Albert Cahen, qui a succédé à son père, est obligé de donner les clés de la maison à son n° 2, un certain M. Couture. Qu'est-il advenu de la famille Cahen, mystère.

Au lendemain de la guerre, le petit empire a pratiquement disparu, faute d'approvisionnements. Mais la maison est toujours debout et parvient à se redresser en se recentrant sur son cœur de métier, la torréfaction. En 1962, elle rachète 25 % du capital de la *Maison du Café*, créée en 1923 par deux Argentins, les frères Della Valle. Le nom de la société change et opte pour un libellé plus générique : *Ufima* (*Union française d'Industrie et de Marques Alimentaires*). La firme poursuit sa politique d'achat et en 1965, elle détient neuf marques : *La Maison du Café*, *Caïffa*, *Mokalux*, *Marin*, *Biec*, *Lemaire*, *Savourex*, *Corlida* et *Océanic*. En 1967, la gamme est unifiée sous le nom de *Maison du Café*[178].

En 1978, l'entreprise passe sous le contrôle de *Consolidated Foods Corporation*, qui deviendra, en 1985, *Sara Lee Corporation.*

En 2012, *Sara Lee* se scinde en deux sociétés distinctes et disparaît : *Hillshire Brands*, qui regroupe toutes les activités alimentaires de Sara Lee en Amérique du Nord et *D. E. Masters Blenders 1753* (*DEMB en abrégé*), aujourd'hui intégrée dans le groupe **Jacobs Douwe Egbert.**

Maître Coq (1969)

À la fin des années 60, le producteur de volaille vendéen *Arrivé*, basé à Saint-Fulgent en Vendée crée sa propre marque, *Maître Coq* (dans l'alimentaire, le terme de maître est largement utilisé pour se prévaloir d'un savoir-faire réel ou supposé) afin d'être référencé dans les grandes surfaces qui depuis quelques années se multiplient en France.

Très vite, la marque va chercher à valoriser ses produits. Ainsi, dès 1980, ses poulets bénéficient d'une traçabilité précise grâce à l'informatique. Parallèlement, l'entreprise se dote d'un département traiteur qui propose les premières volailles désossées et farcies. Dix ans plus tard, *Maître Coq* vend ses poulets déjà cuits, soit entiers, à réchauffer en six minutes dans son sac au micro-ondes, soit sous forme de manchons marinés cuits, les *Coq'Ailes*, à déguster froids ou chauds. En 2009, *Maître Coq* rejoint le groupe **LDC.** [so]

Maïzena (1856, 1862, 1891)
Le site français de *MAIZENA* (en lettres majuscules) affirme que la marque est née aux États-Unis en 1862, six ans après la première fabrication d'amidon de maïs dans ce pays. Le site espagnol estime lui que les frères Duryea, à la tête de la *Glen Cove Starch Manufacturing* (*fabrique d'amidon de Glen Cove*, une bourgade de Long Island, qui jouxte Manhattan) déposent cette marque en 1856. *Wikipedia* (en français) indique que la marque a été déposée en 1891 par une famille de Duttlenheim, une bourgade du Bas-Rhin (15 km au sud-ouest de Strasbourg). Enfin, Jean Watin-Augouard, dans son *Livre des Marques* (*Éditions Eyrolles/ TM-Ride*), explique que la marque est déposée en 1862 par les frères Varley, une famille d'amidonniers et de glucosiers (peut-être de Duttlenheim), mais que la fabrication ne débutera pas avant 1924 en France. Qui croire ?
Nous n'avons pas d'éléments de réponse autres que logiques. Force est de constater que *maïzena* découle de *maize*, le terme anglais pour maïs. Nous pourrions donc raisonnablement penser que le nom *Maïzena* a été déposé aux États-Unis en premier. Sauf qu'aux États-Unis, contrairement à l'Angleterre, on a pris l'habitude de désigner le maïs, première céréale produite par le pays, non pas son nom, mais sous celui de *corn (céréale)*; En outre, *Wikipedia* en anglais nous explique que *corn starch* (fécule de maïs) se dit en Europe continentale *maïzena* en raison de la marque. Elle aurait donc été créée là...
Quoi qu'il en soit, c'est la *Société des Produits du Maïs* (*SPM*) qui, en 1924, lance ce produit en France, écrit en majuscules, pour éviter l'écueil du tréma (mais en minuscules, il s'écrit bien *Maïzena* en France, comme le démontre le site).
Maïzena appartient aujourd'hui au groupe *Unilever.*

Le maïs étant la principale céréale aux États-Unis, les Américains emploient le terme de *corn* (céréale) pour le maïs et *wheat* pour le blé. C'est l'inverse au Royaume- Uni où *corn* désigne le blé (la céréale la plus répandue là-bas) et *maize* le maïs.
Et en France, le blé signifie l'argent en argot, et cela grâce à Rabelais, qui mentionne dans son Tiers Livre le proverbe « *manger son bled* (*blé*) *en herbe* », autrement dit dépenser d'avance son revenu[175].

Malabar (1958)
Chewing-gum rose conçu par la société **Krema** après sa fusion avec les chewing-gums **Hollywood.** Ce chewing-gum imposant (6,8 grammes), au demeurant sécable, permettait de faire

des bulles de taille impressionnante. Bref, tout était surdimensionné dans cette gomme à mâcher. D'où sans doute son nom. Son attrait résidait également dans la petite vignette qui l'accompagnait, qui posait une question d'histoire dans un premier temps avant de devenir une décalcomanie. Le logo, un jeune costaud blond coiffé en brosse voit le jour dix ans plus tard. Il disparaîtra en 2011. *Malabar* appartient aujourd'hui au groupe **Carambar & Co.**

D'où vient ce terme de malabar, pour désigner un homme costaud ? L'esclavage ayant été aboli à l'île de la Réunion en 1848, l'industrie sucrière, en manque de bras, se tourne vers l'Inde, et plus particulièrement la région côtière de Malabar, au sud-est du pays, la zone la plus proche de la Réunion. Les ouvriers indiens font preuve d'une telle force de travail que les patrons des sucreries sont sidérés. Très vite, un malabar devient synonyme d'homme fort. Aujourd'hui encore, à la Réunion ainsi qu'à l'île Maurice voisine, un malabar désigne un homme d'origine indienne.

Malesan (vers 1975)

Cette marque de vin de Bordeaux *AOC* (*Appellation d'Origine Contrôlée*) a été lancée par Bernard Magrez à partir d'un constat : les vignobles de Bordeaux doivent faire face régulièrement à la surproduction mais les vins d'entrée et de moyenne gamme se vendent mal en grandes surfaces soit parce qu'il s'agit de petits châteaux au nom impossible à mémoriser soit d'une étiquette siglée d'un *Bordeaux Supérieur* bien anonyme. Bernard Magrez s'adjoint alors les services d'un œnologue réputé, Pascal Ribéreau-Gayon, pour concocter un honnête vin qu'il laisse mûrir quelque temps en fûts de chêne pour lui donner un goût boisé apprécié des consommateurs. Reste à trouver un nom, facile à mémoriser aussi bien en France qu'à l'étranger. Ce sera *Malesan*, formé du *M* de Magrez et d'*alezan* (écrit avec un s), qui caractérise la robe roux foncé d'un cheval. Il semble que Bernard Magrez ait toujours eu un faible pour les chevaux de course, mais il ne commencera à en acquérir que beaucoup plus tard, en 2011, une fois fortune faite.
La marque est rachetée en 2003 par le groupe *Castel. Malesan* est aujourd'hui le vin de Bordeaux le plus vendu en France (plus de 10 millions de bouteilles par an). Elle est déclinée dans les trois couleurs, ainsi qu'en vin pétillant et en *cubitainer.*

Malibu (1980)

Liqueur à base de rhum, d'extraits de noix de coco, d'ananas et de sucre, propriété de **Pernod-Ricard** (*voir* ***Long John***).

Malongo (1934)

Maurice Longo ouvre en 1934 une petite brûlerie de café à Nice.

À cause de la Guerre, la société ne se développera qu'à partir des années cinquante en devenant la *Compagnie Méditerranéenne des cafés Malongo* (*CMC Malongo*, 1952).

Le nom Malongo est constitué en accolant la première syllabe du prénom et le nom du commerçant.

Modeste, mais inventive, la firme commercialise à partir de 1962 son café en boîtes métalliques sous vide, pour une meilleure préservation. En 1968, elle se rapproche d'une société familiale belge, *Rombouts*, créée à Anvers en 1896 par Frans Rombouts et aujourd'hui dirigée par Hugo Rombouts, qui devient P-DG de Malongo. Le graphisme des logos s'harmonise: lettres blanches simili-gothiques sur fond rouge.

En 1985, une usine est construite dans la zone industrielle de Carros, à 25 km de Nice.

En 1992, Jean-Pierre Blanc, directeur général de *Malongo*, rencontre le père Francisco van der Hoff, le créateur du label de commerce équitable **Max Havelaar.** À la suite de cet échange, *Malongo* va travailler avec l'*Uciri* (*voir Max Havelaar*), avant de lancer en 1997 un nouveau café en provenance d'Amérique Centrale, le *Café des Petits Producteurs*, basé sur les principes prônés par le Père van der Hoff.

En 1995, *Rombouts* met au point sa propre machine expresso à dosette en papier (plus écologique que l'aluminium). *Malongo* en sortira une variante deux ans plus tard. Originalité par rapport à la concurrence, ces machines possèdent un filtre à eau. En 2021, *Malongo* rapatrie la fabrication de Chine en France.

Mamie Nova (1973)

En 1949 est créée la *Coopérative Laitière de l'Arrondissement de Rouen* (*Clar*) sous l'impulsion de son président Michel Cabot. En 1969 est constitué le *Gama* (*Groupement d'Actions des Marques Alimentaires*) *Nova*. La marque *Mamie Nova* est lancée quatre ans plus tard. À noter que *nova* signifie en latin *nouvelle*, *jeune*. Bref, une grand-mère moderne et innovante.

Le *Gama Nova* représente les sept coopératives laitières adhérentes au niveau national avec la marque *Mamie Nova:* la *Centrale Laitière de Haute-Normandie* (*CLHN*), issue de la *Clar*, *La prospérité Fermière*, *la Coopérative Laitière de Ploudaniel* (devenue *Even*, soit parce qu'elle a été créée dans le canton de Lesneven, soit parce que cette création a eu lieu en juin, *even* en breton), *l'Union laitière du Haut-Poitou* (*Bonilait*), *la coopérative laitière de l'Ariège*, *la coopérative laitière agricole du nord des Ardennes* et la *Sica lait de Franche-Comté.*

En 1990, seuls demeureront deux partenaires au sein du *Gama Nova: l'Union laitière Normande*, elle-même issue de la *CLHN*, et *Even*. Deux ans plus tard, l'*ULN* se retire et revend ses parts (80 %) à **Andros.** *Mamie Nova* est donc désormais codétenue par *Andros* et *Even*, qui par ailleurs a fusionné ses activités laitières avec celles de deux autres coopératives, *Terrena* et *Triskalia* pour fonder *Laïta*, qui exploite les marques **Paysan Breton** et **Régilait.**

Mammouth (1969-2009)
Enseigne d'hypermarchés disparue, la plupart des magasins étant aujourd'hui sous la marque **Carrefour** ou **Auchan.** Son nom, à lui seul, annonçait la taille des magasins...

Pour la petite histoire, le slogan maison était: « *Mammouth écrase les prix* ». Une phrase qui faisait beaucoup rire dans les cours de récréation où l'on pratiquait, sans le savoir, l'art de la contrepèterie...

Mariage Frères (1854)
Henri et Édouard Mariage fondent une maison importatrice de thés et de vanilles, *Mariage Frères,* dans le quartier du Marais à Paris l'année de naissance d'Arthur Rimbaud.
Cent vingt-deux ans plus tard, en 1976, la dernière descendante des frères Mariage, Marthe Cottin, 81 ans, gère toujours la maison de thé, un simple magasin-bureau-entrepôt inconnu du grand public voué à une disparation prochaine, faute de successeur. Hasard des rencontres? Toujours est-il qu'un Néerlandais d'une trentaine d'années, Richard Bueno, et un étudiant thaïlandais à Paris, Kitti Cha Sangmanee, tombent sous le charme ce lieu sans âge au beau milieu du Paris médiéval.
Ils rachètent la maison en 1984. L'affaire va se développer, tranquillement mais sûrement: pas de pub mais du bouche-à-oreille (et des articles dans la presse, bienvenus); pas de capitaux extérieurs (en dépit, disent-ils, de plusieurs offres) mais de l'autofinancement, et une offre constamment renouvelée (nombreuses variétés, nouveaux mélanges). Parmi les succès de la maison, la déclinaison du concept du thé dans la gastronomie, avec des salons de thé-restaurants. Quatre ont été créés à Paris.
Seul aux commandes de l'entreprise depuis le décès brutal de son associé en 1995, Kitti Cha Sangmanee a lancé une gamme de produits dérivés: chocolats, gelées, produits d'épicerie fine, théières, encens[179]...
Aujourd'hui, *Mariage Frères* compte neuf magasins détenus en propre (dont trois au Japon) plus de nombreux points de vente en France (dans les grands magasins et en province), au Japon (où la maison n'en compte pas moins de seize), ainsi qu'à Berlin et Londres.
À cela s'ajoute, depuis 2000, un site internet, bilingue.

Mariage Frères et **Dammann Frères** se livrent une lutte à fleurets mouchetés via leurs sites internet. C'est à qui sera le plus ancien. Chez *Mariage Frères,* on laisse entrevoir que, « *spécialisés dans le commerce au loin, les membres de la famille*

Mariage appartiennent au XVIIe siècle aux prestigieux Six Corps marchands, distingués par ordonnance royale aux côtés notamment des orfèvres et des drapiers [...]. Un siècle plus tard, Jean-François Mariage, né en 1766, entretient toujours négoce de thés, épices et denrées coloniales à Lille et forme ses quatre fils, Louis, Aimé, Charles et Auguste, à cette même activité. Vers 1820, nous apprend une chronique familiale tenue avec soin, les trois premiers s'associent au sein d'une société Auguste Mariage et Cie, avant qu'Édouard et Henri ne fondent le 1er juin 1854 à Paris la maison qui porte leur nom et rappelle leurs liens ».

Dammann Frères n'est pas en reste, qui revendique une date de création 1692, date de l'octroi « *du privilège de vendre, de faire vendre, et débiter seul [...] tous les cafés [...] le thé, les sorbets et les chocolats...* », accordé Maistre François Damame. Et tant pis pour la différence d'orthographe, à laquelle il n'est donné aucune explication.

Sans participer à cette lutte, *Compagnie Coloniale* affirme elle aussi, et non sans arguments, être la plus ancienne, malgré une date de création affichée de 1848...

Marie (1972, 1983)

En 1972, Gérard Gorcy crée au sein d'*Olida* (une charcuterie créée en 1855 par Ernest Olida et rachetée par **Fleury Michon** en 1993) la filiale *Gorcy*, spécialisée dans la distribution aux circuits spécialisés auxquels elle propose des entrées surgelées à base de pâte feuilletée, sous la marque *Marie*. Pourquoi ce nom ? Parce ce que rien ne vaut les tartes que concoctait Marie, une cuisinière, une grand-mère ou une voisine que l'on a tous connue.

Apparemment, cette filière n'a pas dû donner les résultats escomptés puisqu'en 1983, cette marque était dormante. *Marie* est ranimée, cette fois pour devenir une marque grand public de crêpes, pizzas, quiches, tartes salées vendues en supermarchés, d'abord au rayon surgelés, puis, en 1989, au rayon frais. Et cette fois, ça marche.

Peu de temps après, *Marie* est rachetée par le groupe sucrier **Saint-Louis,** qui détient déjà des marques comme **William Saurin.**

En 1994, *Saint-Louis* et **Danone** (qui s'appelait encore *Gervais-Danone*) décident de fusionner l'un ses marques sucrières l'autre les non-laitières. *Danone* apporte pour sa part les marques **Panzani, Garbit** et *Petitjean.* La co-entreprise s'appelle *Panzalim* (*voir William Saurin*).

En 1995, *Saint-Louis* se désengage et *Danone* marie... *Marie* avec *Vivagel*, marque de surgelés qu'elle avait acquise en 1983 et aujourd'hui disparue.

En 1997, *Danone* crée la marque *Luang* pour des plats cuisinés asiatiques. Mais deux ans plus tard, le géant des produits laitiers revend *Marie* et *Luang* au groupe alimentaire britannique *Uniq*, créé en 1959 sous le nom de *Unigate* (et racheté en 2011 par le groupe *Greencore*, un spécialiste britannique des plats cuisinés vendus en grande surface).

En 2004, *Marie* récupère deux fabrications sous licence, *Paul Bocuse* et **Weight Watchers.**

En 2009, *Marie* redevient française, rachetée par **LDC,** le leader européen de la volaille.[180, w]

Marie Brizard (1755)

En 1755, Marie Brizard, fille de Pierre Brizard, tonnelier et bouilleur de cru, fonde à Bordeaux avec son neveu par alliance Jean-Baptiste Roger (mari de sa nièce Anne Brizard), la société *Marie Brizard et Roger*, fabricant d'anisette.

L'idée ne lui est pas venue ex-abrupto : à cette époque, il y a une soixantaine de fabricants d'anisettes dans ce port de commerce. Les très nombreux marins qui débarquaient et embarquaient avaient besoin d'un remontant, qui en outre avait la propriété de faciliter les digestions difficiles et de soigner les coliques, fréquentes pour ces hommes qui mangeaient parfois de la nourriture avariée quand le voyage était long. L'anis vert, l'élément de base de l'anisette, a en outre la propriété d'éloigner les pucerons, les vers ou les chenilles.

Mais s'il y avait déjà autant de producteurs, pourquoi se lancer sur un marché si concurrentiel ? Parce qu'un marin Antillais qui aurait été soigné par Marie Brizard lui aurait donné une recette originale. Dans quelles conditions, on l'ignore, mais la direction actuelle de la maison affirme que c'est l'exacte vérité. Mieux, cette recette, toujours la même depuis un quart de millénaire, est tenue secrète. Seules trois personnes de la maison la connaissent. Du coup, elle n'a jamais été brevetée.

La maison s'est transmise de génération en génération dans la famille Roger. Mais son expansion est relativement récente. Elle a démarré avec une première diversification dans le jus de citron, en 1971. Ce jus, qui s'appelait *Cresca* à l'origine, est devenu deux ans plus tard **Pulco.**

La même année, *Marie Brizard* rachète *Jean Danflou*, un spécialiste des eaux-de-vie blanches, cognacs, armagnacs et calvados. Mais il faudra encore attendre 1984, époque de son introduction en Bourse, pour que la maison ait les moyens de ses ambitions. En 1987, elle rachète une petite maison de champagne (revendue dix ans plus tard), puis en 1988, la société *Vedrenne* (crèmes de cassis, marcs de Bourgogne). Un an plus tard, la maison jette son dévolu sur les champagnes *Abel Lepitre* et *Georges Goulet.* En 1990, *Marie Brizard* rachète les sirops *Abel Bresson* et les jus de fruits *Cidou* (revendus en 1998). En 1995, l'entreprise passe un cap en acquérant le groupe **Berger,** qui outre son pastis possède les **Sirop Sport** ainsi que des petites marques de calvados et de cognac.

En 2002, c'est au tour des

Chais Beaucairois (renommés *Moncigale*) de tomber dans l'escarcelle de *Marie Brizard*, suivie de *William Pitters* (*voir* **William Peel**) en 2005. Cela sans compter des rachats aux États-Unis et en Australie.

Cette boulimie a peut-être été un peu rapide. En recherche de capitaux, *Marie Brizard* est rachetée en 2006 par le groupe français *Belvédère*, détenu à 68 % par le fonds d'investissement *CL Financial*. Le groupe de spiritueux devient *Marie Brizard Wine & Spirits* (*MBWS*). Le groupe *Belvédère* va connaître à son tour de gros problèmes : en 2008, il est placé en procédure de sauvegarde, puis en redressement judiciaire en 2011. En 2013, la liquidation est évitée de justesse, grâce notamment au rachat d'un peu plus de 13 % du capital de *Marie Brizard* par le groupe agroalimentaire marocain *Diana Holdings*, soutenu par *DF Holdings*, appartenant à la famille Castel. Les deux partenaires vont détenir jusqu'à près de 23 % du capital, espérant sans doute à terme davantage. Mais en juin 2015, un nouvel intervenant, le groupe **La Martiniquaise Bardinet**, via sa holding de contrôle la *COFEPP* (*Compagnie Financière Européenne de Participation*) prend 6 % de MBWS. Après moult échanges, confrontations, négociations, cette dernière en prendra le contrôle (70 % du capital) en mars 2019, mais sera obligée, à la demande de l'Autorité de la Concurrence de se séparer d'un certain de marques détenues par *Marie Brizard*, dont le porto **Pitters**, au groupe africain *International Drinks Limited* (*IDL*).[181, w]

Marlboro (1908, 1923)

En 1847, Philip Morris ouvre à Londres une petite échoppe de tabac, à Bond Street, au cœur de Londres. Les affaires marchent bien et à sa mort, en 1873, ses héritiers ont suffisamment d'argent pour faire construire un petit atelier de fabrication, à 800 mètres de la boutique, à Great Marlborough Street.

Ce nom est à l'origine de celui des cigarettes, avec une orthographe simplifiée (mais une prononciation identique). Les premières exportations de la maison **Philip Morris** aux États-Unis commencent en 1902, le nom *Marlboro* est déposé là-bas en 1908. L'année suivante, la famille Morris déménage et s'installe outre-Atlantique. Pourtant, le premier paquet portant cette marque ne sortira qu'en 1924. La cigarette était équipée d'un filtre afin de séduire les femmes, un marché encore vierge à l'époque ? L'embout était rouge pour que le rouge à lèvres ne marque pas.

Dans les années cinquante, les premières études montrant l'aspect cancérigène des cigarettes incitent la direction de *Philip Morris* à reconvertir *Marlboro* en une cigarette pour homme. Psychologiquement, les hommes étaient prêts à utiliser un filtre, dont on disait qu'ils protégeraient leurs poumons contre le cancer, mais hésitaient à fumer des cigarettes de femmes: à cette époque seules ces dernières avaient un filtre.

Philip Morris décide alors de modifier totalement le positionnement de *Marlboro.* Le filtre est recouvert d'un papier imitant le liège, pour dissimuler le filtre et donner l'illusion que c'est juste un embout, façon **Craven A.** Le design est modifié, le paquet devient dur, avec un rabat. La publicité est confiée à Leo Burnett, le grand publicitaire de Chicago. Ce dernier a l'idée, pour insister sur le fait que *Marlboro* est une cigarette de mâles, de faire intervenir dans les campagnes publicitaires différents types d'hommes: capitaines de navire, haltérophiles, correspondants de guerre, ouvriers de la construction, ... Le premier de la liste devait être un cow-boy. Longtemps réticente, la firme *Philip Morris* finit par donner son accord à la campagne de publicité. En moins d'un an, *Marlboro* passe de 1 % de part de marché à la quatrième meilleure vente. Les autres corps de métiers furent abandonnés. On restera avec le cow-boy, rapidement surnommé *« The Marlboro man »* (*voir encadré*). En 1963, s'y ajoute un environnement, *Marlboro Country, le pays Marlboro.*

En 2003, Philip Morris Companies, qui outre la production de cigarettes, s'était largement diversifié dans l'agro-alimentaire, a changé le nom de la société en *Altria*, officiellement dérivé du latin *alta, haute, élevée.* Sans doute, la société de *naming* chargée de trouver un nom aussi éloigné que possible de l'atmosphère enfumée des cigarettes, a-t-elle pensé également à *altrix, celle qui nourrit.* Car *Philip Morris* s'était largement diversifié dans l'agroalimentaire, avec des marques comme, au hasard, *Suchard, Kréma, Milka, Toblerone, Carte Noire...*

Pourtant, en 2007, *Philip Morris* revend les actions de sa filiale alimentaire, **Kraft Foods.** L'année suivante, *Philip Morris* crée deux sociétés indépendantes, l'une restant aux États-Unis, sous le nom d'*Altria*, l'autre régnant sur l'international, sous le nom de *Philip Morris International.* Curieusement, les deux sociétés resteront axées sur le marché du tabac. *Kraft Food* fera la même chose en 2012, *Kraft Foods Group* gardant le marché américain, **Mondēlez International** couvrant le reste de la planète.

Cela n'empêche pas *Marlboro*, d'être la marque de cigarettes la plus vendue dans le monde depuis 1972, dans quelque 170 pays. [w]

En France, le *CNCT* (*Comité National contre le Tabagisme*) a intenté (et gagné) un procès contre la marque de vêtements *Marlboro Classics*, estimant que c'était un moyen détourné de continuer à promouvoir les cigarettes de la marque. En 2009, *Marlboro Classics* est ainsi devenu *MCS*, d'abord en France, puis dans le reste du monde.

Lorsqu'au début des années 60 il fut décidé par *Philip Morris* et l'agence de publicité Leo Burnett d'utiliser un cow-boy pour insister sur le caractère masculin de la *Marlboro*, plusieurs dizaines d'acteurs se sont succédé pour incarner le rôle. Cinq d'entre eux mourront de maladies liées à la consommation de cigarettes.

Deux cas ont été particulièrement médiatisés car ils ont chacun mené une lutte antitabac: Wayne McLaren, qui avait participé à un spot télévisé (où on le voyait sur son lit d'hôpital relié à des tuyaux) en 1976 et David McLean, pour des publicités papier au début des années 60.

Leur décès a incité les associations anti-tabac à détourner les pubs *Marlboro:* l'une d'elles montre un cow-boy mort, face contre terre, sur une piste poussiéreuse et désertique, avec cette légende: « *L'ennemi était dans sa poche.* » Une autre parodie la publicité Marlboro représentant une photo de Monument Valley légendée « *the Marlboro Country* », en gardant la légende mais en substituant à la photo originale une photo de cimetière. De bonne guerre.

Ces associations, et la presse avec elles, n'ont pas manqué non plus, à chaque fois qu'un comédien ayant posé pour Marlboro mourrait d'une maladie liée au tabac, d'affirmer: « *Le Marlboro Man est mort* ».

En réalité, le seul, le vrai, l'authentique cow-boy que les *Burnett Boys* se sont finalement décidé, à partir de 1968, à aller chercher dans le Wyoming, là où poussent les plus beaux spécimens, s'appelait Darrell Winfield. Un cow-boy, un vrai, le visage buriné par le grand air et le soleil, les mains calleuses à force de manier des lassos et à tirer des cordes. Un fumeur authentique, depuis tout jeune. Jamais malade. L'argent de *Marlboro* – il tint le rôle principal de 1968 à 1989 – il ne l'a pas joué dans les casinos. Mais il l'a utilisé pour acheter une maison, élever, lui et sa femme, ses six enfants puis trois de ses petits-enfants. Et il eut de nombreux arrière-petits-enfants.

Alors oui, Darrell Winfiled a eu un AVC à la fin de sa vie, peut-être dû à une obturation des vaisseaux à cause du tabac. Mais il s'en sortira. Finalement, il décédera en 2015, c'est vrai, d'une insuffisance respiratoire. Mais il avait 85 ans[182]. *Marlboro* avait cessé ses pubs avec le *Marlboro Man* en 1997.

Sur le paquet de *Marlboro*, le design du *M* rouge peut également faire penser, quand on regarde le paquet de côté, à un *K* stylisé. Or ce logo n'est reproduit que sur trois faces : sur le devant, l'arrière et la base . Certains y ont vu trois *K*. Comme *KKK*, *Ku Klux Klan*. Il n'en a pas fallu plus pour que ne circulent des rumeurs sur le financement par *Marlboro* de cette organisation secrète et violemment raciste. Une légende urbaine de plus.[183]

Mars (1932)

Forrest Mars arrivent en Angleterre en 1932 pour produire et commercialiser les **Milky Way** qui marchent si bien aux États-Unis. Forrest fonde donc la *Mars Ltd* (qui deviendra trois ans plus tard la *Mars Confectionary*, *Confiserie Mars*) et commence à mettre sur le marché ses barres, mais sous le nom de *Mars* (*voir Milky Way*).

En 1934, Frank, le père de Forrest, meurt, prématurément, à l'âge de 52 ans. Ce dernier reprend les rênes de l'entreprise. Mais il reste un pied en Angleterre, puisqu'en 1935, il opère une première diversification en rachetant l'entreprise britannique *Chappel*, spécialisée dans un tout nouveau créneau, la nourriture en boîte pour chiens.

En 1939, Forrest sponsorise une émission de radio, *Dr IQ* (*Dr QI*, comme *quotient intellectuel*), avec la marque *Milky Way* et va même jusqu'à commercialiser temporairement une barre chocolatée sous ce nom, *Dr QI*. Une première. En 1941, il lance les **M & M's.** L'année suivante, nouvelle diversification, *Mars* ouvre à Houston, au Texas, la première usine d'étuvage de riz (riz précuit). Ce riz, d'abord destiné à l'armée américaine, sera commercialisé bien des années plus tard (1959) sous la marque **Uncle Ben's.**

En 1955, nouvelle diversification majeure : *Mars* rachète une société spécialisée dans les distributeurs automatiques et commence à les installer un peu partout, remplis de produits de *Mars*. Mieux, une société anglaise *FourSquare* (quatre au carré), filiale de *Chappel*, est mise sur pied pour fabriquer des distributeurs automatiques pour le monde entier !

En 1958, *Chappel* est renommée *Pedigree Petfoods Ltd* (*Nourritures pour animaux domestiques Pedigree*) et en profite pour lancer une marque de nourriture pour chat, **Whiskas.**

En 1964, l'ensemble des sociétés est regroupé sous une bannière unique, *Mars Incorporated*. Cinq ans plus tard, Forrest prend sa retraite. Par la suite, *Mars* va se lancer dans une série continue et régulière de rachats de sociétés de par le monde, dont la société strasbourgeoise *Sabi* (qui deviendra *Unisabi*), qui produit de la nourriture pour animaux sous les marques **Canigou** et **Ronron.**

Les années 90 vont être marquées par la construction d'unités de production dans des pays autrefois hors-champ (Russie, Chine).

En 1999, Forrest Jr, le fils de Forrest Sr, prend à son tour sa retraite. Et pour la première fois, lui succède un non-marsien : Benno Hoogendoorn, qui dirigeait jusque-là la division européenne des barres chocolatées.

En 2007, *Mars* rachète les chewing-gums **Wrighley's** pour la bagatelle de 23 milliards de dollars.[184, w] Si *Mars* n'est plus dirigée par un membre de la famille – le P-DG est aujourd'hui

Paul Michaels – les capitaux de la société sont restés dans le giron familial et les membres du clan supervisent le conseil d'administration. Six d'entre eux se partagent une fortune globale estimée par le magazine *Forbes* à environ 93 milliards dollars.

Martell (1715)

En 1715, Jean Martell, jeune négociant originaire de l'île anglo-normande de Jersey, s'installe à Cognac où il s'associe avec un négociant de Bordeaux, Jean Hot, pour fonder une maison de négoce.

Après une première faillite précoce, il se relance tout aussi vite, cette fois avec succès. À partir de 1721, *Martell*, exporte en effet plus de 200 000 litres de cognac vers l'Angleterre, et il peut s'enorgueillir d'avoir des clients prestigieux comme le duc d'Orléans ou Benjamin Franklin, qui fut ambassadeur officieux des États-Unis à Paris (les États-Unis n'étaient pas encore indépendants. Franklin ne signera qu'en 1783 le traité de Paris mettant fin à la Guerre d'Indépendance contre l'Angleterre).

À la mort de Jean Martell, en 1753, sa veuve puis ses deux fils et son petit-fils prennent la relève, la maison changeant de nom au gré des changements de direction : *Veuve Martell* en 1753, puis, la même année, *Veuve Martell – Lallemand*, avant de devenir en 1775 *Veuve Martell – Lallemand & Cie*, puis *J. & F. Martell* en 1807, enfin *Martell & Cie* en 1819.

Quelques années plus tard, Marie Martell se marie avec Paul Firino, qui devient directeur général de la maison. En 1831, Martell crée son premier cognac *VSOP* (*Very Supérieur Old Pale, voir encadré* **Hennessy**). En 1868, la renommée de la maison *Martell* dépasse largement les frontières et cette dernière commence à exporter vers l'Extrême-Orient, Chine, Hong Kong, puis, un peu plus tard, au Japon ainsi que d'autres pays d'Asie.

En 1988, la maison est cédée au géant américain de l'alimentaire et des spiritueux *Seagram.* Lors du démantèlement de ce dernier en 2001, *Martell* redevient français en entrant dans le groupe **Pernod Ricard,** au sein de la filiale *Martell* **Mumm Perrier-Jouët.**[185, w]

Martini (1863)

Tout démarre en 1847 lorsque quatre commerçants piémontais, Clément Michel, Carlo Roi, Carlo Agneaux et Eligio Baudino, fondent à San Salvatore Monferrato, près de Turin, *la Distilleria Nazionale da spirito di vino* (*Distillerie Nationale d'esprit de vin*). Dès l'origine, deux noms vont rapidement se détacher de l'organigramme de la société *Michel, Roi, Agneaux et Baudino* : le comptable, Teofilo Sola, et un commercial ambitieux, Alessandro Martini, qui dès 1851, acquiert des parts dans l'entreprise.

En 1863, la société est restructurée et devient *Martini, Sola et Cia.* Un troi-

sième homme, qui travaillait lui aussi dans la société précédente, se joint à eux: c'est le maître de chai Luigi Rossi.
Bon choix, puisque le vermouth (*voir encadré **Noilly-Prat***), désormais produit à Pessione, va engranger les médailles et les récompenses dans les expositions universelles de Dublin en 1865 et de Paris en 1878, ce qui leur ouvre les portes de plusieurs cours européennes dont ils deviennent fournisseurs attitrés. En 1922, ils seront même fournisseurs de l'Empereur du Japon.
À la mort de Teofilo Sola, en 1879, la raison sociale change pour devenir *Martini et Rossi.* La société deviendra anonyme en 1925. Entretemps, *Martini et Rossi* se sont développés à l'international: ils ouvrent des bureaux à Buenos Aires en 1883, à Genève en 1886, de Barcelone en 1993, de Londres en 1900, et Paris en 1906, de Bruxelles l'année suivantes, avant de sortir d'Europe pour s'installer à New York, Hong-Kong, Constantinople (devenu Istanbul), Bucarest, Yokohama et autres.
Dans l'entre-deux-guerres, la firme parraine les concerts *Martini* à la radio. Le premier eut lieu en 1936. Interrompus en 1943, les concerts reprendront après-guerre et dureront jusqu'en 1964. Ils auraient permis de faire connaître Maria Callas.
Dans les années 60, la maison *Martini & Rossi* va se lancer dans une série d'acquisition de marques, parmi les lesquelles **Saint Raphaël, William Lawson's, Gaston de Lagrange, Noilly Prat, Bénédictine, Otard…**
En 1987, *Martini & Rossi* rencontre le groupe **Bacardi,** à qui la société confie la distribution de leurs produits aux États-Unis. Six ans plus tard, les deux groupes fusionnent. w

Materne (1881, 1922, 1994)
Materne: à voir ce nom, on pourrait croire que chez les fabricants de confiture la référence à la mère (ou la grand-mère) est une obligation (*cf.* ***Bonne Maman).*** Sauf que, dans le cas présent, ce n'est pas un choix mais un nom: le fondateur s'appelle Édouard Materne.
Tout commence en 1881. La *Confiturerie de la Thierache* voit le jour à Boué dans l'Aisne. En 1912, un certain Lenzbourg ouvre une conserverie de fruits à Lyon. En 1920, c'est un Lerebourg qui s'installe sur le même créneau, mais à Liverdun, dans la Meurthe-et-Moselle.
En 1922, Édouard Materne rachète l'usine de Boué et étend rapidement son activité à Paris, devenant ainsi l'un des cinq plus grands confituriers français, à une époque où on en consommait plus qu'aujourd'hui.
En 1979, est lancée la marque **Confipote.**
En 1989, **Danone** rachète les trois concurrents (*Confitures de la Thierache*, *Lenzbourg* et *Lerebourg*) et les fusionne. La marque *Materne*, selon nos sources, n'apparaît qu'en 1994.

Quatre ans plus tard, *Materne* innove en sortant **Pom'potes,** première gourde de compote à boire. En 2006, *Materne* sort du giron de *Danone* pour fusionner avec **Mont-Blanc** (*les crèmes*) et former le groupe *Mom* (**Mo**nt-Blanc – **M**aterne), ainsi libellé pour garder cette référence maternelle. En 2016, Mom est racheté par le groupe **Bel.**

En 2019, la gourde est déclinée pour adulte: *Ma pause Fruit.*[so, w]

Matines (1985)

En 1985, dix producteurs éleveurs régionaux décident de s'unir et créent la *Compagnie Générale de Commercialisation d'Œufs de Qualité.* Celle-ci vendra ses œufs sous la marque *Matines*, un nom qui suggère au consommateur d'en consommer au petit-déjeuner, comme les Anglais.

Aujourd'hui, *Matines* est la première marque d'œufs en France. Le nombre d'éleveurs adhérents est passé à 370. *Matines* produit plusieurs qualités d'œufs, poules élevées en plein air, label rouge, bio et même œufs de caille.[so]

Matin léger (2000)

Lait de marque **Lactalis** ne contenant que 0,5 % de lactose (contre 5 % pour un lait non traité).

Max Havelaar (1988)

Ce label est accordé aux produits qui sont issus du commerce équitable. Il a été créé par un prêtre missionnaire né en Hollande, Frans van der Hoff ou Francisco Vanderhoff Boersma, comme on l'appelle en Amérique latine (il vit au Mexique) et Nico Rozen, alors responsable du développement à l'agence de développement œcuménique *Solidaridad.*

Ce nom a été choisi en référence au roman éponyme de Eduard Douwes Dekker, publié aux Pays Bas dans les années 1860, qui dénonce la condition du paysan javanais dans la colonie des Indes néerlandaises, son oppression et son exploitation par son *bupati* (préfet javanais) et le silence des autorités coloniales.

Le premier produit à bénéficier de ce label a été un café de paysans mexicains de la région de Oaxaca, dans la province du même nom, au sud du Mexique. Dans ce village, les producteurs de café étaient très pauvres car victimes des conditions imposées par des intermédiaires sans scrupule. Le café *Max Havelaar* procure à ces paysans, regroupés au sein de l'*Uciri* (*Union de Comunidades Indigenas de la Region del Istmo*) un prix supérieur au prix du marché mondial, qui ne se répercute qu'en partie sur le prix de vente (moins d'intermédiaires).

Max Havelaar est une branche de l'association internationale *Fairtrade Labelling Organisations* (*organisations de labélisation du commerce équitable*), présente dans 21 pays, essentiellement les pays européens plus l'Australie, le Canada, les États-Unis, le Japon et la Nouvelle-Zélande.

Le label *Max Havelaar* est utilisé dans quelques pays comme les Pays Bas, la France (depuis 1992) ou la Suisse. Ailleurs, ce sont les labels *Fairtrade* ou *Transfair* qui ont cours. [w]

Maximarché (1969)

Enseigne appartenant au groupe bourguignon *Schiever*, partenaire de **Auchan** (*voir ce nom*).

Maxwell (1892)

L'histoire est peu banale. Joel Cheek est vendeur itinérant pour le compte de l'épicerie *Webb, Scoggins & Company*, basée à Nashville, la capitale du Tennessee. En 1884, il rencontre un torréfacteur anglais, Roger Nolley Smith, qui était capable de reconnaître la provenance d'un café rien qu'en humant les grains. Les deux hommes ont ouï dire que le grand hôtel de la ville, le *Mawxell House Hotel*, servait du mauvais café. Ils décident alors de travailler ensemble pour élaborer un très bon mélange. Ils vont mettre du temps: il faut dire que le port le plus proche, Savannah en Géorgie, est à quelque 800 kilomètres... Bref le temps d'obtenir les variétés de café désirées après de nombreux tests, ils parviennent un beau jour de 1892, à un goût presque parfait. Joel Cheek, qui connaît bien le responsable des achats de l'hôtel, lui apporte un échantillon en lui demandant de servir ce café aux clients.

C'est un triomphe. Les clients en redemandent, et on vient de toute la ville pour le boire. L'hôtel décide alors de s'approvisionner exclusivement auprès de Joel Cheek.

Les deux amis fondent alors *The Nashville Coffee and Manufacturing Company* et commencent à commercialiser, pour l'hôtel et au-delà, leur café sous la marque *Maxwell House Coffee*.

Par la suite, Joel Cheek reste seul aux commandes, avec ses fils. Plus tard, la société prendra le nom de *Cheek-Neal Company*. La première publicité, en 1917, affirme: « *Good to the last drop* », « *bon jusqu'à la dernière goutte* ».

En 1928, la *General Foods Corporation* rachète la société. Le café instantané est introduit dès 1942.

La marque s'internationalise après la Seconde Guerre Mondiale. En commençant, bien sûr, par la Grande-Bretagne, en 1948. Elle n'arrivera en France qu'en 1965, sous forme de café instantané lyophilisé, *Maxwell qualité filtre*. Avec un slogan: « *Ce n'est pas la peine d'en rajouter* ».

À partir de 1985, la *General Foods* va passer par plusieurs mains, devenant *Kraft Foods Corporation*. En 2012, cette entité se scinde en deux, *Kraft Food Group* pour l'Amérique du Nord, **Mondēlez International** pour le reste du monde. [w]

McCain (1957)

Deux frères, Harrison et Wallace Mc Cain, fils d'un agriculteur de Florenceville-Bristol, dans la Province canadienne du Nouveau Brunswick, tentent de résoudre un problème que se pose en permanence leur père : comment s'assurer des revenus réguliers tout au long de l'année alors que les récoltes ne le sont pas qu'elles sont par définition saisonnières ?

Compte tenu de la région, leur père produit surtout des pommes de terre. Et là, l'idée leur vient : produire des pommes de terre congelées. S'ils y pensent, ce n'est pas un hasard. La technologie est toute nouvelle et on en parle beaucoup. Eux, ils vont agir et se lancer, avec l'aide de leurs frères Andrew et Robert.

La première année, les McCain et leurs trente employés génèrent un peu plus de 150000 dollars (environ un million d'euros d'aujourd'hui) de chiffre d'af faires. Ce résultat spectaculaire a une explication : après la guerre, les femmes sont de plus en plus nombreuses à travailler. Elles ont donc moins de temps pour faire la cuisine et sont demandeuses de produits pratiques prêts à cuire. En outre la population canadienne croît rapidement, du fait du baby-boom, mais également de l'immigration : le Canada a besoin de bras. Cependant, de nombreux problèmes se posent comme apprendre aux agriculteurs à stocker et à manipuler leurs pommes de terre différemment pour qu'elles puissent être travaillées et congelées efficacement. D'autre part, au Nouveau Brunswick, la saison de pousse est trop courte pour pouvoir cultiver des pommes de terre longues et fermes susceptibles de faire de belles frites (appelées *French fries* là-bas). Les frères McCain vont donc être obligés d'étudier l'agronomie...

Ils vont y parvenir. Dès lors, leur expansion ne va pas s'arrêter. Leur premier marché étranger sera le marché britannique, en 1965. Normal, le Canada fait partie du Commonwealth. Ils n'entreront aux États-Unis que quatre ans plus tard...

Dans les années 70, les implantations à l'étranger se multiplient. La firme se diversifie également sur le marché de la pizza surgelée. En 1981, une usine est construite en France. Les rachats se poursuivent, notamment en Europe (France, Belgique, Angleterre...). Les années 1990 et 2000 verront encore le phénomène s'amplifier. En 2002, leur neveu Allison McCain prend les rênes de la société restée familiale et non cotée. *McCain* emploie 19000 personnes sur 50 sites de production répartis sur l'ensemble de la planète. Un paquet de frites surgelées sur trois vendus dans le monde (160 pays) est un paquet *McCain*. L'entreprise affirme traiter 500 tonnes de pommes de terre toutes les heures ![50, w] Et leur plus grande ligne de production de frites au monde est en France, à Matougues, dans la Marne : 25 tonnes de frites à l'heure ! Chez McCain, on doit estimer que le steak frites a encore de beaux jours devant lui...

Melitta (1908)

Comme son nom ne l'indique pas, *Melitta* est une marque allemande spécialisée dans la fabrication et la distribution de petit électroménager, notamment pour le café. Mais c'est évidemment les filtres à café en papier qui ont rendu l'entreprise célèbre et c'est par là aussi qu'elle a démarré, il y a plus de 100 ans ! C'est en effet en 1908 que Melitta Bentz, née Amalie Auguste Melitta Liebschner. Femme au foyer et amatrice de café, Melitta trouve que les percolateurs de l'époque infusent trop le café et que les filtres de lin sont difficiles à nettoyer. Après plusieurs méthodes et essais elle finit par utiliser un pot de cuivre dont elle a perforé le fond de plusieurs trous et filtre le café au travers d'un buvard qu'elle a emprunté à son écolier de fils.

Le résultat étant suffisamment probant parmi les amis et connaissance, elle décide de déposer son système, auprès de l'*Office allemand des Brevets et des Marques*.

Elle engage un ferblantier pour fabriquer les supports de filtre et en 1909, elle écoule quelque 1 200 filtres (et porte-filtres) à la foire de Leipzig.

À sa mort en 1948, malgré les deux guerres et la crise économique profonde de l'entre-deux-guerres en Allemagne, son entreprise vaut 4,7 millions de Deutschemarks.

Aujourd'hui, quelque 3 000 personnes travaillent dans la société, toujours dirigée par la famille Bentz. *Melitta* dispose de nombreuses filiales et bureaux de représentation en Europe, en Asie et aux Amérique. [w]

Menier (1816)

En 1816, Jean Antoine Brutus Menier fonde l'entreprise qui porte son nom. Au début, il s'agit d'une pharmacie, sise dans le quartier du Marais, à Paris. Quarante ans plus tôt, on aurait encore dit une boutique d'apothicaire. C'est en effet en 1777 qu'un décret de Louis XVI interdira aux épiciers d'être également apothicaire, dont le terme est abandonné au profit de maître en pharmacie. Dans son arrière-boutique, le sieur Menier fabrique des médicaments… au chocolat, considéré à l'époque comme un réconfortant et un fortifiant.

Malgré un prix élevé, la demande est forte et incite notre pharmacien à déménager pour s'installer en 1825 dans un ancien moulin à Noisiel près de Paris. En 1936, Menier invente la première forme de tablette de chocolat (*voir encadré 1*). Malgré cela, l'usine de Noisiel produit davantage de potions médicamenteuses que de chocolat pur.

Ce n'est qu'en 1967 que son fils, Émile-Justin, décide de se recentrer sur le chocolat tant la demande paraît insatiable et fait construire à Noisiel une nouvelle usine dite hydraulique à la place de l'ancien moulin (*voir encadré 2*).

La période qui s'ouvre et qui durera jusqu'à la première guerre mondiale est incontestablement l'âge d'or de la dynastie Menier. En 1881, Gaston et surtout Henri succèdent à leur père à la tête de l'entreprise. Henri, maire de Noisiel, vit sur un grand pied: entre son yacht et la course automobile, il a le temps d'acheter, en 1895, l'île d'Anticosti, une île découverte en 1535 par Jacques Cartier et située dans l'embouchure du Saint-Laurent au Canada, pour en faire une réserve personnelle de chasse et de pêche. Il y fait construire un port, à Baie-Ellis, à l'est de l'île, qui deviendra, en 1920, Port-Menier. Pour bien fixer les idées, il faut savoir que cette île a une superficie de 7 900 km², à comparer avec les 242 km² de l'archipel de Saint-Pierre et Miquelon, situé 400 km plus à l'est.

Dans un tout autre domaine, Henri acquiert en avril 1913 le château de Chenonceau et ses jardins! Il n'en profite guère: il décède en septembre de la même année. L'héritier, son frère Gaston, revendra Anticosti à une compagnie forestière en 1926 (en 1974, l'île sera rachetée par le gouvernement québécois pour 25 millions de dollars. Port-Menier, seule municipalité de l'île, compte 250 âmes).

La suite est moins glorieuse. Gaston meurt en 1934, ses fils Georges, puis Jacques, lui succèdent, mais ce dernier perd, en 1938, la mairie au profit d'un candidat du Front Populaire, mettant fin à 67 ans d'administration sans partage de la ville de Noisiel par la famille Menier. Son neveu Antoine la récupérera en 1945 et la conservera jusqu'en 1959. Pendant ce temps, son frère Hubert, tente de redresser l'entreprise. Mais la lutte est inégale: les vieilles tablettes ne font plus recette face aux sympathiques et goûteuses barres chocolatées américaines apportées par les soldats de l'US Army à la Libération. En outre Hubert est malade. Sa situation s'aggrave et il meurt prématurément en 1959.

Son frère Antoine, qui cogérait l'entreprise depuis 1953, tente de diriger seul la barque mais dès l'année suivante, il est contraint de faire rentrer au capital la chocolaterie *Rozan*, créatrice des fameux **Pyrénéens.**

En 1965, *Rozan* rachète l'ensemble de l'entreprise. Pas pour longtemps. En effet, *Rozan* est lui-même racheté par **Lindt,** son partenaire depuis quelques années (*voir les Pyrénéens*). *Cacao Barry*, une autre entreprise du secteur va alors entrer au capital de *Menier*. En 1964, Antoine Menier meurt sans postérité. L'année suivante, la maison *Menier* prend pour raison sociale *Ufico* (*Union française d'Industries de Confiserie et de Chocolaterie*).

Perrier la rachète, avant de la revendre, en deux temps (50 % en 1971, le reste cinq ans plus tard) au Britannique *Rowntree*, le 4e chocolatier mondial à l'époque, qui a notamment créé des marques comme **Kit Kat,**

Smarties, After Eight ou encore **Lion.**

En 1988, *Rowntree* est racheté par **Nestlé** – après avoir été l'objet d'une OPA par *Jacobs-Suchard.*

La marque *Menier* subsiste encore aujourd'hui à travers le chocolat à cuire et la poudre, mais le moins que l'on puisse dire, c'est qu'elle n'est pas mise en avant (elle n'est connue qu'en France). Finalement, *Nestlé* maintient peut-être cette marque pour service rendu : la filiale française de Nestlé a installé son siège social dans la superbe usine de Noisiel... [186, w]

Qui a inventé la tablette de chocolat ? Disons qu'Antoine Menier en crée le concept en 1836 en présentant six demi-cylindres allongés rangés côte à côte pour former une plaquette. Mais ce sont des Britanniques, les frères Joseph, Richard et Francis Fry, qui dirigent la maison *Fry & Sons* depuis la mort de leur père fondateur, qui inventent bel et bien la plaquette telle qu'on la connaît aujourd'hui.

En 1847, ils découvrent en effet qu'en mélangeant de la poudre de cacao, du beurre de cacao et du sucre, on obtient une pâte molle que l'on peut verser dans des moules. La plaquette était inventée. Ce produit est officiellement présenté lors d'une exposition à Birmingham en 1849 sous le nom de « *Chocolat délicieux à manger* », en français dans le texte.[w]

L'usine hydraulique – c'est marqué dessus – de Noisiel, surnommée le moulin par référence à l'ancien bâtiment qui s'y trouvait, est une superbe bâtisse conçue par l'architecte Jules Saulnier et réalisée par l'ingénieur Armand Moisant, spécialiste des charpentes métalliques et à ce titre grand concurrent de Gustave Eiffel. À Paris, on lui doit notamment le Bon Marché, le Grand Palais, le métro aérien et la Gare de Lyon, et à Lyon, le pont du Midi, pour ne citer que les ouvrages situés en France.

Le moulin de Noisiel est le premier bâtiment au monde à structure métallique apparente. Sa façade est décorée de carreaux de céramique.

Une cité ouvrière va être également construite autour de l'usine, entraînant la disparition de l'ancien village. En 1963, cette cité est vendue à une société immobilière, ce qui se traduira par de très nombreuses expulsions, les familles présentes ne pouvant racheter leur logement.

Le moulin de Noisiel a été classé monument historique en 1992.

Méo (1928)

Deux frères, Jules et Émile Meauxsoone, originaires de Warneton, une bourgade du Nord près de la frontière belge, ouvrent en 1928 une épicerie fine à Lille, vendant les fameux beurre-œufs-fromages, comme l'indiquaient parfois à l'époque les lettres blanches B. O. F. sur la vitrine.

Ce qui va les différencier de leurs concurrents, ce sont leurs cafés : ils sont parmi les premiers commerçants à avoir décroché une licence d'importation directe de café, en l'occurrence du Brésil. La clientèle apprécie, les frères multiplient les boutiques dans la région.

Au lendemain de la Deuxième Guerre Mondiale, les deux frères se spécialisent dans le café et lancent la marque *Méo*. Un souvenir d'école quand lui et son frère étaient surnommés les frères Meaux (*prononcé Méaux*).

En 1954, ils ouvrent leur première boutique à Paris. En 1962, après le décès d'Émile, Jules reprend seul les rênes de l'entreprise. Dans les années 70, la marque fait son entrée dans la grande distribution, via une enseigne nordiste, **Auchan.** Dans les années 80, le café *Méo* gagnera les gondoles des grandes surfaces concurrentes.

En 1983, après le décès de Jules, Gérard Meauxsoone, le fils d'Émile, devient président du directoire. Le développement se poursuit, par l'ouverture d'un site de e-commerce de café, mais aussi de thé, chocolat., puis par la commercialisation de capsules compatibles **Nespresso**[187].

Mercier (1858)

Eugène Mercier fonde sa maison de champagne à Reims. Il n'est pas le premier. Alors pour se différencier, il va jouer la démocratisation de ce produit de luxe. Pour ce faire, sans rogner sur la qualité, il faut produire d'importantes quantités : à partir de 1871, Eugène Mercier va faire construire quelque 18 kilomètres de tunnels pour entreposer sa production. Les travaux dureront six ans. Pour vendre cette production, il faut se faire connaître. Eugène Mercier va être un pionnier en matière de publicité dans son secteur (*voir encadré*). Il va ainsi réaliser les premiers films publicitaires avec les frères Lumière. Il va également profiter de la formidable caisse de résonance que constituaient à l'époque les Expositions Universelles. Et notamment, celles de Paris, en 1889 et 1900. En 1970, la maison *Mercier* est rachetée par **Moët et Chandon** et appartient donc aujourd'hui à *LVMH* (*Louis Vuitton Moët Hennessy*). [so, w]

Pionner en matière de publicité dans son secteur, Eugène Mercier a fait fabriquer à Épernay le tonneau le plus grand du monde, d'une contenance de 200 000 bouteilles, soit 1 600 hectolitres, pesant 20 tonnes. Pour le transporter à Paris, pour l'Exposition universelle de 1889, il faudra douze paires de bœufs du Morvan. À l'arrivée dans Paris, il faudra acheter des immeubles et les raboter pour laisser passer le convoi. Résultat, le tonneau recevra le deuxième prix de l'exposition, derrière... la Tour Eiffel ! Aujourd'hui le tonneau, dont le panneau avant est entièrement sculpté, trône dans l'une des salles de la maison Mercier, l'une des plus visitées, avec de 100 000 visiteurs par an. Onze ans plus tard, Paris accueille une nouvelle Exposition. Eugène Mercier imagine alors un bar volant, un ballon captif installé dans le bois de Vincennes permettant aux participants de découvrir tout Paris, une flûte de champagne Mercier en main. Malheureusement, un jour, un coup de vent décroche le ballon. Les passagers vont se retrouver… en Belgique, sains et saufs !

MERE (2022 ?)

Cette enseigne devait voir le jour au début de cette année en commençant par un magasin à Thionville. Mais le maire ne l'a finalement pas souhaité, du moins pas pour l'instant, en raison de la nationalité du groupe propriétaire : russe.

Ce propriétaire, le groupe sibérien de distribution *Svetofor* (littéralement *feu tricolore* en russe), fondé en 2009, opère déjà sous ce nom en Russie, Kazakhstan, Belarus et Chine.

En 2017, il a déposé la marque *MERE* auprès de l'Office européen de la propriété intellectuelle et a ouvert son premier magasin sous cette enseigne en Roumanie. Depuis, d'autres ont ouvert en Allemagne, Lituanie et Pologne. En 2021, *MERE* devait poursuivre son expansion au Royaume-Uni, Espagne, Bulgarie, Italie et France. Il semble que pour ces deux derniers pays, les choses se compliquent grandement compte tenu de l'invasion russe en Ukraine. Pour ceux qui ont déjà ouvert, ils parient sur leurs prix, officiellement 10 à 20 % moins chers que leurs concurrents *hard discount*, voire davantage[188].

Pourquoi *MERE* ? Faute d'explication officielle, nous en proposons une. Les Russes ont l'habitude d'appeler leur pays *matouchka Rossia (Матушка Россия), mère Russie*. Le français a toujours été considéré comme une langue de culture en Russie. Donc va pour *mere*, et même *MERE* pour éviter l'accent pour faire plus international et sans évoquer la Russie, qui, sans parler des événements tragiques en Ukraine, n'a jamais été considérée comme le pays de la bonne bouffe. En outre le mot *mere* existe dans plusieurs langues : il signifie par exemple *simple* en anglais, *pomme* en roumain… Simple hypothèse.

Mère Poulard (1988)

Si le célèbre restaurant du Mont Saint-Michel existe depuis la fin du XIXe siècle (*voir encadré*), la création du groupe éponyme (biscuiterie, mais également hôtellerie, restauration) n'a qu'une trentaine d'années. Éric Vannier, se porte acquéreur en 1986 du restaurant renommé. Puis, progressivement, d'une grande partie des commerces du Mont. Éric Vannier devient parallèlement maire de ce célèbre village (40 habitants à l'année), de 2008 à 2014.

Cette double casquette lui vaudra des ennuis avec la justice, qui le condamnera en pour prise illégale d'intérêt[189].

Mais Éric Vannier ne se limite pas au Mont. Dès 1988, il se diversifie dans l'industrie agro-alimentaire et crée la *Biscuiterie la Mère Poulard*. Ses gâteaux et biscuits sont aujourd'hui vendus au travers de six boutiques en propres dont une à Paris, mais également et surtout en grande distribution et même à bord des avions d'**Air France,** ainsi que dans 70 pays.

En 2012, le groupe s'est lancé dans une nouvelle diversification en ouvrant des restaurants en Asie[w]. Parallèlement, la palette des produits proposés s'étend dorénavant aux produits traiteurs, laitiers, aux confitures ainsi que, presque naturellement, aux œufs, base de la célèbre omelette. Pour ce dernier créneau, la *Mère Poulard* collabore avec le groupe *Appro* (*voir* ***L'Œuf de nos villages***).

La mère Poulard s'appelait en réalité Anne (dite Annette) Boutiaut. Née à Nevers, sans instruction, elle entre très jeune comme femme de ménage chez Édouard Corroyer, architecte en chef des Monuments historiques.

En 1872, Corroyer se voit confier par le gouvernement la restauration de l'abbaye du Mont-Saint-Michel. Il part donc s'y installer, avec femme et enfants. Et Annette.

Sur place, elle fait connaissance du fils du boulanger, Victor Poulard. Ils se marient en 1873.

Consciente de son manque d'instruction, elle prend des cours d'orthographe et de calcul auprès de la sœur institutrice du Mont-Saint-Michel. Parallèlement, le couple prend en gérance une petite auberge, *l'Hostellerie de la Tête d'Or.*

À l'époque, il n'y a pas de route-digue pour aller au Mont. On s'y rend à marée basse. Ce qui signifie que les gens peuvent arriver à toute heure. Pour les faire patienter en attendant le plat de résistance, elle eut l'idée de concocter une omelette faite à la demande. Et son omelette est parfaite, baveuse et onctueuse à souhait. Très vite on va venir de partout pour la déguster. Le couple va bientôt acquérir un établissement plus grand, à l'entrée du village, le Lion d'Or, qu'ils font détruire et pour édifier à la place un hôtel imposant et fonctionnel, avec pour enseigne « *A l'omelette de la Mère Poulard* ».

Elle recevra des personnalités illustres. Georges Clémenceau était l'un de ses fidèles clients. [w]

Metro (1964, 1971)

Cette enseigne ne s'adresse qu'aux professionnels, au sens large : indépendants, détaillants alimentaires, hôtels-restaurants, PME-PMI, mais également professions libérales. C'est un choix délibéré de son créateur Otto Beisheim, qui avait rapporté ce concept de vente en gros *cash & carry* des États-Unis lors d'un voyage qu'il a effectué dans les années 60. Le premier magasin a ouvert en 1964 à Mülheim (Rhénanie du Nord-Westphalie). Le succès est tel qu'il en ouvre rapidement d'autres, en Allemagne, mais également en Europe, puis dans le reste du monde, sous les enseignes *Cash & Carry*, *Media Markt* ou *Real*.

En 1942, Otto Beisheim a eu 18 ans et à ce titre a été enrôlé dans la *Wafen SS* (pour *Schutzstaffel, escadron de protection, waffen, armé*), et plus particulièrement dans la division *Leibstandarte Adolf Hitler* (littéralement *l'étendard du corps Adolf Hitler*), qui était à la fois une unité chargée de la protection du Führer et une unité de combat. Aucune charge n'a été retenue contre lui à la fin de la guerre. Atteint d'une maladie incurable, Otto Beisheim s'est suicidé à l'âge de 89 ans.

Michel et Augustin (2004)
On peut sortir d'une grande école de commerce et avoir envie de cuire des cookies à la maison. Deux copains d'enfance, Michel de Rovira et Augustin Paluel-Marmont ont tous les deux fait l'*ESCP* (*École Supérieure de Commerce de Paris*). Augustin a d'abord travaillé au *Club Med, à Air France* et ailleurs. Mais il se découvre une passion pour la boulangerie et décide de passer son *CAP* (*Certificat d'Aptitude Professionnelle*) et son *BEP* (*Brevet d'Études Professionnelles*).

Après quelques années professionnellement séparés, les deux compères se retrouvent dans la cuisine d'Augustin pour faire des cookies. La première fournée est proposée à l'épicier du coin, qui les vend à la clientèle. Qui en redemande. Nous sommes en 2004. Michel et Augustin décident d'en faire un business. La marque est toute trouvée. Ils vont commencer par faire des cookies et de sablés, dont ils vont multiplier les parfums avant de se diversifier en 2007 dans les yaourts à boire, puis les biscuits apéritifs en 2009 et les desserts frais un an plus tard.

Les produits sont fabriqués par les industriels de l'agroalimentaire, mais selon une recette et un cahier des charges concoctés par la société Michel et Augustin. Le principe est simple : des ingrédients naturels, comme à la maison.

Le succès ne se dément pas. Il faut dire que les deux cofondateurs n'hésitent pas à mouiller la chemise pour aller présenter leurs produits et faire le buzz. Résultat, en 2011, la marque se développe à l'international. Elle est présente dans une vingtaine de pays (Europe, Asie, États-Unis). En 2013, la holding de la famille de Bernard Arnault, *Artémis*, prend 70 % du capital pour renforcer la marque à l'export, notamment aux États-Unis.[190, w]

En 2016, **Danone** acquiert 40 % du capital, une part portée à 95 % en 2019.

Mi-Cho-Ko (1936)

Caramel enrobé de chocolat créé par **La Pie qui chante.** Le nom voulait au départ signifier mi-caramel, mi-chocolat, mais *Mi-Ca-Cho* faisait un peu trop carcéral, *Mi-Cho-Ca*, sans être choquant, pouvait inciter les jeunes têtes blondes et autres à doubler la dernière syllabe, ce sera finalement *Mi-Cho-Ko.*

Miel Pops (1951)

Ces grains de maïs soufflé fabriqués par **Kellogg's** étaient au départ enrobé de sucre et s'appelaient *Sugar Pops* aux États-Unis (*pop*, c'est le petit bruit sec du grain qui éclate au contact du lait).

Ils ne sont arrivés en Europe que dans les années 1990, époque où le miel avait remplacé le sucre. Ils auraient donc dû s'appeler *Honey Pops*, mais sans doute a-t-on jugé chez *Kellogg's* que, compte tenu du niveau d'anglais des petits Français, il valait mieux le dire dans la langue de Molière, *Miel Pops.*

Comme à l'accoutumée chez *Kellogg's*, un animal est associé au produit, ici, bien sûr une abeille.

Mikado (1965, 1982)

Ces petites baguettes de biscuit enrobées de chocolat sauf à une extrémité pour ne pas se salir les doigts sont, comme leur nom l'indique, japonais. Sauf qu'au Japon, il ne s'appelle pas Mikado, mais *Pocky*, un nom censé reproduire le son fait quand on croque le biscuit.

Ces biscuits ont été inventés par *Ezaki Glico*, une firme japonaise de confiserie fondée par Ri-ichi Ezaki en 1919.

Le terme de *Glico* vient de la première friandise produite par Riichi Ezaki, un caramel au glycogène contenu dans les huîtres. Le glycogène est un sucre complexe qui permet aux animaux et à l'homme, de stocker l'énergie.

Le *Pocky* a été créé en 1966. Il arrive en France en 1982 via une co-entreprise General Biscuit Glico France et **LU.** Il est renommé *Mikado* du fait de la ressemblance entre ces petits biscuits longs et fins et les baguettes du célèbre jeu.[w]

Miko (1919, 1943)

Il existe une ville en France, où on n'appelle pas un bâtonnet de glace un Esquimau, mais un Miko. C'est Saint-Dizier, sous-préfecture de Haute Marne.

Au début du XXe siècle, un paysan espagnol, Luis Ortiz, décide, comme beaucoup de ses compatriotes, d'émigrer en France pour fuir la misère. Venant de Cantabrie, au nord-ouest de l'Espagne, il s'arrête dans un premier temps dans le Pays basque français où il travaille dans une usine de gaufrettes. Il devient ensuite marchand ambulant, marrons l'hiver, glaces l'été, du Pays basque à la Côte d'Azur. Il y rencontre une compatriote, Mercedes Martinez, qui vit à Nancy. Ils s'y marient en 1911. En 1914, il semble qu'il soit mobilisé aux Chantiers navals de Rochefort. Il reprendra son métier de marchand ambulant après le conflit. Avant de fonder son entreprise de fabrication de glaces en 1919. Ses quatre frères le rejoignent.

En 1930, l'arrivée du cinéma en province va l'inciter à donner un sérieux coup de pouce aux ventes de glaces. La fratrie (les « *Titiz* » comme on les surnomme) se poste devant les cinq salles que compte le cinéma. Pendant la Seconde Guerre Mondiale, ils parviennent à maintenir leur commerce. Car il y a toujours des films, donc des clients, au point de créer leur société en 1943.

À la fin du conflit, le rythme des affaires s'accélère au point que les frères Ortiz rachètent une ancienne brasserie pour produire leurs glaces. Ils s'équipent en outre d'une machine danoise qui leur permet de produire 4000 bâtonnets de glace à l'heure. Pour attaquer le marché national, la famille Ortiz va avoir un coup de génie. Suivre le Tour de France avec une voiture publicitaire. Évidemment, le nom a changé : depuis 1951, *Ortiz* a laissé la place à *Miko*. Pourquoi *Miko ?* Il paraît que ce serait le mélange entre le surnom d'un gamin, *Mic*, et le nom de son fox-terrier, *K.O.*, *ko*. Sous toutes réserves.

L'âge d'or de la marque va durer une quarantaine d'années. *Miko* devient indissociable du Tour de France. Pendant les années il va patronner le maillot jaune, avant de sponsoriser sa propre équipe. Jusqu'en 1975, un bâtonnet glacé sur deux vendus en France sera un *Miko*.

En 1979, l'usine emploie 1100 personnes, dispose de 600 véhicules frigorifiques, 150 dépôts et concessionnaires et 90000 points de vente.

En 1990, *Ortiz-Miko*, son nom complet, est le premier groupe français de produits alimentaires sous grand froid (6000 salariés, 5 milliards de francs de chiffre d'affaires).

En 1994, *Unilever* le géant anglo-néerlandais de biens de consommations, rachète l'entreprise et l'intègre à *Motta*, sa propre marque de glace, qui n'y survivra pas. Le rachat entraînera une restructuration de la production et donc des licenciements. L'usine historique est fermée. C'est devenu aujourd'hui un cinéma, qui abrite un petit musée de l'histoire de *Miko*. Le dernier des Ortiz, Joseph, est mort en 2009. Rideau.

Unilever représente aujourd'hui 31,5 % du marché français des glaces et crèmes glacées (345 millions de litres en 2017), avec les marques *Miko*, **Ben & Jerry's, Magnum** et **Carte d'Or.**[191]

La glace, c'est de famille chez les Ortiz. Une autre branche a fondé à Deauville les glaces Pompon (celui du marin ?) en 1919, semble-t-il quelques mois avant que Luis ne crée la sienne ! La carriole existe toujours, vous pouvez la voir à la belle saison sur les planches.

Milka (1901)

En 1875, Daniel Peter, un Suisse d'origine alsacienne, patron de la chocolaterie *Peter-Cailler* (qui absorbera par la suite la société *Kohler* avant de fusionner avec **Nestlé** en 1929) met au point le chocolat au lait. Un produit qui nous paraît banal aujourd'hui mais qui a nécessité des années de recherches : le fait de retirer l'eau du lait, pour le concentrer, provoquait des moisissures. Il semble qu'il y soit parvenu avec l'aide de d'Henri Nestlé qui travaillait à l'époque sur une bouillie lactée pour nourrissons (*voir Nestlé*).

Quelques années plus tard, vers 1890, Carl Russ-Suchard, le gendre de Philippe Suchard, le fondateur de la marque éponyme, va en commercialiser à son tour. Devant le succès, il trouve un nom à ce chocolat, *Milka*, formé de ***Milch*** (*lait*, en allemand) et ***Kakao*** (*cacao*). Pourquoi en allemand ? Parce que Carl est allemand d'origine : il est né à Solingen, en Rhénanie du Nord-Westphalie (30 km au sud-est de Düsseldorf). La marque est enregistrée en 1901. Dès le début, l'emballage est lilas, une couleur qui peut surprendre mais qui est logique quand on sait que Philippe Suchard, le fondateur de la marque, commercialisait son chocolat, noir donc, dans du papier violet pour se distinguer de la concurrence. Or lilas, n'est-ce pas un violet... laiteux ?

Pour bien insister sur la présence du lait, une vache était dessinée sur le paquet, d'abord en noir en blanc, puis lilas elle aussi. Une vache de la race allemande *Fleckvieh*. Comment en être si sûr ? Si sa robe est pie brun-rouge, comme beaucoup de ses congénères, elle a la particularité d'avoir la tête blanche comme... du lait. Une cloche a même été rajoutée par la suite pour bien faire la séparation entre la tête blanche et le corps... lilas.

Milky Way (1923)

Frank Mars naît en 1882 à Hancock, un bled du Minnesota. Frank est atteint par une poliomyélite qui le handicape dans ses déplacements. Il reste donc souvent à la cuisine avec sa mère, qui, pour le distraire, lui apprend également à faire des enrobages au chocolat.

En 1902, Frank a tout juste 20 ans quand il ouvre une confiserie à Minneapolis.Il se marie à Ethel Kissack, une institutrice, qui lui donne son unique enfant, Forrest. Huit ans plus tard, il fait faillite et sa femme, après l'avoir soutenu, le quitte, et part vivre au Canada avec Forrest.

Tenace, Frank se remarie, encore avec une Ethel, Ethel Veronica Healy, et crée une nouvelle confiserie dans le nord-ouest du pays. Nouvel échec. Il retente sa chance quelques mois plus tard à Tacoma, dans l'État de Washington (50 km au sud de Seattle). L'aventure dure un peu plus longtemps mais finit comme les deux premières, la clef sous la porte.

Dépité, et sûrement à court d'argent, il rentre à Minneapolis. Après quelques mois, Frank se sent de nouveau en mesure de recréer quelque chose. Une confiserie, encore et toujours.

Nous sommes en 1920. Est-ce à ce moment-là ou quelques mois auparavant, toujours est-il que Frank a renoué les liens avec son fils. Et il semble bien que son aide soit essentielle dans la confection du nouveau produit. Il y a en effet une boisson qui fait fureur chez les jeunes à cette époque, c'est le milk-shake, du lait fouetté avec du malt. Et c'est ce goût que les Mars vont mettre dans leur barre, qu'ils nappent de chocolat en provenance de *Hershey*, un chocolatier réputé. Et c'est ce qui explique l'origine du nom, *Milky Way*, ce qui en l'occurrence signifie *façon milk-shake*, et non pas *Voie lactée* (*Milky Way* en anglais), même si ce jeu de mots n'était guère gênant, bien au contraire.

Et là, c'est le succès. Dans la foulée, Frank et Forrest créent deux nouvelles barres chocolatées en 1930, **Snickers** et *3 Musketeers* (*3 Mousquetaires*). En 1932, Forrest, en accord avec son père, part pour l'Angleterre, pour y lancer *Milky Way*. Il y fonde la *Mars Limited*, mais faute de référence au *milk-shake* dans ce pays, renonce à appeler le produit *Milky Way* et lui donne son nom, **Mars.** [w]

Minute Maid (1945)

Pendant la Seconde Guerre Mondiale, la *National Research Corporation* (*NRC*) de Boston, au Massachusetts, parvient à mettre au point, après trois ans de recherche, une poudre d'orange obtenue à partir de vrais fruits et permettant de reconstituer un jus. Le processus d'obtention était le même que celui utilisé pour déshydrater et prolonger la vie de produits comme la pénicilline, en faisant le vide.

Pour répondre à une commande de l'U.S. Army de 225 tonnes de jus d'orange en poudre, la *NRC* fonde la *Florida Foods Corporation*, dirigée par John (Jack) M. Fox. La nouvelle société ouvre rapidement une usine pilote au cœur de la *Citrus Belt* (*la ceinture des agrumes*) en Floride. Malheureusement pour la nouvelle société, la fin de la guerre annule, au moins partiellement, la commande de l'Armée américaine.

Une seule solution, se reconvertir dans le civil. Mais la poudre n'attire guère le consommateur dans la mesure où elle s'apparente à un produit chimique plutôt que naturel. La *FFC* table alors sur du jus d'orange concentré qu'il suffit de mélanger à l'eau pour obtenir un jus équivalent pratiquement à un jus de fruit pressé au niveau du goût. Reste à trouver un nom, tâche confiée à une agence de pub de Boston, la ville de la *NRC*.

Lors de la colonisation du Massachusetts en 1645, des colons ont été sélectionnés et entraînés pour être capable de se déployer en deux minutes (rapidement). On les a appelés les *Minutemen.* Ce terme a été repris lors de la Guerre de Sécession et fait donc partie de l'inconscient collectif des habitants de cet État. L'agence a donc fait référence à ces milices et a appelé le jus d'orange *Minute Maid.* C'est phonétiquement très proche et pour Américains, il y a en outre un jeu de mots entre *maid, l'employée de maison* et *made*, le participe passé du verbe *make*, *faire*. Autrement dit, c'est fait dans la minute comme par du personnel de maison puisqu'il n'y a pratiquement rien à faire si ce n'est mettre le cube d'orange congelée dans de l'eau.

Ne possédant pas d'autres fonds pour faire de la publicité, Jack Fox fait du porte-à-porte dans sa ville natale de Hingham, au Massachusetts, en offrant des échantillons gratuits. Le résultat dépasse toutes les espérances, à tel point que la société s'appellera rapidement *Minute Maid Corp.* En 1960, cette société est rachetée par **Coca-Cola.** En 1974, *Coca-Cola* propose du jus du d'orange prêt-à-boire, en bouteille, mais toujours réalisé à partir de jus d'orange concentré, se mettant ainsi en concurrence frontale avec **Tropicana,** qui lui, offrait du jus de fruit frais (mais plus cher).

Par la suite, *Coca-Cola* diversifiera les parfums. [w]

M & M's (1941)

Forrest Mars, le fils du fondateur de la marque éponyme, Frank Mars, est arrivé en Angleterre en 1932 pour fabriquer en Angleterre et à destination de toute l'Europe, des **Milky Ways,** qu'il appellera **Mars** (*voir ces deux noms*). Avant de rentrer aux États-Unis pour gérer l'entreprise après la mort de son père, en 1935, Forrest, selon la version officielle, effectue un voyage en Espagne en 1938. Nous n'avons trouvé aucun détail sur cet épisode qui pose pour le moins question. À l'époque, l'Espagne en pleine guerre civile ! Apparemment, Forrest n'y va pas en villégiature puisqu'il rencontre des soldats (a priori nationalistes). Il remarque qu'ils mangent des petites billes de chocolat entourées de sucre, ce qui leur évite de fondre pendant les grosses chaleurs. Forrest est béat d'admiration devant cette trouvaille.

On peut toutefois légitimement se demander pourquoi Forrest Mars est allé chercher cette idée dans un pays en guerre, alors que là où il était, en Angleterre, il pouvait les acheter en magasin : la maison *Rowntree* venait en effet de commercialiser en 1937 ses *Chocolate Beans*, qui deviendront ensuite des **Smarties...**

Quoi qu'il en soit, à son retour aux États-Unis, il propose à Bruce Murrie, le fils du président de *Hershey*, le plus gros concurrent de *Mars*, de faire une joint-venture, une société conjointe pour produire des petites pastilles de chocolat entourées de sucre, pour que, comme disaient les premiers slogans, *« elles fondent dans la bouche, pas dans la main »*. *Mars & Murrie*, *M & M*, sous-entendu *les friandises de*, donc *M & M's*. L'offre faite à *Hershey* n'avait rien de philanthrope (cette firme ne touchait d'ailleurs que 20 % du prix de gros), mais en ces temps de guerre le chocolat était rationné aux États-Unis et c'est *Hershey* qui en avait le contrôle ! Au demeurant, pendant la guerre, ces friandises n'étaient vendues qu'à l'Armée américaine. Pour éviter les contrefaçons, un *M* était gravé sur chaque pastille. Il sera blanc par la suite.

Modilac (1984)

Lait pour bébés de *Sodilac*, un laboratoire français spécialisé dans la fabrication et la commercialisation de produits de nutrition infantile. En 2004, *Sodilac* est racheté par le groupe espagnol *Ordesa*, créé en 1956 et spécialisé dans les questions de nutrition, pour enfants et pour adultes. À cette occasion, le laboratoire prend le nom du lait qu'elle commercialise : *Modilac*. En 2014, le groupe **Savencia** le rachète à *Ordesa*.

En latin, *lac* signifie *lait*. *Sodilac* pouvait vouloir dire *société de distribution de lait*. Pour *Modilac*, sa traduction latine serait *le lait de la mesure, de la bonne mesure*, bref le lait qu'il faut ?

Moët & Chandon (1743, 1833)

Un négociant en vins d'Epernay, Claude Moët fonde sa maison de champagne en 1743. Dans son journal, daté de cette même année, il fait déjà état d'envois de vins à Paris, à la Cour[192]. Deux ans plus tard, les premières caisses sont envoyées en Belgique, à Gand. En 1750, d'autres franchissent la Manche et parviennent à Londres. Progressivement le champagne de Claude Moët est expédié dans toute l'Europe, jusqu'en Russie.

En 1760, son fils Claude-Louis-Nicolas lui succède, mais c'est surtout son petit-fils, Jean-Rémy, qui, à partir de 1792, développera l'activité de négoce et trouvera de nouveaux débouchés. En 1832, Jean-Rémy se retire, laissant les rênes de la maison à son fils Victor et à son gendre, Pierre-Gabriel Chandon de Briailles. La maison prend alors son nom définitif de *Moët et Chandon*. Le premier va chercher de nouveaux marchés en et hors d'Europe, le second s'attelle à agrandir le vignoble.

La fin du XIXe siècle et le début du 20e vont marquer un coup d'arrêt à cette expansion : coup sur coup, la Guerre de 1870, les ravages du phylloxéra qui va s'abattre sur la Champagne à partir de 1894 puis la Première Guerre Mondiale vont sérieusement mettre à mal la production. Les choses commençaient à peine à s'améliorer quand survient la Crise de 1929. C'est alors qu'arrive Robert-Jean de Vogüé, appelés par ses beaux-frères d'Eudeville alors en charge de la direction. Cet ancien engagé volontaire à 20 ans dans la guerre de 14-18, où il sera décoré de la Croix de Guerre, va faire beaucoup pour *Moët* en particulier et le champagne en général.

Nommé en 1930 président de la *Commission Tripartite du Champagne* (créée en 1919) *« entre les employeurs, les salariés de caves et les salariés des vignes »*, il parvient à éviter au secteur les grandes grèves de 1936 consécutives à l'arrivée du Front Populaire.

Ce qui ne l'empêche pas de lancer, en 1936, la cuvée **Dom Pérignon** (*voir ce nom*), qui sera célèbre dans le monde entier.

Au sein de l'entreprise, Robert-Jean de Vogüé élabore dès 1930 avec les représentants des salariés un contrat collectif, qui préfigure déjà ce que sera après guerre la convention collective de branche. C'est peut-être à ce moment-là qu'il héritera du sobriquet de *« baron rouge »* par les plus conservateurs de la profession.

Puis, de nouveau, la Guerre. En 1941, Robert-Jean de Vogüé participe à la création du *CIVC* (*Comité Interprofessionnel du Vin de Champagne*). Cet organisme, co-présidé par un représentant des Vignerons et des Maisons de Champagne, en la présence du préfet de la Marne – un certain René Bousquet – est alors chargé de la gestion de l'appellation champagne (défense du nom, surfaces productives, règles de production...). Cette création sera ensuite rapidement imitée par les autres régions viticoles.

Même s'il s'efforce de maintenir l'activité économique (dans un secteur qui, il est vrai, souffrira moins que d'autres de la Guerre, les dirigeants et officiers allemands raffolant du champagne), Robert-Jean entre dans la Résistance en 1942. Arrêté l'année suivante par la Gestapo, il est, semble-t-il, condamné à mort, mais gracié (par un amateur de champagne reconnaissant ?). Il sera déporté. Libéré en 1945 par les Britanniques, il reprend la présidence de *Moët & Chandon* après la Guerre, qu'il va considérablement développer.

Ainsi, en 1962, il acquiert son concurrent **Ruinart,** puis, en 1970, la maison **Mercier.** Conscient que le champagne ne pourra pas rester le seul vin effervescent haut de gamme pour le monde entier, *Moët & Chandon* investit dans plusieurs pays étrangers, à Mendoza, en Argentine en 1960, en Allemagne dix ans plus tard, puis en Californie, où sera créé le Domaine Chandon, dans la région viticole de la Nappa Valley, au nord de San Francisco, en Californie.

Robert-Jean de Vogüé va également comprendre que le champagne est un produit de luxe, qui fonctionne avec les mêmes codes que n'importe quel autre produit du secteur. Il n'hésite donc pas à se diversifier, en 1971, en rachetant les *Parfums* **Christian Dior.** Cette même année, il initie également le rapprochement avec la maison de cognac **Hennessy,** pour donner naissance au groupe *Moët-Hennessy.*

Robert-Jean décède en 1976. Mais la dynamique est lancée: en 1986, un nouveau domaine est créé en Australie.

En 1987, *Moët-Hennessy* s'unit à *Louis Vuitton* pour devenir *LVMH* (*voir* ***Hennessy***). En 2010, les marques du groupe *Moët & Chandon,* **Veuve-Clicquot, Ruinart, Krug,** ainsi que les activités annexes (étiquettes, bouchons) ont été regroupées au sein d'une même structure, *MHCS* (*Moët-Hennessy Champagne Services*).

En 2014, dernière implantation en date d'un domaine viticole: la Chine.

Aujourd'hui, *Moët & Chandon* est le premier *négociant manipulant* de champagne avec 1150 hectares de vignoble détenus en propre et des achats de raisins sur près de 3000 hectares, et une production totale de 64,7 millions de cols (bouteilles), en additionnant les différentes maisons détenues par *MHCS* (*Moët Hennesy Champagne Services: Moët et Chandon, Ruinart, Veuve-Clicquot et Krug* – chiffres 2020). Pour donner un ordre d'idée, le chiffre d'affaires de MHCS a dépassé en 2020 les 2,2 milliards d'euros, à des années-lumière de ses concurrents: le second est le nouveau groupe **Terroirs & Vignerons de Champagne** (*voir* ***Nicolas Feuillatte***), avec 265 millions d'euros.[193, w]

Mon Chéri (1956)

Bouchée de marque *Ferrero* enrobée de chocolat noir fourré avec une cerise macérée dans de la liqueur de cerise en provenance de Fundão, une ville située au centre-est du Portugal entièrement tournée vers la culture de la cerise, qui a même sa fête, au mois de juin.

Mon Chéri est le premier produit *Ferrero* à arriver puis à être produit en France, en 1961, dans l'usine de Villers-Ecalles, près de Rouen. Elle en sera délogée, l'usine se concentrant par la suite sur la production de **Nutella.** Dorénavant, les *Mon Chéri* commercialisés en France sont produits en Allemagne. Quant au nom, français, il insiste sur le côté voluptueux et féminin de cette friandise, enveloppée de rose et légèrement alcoolisée. D'une façon un peu *old school.* Et pour cause, il est beaucoup plus apprécié par les plus de 55 ans que par les jeunes. Curieusement, c'est à peu près le même pourcentage pour les huîtres…

Mondelēz International (1923, 2012)

Ce géant agroalimentaire, plus connu sous le nom de **Kraft Foods** (il a changé de nom récemment) trouve son origine chez un fabricant de glaces, la *National Dairy Products Corporation* (*société nationale de produits laitiers*) fondée par un certain Thomas McInnerney en 1923. Cette société n'est pas née *ex nihilo* mais d'une fusion entre la firme *Hydrox Corporation,* créée par ce même McInnerney à sa sortie de Harvard, et la *Rieck McJunkin Dairy Co.*

La *National Dairy Products Corporation* se développe rapidement par rachats successifs de sociétés concurrentes. Dont, en 1930, la *Kraft Phenix*, une société productrice de fromages, qui, à sa création en 1909 par James Kraft, s'appelait la *Kraft & Bros Company.* Elle aussi avait beaucoup grandi par rachats avant de tomber dans l'escarcelle de la *National Dairy.*

En 1969, sans doute parce que ses activités dépassaient largement les produits laitiers, cette société change de nom pour reprendre celui de *Kraft*, un nom court à la phonétique vigoureuse, facile à prononcer dans toutes les langues.

En 1988, le cigarettier **Philip Morris** prend le contrôle de *Kraft* et l'intègre dans sa filiale alimentaire *General Foods*, qui possède des marques comme **Maxwell** (café), **Hollywood, Malabar** ou **Kréma.** La nouvelle entité devient *Kraft General Foods.* Deux ans plus tard, *Philip Morris* rachète le groupe *Jacobs Suchard*, qui possède en portefeuille des marques célèbres comme les chocolats **Suchard, Milka, Côte d'Or, Toblerone, Jacques Vabre, Grand'Mère, Carte Noire.**

En 2007, *Philipp Morris*, devenu *Altria* en 2003, se sépare de *Kraft Foods*, en échangeant auprès de ses actionnaires une action *Altria* contre 0,7 de *Kraft.* En 2012, ce dernier se scinde en deux, les activités nord-américaines devenant *Kraft Foods Group* tandis que le reste du monde prend le nom de *Mondēlez*, un nom choisi par le personnel, formé de *monde* (ou, officiellement, du latin *mundus*) et de *delez*, qui se comprend dans beaucoup de langues (*délices, delicia, delicious, delicatessen.*) [w], avec un ē, sans doute pour une meilleure visibilité du nom.

Monique Ranou (1905)

Si vous connaissez cette marque, c'est que vous êtes client *d'Intermarché* ou de *Netto.* Ce n'est pas pour autant une marque distributrice, mais plutôt une marque exclusive. Car Monique Rannou (avec deux *n*) a existé. Elle est la belle-fille des époux Rannou qui ont fondé en 1905 une entreprise de charcuterie dans la région de Quimper, en Bretagne. Leur fils et sa femme Monique leur succèdent à la tête de l'entreprise en 1967. Mais la marque ne retient que Monique, la présence féminine étant jugée rassurante par les consommateurs, qui ont implicitement l'impression que les préparations ont été élaborées par une cuisinière, qui aurait pu être leur mère ou leur grand-mère. La publicité joue sur cette corde, comme le prouve un slogan de 1986 : « *Il est si bon de faire confiance à une femme* ».

En 1990, l'entreprise décide de créer une ligne de produits maigres. Dans le même temps, les produits arrivent sur les gondoles de supermarchés. Deux ans plus tard, un partenariat est signé avec Intermarché. Aucun de ses enfants ne souhaitant prendre la succession, Monique cède finalement son entreprise au distributeur en 1998[194]. Le nom perd un *n* dans un souci de simplification.

La gamme des produits s'est aujourd'hui diversifiée vers les plats surgelés. Mais sans abandonner la charcuterie puisque la marque affirme haut et fort qu'elle a été la première du secteur à proposer du jambon sans nitrites (accusés de favoriser le cancer colorectal) dès juin 2020, avec la perspective de les supprimer totalement en 2025.

L'entreprise est aujourd'hui présidée par un homme, Frédéric Bebiot, un adhérent Intermarché (il possède un magasin à Bagnères-de-Bigorre, Hautes Pyrénées).

Monop' (2005)

La petite supérette de quartier, de 150 à 500 m², du groupe **Monoprix.**

Monoprix (1932)

Max Heilbronn, le gendre de Théophile Bader, cofondateur des *Galeries Lafayette* crée l'enseigne *Monoprix*. Le premier magasin à cette enseigne ouvre à Rouen. Tout comme *Uniprix* (lancé par les *Nouvelles Galeries* en 1929) et *Prisunic* (créé par le Printemps en 1931), *Monoprix* s'inspire du concept américain de magasin *à prix unique*, créé en 1878 par Frank Winfield Woolworth. Ce dernier conçut des magasins en centre-ville qui proposait une quantité limitée de produits vendus au prix unique de 5 cents (0,05 dollar) [195]. Ce concept mit un demi-siècle pour traverser l'Atlantique. Il le fit à l'occasion de la Crise économique et financière de 1929. Avec succès, puisque ces magasins jouaient auprès de la clientèle populaire étrillée par la crise le rôle des premiers *discounters*.

Après la douloureuse parenthèse de la Guerre (*voir encadré*), l'enseigne repart pour compter, au début des années cinquante, quelque 300 magasins, cinq fois plus que dix ans auparavant. *Monoprix* va alors créer ses propres marques comme, entre autres, *Montjoly* et *Beaumont* pour l'alimentation et *Sipratic* pour l'entretien.

En 1964, *Monoprix* rachète l'enseigne belge *Inno*, positionnée sur le haut de gamme. Mais l'enseigne, située en centre-ville, commence à pâtir de la concurrence nouvelle des supermarchés et hypermarchés, installés en périphérie des villes et donc offrant des prix bien inférieurs (ainsi qu'un parking gratuit). *Monoprix* tente de réagir en lançant à son tour un supermarché à l'enseigne *Super M*. Sans succès : les magasins seront soit revendus à la concurrence soit rebaptisés *Monoprix*.

Changement de politique en 1994 : *Monoprix* assume ses prix plus élevés car il offre la proximité aux citadins, notamment à tous ceux qui n'ont pas le temps ou l'envie d'aller au supermarché.

En 1997, *Monoprix* rachète son éternel rival *Prisunic*. Cette même année, **Casino** prend une participation de 20 % dans le groupe *Monoprix/Prisunic*. Cette proportion va croître progressivement jusqu'en juillet 2013 où *Casino* acquiert la totalité de *Monoprix*. L'enseigne *Prisunic* a disparu en 2001, remplacée par *Monoprix*[196].

En 2018, *Monoprix* rachète le site de vente par internet de chaussures et accessoires *Sarenza*.

En 1940, les Galeries Lafayette sont *aryanisées* et Bader, Heilbronn, Meyer, ainsi que 129 employés juifs sont contraints de démissionner. Bader, Heilbronn et Meyer sont dépossédés de leurs biens. Le groupe est racheté à prix coûtant et avec la bienveillance des Allemands par Maurice Harlachol, un industriel de Lodève, et le Suisse Jean-Marcel Aubert, importateur de **General Motors** en France.

Bader meurt en 1942. Meyer et Heilbronn entrent dans la Résistance. En 1944, Meyer, qui prend part à la Libération de Paris. Les *Galeries Lafayette* lui sont restituées, en attendant le retour de camp concentration de Heilbronn. Ce dernier reviendra et sera patron des *Galeries* de 1945 à 1971.

Monster (2002)

Monster est une boisson énergisante créée par *Hansen Natural*, une société de sodas naturels créée il y a 30 ans dans le sud de la Californie par Hubert Hansen. Mais le succès de la boisson *Monster* fut tel que la société prit en 2012 le nom de *Monster Beverage* (*Boisson Monstre*). Comme les autres boissons énergisantes, *Monster* contient de caféine (32 mg/l) et de la taurine. *Monster* occupe la seconde place du marché français avec 27,8 %, derrière **Red Bull** (50,4) et devant les marques de distributeurs (11,8 %) [197].

Mont Blanc (1917, 1921, 1962)

C'est à Rumilly, en Haute Savoie, entre Annecy et Aix-les-Bains, qu'est fondée, en pleine Première Guerre Mondiale, la société *Lait Mont Blanc*. Le plus haut sommet d'Europe comme symbole d'une exigence de qualité, ça peut donner confiance. La marque éponyme n'apparaît que quatre ans plus tard.

Ce n'est qu'à partir de 1951 que la société va se diversifier vers les crèmes dessert. Elle déménage également, pour s'installer en plein milieu du Cotentin, à Chef-du-Pont, dans le département de la Manche. Mais le Mont Blanc reste le logo de la marque. En 1962, du fait de cette diversification et parce que la société produit de moins en moins de lait, *Lait Mont Blanc* devient *Mont Blanc* tout court.

En 1971, **Nestlé** rachète la marque, qui poursuit sa diversification dans les crèmes dessert en proposant, en 1975, du riz au lait.

En 2003, *Nestlé* cède *Mont Blanc* au fonds d'investissement *Activa Capital.* Deux ans plus tard, la marque rachète **Gloria** à *Nestlé.*

En 2006, *Activa Capital* rachète les confitures **Materne** au fonds d'investissement *Lion Capital LLP* et forme le groupe *Mom* (***Mo****nt Blanc* ***Ma****terne*), un nom qui conserve la référence maternelle (*Mom* signifie *M'man* en anglais).

En 2013, la société de capital-investissement *LBO France* acquiert le groupe *Mom.* Elle le revendra trois ans plus tard au groupe **Bel** (*voir* ***La Vache Qui Rit***) [so, w]

Montecristo (1935)

Cette marque de cigares est créée en 1935 par un homme d'affaires espagnol établi à Cuba depuis cinq ans, Alonso Menéndez, qui rachète une petite manufacture. Deux ans plus tard, il reprend la fabrique **H. Upmann** où il fait élaborer sa propre marque, *Montecristo.* Le nom de cette marque aurait été inspiré par le roman d'Alexandre Dumas père, le Comte de Montecristo : dans l'usine, pour passer plus agréablement le temps, un lecteur lisait un roman à haute voix pour les *torcedores* (*les rouleurs de cigares*) et le Comte de Monte-Cristo, d'Alexandre Dumas, était de loin leur préféré.

Quant au logo, un triangle formé de six épées réunies deux à deux entourant une fleur de lys, il a été conçu par *John Hunter Morris and Elkan Co. Ltd.*, le premier distributeur britannique de la marque. Celle-ci passa par la suite aux mains de la société **Alfred Dunhill,** qui fit de la marque *Montecristo* l'une des plus célèbres au monde au point de constituer le quart des exportations de cigares cubains.

Après la Révolution cubaine et la nationalisation de l'économie en 1960, *Menéndez and García* partent pour les îles Canaries où ils rétablissent leur marque. Mais ils doivent y renoncer à la suite de procès intentés par l'organisme d'État cubain *Cubatabaco.* En 1970, ils s'installent alors à La Romana, en République dominicaine et exportent des *Montecristo* à destination du marché américain, les États-Unis ayant décrété l'embargo à l'encontre de Cuba dans les mois qui ont suivi la nationalisation (et ne reconnaissent donc pas ses marques)

Pour le reste du monde, *Menéndez, García y Cía* appartient à *Altadis* (*Alliance-tabac-distribution*), une société de droit espagnole née de la fusion en 1999 entre l'espagnol *Tabacalera* et le français *SEITA* et elle-même acquise par *Imperial Tobacco* en 2008.[w]

Mouton Cadet (1932)

Première marque de vin de l'histoire. En 1930, le baron Philippe de Rothschild prend la décision de déclasser une partie du vin produit par le prestigieux domaine de *Mouton-Rothschild,* qui s'appelle ainsi depuis le rachat en 1853 du domaine *Brane Mouton* par Nathaniel de Rothschild. Sur ce domaine, Philippe de Rothschild n'en est pas à sa première : depuis 1924, il effectue la mise en bouteille au château, ce qui ne s'était jamais fait auparavant dans le Bordelais.

Le vin *Mouton Cadet* sort en 1932 (millésime 1930). Si les deux premières années sont exclusivement composées de raisins en provenance du domaine *Mouton Rothschild*, par la suite, l'approvisionnement est complété par d'autres domaines de la commune de Pauillac, puis de Saint-Estèphe et du reste du Haut-Médoc.

Le nom *Mouton Cadet* s'explique par le fait que Philippe de Rothschild était le cadet de la famille. Il existe désormais dans les trois couleurs. Le blanc a été conçu à partir de 1970 et le rosé a suivi.

Les ventes de *Mouton Cadet* s'élèvent à onze millions de bouteilles, à 80 % en rouge. En France, il est l'un des bordeaux les plus vendus avec 1,6 million de cols écoulés en grandes surfaces. La marque a été déclinée en couleurs et en gamme avec l'apparition de *Réserve Mouton Cadet*, à destination des restaurants et des cavistes. Elle est déclinée en quatre appellations : médoc, saint-émilion, graves (rouge et blanc), sauternes. Quelque 12 millions bouteilles sont commercialisés sous ce label chaque année, dont 70 % à l'export dans quelque 150 pays. [w]

Mousline (1963)
Marque française de purée de pommes de terre en flocons de la marque **Maggi**, propriété de **Nestlé.** Le géant suisse de l'agroalimentaire a toutefois indiqué fin 2021 vouloir se séparer de cette marque. Le nom évoque bien sûr la mousseline, qui en cuisine signifie une préparation légère et aérée.

Mumm
(Voir G. H. ***Mumm)***

Muscador (1997 ?)
Ce vin mousseux produit en cuve close par la *Compagnie Française des Grands Vins (CFGV)* se distingue par son goût de muscat (cépage avec lequel il est confectionné) et son prix défiant toute concurrence, moins de 2,50 € en grandes surfaces. Existant en blanc et en rosé, il a été décliné en *Muscador Shake* en 2015, parfumé aux fruits, griotte, canneberge (cranberry)... et *Muscador Fresh* en 2017, agrémenté de différents parfums, tequila, mojito. Il existe même sans alcool. Résultat, *Muscador* est le deuxième vin mousseux le plus vendu en France avec 7,6 millions de bouteilles (2019), derrière **Charles Volner.**

N

Naturalia (1973)
Cette enseigne a été créée par un couple d'agriculteurs, M. et Mme Trocmé, désireux d'apporter des produits sains, sans pesticides, au cœur de la capitale. Le premier magasin ouvre ainsi à Paris, près de la gare du Nord. Le développement de l'enseigne ne se fera pourtant qu'à partir de 1997, date à laquelle deux spécialistes de l'agroalimentaire, Emmanuel de la Baule et Éric Vochel, la rachètent. En 2008, elle change une nouvelle fois de mains pour tomber dans l'escarcelle de Monoprix, aujourd'hui filiale de **Casino.** *Naturalia* compte aujourd'hui 243 magasins.

Natz (2020)
Entre les boissons non alcoolisées et les spiritueux, il y avait un créneau à exploiter en matière de boissons peu alcoolisées (aux alentours de 5 degrés) et qui actuellement est essentiellement occupé par les bières et les cidres. Du coup, depuis deux ans, on a vu émerger ce qu'on appelle des hard seltzers, des boissons pétillantes légèrement alcoolisées qui se veulent naturelles (bio, vegan, sans gluten, etc..), souvent fermentées naturellement (pas d'alcool ni de sucres rajoutés) et parfumées au thé, citron, coco, voire avec des herbes ou même des décoctions de fleurs, sans oublier de l'eau gazéifiée. Résultat, une boisson pauvre en calorie, moins de 100 pour une canette de 35 centilitres (moins qu'une bière). Dans ce marché, qui ne doit pas excéder 100 000 bouteilles en France, deux jeunes français, tout frais émoulus de *l'École supérieure de Commence Audencia* de Nantes, Valentin Bros et Florentin Cugnot, ont créé la leur, *Natz*, Nat pour *nature* et z pour *pétillant.*[198]

Negrita (1886)
Tout commence en 1857. Un jeune liquoriste de Limoges, Paul Bardinet, s'intéresse à un alcool de canne à sucre venu d'îles lointaines qui débarque sur les quais des ports français. Ce *tafia* comme on l'appelle alors, n'est qu'un rince-gosier pour corsaires. L'un de ses autres noms était d'ailleurs *tue diable*, c'est tout dire.
En réalité, le *tafia* est ce qu'on appelle aujourd'hui du rhum industriel, fait à partir des mélasses, les résidus obtenus lors de la fabrication de sucre à partir de la canne. Le caractère grossier de la fabrication n'échappe pas à Paul Bardinet, qui parvient toutefois

à déceler une note de fond plutôt plaisante.

Devenu négociant éleveur, Paul Bardinet s'emploie à raffiner cet alcool pour un faire un produit élaboré et surtout vieilli en fûts de chêne ce qui lui donne cette belle couleur ambrée.

Si ce rhum commence à séduire, il n'a toujours pas de nom. Ce dernier viendra d'Espagne, où le rhum est déjà exporté. Il est repérable grâce à une jolie affichette représentant une jeune Antillaise portant un madras aux couleurs vives.

Très vite, le rhum a été surnommé *el ron de la negrita*, littéralement, *le rhum de la petite négresse*. Ce sera son nom en 1886, d'abord avec un article, puis sans.

Édouard, le fils de Paul, va poursuivre l'œuvre paternelle. En 1895, il déménage de Limoges à Bordeaux pour s'installer à l'arrivée des navires transportant le rhum. Sur le quai des Chartrons où accostent les bateaux venant des Antilles, il fait construire de vastes chais et forme peu à peu ses maîtres assembleurs.[50] Ce rhum sera le point de départ du groupe **Bardinet,** qui rachètera par la suite d'autres marques de rhums, dont **Dillon,** en 1967. En 1994, *Bardinet* est racheté par le groupe **La Martiniquaise.**

Nescafé (1938)

En 1930, à la demande de l'institut brésilien du Café, qui fait face à une surproduction catastrophique (on brûlait même du café dans les chaudières des locomotives!), **Nestlé** va se pencher sur la fabrication de café en poudre, plus facile à utiliser, et donc susceptible de toucher de nouveaux consommateurs. *Nestlé*, et plus précisément le chimiste Max Morgenthaler, recruté à dessein par la firme suisse, mettra plus de sept ans pour parvenir à un résultat satisfaisant. Et encore a-t-il fallu toute la ténacité du chercheur, la direction ayant plusieurs fois menacé d'arrêter les recherches. À l'origine, ce café soluble contenait des hydrates de carbone, sans goût particulier, pour accélérer le séchage. Il faudra attendre 1952 pour que le procédé soit amélioré et se passe de ces additifs.

Quant au procédé de lyophilisation, il a été mis au point pendant la seconde guerre mondiale par une entreprise de Boston, la *National Research Corporation.* La lyophilisation consiste en une dessiccation par sublimation de produits préalablement surgelés. En clair, il s'agit d'ôter l'eau d'un élément pâteux ou solide par surgélation puis par évaporation ultra-rapide sous vide sans qu'il ait le temps de passer par le stade liquide!

Au départ, cette technique hautement sophistiquée avait été développée pour produire de la pénicilline, du plasma sanguin et de la streptomycine, faciles à transporter, dans le cadre d'un usage militaire. La première utilisation commerciale le fut pour du jus d'orange (*voir* ***Minute Maid***).

Nestlé, pour sa part, ne sortit son café lyophilisé, *Nescafé Gold*, qu'en… 1965.
Nescafé est bien sûr un mot-valise, ***Nestlé*** et ***café***.

Un peu partout sur internet, on peut lire qu'Alphonse Allais (1854-1905) aurait inventé le café lyophilisé. *Nescafé* n'aurait fait que reprendre sa formule quelque 54 ans plus tard. C'est malheureusement une légende urbaine, activement entretenue sur *Facebook*[199].
Certes, l'écrivain et humoriste, qui avait fait des études de pharmacie, ne dédaignait pas faire quelques recherches scientifiques à l'occasion. On lui attribue des travaux sur la photographie couleur ainsi que sur la synthèse du caoutchouc…
Le seul brevet qu'il ait jamais déposé concerne le café soluble. Le 7 mars 1881, Alphonse Allais, « *élève en pharmacie* » (il n'a jamais eu son diplôme) dépose en effet auprès du *Ministère de l'Agriculture et du Commerce* conjointement avec un certain Gillard (prénom illisible), pharmacien, un brevet sous le numéro n° 141520 pour le « *sucre-café-soluble* ».
L'idée de cette invention serait née pendant son service militaire, où le café était particulièrement mauvais. Alphonse Allais aurait donc pensé à dessécher le café, un café, si l'on croit le libellé du dépôt de brevet, préalablement sucré. La poudre ainsi obtenue était initialement destinée aux armées en campagne.
Qu'est devenu ce Gillard, on l'ignore. Quant à l'invention, elle n'aurait jamais été exploitée.
En fait, le premier soluble commercialisé a été inventé par un Néo-Zélandais du nom de David Strang, vivant à Invercargill, la ville la plus au sud du pays. C'était en 1889. Son procédé, déposé sous le nom de Dry Hot Air (Air Chaud et Sec), n° 3518, a été commercialisé sous le nom de *Strang's Coffee*.
D'autres cafés instantanés ont vu le jour comme celui, en 1901, de Satori Kato, un scientifique japonais travaillant à Chicago ou encore celui de George Constant Washington (pas de rapport avec le président américain), qui est le premier à avoir créé une société pour le produire industriellement, la *G. Washington Coffee Company*.
Naturellement aucun de ces cafés n'était lyophilisé. La technologie de l'époque ne le permettait pas.

Nespresso (1986)

Nespresso? Une *success story* qui a eu un accouchement long et difficile…
Grand propagateur du café soluble sur la planète, **Nestlé** constate dans les années 70 que le segment du café torréfié reste peu développé, avec 9 % de part de marché. Le problème, c'est que si tout le monde s'accorde à dire que le meilleur café est celui obtenu par percolateur, dans les faits, au restaurant, le résultat est souvent décevant:

café éventé, percolateur non nettoyé, mauvaise qualité des grains... En outre, contrairement au vin, rarissimes sont les établissements qui proposent plusieurs cafés, plusieurs terroirs.

Éric Favre, diplômé de l'*Institut Polytechnique de Lausanne* a une idée : plutôt que de mettre du café dans une coupelle, le tasser et le mettre dans le percolateur, ce qui est fastidieux, pourquoi ne pas l'enfermer dans une capsule ? Cela permet au café de se conserver moulu sans perdre son arôme et de multiplier les mélanges. Éric Favre a cette idée en 1974. La haute direction de *Nestlé* est plutôt hésitante. Mais le directeur Asie du groupe y est favorable. Son argument : les Japonais vont adorer. Un marché de 110 millions d'habitants (125 millions aujourd'hui), qui plus est peu consommateur de café (avec donc un développement potentiel plus important), ça ne se néglige pas. Une fois le principe adopté, *Nestlé* va travailler à l'élaboration de cette capsule et déposer un maximum de brevets (70, ce qui multiplié par le nombre de pays concernés, se traduit par quelque 1700 dépôts) pour éviter que le concept ne soit repris par la concurrence quelques mois plus tard. Quant au nom, il a été vite trouvé : *Nespresso*, ***Nestlé Expresso.***

Au départ, c'est-à-dire en 1986, le percolateur spécifique n'est commercialisé qu'auprès des restaurants et des entreprises. Et l'accueil est plutôt tiède.

Le patron d'alors de *Nespresso*, Jean-Paul Gaillard, estime qu'il faut changer de stratégie, s'adresser au particulier en faisant du très haut de gamme, avec quelques boutiques *Nespresso* (*Le Club*) pour la visibilité et le reste en vente par internet avec des délais de livraison très courts. Un contrat est passé avec un fabricant suisse de machines (*Turmix*) pour la fabrication d'appareils spécifiques et bon marché (grâce en partie au volume de vente). *Nestlé* n'hésite d'ailleurs pas à multiplier les promotions et prend même une partie du prix de l'appareil à sa charge. Une démarche identique à celle des fabricants d'imprimantes, qui vendent l'appareil bon marché mais se rattrapent sur les consommables !

Et là, c'est le succès. Pour répondre à la demande, *Nestlé* fera d'ailleurs appel à d'autres fabricants de machines, *Krups*, *Magimix*, *Alessi*, *Philips*, *Siemens et De'Longhi*.

En 2013, les ventes de capsules *Nespresso* ont atteint 3,4 milliards de dollars sur un marché total de café portionné (dosettes) de 10,8 milliards. Un marché qui progresse cinq fois plus vite depuis 2007 que le reste de l'industrie du café.

Alors tout est pour le mieux dans le meilleur des mondes ? Pas tout à Fait. Jean-Paul Gaillard, le patron de *Nespresso*, quitte la société pour fonder la sienne, *Ethical Coffee Company* (*ECC*) à Fribourg, en Suisse, à 50 km au nord-est du siège social de *Nestlé!* Mieux que personne, il sait comment contourner les brevets déposés par *Nestlé*. Et se met à produire des dosettes biodégradables compatibles. Bientôt imité par **L'Or** de la **Maison du Café,** puis **Carte Noire,** puis d'autres comme **Méo, Carrefour, Casino...**

Nespresso a réagi en attaquant *Sara Lee*, la maison-mère à l'époque de la *Maison du Café*: cette marque représente 70 % des dosettes compatibles. De son côté, *ECC* a attaqué *Nespresso* pour entrave à la concurrence, campagnes de dénigrement et surtout modification des machines pour empêcher l'utilisation d'autres capsules que celles commercialisées par *Nespresso*, ce depuis 2010. Et *Nespresso* a été condamnée à payer 500 000 euros à *ECC*, ce qui n'empêchera pas cette société de fermer en 2017, son patron estimant que le marché est saturé. Par ailleurs, en France, l'*Autorité de la Concurrence* a obligé *Nespresso* à *« lever les obstacles à l'entrée et au développement des autres fabricants de capsules fonctionnant avec ses machines à café.* » Dorénavant toute modification des machines devra être notifiée trois mois à l'avance à la concurrence...

Au départ, *Nespresso* n'a pas trop souffert de la fin de son monopole, malgré des prix plus abordables: Nespresso jouait le haut de gamme, via une distribution dans des points de vente propres ou sur internet: un peu comme *Apple*. Mais la concurrence s'est développée, aidée par le fait de vendre ses dosettes en supermarché. Alors plutôt que de se battre sur les chiffres de vente, Nespresso a maintenu son système de distribution, tout en accélérant les délais. Dans le même temps, dès 2014, la marque a sorti une nouvelle forme de capsule, plus grande, qui permettait de faire des cafés *longo*. Bien sûr, il fallait changer de machine, mais on pouvait les acquérir pour 1 euro, moyennant une forme d'abonnement, à la façon des téléphones portables en quelque sorte...

Aujourd'hui, le marché des dosettes compatibles représente environ un tiers du marché du café en dosettes, à égalité avec les dosettes pour machines multi-boissons et un peu moins que les dosettes souples en part de marché. Mais d'une part, les compatibles représentent le haut de gamme, plus rémunérateur, d'autre part, c'est le secteur qui se développe le plus vite: + 18 % en 1919 à rapport à l'année précédente, contre respectivement, + 6 % et + 1,4 %. Sur le marché des compatibles, un leader incontesté, ***JDE*** (*voir* ***Jacobs Douwe Egbert***), au travers de sa marque **L'Or.** Elle assure à elle seule les trois quarts de la croissance des compatibles. Au point de lancer sa propre machine, réalisée par *Philips*, qui offre également deux tailles de dosettes (mais la plus grande n'est pas compatible avec celle de *Nespresso*) et est munie de deux buses, pour faire deux cafés simultanés[200].

Nesquik (1948, 1950, 1999)

Poudre chocolatée et sucrée soluble créée par **Nestlé** et commercialisée à l'origine aux États-Unis sous le nom de *Nestlé Quik* (pour *quick*, *rapide* en anglais), un nom choisi en raison de la rapidité de préparation due la solubilité de la poudre dans le lait. Deux ans plus tard, cette poudre arrive sur le marché européen sous le nom de *Nesquik*. Elle le sera également dans d'autres pays du monde sous l'appellation *Quik*. Le nom sera uniformisé en *Nesquik* en 1999[w]. Existe également sous forme de céréales pour le petit-déjeuner.

Nestea (1970, 1977)

Cette marque de thé de **Nestlé** *(Nestlé Tea*, *thé* en anglais) désignait à l'origine une poudre soluble de thé, à l'instar du **Nescafé** pour le café. Mais ce thé soluble a vite été retiré du marché faute de convaincre (moins bon et pas beaucoup plus pratique que des sachets individuels).

Elle va réapparaître en 1977, sous forme d'une boisson au thé, pour faire concurrence à **Ice Tea,** produit par **Lipton.** *Nestea*, bien que produit par *Nestlé*, est commercialisé via une joint-venture formée avec **Coca-Cola,** *Coca-Cola and Nestlé Refreshments* (*Rafraîchissements*), remplacée en 2001 par *Beverage Partners Worldwide* (*Partenaires Mondiaux pour la Boisson*). En 2012, les deux partenaires ont mis fin à leur accord pour les États-Unis, où *Nestea* est dorénavant commercialisée en direct par *Nestlé*.

Nestlé (1866)

Heinrich Nestle est né à Francfort, en 1814 dans une famille de verriers de père en fils. Pourtant, peu après sa naissance, son père va abandonner le travail du verre pour ouvrir un négoce de verre à vitre, de verre creux et de faïence anglaise. Pour arrondir encore ses revenus, il devient également représentant de la *Société générale des assurances de Paris*.

La jeunesse de Heinrich va être marquée par deux innovations techniques intervenues à Francfort: la construction d'un réseau d'eau potable et l'éclairage municipal au gaz.

Après quelques années de lycée, le jeune Heinrich va passer quatre ans comme apprenti-pharmacien chez un certain J.-E. Stein. Il en sort vers 19-20 ans. Que fait-il ensuite, on l'ignore, mais il est vraisemblable qu'il ait parcouru l'Europe, comme cela se faisait à l'époque. On le retrouve en 1839 – il a 25 ans – à Lausanne où il passe son examen d'admission comme *commis-pharmacien*. À cette époque, il travaille chez le pharmacien de Vevey (20 km de Lausanne) Marc Nicollier. On ne connaît pas les raisons précises de son installation en Suisse (le reste de la famille est resté à Francfort et un de ses frères, Gustav, en deviendra même le maire), mais les historiens estiment généralement que Heinrich appréciait grandement l'ouverture politique de la Suisse, comparée à celle la répression en vigueur dans son pays qui, sous la conduite du chancelier d'État autrichien Metternich, cherchait à imposer ses idées de Restauration aux milieux libéraux et nationaux allemands.

Après quatre ans passés chez Marc Nicollier, celui qui a réussi ses examens sous le nom de Henry Nestle et qui désormais s'appelle Henri Nestlé, dans un souci d'intégration (il se trouve dans une région francophone) ressent le besoin de voler de ses propres ailes. Grâce à l'entregent de son patron, mais aussi à l'argent d'une vieille tante de Francfort, il achète en 1843, au lieu-dit *En Rouvenaz*, un terrain industriel qui comprend plusieurs bâtiments dont une maison d'habitation, une huilerie, un marteau-pilon, une scierie et une distillerie. Fort de cet ensemble, Nestlé va produire et commercialiser quantité de produits comme de l'huile de colza et de l'huile de noix (utilisées dans les lampes à huile), des liqueurs, du rhum, de l'absinthe, des eaux-de-vie, mais aussi du vinaigre, de la moutarde et de l'engrais (obtenu par broyage d'os).

À tout cela, vont venir s'ajouter des eaux minérales et gazeuses, des limonades, mais également de la céruse (peinture blanche à base de plomb). La période des eaux minérales sera assez courte : d'une part une crise économique sévit dans les années 1845-47 (l'eau pétillante était un produit de luxe), d'autre part, de vrais industriels de l'eau gazeuse commencent à voir le jour, dont les prix de revient sont bien inférieurs à ceux d'un petit artisan. Henri Nestlé va alors se tourner vers le gaz d'éclairage de ville (en bonbonne sous forme liquide, installée dans chaque réverbère). Mais là encore, cette activité n'aura qu'un temps : en 1863, la ville de Vevey s'équipe d'une usine à gaz et d'un réseau qui permet de relier tous les réverbères.

Il se reconvertit dans le ciment, dont la demande a explosé depuis l'invention du ciment Portland (ainsi appelé par son inventeur, le briquetier britannique Joseph Aspdin en référence à la très réputée pierre de l'île de Portland), un liant qui permet de fabriquer, avec des granulats (ou le sable) et de l'eau, ce qu'on appelait de la pierre artificielle. La construction de la ligne de chemin de fer reliant Vevey à Lausanne avait requis d'énormes quantités de ce nouveau produit.

Nestlé s'associe alors avec un fabricant de gypse et de chaux de la région, François Monnerat. Au bout d'un an et de demi de recherches, Nestlé affirme qu'il a trouvé la recette pour fabriquer du béton Portland, meilleur que l'original selon ses dires.

Mais apparemment une dispute éclate entre les deux associés. Nestlé n'a pas les reins assez solides financièrement pour poursuivre seul dans cette voie. Nous sommes fin 1867. Notre homme a 53 ans.

Mais notre Henri n'est jamais à court d'idées et va se lancer dans une tout autre activité : la farine lactée pour nourrissons, en substitut du lait maternel. Ce soudain intérêt pour un produit dont il ne s'était jamais préoccupé auparavant mérite une petite explication.

D'une part, Henri Nestlé s'est marié en 1960 (il avait alors 47 ans) avec la fille d'un médecin francfortois, Anna Clémentine Therese Ehemant (elle francisera son nom en Clémentine Ehmant), de 20 ans sa cadette. Or Clémentine ne pourra pas avoir d'enfants et s'intéressera de près aux enfants des autres, sorte de maman par procuration. Et elle se rendra compte de la mortalité élevée des enfants en bas âge faute d'avoir été nourris au sein. Très peu de femmes, dans cette seconde moitié du XIXe siècle allaitaient leurs enfants, soit parce qu'elles travaillaient, soit, pour les classes les plus aisées, parce qu'elles redoutaient les conséquences esthétiques. En un mot comme en cent, allaiter était devenu ringard. Le problème, c'est qu'il n'y avait pas réellement de produits de substitution, si ce n'est du lait de vache additionné de tout un tas de compléments rajoutés un peu au hasard, le tout avec des normes d'hygiène inexistantes. Alors, Henri Nestlé commence à étudier la question. Et constate très vite qu'en Allemagne un enfant de moins d'un an sur trois mourrait, contre un sur huit à Genève.

En outre, il entend parler, grâce à Marc Nicollier, le pharmacien chez qui il avait travaillé, des travaux effectués par Justus von Liebig sur la nourriture des nourrissons. Et depuis, Liebig avait avancé dans ces recherches puisqu'en 1865, il était parvenu à analyser le lait maternel et avait lancé une *soupe* pour nourrissons qui marquait un net progrès dans l'alimentation infantile. Mais la *soupe* de *Liebig* était très longue à préparer et Nestlé va concocter un produit prêt à l'emploi avec grosso modo les mêmes ingrédients. Pour cela, il collabore avec un ami, Jean-Balthasar Schnetzler, qui s'intéresse à l'alimentation humaine et a déjà donné des conférences publiques sur le sujet. Ce dernier lui parle d'un enfant prématuré, Wanner, qui ne semble ne supporter ni le lait maternel ni les aliments de substitution. Il vomit toute nourriture ingérée et est devenu si faible qu'on a perdu tout espoir de le sauver. Nestlé prend l'enfant chez lui et l'alimente au biberon avec de la farine très liquide. Quelques jours plus tard, le petit Wanner est sauvé.

La nouvelle se répand comme une traînée de poudre. En outre, l'expérience prouve que la farine lactée de Nestlé convient aux enfants de quelques mois mais également de quelques semaines. Ce qui est intéressant de noter, c'est que Nestlé n'a fait que prendre le meilleur de différentes inventions existantes et de les réunir en un produit simple d'emploi : la soupe de *Liebig*, le lait concentré selon le procédé mis au point par un certain Newton (dont nous n'avons trouvé trace) et la façon de cuire le pain deux fois selon le chimiste parisien Jean-Augustin Barral pour obtenir une sorte de biscotte, qui était ajoutée à la pâte lactée après broyage.

Le succès est tel que Nestlé va abandonner toutes ces autres activités pour se concentrer sur sa seule farine lactée.

Tout reste à faire. Et d'abord répondre à un certain nombre de questions : comment lancer le produit, d'abord sur le plan régional, puis national, européen, voire mondial ? Quels canaux de distribution utiliser, médecins, pharmaciens ou magasins généralistes ? Comment conditionner le produit, en portions, en livre ou en kilo ? Comment faire sa publicité, sur le mode scientifique ou à coups de réclames grand public ? Comment emballer le produit, à quel prix le vendre ? Et en premier lieu, comment trouver les capitaux nécessaires ?

Sur ce dernier point, Nestlé fera encore une fois appel à une vieille tante et gagera son terrain. Les ventes se développent gentiment, mais ce n'est pas le raz-de-marée attendu. Alors que les besoins en capitaux augmentent surtout quand il faudra construire une nouvelle usine, plus grande. Or Nestlé refusera toujours de constituer une société anonyme et à emprunter de l'argent auprès des banques. En 1975, parvenu aux limites de l'auto-financement, il préfère vendre sa société, qui avait pourtant multiplié par cent son bénéfice net, passant de 3 500 francs suisses en 1868 à 360 000 en 1975. Il la vend un million de francs suisses. Seules conditions, que son nom subsiste, ainsi que le logo (*voir encadré*). La nouvelle entité s'appelle *Farine Lactée Henri Nestlé.* Les nouveaux propriétaires sont des personnalités locales : Jules Monnerat, un des frères de François (l'ancien associé producteur de gypse), le syndic (maire) de Vevey, Pierre Samuel-Roussy, meunier et fournisseur de Nestlé, et Gustave Marquis, neveu de Monnerat et propriétaire au Châtelard, une bourgade près de Montreux.

La société devient anonyme, au capital de 200 actions de 5 000 francs chacune. Nestlé ne détient aucune action. L'important pour lui était l'assurance que la société continuerait à se développer selon ses principes. Emile-Louis Roussy, fils de Pierre-Samuel et neveu par alliance de Jules Monnerat, deviendra par la suite administrateur de la firme avant d'en présider le conseil d'administration de 1905 à 1921.

Les nouveaux administrateurs construisent une nouvelle usine pour porter la production à plus de 4000 boîtes par jour.

Mais très vite, un concurrent va se manifester, l'*Anglo-Swiss Condensed Milk Co.*, fondée en 1968 par deux frères américains, Charles et George Page, à Cham, une ville située sur le lac Zuger (Zugersee), à mi-chemin entre Lucern et Zürich.

Cette société, qui fabriquait jusqu'à présent du lait concentré se met à produire, à partir de 1878, de la farine lactée pour enfant. Réaction immédiate de la firme *Nestlé*, qui se met à produire du lait concentré. Parallèlement, la hausse des droits de douane, les difficultés d'approvisionnement et l'augmentation des taxes sur le sucre et le fer-blanc incitent Nestlé à construire des usines de fabrication à l'étranger.

C'est ainsi que *Nestlé*, entre 1898 et 1905, va s'installer successivement en Norvège, aux États-Unis, en Grande-Bretagne, Allemagne et Espagne.

Mais la concurrence avec l'Anglo-Swiss *Condensed Milk Co.* devient trop âpre. En 1905, les deux sociétés décident d'enterrer la hache de guerre et fusionnent. Officiellement, c'est cette dernière qui rachète Nestlé mais dans les faits la fusion est équitable, chacune des deux parties apportant neuf unités de production. Au début, il y aura même deux sièges sociaux, Cham et Vevey, et la nouvelle entité s'appelle *Nestlé & Anglo-Swiss Condensed Milk Co.* Il faudra plus de 20 ans pour que la fusion soit totale. En attendant, *Nestlé* est introduite en bourse pour financer son développement. *Nestlé* s'implante en Australie et ouvre de nombreux dépôts à Singapour, Hong Kong et dans plusieurs villes indiennes.

La première guerre mondiale va bouleverser la structure de production de *Nestlé*. Un certain nombre d'usines européennes vont être contraintes de fermer, faute d'approvisionnement. Pour compenser, Nestlé va ouvrir de nouvelles des unités aux États-Unis et en Australie. Résultat, à la fin du conflit, la capacité mondiale de production de *Nestlé* a doublé. En 1920, la firme s'installe au Brésil. Elle détient à ce moment-là plus de 80 fabriques et 300 dépôts ou agences dans le monde.

Ce développement très (trop) rapide, lié à la baisse des prix du fait du retour à la paix, au déséquilibre des changes et la diminution des ventes, notamment de lait concentré, avec le retour du lait frais chez les commerçants, vont mettre à mal la santé financière de l'entreprise. Il suffit de suivre l'évolution du cours de Bourse pour comprendre : de 400 francs à l'émission, l'action *Nestlé* est montée à 1 020 francs en janvier 1920 pour retomber à 550 en juillet 1921, 225 en décembre et jusqu'à 145 francs au début de 1922.

La direction de l'entreprise, sur les conseils de ses banquiers, va faire appel à un expert financier, Louis Dapples pour réorganiser la société. Pas de recettes miracles : cette cure d'amaigrissement se traduit par des fermetures d'usines, notamment aux États-Unis, pour adapter la production à la demande. Mais Dapples va également diversifier la production. C'est ainsi que Nestlé va vendre du beurre au Danemark et assurer la commercialisation à l'étranger de fromages suisses. Mais surtout, Dapples, qui devient président du conseil d'administration en 1927, a remarqué l'engouement quasi-général pour un nouveau produit, le chocolat. En 1928, il rachète la chocolaterie *Peter, Cailler et Kohler Chocolats suisses SA*, issue de la fusion en 1905 entre *Peter* et *Cailler*, puis avec *Kohler*. À noter que *Cailler* est l'inventeur du chocolat en plaques. Très vite, le chocolat devient la seconde activité de *Nestlé*. En 1930, à la suite de la crise économique mondiale qui a suivi le krach boursier de 1929, l'*Institut brésilien du Café* demande à Louis Dapples de plancher sur de nouveaux produits à base de café pour résorber la surproduction. Huit ans de recherches plus tard, la firme suisse lance une poudre soluble de café qui va révolutionner les habitudes de consommation dans le monde entier. Le **Nescafé** était né.

La Seconde Guerre Mondiale va se répercuter immédiatement sur les résultats de *Nestlé*. Les bénéfices de l'entreprise sont divisés par trois au cours de l'année 1939. Totalement isolés au milieu d'un continent en guerre, la plupart des dirigeants quittent la Suisse pour pouvoir continuer à gérer l'entreprise depuis les États-Unis et s'installent à Stamford, dans le Connecticut.

Ironiquement, la guerre va pousser les ventes du dernier né de chez *Nestlé*, *Nescafé*. Après l'entrée en guerre des États-Unis, le *Nescafé* est devenu la boisson de base des militaires américains servant en Europe et en Asie.

Résultat, comme à la fin de la Première Guerre, les ventes de *Nestlé* avaient bondi à la fin du conflit, passant de 100 millions de dollars en 1938 à 225 millions en 1945. Au passage, *Nestlé* est devenue une multinationale du café, en plus de ses autres activités.

Riche, et totalement organisée, *Nestlé* va alors se lancer dans une diversification tous azimuts dans le secteur alimentaire. Dès 1947, elle fusionne avec le fabricant suisse de soupes et d'assaisonnements **Maggi** pour devenir *Nestlé Alimentana S.A.* La nouvelle entité acquiert en 1950 *Crosse & Blackwell*, le fabricant britannique de confitures et de produits en conserves, suivi de **Findus** (les produits surgelés) en 1963, **Libby's** (jus de fruits) en 1971 et *Stouffer's* (fabricant nord-américain de produits congelés) en 1973.

Cela n'empêche nullement

Nestlé de développer ses propres produits. Entre 1950 et 1959, les ventes de *Nescafé* vont tripler, pour ensuite quadrupler de 1960 à 1974.

Pour éviter les risques de position dominante dans certains domaines alimentaires, les dirigeants de *Nestlé* décident en 1974 de se diversifier pour la première fois hors de ce secteur. *Nestlé* devient ainsi deuxième actionnaire de la firme de cosmétiques **L'Oréal** avec 29,4 %, juste derrière la famille Bettencourt (30,5 %). Cette proportion sera légèrement modifiée en 2014, Nestlé vendant 6,4 % tandis que la famille Bettencourt montera à 33,31 %.

Aujourd'hui, *Nestlé* est classée par le magazine financier américain *Forbes* 39e plus importante société au monde (2021). Parmi les marques non encore mentionnées appartenant au groupe suisse (le siège social est revenu à Vevey après la guerre), citons: **Gerber, Perrier, San Pellegrino, Nespresso, Spécial-T, Chocapic, Fitness, Nesquik, Crunch, Kit Kat, Buitoni, Herta, Maggi, Haagen-Dazs...** [201, w]

Heinrich Nestle, qui deviendra Henri Nestlé, est né à Francfort, mais sa famille est originaire de Souabe (région historique du sud de l'Allemagne, aujourd'hui dans le Bade-Wurtemberg). Et en dialecte régional, *nestle* signifie *petit nid* (*nestlein* en allemand).

Ce nom explique pourquoi le logo est un nid, un nid où l'on voit un oiseau mâle apporter la nourriture à deux oisillons: le premier produit alimentaire fabriqué par *Nestlé* était une poudre lactée pour très jeunes enfants.

Netto (1981, 1991, 2001)

Il n'y a pas une mais trois enseignes qui portent ce nom en Europe. Une est allemande, la seconde danoise et la dernière française. Elles n'ont pas ou plus de rapport entre elles.

L'histoire commence en 1928 en Allemagne, quand un dénommé Michael Schels ouvre un magasin de vente en gros de produits alimentaires à Ratisbonne (en allemand Regensburg), une ville située entre Nuremberg et Munich.

Dans les années 70, la marque se développe vers le commerce discount de détail. Le premier supermarché est ouvert en 1971 sous l'enseigne *SuDi* (pour *Super Discount*). En 1983, le concept s'affine face aux deux autres géants allemands du discount, **Lidl** et **Aldi.** D'une part, à la faveur d'une expansion, notamment par rachat d'autres enseignes, le nom devient *Netto*, ou plus précisément, à l'origine *Netto Marken-Discount*, c'est-à-dire *discount net sur les marques.* Car, contrairement à ses concurrents, *Netto* com-mercialise des grandes marques, à prix cassés bien sûr, ce qui ne l'empêche pas de développer sa propre marque de distributeur, *Netto*, pour bien enraciner ce nom. La marque se développe dans le sud du pays.

En France, l'histoire commence par *Les Mousquetaires*, qui lancent en 1991 leur propre marque de discount, le *Comptoir des Marchandises* (*CDM*). En 1995, les Mousquetaires, alias *ITM Entreprises* (pour *InTerMarché*), la maison-mère de toutes les enseignes du groupe, rachète la marque allemande *Netto* et donne ce nom à tous ses magasins CDM en France. En 1997, *ITM* acquiert la chaîne **SPAR** (*voir ce nom*). *Netto* devient une filiale de *SPAR*. Mais l'expérience outre-Rhin des Mousquetaires fait long feu et en 2005 et en 2005, ils cèdent *Netto* et *Spar* au distributeur allemand *Edeka*[202] tout en conservant ces enseignes pour la France. Les couleurs et l'enseigne restent au demeurant presque identiques des deux côtés du Rhin, jaune et rouge.

Le troisième *Netto* est danois. Il a été créé en 1981 par le groupe *Dansk Supermarked A/S* (aujourd'hui détenu par *Salling Group*, la plus grande chaîne danoise de distribution). En 1990, ce dernier ouvre ses premiers magasins à l'étranger, en commençant par l'ex-Allemagne de l'Est puis l'Allemagne du Nord. La marque fut donc répartie par zones, le Nord pour le Danois, le sud pour les Allemands, mais les deux parties ont une centrale d'achat en commun pour obtenir de meilleurs prix. Les couleurs du *Netto* danois sont le jaune et le noir. Il dispose d'un logo, un Scottish-terrier tenant un panier. Le nom complet est *Netto Supermarkt GmbH* (*GmbH* est l'équivalent allemand de notre *Sarl*). Le *Netto* danois est également présent en Pologne, Suède, Royaume-Uni.

News (1979)

Marque de cigarettes créée par la *Seita* (*Société d'Exploitation Industrielle des Tabacs et Allumettes*) et appartenant aujourd'hui au Britannique *Imperial Tobacco.*

News, qui signifie *(dernières) nouvelles* en anglais, évoque le monde de la presse, censée beaucoup fumer (cela a été vrai) et qui incarne un métier qui fait rêver. Dont on peut prendre les tics et les codes, donc.

Nicolas (1822)

Nicolas est sans doute la plus ancienne chaîne de distribution alimentaire au monde. Particularité, elle vend essentiellement du vin et des alcools…

C'est en effet sous Louis XVIII qu'Étienne Nicolas ouvre sa boutique rue Sainte Anne dans le premier arrondissement de Paris, en plein cœur de la capitale. Le jeune Balzac s'exerce à l'écriture, sans grande réussite…

La grande idée d'Étienne Nicolas est de vendre le vin en bouteille et de le livrer, à une époque où on l'achetait encore en tonneau. Et cette idée va faire son chemin. À la fin du XIXe siècle, l'enseigne *Nicolas* comptera 42 boutiques et près de quatre fois plus à la fin de la Première Guerre.

Nicolas va ensuite asseoir sa notoriété par l'image. Cela commence en 1921 par la création de Nectar, le fameux livreur aux 32 bouteilles, créé par le dessinateur Dransy.

Par la suite, les grands affichistes de l'entre-deux-guerres s'emparent du personnage : Iribe, Loupot, Cassandre ou Brunhoff, le célèbre dessinateur de l'éléphant Babar.

Puis c'est l'apparition du catalogue de fin d'année, un catalogue de luxe dont l'illustration est confiée à des peintres célèbres comme, entre autres, Van Dongen, Derain, Lorjou, Buffet, Chapelain Midy, Boisrond... Ce catalogue sera édité entre 1932 et 1973 puis repris en 1992[203].

La société a plusieurs fois changé de mains au cours de son histoire. Le dernier propriétaire en date est le groupe *Castel*, qui l'a racheté à **Rémy-Cointreau** en 1988.

Castel est également propriétaire de marques de vin comme **Malesan, Baron de Lestac,** de la **Société des Vins de France (SVF)** ou du négociant *Barton & Guestier. Castel* est par ailleurs un important producteur de bière en Afrique sous son propre nom.

Le groupe *Castel* occupe la troisième place mondiale sur le marché du vin.

Aujourd'hui, *Nicolas* compte quelque 500 points de vente.

Nicolas Feuillatte (1986)

En 1970, la récolte de vins dans la Champagne est largement excédentaire. Les vignerons comprennent alors que la capacité de stockage est notoirement insuffisante. Un homme, Henri Macquart, va alors fonder le *CVC, le Centre Vinicole de la Champagne*, à Chouilly, dans la Marne, près d'Epernay. Outre le stockage, le *CVC* va proposer aux viticulteurs de vinifier leurs récoltes.

En 1986, le *CVC* décide de développer son activité commerciale par le biais d'une marque, qui est d'abord un nom, *Nicolas Feuillatte.* Un homme en chair et en os et non pas conçu lors d'un remue-méninges marketing. Pourtant, rien ne prédisposait ce monsieur à devenir une marque de champagne. Ce Français a en effet passé la majeure partie de sa vie professionnelle loin de la France et du champagne. Très jeune, il s'est expatrié aux États-Unis, où il a fait fortune dans le négoce de café, avant de devenir en 1962, à 36 ans, délégué permanent de la Côte d'Ivoire aux Nations Unies à New York. Précisons que la Côte d'Ivoire est à l'époque le 3e exportateur mondial de café derrière le Brésil et la Colombie .

Dix ans plus tard, Nicolas Feuillatte revient en France où il achète une parcelle de douze hectares à Bouleuse dans la Marne pour produire du champagne. C'est alors qu'il rencontre Henri Macquart. Le courant passe entre les deux hommes, Feuillatte suit de près le développement du *CVC* jusqu'au moment où il était devenu clair que l'étape suivante du développement *CVC* passait par la valorisation d'au moins une partie de son champagne sous sa propre marque. Nicolas Feuillatte sonnait bien et était un producteur authentique. Il cède les droits sur son nom au *CVC qui devient le Centre Viticole-Champagne Nicolas Feuillatte* (*CV-CNF*). Après de longs mois de négociations, CV-CNF a annoncé fin 2020 la fusion avec la Coopérative régionale des Vins de Champagne (CRVC), forte de ses 6000 vignerons. Avec ses 72 coopératives et ses 5 000 vignerons, le *CV-CNF* est le 3e groupe de champagne français avec un chiffre d'affaires de 212 millions d'euros en 2019 (*voir **Moët & Chandon***).

La nouvelle structure s'appelle **Terroirs & Vignerons de Champagne.** Elle devient le second acteur de ce marché avec quelque 265 millions d'euros de chiffre d'affaires, loin derrière ***Moët-Hennessy*** *Champagne Services* (*groupe LVMH*), mais devant **Laurent Perrier.**[204]
Le véritable Nicolas Feuillatte est décédé en 2014.

Noilly Prat (1813, 1855)
Au début du XIXe siècle, Joseph Noilly met au point un vermouth (*voir encadré*) de sa composition à Marseillan, dans l'Hérault. Son fils Louis s'associe à Claudius Prat (qui deviendra son gendre) pour fonder une société de fabrication et d'embouteillage à Marseille. En 1855, la marque *Noilly Prat* est déposée.
À la mort de son père et celle, prématurée de son mari, Anne-Rosine Noilly-Prat va développer avec succès l'entreprise, notamment au niveau international. L'argent coule à flots. Du coup le fils d'Anne-Rosine, Louis Prat-Noilly, saisi par la folie des grandeurs, fait construire dans les années 1880 un somptueux château néo-renaissance (aujourd'hui en grande partie détruit) au lieu-dit Montcalm, dans la commune de Vauvert, en Camargue. Comme si cela ne suffisait pas, il fait l'acquisition, en 1893, du château d'Avignon, qui comme son nom ne l'indique pas, se trouve aux Saintes-Maries-de-la-Mer. Il est aujourd'hui propriété du Conseil Général des Bouches-du-Rhône.
La maison *Noilly-Prat* a été rachetée en 1971 par **Martini & Rossi,** devenu après le rachat par **Bacardi** en 1992, *Bacardi-Martini.* [w]

Le *vermouth* est un apéritif à base de vin blanc et de *mistelle* (mélange de moult de raisin et d'alcool), dans lequel on fait mariner des herbes aromatiques. Dans le cas d'un vermouth rouge, la couleur est obtenue par adjonction de caramel. Le mot *vermouth* a été inventé à la fin du XVIIIe siècle par un distillateur italien du Piémont, Antonio Benedetto Carpano, qui va créer une liqueur à base de vin blanc et d'une trentaine d'épices, dont l'armoise, choisie pour son amertume. Il ouvre un magasin à Turin en 1786 et le succès est tel qu'il reste ouvert jour et nuit.

Carpano était un homme cultivé. L'un de ses auteurs préféré aurait été Goethe, chez qui il trouve le mot *Wermut*, qui signifie absinthe, et plus généralement armoise, qui comprend, outre l'absinthe, des plantes comme le génépi, l'estragon.

Nutella (1964)

Nécessité fait loi. Mélangée à l'imagination, elle peut aussi procurer la fortune: *Nutella* est né de la pénurie, notamment de fèves de cacao en Italie, au lendemain de la Seconde Guerre Mondiale.

Pietro Ferrero, pâtissier à Alba, une bourgade du Piémont entre Gênes et Turin, va alors se rappeler une vieille recette de la région, le *gianduja* (ou *giandujot*, on a longtemps parlé français dans le Piémont). L'origine de ce nom daterait de la fin du XVIIIe siècle, lorsqu'un marionnettiste de la région, un certain Sales, aurait rencontré un personnage haut en couleur *Gioan d'la douja* (*Jean de la chope*), qui lui aurait inspiré une marionnette, qui a peut-être clamé son addiction à cette nouvelle friandise des confiseurs turinois.[w] Quant à la recette, elle avait été inventée par les pâtissiers turinois au début du XIXe siècle, à la suite du blocus continental décidé par Napoléon contre l'Angleterre, qui avait provoqué une pénurie de cacao. Déjà. Et pour remplacer les fèves de cacao, ils avaient eu l'idée de remplacer, au moins en partie, ces fèves par des avelines, ces grosses noisettes dont regorge la région. Le chocolatier Michele Prochet, de la société *Caffarel* (rachetée beaucoup plus tard par la firme suisse **Lindt & Sprüngli)**, a ensuite perfectionné ce mélange en 1852 en grillant les noisettes et en les moulant finement.

Avec l'aide de son frère Giovanni, Pietro va lui aussi adapter cette recette pour concocter une recette économique faite de poudre d'avelines mélangée à une pincée de poudre de cacao, du lait écrémé, également en poudre, du sucre, de l'huile végétale. Il obtient une sorte de lingot à couper au couteau, qu'il enveloppe dans de l'aluminium qu'il appelle lui aussi *Gianduja*. Le produit sort en 1946 et est très bien accueilli car il est nourrissant et abordable. Au point de construire une usine et de fonder la société *Ferrero*.

Trois ans plus tard, le sud de l'Europe subit une forte canicule. Pour conserver leurs préparations, les pâtissiers et chocolatiers les entreposaient dans des pièces rafraîchies par des pains de glace. Cette année-là, les pains ont fondu plus vite que les glacières ne pouvaient en fournir. Et le *Gianduja* fondait... Michele Ferrero, le fils de Pietro, eut alors l'idée de le mettre en pot de verre et de le vendre en l'état. C'est l'engouement. Ferrero décide donc de ne plus vendre son produit qu'en pot en rajoutant de l'huile de palme pour qu'il soit crémeux, même sans canicule.

Le succès est fulgurant. Si bien que la pâte chocolatée garde au début le même nom, *Gianduja*, et n'en change qu'en 1951 pour devenir *Supercrema*. En 1963, une loi italienne interdit le mot *Super* dans les produits alimentaires. Contraint de changer de nom, Michele Ferrero en profite pour modifier en profondeur la recette (sans doute en augmentant la proportion d'huile palme pour diminuer les coûts et la rendre plus crémeuse et donc plus facilement tartinable). Le nouveau produit s'appelle *Nutella*, de *nut* (terme générique en anglais pour désigner tout type de fruit à coque) avec la terminaison italienne *-ella*. Féminin en italien, la marque change de sexe en français.

Le succès s'internationalise, notamment en France. Du coup, l'usine française de Villers-Ecalles, en Seine-Maritime, qui avait été construite en 1961 pour produire des bouchées **Rocher,** autre friandise *Ferrero*, est adaptée à la fabrication du *Nutella*. C'est aujourd'hui la principale usine au monde (sur huit): 155 millions de pots sortent chaque année de ses chaînes, soit un pot sur trois produits dans le monde. La France est aussi le premier marché mondial avec 26 % des 350 000 tonnes consommées annuellement. Il faut dire que *Nutella* règne sans partage sur le marché français de la pâte à tartiner: 82 % du total! Ne s'endormant pas sur ses lauriers, *Ferrero* décline son produit phare en biscuits: nouveau succès.

En 1997, Michele Ferrero passe la main à ses deux fils, Pietro et Giovanni. Michele décède en 2007, et Pietro en 2011. Giovanni reprend seul les commandes, mais quitte ses fonctions de directeur général en 2017 tout en restant président exécutif. Selon le classement *Forbes* de 2020, il est l'homme le plus riche d'Italie avec 34,7 milliards de dollars.

O

Oasis (1966)

Cette boisson gazeuse aux fruits a été créée par **Volvic.** La société a été rachetée en 1984 par le groupe **Perrier.** En 1990, ce dernier se recentre sur l'eau et vend sa division boissons aromatisées, la *Compagnie d'Exploitation des Boissons Rafraîchissantes* (propriétaire de **Gini** également), au groupe **Cadbury Schweppes,** qui l'intègre dans sa division **Orangina Group,** qui réunit l'ensemble de ses sodas. En 2006, *Cadbury Schweppes* revend cette division à la firme japonaise *Suntory.*

Oasis est commercialisé uniquement en France, en Italie et en Belgique ainsi qu'en Espagne sous le nom *Trina.* En France, *Oasis* est n° 1 des ventes de boissons aux fruits plates avec près de 40 % de part de marché (août 2019-juillet 2020), loin devant les marques concurrentes puisqu'en seconde place on trouve les marques distributeurs qui représentent 30 % de part de marché.[205].

Le nom *Oasis* a été trouvé par *Nomen,* une agence de *naming* (recherche de noms de marques), pour suggérer que le plaisir procuré par cette boisson quand on a soif se compare à celui du marcheur du désert quand il arrive dans une oasis.

Ocean Spray (1912, 1930)

La marque est née en 1912, la société en 1930.

Marcus L. Urann est un fermier de la bourgade Hanson, dans le Massachusetts. Il est producteur de canneberges (la traduction en français de *cranberries*) et un jour, il a l'idée de faire de la confiture avec ces airelles pour les valoriser. Il appelle sa préparation *Ocean Spray* (littéralement, *fines gouttelettes d'océan.* On comprend pourquoi même les Québécois ont renoncé à traduire...).

Ce nom s'explique par le fait que la canneberge pousse dans les marais. Pour la récolte, on inonde les bassins dans lesquels les arbrisseaux de canneberge poussent, on remue l'eau, les baies se détachent et remontent à la surface tandis que des boudins disposés à l'extérieur du champ empêchent les fruits de s'éparpiller. Le résultat visuel est un océan de baies rouge vif, dans lequel les récolteurs s'enfoncent jusqu'à la taille.

En 1930, ce même Marcus L. Urann, constitue, avec deux autres agriculteurs, John Makepeace et Elizabeth Lee, spécialisés dans la canneberge, une coopérative pour développer le marché de ce fruit.

Marcus en prend la direction et dès la première année d'existence, *Ocean Spray* devient le premier producteur des États-Unis. Après les confitures, l'offre se diversifie avec les jus.

En 1950, la coopérative s'internationalise et ouvre sa première exploitation en dehors des États-Unis.

La renommée de la marque s'étend rapidement à partir de 1963, avec le mélange canneberge-pomme, qui sera par la suite décliné avec d'autres fruits.

Dans les années 70, *Ocean Spray* poursuit sa diversification en créant une coopérative de producteurs d'agrumes dans la région d'Indian River en Floride (sur la côte atlantique, à la hauteur d'Orlando).

La diversification se poursuit, via un accord avec des céréaliers et des industriels de la boulangerie, de la pâtisserie et des produits surgelés.

Si la canneberge est largement répandue aux États-Unis, au Canada, en Russie et dans les pays du nord de l'Europe, dont le Royaume-Uni, elle est totalement méconnue en France. Qui en soupçonnait l'existence il y a dix ans, avant qu'*Ocean Spray* ne nous délivre de notre ignorance en 2005 en commercialisant en France ses premiers jus ? [206, w]

Résultat, le mot *cranberry* s'est imposé sur les étiquettes et plus largement dans le langage courant alors que le mot *canneberge* existe depuis le XVIIe siècle et est même citée dans un roman de Chateaubriand, *Les Natchez : «Après avoir fait un repas de racines de canneberge, la voyageuse reprit sa route».*

Old Nick (1893)

Old Nick est un rhum haut de gamme élaboré à l'origine par la maison **Dillon.** Après le rachat en 1967 par **Bardinet,** l'étiquette s'est vu orné d'un médaillon représentant la jeune Antillaise, logo de Négrita. Puis *Old Nick* est passé sous label Négrita. Dernière évolution, cette marque est devenue une gamme de rhums blancs (avec une variante ambrée) et de cocktails prêts à boire, Mojito, Daïquiri, Piña Colada...

Quant au pourquoi de cette appellation, on se perd en conjectures. Parmi les envisageables, il y a le fait qu'en anglais, *Old Nick* signifie *le diable.* Or il faut se souvenir que le colonel Dillon (*voir ce nom*) a stationné dans cette ville avec son régiment d'irlandais pendant plusieurs mois à la fin du XVIIIe siècle. À l'époque, le *tafia,* ancêtre du rhum, que consommaient les militaires, était surnommé *tue diable*[207].

Opéan (2020)

Encore un hard seltzer français (*voir* **Natz).** Celui-là a été lancé par trois jeunes consultants, confinés au Pays basque, Firas Alnajar, François Bassnagel et Pierre Béraud-Sudreau, avec l'aide d'une œnologue champenoise et une brasserie bourguignonne. . Il s'appelle *Opéan*, peut-être inspiré par proximité de l'océan, mais qui a sa signification propre : *o* pour *eau*, *pé* pour *pétillant*, *a* pour *alcoolisée* et *n* pour *naturelle*.

Orangina (1936)

Léon Beton habite en Algérie, plus précisément à Boufarik, une petite ville dans la plaine de la Mitidja, entre Alger et Blida. Nous sommes dans les années 1930 et Léon Beton possède un petit atelier de production d'huiles essentielles de géranium et de lavande.

En 1935, Léon se rend à la foire de Marseille. Et là, un stand attire son attention, celui de *Naranjina* (*petite orange* en espagnol). Il est tenu par un pharmacien de Valence (en Espagne), le Dr Agustin Trigo Mirallès, qui présente un concentré d'oranges qui, additionné de sucre et d'eau, donnait une orangeade délicieuse et surtout pouvait se conserver longtemps. Léon débute la commercialisation de ce concentré avec succès en Algérie.

Le Dr Trigo va alors inventer un nouveau produit, prêt à boire, qu'il baptise, à l'intention des clients français, dont Léon, *Orangina*, sorte d'adaptation française de *Naranjina*. Léon Beton le commercialise également, mieux il le présente à la foire d'Alger où il rencontre un franc succès : la région est couverte d'orangeraies.

L'histoire a failli s'arrêter là : la guerre d'Espagne, qui rend les communications difficiles avec Valence, puis la Seconde Guerre Mondiale, qui entraîne entre autres une pénurie de sucre. Bref, pendant plus de dix ans, côté Français comme Espagnol, on a eu autre chose à penser qu'à une orangeade, aussi goûteuse et ingénieuse fût-elle. Mais une fois la paix revenue, Jean-Claude Beton, le fils de Léon, n'a rien oublié. Pourtant, ce jeune ingénieur agricole s'était spécialisé dans le vin. Mais *Orangina* devait être un peu sa madeleine de Proust à lui.

Dès la reprise des relations commerciales avec l'Espagne en 1947, il se précipite chez le docteur Trigo à Valence et négocie la propriété de la marque pour la France, colonies comprises. En 1951, l'usine de Boufarik démarre avec l'aide d'un contremaître espagnol venu de Valence. Le produit est un vrai succès en Algérie. Encouragé, Jean-Claude décide de s'intéresser à la métropole. Il commence par faire la tournée des concessionnaires potentiels. Là, les résultats sont moins tonitruants. Néanmoins, trois sociétés, *Fruidam* à Paris, *Denni* à Strasbourg et les *Établissements Milles* à Perpignan se montrent intéressés. Plus une quatrième, qu'il fonde lui-même à Marseille, la *Rhodanienne de boissons*. En 1952, *Orangina* commence à montrer sa petite bouteille ronde dans de nombreux cafés français, malgré la réticence des cafetiers, car du fait de sa forme, elle prend beaucoup de place à stocker.

Par l'intermédiaire de Jean Giraudy, qui possède l'un des plus grands parcs de panneaux publicitaires en France, Jean-Claude Beton rencontre le peintre-affichiste Bernard Villemot. À l'époque, il est interdit de montrer un fruit sur une affiche pour vanter un produit qui en contient moins de 25 %. Villemot tourne la difficulté en dessinant une table de bistrot avec, posée dessus, la petite bouteille orange et un parasol en forme de zeste ! La première campagne publicitaire est un succès. Plus de vingt-cinq autres suivront, jusqu'à la mort de l'artiste en 1989.

En 1956, le début de la guerre d'Algérie convainc Jean-Claude Beton à passer de plus en plus de temps en France, à Marseille, où le climat est plus propice pour les affaires. En 1961 que la société *Naranjina Nord-Afrique* devient la *Compagnie française des produits Orangina* (*CFPO*), avec son siège à Marseille.

Outre une très bonne publicité, la commercialisation d'*Orangina* bénéficie également d'un certain nombre d'innovations. Ainsi, en 1968, elle est la première boisson à être proposée en pack de six. Dix ans plus tard, elle sera la première marque à se présenter en boîte aluminium de 33 cl (ce conditionnement imposera, une modification très discrète de la boisson).

Entre-temps, le premier clip publicitaire réalisé par Jean-Jacques Annaud et Pierre Étaix, le *Tic du barman*, en 1974, qui insiste sur le fait qu'une bouteille d'*Orangina* doit être secouée, fait un tabac. En outre, elle permet de présenter une bouteille au client sans la pulpe tassée au fond de la bouteille, ce qui est plus alléchant.

En 1983, *Orangina* traverse l'Atlantique mais doit s'appeler là-bas *Orelia*, **Pernod Ricard** ayant déposé cette marque pour ce marché.

Y avait-il anguille sous roche ? L'année suivante *Pernod Ricard* rachète *Orangina*. L'internationalisation va s'accélérer et s'homogénéiser : *Orangina* reprend son nom outre-Atlantique.

En 2000, *Pernod Ricard*, qui possède également **Pampryl,** regroupe les deux dans une seule entité, *Orangina-Pampryl*, où l'on trouve également les marques **Champomy,** *Brut de Pomme*, **Banga, Ricqlès.** Pour mieux vendre le tout, dès l'année suivante : intéressé, **Coca-Cola** doit y renoncer à la suite du refus du Conseil de la Concurrence. C'est finalement le groupe **Cadbury-Schweppes,** qui l'acquiert pour 700 millions d'euros.

Dans les années 2003-2004, la culture d'entreprise change : la société familiale laisse la place à une société dirigée par des financiers. La fille du fondateur, Françoise Beton, quitte l'entreprise. Elle ne sera pas la seule.[208, w]

En 2006, *Orangina-Pampryl* et *Scheweppes France*, *deux filiales de Cadbury Schweppes* fusionnent pour donner *Orangina Schweppes* qui se hisse au 2e rang du marché des boissons non-alcoolisées derrière *Coca-Cola.* Quelques mois plus tard la maison-mère vend cette activité boissons aux fonds d'investissement *Lion capital LLP et Blackstone.* En 2008, le groupe prend le nom *d'Orangina Schweppes Group.* L'année suivante, le groupe japonais *Suntory* l'acquiert et change le nom officiel en *Suntory Beverage & Food France* (même si le nom d'usage reste Oranfina-Schweppes).

Oreo (1912)

Vous ne le saviez peut-être pas, mais il serait le biscuit le plus vendu au monde, rapportant environ 1,5 milliard de dollars (1,3 milliard d'euros) par an à son propriétaire, le groupe **Mondēlez International.** Depuis sa création, quelque 500 milliards de ce double biscuit rond au chocolat prenant en sandwich une couche de crème auraient été engloutis. Ils auraient été conçus à l'origine par *Nabisco* parce que les biscuits anglais étaient trop banals. En France, le biscuit ne débarque qu'en 2010, après le rachat trois ans plus tôt de la biscuiterie **Lu** par *Kraft Foods* devenu aujourd'hui *Mondēlez International.*

L'origine du nom est méconnue. Du coup, les spéculations et explications vont bon train. Nous n'en citerons que deux, parmi les moins loufoques. Pour certains, les lettres *re*, au milieu de *cream* (*crème*) se retrouvent prises en sandwich entre les deux *o* de chocolat. D'autres avancent une hypothèse tout aussi alambiquée mais curieusement crédible : *Oreo*, produit par la firme *Nabisco* (*National Biscuit company*) n'aurait été qu'une imitation d'un biscuit existant déjà depuis quatre ans et très populaire. Il avait en outre la même apparence que l'*Oreo* que nous connaissons. Ce cookie, produit par la société *Sunshine*, s'appelait *Hydrox*, pour hydrogène et oxygène, les deux atomes de l'eau, éléments indispensables à la vie (si l'allusion se veut subliminale, elle ne peut s'adresser qu'aux érudits). Le nom était gravé sur le gâteau, entre deux brins de laurier. Or il existe un type de lauriers, le laurier de montagne, dont le nom scientifique est Oreodaphne, dont le fruit est succulent. *Nabisco* avait l'habitude d'appeler ses différents cookies par des noms de fleurs *Lotus*, *Helicon* (hélicon, appelé également faux oiseau de paradis), *Zephyrette* (une sorte de lys rose nommé zéphyr)... Le petit dernier aurait donc pris le nom d'*Oreo*, mais sans le laurier pour ne pas être accusé de plagiat. [209, w]

Otard (1795)

Jean Baptiste O'Tard de La Grange, seigneur de Mérignac, né en 1773, refuse d'émigrer au moment de la Révolution, malgré les menaces qui pèsent sur la noblesse. Il sera incarcéré deux fois, en 1791 et 1793, à l'abbaye de Saintes. Entretemps, il était devenu ingénieur cadastral de son canton. À en croire le site officiel, son deuxième séjour en prison faillit lui être fatal. Il était en effet condamné à mort. Mais la veille de son exécution, le peuple aurait fait le siège de sa prison et l'aurait libéré. Nous n'avons pas pu recouper l'information. Il se serait ensuite réfugié quelque temps à Londres où il aurait appris l'art de la distillation.

Revenu à Cognac, il fonde sa maison de cognac en 1795. Il deviendra parallèlement député-maire (ultra-royaliste) de la ville pendant près de vingt ans. Dès 1796, estimant que ses caves offraient des conditions idéales pour le vieillissement du cognac, le baron, devenu Otard, achète et restaure le château de Cognac, qui vit naître le roi François 1er.

Décédé en 1824, il est remplacé à la Chambre des Députés par son suppléant... Jacques Hennessy, dont il avait battu le gendre, Théodore-Auguste Martell, à l'élection municipale de 1824. Le monde du cognac est petit... La maison, qui s'appelle *Château de Cognac*, a longtemps commercialisé deux marques, *Baron Otard* et *Gaston de Lagrange*.

Cette dernière était la marque de cognac préférée de Malko Linge, alias SAS, le héros de Gérard de Villiers, qui avait pris l'habitude de faire de la publicité dans ses romans.

La maison a été rachetée par **Martini & Rossi** en 1992, qui à son tour tombera dans l'escarcelle de **Bacardi** en 2007. Ce dernier décide de relancer *Baron Otard* et de sacrifier *Gaston de Lagrange*, quitte à créer une nouvelle marque, *D'Ussé*, à destination du marché américain, dont les carafes sont décorées de la Croix de Lorraine.

Pourquoi *D'Ussé?* Le château éponyme se trouve dans la région de Tours, soit à 200 km de Cognac... Peut-être parce que, selon la légende, Charles Perrault se serait inspiré de ce château pour écrire le conte de la *Belle au Bois Dormant*. Un peu de magie française, ça ne peut pas faire de mal...

L'origine du nom de O'Tard remonte à 849 avec l'aventurier viking Ottar de Hålogaland (un territoire situé à l'extrême nord de la Norvège). En 890, il débarque en Angleterre où il rencontre le roi du Wessex, Alfred le Grand, qui l'aurait incité à écrire ses mémoires.

Les choses évoluant, du XIe au XIIIe siècle, les descendants d'Ottar anoblis Baron et Comte Maréchal (*Earl Marshal*, un titre dévolu à l'époque aux officiers des chevaux et des écuries du Roi) en 1260, résident dans le Château de Dun-Ottar en Écosse. Renommés pour leur loyauté à la cause des Stuart, ils suivent James II dans son exil en France en 1688. James O'Tard combat aux côtés de Louis XIV qui le fait Baron en 1701. Jean Baptiste Antoine O'Tard de la Grange est son petit-fils[210].

Ovomaltine (1904)

Nous sommes en 1865. Dans son laboratoire de Berne, la capitale de la Confédération Helvétique, le pharmacien Georg Wander cherche un moyen de lutter contre la malnutrition. Le véritable fléau de la seconde moitié du XIXe siècle si l'on juge par le nombre de personnes qui travaillent sur le sujet: Henri Nestlé, Justus von Liebig, Julius Maggi ou même Jean Motte, qui cherche à élaborer la margarine, appelé *beurre des pauvres* (*voir* ***Astra***).

Georg Wander choisit le malt, un produit obtenu à partir de graines d'orge germé, connu et utilisé comme remède depuis plus de 2000 ans. Il trouve un moyen d'assurer sa conservation et met ainsi au point un aliment fortifiant, plus particulièrement destiné aux enfants malades ou chétifs. Son produit rencontre le succès. La société *Wander AG* est constituée. A sa mort en 1897, son fils Albert, lui aussi pharmacien et chimiste prend la relève et améliore le produit élabore par son père, en qualité mais surtout en goût en rajoutant des œufs, du lait et un peu... de cacao. En 1904, il lance l'*Ovomaltine*, un nom composé de *ovo*, (du latin *ovum*, *œuf*), de *malt* et d'une terminaison souvent utilisée en pharmacie.

Lancée à l'origine comme un médicament, cette poudre (à laquelle il suffisait de rajouter de l'eau ou du lait) va être rapidement adoptée par les personnes en bonne santé et notamment les sportifs, qui apprécient ses vertus fortifiantes.

À partir de là, tout va très vite. Deux ans après sa mise sur le marché, l'*Ovomaltine* commence à être commercialisée en Italie et en Angleterre. En 1913, une première usine est construite en Angleterre, à Kings Langley, près de Londres). Dans ce pays, et par la suite dans l'ensemble des pays anglophones, le produit s'appelle, en raison d'une erreur de transcription à l'enregistrement, *Ovaltine.*

En 1932, *Ovomaltine* fait son entrée aux Jeux Olympiques de Los Angeles, parmi les aliments destinés aux athlètes et autres participants. En 1936, la marque obtient le premier partenariat privé avec le *CIO* (*Comité International Olympique*), sorte de prélude au sponsoring. Entre les Jeux d'été puis, plus tard d'hiver, *Ovomaltine* revendiquera quelque 19 participations. En 1937, apparaît la première barre *Ovomaltine*, pratique d'emploi, destinée aux sportifs. En 1967, *Ovomaltine* est rachetée par les Laboratoires

Sandoz. En 2002, la marque est revendue au groupe britannique *Associated British Foods* (*ABF*). Devenue filiale, *Wander AG* poursuit la fabrication de l'*Ovomaltine* à Neuenegg (un bourg près de Berne) où l'usine a été transférée en 1927.[211, w] Ovomaltine tend à raccourcir son nom sans y renoncer totalement : Ovo est écrit en gros, le reste en petit…

P

Paddy (1879, 1912)

Selon le site de **Pernod Ricard,** qui possède la marque (comme la plupart de celles des whiskeys irlandais), le *Paddy* serait né en 1779. Nous n'avons pas retrouvé ces dates. La distillerie dans laquelle il était produit, la *Distillery Company de Midleton* a été fondée en 1825. Reprise en 1867 par la *Cork Distilleries Company* (*CDC*), elle-même née de la fusion de cinq distilleries locales, elle commence à produire en 1877 son *Cork Distillery Company Old Irish Whiskey*. Afin d'améliorer les ventes, la société embauche des vendeurs. Parmi eux, un certain Paddy Flaherty, qui offrait une tournée à tous les consommateurs quand il arrivait dans un bar pour vendre son whisky. Ses ventes furent si spectaculaires et son nom tellement synonyme de ce whiskey qu'en 1912, la distillerie a décidé de le renommer *Paddy Irish Whiskey* en son honneur.[212, w]

Le *Paddy* est le second whiskey irlandais le plus vendu en France après **Jameson**.

Pago (1888, 1949)

Cette marque de jus de fruit autrichienne a pour origine un certain Jakob Pagitz, qui a commencé, à la fin du XIXe siècle, par mettre de l'eau de Selz en bouteilles, dans sa bonne ville de Klagenfurt, en Autriche. En 1900, il est le premier à mélanger du jus de fruits avec de l'eau de Selz. Trois premiers parfums: pomme, cassis et groseille, des fruits disponibles dans la région. Dans les années 30, il lance le concept du fruit à boire, concept qu'il reprendra au lendemain de la guerre mondiale. Avec une marque, *Pago*, contraction de ***Pagitz*** et de ***Obst***, *fruit* en allemand.

En 1960, l'année où Jacob Pagitz décède, la marque est connue dans toute l'Autriche. Sa femme et ses deux fils prennent la relève. Il faudra néanmoins attendre 20 ans pour que les bouteilles de *Pago*, exclusivement disponibles jusqu'alors dans les cafés et les restaurants, se retrouvent dans les gondoles de supermarchés. En 1977, *Pago* est racheté par une brasserie autrichienne, *Brau-Betilligungs*, elle-même acquise quelques années plus tard par le groupe **Heineken.** En 2013, ce dernier la revend au groupe *Eckes* **Granini.** [w, 213]

Paille d'Or (1905)

Gaufrette à la framboise (produite localement) conçue par Louis Lefèvre-

Utile (*voir* **LU**). Elle ressemble aux brins que l'on tient serrés ensemble quand on joue à la courte paille, D'où son nom. En outre son format la rend accessible aux plus petites bouches.

Palais des Thés (1986)

Enfin une maison de thé qui n'affirme pas haut et fort son ancestralité ! Le fondateur, François-Xavier Delmas, l'a créée, avec des amis et des collègues, alors qu'il prépare un DEUG de droit. Par la suite, cela deviendra un projet de vie et il rachètera la plupart des parts de l'entreprise, qu'il détient aujourd'hui avec Mathias Minet venu le rejoindre.

Il ouvre sa première boutique, *Le Palais des Thés*, dans le 6e arrondissement de Paris. Depuis, l'enseigne compte 22 boutiques en France dont 5 à Paris et 13 à l'étranger, dont le Japon et les États-Unis.

En 2013, l'enseigne supprime l'article pour devenir *Palais des Thés*. Un nom en forme de jeu de mots avec le célèbre Palais d'Été de Pékin, inscrit à la Liste du patrimoine mondial de l'Unesco.

Palmito (1972 ?)

Petit palmier, ce biscuit (ou petit gâteau) en forme de cœur (ou de feuille de palmier, d'où le nom), bien collant en raison du sucre dont il est recouvert et qui a caramélisé à la cuisson semble avoir été inventé par *Brun*.

À la suite des regroupements de différentes biscuiteries-pâtisseries européennes (*voir* **LU**), *Palmito* a poursuivi sa carrière sous la bannière de *L'Alsacienne* avant de se présenter aujourd'hui sous celle de *LU*.

Pall Mall (1899)

Marque de cigarette haut de gamme produite par la firme londonienne *Butler & Butler*, acquise en 1907 par *American Tobacco*. En 1994, les marques *Pall Mall* (et **Lucky Strike**) sont rachetées par *Brown & Williamson Tobacco Corp.*, qui fusionne avec *R.J. Reynolds Tobacco* dix ans plus tard.

Le nom *Pall Mall* vient d'une rue de Londres, Pall Mall, très renommée pour ses clubs de gentlemen, fondés à la fin du XIXe siècle et au début du 20e, parmi lesquels l'*Athenaeum Club*, le *Reform Club* ou le *British Automobile Club*. *Pall Mall* signifie littéralement *l'allée avec un voile de fumée*. Cette fumée n'émane pas des cigares grillés dans différents clubs de la rue ; en réalité, il s'agit de la déformation d'un jeu apparenté au croquet et venu de France où il s'appelait *paille-maille*, et qui était joué dans le quartier au XVIIe siècle.[w]

Pampryl (1926)

Du pur pinot noir de Bourgogne. C'était cela le *Pampryl* originel. L'idée de commercialiser du jus de raisin en bouteilles est en effet née au sein de la maison vinicole *Maillard Grivot* une année où la récolte était largement excédentaire. D'où le nom : *Pampryl*, formé de *pampre*, qui est le nom de la *tige de la vigne*, et le suffixe *-yl*, qui faisait médicinal : ce jus de fruit était vendu en pharmacie !

Ce n'est qu'après la Seconde Guerre Mondiale que cette marque a pris son essor commercial, en sortant des pharmacies et en diversifiant les jus de fruit et en les proposant en grand format (bouteilles de verre d'un litre).

En 1981, *Pampryl* est le jus de fruit leader des ventes dans la grande distribution[214]. En 2000, la société, qui appartient au groupe **Ricard,** fusionne avec **Orangina** pour donner *Orangina-Pampryl*, toujours au sein du groupe *Ricard* (*voir Orangina*).

Panzani (1940)

Giovanni Ubaldo Panzani naît en Italie en 1911. Très jeune, il émigre en France avec ses parents qui ouvrent à Niort (Deux-Sèvres) une boutique de pâtes et de produits italiens. Giovanni devient Jean. Et Français.

En 1940, Jean Panzani est sous les drapeaux. Pas pour longtemps. L'armistice signé, il revient à Niort. Jean est sans doute conscient que l'un des problèmes des années à venir va être la nourriture. Il décide donc de faire des pâtes et s'installe dans le grenier de la maison de son grand-père, à Partenay. Et les livre lui-même à vélo le matin.

Dans la région, il n'y a pas beaucoup de concurrence. Certes, à l'époque, des fabricants de pâtes, en France, il y en a. Ils sont venus d'Italie dans l'entre-deux-guerres et sont environ 250. Mais la plupart se sont installés près leur pays d'origine, en Provence, Vallée du Rhône et Savoie plus quelques autres en Alsace, dorénavant allemande.

À la fin de la guerre, la demande explose. Jean rachète une ancienne usine de chaussures à Partenay et la transforme en usine de pâtes sèches, qu'il commercialise sous la marque *Francine*.

En 1949, les cartes de rationnement sont supprimées. La marque *Francine* également car elle rappelait trop cette époque. Ce sera désormais *Pasta Panzani*.

Pour se démarquer de la concurrence, qui vendait ses pâtes en boîte carton de 250 g, *Panzani* les vend sous cellophane (on les voit), par 500 g. Un coup de maître, que *Panzani* prolonge en 1952 en proposant de la sauce tomate en boîte. Il lance également ses premières campagnes de *réclames*.

Au début des années 60, le commerce subit une profonde révolution avec l'arrivée des premiers supermarchés. *Panzani*, qui est président du syndicat des fabricants de pâtes, les incite à s'unir. Et il donne l'exemple : entre 1960 à 1964, *Panzani* fusionne avec les sociétés *La Lune* puis *Régia Scaramelli* et devient le n° 1 des pâtes, avec une production annuelle d'environ 90 000 tonnes.

Pour maîtriser au mieux sa matière première et garantir au consommateur une qualité constante, *Panzani* intègre la semoulerie de

Saint Just, ce qui lui permet de contrôler la filière de bout en bout, gage de qualité.

En 1973, *Panzani* est racheté par **Danone** (à l'époque *Gervais Danone*), déjà propriétaire de *Milliat Frères* et de *PetitJean*. Les deux sociétés sont alors fusionnées en une seule entité, nommée *Panzani Milliat Frères*.

En 1975, *Panzani* lance sa célèbre campagne de publicité en forme de pastiche du personnage campé par Fernandel de *Don Camillo* dans une série de plusieurs films à succès, et qui devient *Don Patillo chez Panzani*, avec un slogan qui fera mouche : « *Des pâtes, des pâtes, oui, mais des Panzani* ». La campagne durera 22 ans.

En 1994 *Danone* se rapproche du sucrier **Saint-Louis,** pour fonder une co-entreprise, l'un avec ses activités non laitières, l'autre son pôle non sucrier, *Panzalim*. Cette dernière rassemble des marques comme *Panzani*, **William Saurin, Garbit** et *Petitjean*. *Panzani* connaît à cette époque une baisse de part de marché, reculant de sept points en cinq ans. Finalement *Saint-Louis* se retire, *Danone* souhaite se recentrer sur son cœur de cible et revend le tout en 1997 à *PAI Partners* (*Paribas Affaires Industrielles*). *Panzani* redevient n° 1 en France des pâtes et des sauces et n° 2 en Europe.

En 2001, *PAI* cède l'ensemble à la *Financière Turenne Lafayette* (*voir William Saurin*) à l'exception de *Panzani*. L'année suivante *Panzani* acquiert les activités riz, produits frais et couscous de **Lustucru.**

En 2005, le groupe espagnol *Ebro Puleva* (premier groupe agroalimentaire espagnol et n° 1 européen des pâtes et du riz) rachète le groupe *Panzani* et constitue une branche pâtes avec notamment les firmes *Birkel* en Allemagne et *New World Pasta* aux États-Unis. En 2021, Ebro revend eu fonds luxembourgeois CVC Partners l'activité pâtes sèches, coucous, sauces et semoule de Panzani pour 550 millions d'euros.[so, w]

Papillon (1906, 1955)

Deuxième producteur de roquefort après la *Société des Caves de Roquefort* et ses onze marques (*voir* ***Société***). L'entreprise, créée par un certain Paul Alric, s'appelait à l'origine la *Cave Roussel*. Un nom sans doute lié à Antoine Roussel, l'inventeur de la fabrication de penicilium à par-tir de pain de seigle pour l'injecter ensuite dans le fromage de Roquefort (*voir l'encadré Société*). En 1955, peut-être à la suite d'un différent familial, l'affaire est scindée en deux établissements : l'un s'appellera *Papillon*, sans doute parce qu'il est parti voler de ses propres ailes, l'autre, la cave Roussel, tenue par Alric Frères. Cette dernière sera revendue à la coopérative *SCARO* (*Société Coopérative Agricole Régionale Ovine*), aujourd'hui *La Pastourelle*, un autre producteur de Roquefort. Quant à *Papillon*, l'entreprise sera elle

aussi rachetée, en 1998, par un milliardaire discret, Francis Farines, propriétaire du groupe *Privilèges*, spécialisé dans l'hôtellerie (c'est le plus gros franchisé du groupe *Accor*) et l'expertise comptable.
Francis Farines décède en 2016. Trois ans après, la famille, voulant se recentrer sur son cœur de métier, revend *Papillon* à **Savencia** *Fromage & Dairy* (*ex-Bongrain*).

Parmentier (1883)
Conserverie de sardines haut de gamme fondée par Hyacinthe Parmentier et rachetée par **Petit Navire,** lui-même acquis en 2006 par *MW Brands* (*voir Petit Navire*).

Partagás (1845)
Le Catalan Don Jaime Partagás y Ravelo migre à Cuba en 1831. Il fonde sa fabrique, *La Flor de Tabacas de Partagás*, en 1845 à la Havane. Don Jaime possède à ce moment-là plusieurs des meilleures plantations dans la *Vuelta Abajo*, la meilleure région pour la culture du tabac, à l'ouest du pays.
Son talent pour choisir les meilleures feuilles, les faire fermenter, vieillir et les assembler va rendre sa marque, *Partagás*, célèbre. C'est également lui, le premier dit-on, à avoir introduit un lecteur dans la fabrique pour distraire les *torcedors* (*les rouleurs de cigares*) pendant leur travail. Il sera imité par la plupart des autres producteurs (*voir* ***Montecristo***).
En 1868, Don Jaime est assassiné dans l'une de ses plantations, dans des conditions qui ne seront jamais élucidées.
Son fils José prend la relève. Mais il finit par jeter l'éponge et vendre l'entreprise à un banquier (les banquiers et les cigares ont toujours fait bon ménage), José A. Bance, qui à son tour va céder propriété et marque à *Cifuentes, Fernández y Cía*. Nous sommes en 1900. En 1916, il semble que Don José Fernández quitte la société et *Ramón Cifuentes Llano* fusionne alors avec *Francisco Pego Pita* pour former *Cifuentes, Pego y Cía*.
Ramon Cifuentes décède en 1938 et Pego deux ans après. La famille Cifuentes se retrouve seule aux commandes d'une marque prestigieuse et d'une fabrique renommée, rebaptisée *Cifuentes y Cía*.
En 1958, la maison est juste derrière **H. Upmann** en matière d'exportation de cigares, avec en gros un quart du total.
La situation ne changera guère après la Révolution cubaine. Aujourd'hui, les *Partagas « hecho en Cuba »* sont toujours la deuxième marque la plus vendue au monde (excepté aux États-Unis, pour cause d'embargo), derrière *Montecristo*. Seul changement, la fabrique a été renommée *Francisco Pérez Germán*.
En 2002, *Altadis* (rachetée en 2008 par *Imperial Tobacco*) acquiert la minorité de contrôle de la société d'État de distribution de cigares *Habanos SA*. Elle en

profite pour restructurer la production et les marques entre *fait main* et *fait machine*, réduisant les gammes, éliminant les modèles qui ne se vendaient pas ou peu. *Partagas* n'a pas échappé à ce dépoussiérage.[w]

Pastis 51 (1951)

Appelé à l'origine *Pernod 51*, en raison de son année de naissance, ce pastis va rapidement changer de nom, pour s'appeler trois ans plus tard *Pastis 51*, pour éviter toute confusion avec le **Pernod 45,** où le nombre n'indique pas l'année de création (1938) mais le degré d'alcool.

Patriarche (1780, 1785)

Cette maison, l'une des plus anciennes sociétés viticoles de Bourgogne, avec la maison **Bouchard.** Même si les dates de création affichées diffèrent – 1731 pour *Bouchard*, 1780 pour Patriarche – elles sont juridiquement nées la même année, en 1785. Pour une raison simple: elles ont été créées par deux associés d'une même maison qui se sont séparés à la suite d'in différend commercial. Cette maison s'appelait *Joseph Bouchard Père & Fils et Patriarche.*

La première date, 1780, correspond à celle où Jean-Baptiste Patriarche, fils de Claude, recteur d'école et négociant en vins à Savigny-lès-Beaune, en Bourgogne, s'installe à Beaune, pour devenir négociant en vins, comme son père.

Quinze ans plus tard, Jean-Baptiste acquiert le Couvent des moniales de la Visitation, confisqué par la révolution et revendu aux « *gens du peuple* » et qui demeure aujourd'hui le siège social de la maison.

Pourtant, l'histoire de cette société ne sera pas un long fleuve tranquille. Elle fera même faillite en 1809, à la suite du Blocus continental imposé par Napoléon Ier depuis 1806 à l'encontre du Royaume-Uni. Quelques semaines plus tard Jacques Elizabeth Patriarche, le frère cadet de Jean-Baptiste reprend l'affaire à bon compte et la renomme *Patriarche Père et Fils.*

Les descendants de Jean-Baptiste Patriarche demeurèrent propriétaires directement ou par alliance jusqu'au décès de Marie-Noémie Vernaux, descendante de Jean-Baptiste, en 1940.

Aucun héritier ne voulant ou ne pouvant assumer la succession, la maison est mise en vente et acquise en 1941 par André Boisseaux, fils de négociant et viticulteur bourguignon, en partenariat avec son cousin Georges Kriter (*voir ce nom).*

Ce dernier, puis son fils Jacques, va réaménager les caves, les plus grandes de la région et parmi les premières à s'ouvrir aux visiteurs et développer considérablement la maison, en commercialisant ses bouteilles (les plus grands noms de Bourgogne, *Mercurey, Meursault, Auxey-duresses…* pour les blancs, *Pommard, Aloxe-Corton, Vosne-romanée, Chevrey Chambertin…* pour les rouges) sous la marque *Patriarche Père et*

Fils mais également en créant les premiers vins de table de marque. Le tout premier sera le **Champlure** rosé en 1948, un nom composé de *champagne* pour son côté accrocheur et de *pelure* (*d'oignon*), le vin en contenant. Suivront le **Cramoisay** rouge (un rouge profond, cramoisi pour tout dire) en 1950, puis en 1973, le **Lichette** blanc (un vin qu'on déguste à petites gorgées ?). Ces trois vins sont aujourd'hui réunis sous le label *Les Caves de Marie-Noémie Vernaux*. La maison *Patriarche* est rachetée par le groupe *Castel* en 2011[215, w].

On peut s'étonner que l'activité viticole, comme d'autres, ait pu perdurer, presque normalement pendant la guerre. C'est oublier que les officiers allemands étaient friands de bons vins et de bonne chère et que par conséquent, la demande est restée d'un bon niveau (*voir* ***Les Pyrénéens***). Plus largement, comme le précise l'historien allemand Eberhard Jäckel[216], Hitler souhaitait faire de la France une simple zone touristique : *« À l'avenir la France jouera en Europe le rôle d'une « Suisse agrandie » et deviendra un pays de tourisme »*. Le drame, c'est que nos dirigeants français s'en sont chargés tout seuls. Comme l'explique Jérôme Fourquet[217], *Euro Disney* a ouvert ses portes douze jours après la fermeture de l'usine de Renault Billancourt. C'était en 1992. Depuis, en trente ans, les usines ont laissé la place aux parcs de loisirs. De profundis.

Paysan Breton (1969)

Une coopérative laitière bretonne, *Laïta*, réunissant quelque 7 000 producteurs et 2 500 collaborateurs a éprouvé le besoin, comme d'autres (*voir* ***Florette, Brossard, Delpeyrat***), d'être présente sous forme de marque en aval de la filière. Elle a donc commencé, et c'est bien naturel, par le beurre, fabriqué à la beurrerie de Landerneau, dans le Finistère. Trois ans plus tard, l'emballage vichy en papier sulfurisé apparaît dans les gondoles de la grande distribution. Suivront un camembert, *Kergall* (*village gaulois*, en breton), du fromage fouetté, du brie. Première diversification hors des produits laitiers, en 2011 : les crêpes.[so]

Une coopérative laitière réunissant 7 000 producteurs, sûr que ça fait du bruit dans Landerneau ! Les linguistes avancent plusieurs hypothèses pour expliquer l'origine de cette expression. La plus vraisemblable à nos yeux vient d'une pièce d'un auteur boulevardier à succès mais aujourd'hui oublié, Alexandre Duval (1767-1842). Cette pièce, intitulée *Les Héritiers ou le Naufrage*, jouée pour la première fois en 1796, raconte l'histoire d'un officier de marine donné pour mort, qui réapparaît soudain dans sa ville d'origine, Landerneau. Les héritiers, ignorant encore la nouvelle, sont surtout occupés à se disputer la succession. Comme souvent dans les intrigues de l'époque, le premier au courant sera un valet qui s'écrie : *« Oh le bon tour ! Je ne dirai rien, mais cela fera du bruit dans Landerneau ! »*. Or cette pièce, jouée à Paris, restera plus de 30 ans au répertoire de la Comédie Française (dont Alexandre Duval était sociétaire) ! Largement de quoi populariser l'expression...

Celle-ci évoluera au fil du temps et aujourd'hui on parle plus souvent du Landerneau politico-médiatique ou littéraire par exemple pour se gausser de l'importance prise dans ces milieux restreints de telle ou telle information somme toute insignifiante.

Cette jolie bourgade du Finistère, située à une vingtaine de kilomètres à vol d'oiseau de Brest, verra sa popularité relancée au début des années 50 par un certain Édouard Leclerc, épicier à Landerneau, fondateur des centres **E. Leclerc,** qui deviendront la première marque de distribution française.

Pedigree (1957, 1989)

Nourriture pour chien produite par la frime américaine **Mars.** Elle est arrivée en France en 1966, sous le nom de *Pal, le copain* en anglais. En 1989, elle prend le nom de *Pedigree Pal*, puis *Pedigree.*

Pelforth (1863, 1921, 1972)

En 1863, Louis Boucquey de Caesteker fonde une brasserie à Lille. Il faut dire que les recherches menées à la demande des brasseurs de la région par Louis Pasteur, premier doyen de la faculté des sciences de Lille de 1854 à 1857, pour une meilleure conservation de la bière, suscitent des vocations. Et pour Louis Pasteur, ces travaux constitueront ses premiers pas vers la pasteurisation.

Les affaires marchent gentiment, la brasserie produit bon an mal an entre 10000 et 20000 hectolitres. Malheureusement, la brasserie ne survit pas à la Première Guerre Mondiale.

Mais en 1921, son petit-fils, Louis Boucquey, convaincu, comme son grand-père, du potentiel de cette boisson, parée de nombreuses qualités à l'époque, notamment pour la santé, s'associe à deux brasseurs lillois, Raoul Bonduel et Armand Deflandre, pour fonder la brasserie du *Pélican.* Un nom qui référence à une danse très à mode dans les années folles, la *Danse du Pélican.*

La brasserie du *Pélican* commence par produire une bière bonde à fermentation basse (lager). Avec succès puisque dès l'année de la création, les ventes atteignent 10000 hectolitres. Douze ans plus tard, elles ont décuplé.

En 1937, Jean Deflandre, fils d'Armand, va changer la destinée de la brasserie. Il crée une bière nouvelle, brune, par assemblage de deux malts d'orge en fermentation haute grâce à une levure anglaise. Il la nomme *Pelforth 43*, *Pel* pour *Pélican*, *et fort*(*e*) car elle contient beaucoup de malt. Le *h* final est là pour faire plus anglais, les îles britanniques étant une référence en matière de bières brunes. Ça n'était pas vraiment une tricherie, la levure était anglaise...

Quant au *43*, il désigne les 43 kg d'orge par hectolitre. Il s'agissait de s'imposer face à un concurrent existant, *Porter... 39* (contre 20 kg en moyenne dans les autres bières).

La brasserie s'interrompt pendant la Seconde Guerre Mondiale, mais la production repart à la fin du conflit, notamment de *Pelforth*. Le chiffre *43* disparaît.

En 1972, devant le succès de sa bière (la bière blonde produite a même pris le nom de *Pelforth pale* en 1963, qui deviendra *Pelforth blonde* en 1991), la brasserie change de nom pour adopter celui de son produit-phare.

Elle n'échappera cependant pas à la grande vague de fusions-acquisitions des années 70. En 1980, elle est rachetée par l'*Union des Brasseries*, filiale des *Brasseries et Glacières Internationales* (*BGI*). C'est à partir de cette date qu'elle produit la bière **33 Export** (*voir ce nom*), créée par les BGI.

En 1986, *Heineken France* et l'*Union des Brasseries* fusionnent pour former la *Frabra* (*Française de Brasserie*), qui sera absorbée par **Heineken** deux ans plus tard. [W]

Pelletier (1896)

Selon le site officiel **LU,** détenteur de la marque, c'est en 1896 à Romainville (aujourd'hui en Seine-Saint-Denis), qu'Henri Pelletier *« développe la conception de la biscotte »*. Cette formule est suffisamment évasive pour signifier qu'il n'est pas à proprement parler l'inventeur de la biscotte, mais tout au plus d'un procédé améliorant sa fabrication (peut-être le tranchage préalable).

En effet, le mot existe en français depuis 1806, selon le *Trésor de la langue française*, un volumineux dictionnaire du français des XIXe et XXe siècles. Or le mot *biscotte* vient de l'italien *bis cotto, cuit deux fois.* En réalité, le terme est un peu abusif au regard de la définition qu'en donne Émile Littré dans son dictionnaire : *pain séché au four.*

Pelletier est racheté en 1973 par **Heudebert** (*voir ce nom*). C'est aujourd'hui une simple marque rattachée à **LU,** au sein du groupe **Mondelēz,** spécialisée dans le pain grillé et biscottes.

Pépito (1961)

Biscuit rond nappé de chocolat créé par **Belin** et repris sous la marque **LU,** après le rachat en 1997 par **Danone** (*voir LU*).

Le nom *Pepito* fait d'autant plus penser à un Mexicain que le chocolat est assorti d'un logo représentant un enfant mexicain habillé en *péon* et affublé d'un *sombrero* (cliché franchement daté même si le petit personnage est sympathique), lançant, dans les pubs télé un dynamique « *Ay, Pépito !* ».

Deux raisons possibles à ce choix : à l'origine, le chocolat était peut-être d'origine mexicaine (le Mexique est l'un des dix premiers producteurs mondiaux de cacao) et/ou le nappage du chocolat, au moment où on le coule sur le biscuit rond, pourrait évoquer le traditionnel chapeau mexicain. Simples hypothèses...

Quoi qu'il en soit, la marque et le logo ont été retirés du marché américain à la suite de plusieurs plaintes de consommateurs d'origine mexicaine: pour eux, « *Ay Pépito* », c'est un peu comme « *Y'a bon Banania* » chez nous...

Aujourd'hui *Pépito* constitue une gamme de biscuits au sein de la marque *LU.*

Pepsi (1893, 1898, 1902)

Comme bien souvent en cette fin de XIXe siècle, le drugstore (littéralement *magasin de médicaments*) de Caleb Bradham, installé à New Bern, une bourgade de Caroline du Nord, possède une fontaine d'eau gazeuse. Caleb a suivi des cours de l'école de médecine à l'Université du Maryland mais n'a pas pu terminer ses études en raison de la faillite de son père.

Il a néanmoins le bagage suffisant pour concocter une boisson concurrente du **Coca-Cola,** inventé en 1886 dans l'État voisin de Géorgie, et dont il doit voir les bouteilles circuler en ville. Peut-être même qu'il en vend. Il va réaliser une boisson à base de noix de kola, ayant la réputation de faciliter la digestion, qu'il mélange à de l'eau de Selz et en remplit sa fontaine.

Et Caleb voit affluer de nombreuses personnes, qui semblent apprécier ce qu'il a appelé le *Brad's Drink, la boisson de Brad.* Devant le succès, Caleb commence à mettre son nectar en bouteille et à le commercialiser. En 1898, il change le nom en *Pepsi-Cola*, pour insister sur le fait que cette boisson stimulait la pepsine, une enzyme de la digestion. Ce qui se révélera totalement faux. Il dépose la marque en 1902.

L'année suivante, Caleb déplace la mise en bouteille de sa pharmacie vers un entrepôt. En 1904, les ventes dépassent 75 000 litres. Cette *success story* va être interrompue en 1923 à la suite d'une très forte hausse des cours du sucre qui met la société en faillite. Un certain Roy C. Megargel rachète la marque. En 1931, la société chute à nouveau, en raison de la Crise financière de 1929. Elle est reprise par Charles Guth, patron de la compagnie sucrière *Loft Industries.* La firme *Coca-Cola* propose de la lui racheter en 1933 (c'est au demeurant la 3e fois depuis 1922 que la firme d'Atlanta tente de mettre la main sur *Pepsi-Cola*). Charles Guth refuse. Il va modifier la composition du *Pepsi* et relancer les ventes en dépit de la dépression dans laquelle est plongé le pays. Avec deux idées simples: doubler la taille des bouteilles sans changer le prix et le faire savoir par la publicité.

Et ça marche. Sauf que le financement de *Pepsi* s'est fait grâce aux fonds de la *Loft*, qui a fini par faire faillite. Les administrateurs de la *Loft* poursuivent alors Guth en justice et gagnent. Exit Guth.

Walter Mack lui succède. Mack, de sensibilité plutôt progressiste, se réalise que les campagnes de publicité maison, au mieux ignore la population noire, au pire la caricature. Il va inverser la tendance et axer une part importante de la pub sur elle. Pour le marketing, il embauche une équipe d'une douzaine de personnes, toutes noires. L'intégration au sein de la société sera parfois difficile et les membres de l'équipe seront en butte à des menaces répétées du *Ku Klux Klan*. Finalement, en 1950, lors d'une grande réunion à New York avec les principaux revendeurs de *Pepsi*, 500 d'entre eux signent une pétition pour dire qu'ils ne désirent pas commercialiser une boisson perçue comme exclusivement réservée aux Noirs. Après le départ de Mack, *Pepsi* perdra cette spécificité.

En 1964, *Pepsi* lance le premier soda sans sucre de l'histoire, *Pepsi Diet* (curieusement, il n'arrivera en France qu'en 1994, sous le nom de *Pepsi Max*, alors que le *Coca Light* est arrivé lui en 1983, simultanément à sa sortie aux États-Unis, où il s'appelle *Diet Coke*). L'année suivante, il arrive en URSS et restera le seul soda américain autorisé jusqu'à l'implosion de l'Union Soviétique en 1991 (*voir encadré*).

En 1965, *Pepsi* fusionne avec *Frito-Lay*, une entreprise agroalimentaire américaine spécialisée dans les chips et autres snacks, de marque **Lay's.** La nouvelle entité s'appelle **PepsiCo** .

En 1975, innovation : *Pepsi* commercialise le premier soda en bouteille plastique de l'histoire. Et un coup marketing : *Pepsi* fait goûter à l'aveugle différents colas pour savoir quel est le meilleur. *Pepsi* l'emporte avec plus de 58 % des voix.

En 1984, *Pepsi* entame un partenariat avec Michael Jackson. S'ensuivront de multiples coopérations entre la marque et de très nombreuses personnalités marquantes du cinéma, du sport ou de la chanson. Citons, parmi elles, Tina Tirner, David Bowie, Ray Charles, Magic Johnson, Shaquille O'Neal, Cindy Crawford, Madonna, Aretha Franklin, les Spice Girls, Shakira, Britney Spears, Beyoncé, Jennifer Lopez, David Beckham, Kylie Minogue, Eva Longoria ainsi que Thierry Henry.

En 1991, *Pepsi* va réussir un nouveau coup marketing en repeignant pendant un an un *Concorde* à ses couleurs.[218], *Pepsi-Cola* devient *Pepsi.*

Pepsi est arrivé en Union Soviétique en 1965. Seul soda américain jusqu'à la fin de l'Union Soviétique, Pepsi acceptera, pour mieux s'intégrer, de s'écrire en cyrillique : *ПЕПСИ.*

Changement de décor avec l'implosion de l'URSS en 1991. *Coca-Cola* débarque en Russie et dans les pays de la *CEI* (*Communauté d'États Indépendants*). La marque se garde bien de transcrire son nom en cyrillique et apparaît ainsi comme une sorte d'icône des temps nouveaux tandis que *Pepsi* est relégué au rang de relique du passé, à l'image des chapkas délaissées au profit de bonnets en laine colorés. Résultat, dès 2005 *Coca-Cola* détient 19,4 %, du marché russe des sodas contre seulement 13 % pour *Pepsi* (qui se maintient en Sibérie où les mentalités ont évolué moins vite qu'à Moscou ou Saint-Pétersbourg).

PepsiCo (1965)

Née de la fusion entre **Pepsi** et *Frito-Lay*, une entreprise agroalimentaire américaine spécialisée dans les chips et autres snacks, *Pepsi Co* a poursuivi depuis lors une politique d'acquisitions, parmi lesquelles **Tropicana** en 1998, suivie d'une fusion avec **Quaker Oats** en 2001. La nouvelle entité a conservé le nom de *PepsiCo*.

En 2006, le groupe a nommé à sa tête Indra Nooyi, une Américaine née à Madras, en Inde. Elle est considérée par le magazine américain *Forbes* comme la 10e femme la plus puissante au monde. Elle est même montée sur la 3e marche de ce podium en 2008 (avant de sortir du Top 100 aujourd'hui).

Quant au groupe, sa politique de diversification lui a procuré une taille bien supérieure à son concurrent direct, *Coca-Cola*: en 2020, *PepsiCo* a réalisé un chiffre d'affaires de 70,3 milliards de dollars contre 33 milliards pour *Coca-Cola*. Idem, au niveau de bénéfices, 10,5 milliards pour *PepsiCo* contre 7 pour *Coca*.

Père Dodu (1965)

Au début des années 60, Jean Guyomarc'h, un entrepreneur breton spécialisé dans la nourriture animale, revient d'un voyage aux États-Unis où il a remarqué que la dinde est largement consommée.

Convaincu dès lors que la viande de dinde a au moins le même potentiel que celle de poulet, il crée en 1962 la marque *Père Dodu* (un nom suggéré à la fois par les formes rebondies d'une dinde et la paronymie des deux mots). Le calcul est bon: la production passe de 300000 rôtis de dinde en 1965 à 14 millions deux ans plus tard.

Par la suite, *Guyomarc'h* innove en proposant du poulet frais découpé et préemballé sous la marque *Galina* (*pour gallinacées*). L'entreprise ouvre des filiales en Espagne dès 1968 puis au Brésil en 1974, en Côte d'Ivoire en 1976, en Indonésie en 1981. Dans l'intervalle, le groupe *Guyomarch'* a été vendu au groupe *Louis-Dreyfus* (1980). Qui le revendra dix ans plus tard à la *Banque Paribas*, qui souhaite bâtir autour de *Guyomarc'h* un troisième pôle alimentaire français, à côté de *BSN*, futur **Danone,** et du groupe **Saint-Louis.** La banque va faire jouer les synergies et en 1992, elle entame un rapprochement entre *Père Dodu* (géré par la société *Soprat*) et le groupe volailler *Doux*, également breton. En 1997, *Doux* rachète la totalité de la *Soprat*, ce qui lui donne l'exclusivité de la marque *Père Dodu*. De 2004 à 2011, le Groupe *Doux*, créé par Pierre Doux en 1955, va devoir faire face à de nombreuses crises comme la grippe aviaire puis la politique protectionniste du Brésil, l'un de ses principaux marchés avec le Moyen-Orient, et enfin le gel des aides européennes à l'exportation de produits congelés. Résultat, le groupe, qui exporte 80 % de sa production, sera mis en situation de redressement judiciaire en 2013. Il sera sauvé une première fois, puis en seconde en 2018. Une nouvelle société est constituée, *Yer Breizh* (*poule bretonne*, en breton), qui a pour actionnaires **LDC,** un groupe français qui compte parmi les leaders européens de la volaille, le groupe saoudien *Almunajem*, son premier client à l'export (33,5 % chacun), les coopératives *Terranena* et *Triskalia* (14 % chacune) et la région de Bretagne pour les 5 % restant.[219, so, w]

Père Magloire (1821, 1925)

En 1821, est créée la société *Debrise-Dulac*, qui distille de l'eau-de-vie de cidre, autrement dit du calvados (*voir encadré 2*). Le nom de *Père Magloire* aurait été inspiré par un aubergiste normand, Dominique Magloire, connu pour servir un calvados particulièrement apprécié par la clientèle. En 1900, *Père Magloire* est le calvados le plus vendu en France. La marque ne sera pourtant déposée à l'*ONPI* (*Office National de la Propriété Industrielle*), qui deviendra l'*INPI* en 1925.

En 1968, la société *Debrise-Dulac* est reprise par le champagne **Veuve Clicquot Ponsardin.** Trente ans plus tard, la société est rachetée au groupe **LVMH,** devenu entretemps propriétaire de *Veuve Clicquot*, par un groupe normand indépendant et familial, *Pays d'Auge Finance*. En 2007, ce groupe est acquis par *Spirit Finances*, un fonds d'investissement britannique dirigé par Colin Sterling et Andy Glennon. *Pays d'Auge Finance* devient *Spirit France*.

Père Magloire représente un tiers du volume de ventes de calvados.

Il y a bien eu un Père Magloire en chair et en os. Il s'appelait **Magloire Raulin** (1850-1915) et était jardinier à Étretat. Magloire était un ami de jeunesse de Guy de Maupassant, né la même année que lui et qui a passé sa prime enfance à Étretat avant d'intégrer le collège d'Yvetot à l'âge de treize ans. Comment ce nom a-t-il traversé la Seine pour se retrouver en basse Normandie, mystère d'autant plus épais que Montpassant n'y est jamais allé. Mais le peintre Gustave Caillebotte, lui, y a séjourné. Or, il a peint pas moins de trois tableaux de ce Père Magloire, en 1884. Il faut dire que Caillebotte était également un excellent jardinier.

Le mot calvados vient des mots latins *calva dorsa* (littéralement *dos chauves*, puis *crêtes de montagne*). Ces *calvae dorsa* désignaient sur les cartes marines de la côte normande du XVIIe siècle deux zones de falaises aux crêtes pelées, séparées d'une dizaine de milles nautiques entre les cités d'Arromanches et d'Asnelles. En 1790, lorsque, sur proposition de l'abbé Seyès, l'Assemblée Nationale adopta le découpage de la France en départements, il fallut trouver des noms nouveaux, qui n'évoquent pas ceux de l'Ancien Régime. C'est ainsi que le département ayant pour chef-lieu Caen, fut nommé Calvados, en référence à ces *calvae dorsa*, inscrites sur les cartes géographiques de l'époque.
La création de l'eau-de-vie de cidre est bien antérieure. La première référence écrite est celle du Sire de Gouberville, gentilhomme du Cotentin, qui évoque dans son journal, en 1553, la distillation du cidre en vue d'obtenir une eau-de-vie de bouche.
En 1600, la corporation des distillateurs d'eau-de-vie de cidre est officiellement constituée. Elle ne s'appellera donc *calvados* (parfois abrégé en *calva*) que beaucoup plus tard, au XIXe siècle pour des raisons de commodité de langage. Pour bénéficier de l'appellation *AOC* (*Appellation d'Origine Contrôlée*) *calvados*, l'eau-de-vie de cidre doit être produite avec des pommes du Calvados. Au sein de cette appellation, il en existe une plus restrictive, *Calvados du Pays d'Auge*, élaboré uniquement avec des pommes provenant de cette région. Ce calvados représente environ 25 % du total[w]. Les calvados *Père Magloire*, **Boulard** et *Clément* sont des *calvados Pays d'Auge*.

Perle de lait (1996)
Yaourt onctueux concocté par **Yoplait** avec du lait écrémé, de la crème, de l'amidon transformé et de la poudre de lait écrémé. Contient également du *Bifidus* (*voir* ***Activia***).

Pernod (1805)
L'histoire commence à la fin du XVIIIe siècle à Couvet, dans le canton de Neuchâtel. Là, une rebouteuse nommée Henriette Henriod (ou Suzanne-Marguerite Henriod, selon les sources), met au point en 1792 un élixir composé d'absinthe, d'anis vert, de fenouil et d'hysope (une plante aromatique), infusées dans l'eau-de-vie. Le médecin du village, le Dr Ordinaire, un Français ayant fui la Révolution française, le goûte et, ma foi, le trouve tellement à son goût qu'il en fait la promotion, au point que l'on a longtemps cru qu'il en était le concepteur.
En 1797, Dame Henriod vend son élixir à un à un courtier en dentelles suisse, Daniel Henri Dubied. Ce dernier en parle à son gendre, Henri-Louis Perrenod, dont le père est bouilleur de cru. Les deux hommes fondent la distil-

lerie *Dubied Père et Fils.*

En 1805, afin d'échapper aux fortes taxes à l'importation d'alcool imposées par la France, Henri-Louis part fonder une distillerie filiale à Pontarlier, dans Doubs, 25 km à l'ouest de Couvet. Cette entité s'appelle *Perrenod Fils*, puis très vite *Pernod Fils.*

Pendant plusieurs décennies, l'absinthe va rester un apéritif local. Les choses vont commencer à changer à partir de 1830, avec la conquête de l'Algérie par la France. L'état-major conseille aux soldats de mettre quelques gouttes d'absinthe dans l'eau pour lutter contre la dysenterie. Avec la reddition de l'émir Abd-el-Kader au duc d'Aumale en 1848, tous ces soldats vont rentrer chez eux un peu partout en France, comme autant de prosélytes de ce que va très vite appeler *« la fée verte »*, en raison de sa couleur et du fait que sa consommation dissipait les tracas du quotidien. Au début, son prix élevé va la limiter à la bourgeoisie, mais très vite, le nombre de distillerie explose à Pontarlier, qui devient la capitale de l'absinthe. En 1900, on estime à 25 le nombre de distilleries dans la ville, employant quelque 3 000 des 8 000 Pontissaliens, ce qui fait baisser les prix et augmenter la consommation : on estime qu'à la fin du XIXe siècle, 90 % des apéritifs consommés en France sont de l'absinthe. *Pernod* en profite naturellement et devient au tournant du XXe siècle l'une des premières marques d'apéritifs au monde. Henri-Louis est mort depuis longtemps. Son fils, Louis, aussi quatre ans avant son père. Ce sont les petits-fils Fritz et Louis-Alfred qui reprennent l'affaire. Fritz meurt en 1880. Louis-Alfred reste seul maître à bord. L'affaire se développe certes, mais il est bien seul. Deux banquiers de Besançon, Arthur-Georges et Edmond Charles Veil-Picard, rachètent la société en 1988. Louis-Alfred ne conserve qu'une part.

La dénomination de l'entreprise reste *Maison Pernod Fils*, mais la raison sociale devient *Veil-Picard & Cie*. Parallèlement, le siège social est transféré de Couvet à Pontarlier. Sous l'action des deux banquiers, la maison Pernod Fils va investir massivement pour augmenter sa production. Résultat, au tournant du siècle, la distillerie produit 25 000 litres d'absinthe à 72° par… jour.

Mais les nuages s'amoncellent. D'abord, les maisons *Pernod* se multiplient. Des branches de la famille veulent profiter de la manne et se mettent à leur compte. Cela donnera les marques *Gempp-Pernod* et *Legler-Pernod.*

Plus grave, à Avignon, un homonyme, Jules-François Pernod, fonde une société à son nom en 1860. D'abord spécialisé dans la fabrication de la garance, un colorant rouge extraite des racines de la plante éponyme et utilisée par les teinturiers, il commence par changer, en 1872, le nom de sa société en *Pernod Fils* puis se lance, à partir de 1884, dans la production d'absinthe.

Beaucoup plus grave encore, à partir de 1875, la *« muse verte »*, qui inspirait tant d'artistes, de Verlaine à Baudelaire en passant par Toulouse-Lautrec et Jarry, devient la bête noire des ligues anti-alcooliques, soutenues par le corps médical (Pasteur, Claude Bernard), l'Église, très puissante, et les syndicats. On décrit ses ravages dans des livres dont le plus célèbre est *L'Assommoir* d'Émile Zola. L'absinthe rend fou, affirme-t-on. La découverte ultérieure de thuyone et de méthanol dans l'absinthe le confirmera. Une plaisanterie circule dans la population, qui fait mouche et est particulièrement néfaste pour le n° 1 du marché, *Pernod Fils: « Quelle est la différence entre Noé et l'absinthe ? Noé sauva nos pères, l'absinthe perd nos fils »*. Et en 1915, en pleine Première Guerre Mondiale – c'est dire s'il y avait urgence – le couperet tombe: l'absinthe est interdite par le Parlement (elle le sera en Suisse également).

Du problème, les Veil-Picard tentent de se rapprocher de Jules-Félix Pernod. Refus de ce dernier.

Les Veil-Picard se tournent alors vers la maison André Hémard, producteur à Montreuil, dans la banlieue parisienne, et qui a déjà remplacé l'absinthe par de l'anisette à 30° (titrage maximal désormais autorisé par le législateur). Ce dernier accepte et la fusion entre les deux maisons se fait en 1926.

De son côté Jules-Félix Pernod, qui a succédé à son père Jules François, a également réagi à l'interdiction de l'absinthe. Dans son usine de Montalivet, à 8 km au sud-est d'Avignon, il s'est reconverti dans la production d'anis, qu'il appelle *Anis Pernod.*

En 1926, les *Maisons Hémard & Pernod Fils Réunies* déposent la marque *Anis Pernod Fils.* Jules-Félix porte plainte. Procès. Jules obtient gain de cause, au motif que *Pernod Fils* n'a aucune légitimité dans l'anis. Appel. Jules-Félix décède en 1928.

Finalement, un compromis est trouvé: les deux entreprises fusionnent et deviennent les *Établissements Pernod.* Le titrage maximum de 30° est par la suite relevé à 40° puis, en 1938, à 45°. *Pernod* en profite pour sortir le *Pernod 45.*

Le succès est interrompu par la guerre. À l'issue du conflit, *Pernod,* s'engage à la suite de **Ricard,** dans la fabrication du pastis et lance, en 1951, le **Pastis 51.** En 1959, les *Établissements Pernod* simplifient leur raison sociale en *Pernod.*

Les affaires marchent bien. En 1965, l'entreprise se diversifie en rachetant la distillerie de **Suze.**

En 1975, *Pernod* fusionne avec *Ricard* pour donner **Pernod Ricard** (*voir ce nom*).[220, so, w]

Le 11 août 1901, l'usine Pernod de Pontarlier prend feu. Un employé de la distillerie prend l'initiative de vider les cuves d'absinthe dans le Doubs, afin d'éviter qu'elles n'explosent, colorant l'eau du fleuve en jaune vert. Le lendemain, on retrouve ces traces à la source de la Loue.
On réalise alors que cette source n'était en réalité qu'une résurgence du Doubs, qui coule pourtant plusieurs kilomètres au sud.
Le principe de la coloration des eaux pour identifier les résurgences et autres parcours souterrains des cours d'eaux était né. Avec toutefois des colorants un peu moins toxiques... [w]

Pernod 45 (1938)
Voir ***Pernod.***

Pernod Ricard (1975)
Groupe créé par la fusion des sociétés **Ricard** et **Pernod Fils** (*voir ces noms*). Au moment de la fusion, la nouvelle entité se trouve au septième rang mondial des producteurs de spiritueux. Patrick Ricard, fils de Paul, le fondateur de la marque, prend les destinées de *Pernod Ricard* en mains à partir de 1978. Sous sa houlette, le groupe va connaître une forte expansion externe (rachats d'autres entreprises), qui va le porter au deuxième rang, derrière l'américain **Diageo.**
Et cela commence en 1988 par l'acquisition d'*Irish Distillers*, qui produit la grosse majorité des whiskies irlandais dont la célèbre marque **Jameson.** L'année suivante, *Pernod Ricard* fait l'acquisition du producteur australien de vin *Orlando Wyndham.*
En 1993, la firme française et la société d'État cubaine *Cubaron*, créent *Havana Club International*, une joint-venture 50/50 pour la commercialisation du rhum **Havana Club.** Ce qui n'ira pas sans démêler judiciaires avec **Bacardi** qui détient la marque aux États-Unis (*voir Havana Club*).
En 2001, changement de braquet : *Pernod Ricard* rachète 39,1 % des activités *Vins & Spiritueux* du groupe *Seagram.* Le reste est cédé à **Diageo,** à l'exception de la distribution mondiale des champagnes *Mumm et Perrier-Jouët*, acquise par la firme britannique *Allied Dommecq. Seagram* avait été rachetée l'année précédente par **Vivendi** qui n'a gardé que la partie médias, l'autre grand secteur d'activité de *Seagram*, qui va du coup disparaître. Elle subsiste toutefois comme marque dans quelques produits écoulés par *Pernod Ricard* sur certains marchés comme *Seagram's gin* ou d'autres. *Diageo* en écoule également sous cette marque.
La firme française revend dans la foulée, son département sans alcool : les marques **Orangina, Pampryl** sont rachetées par **Cadbury Schweppes,** tandis que le leader mondial des préparations aux fruits *SIAS MPA* (*ex-Société Industrielle et Agricole de la*

Somme – Matières Premières Alimentaires) est racheté par le fonds français *Butler Capital Partners*.

En 2005, *Pernod Ricard* acquiert *Allied Domecq* (un groupe créé de toutes pièces en 1994 à la suite de multiples fusions). Là encore, ce rachat s'effectue en partenariat avec une autre entreprise, *Fortune Brands*. Cette acquisition fait de *Pernod Ricard* le n° 2 mondial des spiritueux derrière *Diageo*.

En 2008, *Pernod Ricard* réalise sa troisième grande acquisition avec la firme suédoise *Vin & Spirit* pour 5,626 milliards d'euros. Pépite de ce groupe, la vodka **Absolut.**

En 2011, le groupe crée *Premium Wine Brands* (renommée deux ans plus tard *Pernod Ricard Winemakers*), une filiale qui regroupe les grandes marques de vins détenues par la maison.

En 2012, Patrick Ricard décède brutalement d'une crise cardiaque. Il avait 67 ans. Sa sœur Danièle assure l'intérim. Cela n'empêche pas le groupe français de poursuivre son expansion. En 2014, il acquiert l'entreprise viticole américaine *Kenwood Vineyards*[w].

En 2015, Alexandre Ricard, neveu de Patrick, devient Président-directeur général de *Pernod Ricard*. Il a 43 ans et est à l'époque le plus jeune P-DG d'une firme du *CAC 40*, l'indice boursier des 40 plus grosses sociétés cotées à Paris.

Perrier (1898, 1903)

Cette marque au nom bien français et qui – chose rare pour une eau minérale plus que centenaire – ne porte pas le nom de la source mais de l'un de ses propriétaires, ne serait sans doute pas devenue ce qu'elle est sans un anglais, William Albert St John Harmsworth.

Cette source est pourtant connue depuis l'Antiquité. Hannibal s'y serait désaltéré lors de son long périple depuis Carthage (Tunisie actuelle) jusqu'à Rome en passant par l'Espagne. C'était en 218 av. J.-C. Par la suite, César l'offrira à ses soldats qui auraient édifié un bassin (vers 58 av. J.-C.).

Cette source a ensuite traversé une longue période d'oubli. Ce n'est qu'en 1769 qu'on la voit réapparaître, au moment de son achat par la famille Granier. La source, qui se trouve sur la commune de Vergèze, dans le Gard, s'appelle à l'époque la source des Bouillens, du fait du bouillonnement de ses eaux naturellement pétillantes.

Dans la famille Granier, il faut attendre Alphonse, qui sera le premier, en 1841, à s'intéresser réellement à la source et aux propriétés de son eau. Mais ce n'est qu'en 1863, lorsque l'eau sera reconnue par décret de Napoléon III *eau minérale naturelle*, que les choses commenceront à bouger avec l'arrivée des premiers curistes. Malheureusement, en 1869, un incendie ravage les installations de Vergèze. Alphonse Granier fera tout ce qu'il peut pour reconstruire et faire redémarrer les thermes. En 1884, après quinze ans d'efforts, il finit par mettre la clé sous la porte.

Quatre ans plus tard, Louis Rouvière, propriétaire et négociant en vins à Vergèze, une commune essentiellement tournée vers la viticulture, rachète le domaine des Bouillens. Mais il n'a guère le temps de s'en occuper et en 1894, il en accorde le bail, assorti d'une promesse de vente à un médecin de Nîmes, le Dr Louis Perrier. En 1898, ce dernier en devient propriétaire. L'*Établissement Thermal de Vergèze* – ou ce qu'il en reste – devient la *Société des Eaux Minérales, Boissons et Produits Hygiéniques de Vergèze.* Louis Perrier abandonne son cabinet de Nîmes pour se consacrer pleinement à la source et au moyen de mettre cette eau, qui contient trois fois son volume de gaz, en bouteilles. Il faut qu'elles soient parfaitement hermétiques. Mais le Dr Perrier manque de capitaux. C'est alors que le destin met sur sa route un jeune britannique, William Albert St John Harmsworth, venu en France en 1902 pour apprendre la langue.

Ce jeune homme – il a environ 25 ans – a de l'argent, au moins indirectement depuis que ses frères aînés, Alfred et Harold Harmsworth, sont devenus des magnats de la presse et anoblis pour services rendus pendant la Première Guerre Mondiale. À eux deux, ils détiennent le *Daily Mail*, le *Daily Mirror* et *Associated Press.*

C'est au cours d'un séjour au Grau-du-Roi, à 30 km de Vergèze, que William rencontre le docteur Perrier. Ce dernier lui fait découvrir la source des Bouillens et goûter son eau, si particulière.

Le jeune homme est séduit et va trouver les capitaux nécessaires au développement de la source. En 1903, le docteur Perrier accorde un bail à St John Harmsworth. Il lui vendra la source par la suite. Gentleman, ce dernier donne à la source le nom de *Perrier.* Les deux hommes travailleront ensemble jusqu'à la mort du médecin, en 1912.

Harmsworth décide de délaisser les activités de thermalisme – la mode est passée – pour se recentrer sur l'embouteillage et la commercialisation de l'eau. En bon Britannique, il ne pense pas en premier lieu au marché français, mais à celui, beaucoup plus vaste, du Commonwealth.

Ce calcul est le bon, d'autant qu'il avait un sens certain de la publicité en qualifiant l'eau de *Perrier* de *« Champagne of table waters », le champagne des eaux de table.*

En 1908, l'usine est reliée directement au chemin de fer. Après le Commonwealth, la France. En 1933, à la mort de St John Harmsworth, la source *Perrier* produit 33 millions de bouteilles, dont 10 millions à l'export.L'affaire est reprise par des financiers britanniques. Qui n'en oublie pas pour autant la France tout en veillant à maintenir une image haut de gamme. Même la grande Colette participera à cette promotion en relatant, en 1938, dans l'hebdomadaire *L'Illustration* les sensations procurées par *Perrier*: *« Une eau qui bondit quand on la débouche. Une eau qui rit. Une eau qui est dans la bouche comme une poignée d'aiguilles. »*

Propriété anglaise, la source *Perrier* est mise sous séquestre pendant la guerre. À l'issue du conflit, les actionnaires ne croient plus beaucoup à l'avenir de l'eau *Perrier* et la mettent en vente. L'opération est confiée à un certain Georges Leven. Son fils Gustave, jeune agent de change, se dit qu'il y a là un potentiel qui ne demande qu'à être mis en valeur. Il convainc son père et quelques amis investisseurs. La société est introduite en bourse. Gustave va moderniser la production. En 1950 une nouvelle usine est construite. Il va également s'attacher à faire connaître – à nouveau – l'eau *Perrier*. Pour cela il s'appuie sur la publicité avec Jean Davray, qui fera appel aux affichistes Villemot, Savignac, Morvan et à des rédacteurs célèbres comme Pierre Mac Orlan, Curnonsky et Francis Carco.

De 1948 à 1952, la production passe de 30 à 150 millions de bouteilles.

La publicité, et plus particulièrement la publicité décalée, va constituer au fil des années une véritable saga *Perrier*, à laquelle participent les plus grands noms comme Georges Lautner, François Reichenbach, Philippe Lorin ou même Dali, qui réalisera en 1969, une pleine page couleur dans le *Figaro* et *France-Soir* à la gloire de *Perrier*.

L'expansion passe également par le rachat d'autres sources et par la diversification: Gustave Leven rachète les marques **Contrex** et **Vittel** et lance **Pschitt,** une boisson non alcoolisée aromatisée citron ou orange, puis **Gini** en 1971. Cette diversification se poursuivra avec les acquisitions de **Saint-Yorre, Vichy Célestins,** mais aussi les caves de **Roquefort,** puis, ultérieurement (1984) la société *Sellier Leblanc*, qui détient **Volvic** et **Oasis.** Le groupe s'élargit même en dehors de l'agroalimentaire en investissant dans les chaussures *André* (aujourd'hui *Vivarte)*, dirigées par un ami de Gustave Leven, Jean-Louis Descours.

En 1973, la stratégie d'intégration se renforce avec la création de la *Verrerie du Languedoc*. À l'époque, le plastique qui commence à être utilisé pour les eaux minérales plates le *PVC* ne convient pas à l'eau *Perrier* en raison de la pression qu'elle génère.

Une carrière au pied du Mont Ventoux est rachetée pour fournir le sable siliceux nécessaire à la fabrication du verre.

En 1977, Gustave Leven s'attaque au marché américain. L'eau est présentée en tant que boisson diététique, à la télévision, par Orson Welles qui déclame *« enjoy and good health »*.

Bientôt Perrier représente 80 % des eaux minérales importées aux États-Unis. Mais Gustave Leven comprend que l'eau seule, c'est compliqué pour les buveurs de sodas que sont les Américains. Pour eux, il crée les sodas aromatisés en 1977 qui n'arriveront en France que plus tard.

En 1986, *Vergèze* est la troisième verrerie française derrière *BSN* (*Boussois-Souchon-Neuveselle*, futur **Danone)** et *Saint-Gobain*. C'est la seule usine au monde à réunir embouteillage et verrerie sous le même toit. Entre l'arrivée du sable à l'entrée de l'usine et la sortie d'une bouteille remplie, il s'écoule moins de cinq heures.

À partir de 1980, *Perrier* devient la *« bulle officielle »* de Roland Garros, un sponsoring toujours en cours.

En 1990, le groupe choisit de se recentrer sur l'eau. Il revend sa filiale la *Compagnie d'Exploitation des Boissons Rafraîchissantes*, comprenant *Gini*, *Oasis* et *Bali*, au groupe britannique *Cadbury Schweppes*.

C'est également l'année où Gustave Leven quitte la présidence du groupe.

Perrier est alors la première marque d'eau minérale dans le monde.

Deux ans plus tard, à la suite d'une cascade d'OPA et de contre-OPA, **Nestlé** met la main sur *Perrier* en déboursant quelque huit milliards de francs (équivalant à 1,7 milliard d'euros aujourd'hui).

Pour éviter d'être en position dominante, *Nestlé* est dans l'obligation de céder plusieurs marques : *Roquefort* à *Besnier*, *Volvic* à *BSN*, *Saint-Yorre* et *Vichy* au groupe *Castel*.

Le géant agroalimentaire suisse crée alors sa division *Nestlé Waters* avec pour objectif d'être n° 1 mondial de l'eau minérale.[221, w]

En 1906, alors qu'il se trouve en Angleterre, St John Harmsworth est victime d'un grave accident de voiture : roulant de nuit à vive allure, son chauffeur manque un virage. Condamné à la chaise roulante, il s'entretient le haut du corps avec des *Indian Clubs*, sortes de grandes quilles en bois à manche que l'on manie de différentes façons pour muscler les bras et le torse. Ces accessoires sont très à la mode à l'époque chez les sportifs. C'est même depuis 1904 une discipline à part entière dans le concours de gymnastique aux Jeux Olympiques, au même titre que le cheval d'arçons, les anneaux ou les barres parallèles (elle sera abandonnée après les Jeux de 1932). Et ce sont ces *Indian Clubs* qui lui donneront l'idée de la forme très particulière de la bouteille de Perrier[222].

En 1990, le simple oubli d'un changement de filtre destiné à retenir les impuretés contenues dans le gaz carbonique de la source va avoir des conséquences gravissimes pour Perrier. Un laboratoire américain décèle des traces de benzène dans quelques bouteilles de Perrier. Résultat, 280 millions de bouteilles retirées de six pays – États-Unis, Canada, Japon, Allemagne, Pays Bas, Danemark – et détruites. Coût: plus d'un milliard de francs et une image très abîmée pendant plusieurs années.

Perrier Jouët (1811)

En 1811, Pierre Nicolas Marie Perrier, fabricant de bouchons, épouse Adèle Jouët. Ensemble, ils créent une maison de commerce de vin de champagne, *Perrier Jouët*, à Epernay, dans la Marne.

Dès 1815, Perrier Jouët réalise sa première expédition vers l'Angleterre. Un peu plus de vingt ans après, la première caisse expédiée par *Perrier Jouët* traverse l'Atlantique et arrive aux États-Unis.

Les affaires marchent bien si bien que dans les années 1840, la maison commence à élaborer ses propres champagnes, à partir des crus d'Aÿ, Mailly-Champagne et surtout Avize et Cramant.

Le fils Charles prend la relève. En 1846 ou 1854, selon les sources, il produit le premier brut de l'histoire. Il est également à l'origine des premières cuvées millésimées.

Sans enfant, il lègue en 1879 sa maison à son neveu Henri Gallice. En dépit de nombreux fléaux naturels qui s'abattent sur le vignoble (oïdium, phylloxéra...), *Perrier-Jouët* dépasse le million de bouteilles commercialisées au tournant du XXe siècle.

En 1902, Henri Gallice fait réaliser par le maître verrier Émile Gallé une bouteille spéciale, intitulée *Belle Époque*, pour une cuvée limitée. Elle sombrera dans l'oubli jusqu'à ce qu'on la redécouvre après la Seconde Guerre Mondiale. Elle sera commercialisée à partir du millésime 1964.

Entre-temps, la maison **G.H. Mumm** est devenue le principal actionnaire, depuis 1959. Le destin des deux maisons est depuis indissociable et à ce titre, *Perrier Jouët* fait donc partie du portefeuille de marques de **Pernod Ricard.**[223, w]

Pescanova (1960, 2015)

José Fernández López est né à Sarria, dans la province de Lugo, en Galice. Sa famille, depuis plusieurs générations, travaille dans le secteur de la viande, d'abord marchands de bétail puis producteurs de viande, de l'abattoir à la commercialisation. Pendant la guerre civile espagnole, José et ses frères et sœur ont fait fortune en tant que principaux fournisseurs de viande des armées de Franco et de la zone contrôlée par les nationalistes. Au point de pouvoir se diversifier dans les transports, le ciment puis, par la suite, la banque.

À la recherche d'une nouvelle diversification, José s'est intéressé à l'autre grande source de protéines animales, le poisson. Avec une constatation: les mers de l'hémisphère sud étaient largement sous-exploitées, faute de flotte adaptée pour des périples aussi longs avec les problèmes de conservation que cela posait. Mais lui, José, il l'avait la solution, depuis longtemps utilisée dans le secteur de la viande : la congélation.

À la fin des années 50, José Fernández passe de longues périodes à Vigo, pour parfaire la viabilité de son projet. En 1960, il fonde Pescanova (nouvelle pêche en galicien) et dès l'année suivante le Lemos[224], le premier chalutier-congélateur au monde est mis à la mer[225]. Malgré une réticence initiale des consommateurs vis-à-vis du poisson congelé, l'aspect pratique du produit va vite l'emporter, assurant à Pescanova un développement rapide. L'entreprise en profite pour élargir sa gamme de produits surgelés (plats préparés, pizzas…). En 1977, José Fernandez passe la main à son fils Manuel Fernandez de Sousa-Faro, qui devient président, ainsi qu'à Alfonso Paz Andrade, nommé directeur général. Ce dernier avait fondé à Vigo en 1970 la société Iber-Comercia e Industria (raccourcie en Ibercisa), spécialisée dans l'équipement naval. En 1976, il rejoint Pescanova pour en prendre donc la direction un an plus tard. Pescanova devient le leader mondial de la pêche industrielle. En 1985, la société est introduite à la bourse madrilène. Elle compte parmi les 35 plus grosses entreprises cotées d'Espagne.

Pescanova poursuit son développement jusqu'à devenir l'une des cinq compagnies de pêche les plus importantes au monde. En 2013, elle est présente dans 21 pays, possède quelque 120 bateaux, produit environ 150 000 tonnes de produits de la mer et emploie 3 400 personnes.

Cette année n'est pas prise au hasard. Le 15 avril 2013, Pescanova demande à la justice espagnole de bénéficier de la loi sur la protection contre les faillites. Sa dette s'élève officiellement à 1,5 milliard d'euros. En réalité, elle atteint 5,8 milliards, selon, la CNMV, la commission des marchés boursiers espagnols.

La fraude est avérée. Le retentissement est énorme. Un procès aura lieu qui condamnera les principaux dirigeants de la firme à de la prison ferme, pour malversations ou dissimulations de données comptables.

Un accord est trouvé avec les banques créditrices et en mai 2014 et Pescanova échappe à la faillite. Une nouvelle entreprise est créée, Nueva Pescanova. Manuel Fernadez de Sousa demeure le premier actionnaire avec un peu plus de 7 % du capital, mais n'a plus de fonctions au sein de l'entreprise.

Aujourd'hui, Pescanova (la marque n'a pas changé) est présente dans 80 pays dans le monde. Si elle ne compte plus que 60 navires de pêche, elle emploie 7 700 personnes sur quatre continents et réalise un chiffre d'affaires d'environ un milliard d'euros (2019). [w, so]

Peter Stuyvesans (1957)
Marque de cigarette lancée par la firme allemande *Reemtsma Cigarettenfabriken GmbH* (du nom de son fondateur Berhard Reemtsma, en 1910), aujourd'hui filiale du groupe britannique *Imperial Tobacco.*

Le nom a été choisi en référence à Peter Stuyvesant, sans doute pour indiquer que le tabac de ces cigarettes était un mélange américain. Peter Stuyvesant est en effet est le dernier directeur-général néerlandais à avoir administré la colonie de la Nouvelle-Néerlande (région qui allait de l'actuelle New York à Philadelphie et qui se prolongeait au nord le long du fleuve Hudson) pour le compte de la *Compagnie Néerlandaises des Indes Occidentales.* New York, où a été testée cette cigarette, s'appelait New Amsterdam (et même Nieuw Amsterdam, en néerlandais), jusqu'à ce que les Anglais n'envahissent la région. C'est d'ailleurs Stuyvesant lui-même qui a signé l'acte de reddition, en 1664. Au lancement de la *Peter Suyvesant*, il y avait déjà une marque de cigarettes en vente à New York, qui se référait à ce passé hollandais : *Rembrandt.*

Peut-être le fabricant de cette cigarette aurait-il dû y regarder à deux fois avant de donner ce nom. Car le Peter Stuyvesant en question était une sorte de dictateur. Estimant par exemple que la pluralité religieuse pouvait constituer un handicap pour la colonie, il interdit purement et simplement les religions autres que celle de l'Église réformée néerlandaise[226, w]. Exit les quakers, les luthériens et les juifs. S'ils avaient su cela, nul doute qu'un certain nombre de fumeurs de Peter Stuyvesant auraient changé de marque.

Petit Beurre (1886)
L'affiche la plus célèbre du *Petit-Beurre* **LU** est celle réalisée par Firmin Bouisset en 1897, représentant un petit écolier. Pourquoi un petit écolier ? Sans doute pour rappeler aux mères de ne pas oublier de mettre quelques *Petit-Beurre* dans la sacoche de leurs enfants quand ils partaient à l'école. De prime abord, le *Petit-Beurre* ressemble à un petit napperon, impression renforcée par le lettrage, façon broderie, de LU PETIT BEURRE NANTES. En réalité, c'est beaucoup plus sophistiqué (voir encadré). Pour réaliser ce biscuit, Louis a dû fait venir une machine d'Angleterre (seul pays à l'époque où la biscuiterie était déjà passée dans l'ère industrielle). Elle a été fabriquée par *T & T Vicars*, une société fondée en 1849 et qui existe toujours[227].

Louis Lefèvre-Utile, quand il imagine le Petit-Beurre, veut qu'il puisse se manger tous les jours de l'année. Et ce biscuit transcrit, en message codé, la volonté de son créateur : il a quatre oreilles, une à chaque angle, qui évoquent les 4 saisons. Sur son contour festonné, on compte 52 dents, comme le nombre de semaines dans l'année. Sur la surface du biscuit, 24 points figurent le nombre d'heures dans la journée. La longueur du biscuit est de 7 cm, autant que de jours dans la semaine. Une véritable antisèche pour l'écolier quand il étudie les divisions du temps ! Encore fallait-il le savoir...

Petit Billy (1982)
Fromage frais de chèvre fabriqué par la *Laiterie Triballat-Noyal* (*voir* **Sojasun**). Le nom s'explique bien sûr par la taille mais également parce que ce fromage a été conçu à l'origine à Billy, petite commune du Loir-et-Cher, à mi-chemin entre Tours et Bourges, dont *Triballat-Noyal* a racheté la laiterie.Aujourd'hui, la production a été transférée à Noyal-sur-Vilaine, près de Rennes, siège de la *Laiterie Triballat-Noyal.*

Petit Breton (1921)
Fromage à pâte pressée non cuite et affiné en cave, le *Petit Breton* est fabriqué par la *Laiterie Triballat-Noyal* (*voir* **Sojasun**), selon une recette mise au point en 1921 par Victor Ravalet (le fromage portait alors son nom), fondateur en 1874 de la *Fromagerie Bretonne*, rachetée en 1951 par la famille Triballat, qui changea le nom de l'entreprise en *Laiterie Triballat-Noyal.*

Petit Brun Extra (vers 1918)
Le *Petit Brun Extra* était l'un des deux produits phares – avec *Thé Brun* – de la biscuiterie grenobloise éponyme, fondée en 1885 par Pierre-Jean-Félix Brun. C'est son fils Gaëtan qui eut l'idée de ces deux biscuits. Quand il décède en 1923, la biscuiterie emploie 1 500 personnes et produit 40 tonnes par jour de biscuits. Un chiffre qui montera à 100 tonnes dans les années 60, ce qui fera d'elle la première biscuiterie européenne.
Mais face à la concurrence, *Brun* est bientôt obligé de fusionner avec *LU* et d'autres biscuiteries. **Danone** rachètera par la suite l'ensemble (*voir* **LU**) et la société disparaîtra. Seuls survivants, ces deux biscuits, *Petit Brun Extra* et *Thé Brun*, vendus sous la marque *LU.*

Petit Ecolier (1983)
En 1897, l'illustrateur Firmin Bouisset a rendu définitivement célèbre le **Petit-Beurre** de **LU** par une affiche représentant un petit écolier, tenant un panier dans sa main gauche et le fameux biscuit dans la main droite. En 1983, *LU* a voulu lui rendre hommage en lançant un *Petit-Beurre* miniature nappé de chocolat, avec le dessin de Bouisset gravé dans la masse[w].

Petit Navire (1932)
Paul-Edouard Paulet crée une conserverie à son nom à Douarnenez, à la pointe de la Bretagne. Il disparaît en 1944. La société est reprise par ses deux fils aînés, Jean et Yves. C'est peut-être à ce moment-là que la firme change de nom pour un sympathique *Petit Navire.*

C'est l'un des rares cas où le nom de la marque est postérieur au logo, un voilier présent depuis le début: il avait été peint par Marguerite, la femme de Paul-Edouard Paulet, qui était aquarelliste…

La société se développe, investit dans des bateaux pour aller pêcher dans le Sud. Tout cela demande des capitaux et en 1981 ils décident de vendre au groupe américain **Heinz.** Des usines vont être ouvertes au Portugal, au Ghana et aux Seychelles. En 2006, *Heinz* cède son activité Produits de la mer à *MV Brands*, créé pour l'occasion. En 2010, *MV Brands* est racheté par le groupe *Thai Union Group*, le n° 3 mondial du poisson en boîte.

La marque revendique aujourd'hui un taux de notoriété de plus de 90 %, avec son éternelle boîte bleu ciel. C'est peut-être vrai. Mais personne ou presque ne sait que le petit navire est devenu un *longtail* thaïlandais… [so, w]

Petits Filous (1992?)

Petits-suisses enrichis en vitamine D aux fruits ou au chocolat de l'enseigne **Yoplait** plus particulièrement adressés aux enfants: les pots se déguisent – ah les petits filous! – en clowns, infirmières, colonels, pirates… Décliné en 2010 en *Petits Filous Tub's*, plus faciles à manger en extérieur.

Picard (1906, 1962)

Tout commence en 1906 lorsque les frères René et Gaston Bajante créent Les Glacières de Fontainebleau, une fabrique de pains de glace taillés dans des blocs en provenance de lacs alpins (voir encadré). Les réfrigérateurs et autres congélateurs à usage domestique n'avaient pas encore fait leur apparition.

En 1920, l'entreprise est rachetée par un certain M. Picard. Son fils Raymond lui succède et change tout, le nom d'abord, qui devient Les Établissements Picard, l'orientation commerciale ensuite, puisque l'entreprise vend désormais des congélateurs et des produits surgelés au détail. On ne connaît pas les détails, mais l'entreprise est rachetée en 1973 par Armand Decelle, qui lui, développe la vente par correspondance. Mais pas que. Il ouvre en 1974 le premier magasin spécialisé dans les produits surgelés, rue de Rome à Paris, dans le quartier de la gare Saint-Lazare. Cinq ans plus tard, la société déménage à Nemours où sont construits des entrepôts frigorifiques ultramodernes. Le développement va être alors exponentiel: 1980: 20 magasins. 1987: 100 magasins. 1994: le cap des 300 points de vente est franchi. L'entreprise, devenue *Picard Surgelés* (avant de devenir tout simplement *Picard*, la renommée permettant de savoir de quoi on parle), est alors rachetée à hauteur de 79 % par **Monoprix.** La croissance se poursuit – on atteindra les 500 magasins en 2002. Pourtant en 2001, *Monoprix* choisit de revendre sa participation au fonds britannique *Candover*

Investments, associé à la famille Decelle. Trois ans plus tard, Picard est revendu au fonds *BC Partners*. En 2007, le 700e magasin ouvre ses portes. Mais le courant ne passe pas entre la famille et le fonds. En 2008, Xavier Decelle, fils de l'acquéreur et P-DG de la société, est remercié.

En 2010, nouvelle vente, nouveau fonds: *Lion Capital* rachète *Picard* pour un montant évalué à 1,5 milliard d'euros. En 2015, *Arysta*, une entreprise suisse de boulangerie surgelée, acquiert 49 % du capital de *Picard*. Fin 2019, *Azyrta* en revend 43 % à l'homme d'affaires français Moez-Alexandre Zouari. *Picard* a franchi la barre symbolique des mille magasins.

La pandémie de Covid et le confinement qui s'est ensuivi en 2020 vont paradoxalement donner un sérieux coup de pouce à Picard, qui voit ses ventes progresser de 15 %, les Français souhaitant stocker au maximum pour limiter leurs sorties.[so, w]

Le commerce de la glace naturelle, récoltée dans les lacs gelés puis revendus aux commerçants a fait florès au XIXe siècle. La glace, découpée en bloc ou en pains, était stockée dans des glacières avant d'être expédiée en train ou en bateau dans le monde entier, à partir de 1830. Il fut initié en Nouvelle-Angleterre (nord-est des États-Unis) par l'homme d'affaires Frederic Tudor, dès 1806. L'apogée de cette industrie fut atteint entre 1880 et 1900 avec une production mondiale de plusieurs millions de tonnes, aux États-Unis et en Norvège pour l'essentiel, mais également en France ou en Suisse. Elle disparut avec l'apparition progressive des systèmes de réfrigération électriques, dans l'entre-deux-guerres aux États-Unis, dans les années 50 en Europe.

Picon (1837, 1872)

Né dans une famille venue d'Italie et installée à Marseille, le jeune Gaétan Picon démarre dans la vie professionnelle comme commis dans une distillerie. Appelé sous les drapeaux (le service militaire dure alors six ans), il part rejoindre l'Algérie où la France est en pleine phase de conquête (1830-1857). Là-bas, il attrape comme beaucoup soldats *la fièvre maligne*. Son expérience d'apprenti distillateur va lui servir: il se concocte un breuvage à base de zestes d'orange, de quinquina (connu depuis longtemps pour son action fébrifuge) et de gentiane (tonifiante et facilitant la digestion) macérés dans de l'eau-de-vie. Basé à Philippeville (aujourd'hui Skikda, 450 km à l'est d'Alger) en 1932, puis à Alger même, il perfectionne sa décoction et commence à la commercialiser en 1837 sous le nom d'*Amer africain*.

Trente ans plus tard – Gaétan Picon s'est installé en Algérie – a lieu l'Exposition universelle de Londres et le gouvernement français encourage les industriels français à y présenter leurs produits.

Le sous-préfet de Philippeville, Jean-Baptiste Nouvion, qui connaît bien Gaétan, le pousse à y aller et à bénéficier ainsi d'une aura mondiale pour son *amer.* Gaétan, qui ne mesure pas bien l'impact que peut avoir ce genre d'événement sur la notoriété d'un produit, ne lui prête guère attention. Sa chance, c'est que le sous-préfet soit un personnage tout à fait hors du commun: il prend sur lui d'acheter une caisse et de l'expédier au Pavillon français. C'est un succès: son bitter est couronné d'une médaille de bronze. La fortune de Gaétan Picon est faite. Il rentre à Marseille pour y construire sa première usine de ce qui s'appelle désormais l'*Amer Picon.* L'histoire ne dit pas s'il a chaleureusement remercié ce sous-préfet par qui tout est arrivé. Un fonctionnaire si dynamique – il créera des villages, ouvrira des routes, construira des barrages, plantera des arbres – qu'il sera nommé préfet d'Oran, mais surtout qu'un village algérien portera son nom jusqu'à l'Indépendance où il sera rebaptisé El Ghomri. Produit en Provence, le *Picon* est très apprécié par les Ch'tis, qui le mélangent à la bière. Le nord de la France absorbe environ 70 % de la production de *Picon.*

Aujourd'hui, le *Picon* (*l'Amer* a disparu), après une petite baisse de régime, repart de l'avant comme beaucoup d'apéritifs, qui véhiculaient une image désuète et qui reviennent en grâce pour les mêmes raisons: simplement, on ne dit plus désuet, mais « *à l'ancienne* ». w

Pierre Martinet (1977)

Après avoir commencé son apprentissage de charcutier à 14 ans, Pierre Martinet en 1968 ouvre une boucherie-charcuterie à Villeurbanne, dans la banlieue est de Lyon. Deux ans plus tard, il commence à vendre ses produits sur les marchés. Les affaires marchent bien et en 1976, il ouvre un atelier de fabrication.

En 1977, il dépose donc les statuts de sa société. Sa marque sera son nom. Dès 1980, il est obligé de se déplacer pour s'agrandir et s'installe à St Quentin-Fallavier, à 25 km de Lyon.

En 1983, il lance sa première salade au museau de bœuf. D'autres suivront, après un nouvel agrandissement, à partir de 1986. Mais le grand pas est franchi en 1991 quand ses salades en barquettes s'installent sur les linéaires de supermarchés. La première communication suit dans la foulée. L'affaire prend de l'ampleur et Pierre rachète de petits concurrents.

À partir de 2000, la marque va s'exporter, d'abord au Brésil, puis en Espagne. Avec l'expansion, la diversification à partir de 2010: recettes halal, boissons – smoothies de légumes, thé vert, gazpachos – et nouvelles salades, les *Farandoles.* *Pierre Martinet* réalise un chiffre d'affaires de 134 millions d'euros et emploie 700 salariés (2018). w

PiM's (1927, 1983 ?)

Le fabricant de confiserie britannique *McVitie & Price Ltd* a commercialisé en 1927 des petites génoises rondes fourrées à l'orange. Il les a appelées *Jaffa Cakes*, par référence aux célèbres oranges de Jaffa, le port de Tel Aviv, en Israël (à l'époque en Palestine), d'où étaient expédiées les oranges produites dans la région.

Vers 1983, **LU** commercialise ces moelleuses friandises en France sous le nom de *PiM's*, avec un *M* majuscule. Pourquoi ce nom, nous l'ignorons.

Hypothèse amusante à défaut d'être réellement crédible, dénichée sur internet : quand on retourne la boîte, *Pim's* donne *swid*, ce qui signifie *douceur* en gaélique... Mais comment expliquer, dans ce cas, le *M* majuscule ?

À partir de 1989, *Pim's* va décliner toute une gamme de parfums, pour lutter contre la concurrence, et en premier lieu celle des marques distributeurs.

Pimm's (1823)

Un fermier du Kent, une région au sud-ouest de Londres, James Pimm, monte à la capitale et ouvre un bar à huîtres. Il sert avec les coquillages ce qu'on appelle à l'époque un *tonic*, c'est-à-dire un mélange de gin mélangé à des herbes et des liqueurs. Il le sert dans une chope, qui deviendra, quand d'autres recettes seront inventées, la *n° 1 Cup* (*la Coupe n° 1*). Longtemps réservé à son estaminet, le *Pimm's* va faire des émules et Pimm va commencer à produire, à partir de 1851, pour la concurrence, puis à commercialiser sa boisson via des vendeurs de rues. En 1865, Pimm vend son affaire à un certain Frederick Sawyer qui la revend en 1880 à Horatio Davies, futur maire de Londres. Ce dernier lancera à l'occasion l'une des premières chaînes franchisées de l'histoire, les *Pimm's Oyster Houses* (*maisons à huîtres Pimm*), en 1887.

Au fil des ans, d'autres recettes, élaborées sur d'autres alcools de base, voient le jour : les n° 2 et 3, basés respectivement sur le whisky et le brandy, sont créées en 1851. Les n° 4, 5 et 6, avec base respective le rhum, le rye (whisky élaboré à partir de seigle, rye en anglais), et la vodka, seront lancés après la Seconde Guerre Mondiale.

Dans les années 60, le *Pimm's* connaîtra une véritable mode dans les bars, avec sa grande jarre trônant en bonne place : on remplissait le verre à moitié en *Pimm's* avec une petite louche et on complétait avec du champagne (ou du mousseux).

Qui dit mode dit effet passager. Les années 70 et 80 furent des années noires. Malheureusement pour *The Distillers Company* qui avait acquis la marque en 1970. *Distillers* sera rachetée par **Guiness** en 1986 et appartient donc à **Diageo** (*voir ce nom*) aujourd'hui.

Beaucoup de variantes ont été arrêtées. Seules subsistent aujourd'hui, la n° 1 et la n° 3, basée sur le

brandy, avec des épices et des écorces d'orange, rebaptisée *Winter Pimm's* (*Pimm's d'hiver*).
Diageo affirme que le *Pimm's No. 1 Cup* est toujours fabriqué selon la recette originale, une recette jalousement gardée, qui ne serait connue *« que par six employés haut placés de Pimm's qu'on appelle « les six secrets » »*. [so, w]

Piper-Heidsieck (1785, 1838)
Après la mort, en 1828, de Florens-Louis Heidsieck, fondateur de la maison de champagne *Heidsieck & C°*, la maison compte quatre neveux à la direction de l'entreprise (*voir* ***Heidsieck & C° Monopole***). C'est beaucoup trop, et l'un d'entre eux, Christian Heidsieck, décide de monter sa propre affaire. Le mystère demeure sur la question de savoir s'il a obtenu une part de l'héritage, alors que le légataire universel était son cousin Ferdinand Waldbaum. C'est vraisemblable car cela expliquerait pourquoi la maison a retenu 1785 comme date de création, qui est en fait l'année où Florens-Louis Heidsieck, l'oncle, a fondé son entreprise.
Quoi qu'il en soit, Christian s'associe à un certain Henri-Guillaume Piper, dont on ne sait pas grand-chose si ce n'est qu'il a un sens commercial hors pair. Des princes de Habsbourg aux empereurs de Chine, pas moins de quatorze cours royales ou impériales vont lui accorder le privilège de *fournisseur patenté.* Dans le monde entier, la haute société raffole du *« vin de Piper, élaboré par Heidsieck »*.
En 1835, Christian Heidsieck décède et, en 1838, sa femme se remarie avec Henri-Guillaume Piper. La maison devient *Piper-Heidsieck.*
En 1851, Piper, qui a repris la maison, s'associe à Jacques-Charles Théodore Kunkelmann. À la mort de Piper en 1870, Kundelmann devient le patron. Son fils, Ferdinand-Théodore, lui succède en 1892, puis sa fille Yolande en hérite. Cette dernière épouse en 1926 Jean Harouard de Suarez, marquis d'Aulan, un sportif de haut vol: champion universitaire de natation, champion d'Europe de plongeon de haut vol, capitaine de l'équipe de France de bobsleigh, il est médaillé olympique en 1928 et champion du monde en 1930. Il se reconvertit dans les sports mécaniques, participe deux fois aux 24 heures du Mans avant de remporter, en 1935 les rallyes aériens d'Égypte puis d'Allemagne l'année suivante. Et naturellement, il profite de cette aura pour faire connaître son champagne.
Pendant la Seconde Guerre Mondiale, il accepte de cacher dans ses caves des armes pour le compte de la Résistance champenoise. La veille de son arrestation par la Gestapo, il s'enfuit en Afrique du Nord, devient pilote de chasse dans la célèbre escadrille *La Fayette* et meurt au combat

en 1944. La Maison *Piper-Heidsieck* est placée sous séquestre par l'occupant.

À la Libération, Yolande, croix de guerre 1939-1945, reprend le flambeau avec l'aide du général Baron d'Alès, avec qui elle se remarie en 1945.

François d'Aulan, fils aîné du marquis Jean de Suarez d'Aulan et de Yolande Kunkelmann, lui succède en 1957. Il restera à la tête de la maison *Piper-Heidsieck* pendant plus de trente ans. En 1979, il fonde en Californie, en partenariat avec les maisons américaines *Sonoma Vineyards* et *Renfield Importers*, le domaine *Piper Sonoma*, qui produit des vins effervescents.

En 1988, il cède la maison au groupe **Rémy Cointreau,** qui détenait déjà depuis quatre ans, une autre maison de la famille, **Charles Heidsieck.** En 2011, les deux marques de champagne sont rachetées à *Cointreau* par *EPI* (*Entreprise patrimoniale d'Investissement*), un fonds détenu par la famille Descours, et qui possède en outre les marques *J. M. Weston, Alain Figaret, Bonpoint...* [228, so]

Pitch (1986)

Marque de petits pains briochés lancée par la **Brioche Pasquier.** *Pitch*, en anglais, a de nombreuses significations, mais aucune ne s'adapte réellement au produit.

Nous avons tenté de contacter l'entreprise. Faute de réponse, nous proposons une explication toute personnelle à ce nom : le *P* de Pasquier et la fin de *sandwich* (avec un *t* pour conserver la prononciation), car ce pain brioché ressemble à s'y méprendre à un petit hot dog sucré. Mais comme il se déguste froid, il s'apparente d'avantage à un sandwich. Cela sans parler du fait que le nom est énergique, facile à mémoriser.

On ne compte plus les marques passées dans le langage courant, frigidaire, klaxon, bikini, scotch...
Pitch, c'est le contraire : comme l'ont titré *Les Echos*, *«Pasquier a confisqué le mot Pitch»*, en déposant ce nom dans la quasi-totalité des classes référencées par *l'INPI* (*Institut National de la Propriété Industrielle*), dont par exemple l'éducation et la formation[229].
Si on suit le raisonnement, cela laisse entendre que les *startups*, ces entreprises qui démarrent, ne pourraient plus utiliser ce mot pour désigner le bref document ou le topo de présentation de leur projet aux investisseurs. Même chose dans le cinéma, où *pitch* est utilisé pour désigner un court synopsis. Il n'est pas sûr que la justice suive *Brioche Pasquier* en cas de plainte.

Planta Fin (1930, 1976)

À l'occasion de la fusion de la société britannique *Lever Brothers* et de la firme hollandaise *Margarie Unie*, *pour* donner *Unilever*, la partie batave apporte dans la corbeille de mariée la margarine *Planta*, qu'elle vient d'élaborer. *Planta* vient du néerlandais *plant*, qui signifie *plante* pour bien

indiquer que cette margarine était végétale (jusqu'à présent, elles étaient d'origine animale, confectionnée avec du saindoux notamment, *voir **Astra***).
Apparemment, cette marque n'a existé qu'en Belgique, France, Malaisie et Portugal. *Unilever* va relancer la marque en 1976, sous le nom de *Planta Fin* (nouvelle recette). En 2001, *Planta Fin* est présentée en tube, sous forme liquide, pour la cuisine. En 2012, elle est également vendue sous forme de mousse de margarine à tartiner.[so, w]

Poliakov (2003)
Poliakov est une vodka jeune (12 ans d'existence) et française : La marque *Poliakov* a été déposée le 7 octobre 2003 auprès de l'*INPI* (*Institut National de la Propriété Industrielle*). Mais la valeur n'attend pas le nombre des années puisque cette vodka du groupe **La Martiniquaise** est déjà leader dans l'Hexagone avec plus du tiers des parts de marché.
Les éléments d'information sur ce spiritueux sont rares, comme souvent pour les produits de ce groupe très discret. Pourquoi Poliakov ? Seule référence trouvée, celle de Samuel Poliakov (1837-1888), né à Doubrouna, un bourg aujourd'hui situé en Biélorussie, à quelques kilomètres de la frontière avec la Russie. Dans sa jeunesse, Samuel a exploité avec Lazar, son frère aîné, une distillerie de vodka, avant de devenir celui qu'on a surnommé le *« roi des chemins de fer »* de l'Empire russe (il aurait construit le quart du réseau). Il a même décroché une médaille à l'Exposition universelle de Paris de 1878 pour sa rapidité d'exécution. Ce qui l'a fait connaître en France. Il était donc tentant de reprendre ce nom, d'autant plus que cela permet au site officiel d'affirmer que cette vodka est *« héritière des traditions ancestrales russes »*.

Pol Roger (1849)
À la mort de son père notaire, en 1849, Pol Roger n'a que 18 ans. Il se lance dans le commerce du vin. Initialement située à Aÿ (aujourd'hui Aÿ-Champagne), l'affaire se déplace à Epernay en 1851. À la mort de son fondateur, en 1899, la maison a déjà atteint une place enviable. Ses deux fils, Maurice et Georges, lui succèdent. Ils obtiennent le droit, par décret du président de la République Émile Loubet, de porter comme nom de famille les nom et prénom de leur père : Pol Roger.
Malgré un bref mais brutal coup d'arrêt en 1900, dû à l'effondrement d'une partie des bâtiments, l'affaire poursuit son développement jusqu'à la Première Guerre Mondiale. Comme pour toutes les maisons de champagne, les trente ans à venir sont catastrophiques : La Première Guerre, puis en 1918, la Révolution bolchevique, qui tarit le marché russe. Un an plus tard, la Prohibition américaine interrompt les exportations vers les États-Unis.
Lorsque celle-ci s'achève,

en 1933, l'Amérique est plongé dans la plus grave crise économique de sa jeune histoire après le krach boursier de 1929, crise qui s'étendra à toute l'Europe. Et en 1940, la guerre recommence…
La maison va redémarrer dans les années 50. Elle accroît son vignoble, qui atteint 85 hectares. Aujourd'hui, *Pol Roger* fait partie des dernières maisons familiales de la Champagne. Membre de la 5e génération, Christian de Billy (neveu de Jacques et de Christian Pol Roger) est réélu à la présidence du conseil de surveillance (sa fille Évelyne de Billy est responsable du vignoble). Depuis 2013, le président du directoire est Laurent d'Harcourt, précédemment directeur commercial export depuis 2006.[230, so, w]

Les liens entre le champagne Pol Roger et l'Angleterre sont très anciens et très forts : le premier flacon fut envoyé en 1849 et la Reine Victoria accorda à la maison le titre de *Royal Warrant* (titre de fournisseur officiel de la couronne) dès 1877 (titre perdu en 1950, mais récupéré en 2003).
Ainsi, sur la carte du mariage de Kate et de William, duc et duchesse de Cambridge, à Buckingham Palace, le 29 avril 2011, le seul champagne servi fut du Pol Roger. Idem pour la naissance du petit George, le 22 juillet 2013 et celle de Charlotte, le 2 mai 2015…
Plus largement, la Grande-Bretagne est le premier débouché de ce champagne à l'international. Mais, c'est avec Winston Churchill que les liens ont été très étroits, surtout à partir de 1944.
Cette année-là, Winston Churchill rencontre Odette Pol Roger à l'ambassade de Grande-Bretagne à Paris. Odette est la femme de Jacques Pol Roger, petit-fils du fondateur mais aussi et surtout, la fille du général Georges Wallace qui combattit dans l'armée française pendant la Première guerre mondiale et la petite fille du Sir Richard Wallace, grand mécène et collectionneur d'art britannique (mort en France). En outre, Odette avait joué les courriers pour la Résistance (à bicyclette, d'Epernay à Paris en 12 h). Elle fut arrêtée par la Gestapo, mais pour quelques heures, seulement pour… avoir accroché à son chemisier un badge de la RAF.
Quand Churchill rencontre Odette Pol Roger à l'ambassade britannique, il a 70 ans, elle 33. Il est fasciné par sa beauté ainsi que par la cuvée millésimée 1928 qu'il déguste. Il lui explique qu'il est client depuis 1908 de la marque, et l'apprécie énormément, qu'il ne peut vivre sans champagne : « *I cannot live without champagne. In victory I deserve it, and in defeat I need it* » (*dans la victoire, je le mérite et dans la défaite, j'en ai besoin*).
Chaque année pour son anniversaire, le 30 novembre, celle-ci lui faisait parvenir une caisse de champagne millésimé 1928 jusqu'à

épuisement des stocks, en 1953. En retour, il lui envoya ses Mémoires avec ce mot: « *Cuvée de Réserve / Mise en bouteille au château Chartwell* ».
Aujourd'hui, la maison Pol Roger est installée au 1 rue Winston Churchill (anciennement Henri Le Large), à Épernay.
Winston Churchill n'y mit jamais les pieds en dépit de plusieurs demandes écrites à Odette: « *Invite me to Épernay. I will press the grapes with my feet* » (*Invite-moi à Épernay, je foulerai les raisins de mes pieds*). [50] Grand amateur de chevaux, celui qu'on avait surnommé le Vieux Lion avait appelé sa pouliche préférée *Pol Roger!*

Pommery (1856)
Louis-Alexandre Pommery était courtier en laine. Très certainement à la tête d'une maison importante puisqu'en 1856, il s'associe avec Narcisse Greno, patron depuis vingt ans de la maison de champagne *Dubois-Gossart*. À eux deux, ils fondent la maison *Pommery & Greno*. Greno s'occupe de la commercialisation, Pommery de la production. Mais Louis décède deux ans plus tard, laissant à son épouse âgée de 39 ans la charge de l'entreprise. Comble de malchance, Greno se retire en 1860 (il a tout juste cinquante ans) pour se consacrer à des œuvres de bienfaisance.
La jeune veuve Jeanne-Alexandrine, dite Louise, va faire de la petite maison de champagne un établissement de renom qu'elle rebaptise en 1866 *Veuve Pommery & Fils* en raison de l'entrée de son fils, Louis Pommery dans la société. Elle acquiert en 1868 un domaine de 50 hectares dans les Hauts de Saint Nicaise, au sud-est de Reims, truffé de crayères gallo-romaines. Jeanne Alexandrine va faire venir des mineurs du nord de la France pour creuser des galeries reliant les crayères entre elles.
Résultat, 18 km de caves qui abritent aujourd'hui quelque 30 millions de bouteilles.
Ces caves, Louise Pommery, va les automatiser – une première – en installant dans les galeries un rail suspendu auquel étaient accrochés des paniers en osier pour le transport des bouteilles.
Mais ce que remarquent le plus les visiteurs d'aujourd'hui, c'est le *Grand escalier* de 116 marches qu'elle a fait construire pour accéder directement aux caves depuis le bâtiment principal.
En 1875, elle marie sa fille Louise au marquis de Polignac et prend pour associé Henri Vasnier.
En 1907 (Louise Pommery mère est décédée en 1890), la maison passe aux mains de la famille Polignac.
Comme beaucoup de maisons de champagne, Pommery se retrouvera emportée dans le maelström des fusions-acquisitions qui ont secoué le secteur à la fin du XXe siècle: d'abord rachetée par Xavier Gardinier, alors propriétaire du champagne **Lanson** (*voir* ***Lanson-BCC***), puis par le groupe

BSN, la maison est revendue au groupe **LVMH** qui a son tour, en 2002, la cède au groupe **Vranken Monopole** qui deviendra après cette acquisition, *Venkren-Pommery Monopole*.
Comme toujours, le groupe *LVMH* garde le vignoble, mais doit, par contrat, continuer à approvisionner *Pommery*, y compris en grands crus.[231, w]

Directeur-délégué de la maison Pommery à l'époque LVMH, Philippe Pozzo di Borgo, est victime en 1993 d'un grave accident de parapente au col des Saisies en Savoie, qui le laisse tétraplégique. Dans un livre publié en 2001, *Le second souffle* (*Éditions Bayard, Poche*), Philippe Pozzo di Borgo raconte comment il réussit à reprendre goût à la vie. Ce livre servira de trame au film *Intouchables*, qui connaîtra un succès mondial (3e au box-office français derrière *Titanic* et *Bienvenue chez les Ch'tis*, avec près de 20 millions d'entrées).

Pom'potes (1998)
Première compote à boire en sachet souple et embout retouchable inventée par **Materne.** *Pom'potes* s'adressent aux jeunes. D'où le *s* final : il s'agit moins d'une compote de pommes que d'une *pomme entre potes*. A donné naissance à toute une gamme de parfums.

Porto Cruz (1887, 1926, 1975)
Jean Cayard, qui fondera en 1934 le groupe **La Martiniquaise,** importe du porto en France depuis 1926. À l'époque, comme la quasi-totalité de ses concurrents, il l'importe en vrac et le met en bouteille dans ses entrepôts à Charenton-le-Pont. Ce n'est qu'en 1970 que les choses vont changer. Jean Cayard, qui importe le porto Cruz depuis 1955, décide d'embouteiller ses bouteilles directement au Portugal. Il pressent la volonté du gouvernement portugais de favoriser l'embouteillage local et entend précéder cette décision. En outre, cela permet une montée en gamme et peut-être plus encore la lutte contre la fraude, beaucoup plus difficile à organiser dès lors que le porto est exporté en bouteilles estampillées par un tampon officiel. Pour accroître sa légitimité, il rachète la société d'exportation *Manoel R. d'Assumpção e Filhos*, fondée en 1887. Dans le même temps, Jean Cayard modernise considérablement les chais à Vila Nova de Gaïa, qui fait face à la ville de Porto, sur rive sud du Douro.
Voilà pour la légitimité. Côté commercialisation, le fondateur de *La Martiniquaise* va lancer de grandes campagnes de publicité innovante avec la création d'un personnage, *Senhor Cruz* (remplacé aujourd'hui par une femme), et la vente en grandes surfaces.
Sur le terrain, le groupe rachète plusieurs entreprises du secteur et même des propriétés, appelées *quintas* (littéralement *fermes*, sous-entendu viticoles) jusqu'à mettre la main en 2017 sur les 400 hectares de la *quinta*

de Vintozelo, l'une des plus belles de la vallée du Douro ce qui permet de développer toute une gamme de porto de grande qualité.

Quant au nom *Cruz* ou *Gran Cruz* (*croix*, *grand-croix*), il se rapporte sans doute à la croix de Malte qui figure sur certaines bouteilles et qui évoque les monastères cisterciens nombreux au nord du Portugal et dans la vallée du Douro, à l'origine de la culture de la vigne. On retrouve cette croix de Malte sur les blasons de certains de ces ordres[232].

Aujourd'hui, *Porto Cruz* est la première marque de porto vendue en France (plus gros marché mondial avec un environ un tiers du total) et dans le monde, avec quelque 8 millions de litres écoulés chaque année dans plus de 50 pays.

Gran Cruz possède des chais dans lesquels vieillissent plus de 65 millions de litres de Porto dont plus d'un million de plus de 20 ans d'âge. L'entreprise est dirigée par Jean-Pierre Cayard, le fils du fondateur.

Le porto que l'on consomme aujourd'hui est une conséquence directe de la hausse continue des taxes à l'importation en France décidées par Fouquet en 1660 puis maintenues par Colbert.

Pour les Anglais, cela s'est traduit par un embargo de fait de leurs exportations vers la France. En réaction, Charles II d'Angleterre a interdit l'importation des produits français et en premier lieu le vin, notamment le bordeaux, dont raffolent les Anglais.

Ceux-ci vont donc chercher à le remplacer. C'est là qu'ils découvrent, un peu plus au sud, les vins de Porto. Malheureusement, ces vins supportent mal le voyage. Un négociant anglais, Jean Beardsley, a alors l'idée de rajouter de l'eau-de-vie à 77° pour stabiliser le vin, à raison de 110 litres d'alcool pour 425 litres de vin. C'est ce qu'on appelle le *mutage*. Les Anglais, et avec eux une bonne partie de l'Europe, va vite raffoler du nouveau produit. Mais il faudra attendre 1850 que le mutage devienne la recette officielle du porto.

Il existe un autre lien entre le bordeaux et le porto : les deux vins ne portent pas le nom de la région de production, mais celui du port d'exportation… vers l'Angleterre.

Porto Pitters (1964)

Bernard Magrez, un Bordelais muni en tout et pour tout d'un CAP d'affûteur sur bois, va créer un empire dans le secteur des spiritueux puis plus récemment du vin. Grâce à ses qualités propres bien sûr, mais également grâce à deux hommes : Jean Cordier et Bernardo Trujillo. Le premier est son oncle par alliance, propriétaire des châteaux bordelais Talbot et Gruaud-Larose. C'est lui qui lui fera connaître le monde du vin, de 1959 à 1962, période pendant laquelle Bernard Magrez travaille chez son oncle. Le second est le prophète de la distribution, qui organise des conférences à Dayton dans l'Ohio dans les années 60, auxquelles ira assister tout le gratin de la future grande distribution française : Marcel Fournier, cofondateur de *Carrefour*, Gérard Mulliez, fondateur d'*Auchan*, André Essel, cofondateur de la *Fnac*, Bernard *Darty*, et bien d'autres, dont Bernard Magrez.

À peine revenu des États-Unis, notre homme tombe sur une petite affaire de porto à vendre à des conditions intéressantes, le Porto Greloud. Son oncle met à sa disposition les cuvées de Talbot 1959 et 1961 pour qu'il puisse solliciter un emprunt auprès de son banquier.

Greloud, ce n'est pas très vendeur, surtout pour un porto. Magrez va l'appeler *William Pitters*, qui deviendra Porto Pitters, *« un nom à consonance anglaise* [les Britanniques sont très amateurs de porto, ndla]. *Pitters allait bien, parce qu'en même temps, c'était facile à retenir. D'où le choix de « Porto Pitters » »*, dont il a lui-même dessiné l'étiquette : *« Je n'avais pas assez d'argent pour payer les services d'un dessinateur »* [233]. Nous sommes en 1964. Avec les leçons de Trujillo, Bernard Magrez va se focaliser sur les grandes surfaces qui apparaissent un peu partout en France pour proposer son porto. Celui-ci va devenir en quelques années une des marques les plus vendues de l'Hexagone. La société *William Pitters* est créée, qui va par la suite se diversifier d'abord dans les cocktails tout préparés (*William Pitterson*) puis dans le whisky (William Peel) avant d'être revendue en 2005 au groupe **Marie Brizard.** Ce dernier sera racheté en 2019 par la *Cofepp* (*Compagnie Financière Européenne de Prises de Participation*), la holding du groupe **La Martinaise Bardinet.** Pour se conformer à l'Autorité de la concurrence, la *Cofepp* sera contrainte de céder le *Porto Pitters*, qui sera racheté par le groupe IDL (*International Drinks Limited*). Ce qui explique sans doute sa quasi-disparition des gondoles de grandes surfaces en France.

Poulain (1848)

Victor-Auguste Poulain naît en 1825 dans une ferme des Bordes près de Pontlevoy dans le Loir-et-Cher où son père travaille comme métayer. Dixième enfant de sa mère, le petit Victor-Auguste est trop chétif pour le travail aux champs. À six ans, on l'envoie à Pontlevoy apprendre à lire et à écrire chez une institutrice, mais il doit quitter cette école de pauvres pour aller, baluchon sur l'épaule, travailler à Bléré, un bourg à 25 km à l'ouest sur la route de Tours, chez un épicier, Pierre Minier. Il y restera un peu plus de deux ans avant d'aller à Blois (45 km au nord-est) chez un autre épicier, M. Delagrange, où il passera encore deux petites années. Puis il monte à Paris, muni d'une recommandation de la comtesse de Ribeyreys, châtelaine des Bordes, la patronne de son père, qui le recommande à son épicier parisien, un certain M. Leguerrier. Une belle enseigne, *Le Mortier d'Argent*, qu'Honoré de Balzac évoque même dans un de ses livres[234].

Mais ce qui intéresse pardessus tout le jeune Victor-Auguste – il a treize ans à son arrivée – se passe dans l'arrière-boutique: comme la plupart des grands épiciers de la capitale, M. Leguerrier fabrique son chocolat.

Poulain restera sept ans dans cette prestigieuse boutique d'où il repart avec une passion: le chocolat. En 1847, l'Armée n'ayant pas voulu de lui en raison de sa constitution jugée trop chétive, il repart à Blois, où, avec ses économies, il loue un fonds de commerce et s'installe comme confiseur. Quelques mois plus tard, une toute jeune fille de 17 ans, Pauline, entre dans sa boutique. Coup de foudre, mariage en 1848.

Elle va le soutenir, moralement et financièrement grâce aux deux maisons qu'elle apporte en dot et que Poulain va vendre l'une après l'autre pour financer ses travaux et son usine. À la différence des autres chocolatiers, Poulain, qui n'est pas pharmacien, ne tente pas de mettre en avant ses qualités prophylactiques mais simplement son bon goût, avec tant que faire se peut un prix abordable. Il va donc travailler sur la qualité des fèves et sur la méthode de fabrication. Et en 1952, il dépose un brevet pour *préparation de chocolat*, constituée d'un tiers de *caraque* pour deux tiers de Maragnan, comprenez un tiers de fèves de Caracas (donc du Vénézuela, embarquées à Caracas) et deux tiers de fèves venus d'une île brésilienne, située dans le delta du fleuve Amazone (aujourd'hui Marajó).

La route est encore longue, mais petit à petit, Poulain améliore encore sa recette et enfin, ses efforts sont couronnés par les premières médailles, d'abord à Blois, puis ailleurs en province, enfin à Paris lors de l'Exposition universelle de 1867. La publicité – comparative: Poulain n'hésite pas à dire au consommateur de comparer – fait le reste.

La réussite est enfin là. La fortune aussi. Malheureusement Pauline ne la verra pas. Une maladie l'a emportée trois ans plus tôt.

En 1878, Victor-Auguste a le sentiment bien mérité d'être arrivé à ses fins, celles de *« livrer à la consommation, un chocolat véritable chocolat de santé […]. Vendre bon et bon marché, voilà le seul progrès de l'époque »*, écrit-il. En 1880, il n'a que 55 ans (dont tout de même 46 ans de travail), il cède les rênes de la maison à son fils Albert, qui a déjà passé 14 ans dans l'affaire, et part se reposer l'hiver sur la Côte d'Azur.

Albert va considérablement renforcer l'un des axes suivis par son père: la *chromo-réclame*, sous forme de vignettes lithographiées glissées dans les paquets des différents produits de la maison Poulain. Ces vignettes connaissent un véritable succès: en 1900, la chocolaterie produira 350000 chromos par jour. Si l'entreprise prospère, elle a également besoin de plus en plus de capitaux. Dès 1893, Albert décide donc d'ouvrir le capital de sa société. Mais quatre ans plus tard, à la suite de différents majeurs avec ses partenaires, il quitte l'entreprise. À sa tête désormais, trois hommes: deux ingénieurs agronomes, Paul Renard, issu d'une famille d'industriels en textile de la région orléanaise et son cousin, Georges Bénard et Georges Doliveux, ancien commissaire de la marine. Victor-Auguste entretient cependant d'excellentes relations avec les repreneurs.

En 1909, Doliveux propose au conseil d'administration de remplacer les chromos par des réductions de 50 % sur des places de cinémas. Une première a lieu à Marseille où pour l'occasion, une salle de spectacle de la ville est transformée en cinéma. Un pari risqué, le cinéma n'en est qu'à ses balbutiements. Le choix de Marseille n'est peut-être pas anodin: la première salle de cinéma au monde est en effet l'Éden Théâtre de la Ciotat (35 kilomètres à l'est de Marseille), qui avait projeté le premier film des Frères Lumière en 1895.

Le succès est tel que la maison *Poulain* va renouveler l'expérience dans de très nombreuses villes françaises et même jusqu'à Alexandrie et au Caire! À la veille de 1914, le chocolat *Poulain* offre des réductions dans 105 salles françaises. On parlera des *« Cinémas Poulain »*.

La guerre vient interrompre tout cela. Comble de malheur, un incendie détruit la totalité de l'usine courant 1918. Victor-Auguste ne supportera pas le spectacle et en meurt quelques jours plus tard: il avait 93 ans.

Pourtant, l'usine est reconstruite et repartira de plus belle[235].

Pendant l'entre deux-guerres, la marque fera encore parler d'elle lors du lancement en 1937 de son *Extra Poulain*, qui deviendra *Noir Extra*, sorte de précurseur des tablettes de chocolat noir intense sorties ces dernières années par tous les chocolatiers.

En 1950, *Poulain* va devenir partenaire du *Tour de France*, ce pendant 35 ans. Avec évidemment, une ritournelle toute faite: *« Allez Poulidor, allez Pou-Pou, allez Poulain »*.

En 1970, *Poulain* va se diversifier *à l'insu de son plein gré*, comme on dit dans le milieu cycliste. Devant la menace du rachat par **Heinz** du groupe *Grey-Poupon-**Maille***, le gouvernement demande à *Poulain* de le racheter. Ce ne sera ni la première ni la dernière qu'un gouvernement demandera à une entreprise française de racheter un groupe soit en difficulté, soit sous la menace d'un rachat par une firme étrangère. Et c'est rarement un bon choix.

L'ensemble fusionne en 1971 pour devenir la *Segma* (*Société d'exploitation des Grandes Marques Alimentaires*). La *Segma* va alors changer de nombreuses fois de mains : elle est d'abord rachetée en 1978 par les laboratoires pharmaceutiques *Clin-Midy*, qui la revend à la *Générale Occidentale* l'année suivante, qui la cède à son tour en 1980 à *BSN* qui deviendra **Danone.**

La *Segma* est ensuite redécoupée. Poulain est revendu à *Cadbury*, lui-même racheté en 2010 par *Kraft Foods. Poulain* est donc aujourd'hui une marque de **Monlelēz International.**

Pradel (1952)

Cette marque de rosé de Provence, créée juste après-guerre et rachetée par **Listel** dans les années 90, existe sous deux références : *Impérial Pradel* et *Pradel Élite.* Le nom est vraisemblablement celui du vigneron d'origine, un nom courant que l'on retrouve sur différents vins d'autres régions.

Président (1968)

Marque de crémerie créée par André Besnier, le fondateur de ce qui allait devenir **Lactalis,** et qui a commencé par le camembert *Président*, en 1968, puis le coulommiers, le beurre (1972) et le brie (1975).

Son fils Michel lancera ultérieurement l'emmental (1991), le beurre tendre (1992).

Emmanuel, le petit-fils du fondateur poursuivra la diversification avec le comté en 2003, le chèvre et la mozzarella en 2003 et le cantal en 2006.

Quant au pourquoi de cette marque, elle s'explique selon le site officiel par une remarque faite par André Besnier : *« La France est le pays des Présidents, tout le monde est président ! De l'association de pêche, des boulistes, des anciens combattants. »*

Pressade (1983)

Cette marque de jus de fruit est née au sein de *Bric Fruit* (jus de fruit en brique cartonnée), filiale de **Lactalis,** créée en 1981. *Bric Fruit* sera cédé au groupe *Fruité* en 2000. *Fruité* est une ancienne marque de boisson gazeuse aux fruits, créée en 1963 par **Évian,** éteinte en 1992 et rachetée deux ans plus tard par Philippe Meunier, président des *Vergers de Savoie*, qui prendront le nom de *Fruité* en 2000, peu avant son rachat de la marque *Pressade.* En 2010, *Fruité* est racheté par *Britvic*, une société britannique née en 1938 sous le nom de ***Bri**tish **Vi**tamin **P**roducts **C**ompany.* En 2020, *Britvic* cède trois usines de production de jus de fruits au groupe néerlandais *Refresco*, mais pas la marque. L'usine de Château-Thébaut, en Loire Atlantique, là où est née *Pressade*, est fermée à l'été 2021 et la production transférée au Quesnoy, dans le Nord.

Pressade suggère que le fruit est pressé (ce qui n'est pas le cas, il s'agit d'une boisson reconstituée à base de concentré de jus de fruit) avec la terminaison d'orangeade, citronnade…

Prisunic (1931-2003)
(*Voir* ***Monoprix***).

Primevère (1987)
Primevère est une margarine élaborée par la *Céma*, une PME de Tourcoing (Nord) fondée en 1895 par un certain Wagnon et spécialisée dans l'élaboration des matières grasses.

En 1987, la PME élabore en coopération une margarine diététique sans matières grasses hydrogénées et contenant des oméga 3 et 6, en collaboration avec l'*Institut Pasteur de Lille*, un organisme indépendant de l'*Institut Pasteur de Paris* constitué en 1899, avec l'aval de Louis Pasteur, par Émile Roux, l'un de ses proches collaborateurs.

Le produit marche très bien et 100 ans après sa création, la *Céma* est la 3e margarine de France avec une production de 19000 tonnes. Elle est encore indépendante. Plus pour longtemps: en 2003, **Lactalis** rachète l'entreprise[236].

Ce nom a vraisemblablement été donné en référence à la primevère, l'une des premières fleurs du printemps (de *prima*, première, et *ver*, le printemps, en latin). Le printemps, donc le renouveau, la santé retrouvée, la jeunesse, la légèreté...

Prince (1870)
Ce biscuit a été créé à Anvers par le pâtissier belge Édouard de Beukelaer en l'honneur de Leopold II, surnommé « *Le Prince de Belgique* », du temps où son père, Léopold 1er, était sur le trône. Bon choix : ce Prince, qui monta sur le trône en 1865 à l'âge de 30 ans, reste aujourd'hui le souverain belge qui a régné le plus longtemps: 44 ans. Selon la légende, qui n'est sans doute pas dénuée d'un fond de vérité, le Prince de Belgique aurait été friand de chocolat mais ne voulait pas se salir les doigts. D'où l'invention de ce biscuit fourré au chocolat.

La marque *de Beukelaer*, devenue internationale dans les années 1920, va se scinder en deux en 1955: une partie va fusionner au sein d'un groupement de biscuiteries belges, qui deviendra par la suite *Céraliment-LU-Brun*, pour finalement échoir dans l'escarcelle du groupe **Mondelēz** sous la marque **LU**; l'autre partie perdure toujours sous son nom en Allemagne et commercialise également les biscuits *Prince*.

Pringles (1967)
Pringles, vous connaissez, ce sont des chips en forme de selle de cheval présentées das un cylindre. Ce que vous ne pouvez pas imaginer, c'est qu'il fallut dix ans de recherche et le concours de superordinateurs pour parvenir à ce résultat.

Au milieu des années 50, *Procter & Gamble* ont voulu créer des chips idéales qui répondent aux souhaits des consommateurs, c'est-à-dire qu'elles ne soient pas cassées dans le paquet, pas grasses et qu'elles n'aient pas perdu tout leur goût au moment de l'achat. Ils ont confié la mission à un chimiste maison, Frédéric Baur, d'élaborer ce produit miracle. Entre 1956 et 1958, ce dernier a imaginé cette forme de selle qu'ont les chips *Pringle* et la boîte qui allait avec. Pour le goût, Baur n'est pas parvenu à un résultat satisfaisant.

Près de dix ans plus tard, *P & G* fait appel à un autre chercheur maison, Alexander Liepa, qui lui, réussit à résoudre ce problème de la pérennité du goût. Et ça n'a pas été simple. Il a fallu jouer sur la composition des chips. Dans une *Pringles*, il n'y a que 42 % de pomme de terre ! Le reste, c'est de l'amidon de blé, des farines (pomme de terre, maïs et riz), mélangés à des huiles végétales, un émulsifiant, du sel et de l'assaisonnement. Sans parler d'un certain nombre d'édulcorants, parmi les lesquels de la maltodextrine, dextrose, glutamate de sodium... la liste est longue.

Petite injustice, c'est Liepa qui a hérité de la paternité de la totalité du brevet. Gene Wolfe, un ingénieur en mécanique et auteur de romans de science-fiction, a quant à lui développé la machine qui les fait cuire. Et il a fallu l'aide de super calculateurs pour concevoir la mise en boîte de ces chips en forme de paraboloïdes hyperboliques (si, si, c'est leur forme exacte...) sans qu'elles ne se cassent.

En 2012, **Kellogg's** a racheté *Pringle* à *P & G* pour la somme de 2,7 milliards de dollars (deux milliards d'euros à l'époque). Les ventes annuelles de ces chips (déclinées en gamme) atteignent 1,4 milliard de dollars. [w]

Chips, en anglais, signifie *éclats, copeaux de bois.* Si les Américains utilisent ce mot dans le même sens que nous (mais également pour désigner les puces électroniques), les Anglais, Irlandais, Australiens et autres anglophones, disent *crisps*, car pour eux les *chips* sont des *frites*, qu'on appelle, avec juste raison, *French fries* aux États-Unis.

Proxi (1989)

Carrefour a lancé cette enseigne pour développer les magasins de proximité en zone rurale.

Prunier (1927, 1948)

Clochemerle dans les rillettes ! Alors que la firme Bordeau-Chesnel rappelle qu'elle a fusionné en 1973 avec la maison Lhuissier et s'appelle désormais LBC et exploite, aux côtés de la marque Bordeau Chesnel, celle d'Albert Lhuissier, la marque *Prunier*, elle, se prévaut d'un lien de parenté avec le grand Albert, considéré comme le père fondateur des rillettes modernes.

Maurice (Jules) Prunier crée la maison Prunier en 1927 à Saint-Calais, dans la Sarthe, puis une autre en 1931 à Connerré, la capitale des rillettes.

Au lendemain de la Seconde Guerre Mondiale, Maurice (Jules) crée, avec ses deux fils, Maurice et Albert, la SNC (société en nom collectif) Prunier. En 1965, son fils Jules lui succède en transforme la SNC en Sarl (Société à responsabilité limitée).

Aujourd'hui, la société compte 150 personnes et ses pots de rillettes sont également sur les linéaires des supermarchés (certains). Alors, elle ne manque pas de rappeler sur son site que Maurice (Jules), le fondateur, a fait son apprentissage de charcutier, dès l'âge de 11 ans, chez son oncle... Albert Lhuissier. Non mais ! w

Pschitt (1954, début 2000)

Première diversification de **Perrier** vers les sodas, orange et citron, avec le slogan : *« Pschitt orange pour les petits anges, Pschitt citron pour les garçons »*. Le nom vient d'un autre slogan, conçu pour Perrier par Jean Davray : *« Perrier, l'eau qui fait pschitt ! »*.

Par la suite, Perrier changera de stratégie, se recentrant sur l'eau. *Pschitt* sera vendu à en 1988 à *Neptune*, filiale eau et sodas du groupe *Castel*. Cette dernière tentera de relancer la marque en 1999. Sans succès face à des marques comme **Orangina,** considérées comme plus naturelles. *Pschitt* disparaît. À noter toutefois, en 2013, une résurrection de quelques mois, avec d'autres marques disparues (chips *Flodor*, yaourts *Chambourcy*, produits surgelés *Vivagel*...), organisée à l'initiative de **Casino.**

P'tit Louis (1990)

Spécialité fromagère plus particulièrement destinée aux enfants présentée en portions sous coque plastique individuelle. Pas d'explication particulière sur cette appellation, si ce n'est une volonté affichée de s'adresser aux plus jeunes. À noter que la même année, une maison d'édition éponyme spécialisée dans la BD et les livres pour enfants s'ouvraient en Bretagne, à Rennes. Simple coïncidence, apparemment, le fromage étant élaboré près de Périgueux. Leur création simultanée a-t-elle influencé les parents ? Toujours est-il que Louis est devenu dans les années suivantes un prénom en vogue, passant de 1 000 par an en 1990 à plus de 5 000 en 2013 pour redescendre légèrement (3 795 en 2020).

Puget (1857)

Adolphe Puget, un négociant d'huile d'olive originaire de Marseille, crée sa société d'exportation. Zone ciblée : l'Amérique du Sud. Ce n'est que dans les années 30 que les héritiers d'Adolphe Puget décident de commercialiser l'huile localement, en remplaçant les bidons de l'export par des bouteilles en verre.

À l'issue de la Seconde Guerre Mondiale, la marque est rachetée par un industriel marseillais resté dans l'anonymat de l'Histoire. Elle change une nouvelle fois de mains en 1974, rachetée par *Astra-Calvé*, filiale du géant anglo-néerlandais de l'agro-alimentaire *Unilever*, le groupe cherchant à diversifier son offre en huiles après le lancement de l'huile de tournesol **Fruit d'Or.**

Lesieur rachète la marque en 2004. *Puget* est l'huile d'olive la plus vendue en France depuis 1999, avec 25 % du marché (2019) devant *Carapelli.*

Pulco (1971, 1973)

Afin d'accompagner son anisette en long drinks, le fabricant de boissons **Marie Brizard** lance *Cresca*, un jus de citron concentré à mélanger avec l'anisette. *Cresca* signifie crête en espagnol, sous-entendu le top (de la qualité). Pourquoi l'espagnol ? Parce ce que l'Espagne est le premier producteur de citron de l'Union Européenne avec 1,2 million de tonnes en 2020, soit environ les deux tiers de la production de l'Union.

Deux ans après, ce nom est abandonné pour devenir *Pulco : Pul* pour pulpe et *co*, du latin *cum, avec ; co* aurait dû être la première syllabe mais, dans le cas présent, ce n'était vraiment pas possible…

Le rachat de *Marie Brizard* par le groupe *Belvédère* en 2007 a entraîné la cession de *Pulco* à **Orangina-Schweppes** (avec **Sirop Sport**), qui deviendra par la suite *Orange Suntory*.

Punch (1840)

Punch est une marque de cigares créée en 1840 par Miguel Lopez, en association semble-t-il avec un Allemand du nom de Stockmann.

Le nom de la marque est emprunté à un célèbre journal satirique britannique éponyme (qui paraîtra jusqu'en 2002 !).

En 1874, la marque est acquise par Luis Corujo, qui la cède dix ans plus tard. Les propriétaires vont se succéder jusque dans les années 1930, jusqu'au rachat par *Fernandez y Palacio y Cia*, déjà propriétaire, entre autres, des marques **Hoyo de Monterrey** et *La Ecsepcion.* [w]

Purina One (2000)

Lancée initialement sous le nom *Vital Balance*, cette gamme d'aliments de moyenne/haut de gamme pour chiens et chats (au-dessus de **Friskies**) est commercialisée en grandes surfaces par **Nestlé** via sa filiale *Purina Petcare* (littéralement *soin des animaux domestiques*). Qu'on se rassure, ce nom n'a aucun rapport avec purin, qui se dit *manure* en anglais. Cela vient du slogan de la société Robinson-Denforth, fondée en 1894 et qui commercialisa en 1898 un blé complet appelé *Purina whole wheat*, *Purina* étant dérivé de leur slogan d'alors : « *Where purity is paramount* » (*où la pureté est primordiale*). Le succès sera tel que la société prendra le nom de son produit-phare en 1904.

Q

Quai d'Orsay (1973)

Cette marque est créée sur commande par la société d'État cubaine *Cubatabaco* pour un autre monopole, français celui-là, la *Seita* (*Société d'Exploitation Industrielle des Tabacs et Allumettes*, qui fusionnera par la suite avec l'Espagnol *Tabacalera* pour devenir *Altadis*).

Le donneur d'ordre : Valéry Giscard d'Estaing en personne si l'on en croit Antoine Bathie, qui dirige avec Maria Chacon, la société *Coprova* en France, qui distribue les cigares cubains. Il s'est penché sur la création de cette marque qu'il distribue et promeut à l'occasion du 45e anniversaire de Quai d'Orsay. Selon lui, *« au début des années 1970, Valéry Giscard d'Estaing, alors ministre de l'Économie et des Finances, écrit au directeur général [de la Seita] : ‹Créez-moi un havane qui aide nos diplomates à faire rayonner le prestige de la France›, intime-t-il. ‹La France brille dans le monde entier par ses parfums, ses champagnes, ses foies gras, sa haute couture, mais il n'existe rien dans le tabac.› »* [237]

La *Seita* a donc demandé à Cubatobaco d'élaborer un cigare doux, sensé mieux correspondre au goût français. L nom de la marque, *Quai d'Orsay*, un nom qui évoque naturellement aux Français le Ministère des Affaires Étrangères : les diplomates sont, avec les banquiers, de grands amateurs de cigares... La *Seita* a sobrement expliqué qu'elle avait choisi ce nom parce que son siège social était rue de l'Université, juste derrière le Quai d'Orsay... Ce cigare est fabriqué à la main et essentiellement distribué en France (et au Bénélux).

Quaker Oats (1877, 1882)

En 1877, à Ravenna, dans l'Ohio (70 km au sud-est de Cleveland), Henry Seymour fonde la *Quaker Mills Company* (*la Société des Moulins Quaker*). Il a choisi ce nom après avoir lu un article sur les Quakers un mouvement religieux a été fondé au XVIIe siècle par George Fox. *Quaker* n'est en effet qu'un surnom, qui signifie *trembleur*. En effet, le nom officiel est la *Société Religieuse des Amis* (*the Religious Society of Friends*).

Ce surnom de Quaker leur a été attribué à la suite du procès de l'un de leurs qui aurait lancé à l'adresse des juges : *« Tremblez en évoquant le nom du Seigneur »*. Ça ne lui porte pas chance : Henry Seymour fait faillite quatre ans plus tard. Son entreprise est rachetée par un certain Henry Cromwell, qui dès l'année suivante lance une campagne nationale de publicité pour *Quaker Oats* (*l'Avoine des Quakers*). Dans les mois qui suivent il lance la boîte à céréales qui permet de ne plus acheter en vrac (ces céréales étaient utilisées pour l'alimentation humaine).

Le début de l'industrialisation se traduit, aux États-Unis comme ailleurs, par des restructurations et des fusions d'entreprises. Les moulins n'échappent pas au mouvement. En 1888, sept d'entre eux fusionnent dont la *Quaker Mills Company* pour former l'*American Cereal Company*. Cette dernière se développe, rachète d'autres sociétés, se diversifie, jusqu'au moment où ses dirigeants estiment nécessaire, en 1901, de coiffer tout cela d'une holding, qui prend le nom de *Quaker Oats*. Le siège social est transféré à Chicago, dans l'Illinois.

Au cours des décennies qui vont suivre, la société va se développer dans différents domaines, les céréales pour petit-déjeuner bien sûr, mais également les boissons et même en 1969, les jouets, lorsque la société rachète l'entreprise *Fisher-Price*.

En 2001, c'est au tour de *Quaker Oats* d'être racheté, par **Pepsico,** initialement pour la boisson énergisante *Gatorade* qui faisait partie des actifs de *Quaker Oats*.[w]

Quézac (1992)

Si la marque n'a qu'un peu plus de vingt ans, la source, elle, aurait été découverte par les Celtes, en 1500 av. J.-C. Si l'on en croit l'historique tel que le conte la mairie d'Ispagnac, le village lozérois situé de l'autre côté du Tarn par rapport à Quézac, un hameau qui lui est rattaché.

Évidemment, les Romains y ont bâti par la suite des thermes. Le nom des villages daterait d'ailleurs de cette époque : domaines de Quiétus et d'Ispagnus, qui ont respectivement donné Quézac et Ispagnac avec la postposition *-ac* dérivée du celtique *-acum* typique de noms toponymiques du sud-ouest.

Cette source s'endort jusqu'au début du XVIIIe siècle, où l'on retrouve les premières ordonnances de médecins mendois recommandant des cures à Quézac. Un certain Dr Blanquet, notamment, mentionne en 1718 les propriétés de cette eau qui « *débouche les conduits* », vraisemblablement ceux du système urinaire.

Au milieu du XIXe siècle, le Dr Alphonse Commandré, atteint d'une maladie que l'on apparentait au choléra, est soigné à l'eau de Quézac. Apparemment guéri, il achète la concession de la source et mène les premiers travaux de captage, en 1859. Son fils David, militaire dans le Génie, reprend le flambeau et fait construire vers 1885 une tourelle étanche autour des dix points d'émergence naturelle. Il fait également réaliser des analyses et commande une bouteille spéciale à bouchon de liège. Cette source est baptisée *Diva*, du nom de la fée gardienne de la source selon la légende locale. Fin 1901, l'eau de Quézac est reconnue par l'Académie de Médecine. David Commandré obtient donc l'autorisation d'exploitation pour trente ans. L'eau était commercialisée localement en bouteilles bouchées au liège ou en bonbonnes. La Première Guerre Mondiale interrompt l'exploitation, David Commandré ayant dû rejoindre le front. Il reviendra de la guerre et transmettra la source à son fils. Mais ce dernier ne reprend pas l'exploitation et en 1931, l'autorisation trentenaire est caduque.

Un descendant de la famille tente bien de relancer l'affaire au lendemain de la Seconde Guerre Mondiale, en 1946. Sans succès. En 1956, nouvelle tentative, de la part d'un groupement mendois cette fois. Mais leurs démarches échouent et en 1963, ils jettent l'éponge.

Ce n'est finalement qu'en 1989 que la source va renaître, grâce à la société **Vittel** qui la rachète. En 1992, *Vittel* est elle-même rachetée par le groupe agro-alimentaire suisse **Nestlé,** qui l'intègre dans sa division *Nestlé-Waters*. Le développement va alors s'accélérer avec un nouveau forage dès 1993, puis la construction, l'année suivante, d'une usine d'embouteillage à Molines sur la commune d'Ispagnac. En 2017, Nestlé revend la marque au groupe Ogeu.[238, w]

R

Rana (1959)
En 1950, Giovanni Rana commence à travailler à l'âge treize ans avec ses frères dans une boulangerie de San Giovanni Lupatoto, une bourgade à 8 km au sud-est de Vérone. En 1959, réalisant que désormais les femmes travaillent et n'ont plus le temps de préparer les pâtes, il se lance dans la fabrication artisanale de tortellini et va livrer lui-même .
Le calcul est le bon. Très vite, sa réputation croît. Dix ans plus tard, la maison a changé de taille et Giovanni en est à imaginer une machine à tortellini qui reproduit les mouvements de la main, pour donner à ses pâtes la même forme et les mêmes qualités gustatives que les pâtes faites maison. Après, les choses vont vite : nouvelles usines en 1971, expansion à travers le pays grâce à la publicité dans les années 80, internationalisation dans les années 90, dont la France. Selon le site officiel, **Rana** est aujourd'hui le leader européen des pâtes fraîches.

Raynal et Roquelaure (1878)
Société agro-alimentaire créée par Théophile Raynal, gérant du buffet de la gare de Capdenac, petite bourgade du Lot, et par Ernest Roquelaure, son chef cuisinier. Intégrée en 1972 par *Cofigéo* (*Compagnie Financière Géo, fondée en 1912 par* ***Georges*** *Foucault*), la société est spécialisée aujourd'hui dans les plats du terroir préparés en conserve et en barquette. [w]
En 2003, la société se diversifie dans les plats italiens en lançant la marque **Zapetti,** issue du rachat

Réa (1956)
La *Société des Vergers d'Alsace* est créée afin de valoriser industriellement la récolte de pommes de la région, sous forme de jus. Petit à petit, cette petite entreprise régionale va acquérir une envergure nationale grâce à la commercialisation d'une gamme complète de jus de fruits, sous la marque Réa (Réa : **ré**gion **A**lsace ?)
En 1976, Réa innove en lançant la condition en brique de carton avec bouchon à vis.
En 1998, la société allemande *Eckers-Granini*, prend le contrôle des *Vergers d'Alsace* et donc de la marque *Réa. Eckers* acquerra également **Joker** trois ans plus tard.

Récré O'lé (2004, 2012)
En 2004, **Mont Blanc** lance ses premiers goûters

laitiers en gourde, *P'tit Mont Blanc*, qui deviendront *Récré O'lé* en 2012. *O'lé* pour signifier à la fois la fête, le groupe mais aussi *au lait*...

Red Bull (1984)

Red Bull (*Taureau Rouge*), vous savez comment cela se dit en thaïlandais ? *Krating Daeng*. Pourquoi cette question ? Parce que l'inventeur est thaïlandais. Il s'appelle – il s'appelait, il est décédé en 2012 – Chaleo Toovidhya.

Hong-Kong, hôtel Mandarin, 1982. Au bar, un Autrichien, d'origine croate Dietrich Mateschitz, venu pour assurer le marketing d'un dentifrice, *Blendax*, une société allemande de cosmétiques aujourd'hui rachetée par *Unilever*.

Dietrich a 38 ans. Est-ce le décalage horaire avec l'Europe, qu'il supporte pourtant bien habituellement ? Il se sent fatigué, las, et demande au barman quelque chose pour le requinquer. On lui sert un verre de *Krating Daeng*. Il le boit. Un quart d'heure après, il se sent en pleine forme. Ce qu'il ne sait pas encore, c'est que sa vie va changer. Cette boisson réellement énergisante, déjà populaire dans certains pays d'Asie, est inconnue en Occident. Plus pour longtemps.

Dietrich Mateschitz ne va pas mettre beaucoup de temps à retrouver le producteur, Chaleo Yoovidhya. Il dirige l'entreprise *TC Pharmaceuticals*, qui produit le *Krating Daeng*, très utilisé dans son pays par les chauffeurs routiers pour les aider à lutter contre le sommeil : du nord au sud, la Thaïlande mesure 1 770 km et les routes sont dangereuses. Mateschitz, lui, constate que ça l'aide beaucoup pour lutter contre le décalage horaire. Il propose à Chaleo d'importer la boisson en Europe et de constituer une société, *Red Bull GmbH*, dans laquelle chacun des deux partenaires investit un million de dollars. Chacun reçoit 49 % du capital, les 2 % restant revenant au fils de Chaleo. Dietrich Mateschitz dirigera l'entreprise. Le *Red Bull* sort sur le marché autrichien en 1987. Mateschitz a adapté la boisson aux goûts occidentaux : pétillante et moins sucrée. Le succès est foudroyant. D'abord en Autriche, puis trois ans plus tard dans toute l'Europe, enfin, aux États-Unis à partir de 1997. En 2013, le chiffre d'affaires a dépassé le cap des cinq milliards d'euros. En 2014, quelque 5,6 milliards de canettes ont été vendues dans 167 pays. Depuis le lancement, il y a 27 ans, 45 milliards de canettes ont été bues, en dépit d'interdiction dans un certain nombre de pays, comme la France, où *Red Bull* n'est arrivé qu'à la mi-2008 en raison de la présence de taurine, un dérivé d'acide aminé découvert en 1827 dans la bile de taureau, d'où son nom.

L'*AFSSA (Agence Française de Sécurité Sanitaire des Aliments*) avait en effet bloqué l'importation de produits contenant de la taurine, faute d'études suffisantes sur les conséquences de son absorption. Mais dans l'incapacité de pouvoir démontrer la nocivité de cet ingrédient, la France a été contrainte par Bruxelles d'ouvrir ses frontières au *Red Bull.*

En 2009, l'*EFSA*, *l'Agence Européenne de Sécurité des Aliments*, a publié un communiqué émanant d'un avis scientifique selon lequel la consommation régulière de taurine, mais également, de D-glucurono-gamma-lactone, un autre composant communément utilisé dans certaines boissons énergisantes, ne devait pas susciter d'inquiétude en termes de sécurité.

Ce résultat est dû pour partie à l'énorme effort consenti par *Red Bull* en matière de sponsoring sportif: la marque est aujourd'hui associée à près de 500 athlètes et quelque 600 manifestations sportives. Elle sponsorise notamment six équipes de football dans différents pays et est présente dans la plupart des sports mécaniques (la marque possède deux écuries de Formule 1, *Red Bull* et *Toro Rosso*, qui n'est autre que *red bull* en italien).

La taurine est naturellement présente dans le corps humain. Les biberons de lait maternisé sont d'ailleurs enrichis en taurine: le lait maternel en contient 42 mg/l contre 2,4 mg pour le lait de vache. À titre de comparaison, une canette de Red Bull en contient 1 g/l (1 000 mg), alors que la dose normale journalière est de 200 mg.

Quand il est mort en 2012, Chaleo Toovidhya était considéré par le magazine américain Forbes comme la 205e personne la plus riche du monde avec 5 milliards de dollars.

Quant à Dietrich Mateschitz, il a pris sa retraite fin 2009 (à 65 ans) et passe une partie de sa retraite sur l'île Laucala dans les Fidji qu'il a rachetée à la famille *Forbes*, dont le magazine éponyme le classe à la 56e place des personnalités les plus riches du monde avec 26,9 milliards de dollars (2020).

Cela étant, si vous avez de l'argent, vous pouvez aller vous aussi sur cette île de 12 km² en plein Pacifique. Vous y serez tranquille, à l'abri des regards. Il y a un hôtel qui s'appelle *Hideaway*, c'est-à-dire *refuge*, *cachette*. Publicité gratuite.

Régilait (1947)

À la sortie de la guerre, plusieurs coopératives laitières se rapprochent et fondent *France Lait.* L'idée de base: produire du lait qui se conserve, car à l'époque, peu de ménages avaient un réfrigérateur. Solution du problème: produire du lait en poudre. Dix ans plus tard, en 1957, *France Lait* crée *Régilait* (*Régime-lait*), le lait écrémé en poudre.

Régilait se diversifie ensuite vers le lait infantile (1960), le tube de lait concentré sucré (1974), puis les *produits nomades* comme la coupelle *Nuage de lait* ou la dosette *Voile de lait* (1990).

En 2000, *Régilait* investit les distributeurs automatiques

de boissons chaudes : un café au lait à la machine contient très souvent du *Régilait*.[50]
Aujourd'hui, *Régilait* est une filiale commune des deux premières coopératives laitières françaises, **Sodiaal** et *Laïta* (*voir* ***Paysan Breton***).

Rémy Martin (1724)
Le viticulteur Rémy Martin, avec l'aide de son beau-père, Jean Geay, fonde une maison de cognac disposant de ses propres vignes, à Lignères (aujourd'hui Lignères-Sonneville), en Charente.
À sa mort, en 1773, l'affaire revient à son petit-fils, Rémy Martin II. Son fils et successeur s'appelle lui aussi Rémy. Rémy Martin III dirige l'affaire pendant vingt ans, de 1821 à 1841. Il va changer le nom de la famille de Martin à Rémy Martin. C'est du moins le nom qui sera indiqué sur les étiquettes, l'officialisation administrative se fera beaucoup plus tard, en 1916.
En 1860, Paul Rémy Martin, fils de Rémy III, s'associe avec Élit Hériard. Le cognac *Rémy Martin* est désormais une grande signature et les bouteilles de la maison se retrouvent dans la plupart des cours d'Europe. Tout roule, et même sur l'or, pour Paul Rémy Martin, qui mène grand train. En 1870, le symbole du centaure, choisi comme emblème de la maison, illustre ce sentiment de force invincible.
Mais l'euphorie ne dure pas. En cause, le train de vie dispendieux de Paul Rémy Martin et surtout le phylloxéra, qui va ravager le vignoble européen pendant une trentaine d'années, et qui aborde la région de Cognac dans les années 1870.
Au tournant du siècle, la maison est au bord de la faillite. André Renaud, un jeune docteur en droit, ancien secrétaire de Raymond Poincaré, et surtout fils de bonne famille de Gensac-la-Pallue va la sauver en investissant massivement.
En 1910, André Renaud devient tout naturellement associé de la nouvelle société en nom collectif *Émile Rémy Martin & Cie* dont le siège est établi à Cognac. Sous sa houlette, la maison s'oriente résolument vers l'exportation : Russie, Chine, États-Unis...
En 1924, Paul Rémy Martin, décède. L'année suivante, André Renaud rachète le domaine à sa veuve. La famille Rémy Martin n'a désormais plus de rapport avec la marque éponyme.
Quelques années plus tôt, André Renaud s'était marié avec Marie Frapin. Ils auront deux filles, Anne-Marie et Geneviève. Anne-Marie va se marier en 1942 avec André Hériard Dubreuil, descendant d'Élie Dubreuil, l'associé de Paul Martin. Quant à Geneviève, elle convole en justes noces en 1946 avec Max Cointreau, descendant du fondateur de la maison de spiritueux éponyme.
André Renaud décède en 1965. Ses deux filles héritent de la maison, qui est alors dirigée par André Hériard Dubreuil, le mari

d'Anne-Marie. Sous sa direction, le groupe va s'étoffer, rachetant plusieurs sociétés de vins et spiritueux, comme les champagnes **Piper Heidsieck, Charles Heidsieck** et **Krug** (ils seront cédés en 2011 à la société *EPI*, voir ces marques de champagne).

Les alliances familiales des deux sœurs vont conduire à un rapprochement puis une fusion en 1990 entre les maisons *Rémy Martin* et **Cointreau** donnant naissance au groupe *Rémy Cointreau*. Le groupe est resté familial: la famille Heriard Dubreuil détient 53 % du capital[239, so]

Réo (1931)

Théodore Réaux crée à Lessay (Manche), une bourgade face à l'île de Jersey, la *Laiterie-Fromagerie du Val d'Ay*. À l'origine, l'établissement produit environ 1200 camemberts par jour, au lait cru, moulés à la louche. La marque est le nom phonétique de son fondateur.

En 2016, Réaux est racheté par la coopérative des *Maîtres Laitiers du Cotentin*. Ce changement de propriétaire n'obère en rien la production, celle d'un camembert traditionnel, tel que reconnu par l'*AOP* (*appellation d'origine protégée*, un label européen), au rythme de 20000 pièces par jour.[so]

Révillon (1898)

La chocolaterie Révillon est fondée en 1898 à Lyon par Jean-Baptiste Thomas et Claudius Pelen, deux anciens employés de la *Chocolaterie de l'Union*, un établissement lyonnais créé en 1883. Pourquoi ce nom de Révillon, mystère. Peut-être que Thomas et Pelen ne sont pas partis de zéro mais ont racheté un atelier dirigé par un certain Révillon, un nom particulièrement courant dans la région de Lyon et alentours. Ce n'est qu'une hypothèse. Spécialisée dans les produits haut de gamme, la chocolaterie se fera surtout connaître pour ses *papillotes* (*voir encadre 1*). Malheureusement, à partir de 1960, l'établissement passe à côté de l'ouverture des premières grandes surfaces, alors même que la qualité des produits baissait. La faillite menace. Pour éviter la fermeture, elle passe dans le giron de la *bon* filiale du groupe *Bongrain*, devenu **Savencia.** Ce dernier la fusionne avec la chocolaterie roannaise Favier et Millat. En 1972, c'est le déménagement à Roanne, plus exactement au Coteau, une commune limitrophe de la sous-préfecture de la Loire. Elle déménagera une nouvelle fois, de l'autre côté de Roanne, à Riorges.

Au début des années 80, la marque Révillon est relancée et la maison se spécialise dans la fabrication de chocolats saisonniers, Noël et Pâques, et haut de gamme. Dont les papillotes.[240, w]

La papillotte est une bouchée de chocolat enveloppée et contenant un message, une devinette, une citation ou autre. Elle serait née à Lyon à la fin du XVIIIe siècle. À l'origine, se-